공기업 통합전공
사무직

경영학 · 경제학 · 행정학 · 법학

시대에듀

2025 최신판 시대에듀 공기업 사무직
통합전공(경영학/경제학/행정학/법학) + 무료상식특강

Always with you

사람의 인연은 길에서 우연하게 만나거나 함께 살아가는 것만을 의미하지는 않습니다.
책을 펴내는 출판사와 그 책을 읽는 독자의 만남도 소중한 인연입니다.
시대에듀는 항상 독자의 마음을 헤아리기 위해 노력하고 있습니다. 늘 독자와 함께하겠습니다.

자격증 · 공무원 · 금융/보험 · 면허증 · 언어/외국어 · 검정고시/독학사 · 기업체/취업
이 시대의 모든 합격! 시대에듀에서 합격하세요!
www.youtube.com ➜ 시대에듀 ➜ 구독

머리말 PREFACE

대부분의 공기업에서 국가직무능력표준(NCS)뿐 아니라 전공과목의 출제 비중이 높아지고 있는 추세이다. 이에 따라 공기업 채용을 준비하는 수험생들은 지원하는 기업이 어떤 전공과목을 출제하는지 미리 파악해 두어야 하며, 그중에서도 사무직에서 출제 비중이 높은 경영학/경제학/행정학/법학 과목을 학습함으로써 필기시험에 대한 철저한 준비가 필요하다.

공기업 사무직 필기시험 합격을 위해 시대에듀에서는 기업별 NCS 시리즈 누적 판매량 1위의 출간 경험을 토대로 다음과 같은 특징을 가진 도서를 출간하였다.

도서의 특징

❶ **공기업 사무직 전공 출제영역 확인!**
- 경영학/경제학/행정학/법학 과목을 출제하는 공기업을 정리하여 공기업별 전공 출제영역을 확인할 수 있도록 하였다.

❷ **사무직 전공 기출복원문제를 통한 출제경향 확인!**
- 2024~2023년 주요 공기업 전공 기출문제를 복원하여 사무직 필기시험의 전반적인 유형과 출제경향을 파악할 수 있도록 하였다.

❸ **사무직 필기시험 출제영역 핵심이론과 적중예상문제를 통한 실력 상승!**
- 경영학/경제학/행정학/법학 과목의 핵심이론+적중예상문제를 수록하여 사무직 필기시험에 완벽히 대비할 수 있도록 하였다.

❹ **최종점검 모의고사를 통한 완벽한 실전 대비!**
- 철저한 분석을 통해 실제 유형과 유사한 최종점검 모의고사를 수록하여 자신의 실력을 점검할 수 있도록 하였다.

❺ **다양한 콘텐츠로 최종 합격까지!**
- 온라인 모의고사 응시 쿠폰을 무료로 제공하여 사무직 전공 필기시험을 준비하는 데 부족함이 없도록 하였다.
- 모바일 OMR 답안채점/성적분석 서비스를 제공하여 자동으로 점수를 채점하고 확인할 수 있도록 하였다.

끝으로 본 도서를 통해 공기업 사무직 채용을 준비하는 모든 수험생 여러분이 합격의 기쁨을 누리기를 진심으로 기원한다.

SDC(Sidae Data Center) 씀

주요 공기업 사무직 전공 ANALYSIS

기업명	경영학	경제학	행정학	법학
HUG 주택도시보증공사	○	○		
K-water 한국수자원공사	○	○	○	○
TS한국교통안전공단	○	○		
건강보험심사평가원	○	○	○	○
국가철도공단	○	○	○	○
국민연금공단	○	○	○	○
근로복지공단	○	○	○	○
금융감독원	○	○		○
기술보증기금	○	○		○
대구교통공사	○		○	○
부산교통공사	○	○	○	○
부산항만공사	○	○		
신용보증기금	○	○		
울산항만공사	○	○		
인천교통공사	○	○	○	○
코레일 한국철도공사	○			
코레일네트웍스	○			

기업명	경영학	경제학	행정학	법학
한국가스기술공사	○	○	○	○
한국가스안전공사	○		○	○
한국공항공사	○			
한국관광공사	○	○		○
한국남부발전	○	○		
한국도로교통공단	○		○	○
한국동서발전	○	○	○	○
한국마사회	○	○	○	○
한국부동산원	○	○		○
한국서부발전	○	○	○	○
한국수력원자력	○	○	○	○
한국에너지공단	○	○	○	○
한국자산관리공사	○	○		
한국전기안전공사	○	○	○	○
한국주택금융공사	○	○		
한전KDN	○	○	○	
한전KPS	○			

※ 본 자료는 2024년 채용공고를 기준으로 작성하였으므로 세부내용은 반드시 각 기업의 확정된 채용공고를 확인하기 바랍니다.

주요 공기업 적중 문제 TEST CHECK

경영학

코레일 한국철도공사 ▶ 공정성이론

22 다음 사례에서 A팀원의 행동을 설명하는 동기부여이론은?

> A팀원은 작년도 목표 대비 업무실적을 100% 달성하였다. 이에 반해 같은 팀 동료인 B팀원은 동일 목표 대비 업무실적이 10% 부족하였지만, A팀원과 동일한 인센티브를 받았다. 이 사실을 알게 된 A팀원은 팀장에게 추가 인센티브를 요구하였으나 받아들여지지 않자 결국 이직하였다.

① 기대이론
② 공정성이론
③ 욕구단계이론
④ 목표설정이론
⑤ 인지적평가이론

한국주택금융공사 ▶ CAPM

12 다음 중 자기자본비용에 대한 설명으로 옳은 것은?
① 새로운 투자안의 선택에 있어서도 투자수익률이 자기자본비용을 넘어서는 안 된다.
② 위험프리미엄을 포함한 자기자본비용 계산 시 보통 자본자산가격결정모형(CAPM)을 이용한다.
③ 자기자본비용은 기업이 조달한 자기자본의 가치를 유지하기 위해 최대한 벌어들여야 하는 수익률이다.
④ 기업이 주식발행을 통해 자금조달을 할 경우 자본이용의 대가로 얼마의 이용 지급료를 산정해야 하는지는 명확하다.
⑤ CAPM을 사용하는 경우 베타와 증권시장선을 계산해서 미래의 증권시장선으로 사용하는데 이는 과거와는 다른 현상들이 미래에 발생하더라도 타당한 방법이다.

HUG 주택도시보증공사 ▶ GE 매트릭스

01 다음 중 BCG 매트릭스와 GE 매트릭스의 차이점으로 옳지 않은 것은?
① BCG 매트릭스는 GE 매트릭스에 비해 더 간단하며, BCG 매트릭스는 4개의 셀로 구성되는 반면 GE 매트릭스는 9개의 셀로 구성된다.
② BCG 매트릭스의 기반이 되는 요인은 시장 성장과 시장점유율이고, GE 매트릭스의 기반이 되는 요인은 산업계의 매력과 비즈니스 강점이다.
③ BCG 매트릭스는 기업이 여러 사업부에 자원을 배치하는 데 사용되며, GE 매트릭스는 다양한 비즈니스 단위 간의 투자 우선순위를 결정하는 데 사용한다.
④ BCG 매트릭스에서는 하나의 측정만 사용되는 반면, GE 매트릭스에서는 여러 측정이 사용된다.
⑤ BCG 매트릭스는 기업이 그리드에서의 위치에 따라 제품 라인이나 비즈니스 유닛을 전략적으로 선택하는 데 사용하고, GE 매트릭스는 시장의 성장과 회사가 소유한 시장점유율을 반영한 성장 – 공유 모델로 이해할 수 있다.

경제학

한국자산관리공사 ▶ 독점기업

03 다음 중 독점기업의 가격전략에 대한 설명으로 옳지 않은 것은?

① 독점기업이 시장에서 한계수입보다 높은 수준으로 가격을 책정하는 것은 가격차별전략이다.
② 1급 가격차별의 경우 생산량은 완전경쟁시장과 같다.
③ 2급 가격차별은 소비자들의 구매수량과 같이 구매 특성에 따라서 다른 가격을 책정하는 경우 발생한다.
④ 3급 가격차별의 경우 재판매가 불가능해야 가격차별이 성립한다.
⑤ 영화관 조조할인은 3급 가격차별의 사례이다.

TS한국교통안전공단 ▶ 총수요곡선의 이동 원인

06 다음 중 주어진 물가수준에서 총수요곡선을 오른쪽으로 이동시키는 원인으로 옳은 것을 모두 고르면?

ㄱ. 개별소득세 인하
ㄴ. 장래경기에 대한 낙관적인 전망
ㄷ. 통화량 감소에 따른 이자율 상승
ㄹ. 해외경기 침체에 따른 순수출의 감소

① ㄱ, ㄴ
② ㄴ, ㄷ
③ ㄷ, ㄹ
④ ㄱ, ㄴ, ㄷ

울산항만공사 ▶ 시장실패

19 다음 〈보기〉 중 시장실패에 대한 설명으로 옳은 것을 모두 고르면?

보기
가. 사회적 편익이 사적 편익을 초과하는 외부성이 발생하면 시장의 균형생산량은 사회적으로 바람직한 수준보다 작다.
나. 코즈의 정리에 따르면 시장실패는 시장에서 해결될 수 없다.
다. 공공재의 공급을 사기업이 수행하게 되면 과잉공급이 이루어진다.
라. 공공재는 비배제성과 비경합성으로 인하여 시장실패의 원인이 될 수 있다.
마. 시장실패는 외부효과가 존재하는 경우나 소유권이 명확하게 규정되지 않은 경우에 발생할 수 있다.

① 가, 다, 라
② 가, 라, 마
③ 나, 다, 마
④ 가, 나, 라, 마
⑤ 나, 다, 라, 마

주요 공기업 적중 문제 TEST CHECK

행정학

K-water 한국수자원공사 ▶ 엽관주의와 실적주의

28 다음 중 엽관주의와 실적주의에 대한 설명으로 옳은 것을 〈보기〉에서 모두 고르면?

보기
ㄱ. 엽관주의는 실적 이외의 요인을 고려하여 임용하는 방식으로, 정치적 요인, 혈연, 지연 등이 포함된다.
ㄴ. 엽관주의는 정실임용에 기초하고 있기 때문에 초기부터 민주주의의 실천원리와는 거리가 멀었다.
ㄷ. 엽관주의는 정치지도자의 국정지도력을 강화함으로써 공공정책의 실현을 용이하게 해 준다.
ㄹ. 실적주의는 정치적 중립에 집착하여 인사행정을 소극화・형식화시켰다.
ㅁ. 실적주의는 국민에 대한 관료의 대응성을 높일 수 있다는 장점이 있다.

① ㄱ, ㄷ
② ㄴ, ㄹ
③ ㄴ, ㅁ
④ ㄷ, ㄹ

근로복지공단 ▶ 승진

77 다음 중 개방형 인사관리에 대한 설명으로 옳지 않은 것은?

① 충원된 전문가들이 관료집단에서 중요한 역할을 수행하게 한다.
② 개방형은 승진기회의 제약으로, 직무의 폐지는 대개 퇴직으로 이어진다.
③ 정치적 리더십의 요구에 따른 고위층의 조직 장악력 약화를 초래한다.
④ 공직의 침체, 무사안일주의 등 관료제의 병리를 억제한다.
⑤ 민간부문과의 인사교류로 적극적 인사행정이 가능하다.

한국마사회 ▶ 예산과정

14 다음 중 우리나라의 예산과정에 대한 설명으로 옳지 않은 것은?

① 각 중앙관서의 장은 매년 1월 31일까지 당해 회계연도부터 5회계연도 이상의 기간 동안의 신규사업 및 기획재정부장관이 정하는 주요 계속사업에 대한 중기사업계획서를 기획재정부장관에게 제출하여야 한다.
② 국가가 특정한 목적을 위하여 특정한 자금을 신축적으로 운용할 필요가 있을 때에 법률로써 설치하는 기금은, 세입세출예산에 의하지 아니하고 운용할 수 있다.
③ 예산안편성지침은 부처의 예산 편성을 위한 것이기 때문에 국무회의의 심의를 거쳐 대통령의 승인을 받아야 하지만 국회 예산결산특별위원회에 보고할 필요는 없다.
④ 정부는 회계연도마다 예산안을 편성하여 회계연도 개시 90일 전까지 국회에 제출하도록 헌법에 규정되어 있다.

법학

건강보험심사평가원 ▶ 상법이 규정하는 회사

02 다음 중 상법이 명시적으로 규정하고 있는 회사로 옳지 않은 것은?
① 유한회사
② 유한책임회사
③ 다국적회사
④ 합자회사
⑤ 합명회사

국민연금공단 ▶ 옳지 않은 것

02 법원이 부재자의 재산관리인을 선임한 경우에 대한 설명으로 옳지 않은 것은?(다툼이 있으면 판례에 의함)
① 재산관리인은 관리할 재산목록을 작성하여야 한다.
② 재산관리인은 부재자를 위하여 법원의 허가 없이 소유권이전등기의 말소등기절차 이행청구를 할 수 있다.
③ 재산관리인의 처분행위에 대한 법원의 허가는 과거의 처분행위에 대한 추인을 위해서도 할 수 있다.
④ 재산관리인은 부재자가 사망했더라도 선임결정이 취소되지 않는 한 계속하여 그 권한을 행사할 수 있다.
⑤ 재산관리인이 법원의 허가를 얻어 부재자의 재산을 매도한 후 법원이 관리인 선임결정을 취소하면, 관리인의 그 처분행위는 무효로 된다.

한국관광공사 ▶ 항고소송

13 다음 중 행정처분에 대한 설명으로 옳지 않은 것은?
① 행정처분은 행정청이 행하는 공권력 작용이다.
② 행정처분에는 조건을 부가할 수 없다.
③ 경미한 하자가 있는 행정처분에는 공정력이 인정된다.
④ 행정처분에 대해서만 항고소송을 제기할 수 있다.
⑤ 법규에 위반하면 위법처분으로서 행정심판·행정소송의 대상이 된다.

도서 200% 활용하기 STRUCTURES

1. 주요 공기업 사무직 전공 출제영역 확인

▶ 2024년 기준 경영학/경제학/행정학/법학 과목을 출제하는 공기업을 정리하여 공기업별 전공 출제영역을 확인할 수 있도록 하였다.

2. 기출복원문제로 출제경향 파악

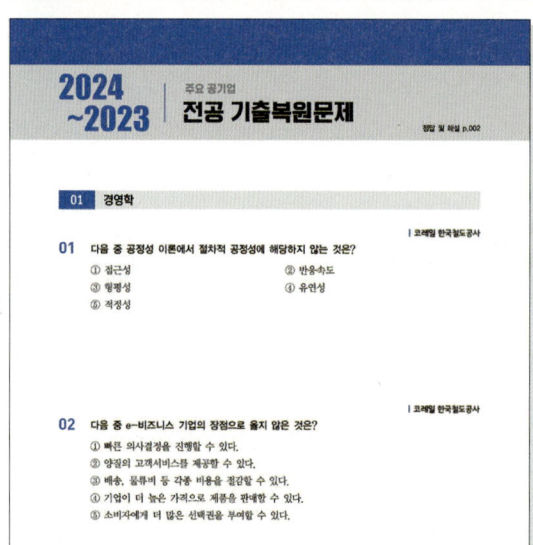
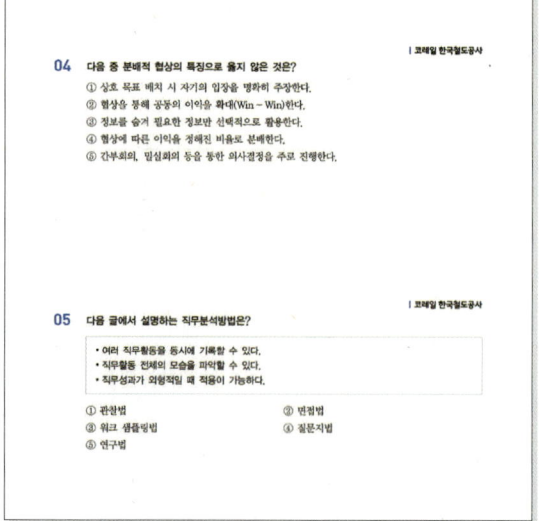

▶ 2024~2023년 주요 공기업 전공(경영학/경제학/행정학/법학) 기출문제를 복원하여 사무직 필기시험의 최신 출제경향을 파악할 수 있도록 하였다.

3 핵심이론 + 적중예상문제로 빈틈없는 학습

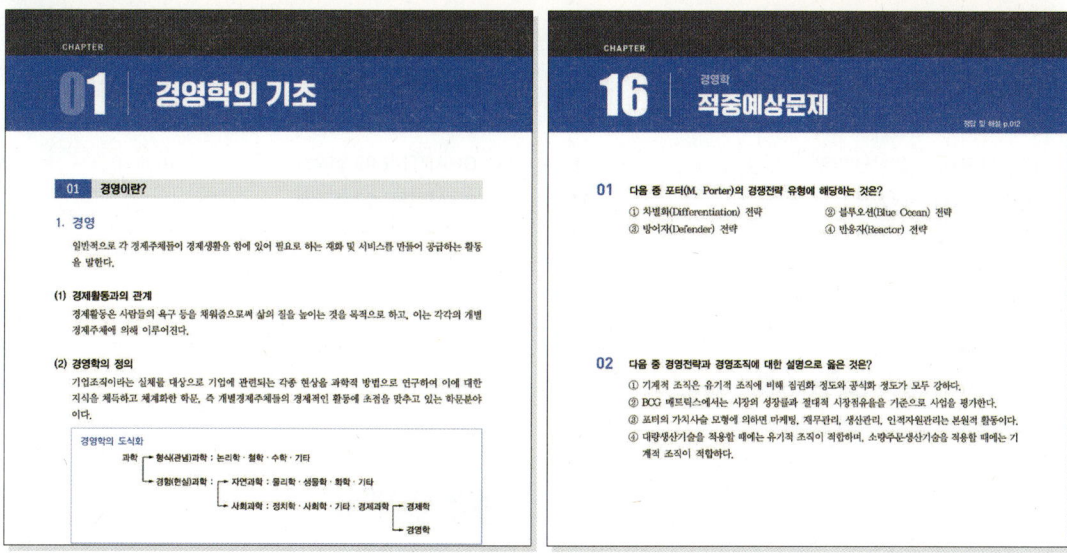

▶ 경영학/경제학/행정학/법학 과목의 핵심이론과 적중예상문제를 수록하여 사무직 전공을 효과적으로 학습할 수 있도록 하였다.

4 최종점검 모의고사 + OMR을 활용한 실전 연습

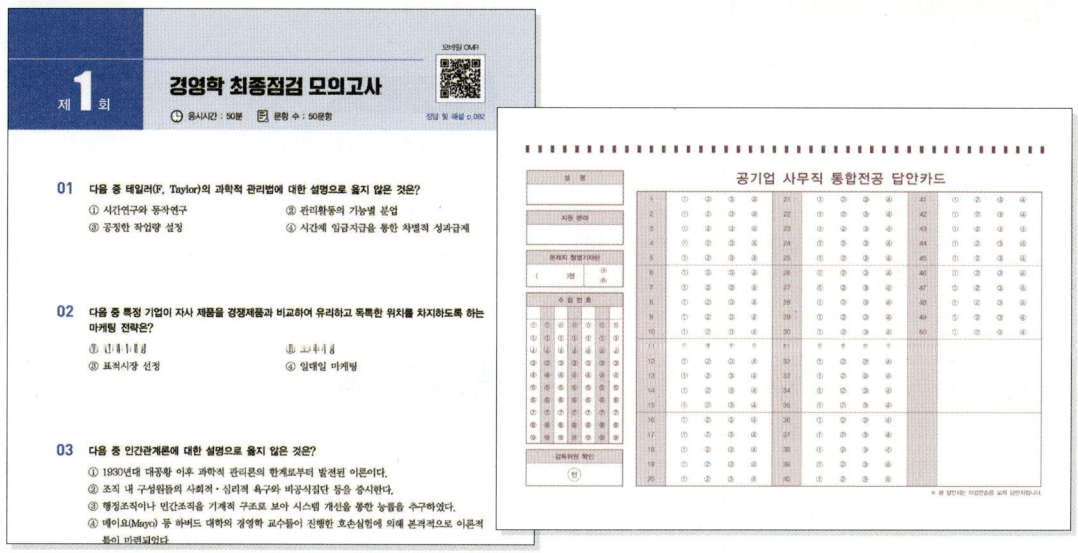

▶ 사무직 전공 과목별 최종점검 모의고사와 OMR 답안카드를 수록하여 실제로 시험을 보는 것처럼 마무리 연습을 할 수 있도록 하였다.
▶ 모바일 OMR 답안채점/성적분석 서비스를 제공하여 자동으로 점수를 채점하고 확인할 수 있도록 하였다.

이 책의 차례 CONTENTS

Add+ 2024~2023년 주요 공기업 전공 기출복원문제　2

PART 1　경영학

CHAPTER 01	경영학의 기초	2
CHAPTER 02	경영학의 발달	5
CHAPTER 03	경영환경	11
CHAPTER 04	기업형태 및 기업집중	14
CHAPTER 05	기업윤리와 사회적 책임	19
CHAPTER 06	경영목표와 의사결정	22
CHAPTER 07	경영관리론	26
CHAPTER 08	전략수립과 전략실행	32
CHAPTER 09	조직구조와 조직문화	41
CHAPTER 10	인사관리와 노사관계관리	48
CHAPTER 11	생산관리	57
CHAPTER 12	마케팅	67
CHAPTER 13	경영정보	87
CHAPTER 14	회계	95
CHAPTER 15	재무관리	105
CHAPTER 16	적중예상문제	117

PART 2　경제학

CHAPTER 01	경제학의 기초	128
CHAPTER 02	수요와 공급	132
CHAPTER 03	소비자이론	139
CHAPTER 04	생산자이론	149
CHAPTER 05	시장이론	156
CHAPTER 06	생산요소시장과 소득분배	169
CHAPTER 07	시장과 효율성	175
CHAPTER 08	국민소득결정이론	183
CHAPTER 09	거시경제의 균형	189
CHAPTER 10	거시경제안정화 정책	197
CHAPTER 11	소비함수와 투자함수	203
CHAPTER 12	화폐금융론	210
CHAPTER 13	총수요와 총공급이론	218
CHAPTER 14	인플레이션과 실업	225
CHAPTER 15	경기변동과 경제성장	231
CHAPTER 16	국제경제학	236
CHAPTER 17	적중예상문제	248

PART 3　행정학

CHAPTER 01	행정학의 기초	258
CHAPTER 02	정책론	280
CHAPTER 03	조직론	292
CHAPTER 04	인사행정론	334
CHAPTER 05	재무행정론	370
CHAPTER 06	행정통제 및 개혁	384
CHAPTER 07	지방행정론	393
CHAPTER 08	적중예상문제	398

PART 4　법학

CHAPTER 01	법학 일반	408
CHAPTER 02	헌법	427
CHAPTER 03	민사법	456
CHAPTER 04	상법	483
CHAPTER 05	행정법	496
CHAPTER 06	적중예상문제	519

PART 5　최종점검 모의고사

제1회 경영학 최종점검 모의고사	526
제2회 경제학 최종점검 모의고사	540
제3회 행정학 최종점검 모의고사	557
제4회 법학 최종점검 모의고사	571

별　책　정답 및 해설

Add+ 2024~2023년 주요 공기업 전공 기출복원문제	2
PART 1 경영학	12
PART 2 경제학	20
PART 3 행정학	26
PART 4 법학	34
PART 5 최종점검 모의고사	42

OMR 답안카드

Add+

2024 ~ 2023년 주요 공기업 전공 기출복원문제

※ 기출복원문제는 수험생들의 후기를 통해 시대에듀에서 복원한 문제로 실제 문제와 다소 차이가 있을 수 있으며, 본 저작물의 무단전재 및 복제를 금합니다.

01 경영학

| 코레일 한국철도공사

01 다음 중 공정성 이론에서 절차적 공정성에 해당하지 않는 것은?
① 접근성
② 반응속도
③ 형평성
④ 유연성
⑤ 적정성

| 코레일 한국철도공사

02 다음 중 e-비즈니스 기업의 장점으로 옳지 않은 것은?
① 빠른 의사결정을 진행할 수 있다.
② 양질의 고객서비스를 제공할 수 있다.
③ 배송, 물류비 등 각종 비용을 절감할 수 있다.
④ 기업이 더 높은 가격으로 제품을 판매할 수 있다.
⑤ 소비자에게 더 많은 선택권을 부여할 수 있다.

| 코레일 한국철도공사

03 다음 중 조직시민행동에 대한 설명으로 옳지 않은 것은?
① 조직 구성원이 수행하는 행동에 대해 의무나 보상이 존재하지 않는다.
② 조직 구성원의 자발적인 참여가 바탕이 되며, 대부분 강제적이지 않다.
③ 조직 구성원의 처우가 좋지 않을수록 조직시민행동은 자발적으로 일어난다.
④ 조직 내 바람직한 행동을 유도하고, 구성원의 조직 참여도를 제고한다.
⑤ 조직의 리더가 구성원으로부터 신뢰를 받을 때 구성원의 조직시민행동이 크게 증가한다.

04 다음 중 분배적 협상의 특징으로 옳지 않은 것은?

① 상호 목표 배치 시 자기의 입장을 명확히 주장한다.
② 협상을 통해 공동의 이익을 확대(Win – Win)한다.
③ 정보를 숨겨 필요한 정보만 선택적으로 활용한다.
④ 협상에 따른 이익을 정해진 비율로 분배한다.
⑤ 간부회의, 밀실회의 등을 통한 의사결정을 주로 진행한다.

05 다음 글에서 설명하는 직무분석방법은?

- 여러 직무활동을 동시에 기록할 수 있다.
- 직무활동 전체의 모습을 파악할 수 있다.
- 직무성과가 외형적일 때 적용이 가능하다.

① 관찰법
② 면접법
③ 워크 샘플링법
④ 질문지법
⑤ 연구법

06 다음 중 전문품에 대한 설명으로 옳지 않은 것은?

① 가구, 가전제품 등이 해당된다.
② 제품의 가격이 상대적으로 비싼 편이다.
③ 특정 브랜드에 대한 높은 충성심이 나타난다.
④ 충분한 정보 제공 및 차별화가 중요한 요소로 작용한다.
⑤ 소비자가 해당 브랜드에 대한 충분한 지식이 없는 경우가 많다.

07 다음 중 연속생산에 대한 설명으로 옳은 것은?
① 단위당 생산원가가 낮다.
② 운반비용이 많이 소요된다.
③ 제품의 수명이 짧은 경우 적합한 방식이다.
④ 제품의 수요가 다양한 경우 적합한 방식이다.
⑤ 작업자의 숙련도가 떨어질 경우 작업에 참여시키지 않는다.

08 다음 중 테일러의 과학적 관리법과 관계가 없는 것은?
① 시간연구
② 동작연구
③ 동등 성과급제
④ 과업관리
⑤ 표준 작업조건

09 다음 중 근로자가 직무능력 평가를 위해 개인능력평가표를 활용하는 제도는 무엇인가?
① 자기신고제도
② 직능자격제도
③ 평가센터제도
④ 직무순환제도
⑤ 기능목록제도

10 다음 중 데이터베이스 마케팅에 대한 설명으로 옳지 않은 것은?
① 기업 규모와 관계없이 모든 기업에서 활용이 가능하다.
② 기존 고객의 재구매를 유도하며, 장기적인 마케팅 전략 수립이 가능하다.
③ 인구통계, 심리적 특성, 지리적 특성 등을 파악하여 고객별 맞춤 서비스가 가능하다.
④ 고객자료를 바탕으로 고객 및 매출 증대에 대한 마케팅 전략을 실행하는 데 목적이 있다.
⑤ 단방향 의사소통으로 고객과 1 : 1 관계를 구축하여 즉각적인 반응을 확인할 수 있다.

11 다음 중 자본, 자산, 부채의 계정항목이 바르게 연결되지 않은 것은?

① 당좌자산 : 현금 및 현금성자산, 매출채권
② 투자자산 : 만기보유금융자산, 투자부동산
③ 유동부채 : 단기차입금, 퇴직급여충당부채
④ 자본잉여금 : 주식발행초과금, 자기주식처분이익

12 다음 중 기업잉여현금흐름(FCFF)에 대한 설명으로 옳지 않은 것은?

① 기업잉여현금흐름은 주주, 채권자 모두에게 귀속되는 현금흐름이다.
② 기업의 자본구조를 반영하지 않아 레버리지가 없는 잉여현금흐름이다.
③ 회사의 배당금 지급, 채무자의 상환 능력 등을 나타낸다.
④ 급격하게 성장하는 사업 초기 기업일수록 FCFF는 양수로 나타난다.

13 다음 중 해외시장 진출방법에 대한 설명으로 옳지 않은 것은?

① 라이센싱 : 특허, 상표, 디자인 등의 사용권을 해외에 판매하여 진출하는 방식이다.
② 생산계약 : 현지 기업이 일정한 수준의 품질과 가격으로 제품을 납품하게 하는 방식이다.
③ 프랜차이징 : 표준화된 제품, 시스템 등을 제공하고, 현지에서는 인력, 자본 등을 제공하는 방식이다.
④ 합작투자 : 2개 이상의 기업이 공동의 목표를 달성하기 위해 공동사업체를 설립하여 진출하는 간접투자 방식이다.

14 다음 중 주식 관련 상품에 대한 설명으로 옳지 않은 것은?

① ELS : 주가지수 또는 종목의 주가 움직임에 따라 수익률이 결정되며, 만기가 없는 증권이다.
② ELB : 채권, 양도성 예금증서 등 안전자산에 주로 투자하며, 원리금이 보장된다.
③ ELD : 수익률이 코스피200지수에 연동되는 예금으로, 주로 정기예금 형태로 판매한다.
④ ELT : ELS를 특정금전신탁 계좌에 편입하는 신탁상품으로, 투자자의 의사에 따라 운영한다.
⑤ ELF : ELS와 ELD의 중간 형태로, ELS를 기초 자산으로 하는 펀드를 말한다.

15 다음 중 인사와 관련된 이론에 대한 설명으로 옳지 않은 것은?

① 로크는 인간이 합리적으로 행동한다는 가정하에 개인이 의식적으로 얻으려고 설정한 목표가 동기와 행동에 영향을 미친다고 주장하였다.
② 브룸은 동기 부여에 대해 기대이론을 적용하여 기대감, 적합성, 신뢰성을 통해 구성원의 직무에 대한 동기 부여를 결정한다고 주장하였다.
③ 매슬로는 욕구의 위계를 생리적 욕구, 안전의 욕구, 애정과 공감의 욕구, 존경의 욕구, 자아실현의 욕구로 나누어 단계별로 욕구가 작용한다고 설명하였다.
④ 맥그리거는 인간의 본성에 대해 부정적인 관점인 X이론과 긍정적인 관점인 Y이론이 있으며, 경영자는 조직목표 달성을 위해 근로자의 본성(X, Y)을 파악해야 한다고 주장하였다.
⑤ 허즈버그는 욕구를 동기요인과 위생요인으로 나누었으며, 동기요인에는 인정감, 성취, 성장 가능성, 승진, 책임감, 직무 자체가 해당되고, 위생요인에는 보수, 대인관계, 감독, 직무안정성, 근무환경, 회사의 정책 및 관리가 해당된다.

16 다음 글에 해당하는 마케팅 STP 단계는 무엇인가?

- 서로 다른 욕구를 가지고 있는 다양한 고객들을 하나의 동질적인 고객집단으로 나눈다.
- 인구, 지역, 사회, 심리 등을 기준으로 활용한다.
- 전체시장을 동질적인 몇 개의 하위시장으로 구분하여 시장별로 차별화된 마케팅을 실행한다.

① 시장세분화   ② 시장매력도 평가
③ 표적시장 선정   ④ 포지셔닝
⑤ 재포지셔닝

17 다음 중 종단분석과 횡단분석의 비교가 옳지 않은 것은?

구분	종단분석	횡단분석
방법	시간적	공간적
목표	특성이나 현상의 변화	집단의 특성 또는 차이
표본 규모	큼	작음
횟수	반복	1회

① 방법
② 목표
③ 표본 규모
④ 횟수

18 다음 중 향후 채권이자율이 시장이자율보다 높아질 것으로 예상될 때 나타날 수 있는 현상으로 옳은 것은?

① 별도의 이자 지급 없이 채권발행 시 이자금액을 공제하는 방식을 선호하게 된다.
② 1년 만기 은행채, 장기신용채 등의 발행이 늘어난다.
③ 만기에 가까워질수록 채권가격 상승에 따른 이익을 얻을 수 있다.
④ 채권가격이 액면가보다 높은 가격에 거래되는 할증채 발행이 증가한다.

19 다음 중 BCG 매트릭스에 대한 설명으로 옳은 것은?

① 스타(Star) 사업 : 높은 시장점유율로 현금창출은 양호하나, 성장 가능성은 낮은 사업이다.
② 현금젖소(Cash Cow) 사업 : 성장 가능성과 시장점유율이 모두 낮아 철수가 필요한 사업이다.
③ 개(Dog) 사업 : 성장 가능성과 시장점유율이 모두 높아서 계속 투자가 필요한 유망 사업이다.
④ 물음표(Question Mark) 사업 : 신규 사업 또는 현재 시장점유율은 낮으나, 향후 성장 가능성이 높은 사업이다.

20 다음 중 테일러의 과학적 관리법의 특징에 대한 설명으로 옳지 않은 것은?

① 작업능률을 최대로 높이기 위하여 노동의 표준량을 정한다.
② 작업에 사용하는 도구 등을 개별 용도에 따라 다양하게 제작하여 성과를 높인다.
③ 작업량에 따라 임금을 차등하여 지급한다.
④ 관리에 대한 전문화를 통해 노동자의 태업을 사전에 방지한다.

02　경제학

01　다음 중 수요공급의 가격탄력성에 대한 설명으로 옳지 않은 것은?

① 수요가 탄력적일수록 수요의 가격탄력성은 1보다 커진다.
② 수요곡선이 비탄력적일수록 기울기는 더 가파르게 된다.
③ 대체재가 존재하는 경우 수요의 가격탄력성이 커지게 된다.
④ 장기공급의 가격탄력성이 단기공급의 가격탄력성보다 작다.

02　다음 중 국내 총수요를 계산하는 산식으로 옳은 것은?

① (소비)+(투자)−(정부지출)−(수출)−(수입)
② (소비)+(투자)−(정부지출)−(수출)+(수입)
③ (소비)+(투자)+(정부지출)+(수출)+(수입)
④ (소비)+(투자)+(정부지출)+(수출)−(수입)

03　다음 〈조건〉을 참고하여 최적생산량을 구하면 얼마인가?

> **조건**
> - 총비용 : $50+Q^2$
> - 총수입 : $60Q-Q^2$

① 10　　　　　　　　　　　　② 15
③ 20　　　　　　　　　　　　④ 25

04 다음 중 장기적인 경제성장을 위해 필요한 전략으로 옳지 않은 것은?

① 장기적 성장을 위해서는 자본투자와 생산가능인구 확대를 통해 잠재성장률을 끌어올려야 한다.
② 노동, 자본 등의 양적 생산요소 및 기술, 지식 등의 질적 생산요소의 경쟁력을 강화하여야 한다.
③ 제조업 제품뿐만 아니라 고부가 서비스제품의 수출 확대를 통해 글로벌 산업구조에 대응하여야 한다.
④ 경제의 외부충격에 대비하기 위해 내수시장을 집중하여 키우고, 이후 수출주도 경제성장 전략을 도입하여야 한다.

05 다음 중 대표적인 물가지수인 GDP 디플레이터를 구하는 계산식으로 옳은 것은?

① (실질 GDP)÷(명목 GDP)×100
② (명목 GDP)÷(실질 GDP)×100
③ (실질 GDP)+(명목 GDP)÷2
④ (명목 GDP)−(실질 GDP)÷2
⑤ (실질 GDP)÷(명목 GDP)×2

06 다음 〈조건〉을 참고할 때, 한계소비성향(MPC) 변화에 따른 현재 소비자들의 소비 변화폭은?

조건
- 기존 소비자들의 연간 소득은 3,000만 원이며, 한계소비성향은 0.6을 나타내었다.
- 현재 소비자들의 연간 소득은 4,000만 원이며, 한계소비성향은 0.7을 나타내었다.

① 700
② 1,100
③ 1,800
④ 2,500
⑤ 3,700

07 다음 글의 빈칸에 들어갈 단어가 바르게 나열된 것은?

- 환율이 ___㉠___ 하면 순수출이 증가한다.
- 국내이자율이 높아지면 환율은 ___㉡___ 한다.
- 국내물가가 오르면 환율은 ___㉢___ 한다.

	㉠	㉡	㉢
①	하락	상승	하락
②	하락	상승	상승
③	하락	하락	하락
④	상승	하락	상승
⑤	상승	하락	하락

08 다음 중 독점적 경쟁시장에 대한 설명으로 옳지 않은 것은?

① 독점적 경쟁시장은 완전경쟁시장과 독점시장의 중간 형태이다.
② 대체성이 높은 제품의 공급자가 시장에 다수 존재한다.
③ 시장진입과 퇴출이 자유롭다.
④ 독점적 경쟁기업의 수요곡선은 우하향하는 형태를 나타낸다.
⑤ 가격경쟁이 비가격경쟁보다 활발히 진행된다.

09 다음 중 고전학파와 케인스학파에 대한 설명으로 옳지 않은 것은?

① 케인스학파는 경기가 침체할 경우, 정부의 적극적 개입이 바람직하지 않다고 주장하였다.
② 고전학파는 임금이 매우 신축적이어서 노동시장이 항상 균형상태에 이르게 된다고 주장하였다.
③ 케인스학파는 저축과 투자가 국민총생산의 변화를 통해 같아지게 된다고 주장하였다.
④ 고전학파는 실물경제와 화폐를 분리하여 설명한다.
⑤ 케인스학파는 단기적으로 화폐의 중립성이 성립하지 않는다고 주장하였다.

10 다음 자료를 참고하여 실업률을 구하면 얼마인가?

- 생산가능인구 : 50,000명
- 취업자 : 20,000명
- 실업자 : 5,000명

① 10% ② 15%
③ 20% ④ 25%
⑤ 30%

11 J기업이 다음 〈조건〉과 같이 생산량을 늘린다고 할 때, 한계비용은 얼마인가?

조건
- J기업의 제품 1단위당 노동가격은 4, 자본가격은 6이다.
- J기업은 제품 생산량을 50개에서 100개로 늘리려고 한다.
- 평균비용 $P = 2L + K + \dfrac{100}{Q}$ (L : 노동가격, K : 자본가격, Q : 생산량)

① 10   ② 12
③ 14   ④ 16

12 다음은 A국과 B국이 노트북 1대와 TV 1대를 생산하는 데 필요한 작업 시간을 나타낸 자료이다. A국과 B국의 비교우위에 대한 설명으로 옳은 것은?

구분	노트북	TV
A국	6시간	8시간
B국	10시간	8시간

① A국이 노트북, TV 생산 모두 비교우위에 있다.
② B국이 노트북, TV 생산 모두 비교우위에 있다.
③ A국은 노트북 생산, B국은 TV 생산에 비교우위가 있다.
④ A국은 TV 생산, B국은 노트북 생산에 비교우위가 있다.

13 다음 중 다이내믹 프라이싱에 대한 설명으로 옳지 않은 것은?

① 동일한 제품과 서비스에 대한 가격을 시장 상황에 따라 변화시켜 적용하는 전략이다.
② 호텔, 항공 등의 가격을 성수기 때 인상하고, 비수기 때 인하하는 것이 대표적인 예이다.
③ 기업은 소비자별 맞춤형 가격을 통해 수익을 극대화할 수 있다.
④ 소비자 후생이 증가해 소비자의 만족도가 높아진다.

14 다음 〈보기〉 중 빅맥 지수에 대한 설명으로 옳은 것을 모두 고르면?

> **보기**
> ㉠ 빅맥 지수를 최초로 고안한 나라는 미국이다.
> ㉡ 각 나라의 물가수준을 비교하기 위해 고안된 지수로, 구매력 평가설을 근거로 한다.
> ㉢ 맥도날드 빅맥 가격을 기준으로 한 이유는 전 세계에서 가장 동질적으로 판매되고 있는 상품이기 때문이다.
> ㉣ 빅맥 지수를 구할 때 빅맥 가격은 제품 가격과 서비스 가격의 합으로 계산한다.

① ㉠, ㉡
② ㉠, ㉢
③ ㉡, ㉢
④ ㉡, ㉣

15 다음 중 확장적 통화정책의 영향으로 옳은 것은?

① 건강보험료가 인상되어 정부의 세금 수입이 늘어난다.
② 이자율이 하락하고, 소비 및 투자가 감소한다.
③ 이자율이 상승하고, 환율이 하락한다.
④ 은행이 채무불이행 위험을 줄이기 위해 더 높은 이자율과 담보 비율을 요구한다.

03　행정학

| K-water 한국수자원공사

01 다음 중 정책참여자에 대한 설명으로 옳지 않은 것은?

① 의회와 지방자치단체는 모두 공식적 참여자에 해당된다.
② 정당과 NGO는 비공식적 참여자에 해당된다.
③ 사회구조가 복잡해진 현대에는 공식적 참여자의 중요도가 상승하였다.
④ 사회적 의사결정에서 정부의 역할이 줄어들수록 비공식적 참여자의 중요도가 높아진다.

| K-water 한국수자원공사

02 다음 중 정책문제에 대한 설명으로 옳지 않은 것은?

① 정책문제는 정책결정의 대상으로, 공적인 성격이 강하고 공익성을 추구하는 성향을 갖는다.
② 주로 가치판단의 문제를 포함하고 있어 계량화가 난해하다.
③ 정책문제 해결의 주요 주체는 정부이다.
④ 기업경영에서의 의사결정에 비해 고려사항이 단순하다.

| K-water 한국수자원공사

03 다음 중 회사모형의 특징에 대한 설명으로 옳은 것은?

① 사이어트와 드로어가 주장한 모형으로, 조직의 의사결정 방식에 대해 설명하는 이론이다.
② 합리적 결정과 점증적 결정이 누적 및 혼합되어 의사결정이 이루어진다고 본다.
③ 조직들 간의 연결성이 강하지 않은 경우를 전제로 하고 있다.
④ 정책결정 단계를 초정책결정 단계, 정책결정 단계, 후정책결정 단계로 구분하여 설명한다.

04 다음 〈보기〉 중 블라우와 스콧이 주장한 조직 유형에 대한 설명으로 옳지 않은 것을 모두 고르면?

> **보기**
> ㄱ. 호혜조직의 1차적 수혜자는 조직 내 의사결정의 참여를 보장받는 구성원이며, 은행, 유통업체 등이 해당된다.
> ㄴ. 사업조직의 1차적 수혜자는 조직의 소유자이며, 이들의 주목적은 이윤 추구이다.
> ㄷ. 봉사조직의 1차적 수혜자는 이들을 지원하는 후원조직으로, 서비스 제공을 위한 인프라 및 자금조달을 지원한다.
> ㄹ. 공공조직의 1차적 수혜자는 공공서비스의 수혜자인 일반대중이며, 경찰, 소방서, 군대 등이 공공조직에 해당된다.

① ㄱ, ㄴ
② ㄱ, ㄷ
③ ㄴ, ㄷ
④ ㄷ, ㄹ

05 다음 중 우리나라 직위분류제의 구조에 대한 설명으로 옳지 않은 것은?

① 직군 : 직위분류제의 구조 중 가장 상위의 구분 단위이다.
② 직위 : 개인에게 부여되는 직무와 책임이다.
③ 직류 : 동일 직렬 내 직무가 동일한 것이다.
④ 직렬 : 일반적으로 해당 구성원 간 동일한 보수 체계를 적용받는 구분이다.

06 다음 중 엽관주의와 실적주의에 대한 설명으로 옳지 않은 것은?

① 민주주의적 평등 이념의 실현을 위해서는 엽관주의보다 실적주의가 유리하다.
② 엽관주의와 실적주의 모두 조직 수반에 대한 정치적 정합성보다 정치적 중립성 확보가 강조된다.
③ 공공조직에서 엽관주의적 인사가 이루어질 시 조직 구성원들의 신분이 불안정해진다는 단점이 있다.
④ 미국의 경우, 엽관주의의 폐단에 대한 대안으로 펜들턴 법의 제정에 따라 인사행정에 실적주의가 도입되었다.

07 다음 중 발생주의 회계의 특징으로 옳은 것은?

① 현금의 유출입 발생 시 회계 장부에 기록하는 방법을 의미한다.
② 실질적 거래의 발생을 회계처리에 정확히 반영할 수 있다는 장점이 있다.
③ 회계연도 내 경영활동과 성과에 대해 정확히 측정하기 어렵다는 한계가 있다.
④ 재화나 용역의 인수 및 인도 시점을 기준으로 장부에 기입한다.
⑤ 수익과 비용이 대응되지 않는다는 한계가 있다.

08 다음 〈보기〉 중 맥그리거(D. McGregor)의 인간관에 대한 설명으로 옳지 않은 것을 모두 고르면?

> **보기**
> ㄱ. X이론은 부정적이고 수동적인 인간관에 근거하고 있고, Y이론은 긍정적이고 적극적인 인간관에 근거하고 있다.
> ㄴ. X이론에서는 보상과 처벌을 통한 통제보다는 직원들에 대한 조언과 격려에 의한 경영전략을 강조하였다.
> ㄷ. Y이론에서는 자율적 통제를 강조하는 경영전략을 제시하였다.
> ㄹ. X이론의 적용을 위한 대안으로 권한의 위임 및 분권화, 직무 확대 등을 제시했다.

① ㄱ, ㄴ
② ㄱ, ㄷ
③ ㄴ, ㄷ
④ ㄴ, ㄹ
⑤ ㄷ, ㄹ

09 다음 중 대한민국 중앙정부의 인사조직형태에 대한 설명으로 옳지 않은 것은?

① 실적주의 인사행정을 위해서는 독립합의형보다 비독립단독형 인사조직이 적절하다.
② 비독립단독형 인사기관은 독립합의형 인사기관에 비해 의사결정이 신속하다는 특징이 있다.
③ 독립합의형 인사기관의 경우 비독립단독형 인사기관에 비해 책임소재가 불분명하다는 특징이 있다.
④ 독립합의형 인사기관은 일반적으로 일반행정부처에서 분리되어 있으며, 독립적 지위를 가진 합의체의 형태를 갖는다.

10 다음 〈보기〉 중 정부실패의 원인으로 옳지 않은 것을 모두 고르면?

> **보기**
> ㉠ 정부가 민간주체보다 정보에 대한 접근성이 높아서 발생한다.
> ㉡ 공공부문의 불완전경쟁으로 인해 발생한다.
> ㉢ 정부행정이 사회적 필요에 비해 장기적 관점에서 추진되어 발생한다.
> ㉣ 정부의 공급은 공공재라는 성격을 가지기 때문에 발생한다.

① ㉠, ㉡
② ㉠, ㉢
③ ㉡, ㉢
④ ㉡, ㉣

11 다음 〈보기〉의 행정의 가치 중 수단적 가치가 아닌 것을 모두 고르면?

> **보기**
> ㉠ 공익　　　　　　　　㉡ 자유
> ㉢ 합법성　　　　　　　㉣ 민주성
> ㉤ 복지

① ㉠, ㉡, ㉣
② ㉠, ㉡, ㉤
③ ㉠, ㉢, ㉣
④ ㉠, ㉣, ㉤

12 다음 중 신공공관리론과 뉴거버넌스에 대한 설명으로 옳은 것은?

① 뉴거버넌스는 민영화, 민간위탁을 통한 서비스의 공급을 지향한다.
② 영국의 대처주의, 미국의 레이거노믹스는 모두 신공공관리론에 토대를 둔 정치기조이다.
③ 뉴거버넌스는 정부가 사회의 문제해결을 주도하여 민간 주체들의 적극적 참여를 유도하는 것을 추구한다.
④ 신공공관리론은 정부실패를 지적하며 등장한 이론으로, 민간에 대한 충분한 정보력을 갖춘 크고 완전한 정부를 추구한다.

13 다음 중 사물인터넷을 사용하지 않은 경우는?

① 스마트 팜 시스템을 도입하여 작물 재배의 과정을 최적화, 효율화한다.
② 비상전력체계를 이용하여 재난 및 재해 등 위기상황으로 전력 차단 시 동력을 복원한다.
③ 커넥티드 카를 이용하여 차량 관리 및 운행 현황 모니터링을 자동화한다.
④ 스마트 홈 기술을 이용하여 가정 내 조명, 에어컨 등을 원격 제어한다.

14 다음 〈보기〉 중 수평적 인사이동에 해당하지 않는 것을 모두 고르면?

> **보기**
> ㄱ. 강임   ㄴ. 승진
> ㄷ. 전보   ㄹ. 전직

① ㄱ, ㄴ
② ㄱ, ㄷ
③ ㄴ, ㄷ
④ ㄷ, ㄹ

15 다음 〈보기〉 중 유료 요금제에 해당하지 않는 것을 모두 고르면?

> **보기**
> ㄱ. 국가지정문화재 관람료
> ㄴ. 상하수도 요금
> ㄷ. 국립공원 입장료

① ㄱ
② ㄷ
③ ㄱ, ㄴ
④ ㄴ, ㄷ

04 법학

| 건강보험심사평가원

01 다음 중 민법에서 규정하는 법률행위의 취소권자로 옳지 않은 것은?

① 미성년자
② 피특정후견인
③ 피성년후견인
④ 사기·강박에 의하여 의사표시를 한 자

| 건강보험심사평가원

02 다음 중 행정소송에 해당하는 것으로 옳지 않은 것은?

① 행정청의 처분 등이나 부작위에 대하여 제기하는 소송
② 행정청의 처분 등을 원인으로 하는 법률관계에 관한 소송
③ 국가기관과 지방자치단체 간 및 지방자치단체 상호 간의 권한쟁의 심판 소송
④ 국가가 법률에 위반되는 행위를 한 때에 그 시정을 구하기 위하여 제기하는 소송

| 건강보험심사평가원

03 다음 〈보기〉 중 행정소송법상 당사자소송이 아닌 것은?

> **보기**
> ㄱ. 비위사실로 인해 면직을 당한 공무원이 면직이 무효라고 주장하면서 국가를 상대로 공무원의 지위확인을 구하는 소송
> ㄴ. 국가를 상대로 국가유공자 확인을 구하는 소송
> ㄷ. 공무원이 미지급된 봉급에 대한 지급을 청구하는 소송
> ㄹ. 선거의 관리 및 집행이 규정을 위반하였다고 주장하면서 해당 선거의 불법성을 다투는 소송

① ㄱ
② ㄴ
③ ㄷ
④ ㄹ

04 다음 중 노동법의 성질이 다른 하나는?

① 산업안전보건법
② 남녀고용평등법
③ 산업재해보상보험법
④ 근로자참여 및 협력증진에 관한 법
⑤ 고용보험법

05 다음 〈보기〉 중 용익물권에 해당하는 것을 모두 고르면?

보기
가. 지상권   나. 점유권
다. 지역권   라. 유치권
마. 전세권   바. 저당권

① 가, 다, 마   ② 가, 라, 바
③ 나, 라, 바   ④ 다, 라, 마
⑤ 라, 마, 바

06 다음 중 선고유예와 집행유예의 내용에 대한 분류가 옳지 않은 것은?

구분	선고유예	집행유예
실효	유예한 형을 선고	유예선고의 효력 상실
요건	1년 이하 징역·금고, 자격정지, 벌금	3년 이하 징역·금고, 500만 원 이하의 벌금형
유예기간	1년 이상 5년 이하	2년
효과	면소	형의 선고 효력 상실

① 실효   ② 요건
③ 유예기간   ④ 효과
⑤ 없음

07 다음 〈보기〉 중 형법상 몰수가 되는 것은 모두 몇 개인가?

> **보기**
> - 범죄행위에 제공한 물건
> - 범죄행위에 제공하려고 한 물건
> - 범죄행위로 인하여 생긴 물건
> - 범죄행위로 인하여 취득한 물건
> - 범죄행위의 대가로 취득한 물건

① 1개　　　　　　　　　② 2개
③ 3개　　　　　　　　　④ 4개
⑤ 5개

08 다음 중 상법상 법원이 아닌 것은?

① 판례　　　　　　　　　② 조례
③ 상관습법　　　　　　　④ 상사자치법
⑤ 보통거래약관

PART 1

경영학

CHAPTER 01 경영학의 기초	**CHAPTER 09** 조직구조와 조직문화
CHAPTER 02 경영학의 발달	**CHAPTER 10** 인사관리와 노사관계관리
CHAPTER 03 경영환경	**CHAPTER 11** 생산관리
CHAPTER 04 기업형태 및 기업집중	**CHAPTER 12** 마케팅
CHAPTER 05 기업윤리와 사회적 책임	**CHAPTER 13** 경영정보
CHAPTER 06 경영목표와 의사결정	**CHAPTER 14** 회계
CHAPTER 07 경영관리론	**CHAPTER 15** 재무관리
CHAPTER 08 전략수립과 전략실행	**CHAPTER 16** 적중예상문제

CHAPTER 01 경영학의 기초

01 경영이란?

1. 경영

일반적으로 각 경제주체들이 경제생활을 함에 있어 필요로 하는 재화 및 서비스를 만들어 공급하는 활동을 말한다.

(1) 경제활동과의 관계

경제활동은 사람들의 욕구 등을 채워줌으로써 삶의 질을 높이는 것을 목적으로 하고, 이는 각각의 개별 경제주체에 의해 이루어진다.

(2) 경영학의 정의

기업조직이라는 실체를 대상으로 기업에 관련되는 각종 현상을 과학적 방법으로 연구하여 이에 대한 지식을 체득하고 체계화한 학문, 즉 개별경제주체들의 경제적인 활동에 초점을 맞추고 있는 학문분야이다.

경영학의 도식화

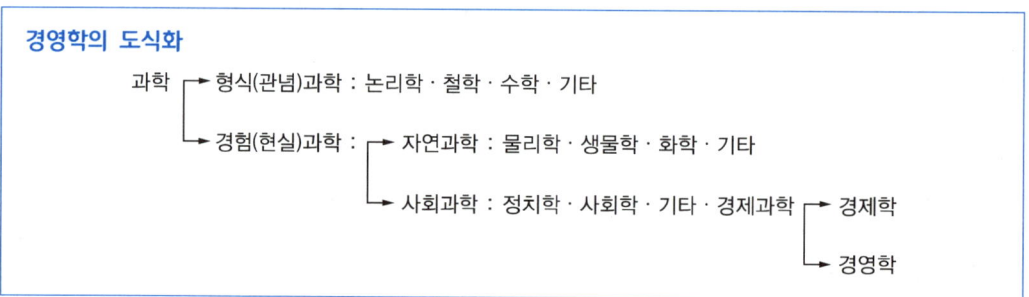

2. 경영의 분류

인사관리, 생산관리, 경영정보시스템, 마케팅, 회계, 재무 등

02 경영의 연구대상과 지도원리

1. 연구대상

개별경제주체들의 경제적 활동

(1) 개별경제 : 국민경제에 상응하는 개념이자 국민경제를 구성하는 단위

(2) 개별경제의 형태

구분	내용	사례
기업경영	각 사업체로서의 영리적인 단위 경제	기업, 공장, 회사, 상점
재정경영	국가, 지방자치제의 단위 경제	세무서, 중앙청, 법원
가정경영	가정이 중심이 되는 단위 경제	가계
기타경영	기업, 재정, 가정을 제외한 기타 개별 경제	교회, 학교

(3) 주대상

오늘의 경제활동은 주로 기업경영에 의해 지탱되고 있는 자본주의 경제체제하에 있으므로 기업경영이 주된 관심사가 되고 있다.

2. 지도원리

수익성, 생산성, 조직균형

03 경영학의 특성과 연구방법

1. 경영학의 특성

(1) 이론경영학과 실천경영학

① 이론경영학
  ㉠ 이론을 추구하는 이론적 경영학
  ㉡ 경영의 경험적 사실을 분석해서 경영의 새로운 법칙을 추구하고 발견하여 구축해 나가는 것을 사명으로 한다.

② 실천경영학
  ㉠ 인간의 행동에 있어서의 실천 및 지침을 연구하는 경영학
  ㉡ 경영목적을 실천적으로 달성할 수 있는 여러 경영기술 또는 관리방법을 모색하는 것을 사명으로 한다.

(2) 과학론과 기술론
    ① 과학론 : 고유의 연구대상을 지녔다는 점에서 과학으로 본다.
    ② 기술론 : 실천적 이론과학의 성격상 기술적 측면에 많은 관심을 지니고 있다.

(3) 실증경영학과 규범경영학
    ① 실증경영학
        ㉠ 현실사회에 존재하는 경영원리의 해명을 목적으로 하는 실증이론
        ㉡ 사실 그대로 기술하고 분석한 결과를 얻는 일련의 체계적인 지식
        ㉢ 특정의 윤리적, 규범적 판단과는 상관없이 경영현상에서 발생되는 어떠한 변화가 가져오는 결과를 정확히 예측하려고 할 때 필요한 일반적인 원리를 도출하는 것
    ② 규범경영학
        ㉠ 어떤 경영현상이나 경영정책의 결과가 바람직한지 그렇지 않은지에 대한 문제를 다루는 것
        ㉡ 여러 경영현상을 비교해서 어느 것이 사회적 견지에서 바람직한지를 평가하며, 이의 판단기준 설정에 대한 이론

2. 경영학 연구방법

(1) **일반적 연구방법** : 귀납법, 연역법, 역사적 방법
(2) **특수한 연구방법** : 통계적 방법, 실험적 방법, 사례적 방법, 모형적 방법

CHAPTER 02 경영학의 발달

01 미국의 경영학사

1. 고전학파

(1) 테일러의 과학적 관리론
① 개요 : 시간연구 및 동작연구, 작업연구를 통해 하루의 표준 작업량을 설정하여 할당된 과업을 초과 달성한 근로자에게는 높은 임금률을 적용하고, 그렇지 못한 근로자에게는 낮은 임금률을 적용하는 차별적 성과급 제도를 도입하여 노동의 분업에 입각한 직무전문화를 통해 효율성을 추구한다.
② 주요 내용 : 시간 및 동작연구, 차별적 성과급제도, 종업원 선발 및 교육, 직능식제도와 직장제도

(2) 포드 시스템
① 개요 : 유동작업을 기반으로 하는 새로운 생산관리 방식으로 포드는 자동차 공장에 컨베이어 시스템을 도입하여 대량생산을 통해 원가를 절감하였다.
② 포드의 3S : 부품의 표준화(Standardization), 제품의 단순화(Simplification), 작업의 전문화(Specialization)
③ 테일러와 포드 시스템의 비교

테일러 시스템	포드 시스템
• 과업관리(시간과 동작연구를 통한) • 차별성과급 도입 : 객관적인 과학적 방법을 사용한 임금률 • 과학적 관리 방법을 도입한 표준화 • 작업의 과학화와 개별생산관리 • 인간노동의 기계화시대	• 동시관리 : 작업조직의 철저한 합리화에 의해 작업의 동시적 진행을 기계적으로 실현하고 관리를 자동적으로 전개 • 컨베이어시스템, 대량생산 • 공장 전체로 확대 • 인간에게 기계의 보조역할 요구

(3) 페이욜의 관리 5요소 및 관리원칙
① 페이욜의 관리 5요소 : 계획, 조직, 명령, 조정, 통제
② 페이욜의 6가지 경영의 기능 : 기술적 활동, 재무적 활동, 상업적 활동, 회계적 활동, 보전적 활동, 관리적 활동
③ 페이욜의 관리일반원직 14가지 : 분업, 권한과 책임, 규율, 명령의 일원화, 지휘의 일원화, 전체의 이익을 위한 개인의 복종, 보수, 집권화, 계층의 연쇄, 질서, 공정성, 직장의 안정성, 주도권, 단결심

(4) 막스 베버

① 개요
- ㉠ 베버의 관료제 이론은 권한구조에 대한 이론에 기반을 두고 있다.
- ㉡ 막스 베버는 권한의 유형을 카리스마적 권한, 전통적 권한, 합리적·법적 권한으로 구분하고, 이 중 합리적·법적 권한에 기반한 관료제 모형이 근대사회의 대규모 조직을 설명하는 데 가장 적절하다고 보았다.

② 막스 베버 관료제의 특징
- ㉠ 안정적이면서 명확한 권한계층
- ㉡ 태도 및 대인관계의 비개인성
- ㉢ 과업전문화에 기반한 체계적인 노동의 분화
- ㉣ 규제 및 표준화된 운용절차의 일관된 시스템
- ㉤ 관리자는 생산수단의 소유자가 아님
- ㉥ 문서로 된 규칙, 의사결정, 광범위한 파일
- ㉦ 기술적인 능력에 의한 승진을 기반으로 한 평생의 경력관리

2. 인간관계학파

(1) 메이요의 인간관계론

① 개요
- ㉠ 호손실험 : 1차(조명도 실험), 2차(계전기 조립 실험), 3차(면접 실험), 4차(배전기권선작업 실험)
- ㉡ 민주적 리더십을 강조
- ㉢ 비공식 조직을 강조
- ㉣ 기업조직은 경제적·기술적·사회적인 시스템
- ㉤ 종업원 만족의 증가가 성과로 연결
- ㉥ 인간의 사회적·심리적 조건 등을 중요시
- ㉦ 의사소통의 경로개발이 중요시되며, 참여가 제시되었다.

② 호손실험의 영향
- ㉠ 이 실험으로 인해 인간에 대한 관심을 높이는 계기가 되었다.
- ㉡ 인간의 감정, 배경, 욕구, 태도, 사회적 관계 등이 효과적인 경영에 상당히 중요함을 인지하게 되었다.
- ㉢ 구성원들 상호 간 관계에서 이루어지는 사회적인 관계가 '비공식조직'을 만들고, 이는 공식조직만큼이나 생산성에 영향을 미친다는 사실을 인지하게 되었다.

(2) 뢰슬리스버거의 사회체계론

① 개요
- ㉠ 기업을 기술적 조직과 인간적 조직으로 나누고, 인간적 조직은 개인적 조직과 사회적 조직으로 구분하였으며, 사회적 조직 내 공식 조직과 비공식 조직이 존재한다고 보았다.
- ㉡ 비공식 조직에서는 감정의 논리가, 공식 조직에서는 비용·능률의 논리가 적용되어야 함을 주장하였다.

② 뢰슬리스버거의 인간행동의 3가지 측면
  ㉠ 논리적 행동 : 객관적인 지식에 의한 논리적인 이해에 따름
  ㉡ 비논리적 행동 : 환경에 의해 좌우되는 사회적 감정에 따름
  ㉢ 비합리적 행동 : 비합리적 행동이 사회적인 감정에 따름

3. 조직론의 발전

(1) 바너드의 이론
① 개요
  ㉠ 「경영자의 기능」에서 기업조직을 협동체계로 파악
  ㉡ 대외적・전체적・동태적 관점에서 새롭게 접근하여 비교적 균형 잡힌 이론을 제시
  ㉢ 기업조직은 협동시스템으로서의 공헌의욕, 공통목적, 의사소통이 잘 이루어져야 한다.
  ㉣ 결합된 협동노력에는 개인적 의사결정과 조직적 의사결정이 있으며, 이 두 가지가 균형을 이루어야 한다.
② 바너드의 조직이론체계(조직의 존속요건)
  ㉠ 공헌의욕 : 조직 활동에 공헌하고자 하는 구성원들의 의욕으로 구성원 개개인들이 느끼는 만족 및 불만의 결과를 말한다.
  ㉡ 공통목적 : 협동하고자 하는 목적이 없으면 공헌의욕이 발휘될 수 없으며, 여러 힘을 결합하기 위해서는 기업조직에 공통의 목적이 있어야 한다.
  ㉢ 의사소통 : 공헌의욕이 고취되고 공통목적을 이루려면 기업조직의 각 구성원이 그 목적을 인지할 수 있는 의사소통이 필요하다.
③ 바너드의 의사결정체계
  ㉠ 개인적 의사결정 : 개인이 기업조직에 기여할 것인가의 여부, 즉 기업조직에 공헌하는 사람이 될 것인지 말 것인지에 대한 의사결정
  ㉡ 조직적 의사결정 : 기업조직의 목적과 관련되는 직위를 기반으로 한 비개인적인 의사결정

(2) 사이먼의 이론
① 개요
  ㉠ 사이먼은 '관리행동'에서 조직 내 전문화, 커뮤니케이션, 의사결정 등에 중점을 두고 논의를 전개
  ㉡ 기업조직은 경제학에서 가정하고 있는 객관적 또는 초합리적인 의사결정을 할 수 없고, 현실적인 제약 아래 제한된 의사결정을 하게 된다.
② 현실적으로 합리성이 달성될 수 없는 이유
  ㉠ 객관적인 합리성의 경우 가능한 한 전체 대안의 열거를 요구하지만, 현실적으로는 그중에서 일부만 열거할 수 있다.
  ㉡ 객관적인 합리성은 전체 대안의 결과에 대한 완전한 지식을 요구하나, 현실적으로 우리의 지식은 언제나 단편적이고 불완전하다.
  ㉢ 어떠한 결과에 대한 지식이 완전하더라도 우리는 동시에 그 모두를 완전한 형태로 평가할 수 없다.

(3) 사이어트와 마치의 이론

① 개요
- ㉠ 사이먼과 함께 의사결정학파의 대표적 연구자이며, 고전경제학이론과 근대조직이론을 통합
- ㉡ 사이어트와 마치는 '기업의 행동이론'에서 경제학과 조직이론의 관점에서 기업의 경제적 의사결정이 현실적으로 어떻게 이루어지고 있는가를 설명하였다.
- ㉢ 새로운 기업이론을 구축하기 위해서는 조직의 목표형성, 조직의 기대형성, 조직에 의한 수단선택과 관련되는 3가지 하위이론이 필요하다고 보았다.

② 3가지 하위이론
- ㉠ 조직목표이론 : 기업조직에서 어떻게 목표가 설정되고, 그것이 시간의 흐름에 따라 어떻게 변화되며 기업조직이 그 목표에 얼마만큼 주목하는지를 고찰
- ㉡ 조직기대이론 : 기업조직이 새로운 대안 및 정보 등을 언제 어떻게 탐색하는지, 정보 등이 어떠한 방식으로 처리되는지 등을 다룬다.
- ㉢ 조직선택이론 : 기업조직이 활용 가능한 대안들에 대해 서열을 매겨 그중 하나를 선택하게 하는 과정

4. 경영학 이론의 통합화 시도

인간에 대한 관점		조직에 대한 관점				
		폐쇄적		개방적		사전규정에 의해
	합리적	1900 ~ 1930 (테일러, 베버, 페이욜)	고전	상황이론 적합	1960 ~ 1970 (챈들러, 로렌스와 로시, 톰슨)	
			제1상한	제3상한		
	사회적	1930 ~ 1960 (메이요, 맥그리거, 셀즈닉)	제2상한	제4상한	1970 ~ (웨이크, 마치)	분위기에 의해
			인간관계론	–		

(1) 폐쇄 – 합리적 조직이론(1900 ~ 1930년)
① 조직을 외부환경과 관계없는 폐쇄체계로 파악하고, 인간 역시 합리적으로 사고하며 행동하는 것으로 파악한다.
② 테일러, 베버, 페이욜, 귤릭, 어윅 등이 대표적 학자(제1상한)
③ 오늘날의 인간공학 및 산업공학을 중심으로 한 경영과학의 학문영역을 구축하고 있다.

(2) 폐쇄 – 사회적 조직이론(1930 ~ 1960년)
① 조직을 외부환경과 관계없는 폐쇄체계로 파악하였지만, 조직 구성원들의 인간적인 측면을 수용하고 있는 관점이다.
② 메이요, 뢰슬리스버거, 딕슨, 맥그리거, 셀즈닉 등이 대표적 학자(제2상한)
③ 종업원들의 업무태도, 작업집단 내 인간관계, 노조, 리더십, 커뮤니케이션 등에 관심을 두고 조직 구성원들의 사기를 생산성과 연결한다.
④ 외부환경 문제에는 소홀하였고, 지나치게 기업조직의 인간적·사회적 측면만을 강조하였다는 비판을 받고 있다.

(3) 개방 – 합리적 조직이론(1960 ~ 1970년)
① 조직을 외부환경에 대해서 개방체계로 파악하였지만, 조직 구성원들에 대해서는 다시 합리적 전제로 돌아갔다.
② 번스와 스토커, 챈들러, 우드워드, 로렌스와 로시, 톰슨 등이 대표적 학자(제3상한)
③ 환경을 이론에 반영하여 기업을 외적인 힘에 의해 형성되는 것으로 보았다.
④ 유기체의 생존 원천에 대한 관점을 조직 내에서 외부환경으로 옮겼다.
⑤ 현재는 관료제적 사고의 틀을 벗어날 수 있는 조직과 관리의 이론으로 타 환경의 요구에 대응할 수 있는 방안을 제시해 주는 상황적합이론의 관점으로 정리되어 조직개발 실행에 활용되고 있다.

(4) 개방 – 사회적 조직이론(1970년대 이후)
① 조직을 환경에 대해서 개방체계를 파악하고, 구성원들이 지닌 비합리성·비공식성 등을 수용하였다.
② 웨이크, 힉슨, 마치와 올슨, 페퍼와 샐런시크 등이 대표적 학자(제4상한)
③ 생존을 중요시하는 기업조직의 비합리성·비공식성에 초점을 맞춰 기업조직의 비합리적인 동기적 측면을 중점적으로 다루고 있다.
④ 기업조직의 목적 및 수단 등을 분류하지 못하는 비합리성을 반영한다.

02 독일의 경영학사

1. 경영경제학으로서의 독일 경영학의 발달

(1) 경영경제학의 형성시대
① 19C 말을 전후로 독일 경제가 약 10년 동안 급속한 발전을 보임에 따라 상업경영적 측면과 공업경영적 측면의 이론과 실제의 차이가 발생하였고, 이에 새로운 이론적 기반이 필요해졌다.
② 곰베르크는 개별경제학을 상업경영학과 공업경영학으로 분류하였다.
③ 개별경제학은 이후 경제적 경영학, 사경제학, 경영과학 등 여러 명칭으로 불리다가 1902년 이후 독일 경영학의 정식 명칭인 '경영경제학'으로 정착되었다.

2. 경영경제학의 발전

(1) 1차 논쟁
① 1912년 바이어만과 쇠니츠의 '과학적 사경제학의 기초와 체계'에서 발단이 된 것으로 슈말렌바흐와의 논쟁
② 주요 이슈는 '경영학이 이론과학인가, 실천과학인가'의 문제였으며, 바이어만과 쇠니츠는 경제학에 근거를 두고 있는 학자들로서 이론과학을 주장한데 반해 슈말렌바흐는 이전 상업학의 회계, 계산제도에 관심을 두고 있었으므로 응용과학이자 기술론임을 주장하였다.

(2) 2차 논쟁

① 리이거가 1928년에 그의 저서 '사경제학 입문'에서 경영학은 순수과학이어야 함을 강조한 것에서 발단하였다.
② 기술론을 주장하는 슈말렌바흐를 선두로 한 쾰른학파와의 논쟁
③ 1, 2차 논쟁으로 기술론적 경향이 우세해졌다.

(3) 3차 논쟁

① 1952년 구텐베르크의 '경영경제학원리 제1권 - 생산론'이 발표되면서 시작된 것으로, 구텐베르크는 이론적 경제학, 이론과학적 경영경제학을 주장하였으며, 멜레로비쯔를 비롯한 많은 학자들이 응용과학적 경영경제학을 주장하였다.
② 결과 : 구텐베르크를 추종하는 학자들이 더 많아서 이론적 경영경제학이 우세한 것으로 결론지었다.
③ 3차 논쟁에서는 논쟁의 영역이 훨씬 넓어져서 경영경제학(경영학)과 국민경제학(경제학)의 이론적인 통합의 문제, 경영경제학에 수학적 기법의 도입 문제, 생산·판매·인사·조직론 등 경영학의 핵심 분야를 포괄하고 있다는 것이 특징이다.

(4) 4차 논쟁

① 배경 : 독일경제의 침체, 실업자의 증대, 석유쇼크, 경쟁질서 후퇴, 기업집중·독점현상, 미국 경영학의 현실의 설명능력에 대한 관심 고조 등
② 구텐베르크를 중심으로 하는 이론적 경영경제학에 대한 비판입장으로 하이넨, 슈미츠, 키르슈 등을 중심으로 비판합리주의적 경영경제학이 대두, 이외 니클리슈를 추종하는 신규범주의 경영경제학의 대두로 규범론파가 부활하였다.

CHAPTER 03 경영환경

01 이론적 관점

1. 경영환경의 중요성

기업조직이 영속체로서 생명을 존속하고 성장 및 발전하기 위해서는 외부환경 및 내부환경에 대한 고찰을 충실히 해야 한다. 이는 외부로부터 각종 원자재, 노동력 등을 공급받아 생산하며, 이렇게 생산된 제품이 다시 외부 시장으로 판매되어야 함을 의미한다.

2. 경영환경의 의미

(1) 기본특성
① 경영에서의 외부 요인 또는 일반적 환경
② 경영환경 : 경영행동을 직접적으로 규제하는 외부 요인의 집합

(2) 경영외계의 환경
1930년대의 대공황 이후에는 정부·노동조합·출자자 등의 이해자 집단이 주요 환경 요소로 인지되었으나, 1960년대 이후에는 자연·자원·국제정세 등이 새로운 주요 환경요소로 부각되었다.

(3) 환경적응의 중요성
경영환경은 시대의 변화에 따라 점점 더 확대되어 가고 있다. 급변하는 환경에 기업조직이 적응하기 위해서는 기업의 경영목적 및 사회목적의 균형을 찾아야 하며, 그로 인한 전략적 적응이 요구된다(적응방식은 기업조직의 행동범위 또는 행동양식의 차이에 따라 달라짐).

02 경영환경의 유형

1. 경영환경

(1) 일반환경

경제적 환경, 정치적 환경, 사회문화적 환경, 자원 환경, 기술적 환경

(2) 과업환경

① 특정 경영주체가 목표설정 및 목표를 달성하기 위한 의사결정을 내리는 데 직접적으로 영향을 미치는 환경을 의미하는 것으로 각 경영주체에 따라 다르게 나타난다.
② 과업환경은 기업의 행동에 직접적인 영향을 미치며, 그 범위가 일반 환경에 비해 작고, 기업조직이 일정 수준 통제할 수 있다는 특징이 있다.
③ 환경의 2가지 차원(환경의 동태성 및 복잡성의 정도)
  ㉠ 환경의 동태성 : 안정적 환경 → 관리자가 미래의 사건 예측, 동태적 환경 → 관리자가 과거의 패턴으로부터 예측할 수 있게 된다.
  ㉡ 복잡성의 정도 : 환경요소들이 단순한가 그렇지 않은가를 말하는 것으로 상호작용하는 환경요소의 수와 관련 있다.
  ㉢ 환경의 2가지 차원 도식화

구분		환경의 복잡성	
		단순	복잡
환경의 동태성	안정적	(단순)+(안정)=(낮은 불확실성) 예 컨테이너 제조업, 음료병 제조업	(복잡)+(안정)=(다소 낮은 불확실성) 예 대학, 병원
	동태적	(단순)+(동태적)=(다소 높은 불확실성) 예 유행의류 제조업, 장난감 제조업	(복잡)+(동태적)=(높은 불확실성) 예 전자산업, 석유회사

2. 환경의 분석

(1) 외부환경의 분석

외부환경을 분석하기 위해서는 환경의 구성요소인 경제적, 정치적, 사회적, 기술적인 측면에 대해 분석해야 하며, 이를 기반으로 해서 사업의 기회 및 외형요인, 제약요인들을 분석한다.

(2) 내부환경의 분석

① 기업조직의 외부환경 분석을 통해 기업조직의 활동영역이 정해지면 구체적인 경영활동을 실행하기 위해 내부환경에서 인적 자원, 물적 자원, 재무적 자원에 대한 자세한 분석을 해야 한다.
② 구체적인 활동에는 기업조직의 내부능력 및 역량 등이 필요하며, 이러한 능력은 기업 조직의 자원과도 관련된다.

③ 기업조직의 자원

인적 자원	• 관리인력 : 능력 있는 관리자의 확보 • 전문인력 : 제조·공급 및 과학 분야의 전문적인 지식을 지닌 우수 인력을 확보하고 있는 정도
물적 자원	• 공장입지 : 시장접근성, 원재료의 공급, 노동력 공급의 용이성, 수송수단의 활용성 • 우수한 공장설비 : 제조공장의 능률성, 연구 및 실험시설, 창고 및 기계설비 • 원자재의 확보 : 원자재 공급의 장기적인 계약
재무적 자원	• 재무적 자원의 배분능력 : 예산편성의 과정, 수익성이 가장 높은 부문에 재무적인 자원을 배분하고 있는지의 여부 • 재무적 자원의 통제능력 : 컴퓨터에 의한 재무구조 모델의 활용 • 자금조달능력 : 유보이익, 주식의 발행

03 국제기업환경

1. 국제기업환경 문제의 대두

(1) 국제기업환경 문제가 중요한 이유

① 진출하려는 국가마다 정치적, 경제적, 법률적, 사회문화적 체제 및 제도 등이 다르기 때문이다.
② 외국시장의 여러 환경 요소들은 국내에서보다 경직적이며, 일방적이다. 또한, 언어 등과 같은 문화적 환경요인은 불가피한 요인으로 작용할 수 있다.

2. 국제기업환경의 영역

(1) 정치적 환경

정치적 이념, 정치적 안정성, 경제에 대한 정부의 규제, 국제관계

(2) 법률적 환경

국제분규의 관할권, 국제상사분규의 중재, 갖추어야 할 법률지식

(3) 문화적 환경

언어, 물질문명, 교육, 종교, 미적 감각

CHAPTER 04 기업형태 및 기업집중

01 경영제도의 역사적 발전과정

1. 자본주의 기업의 성장

(1) 원시공동체 사회 → 사유제도의 이행 → 개인기업의 등장 → 공동출자사업형태로의 발전(코멘다, 소키에타스) → 16C에 이르러서야 초기의 주식회사 등장
(2) **개인기업**: 사회적 분업이 진전되고 사유제의 확대로 인해 소유자는 축적된 자본을 기반으로 기업조직을 자신의 지배하에 두게 되는데, 이를 개인기업이라 한다.
(3) **공동기업**: 개인기업은 자체적인 한계로 인해 복수의 출자자로 구성되는 공동기업 또는 공동출자기업으로서 자본적인 협동에 의존하는 기업의 형태가 형성된다.

2. 공동출자사업 형태

코멘다(Commenda), 소키에타스(Societas)

3. 주식회사의 등장

(1) 1602년 네덜란드 동인도 회사에서 시작
(2) 1807년 프랑스의 상법전에서 명문으로 규정
(3) 독일에서는 1951년 공동결정법 및 1952년 경영제도법, 1976년 공동결정법의 특별법에 의해 노동자의 기업참가를 인정
(4) 국내는 1897년 처음으로 '주식회사 공립한성기업'이 설립되었으며, 1899년에 '주식회사 대한천일은행'이 창립

4. 자본주의 기업과 사회주의 기업

(1) **자본주의 기업**
 ① 자본주의의 기업은 이윤을 목표로 재화와 그에 따르는 서비스를 생산·공급하는 단위
 ② 사적 소유권을 지닌 자본가가 소유하는 사적인 경제단위
 ③ 자본을 투자해서 가능한 한 자본의 가치를 증대시키려고 노력

④ 시장에서 생산요소를 구입하여 이를 내부에서 결합, 변화시킴으로써 재화 및 서비스를 생산·공급
⑤ 시장에서의 완전경쟁을 가정

(2) 사회주의 기업
① 사회주의 기업은 사회적인 조직체 및 사회적 제품생산을 위한 조직체
② 지속적인 제품생산의 조직체
③ 사회주의적 생산 및 사회적 이익이 목적
④ 영구적인 존속체

02 경영제도의 유형

1. 기업의 법률형태

(1) 영리기업
개인기업, 민법상 조합, 익명조합, 회사기업

(2) 주식회사
① 사기업인 영리기업에 해당한다.
② 주주와 회사 간 관계가 비인격적이므로 물적회사 또는 자본회사의 성격을 지니게 된다.
③ 대규모 경영에 대한 양산체제를 특징으로 하는 현대산업사회의 전형적인 기업형태이다.

(3) 비영리 기업
출자자인 구성원에게 기업의 이윤을 분배할 것을 목적으로 하지 않는 기업형태로 각종 협동조합과 상호보험회사 등이 이에 속한다.

(4) 공기업
① 국가나 지방공공단체가 법률에 의거해서 출자하고 직·간접적으로 경영하는 기업으로서 공적 목적을 위한 조직체
② 설립 이유
  ㉠ 재정사업 : 세제 외 국가수입의 증가를 도모하기 위해 공기업을 운영하는 것으로 국내에서는 기존에 담배 및 홍삼 등이 공영전매사업으로 된 적이 있다.
  ㉡ 공공정책 : 전화·전신·우편·전기·철도·수도·가스 또는 항만·도로 등의 사회생활의 필수적인 기반이 되는 공익사업
  ㉢ 경제 및 사회정책 : 국토 및 지역개발, 산업의 육성 등의 경제정책적인 과제와 노동자의 생활안정, 사회복지, 실업구제 등의 사회정책적 과제를 수행하기 위해 많은 자본이 필요하지만 사기업이 담당할 수 없는 경우 공기업을 형성하게 된다.

2. 기업의 경제형태

(1) 점부(占部)의 기업경제형태론(개인기업, 인적 집단기업, 혼합적 집단기업, 자본적 집단기업)
   ① 개인기업
      ㉠ 개인의 자기자본과 자기노동의 결합형태
      ㉡ 출자자의 수는 1인이며, 동시에 소유(출자)와 경영이 합일
      ㉢ 경영관리 노동 및 작업노동 사이에 분업이 존재
      ㉣ 자본결합형태 이전의 상태
      ㉤ 기업가 기능의 확충 및 기업자본의 집중이라는 한계
      ㉥ 의사형성과 그 실행측면에서 신축적
   ② 인적 집단기업
      ㉠ 소유 및 경영의 합일체
      ㉡ 소수 기업가의 기능 자본에 의한 결합형태
      ㉢ 기업가의 인적 결합을 중요시(예 합명회사)
   ③ 자본적 기업집단
      ㉠ 소유와 경영을 분리
      ㉡ 기능 자본 및 광범위한 지분 자본을 결합해서 형성되며, 자본의 증권화에 의해 자본이 소단위주식으로 분할되어 증권시장에서 매매됨으로써 지분 자본의 결합범위는 확대됨
      ㉢ 3권 분립형인 최고경영기관의 체제(예 주식회사)

(2) 모리슨의 공기업 경제형태론
   ① 공기업을 국가 또는 공공단체가 소유하고 지배하는 기업적인 요소를 지니는 사업체로서 공공소유, 공공목적, 기업적 요소를 갖춘 형태로 규정
   ② 행정 및 경영의 분리를 주장함으로써 독립채산제를 준수할 것을 주장
   ③ 공기업체는 자립적인 조직체로 정당, 행정, 기타 특정 이해집단 등 특정 환경주체의 지배를 받게 된다.
   ④ 공기업체는 기능적 조직체이고, 이는 전문경영자에 의해 구성되는 경영기관을 지닌다.

03 기업의 결합

1. 기업결합의 형태

(1) 기업결합
   ① 법적으로 독립적인 복수의 기업이 결합해서 자본적, 인적, 기술적으로 밀접한 관계를 가진 통일적인 집단을 형성하는 것을 말하며, 사업자단체 또는 동업조합, 카르텔(Cartel), 사업제휴 등이 이에 속한다.

② 기업결합의 도식화

합일적 결합	• 회사의 합병 • 영업의 전부양도
기업계약적 결합	• 영업의 일부양도 • 영업 임대차 • 경영위임 • 손익공통계약
기업 집중화	• 자본적 결합 : 지주지배, 의결권 신탁, 주식의 상호 보유 • 인적 결합 : 임원파견, 동종관계 • 기술적 결합 : 콤비나트
제휴적 결합	• 카르텔 • 기술제휴 • 판매제휴

(2) 기업결합의 유형

카르텔(Cartel), 신디케이트(Syndicate), 트러스트(Trust), 콤비나트(Kombinat), 컨글로머릿(Conglomerate), 콘체른(Concern)

(3) 기업합병

① 법률적으로 독립적인 복수의 기업이 단일조직이 되는 형태
② 피합병기업은 완전히 독립성을 상실
③ 흡수합병 및 신설합병
　㉠ 흡수합병 : 어떠한 하나의 회사기업이 타 회사기업을 흡수하는 것
　㉡ 신설합병 : 합병을 당하는 회사기업이 모두 해산·소멸함과 더불어 신회사기업이 설립

(4) 기업계열화

① 대기업과 중소기업 간 밀접한 거래관계가 형성되고 있는 기업 간 결합
② 기술혁명 또는 판매경쟁의 격화에 대응하기 위해 대기업이 기술 및 판매 등에서 중소기업을 육성, 강화하면서 이를 하청화하는 형태

2. 기업집중의 배제 및 제한

기업의 집중은 시장독점을 통해 공정한 자유경쟁과 공공이익을 저해하고 중소기업 및 일반소비자에게 피해를 주게 되는데, 이런 피해를 막기 위해 다양한 법률로써 제한한다. 국내에서는 공정거래위원회를 발족해서 각종 법규 및 고시를 통해 불공정거래행위를 시정조치하고 있다.

04 기업의 국제화

1. 기업의 국제화

(1) 개요
① 국제기업환경을 전제로 하는 기업 활동의 국제적인 전개를 의미한다.
② 기업의 국제화에 있어서 기업조직 자체의 의사결정이 주도적인 역할을 수행하지만, 정부도 이에 대해 직·간접적인 역할을 수행한다.

(2) 기업의 국제화 과정
상품의 수출입 단계(간접 수출입 단계 및 직접 수출입 단계) → 자본의 수출입 단계(자본대여 및 자본투자) → 기술정보의 수출입 단계(기술제휴에 의한 특정 기술, 상품 또는 관리상의 노하우거래 사용료의 지불) → 인적자원의 교환 단계(노동력 및 경영 인력의 교류) → 현지사업 단계(플랜트 수출입) → 현지진출 단계(현지 자회사의 법인화)

2. 합작회사

(1) 개요
① 2개 이상의 기업이 공동으로 출자하여 공동으로 경영을 하는 결합형태
② 통상적으로 합작회사는 공동출자액에 의해 공동손익을 분담해서 1개 또는 복수의 특정 사업을 대상으로 설립

(2) 특징
공동목적성, 기업목적성, 단일목적성, 공동계산성, 일시적목적성 등

3. 다국적 기업

(1) 개념
통상적으로 2개국 또는 그 이상의 국가에서 직접적으로 기업 활동을 전개하는 모든 기업체로, 특정국가의 이익을 초월하여 범세계적인 시야에서 경영활동을 수행하게 된다.

(2) 다국적 기업의 특징
경영활동의 세계지향성, 기업조직구조의 분권화, 기업소유권의 다국적성, 인적 구성의 다국적성, 국제협력체제의 실행, 이윤의 현지기업에 대한 재투자성

(3) 다국적 기업의 문제점
산업정책의 효과감소, 세계적인 독과점체제의 파급, 투자국 국내고용의 쇠퇴에 대한 영향, 연구개발 및 기술 독점 등의 본국집중(독점)에 의한 수입국 기술진보의 저해, 각국의 세금제도 차이를 활용한 과세의 회피, 국제투자를 위한 수입국과 투자국과의 마찰문제

CHAPTER 05 기업윤리와 사회적 책임

01 기업윤리

1. 기업윤리헌장

(1) 제정

기업경영이라는 상황하에서 발생하는 행동 또는 태도에 대한 옳고 그름을 체계적으로 구분하는 판단기준이다.

(2) 의미

기업인의 윤리적인 행동 규준을 공포한 것으로, 개별기업인의 기본적 정책결정 및 이의 계획적인 집행 등을 포괄적으로 관리하게 되는 지도 원리로서의 의미를 지닌다.

2. 미국에서의 사기업에 대한 사회적 비판의 내용

(1) 거대기업이 막강한 경제력 및 정치력을 행사한다.
(2) 거대기업은 자기 보존적이고 무책임한 권력 엘리트에 의해 지배된다.
(3) 거대기업은 근로자 및 소비자를 착취하고 인간성을 박탈한다.
(4) 거대기업은 환경 및 생활의 질을 파괴한다.

3. 기업윤리의 형성과 실천

(1) 개요

기업윤리의 과제는 기업윤리를 제도화하는 것에 있으며, 이는 기업윤리의 실천을 위한 제도화로서의 역할뿐만 아니라 경영제도의 혁신을 위한 대안으로서의 의미도 있다.

(2) 개인 및 조직을 위한 윤리원칙 : 블랜차드와 필은 개인 및 조직을 위한 원칙을 5P로 분류

자긍심(Pride), 목적(Purpose), 일관성(Persistence), 인내(Patience), 전망(Perspective)

(3) 기업윤리의 강화 방법
① 최고경영자가 윤리경영에 대한 몰입을 강조
② 기업윤리에 대한 강령의 작성 및 발표
③ 순응 메커니즘의 수립
④ 결과의 측정
⑤ 기업조직의 잘못을 보고하려는 종업원들의 활동

02 기업의 사회적 책임(CSR; Corporate Social Responsibility)

캐롤의 CSR 피라미드 4단계 : 경제적 책임<법률적 책임<윤리적 책임<자선적 책임(가장 높은 단계의 책임)

1. 사회적 책임의 긍정론

(1) 기업조직이 적극적이면서 자발적으로 이해관계자들의 요청을 받아들여서 이에 대응하는 것이 기업 자체의 존속 및 성장에 있어서 필요하다는 견해

(2) 데이비스에 의한 긍정론의 주요 논거 12가지

기업에 대한 공공기대의 변화, 보다 좋은 기업환경, 공공의 이미지, 정부에 의한 규제의 회피, 사회문화 규범, 책임과 권력의 균형, 사회관심을 구하는 시스템의 상호의존성, 주주의 관심, 기업에 맡기는 것이 효율적, 기업은 자원을 보유하고 있다는 점, 사회문제는 이윤이 될 수 있다는 점, 예방은 치료보다 효과적이라는 점

2. 데이비스에 의한 사회적 책임 부정론의 주요 논거 9가지

이윤극대화, 사회관여의 기업비용, 사회적 책임의 사회비용, 사회기술의 결여, 기업의 주요 목적에 대한 위협, 국제수지의 악화, 기업은 충분한 사회 권력을 보유, 변명의무의 결여, 광범한 지지의 결여

> **사회적 책임의 긍정론 및 부정론의 공통점**
> - 두 가지 이론이 모두 자유기업체제의 사회에서 사회적인 문제가 존재하고 있다는 것을 소극적 및 적극적으로 인정하고 있다.
> - 기업 및 정부를 다원사회에 있어서 영향력이 있는 사회제도로 인식하고 있다는 점에서 공통적이다.

3. 사회적 책임윤리의 정립

(1) 현대의 기업조직에서의 주요 과제는 사회적인 책임윤리의 정립으로 이는 윤리위기를 극복하는 데 있지만, 기업조직의 사회적인 책임윤리가 무엇이고, 이를 어떻게 정립해야 할지는 아직도 불분명하다.

(2) 기업윤리에 있어 괴리의 원인은 사회적 경제 질서의 변화에 이념적으로 적응하지 못함으로 인해 발생된다.

(3) 현대적인 기업경영에 있어서 이념적인 갈등은 사회적 책임주의와 영리주의의 대립에서 야기되므로 이러한 양자의 경영 정책적 조화가 기업윤리위기의 극복책이 된다.

CHAPTER 06 경영목표와 의사결정

01 경영목표

1. 경영목표와 경영이념

(1) **경영목표**
① 기업이 경영활동을 통하여 실현하고자 하는 상태를 말한다.
② **경영목표 형성의 3가지 차원** : 경영목표의 내용, 경영목표의 범위, 경영목표의 실현기간

(2) **경영이념** : 경영신조, 경영신념, 경영이상 등으로 표현되며, 경영철학의 규범적인 가치체계이다.

2. 목표차원과 목표시스템

(1) **목표차원(추구하는 목표의 개념을 규정하기 위해서 사용되는 3가지 방향)**
① **목표의 내용** : 목표의 내용은 목표의 수립 및 실현에 있어 행위 유발의 직접적인 요인이 되므로 해석상의 혼선이 빚어지지 않도록 명확해야 하며, 가치 있는 활동상황 및 환경과 연관되는 상황 등을 포함해야 한다.
② **목표의 추구 정도** : 의사결정이론에 의해 2가지 가능성으로 제시[극대화 원리, 만족(최적)화 원리]
③ **시간적 관련성** : 목표의 시점과 기간을 결정해야 한다.

(2) **목표시스템**
① 여러 가지 목표의 개념이 규정되면 이를 기반으로 목표시스템이 형성된다.
② 목표시스템에 대한 연구는 기업조직이 동시에 여러 가지의 복수 목표를 추구하는 경우에 우선순위를 정하는 데 있어 중요한 의미를 지닌다.

3. 단일목표체계로서의 이익추구

(1) **이윤극대화의 문제점(비판)**
① **이윤** : 본질적으로 기업조직 활동의 결과로 인해 나타난 것이자 동시에 기업조직의 생존과 발전을 유지할 수 있는 기본적 원동력이다. 이익은 기업가의 경제적인 기능수행에 대한 자극이 됨과 동시에 그러한 활동성과를 종합적으로 측정할 수 있는 척도가 된다.

② 이윤극대화 가정의 의의 : 기업조직이 이윤극대화(Profit Maximization)를 추구한다는 가정이다. 이는 완전경쟁하에서 기업조직은 이윤극대화의 목적을 위해 한계수입 및 한계비용이 일치하는 부분에서 생산량과 가격을 결정한다고 보기 때문이다.

(2) 수정된 대표적 기업모형
① 매리스(R. Marris)의 성장균형 모형
② 보몰(W. Baumol)의 판매수입극대화 모형
③ 윌리엄슨(O. E. Williamson)의 경영자재량극대화 모형
④ 쿠퍼(W. W. Cooper)의 유동성 모형
⑤ 비드린마이어(J. Bidlingmaier)의 수익범위 모형

(3) 이윤극대화 비판의 이유
① 이윤극대화 가설은 언제나 합리적으로 행동하는 경제인을 전제로 하고 있다.
② 기업조직의 제도적·역사적 변화를 무시하고 있다.
③ 이윤극대화 가설은 정태적인 가설이며, 동시에 장·단기의 구별이 불가능하다.

(4) 이윤극대화 추구에 대한 제한
① 이윤극대화의 경우 제한된 합리화 원리에 의해 제한될 뿐만 아니라 오늘날 기업형태의 발전, 기업규모 확대, 이해집단의 영향과 기술혁신 등을 기반으로 한 산업사회의 발전 등에 의해 제한받게 된다.
② 딘(J. Deen)의 이윤제한 이유 : 대다수의 기업조직은 이윤의 추구뿐만 아니라 더불어서 안정성도 추구하게 되는데, 경우에 따라서 이윤의 추구와 안정의 추구가 상충되기도 한다. 이는 이익이 많아지면 안전성이 작아지고, 이익이 적으면 안전성이 커지게 된다는 것을 의미한다. 이에 표준이윤, 적정이윤, 안전이윤, 목표이윤 등의 개념들이 기업목표설정 및 예산통제에서 중요시되고 있다.

(5) 이익이론 및 이익개념의 내용
① 이익이론 : 이익이 무엇에 근거해서 누구에게 귀속되며 어떤 원인에 의해 발생하는지에 대한 이론적인 설명이자 실제로 이익이 어떤 구성요소에 의해 파악되며 해당 내용은 어떻게 달라질 수 있는지에 대한 연구이다.
② 이익개념에 대한 여러 견해
　㉠ 상법상 이익 : 기간 순손익이 아닌 시점이익(회계학적 견해와는 다소 차이가 있음)
　㉡ 회계학상 이익 : 기간 순손익
　㉢ 경제학상 이익 : 미래지향적인 이윤개념(경제학상의 이익개념은 현가계산이 주가 되지만, 기본적으로 그 계산은 상법상 시점의 이익)
　㉣ 세법상 이익 : 회계학상의 이익개념과 동일하게 기간손익을 전제로 한 법인세의 과세가능 순손익을 의미

4. 복수목표 시스템
기업이 대규모화되고 제도적으로 발전함에 따라 이익추구만을 유일목적으로 추구할 수 없게 됨에 따라 기업은 사회적 목표인 사회적 책임의 추구와 같은 복수목표체계하에서 움직이게 되었다.

02 의사결정

1. 의사결정의 기본적 특징

(1) 의사결정

기업조직의 경영에 있어 기업의 목적을 효과적으로 달성하기 위해서 둘 이상의 대체 가능한 방법들 가운데 한 가지 방향을 과학적, 조직적 및 효과적으로 결정하는 것을 의미한다.

(2) 의사결정의 주요 요소
① 의사 담당자 : 개인, 집단, 조직 또는 사회
② 환경 : 확실성, 위험, 불확실성 상황으로 구분
③ 대상 : 결정사항으로 생산, 마케팅, 재무 등이 해당

(3) 사이먼의 의사결정 과정
① **정보활동** : 결정을 필요로 하는 갖가지 조건에 관련된 환경의 탐색(의사결정기회의 발견)
② **설계활동** : 가능한 대체적인 활동방안의 개발 분석(여러 가지 대체안의 탐구)
③ **선택활동** : 특정 대체안의 선정 및 복수 대체안의 평가(대체안의 선택)
④ **검토활동** : 과거의 선택에 대한 평가(사후적인 평가)

2. 의사결정 문제와 의사결정 모형

사이먼은 의사결정 유형을 정형적, 비정형적인 것으로 분류하고 정형적 의사결정은 구조화된 결정 문제, 비정형적 의사결정은 비구조화된 결정 문제라고 하였다.

구분	정형적 의사결정	비정형적 의사결정
문제의 성격	보편적, 일상적인 상황	비일상적, 특수적 상황
문제해결 방안의 구체화 방식	문제해결안이 조직의 정책 또는 절차 등에 의해 미리 상세하게 명시됨	해결안은 문제가 정의된 다음에 창의적으로 결정
의사결정의 계층	주로 하위층	주로 고위층
의사결정의 수준	업무적·관리적 의사결정	전략적 의사결정
적용조직의 형태	시장 및 기술이 안정되고, 일상적이며 구조된 문제해결이 많은 조직	구조화가 되어 있지 않으며, 결정사항이 비일상적이면서 복잡한 조직
전통적 기법	업무절차, 관습 등	직관, 판단, 경험법칙, 창조성 등
현대적 기법	EDPS, OR 등	휴리스틱 기법

3. 앤소프(H. I. Ansoff)의 의사결정 모형

(1) 전략적 의사결정
① 기업조직의 외부문제와 관련한 것으로, 기업조직이 생산하고자 하는 제품의 믹스 및 제품을 판매하려는 시장의 선택에 대한 것
② 시장의 상황에 따라 어떤 제품을 어느 정도 생산할지, 어떤 제품에 어느 정도의 자원을 투입할 것인지에 대한 기본적 의사결정

(2) 관리적 의사결정
최대한의 과업능력을 이끌어내기 위해 기업조직의 자원을 조직화하는 문제에 대한 의사결정

(3) 업무적 의사결정
기업자원의 전환과정에 있어 효율을 최대로 하기 위한 의사결정으로, 현 업무의 수익성을 최대로 하는 것을 목적으로 한다. 각각의 기능 부분 및 제품라인 등에 대한 자원의 분배, 업무의 일정계획화, 통제활동 등이 주요 내용이다.

4. 불확실성·확실성·위험하에서의 의사결정

(1) 불확실성하에서의 의사결정
의사결정의 결과에 대해 높은 불확실성이 존재하는 의사결정

(2) 확실성하에서의 의사결정
의사결정의 결과를 확실하게 예측할 수 있는 상황에서의 의사결정

(3) 위험하에서의 의사결정
불확실성 및 확실성의 중간으로 결과에 대한 확률이 주어질 수 있는 상황하에서의 의사결정

CHAPTER 07 경영관리론

01 경영관리론의 학문적 의의

1. 독일 경영학과 미국 경영학의 비교

(1) 독일 경영학(경영경제학)
상업학으로부터 시작해서 이론적인 측면이 강한 학문

(2) 미국 경영학(경영관리학)
실제 경영에서 나타나는 문제의 해결에 관심을 가지고 시작한 실천적 측면이 강한 학문

2. 경영에 대한 관점

(1) 사회학자들의 매니지먼트에 대한 개념 : '계급 및 지위 시스템'으로 간주
(2) 경제학자들의 매니지먼트에 대한 개념 : 토지, 노동, 자본 등과 같이 생산요소의 하나로 간주
(3) 경영관리자들이 두뇌 및 교육엘리트가 되고자 하는 현상을 '경영자 혁명'이라 하는 학자들도 있다.

3. 매니지먼트에 대한 정의

(1) 매니지먼트를 관리(일반)로 보는 관점
① 특정 종류의 인간행위 또는 사회적인 현상을 의미하는 것으로 '조직화된 집단 내에서 활동하는 사람들을 통해 그들과 더불어 일을 이룩하게 하는 과정'이다.
② 쿤츠(H. Koontz)와 오도넬(C. O'Donnell) : 매니지먼트를 '타인으로 하여금 목표를 달성하게 하는 기능'이라 정의하였다.

(2) 매니지먼트를 경영관리로 보는 관점
타인들로 하여금 목표를 달성하게 하는 과정이나 기능은 물론 변화하는 환경에 대응하기 위한 전략적 관리를 그 연구대상에 포함해야 한다는 관점이다.

02 경영관리론의 본질과 내용

1. 매니지먼트를 관리(일반)로 보는 관점

(1) 테일러 및 페이욜의 공헌
① 테일러 이전에는 매니지먼트를 과학적 인식의 대상이라기보다 경영자들의 직관 또는 경험의 문제로 인지하였다.
② 페이욜 이전에는 매니지먼트에 생산·판매·회계·보전·재무 등 5가지의 직능이 필요함을 알고 있었지만, 기업조직의 전체 목표를 달성할 수 있도록 조정하는 '관리'라는 직능은 거의 인지하지 못했다.
③ 페이욜의 경우, 관리가 계획·조직·지휘·조정·통제의 과정으로 이루어지며, 매니지먼트의 교육에 대해 그 필요성을 느끼고, 관리론에 대한 이론의 체계화를 추구하였다.

(2) 인간관계론의 공헌
인간관계론의 관점에서 바라보는 계획 및 조직, 통제 등과 같은 과정 또는 기능 등을 의미하는 입장에서 바라보면 인간관계론의 핵심은 여전히 관리자 기능을 중심으로 하는 관리과정론에 입각해 있다고 할 수 있다.

(3) 관리기능(과정)의 내용
① 페이욜의 관리기능
  ㉠ 페이욜 : 기업에 있어 매니지먼트의 핵심이 되는 관리기능(과정)을 처음 제시하였다.
  ㉡ 페이욜은 기업조직이 존재하는 산업활동을 기술적 활동, 상업적 활동, 재무적 활동, 보전적 활동, 회계적 활동, 관리적 활동의 6가지로 구분하였고, 마지막 6번째 활동인 관리적 활동은 계획·조직·명령·조정·통제라는 5가지의 관리요소 또는 관리기능들로 구성된다고 하였다.
  ㉢ 페이욜이 주장하는 산업활동 중 관리활동을 중요시하며, 이를 관리(일반)로 바라보는 입장의 학자들을 관리과정학파라고 한다.
② 쿤츠 및 오도넬의 관리과정
  ㉠ 쿤츠와 오도넬은 관리과정학파의 대표적 학자로서 관리과정을 계획, 조직화, 충원, 지휘 및 통제로 구분하였다.
  ㉡ 조직화 및 충원, 지휘 등의 활동 중 주로 사람의 활동과 연관되는 과정 또는 기능 등을 강조한 것이라 할 수 있다.

2. 매니지먼트를 경영관리로 보는 관점

(1) 경영관리로서의 매니지먼트의 본질
기존에는 관리적 기능에서 의사결정에만 관심을 기울이고 전략적 계획은 무시되었다. 그 이유는 20세기 이후에 갑자기 형성된 대규모 인적조직을 어떻게 구조화하고 지휘할 것인가에만 관심이 있었고, 기술적으로나 사회적으로 급속한 변화가 없었기 때문이다. 하지만 최근에는 기업외부의 환경변화에 적응하기 위해서는 전략적 관리와 대응이 반드시 요구되며, 경영관리 관점에서 파악되어야 할 필요성이 있다.

(2) 경영관리의 내용
① 전략적 관리 : 선정된 목적을 달성할 수 있도록 조직체 및 환경과의 관계를 결정·유지하며, 해당 조직체의 하위부분이 효과적이면서 능률적으로 활동할 수 있도록 자원을 배분하는 과정을 말한다.
② 업무적 관리 : 일상 업무의 처리 및 관련된 관리과정으로서 관리적 결정 또는 작업적 결정이 주된 의사결정영역이다.

03 경영계획과 경영통제

1. 경영계획

(1) 경영계획의 의의
① 개념
㉠ 기업조직의 장래 관리활동에 대한 의사결정 및 그 과정이다. 경영계획은 경영자가 수행하는 최초의 경영관리 과정이면서 더불어 경영관리의 최종적 과정인 경영통제의 전제조건이다.
㉡ 경영계획은 관리활동의 출발점으로 기업조직이 지향해야 할 목표를 제시한다.
② 분류
㉠ 광의 : 목표 및 전략을 모두 포함한다.
㉡ 협의 : 방침, 절차, 프로그램, 규정, 예산만을 경영계획에 포함시킨다.

(2) 경영계획의 필요성
미래의 불확실성 및 변화에 대처하기 위하여 경영자가 경영목표에 주의 및 관심을 집중하도록 한다. 비생산적이거나 비경제적인 노력을 배제함으로써 경제성 및 효율성을 높일 수 있다.

(3) 계획의 체계
쿤츠는 목적, 목표, 전략, 방침, 규칙, 절차, 프로그램, 예산 체계 등으로 구분하였다.
① 스케줄 : 기업조직의 목표달성을 위해 어떤 일을 어떤 순서대로 연속적으로 수행해야 하는지에 대한 시간적인 순서
② 프로그램 : 목표달성을 위해 필요하고 연결되어 있는 제반활동이나 연속되는 행동시스템을 말한다. 즉, 프로그램은 어떤 일정 행동방침을 실행하기 위해 필요한 요소들의 복합체이다.
③ 예산 : 계획기능 중 하나인 통제를 위한 불가결한 수단임과 동시에 예산편성은 기업조직의 제반 계획을 통합하기 위한 중요 수단이다.
④ 절차 : 미래 시점에서 발생하는 활동의 관습적인 처리방법을 설정하는 것이며, 업무수행에 있어서 기본이 되는 계획이다.

(4) 계획의 종류 : 종합계획, 단기계획, 개별계획, 부문계획 등

(5) 경영계획의 원칙(쿤츠) : 합목적성의 원칙, 계획우선의 원칙, 보편성의 원칙, 효율성의 원칙

(6) 계획의 단계
① 문제의 인식
② 목표의 설정
③ 계획의 전제 수립
④ 대안의 모색 및 검토
⑤ 대안의 평가
⑥ 대안의 선택
⑦ 파생계획의 수립
⑧ 예산에 의한 계획의 수량화

2. 경영통제

(1) 개요
① 경영관리과정에서 수립된 목표·계획 등이 실제로 수행된 결과와 괴리가 존재할 시 이를 조정해서 기업조직의 목표 달성을 가능하게 해야 하는데, 이러한 관리활동을 나타내는 것이 경영통제이다.
② 통제는 목표 또는 계획과 성과 사이의 편차 측정 및 편차 수정이라는 내용을 기본적으로 내포하고 있다.

(2) 범위
① 통제는 기업조직의 목표 또는 계획과 성과 사이의 편차를 측정하는 것을 내포하지만 동시에 그 이상의 의미를 지닌다.
② 피드백에 의한 통제(사후통제) : 회계보고에 기반을 둔 역사적 자료, 다시 말해 과거사실에 대한 자료를 통제 수단으로 삼아 계획을 한 번 수행한 후 사후적으로 편차를 조정해서 기업조직의 목표를 달성하도록 되어 있다.
③ 피드포워드 통제(사전통제) : 미래에 발생 가능한 편차의 원인이 되는 문제점이 발생하지 않도록 사전에 제거함으로써 한 번의 계획수정으로 목표를 달성할 수 있게 하는 것을 말한다.

(3) 경영통제 과정
① 표준의 설정
　㉠ 개념 : 표준은 기업조직의 경영목표에 의해 수립되는 일종의 계획에 준하는 경영통제의 기준이라 할 수 있으며, 이는 실제적인 성과의 측정을 위한 기반이 된다.
　㉡ 설정 : 표준은 제품의 양, 작업시간 및 속도, 서비스의 단위, 불합격품의 수량 등 물리적이면서 양적인 것으로 표현할 수도 있고 수입, 비용 또는 투자액과 같이 금전적으로도 표현 가능하다.

ⓒ 종류

물리적 표준	비금전적인 측정표준으로 통상적으로 원료에 노동력을 작용시켜 가공함으로써 재화 및 용역을 생산하는 작업장에서 주로 쓰이고 있다. 예 마력당 연료소모량, 단위생산당 작업시간 등
원가측정	금전적 측정표준으로 물리적 표준과 동일하게 작업장에서 주로 쓰이고 있다. 예 단위생산당 간접원가, 단위생산당 직접원가, 단위생산당 원재료비 등
자본적 표준	원가표준을 변형한 것으로 물리적인 항목에 금전적 측정치를 활용한 것이지만, 이는 작업의 비용보다도 기업에 투입된 자본과 연관이 있다. 예 유동비율, 부채비율, 자본이익률, 재고회전율 등
수익 표준	화폐 단위를 매출에 활용한 것을 말한다. 예 고객 1인당 매출액, 철재 1톤당 수익 등
프로그램기준	신제품개발계획이나 변동예산계획 또는 판매진들의 자질향상계획 등을 설정할 시 활용하는 표준이다.
추상적 표준	물리적·화폐적 측정치로는 표현이 불가한 경우에 활용되는 표준으로 인간관계적인 요소가 성과 측정의 고려대상이 되는 경우에는 필요하지만, 어느 정도가 효과적인지 파악하기에는 어려움이 있다. 예 충성심 제고, 사기 앙양

② 성과의 측정
ⓐ 성과측정의 단계는 통제의 중심부를 차지하는 단계라 할 수 있다.
ⓑ 통상적으로 성과측정은 기업조직의 규모가 커질수록 복잡해진다. 이를 해결하기 위해서는 정형적 성과의 측정은 하위계층에 일임하고, 최고경영층에서는 비정형적인 성과의 측정만을 담당하는 예외의 원칙을 활용하거나 스태프 조직을 활용하는 것이 필요하다.

③ 편차의 수정
ⓐ 표준 및 성과의 편차를 수정하는 단계이다.
ⓑ 편차 수정을 위해서는 내·외부 조건을 조정하거나 하급자들의 감독·훈련 및 선발 등을 재검토할 필요가 있다.

(4) 경영통제를 위한 기법

① 통제수단
ⓐ 통제의 기능이 활발히 수행되도록 적절한 정보를 제공해 주는 하나의 절차이자 기법이다.
ⓑ 통제가 잘 이루어지기 위해서는 기업조직의 강점 및 약점을 인지해야 하는데, 이때 통제의 수단은 이를 파악함에 있어 상당히 유용하다.

② 예산제도에 의한 통제
ⓐ 예산제도는 오래되었으면서도 통상적으로 보급된 통제의 수단이다.
ⓑ 예산통제는 크게 이익계획을 기초로 한 형태와 적립식 형태로 나누어진다.

③ 합리적인 예산통제를 위한 조건
ⓐ 기업의 조직 구성원들은 모두가 예산통제제도에 대해 충분하게 이해함과 동시에 지원해야 한다.
ⓑ 예산통제를 위한 조직이 확립되어 있어야 한다.
ⓒ 예산통제를 위해서는 예산통제의 방침 또는 절차 등을 명시한 예산통제 관리규정이 정비되어 있어야 한다.
ⓓ 예산통제제도는 계수를 통한 통제방식이므로 이를 다룰 수 있는 적절한 회계조직이 확립되어 있어야 한다.

ⓜ 예산기간의 경우 회계기간의 장단, 제조기간의 장단, 장기예측의 필요 유무, 계절적 요인 등에 따라 달라질 수 있지만, 예산통제제도를 지속적으로 내부통제에 활용하기 위해서는 회계연도와 동일하게 설정하는 것이 바람직하다.

④ **기타 방법에 의한 전통적 통제기법**
  ㉠ 통계적 자료에 의한 방법
  ㉡ 손익분기점 분석에 의한 방법
   - (손익분기점 매출수량) = $\dfrac{(고정비)}{(단위공헌이익)}$
   - (손익분기점 매출액) = $\dfrac{(고정비)}{(공헌이익률)}$
  ㉢ 특수한 보고서 및 그 분석에 의한 방법
  ㉣ 개인적 관찰에 의한 방법
  ㉤ 내부감사에 의한 방법

CHAPTER 08 전략수립과 전략실행

01 경영전략과 전략개발

1. 경영전략의 의의와 구성요소

(1) 의의

변화하는 기업환경하에서 기업조직의 존속 및 성장을 도모하기 위해 환경의 변화에 기업조직의 활동을 전체적이고 계획적으로 적응시키는 전략을 말한다.

(2) 구성요소

① 앤소프의 전략 구성요소 : 제품·시장분야, 성장벡터, 경쟁상의 이점, 시너지
② 호퍼와 센델의 전략 구성요소 : 전략영역, 자원전개, 경쟁우위, 시너지

2. 전략계획과 전략개발

(1) 전략계획

공식화된 계획 설정 과정에서 전략 개념을 도입한 계획 설정(이에 대한 명칭 및 내용은 다양함)으로, 변화하는 환경에 대응하고 경영의 잠재적 수익능력을 종합적으로 개발하기 위한 미래지향적 의사결정시스템이다.

(2) 관리문제 영역의 혁신과 전략계획(앤소프의 5단계 분류)

① 사회적(정치적) 관리
  ㉠ 기업의 최상단에는 사회적·정치적 관리가 위치한다.
  ㉡ 사회에 있어 기업조직의 정당성·합법성, 존재이유를 판단하고 결정한다.
② 기업가적 관리
  ㉠ 기업가적 관리는 기업을 위한 이익잠재력을 창출해 낸다.
  ㉡ 기업의 유지·발전의 기회를 포착하며 실현시키고, 위협을 인지하고 회피하는 것이다.
③ 경쟁적 관리 : 잠재적인 이익을 현실이익으로 전환하는 것과 관련된다.
④ 경영적 관리 : 위에 제시된 3가지 관리활동이 요구하는 능력을 제공하는 것으로, 3가지 관리에 대해 기능·가치·구조·시스템 등을 지원하는 관리이다.
⑤ 로지스틱스 과정 : 비관리적인 성격, 병참적 활동이나 생산적 활동이라 불리며 자원의 조달·변환·유통 등의 복잡한 단계를 포함한다.

(3) 전략계획의 특징(G. A. Steiner)

① 전략계획은 과정이다 : 전략계획은 목표의 개발과 더불어 시작되는 일종의 과정으로 전략 수립을 위한 지속적인 과정이 되어야 함을 의미한다.
② 전략계획은 하나의 철학이다 : 이미 정해진 과정, 절차 또는 기법보다 한 차원 높은 사고의 과정이나 지적 활동이다.
③ 전략계획은 의사결정의 미래성을 다룬다 : 공식적 전략계획은 미래에 존재하는 기회 및 위협의 구별을 의미하고, 이는 합리적 의사결정의 기초가 된다.
④ 총괄적인 전사적 계획은 계획의 구조로 정의되기도 한다 : 단기적인 업무계획 및 전략계획을 통합화하는 구조를 의미한다.

(4) 전략개발과 전략유형

① 전략개발의 방법
  ㉠ 갭 분석 : 검토하려는 목표나 단순하게 연장된 성과의 차이를 통해 설정된 목표가 달성될 것인지의 여부를 분석하기 위한 방법이다.
  ㉡ ETOP 분석 : 환경의 위협 및 기회에 대해 배경조사, 각 지표에 대한 과거행위의 측정, 중요지표의 선택, 각 지표의 예측, 잠재적인 미래 상황의 식별, 시나리오의 작성 등과 같은 프로파일을 통해 새로운 전략개발을 모색하기 위한 방법이다.
  ㉢ SWOT 분석 : 환경의 기회 및 위협 등을 파악하고, 기업 조직의 강점 및 약점을 인지해서 여러 형태의 전략적인 반응을 유도하고자 하는 방법이다.
  ㉣ 이슈분석 : 환경의 변화에 대한 미세 신호를 포착해서 이를 통해 위협을 극복하고 기회를 파악하여 충격적인 놀라움의 원인 및 반응 등을 전략적으로 분석하는 방법이다.

② 경영전략의 유형
  ㉠ 스타이너(Steiner)와 마이너(Miner)의 분류
   • 조직계층별 분류 : 분권화된 기업조직에서 본사수준의 전략 및 사업부수준의 전략으로 구분된다.
   • 영역에 기초를 둔 분류 : 기본전략 및 프로그램 전략으로 구분된다.
   • 목적 또는 기능에 의한 분류 : 성장 및 생존목적을 위한 전략과 제품·시장전략의 구분된다.
   • 물질적·비물질적 자원별 분류 : 통상적으로 전략은 물리적인 자원을 대상으로 하지만 경영자의 스타일이나 사고패턴, 철학과도 관련된다.
   • 경영자의 개인적 선택에 의한 분류 : 개개인의 개인적 지위 및 가치관의 차이에 의한 분류이다.
  ㉡ 외형적인 전략출현 중심의 분류
   • 생산지향 전략 : 외부환경을 보완적인 요인으로 보고 내부 환경의 전략적 요인을 추구하는 전략으로, 생산시스템의 혁신 및 제품표준화 또는 제품개발에 의한 생산의 효율화를 목적으로 한다.
   • 시장지향 전략 : 시장 환경에서 전략적인 요인을 찾는 전략으로, 제품·시장전략이 중심이다.
   • 산업지향 전략 : 산업계의 경쟁관계에서 전략적인 요인을 찾는 전략으로, 전사적 전략이 중심이다.

3. 제품의 표준화 전략과 다각화 전략

표준화, 단순화, 전문화를 주축으로 제품개발과 시장침투가 핵심적 내용을 구성하고 있다. 제품의 라이프사이클에 따른 제품개발, 계열화, 확대전략 등이 구체적으로 나타나는 전략이며, 최근에는 생산성 향상을 위한 측면에서 생산성 전략이 나타나기도 한다.

(1) 제품의 표준화 전략

① 포드 시스템
  ㉠ 포드의 생산전략은 제품의 표준화, 부품 등의 호환성 제고, 이를 가능하게 하는 부품의 집중생산 및 컨베이어 시스템을 활용한 흐름작업화 등을 가리킨다.
  ㉡ 생산전략에 있어 공통적 사항은 표준화, 단순화, 전문화이다.
  ㉢ 포드의 생산전략은 확대전략(Expansion Strategy)의 특징을 지닌다.

> **포드 시스템의 비판**
> - 동시작업 시스템의 문제 : 한 라인에서 작업이 중지될 경우 전체 라인의 작업이 중지되어 제품 생산에 큰 차질을 빚게 한다.
> - 인간의 기계적 종속화 : 컨베이어 시스템 등의 생산기계에 이상이 있을 시 생산은 중단되고 사람은 아무런 일도 하지 못하게 된다.
> - 노동착취의 원인 제공 : 생산라인에서 사람은 쉬지 못할 뿐만 아니라 떠날 수도 없기 때문에, 이러한 생산과정은 노동의 과부하를 불러일으킬 수 있다.
> - 제품의 단순화, 표준화는 효율적이지만 다양한 욕구를 충족시키기에는 역부족이다.

② 확대 전략
  ㉠ 제품의 개발 : 기존제품을 대신할 신제품 개발을 위해 제품수명주기를 고려해야 한다.
  ㉡ 계열화 : 포드에 의해 시작된 것으로 주로 수직적인 계열화이고, 각기 다른 생산공정 및 생산영역을 하나의 경영시스템하에 둔 것이다.
  ㉢ 확대 : 통상적으로 확대전략은 현존 제품의 시장지위를 높이는 전략이다.

③ **생산성 전략** : 제조전략의 기반이 되고 있지만, 제조공정의 원가절감 및 작업자 만족, 제품의 품질향상이라는 상호배반적 측면이 있으므로 최적화에 다다르는 과정이 쉽지 않다.

(2) 제품의 다각화 전략

① **시장지향전략의 출현** : 시장이 잠재적으로 크고 더욱 동질적이며 안정되어 있다는 가정하에서 제품표준화 전략을 중심으로 한 생산전략이 가능했지만, 이러한 가정이 타당성을 지니지 못하는 상황에서는 시장지향적인 전략이 중요시된다.

② 다각화 전략의 성장벡터 유형
  ㉠ 개념 : 앤소프는 제품의 생산지향적 전략에서 시장지향적 전략으로의 과정에서 필연적으로 나타나는 제품전략으로 제품개발, 시장침투, 시장개발 등의 전략을 확대전략으로 파악하고 이와 대비되는 전략을 다각화 전략으로 보았다.

ⓛ 앤소프(H. I. Ansoff)의 성장벡터

	기존 제품	신제품
신시장	시장 개발 (Market Development)	다각화 (Diversification)
기존시장	시장 침투 (Market Penetration)	제품 개발 (Product Development)

→ 위험도 (가로), 위험도 (세로)

- 시장침투(시장진입) 전략 : 기존 상품으로 기존 시장에 진입
  이미 존재하는 상품을 가지고 더 깊고 체계적으로 시장에 침투하는 방법이다. 시장점유율을 높여 경쟁자의 시장점유율을 빼앗거나 기존 고객들의 구매를 늘리기 위해 노력한다.
- 제품개발 전략 : 기존 시장에 신제품으로 진입
  기존 고객들의 욕구를 충족시키고 브랜드에 대한 충성도가 높은 기업에게 유리한 전략이다.
- 시장개발 전략 : 새로운 시장에 기존제품으로 진입
  기존 시장이 포화되어 다른 지역이나 고객군을 공략하는 전략으로, 시장침투보다 위험이 크다. 따라서 신제품 개발에 혁신과 차별화를 두어야 한다.
- 다각화전략 : 신제품으로 새로운 시장에 진입
  특별히 위험이 큰 전략이다. 성공적으로 진출하기 위해서는 기업이 다각화했을 때 기존 기업이 가지고 있는 역량이 새로운 사업에 얼마나 도움을 주는지를 나타내는 개념인 시너지를 생각해야 한다.

> **다각화의 종류**
> - 수직적 다각화 : 기업이 자신의 분야에 포함된 분야로 사업영역을 확장하는 것
> - 수평적 다각화 : 자신의 분야와 동등한 수준의 분야로 다각화하는 것
> - 집중적 다각화 : 핵심기술 한 가지에 집중해서 판매하는 것 또는 다른 관점에서 바라보면 경영합리화의 목적, 시장통제의 목적, 금융상 이점 등을 목적으로 상호 간 협정 또는 제휴를 통해 과다경쟁으로 인한 폐해를 없애고 기업조직의 안정 및 시장지배를 목적으로 하는 것
> - 복합적 다각화 : 해당 사업이 연계한 동종업종의 것일 수도 있으며, 전혀 자신들의 업종과는 다른 양상의 분야로 확장해서 운영하는 것

4. 기업의 산업경쟁 전략과 포트폴리오 전략

(1) 마이클 포터의 경쟁전략
기업의 경쟁력을 결정하는 5가지 요인(잠재적 진입자, 산업 내 경쟁자, 공급자, 구매자, 대체품)이 기업을 위협하는 환경에서 경쟁우위에 서기 위해 취할 수 있는 공격적 또는 방어적인 전략을 말한다.

(2) 경쟁전략
① 기업조직에서의 경쟁전략은 기업조직이 어떻게 경쟁에 들어가는지 그리고 목표는 무엇인지, 이러한 목표를 실현하기 위해 필요한 정책은 무엇인지에 대해 결정하는 것이다.
② 경쟁전략의 형태

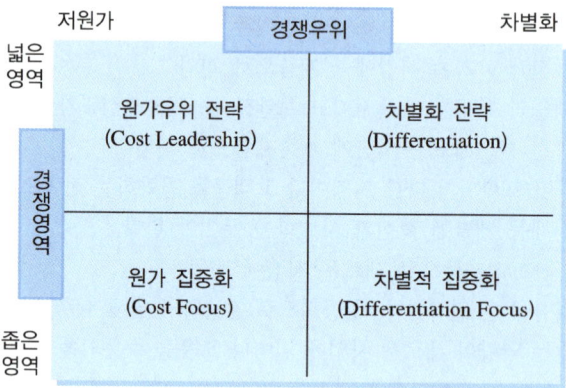

  ㉠ 코스트 리더십 전략(원가우위 전략) : 비용요소를 철저하게 통제하고 기업조직의 가치사슬을 최대한 효율적으로 구사하는 전략이다.
  ㉡ 차별화 전략 : 소비자들이 가치가 있다고 판단하는 요소를 제품 및 서비스 등에 반영해서 경쟁사의 제품과 차별화한 후 소비자들의 충성도를 확보하고 이를 통해 가격 프리미엄 또는 매출증대를 꾀하는 전략이다.
  ㉢ 집중적 전략 : 메인 시장과는 다른 특성을 지니는 틈새시장을 대상으로 해서 소비자들의 니즈를 원가우위 또는 차별화 전략을 통해 충족시켜 나가는 전략이다.

(3) 경쟁전략을 위한 산업구조적 요인의 분석(경쟁 5요인)

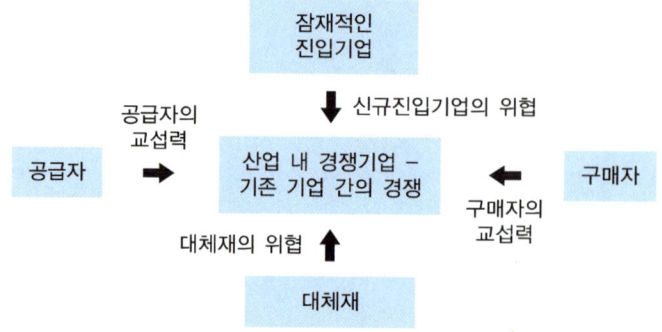

> **포터의 산업환경분석**
> 산업 환경의 분석은 기업조직의 전략에 있어 직접적으로 영향을 미치기 때문에 전략 수립에 있어 가장 중요한 요소 중 하나이다.
> - 잠재적인 진입자의 위협
> - 기존 기업들 간의 경쟁
> - 구매자의 교섭력
> - 공급자의 교섭력
> - 대체품의 위협

(4) 포트폴리오 전략

① 경영자전략계획의 일환으로 기업조직의 환경위험을 분석하여 활용이 가능하도록 기업의 잠재능력 개발을 위해 고안된 것을 말한다.

② 경험곡선에 의한 비용체감의 법칙과 PIMS 모형에 의한 시장점유율 및 ROI 결정법칙을 합하여 현재 잠재력이 있는 전략적 사업단위를 발견해서 이에 대해 투자 또는 환수를 정하는 전략이다.

③ 경험곡선

제품의 단위당 실질 코스트는 누적경험량(누적생산량 또는 판매량)이 증가함에 따라 단위당 비용이 20~30%의 비율로 저하된다.

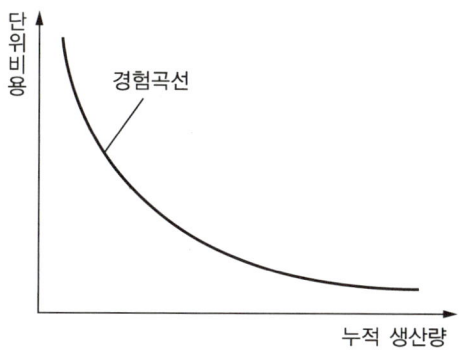

④ 경험곡선과 PIMS
  ⊙ 시장점유 및 투자수익률과의 정(+)의 관계를 실제적으로 검증한다.
  ⊙ 특정 사업에 있어 투자수익률이 전략 변화에 어떠한 영향을 미치는지 또는 반대로 전략 변화가 투자수익률에 어떤 영향을 미치는지를 분석한다.
  ⊙ PIMS는 이익모형으로 기업조직의 수익성에 영향을 미치는 요소 및 그 영향 정도, 전략과 시장조건의 변화에 따른 투자수익률의 변화를 파악하고자 한다.
  ⊙ PIMS 모형이 제시하는 전략 : 구축전략, 유지전략, 철수전략

⑤ 성장 – 점유 매트릭스(BCG 매트릭스 모형)
  ⊙ 최초의 표준화된 포트폴리오 모형
  ⊙ 각 전략적 사업단위(SBU; Strategic Business Unit)의 수익과 현금흐름이 실질적으로 판매량과 밀접한 관계에 있다는 가정하에 작성된 모형으로 수익의 주요 지표로서 현금흐름에 초점을 두고, 상대적 시장점유율과 시장성장률이라는 2가지 변수를 고려하여 사업 포트폴리오를 구성한다.

ⓒ 세로축을 시장성장률로 두고, 가로축을 상대적 시장점유율로 두어 2×2 매트릭스를 형성한다.
ⓓ 시장성장률은 각 SBU가 속하는 산업 전체의 평균매출액 증가율로 표시되며, 시장성장률의 고·저를 나누는 기준점으로는 전체 산업의 평균성장률을 활용하게 된다.

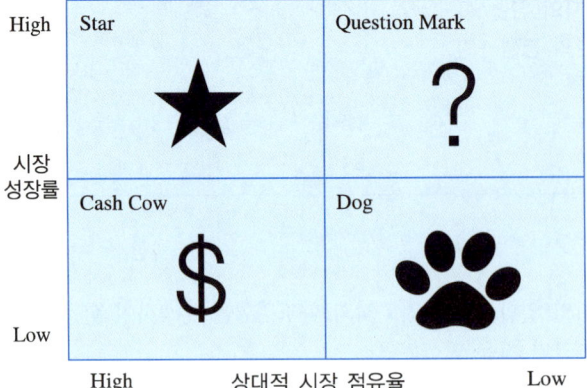

BCG 매트릭스 모형	
별(Star) 사업부	• 시장성장률도 높고 상대적 시장점유율도 높은 경우에 해당하는 사업이다. • 이 사업부의 제품들은 제품수명기상에서 성장기에 속한다.
현금젖소(Cash Cow) 사업부	• 시장성장률은 낮지만 높은 상대적 시장점유율을 유지하고 있다. 이 사업부는 제품수명주기상에서 성숙기에 속하는 사업부이다. • 이에 속한 사업은 많은 이익을 시장으로부터 창출해낸다. 그 이유는 시장의 성장률이 둔화되었기 때문에 그만큼 새로운 설비투자 등과 같은 신규 자금의 투입이 필요 없고, 시장 내에 선도 기업에 해당되므로 규모의 경제와 높은 생산성을 누리기 때문이다.
물음표(Question Mark) 사업부	• 다른 말로 '문제아'라고도 한다. • 이 사업부는 시장성장률은 높으나 상대적 시장점유율이 낮은 사업이다. • 이 사업부의 제품들은 제품수명주기상에서 도입기에 속하는 사업부이다. • 시장에 처음으로 제품을 출시한 기업 이외의 대부분의 사업부들이 출발하는 지점이 물음표이며, 신규로 시작하는 사업이기 때문에 기존의 선도 기업을 비롯한 여러 경쟁기업에 대항하기 위해 새로운 자금의 투자를 상당량 필요로 한다.
개(Dog) 사업부	• 시장성장률도 낮고 시장점유율도 낮은 사업부이다. • 제품수명주기상에서 쇠퇴기에 속하는 사업이다. • 낮은 시장성장률 때문에 그다지 많은 자금의 소요를 필요로 하지는 않지만, 사업활동에 있어서 얻는 이익도 매우 적은 사업이다. • 이 사업에 속한 시장의 성장률이 향후 다시 고성장을 할 가능성이 있는지 또는 시장 내에서 자사의 지위나 점유율이 높아질 가능성은 없는지 검토해 보고 이 영역에 속한 사업들을 계속 유지할 것인가 아니면 축소 내지 철수할 것인가를 결정해야 한다.

02 전략경영

1. 전략경영의 출현과 특징

(1) 전략경영

전략경영은 경영관리상의 전 범위를 포괄하며, 전략경영시스템은 계획활동뿐만 아니라 기업조직의 활동·동기부여·통제 등의 제국면을 포괄하는 시스템으로의 특징을 지닌다.

(2) 전략경영의 특징

전략계획	전략경영
문제해결과정으로서의 전략수립에 역점	실행 및 통제의 문제를 포함
기업의 외적 관계성, 즉 제품·시장전략과 관련	내부배열, 즉 조직시스템 및 조직 변화와 관련
전략의 결정 시 기술적·경제적·정보적 측면에 집중	기업조직 내외의 사회적·정치적 요소에도 주목

(3) 호퍼와 센델의 전략경영 형성 단계(7단계)

전략의 식별 → 환경의 분석 → 자원의 분석 → 갭의 분석 → 전략적 대체안 → 전략의 평가 → 전략의 선택

2. 전략과 조직의 구조와 과정 및 문화

(1) 구조 및 과정

① 통상적으로 구조는 조직구성요소의 상호 관련된 틀 또는 패턴이라 하고, 과정의 경우에는 조직구성요소의 결합에 있어 행동이나 기능 등이 된다.
② 구조는 기업조직시스템의 정태적 현상이며, 과정은 기업조직구조의 동태적 현상이다.

(2) 전략과 구조의 맥락

① 통상적으로 과거에는 기업조직이 환경변화에 적응하기 위해서 전략목적을 설정하면 이를 이루기 위해 그에 맞는 적정한 조직구조가 자동으로 설계된다는 가정이 지배적이었지만, 현대에 와서는 기업의 조직구조가 전략적인 선택에 의해 형성된다는 명제로 수정·보완되었다.
② 챈들러의 경우, 미국 내 대기업을 상대로 한 연구에서 집권화된 기업조직으로 시작한 기업이 다양화전략에 따라 사업부제로 이행하였음을 발견하고, '구조는 전략에 따른다'라는 명제를 만들어 냈다. 하지만 이런 명제는 조직 및 환경과의 맥락에서 지나치게 기계론적이고, 결정론적이라는 비판을 받았다.

(3) 전략과 문화

① 기업문화론에 대한 연구는 기업의 조직구조 및 관리시스템을 변혁시키고자 하는 문제의식으로부터 시작되었고, 계량모형에 의한 합리적인 경영기법의 한계를 극복하고자 시도된 새로운 접근 방법이다.

② 핵스와 마이루프의 경우 전략경영의 통합적 전망이라는 전략은 기업문화의 내부로 통합되어야 함을 주장하고, 전략경영은 기업 조직의 모든 기능 및 구조계층을 연결시키는 기업가치·경영능력·조직 책임 그리고 관리시스템을 개발하는 것이라 정의하였다.
③ 오늘날의 조직문화 또는 기업문화는 경영전략의 수립 및 실행에 있어 중요한 전략적 과제로 나타나고 있다.

(4) 마일스와 스노가 말하는 전략·구조 유형

전략	목표	조직구조의 특성
방어형 전략	안정 및 능률	• 광범위한 분업 및 공식화의 정도가 높은 기능별 조직구조를 취하는 경향 • 집권화된 통제 및 복잡한 수직적 정보시스템 • 단순한 조정메커니즘과 계층경로를 통한 갈등 해결
탐사형 전략	유연성	• 분업의 정도가 낮으며, 공식화의 정도가 낮은 제품별 조직구조를 취하는 경향 • 분권화된 통제 및 단순한 수평적 정보시스템 • 복잡한 조정메커니즘과 조정자에 의한 갈등 해결
분석형 전략	안정 및 유연성	• 기능별 구조 및 제품별 구조를 결합한 느슨한 조직구조를 취하는 경향 • 중간 정도로 집권화된 통제 • 극도로 복잡하면서 고비용의 조정메커니즘 : 어떠한 갈등은 제품관리자에 의해 해결하고, 어떠한 갈등은 계층경로를 통해 해결

CHAPTER 09 조직구조와 조직문화

01 조직구조

1. 조직구조의 구성

(1) 로빈스(S. P. Robbins)의 조직구조의 구성요소 : 복잡성, 공식화, 집권화

(2) 조직구조 분석을 위한 구성요소 : 분화, 통합, 권한 시스템, 관리 시스템

(3) 공식조직과 비공식조직
① 공식조직 : 계획적이면서 의도적으로 구성요소 간 합리적 관계패턴을 공식적으로 확립시키기 위해 만든 조직이다. 공식조직을 구성함에 있어서는 기능(과제)의 분화 및 지위의 형성, 직위에 대한 권한 및 책임의 한계를 명시적으로 규정화하는 것 등이 문제가 된다.
② 비공식조직 : 자연발생적으로 생겨난 조직으로 소집단의 성질을 띠며, 조직 구성원은 밀접한 관계를 형성한다.

> **비공식조직의 특징**
> • 비공식조직의 구성원은 감정적 관계를 가지고 개인적 접촉성을 나타냄
> • 비공식조직의 구성원은 집단접촉의 과정에서 저마다 나름대로의 역할을 담당함
> • 비공식적인 가치관, 규범, 기대 및 목표를 가지고 있으며, 조직의 목표달성에 큰 영향을 미침

(4) 분업구조와 분권화
① 분업구조 : 조직의 목표를 세분화한 것으로 조직단위의 연결 또는 네트워크로 생각할 수 있다.
② 구성요인
   ㉠ 복잡성(조직 내에 존재하는 분화의 정도)
   ㉡ 수직적 분화는 계층의 형성을 의미하며, 수평적 분화는 부문화의 형성을 의미한다.
   ㉢ 분업은 전문화에 의한 업무의 분화이지만, 이는 통합을 전제로 하는 것이다.
   ㉣ 의사결정의 권한을 분산화하는 형태로 나타난다.
③ 관료제 : 베버는 조직의 규모가 커져감에 따라 발전된 합리적 구조를 관료제라고 하였으며 근대적이고 합법적인 지배를 기반으로 하고 있다. 더불어 관료제는 직위의 계층적인 배열, 비인격적 관계, 추상적인 규칙시스템 등을 특성으로 하고 있다.

(5) 계층구조와 권한 관계

① 경영조직은 조직 구성원 개개의 과제 및 기능을 서로 상호 조정하기 위해서 상·하위의 계층 구분이 불가피하며, 이에 따라 조직구조인 계층구조를 지니게 된다. 계층구조의 분석에 있어 권한이 중요시되고, 조직에서의 권한은 통상적으로 직무를 수행할 수 있는 권리 및 그에 따른 권력 등을 포함하는 것으로 정의된다.

② 사이먼(H. A. Simon)이 주장하는 권한의 기능

권한의 기능	내용
책임이행의 강요	책임이 이행되지 않았을 시 구체적 제재의 권한이 발동되는 것
의사결정에 있어서 전문성의 확보	권한의 행사로써 의사결정의 전문성을 높이는 것
활동 간 조정	전체 집단구성원으로 하여금 특정한 정책의 결정에 따르도록 유도하는 것

(6) 커뮤니케이션의 구조 및 품의제도

① 의사소통구조 : 의사소통은 적어도 두 사람 사이의 정보전달 과정이며, 조직에서의 의사소통 관계를 의사소통 구조라고 한다.
  ㉠ 바너드에 의하면 조직을 구성하는 기본 조건은 의사소통, 공동 목적, 협동의욕의 세 가지가 갖추어져야 한다고 하였다. 이처럼 의사소통은 조직의 목적을 각 구성원에게 효과적으로 전달할 수 있도록 명료성, 일관성, 자기적시성, 분포성, 타당성, 적응성, 관심과 수용의 원칙 등이 지켜져야 한다.
  ㉡ 수단의 하나가 품의제도이며, 이는 집권화 체제에서 주로 활용되고 있는 방법이다.

② 품의제도
  ㉠ 경영관리상 중요 문제를 하위자가 상위자에게 보고해서 결재를 받는 것과, 직능적으로 관련 있는 타 직위에 회의(回議)하는 것을 의미한다.
  ㉡ 문서의 형식으로 절차에 의해 양식화되고 확인·기록·보존하는 것이다.
  ㉢ 보고·결재·회의·양식화하는 공식적인 커뮤니케이션 수단이며, 이는 기록 및 확인하는 요소를 포함한다.

(7) 조직시스템의 형상(H. Mintzberg가 분류한 조직형상의 구성요소)

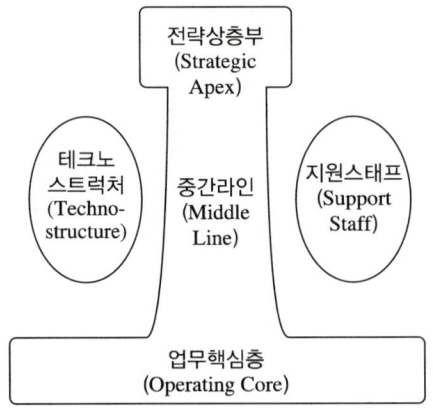

> **주요 사항**
> - 업무핵심층(Operating Core) : 제품 및 서비스 생산과 직접 관련된 기본적인 업무를 수행한다.
> - 전략상층부(Strategic Apex) : 기업조직에 대한 전반적인 책임과 함께 조직의 방향설정과 전략개발 등을 담당한다.
> - 중간라인(Middle Line) : 업무핵심층과 전략상층부를 연결해주는 역할을 수행한다.
> - 테크노스트럭처(Techno-structure) : 업무의 흐름을 설계하고 수정하며, 종업원들을 훈련시키는 등 전문적인 기술지원을 하지만 직접적인 작업을 수행하지는 않는다.
> - 지원스태프(Support Staff) : 작업흐름과 분리되어서 작업을 수행하는 다른 부문을 전체적인 차원에서 지원해주는 전문화된 단위로서 그 역할을 수행한다.

2. 경영조직 구조의 형태와 유형

(1) 민츠버그의 분류
단순구조, 기계적 관료제, 전문적 관료제, 사업부제, 애드호크라시

(2) 일반적 분류
기업조직의 기본적 형태는 라인조직, 집권화 및 분권화를 기준으로 하는 사업부제 조직이다. 집권식 기능조직과 분권적 조직의 결합인 매트릭스 조직 등으로 분류한다.

(3) 라인조직

① 단일 라인조직
  ㉠ 한 사람의 의사 및 명령이 하부에 직선적으로 전달되는 형태의 조직이다. 군대식 조직과 같이 지휘명령권이 명확하며, 계층원리 또는 명령일원화 원리에 의해서 설계된 조직형태이다.
  ㉡ 모든 조직의 기본형태로 소규모의 기업경영형태에서 볼 수 있다. 의사결정이 신속하며 하급자의 훈련이 용이하나 업무의 과다한 집중으로 인한 비효율성이 발생한다.

② 복수 라인조직
  ㉠ 명령권자 및 수령라인이 복수인 조직형태로, 이러한 조직의 시작은 테일러(Taylor)이다.
  ㉡ 감독의 전문화가 이루어지나, 명령의 이원화에 따른 문제발생의 소지가 있다.

③ 스태프 라인조직
  ㉠ 복수 기능식 라인조직의 결함을 보완하고, 단일 라인조직의 장점을 살릴 수 있는 혼합형 조직형태이다. 라인이 명령권을 지니며, 스태프는 권고·조언·자문 등의 기능을 지닌다.
  ㉡ 라인 및 스태프의 분화에 의한 전문화의 이점을 살릴 수 있으나, 라인 및 스태프 간 갈등발생이 우려된다.

(4) 사업부제 조직

① 기능조직이 점차 대규모화됨에 따라 제품이나 지역, 고객 등을 대상으로 해서 조직을 분할하고 이를 독립채산제로 운영하는 방법이다. 그러므로 사업부는 기능조직과 같은 형태를 취하고 있으며, 회사 내의 회사라고 볼 수 있다.

② 내용
  ㉠ 챈들러의 '구조는 전략에 따른다'라는 명제를 낳게 하였다.
  ㉡ 사업부제 조직의 형태로는 제품별 사업부제, 지역별 사업부제, 고객별 사업부제의 형태 등이 있다.

③ 기능별 조직과 사업부제 조직의 비교

구분	기능별 조직	사업부제 조직
장점	• 기능별로 최적방법(품질관리, 생산관리, 마케팅 등)의 통일적인 적용 • 전문화에 의한 지식경험의 축적 및 규모의 경제성 • 인원·신제품·신시장의 추가 및 삭감이 신속하고 신축적 • 자원(사람 및 설비)의 공통 이용	• 부문 간 조정이 용이 • 제품별 명확한 업적평가, 자원의 배분 및 통제 용이 • 사업별 신축성 및 창의성을 확보하면서 집권적인 스태프와 서비스에 의한 규모의 이익 추구 • 사업부장의 총체적 시각에서의 의사결정
단점	• 과도한 권한의 집중 및 의사결정의 지연 • 기능별 시각에 따른 모든 제품 및 서비스 경시 • 다각화 시 제품별 조건 적합적 관리 불가능 • 각 부문의 업적평가 곤란	• 단기적인 성과를 중시 • 스태프, 기타 자원의 중복에 의한 조직슬랙의 증대 • 분권화에 의한 새로운 부문 이기주의의 발생 및 사업부 이익의 부분 극대화 • 전문직 상호 간 커뮤니케이션의 저해

(5) 매트릭스 조직

① 기존의 조직체계에서 특정 사업(프로젝트)을 수행하거나 특정 업무가 하나의 조직단위에 국한되지 않고 각 조직단위에 관계되는 경우 이렇게 관계된 조직의 단위로부터 대표자를 선정해 새로운 조직체를 형성하는 조직형태이다.

② 통상적으로 추진한 사업이 종료되면 해산하지만 문제가 반복성을 띠게 되면 계속 존속하게 되는 특징이 있다. 신축성 및 균형적 의사결정권을 동시에 부여함으로써 경영을 동태화하는 순기능도 있지만, 조직의 복잡성이 증대된다는 역기능도 가지고 있다.

02 조직문화

1. 조직문화의 개념

(1) 개념
한 조직의 구성원들이 공유하는 신념, 가치관, 이념, 관습, 지식 및 기술을 총칭한 것

(2) 조직문화에 대한 정의
① Pettigrew : 언어, 상징, 이념, 전통 등 조직체 개념의 총체적 원천
② Sathe : 조직 구성원들이 보편적으로 공유하는 중요한 가정

③ Deal과 Kennedy : 현재 활용되고 있는 행동양식
④ O'Reilly : 강력하고 공유된 핵심가치
⑤ Hofstede : 사람에게 공유되고 있는 집합적인 심리적 프로그래밍
⑥ Bate : 조직자극에 대해 합의된 지각
⑦ Ouchi : 조직 구성원에게 조직의 가치 및 신념 등을 전달하는 의식, 상징 등의 집합
⑧ Peters와 Waterman : 신화, 전설, 스토리, 우화 등과 같이 상징 수단에 의해 전달되고 지배적이면서 일관된 공유가치의 집합

(3) 조직문화에 대한 주요 측면
① 작업 집단 내 형성되는 규범이다.
② 사람이 상호작용할 시 관찰되는 행동의 규칙성(사용하는 언어, 의식 등)이다.
③ 소비자 및 종업원에 대한 정책결정의 지침이 되는 경영철학이다.
④ '최상의 품질', '저렴한 가격' 등과 같이 조직에 의해 강조되는 지배적인 가치관이다.
⑤ 조직 구성원들이 소비자나 외부사람들과 접촉하는 방식과 사무실 내 물질적인 배치 등에서 느끼는 분위기 또는 느낌이다.
⑥ 신입자가 조직의 구성원으로 인정받기 위해 습득해야 하는 불문율로, 이는 조직 내에서 잘 어울려 지내는 데 필요한 규칙이다.

2. 조직문화의 수준

(1) 샤인(E. Schein)의 조직문화 수준
① 첫 번째 수준 : 당연하다고 생각하는 가장 기본적인 믿음으로 외부에서 관찰이 불가능하며, 의식하지 못하는 상태에서 작용한다.
② 두 번째 수준 : 기본적인 믿음이 표출되어 인식의 수준으로 나타난 것으로 옳고 그름이 결정될 수 있는 가치관이다.
③ 세 번째 수준 : 인간이 창출한 인공물, 기술이나 예술, 행동양식들로 가치관이 표출되어 나타난 것으로 관찰 가능한 것이다.

> **조직문화의 중요성**
> - 전략수행에의 영향 : 기업조직이 전략을 수행함에 있어 조직이 지니는 기존의 가정으로부터 벗어난 새로운 가정, 가치관, 운영방식 등을 따라야 한다.
> - 합병, 매수 및 다각화 등에의 영향 : 기업조직의 합병, 매수 및 다각화를 시도할 때 기업조직의 문화를 고려해야 한다.
> - 신기술 통합에의 영향 : 기업조직이 신기술을 도입할 경우에 조직 구성원들은 이에 대해 많은 저항을 하게 되기 때문에 일부 직종별 하위문화를 조화시키고, 더불어 일부의 지배적인 기업조직의 문화를 변경하는 것이 필요하다.
> - 집단 간 갈등 : 기업조직의 전체적 수준에서 각 집단의 하위문화를 통합해 주는 공통적 문화가 존재하지 않을 경우, 각 집단에서는 서로 상이한 문화의 특성으로 인해 심각한 경쟁과 마찰 및 갈등이 발생하게 된다.

- 화합 및 의사소통에의 영향 : 기업조직 내에서 서로 상이한 문화적 특성을 지닌 집단의 경우 상황을 해석하는 방법 및 지각의 내용 등이 달라질 수 있다.
- 사회화에의 영향 : 기업조직에 신입이 들어와서 사회화되지 못한 경우에 불안, 소외감, 좌절감 등을 겪게 되고, 그로 인해 이직을 하게 된다.
- 생산성에의 영향 : 강력한 조직의 문화는 생산성을 제한하는 방향으로 흐를 수도 있지만, 자신의 성장 및 기업의 발전을 동일시하는 경우는 생산성을 향상시키는 방향으로 영향을 미치게 된다.

3. 조직문화의 형성

(1) 가글리아드의 조직문화 형성과정의 4단계

① 1단계 : 기업조직이 형성되는 단계로 리더가 지니는 비전이 조직의 목적과 구성원들에게 과업을 분배하는 데 있어 평가 및 준거의 기준으로 활용되는 단계이다.

② 2단계 : 리더의 기본적인 신념에 의해 이루어지는 행동이 바람직한 결과를 가져왔을 때 이러한 신념은 경험에 의해 확인되고 조직의 각 구성원들에 의해 공유되어 행동의 준거로 활용된다.

③ 3단계 : 같은 결과가 연속적으로 달성됨으로 인해 조직의 구성원들은 이러한 가치를 당연한 것으로 받아들이고, 그러한 효과에서 벗어나 원인을 규명하는 데 집중하게 된다.

④ 4단계 : 전 구성원들에 의해 의문 없이 그러한 가치가 수용되고, 구성원들이 더욱 당연한 가치로 받아들임으로 인해 더이상 의식적으로 그것을 인식하려 하지 않는 단계이다.

(2) 조직문화의 형성에 영향을 미치는 요인

조직문화는 외부환경에의 적응 및 내부적 통합을 추구하는 과정으로부터 형성된 것으로서 조직의 역사, 한 국가의 사회문화, 관습, 규범 등에 의해 영향을 받는다.

4. 조직문화와 조직설계

(1) 숄츠가 말하는 조직문화 차원

① 환경적 차원에 따른 조직문화(제1유형) : 기업과 환경과의 관계를 다루는 방법의 결과에 대한 것으로 강인하고 억센 문화, 열심히 일하고 잘 노는 문화, 회사의 운명을 거는 문화, 과정을 중시하는 문화 등으로 분류한다.

② 내부적 차원(제2유형) : 기업의 문제해결태도와 관련된 내부적 상황에 대한 것으로 생산적 문화, 관료적 문화, 전문적 문화 등으로 분류한다.

③ 진화적 차원(제3유형) : 기업의 성장단계에 따라서 나타나는 문화적 특성에 대한 것으로 안정적 문화, 반응적 문화, 예측적 문화, 탐험적 문화, 창조적 문화 등으로 분류한다.

④ 제1~3유형이 조화를 이루고 있는 경우가 바람직한 문화 형태를 나타내며, 이러한 구성형태에 적절한 조직구조가 설계되어야 함을 제시하고 있다. 제1유형의 경우는 기계적 관료조직, 제2유형은 전문적 관료조직, 제3유형은 애드호크라시와 창업기업이 적합한 형태이다.

5. 조직문화의 변화

(1) 조직문화의 변화과정

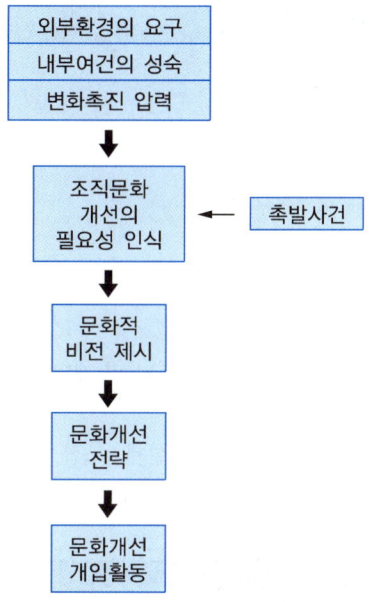

(2) 조직문화 변화의 계기가 되는 요소들
환경적인 위기, 경영상의 위기, 내적혁명, 외적혁명, 큰 잠재력을 지닌 환경적 기회

(3) 조직문화의 변화방법
1차 방법은 경영자 및 관리자들의 행동에 관련한 것이고, 2차 방법은 1차 방법을 강화시켜 주는 활동이다. 1·2차적 방법들은 최고경영자가 일관성 있게 적극적으로 수행할 때 가능하다.
① **1차적 방법** : 경영자의 관점과 관심사, 중요한 사건 또는 조직의 위기에 대한 경영자의 대응방식, 모범을 보이고 지도하기, 보상 및 승진에 대한 결정기준이 무엇인가, 모집·선발·퇴직의 기준은 무엇인가 등
② **2차적 방법(1차적 방법을 강화시켜 주는 방법)** : 새로운 조직문화에 적합한 조직구조 설계, 조직시스템과 절차 확립, 물리적인 환경 조성, 중요 사건 또는 영웅적인 인물에 대한 일화의 전파, 조직의 철학·신념에 대한 공식적 언급 등

(4) 조직사회화
① 조직문화를 효과적으로 관리하기 위해서는 조직문화 형성단계에서부터 체계적인 관리가 필요하다. 따라서 신입사원이 들어오는 경우에는 이에 대한 사회화가 체계적으로 이루어져야 한다.
② **조직사회화의 단계** : 적합한 인재 선발(1단계) → 훈련을 통한 신념 및 가치관의 주입(2단계) → 교육 및 훈련을 통한 핵심기능의 숙지(3단계) → 정확한 업무평가 및 그에 따른 적절한 보상(4단계) → 조직 공동가치와의 일체감 형성(5단계) → 가치 주입(6단계) → 일관성 있는 역할모델 제시(7단계)

CHAPTER 10 인사관리와 노사관계관리

01 인사관리

1. 인사관리의 개념

(1) 인사관리의 의의

기업조직에 필요한 인력을 획득, 이를 조달하고 유지 및 개발하며, 유입된 인력을 효율적으로 관리·활용하는 체제

① 인사관리의 주요 기능으로는 직무의 분석 및 설계, 모집 및 선발, 훈련 및 개발, 보상 및 후생복지, 노조와의 관계 등이 있다.

② 전통적 인사관리와 현대적 인사관리의 비교

구분	전통적 인사관리	현대적 인사관리
중점	직무중심의 인사관리	경력중심의 인사관리(예 CDP 제도)
강조점	조직목표만을 강조	조직목표와 개인목표의 조화(예 MBO)
인간관	소극적, 타율적 X론적 인간관	주체적, 자율적 Y론적 인간관
안목	주어진 인력을 활용하는 단기적인 안목	인력을 육성, 개발하는 장기적 안목
노동조합	노동조합의 억제(부정)	노사 간 상호협동에 의한 목적달성

(2) 인사관리의 목표

생산성 향상, 근로생활의 질(QWL) 향상

(3) 인사관리의 환경

① 내부환경
   ㉠ 노동력 구성비의 변화 : 구성원들의 중고령화, 관리직 및 전문직의 증가, 여성근로자의 증가로 인한 여성들의 사회 참여 의욕이 점차적으로 증가한다.
   ㉡ 조직규모의 확대 : 기업조직의 규모 확대와 더불어 인사관리의 기능분화가 발생한다.
   ㉢ 가치관의 변화 : 조직중심에서 개인주의적인 성향이 우선시되는 방향으로 가치관이 변화한다.

② 외부환경
   ㉠ 경제여건의 변화 : 경기가 호황일 때 임금, 승진, 복지후생 등의 고용조건이 좋아지지만, 경기가 불황일 때 유휴인력, 실업, 정리해고 등의 문제가 발생한다.
   ㉡ 정부개입의 증대 : 사회보장에 대한 관심의 증가로 인해 정부 개입도 증가한다.
   ㉢ 정보기술의 발전 : 사무자동화, 공장자동화, 경영정보시스템 등의 정보기술의 발달로 인해 신인사체제 확립이 필요하다.
   ㉣ 노동조합의 발전 : 근로자에 대한 노동조건의 향상과 더불어 경영참가 등 인사관리상의 참여도 요구되고 있다.

2. 직무분석과 직무평가

(1) 직무분석

① 직무분석의 의의
   ㉠ 직무의 성격·내용과 연관된 각종 정보를 수집, 분석, 종합하는 활동으로, 기업조직이 요구하는 업무의 내용을 정리·분석하는 과정을 의미한다.
   ㉡ 사람 중심의 관리가 아닌 업무 중심의 인사관리를 하기 위해서 기본적으로 직무분석이 선행되어야 한다.
② **직무분석 방법** : 관찰법, 면접법, 설문지법, 중요사건법, 워크샘플링법
③ **직무기술서** : 종업원의 직무분석 결과를 토대로 직무수행과 관련된 각종 과업 및 직무행동 등을 일정한 양식에 따라 기술한 문서를 말한다.
④ **직무명세서** : 직무분석의 결과를 토대로 특정한 목적의 관리절차를 구체화하는 데 있어 편리하도록 정리하는 것을 말한다. 각 직무수행에 필요한 종업원들의 행동이나 기능·능력·지식 등을 일정한 양식에 기록한 문서를 의미하며, 직무명세서는 특히 인적요건에 초점을 둔다.

(2) 직무평가

① 기업조직에서 각 직무의 숙련·노력·책임·작업조건 등을 분석 및 평가하여 다른 직무와 비교한 직무의 상대적 가치를 정하는 체계적인 방법을 의미한다.
② **직무급 도입의 기초** : 직무평가는 '동일노동 동일임금'을 기본원리로 하는 직무급 제도의 기초가 된다.
③ 직무평가의 방법

비교대상 \ 비교기준	직무전반	구체적 직무요소
직무 대 직무	서열법 (Ranking Method)	요소비교법 (Factor Comparison Method)
직무 대 기준	분류법 (Job Classfication Method)	점수법 (Point Method)

   ㉠ 정성적 방법 : 서열법, 분류법(또는 등급법)
   ㉡ 정량적 방법 : 점수법, 요소비교법

3. 인사관리의 주요활동(확보 → 개발 → 활용 → 보상 → 유지)

(1) 확보
① 인적자원관리 과정에서 가장 먼저 이루어지는 과정이며, 기업조직의 목표를 달성함에 있어서 필요한 인력의 내용 및 수를 조직이 확보해 나가는 과정이다. 이 단계에서는 주로 인적자원의 충원계획에 따른 모집이나 선발 및 배치관리가 이루어진다.
② **특징** : 기업조직 내에서 해고, 퇴직, 승진, 이동 등에 따른 현재 및 미래 직무 공백을 분석하고, 기업조직의 확장 또는 변경 등에 대비해서 조직의 인력흐름을 조절한다.

(2) 개발
① **인력개발** : 기업조직 내 인력자원을 타 자원(정보자원, 재무자원, 기타 물리적 자원)과 마찬가지로 기업의 장·단기전략, 목표를 달성하는 데 있어 주요 수단으로 여기고 조직전략 및 목표에 맞게 개발, 이를 통해 타 인사기능과 효과적인 연관관계를 맺어 인력자원의 효율적인 활동을 통해 궁극적으로 기업조직의 유효성을 향상시키는 기능을 의미한다.
② **개인개발** : 구성원(종업원) 스스로가 종사하고 있는 직종에 연관된 신지식 및 기술 등을 습득하고, 긍정적인 태도 및 행동양식을 보여줌으로써 업무향상을 꾀하도록 인력개발을 하는 것을 말한다.
③ **경력개발** : 기업조직이 미래 사업에 배치할 인력개발을 목표로 미래 직무에 필요로 하는 기술을 개발하기 위해 개개인의 관심, 적성, 가치관, 활동 및 업무 등을 파악하는 개발과정이다.
④ **조직개발** : 조직구조 전체를 하나의 시스템으로 간주하고 인력자원에 관련한 여러 가지의 변수, 즉 조직구조·과정·문화·전략 등의 상호작용을 분석해서 그들 변수 및 업무에 대한 문제를 해결함으로써 기업 전 조직을 새롭고 창조적인 체제로 개선해 나가는 것을 말한다.

(3) 활용
인적자원의 개발관리를 통해 개발된 인적자원을 효율적으로 활용하기 위해서는 조직의 특성 및 직무특성 등의 재설계 또는 건전한 조직풍토 및 기업문화의 정립이 요구된다. 이러한 인적자원의 활용을 위해서는 MBO, 소집단 활동, 프로젝트 팀 등의 활동이 활성화되어야 한다.

(4) 보상 및 유지
① 인적자원을 효율적으로 활용한 대가로 기업이 개인에게 주는 경제적 보상으로 임금과 복지후생이 있다.
② **복지후생** : 기업조직이 종업원과 가족들의 생활수준을 높이기 위해 마련한 임금 이외의 제반급부이다. 복지후생제도는 기업에서 노사 간 관계의 안정, 공동체의 실현 및 종업원들의 생활안정과 문화향상 등의 필요에 의해 발전하고 있다.
③ 복지후생을 증진하는 주체는 통상적으로 기업 측이 맡고 있지만, 관리운영을 반드시 기업 측이 담당할 필요는 없다.

4. 임금관리

(1) 임금관리의 내용
임금은 주로 육체노동자에게 지급되는 것을 말하며, 봉급은 주로 정신노동자에게 지급되는 것을 말한다. 통상적으로 봉급 및 임금은 종업원이 노동하여 얻는 소득을 의미하는 것으로, 근로기준법에서는 사용자가 근로의 대가로 근로자에게 지급하는 임금, 봉급, 그 밖에 어떠한 명칭으로든지 지급하는 일체의 금품으로 정의하고 있다.

(2) 임금관리의 체제
① 임금의 수준 : 임금수준은 조직의 종업원에게 제공되는 임금의 크기와 관계가 있는 것으로, 가장 기본적이면서도 적정한 임금수준은 조직 종업원의 생계비의 수준 및 기업의 지불능력, 현 사회 일반의 임금수준 및 동종업계의 임금수준을 고려하면서 관리되어야 한다.
② 임금의 체계 : 임금체계는 조직의 각 종업원에게 총액을 분배하여 종업원 간의 임금격차를 가장 공정하게 설정함으로써 종업원이 이에 대해 이해하고 만족하며, 업무의 동기유발이 되도록 하는 데 의미가 있다.
③ 임금의 형태 : 임금형태는 임금 계산이나 그 지불방법에 대한 것으로, 조직 종업원의 작업의욕 상승과 직접적으로 연관이 있으며 이에 따른 합리성이 요구된다. 보통 시간급·일급·월급·연봉제 등의 형태로 나누어진다.
④ 임금관리의 3요소

임금관리 3요소	핵심 사항	분류(고려 대상)
임금수준	적정성	생계비 수준, 사회적 임금수준, 동종업계 임금 수준 감안
임금체계	공정성	연공급, 직능급, 성과급, 직무급
임금형태	합리성	시간급제, 일급제, 월급제, 연봉제

(3) 임금의 결정요소
생계비 수준, 기업의 지불능력, 사회 일반적 임금수준

(4) 최저임금제
① 개념 : 해당 국가가 종업원에 대한 임금액의 최저한도선을 정하고, 사용자에게 그 지급을 법적으로 강제하는 제도를 말한다.
② 목적
  ㉠ 경제정책적인 목적 : 저임금 근로자의 구매력을 증가시켜 불황기에 유효수요 축소의 방지, 부당한 임금절하에 의한 생산비 절하 방지
  ㉡ 사회정책적인 목적 : 저임금 근로자의 빈곤 퇴치, 미숙련·비조직 근로자에 대한 노동력 착취 방지, 소득재분배
  ㉢ 산업정책적인 목적 : 저임금 의존적 경쟁 지양, 기술개발 및 생산성 향상을 통한 공정한 경쟁의 유도, 노동쟁의 예방

02 노사관계관리

1. 노사관계관리의 개념

노사관계란 노동시장에서 노동자(종업원)와 사용자가 서로 간에 형성하는 관계를 말한다. 실질적으로는 노동조합 및 기업에 영향을 끼치는 정부와 연관되는 각종 문제들을 대상으로 하며, 노사협조와 산업평화를 목적으로 하는 것이 일반적이다.

(1) 발전과정

전제적 노사관계 → 온정적 노사관계 → 근대적 노사관계 → 민주적 노사관계

(2) 기본목표

노사 간 질서의 확립, 올바른 이념의 정립, 노사관계의 안정 등

2. 노동조합

(1) 개념

노동자가 주체가 되어 자주적으로 단결하여 근로조건의 유지 및 개선, 기타 노동자의 경제적·사회적인 지위의 향상을 도모하기 위한 목적으로 조직하는 단체 또는 그 연합단체를 말한다.

(2) 기능

① 기본기능 : 노동자들이 노동조합을 형성하기 위해서 비조합원인 근로자들을 조직하는 제1차적 기능인 근로자 기능과 조직된 해당 노동조합을 유지하는 제2차적 기능인 노동조합 기능으로 나누어진다.
② 집행기능
  ㉠ 단체교섭 기능 : 노동자와 사용자 간의 단체교섭을 통해서 근로조건 유지·개선 내용에 대해 노사 간에 일치점이 나타나게 되면 이를 단체협약으로 이행한다.
  ㉡ 경제활동 기능 : 경제활동 기능은 크게 공제적 기능과 협동적 기능으로 구분된다. 공제적 기능은 노동조합의 자금원조 기능으로 볼 수 있는데, 이는 노동자들이 어떠한 질병이나 재해, 사망 또는 실업에 대비해서 노동조합이 사전에 공동기금을 준비하는 상호부조의 활동(상호보험)을 의미한다. 협동적 기능은 노동자가 취득한 임금을 보호하기 위한 소비측면의 보호로서 생산자 협동조합이나 소비자 협동조합 및 신용조합, 노동은행 활동 등을 의미한다.
  ㉢ 정치활동 기능 : 노동자들이 자신들의 경제적인 목적을 달성하기 위해 부득이하게 정치적인 활동을 전개하는 것으로, 노동관계법 등의 법률 제정이나 그에 대한 촉구와 반대 등의 정치적 발언권을 행사하며, 이를 위해서 어느 특정 정당을 지지하거나 반대하는 등의 정치활동을 전개하는 것을 가리킨다.
③ 참모기능 : 기본기능과 집행기능을 보조하거나 참모하는 역할을 수행하는 기능이다. 노동자들이 만든 노동조합의 임원이나 조합원들을 대상으로 한 교육활동이나 각종 선전활동, 조사연구활동 및 사회봉사활동 등의 내용을 포함한다.

(3) 노동조합의 조직형태

① **직업별 노동조합** : 기계적인 생산방법이 도입되지 않았던 수공업 단계에서 산업이나 기계에 상관없이 서로 동일한 직능(예 인쇄공이나 선반공 또는 목수 등)에 종사하는 숙련노동자들이 자신들이 소속되어 있는 회사를 초월해서 노동자 자신들의 직업적인 안정과 더불어 경제적인 부분에서의 이익을 확보하기 위해 만든 배타적인 노동조합이다.

② **산업별 노동조합** : 직종이나 계층 또는 기업에 상관없이 동일한 산업에 종사하는 모든 노동자가 하나의 노동조합을 결성하는 새로운 형태의 산업별 노동조합이다. 이들 산업별 노동조합은 노동시장에 대한 공급통제를 목적으로 숙련 또는 비숙련 노동자들을 불문하고 동종 산업의 모든 노동자들을 하나로 해서 조직된다.

③ **기업별 노동조합** : 동일한 기업에 종사하는 노동자들이 해당 직종 또는 직능에 대한 차이 및 숙련의 정도를 무시하고 조직하는 노동조합으로, 이는 개별기업을 존립의 기반으로 삼고 있는 것을 가리킨다.

④ **일반 노동조합** : 기업 및 숙련도, 직능과는 상관없이 하나 또는 여러 개의 산업에 걸쳐서 각기 흩어져 있는 일정 지역 내의 노동자들을 규합하는 노동조합을 가리킨다. 어느 특정한 직종이나 산업 및 기업에 소속되지 않는 노동자들도 자유로이 가입할 수 있는 반면에 조직으로서 갖추어야 하는 단결력이 약화되므로 전반적인 이해관계에 대한 문제가 나타날 우려가 있다.

(4) 노동조합의 탈퇴 및 가입

① **오픈 숍(Open Shop)** : 사용자가 노동조합에 가입한 조합원뿐만 아니라 비조합원도 자유롭게 채용할 수 있도록 하는 제도를 말한다. 종업원의 노동조합에 대한 가입·비가입 등이 채용이나 해고조건에 전혀 영향력을 끼치지 못하는 것이라 할 수 있다. 노동조합에 대한 가입 및 탈퇴에 대한 부분은 종업원들의 각자 자유에 맡기고, 사용자는 비조합원들도 자유롭게 채용할 수 있기 때문에 조합원들의 사용자에 대한 교섭권은 약화된다.

② **클로즈드 숍(Closed Shop)** : 기업의 결원에 대한 보충이나 신규채용 등에 있어 사용자가 조합원 중에서 채용을 하지 않으면 안 되는 것을 의미한다. 노동조합의 가입이 채용의 전제조건이 되므로 조합원의 확보방법으로서는 최상의 강력한 제도라 할 수 있으며, 클로즈드 숍하에서는 노동조합이 노동의 공급 등을 통제할 수 있기 때문에 노동가격(임금)을 상승시킬 수 있다.

③ **유니언 숍(Union Shop)** : 사용자의 노동자에 대한 채용은 자유롭지만, 일단 채용이 된 후 종업원들은 일정기간이 지난 후에는 반드시 노동조합에 가입해야만 하는 제도이다.

3. 단체교섭과 단체협약

(1) 단체교섭의 의의
① 노동조합과 사용자 간에 노동자들의 임금이나 근로시간, 기타 근로조건에 대한 협약체결을 위해서 대표자를 통해 집단적인 타협을 하고 또 체결된 협약을 이행·관리하는 절차이다. 노사의 대표자가 노동자의 임금·근로시간 또는 제 조건에 대해서 협약을 체결하기 위해 평화적으로 타협점을 찾아가는 절차를 가리킨다.
② 단체교섭의 기능
  ㉠ 사용자측 : 근로자 전체 의사를 수렴한 노조와의 대화 채널이며, 더불어 노사관계의 안전장치로 생각할 수 있다.
  ㉡ 근로자측 : 근로자 자신들의 근무조건을 유지 및 향상시키며 구체적인 노조활동의 자유를 사용자로부터 얻어 내기 위한 중요 수단이다.
③ 단체교섭 방식
  ㉠ 기업별 교섭 : 기업 내 조합원들을 교섭의 단위로 해서 기업단위노조와 사용자 간에 행해지는 교섭
  ㉡ 집단교섭 : 여러 개 단위노조와 사용자가 집단으로 연합전선을 구축해서 교섭하는 방식
  ㉢ 통일교섭 : 전국에 걸친 산업별 노조 또는 하부단위노조로부터 교섭권을 위임받은 연합체 노조와 이에 대응하는 산업별 또는 지역별 사용자단체 간에 행해지는 교섭
  ㉣ 대각선 교섭 : 단위노조가 소속된 상부단체와 각 단위노조에 대응하는 개별 기업의 사용자 간에 행해지는 교섭
  ㉤ 공동교섭 : 기업별 노동조합 또는 지역 – 기업단위지부가 상부단위의 노조와 공동으로 참가해서 기업별 사용 측과 교섭하는 것

(2) 단체협약
① 노동자들이 사용자에 대해서 평화적인 교섭 또는 쟁의행위를 거쳐서 쟁취한 유리한 근로조건을 협약이라는 형태로 서면화한 것이다.
② 단체교섭에 의해 노사 간의 입장에 합의를 보게 되었을 때 단체협약이 된다. 단체협약의 경우에 성립이 되고 나면, 그것이 법에 저촉되지 않는 한 취업규칙 및 개별근로계약에 우선해서 획일적으로 적용해야 하는 상당히 강력하게 작용하는 것으로, 이는 협약서 작성에 있어 상당한 규제로 작용한다.
③ 기능 : 근로조건 개선기능, 산업평화 기능
④ 단체협약의 유효기간 : 3년을 초과하는 유효기간을 정할 수 없고, 그 유효기간을 정하지 아니한 경우 또는 3년을 초과하는 유효기간을 정한 경우에 그 유효기간은 3년으로 한다(노동조합 및 노동관계조정법 제32조).

4. 부당노동행위

우리나라의 경우 개별적인 근로자를 대상으로 한 부당노동행위와 노동조합을 대상으로 하는 부당노동행위로 구별해서 다음과 같은 5가지 종류의 부당노동행위를 규정해서 이를 금지하고 있다(노동조합의 조직·가입·활동 등에 대한 불이익 대우, 황견계약의 체결, 단체교섭의 거부, 노동조합의 조직·운영에 대한 지배·개입과 경비원조, 단체행동에의 참가·기타 노동위원회와의 관계에 있어 행위에 대한 보복적 불이익 대우).

5. 쟁의행위와 쟁의조정제도

(1) 노동쟁의
종업원들의 노동시간, 복지후생, 임금, 해고 등에 대해서 노사 간의 의견 불일치로 인해 발생하는 분쟁상태

(2) 쟁의행위의 유형

구분	유형	내용
노동자 측면의 쟁의행위	파업	• 노동조합 안에서의 통일적 의사결정에 따라 근로계약상 노동자가 사용자에게 제공해야 할 의무가 있는 근로의 제공을 거부하는 쟁의수단
	태업·사보타주(Sabotage)	• 태업 : 노동조합이 형식적으로는 노동력을 제공하지만 의도적으로 불성실하게 노동을 제공함으로써 작업능률을 저하시키는 행위 • 사보타주(Sabotage) : 태업에서 더 나아가 능동적으로 생산 및 사무를 방해하거나 원자재 또는 생산시설 등을 파괴하는 행위
	생산관리	• 노동조합이 직접적으로 사업장이나 공장 등을 점거하여 직접 나서서 기업경영을 하는 행위
	준법투쟁	• 노동조합이 법령·단체협약, 취업규칙 등의 내용을 정확하게 이행한다는 명분하에 업무의 능률 및 실적을 떨어뜨려 자신의 주장을 받아들이도록 사용자에게 압력을 가하는 집단행동 예 일제휴가, 집단사표, 연장근무의 거부 등
	불매동맹(Boycott)	• 노동조합이 사용자나 사용자와 거래 관계에 있는 제3자의 제품구입 또는 시설 등에 대한 이용을 거절하거나 그들과의 근로계약 체결 거부 등을 호소하는 행위
	피켓팅(Piketting)	• 노조의 쟁의행위를 효과적으로 수행하기 위한 것으로, 이는 비조합원들의 사업장 출입을 저지하고, 이들을 파업에 동조하도록 호소하여 사용자에게 더 큰 타격을 주기 위해 활용되는 것
사용자 측면의 쟁의행위	직장폐쇄(Lock Out)	• 노동조합과 사용자 간에 임금 및 기타 제 근로 조건에 대해서 주장이 일치하지 아니하는 경우 사용자측이 자기의 주장을 관철하기 위해서 노동자가 제공하는 노동력의 제공을 거부하고, 노동자에게 경제적 타격을 입힘으로써 압력을 가하는 실력행위

(3) 쟁의권 행사의 절차
① 쟁의의 신고 : 노동쟁의가 발생하였을 시 쟁의 당사자 중 어느 한 쪽이 지체 없이 이를 관할 행정관청 및 노동위원회에 신고하고, 상대측에 통고해야 한다.
② 조정기간 : 신고된 노동쟁의가 노동위원회의 적법판정을 받게 되었다 할지라도 일반사업에 있어 10일, 공익사업에 있어 15일을 경과하지 않으면 최종수단인 쟁의행위를 할 수 없다.

(4) 노동쟁의의 조정
① 조정 : 관계당사자의 의견을 들어 조정안을 만들어 노사의 수락을 권고하는 형태이다. 노동위원회에서 구성한 조정위원 3인으로 구성된 조정위원회에서 담당한다.
② 중재 : 조정과는 다르게 노사의 자주적인 해결의 원칙과는 거리가 먼 형태로 중개절차가 개시되면 냉각기간이 경과했더라도 그날로부터 15일간 쟁의행위를 할 수 없고, 중재재정의 내용은 단체협약과 동일한 효력을 지닌다.
③ 긴급조정 : 쟁의행위가 국민경제 및 국민의 일상생활을 위태롭게 할 경우 당사자에게 의견을 묻지 않고 고용노동부장관의 직권으로 결정하는 것으로, 이는 쟁의권에 대한 중대한 제약이다.

6. 경영참가와 성과배분제도

(1) 경영참가
① 노동자 또는 노동조합이 사용자와 공동으로 기업의 경영관리기능을 담당 수행하는 것이다.
② 국가별, 지역별, 기업의 규모에 따라 각각 차이가 있지만 일반적으로 널리 사용되고 있는 경영참가의 기본유형으로는 자본참가, 이익참가, 경영의사결정참가 등의 세 가지로 나누어진다.

(2) 성과배분제도
① 기업이 생산성 향상에 의해 얻어진 성과를 배분하는 제도로, 생산성 향상을 위한 인센티브 제도라고 할 수 있다. 생산성 향상의 성과가 뚜렷했을 때에만 성과배분제의 효과를 가질 수 있다.
② 성과배분제도의 종류
　㉠ 일반적 성과배분제도 : 상여금제, 이윤분배제, 종업원지주제도 등
　㉡ 공장단위 성과배분제도 : 스캔런플랜, 럭커플랜, 링컨플랜, 프랜치시스템 등

7. 사회보장제도

(1) 개요
① 사회보험에 의한 제 급여 및 무상으로 행해지는 공공부조이다.
② 사회보험은 부조와 더불어서 사회보장의 2대 지주를 형성하고 있으며, 사회보장의 한 부분이다.

(2) 사회보험의 4대 지주 : 국민건강보험, 연금보험, 고용보험, 산업재해보상보험

8. ILO 가입과 노사관계

(1) ILO : 근로조건을 개선하고 근로자들의 권익보호 및 복지증진을 통해 사회의 정의를 구현하고, 세계의 항구적 평화달성에 공헌하고자 설립된 노·사·정의 3자 기구

(2) 기대효과 : 국가의 지위향상, 국내 노동 분야의 발전, 노동 분야의 국제협력확대, 민간차원의 노동외교 활성화, 국제노동계 동향 및 정보파악 용이 등

CHAPTER 11 생산관리

01 생산관리의 개념

1. 생산관리의 생성 및 발전 배경

(1) 생성 및 발전

생산 활동에 대한 이론은 스미스의 분업이론, 바비지의 시간연구 및 공정분석에 의한 분업 실천화 방안에 기초하고 있고, 테일러가 이들의 이론을 바탕으로 표준시간 설정에 따른 과학적 관리 및 과업관리를 주창하면서 현대생산관리가 나타나게 되었다.

(2) 생산관리이론의 발전 배경

SA(System Approach), OR(Operation Research), 컴퓨터 과학(Computer Science) 등 현대 과학기술의 발전으로 폭발적으로 성장하였다.

2. 생산관리의 기능

설계기능, 계획 및 통제기능

02 생산시스템

1. 생산시스템의 개요

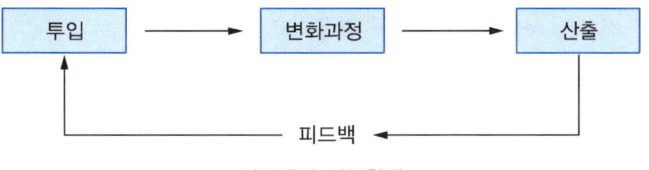

시스템의 기본형태

(1) 생산시스템의 개념

시스템은 하나의 전체를 이루도록 각각이 서로 유기적으로 관련된 형태이며, 이는 환경과도 연관되어 있으며 개체 간 관계로서 결합된 개체들의 집합이다.

(2) 생산시스템의 특징
   ① 생산시스템은 일정한 개체들의 집합이다.
   ② 생산시스템의 각 개체들은 각기 투입, 과정, 산출 등의 기능을 담당한다.
   ③ 단순하게 개체들을 모아놓은 것이 아닌 의미가 있는 하나의 전체이며, 어떠한 목적을 달성하는 데 기여할 수 있다.
   ④ 각각의 개체는 각자의 고유 기능을 갖지만 타 개체와의 관련을 통해서 비로소 전체의 목적에 기여할 수 있다.
   ⑤ 생산시스템의 경계 외부에는 환경이 존재한다.

(3) 생산시스템의 구조

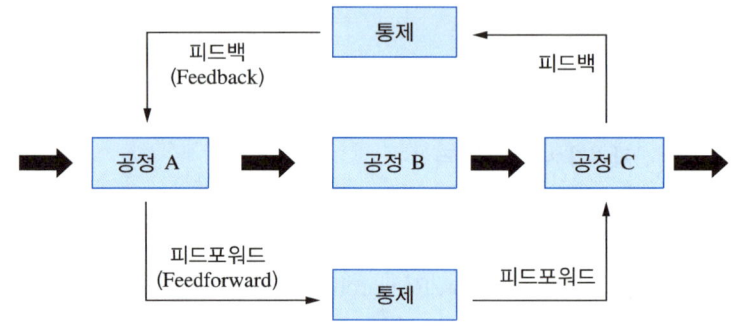

2. 생산시스템의 유형

(1) 주문생산시스템 및 예측생산시스템(생산의 형태에 따라)

(2) 다품종 소량생산시스템과 소품종 대량생산시스템(제품의 종류 또는 생산량에 따라)

(3) 연속생산, 반복생산 및 단속생산시스템(중단 여부에 따라)
   ① 연속생산시스템 : 중단 없이 지속적으로 가동 생산되는 방식으로 화학, 정유, 시멘트 산업 등과 같은 화학적인 공정을 필요로 하는 산업들이 대표적이다.
   ② 반복생산시스템 : 일정 크기의 로트를 설정해서 작업 실행 및 작업 중단을 반복하는 생산방식으로 TV, 자동차, 전화기 등의 여러 분야에 활용되고 있다.
   ③ 단속생산시스템 : 주문된 제품의 수량 및 납기 등에 맞추어 생산하는 방식이다.

3. 진보적 생산시스템

(1) JIT(Just In Time) 시스템(= 적시생산시스템)
① 필요한 시기에 필요한 양만큼의 단위를 생산해내는 것이다.
② 푸시 시스템 : 작업이 생산의 첫 단계에서 방출되고 차례로 재공품을 다음 단계로 밀어내어 최종 단계에서 완성품이 나온다.
③ 풀 시스템 : 필요한 시기에 필요한 양만큼 생산해 내는 시스템으로, 이는 수요변동에 의한 영향을 감소시키고 분권화에 의해 작업관리의 수준을 높인다.
④ JIT의 효과 : 납기 100% 달성, 고설계 적합성, 생산 리드타임의 단축, 수요변화의 신속한 대응, 낮은 수준의 재고를 통한 작업의 효율성, 작업 공간 사용의 개선, 분권화를 통한 관리의 증대, 재공품 재고변동의 최소화, 각 단계 간 수요변동의 증폭전달 방지, 불량 감소, 유연성

(2) 셀 제조시스템(CMS)
① 다품종 소량생산에서 부품설계, 작업준비 및 가공 등을 체계적으로 하고 유사한 가공물을 집단으로 가공함으로써 생산효율을 높이는 기법이다.
② 셀 제조시스템의 효과 : 작업공간의 절감, 유연성의 개선, 도구사용의 감소, 작업준비시간의 단축, 로트 크기의 감소, 재공품 재고 감소

(3) 유연생산시스템(FMS)
① 특정 작업계획으로 여러 부품들을 생산하기 위해 컴퓨터에 의해 제어 및 조절되며, 자재취급시스템에 의해 연결되는 작업장들의 조합이다.
② 보다 넓은 개념으로 보면 다품종 소량의 제품을 짧은 납기로 해서 수요변동에 대한 재고를 지니지 않고 대처하면서 생산효율의 향상 및 원가절감을 실현할 수 있는 생산시스템을 가리킨다.

(4) 동시생산시스템 및 최적생산기법
① 일정한 계획에 대한 시뮬레이션 기법으로 세부적인 일정계획에 대한 모듈은 알려지지 않고 있지만, 제품이 만들어지는 것을 보여주기 위해 '제품 네트워크'를 활용한다.
② 최적생산기법의 핵심은 '병목자원의 관리'로, 병목은 시장수요에 미달되거나 같은 성능을 지닌 자원을 가리킨다. 주요 목표는 효율의 증가, 재고의 감소 및 운영비용 절감 등을 동시에 만족시키는 것이다.

(5) 컴퓨터통합생산시스템(CIMS)
① 제조활동을 중심으로 해서 기업의 전체 기능을 관리 및 통제하는 기술 등을 통합시킨 것이다.
② 공장자동화로서의 CIMS는 과거 자동화시스템보다 유연성이 크다.

03 제조전략

1. 제조전략의 의의

(1) 개념
① 원가, 품질, 신뢰성 및 신축성 등을 달성하기 위해 수립하는 것이다.
② 기업조직의 경영전략 및 제조전략은 각각 별개의 개념으로 구분하는 것이 어려우며, 이는 기업 전체의 각 부문이 상호 연관성 있게 추진 및 운영되어야 한다.

(2) 기대효과
제조활동 성과를 높이기 위한 제조전략의 개발은 기업조직의 경쟁력 향상에 중요한 구성요소이며, 이러한 제조전략이 수행될 때 생산성 향상, 품질 향상, 원가 절감, 소비자 욕구에 대해 신속하면서도 신축적인 대응 등의 결과를 기대할 수 있다.

2. 제조전략의 전략방향

(1) 전략적 접근
① 제조전략의 수립 및 발전방향
　㉠ 통상적으로 제조전략은 경영전략에서 소외되거나 타 전략의 일부로서 수동적으로 수립되었다.
　㉡ 마케팅 및 재무 부문과 상호 관련되어 수립되어야 한다.
　㉢ 마케팅 및 재무 부문에 고정되어 있는 비용구조를 제조, 배분, 공급 등과 동일한 분야에서 경쟁력을 갖추도록 개선해야 한다.
　㉣ 사업정책 또는 기업정책의 수립 시 제조전략을 기반으로 삼아야 한다.
　㉤ 제조활동의 핵심, 활동관점에 대해 재인식하며, 경쟁국들의 상대적 성공에 관심을 가져야 한다.
　㉥ 제조전략의 전개를 위한 기업조직의 재편성에 노력해야 한다.
② 제조전략 수립 시 주의사항
　㉠ 제조전략은 단순하면서도 추진이 가능해야 하고, 추후 전망이 있어야 하며 커뮤니케이션이 용이해야 한다.
　㉡ 디자인, 마케팅, 구매, 엔지니어링, 인사, 재무, 통상품질 등과 같은 부분과 상호 관련되어야 한다.

(2) 시간 중심 제조전략
① 생산, 신제품의 개발, 판매 및 유통에서 선도적 역할을 수행하고 있는 회사는 시간을 유효하게 관리함으로써 경쟁력에서 우위를 점하고 있다.
② 세계시장을 석권 중인 제조회사의 특징
　㉠ 단기간 동안 다량의 새로운 모델을 개발한다.
　㉡ 단기속성계획으로 신제품 개발 및 제조가 이루어진다.
　㉢ 전략적 요인상 시간이란 자본, 생산성, 품질 및 더 나아가 기술 혁신과도 비슷한 개념으로 볼 수 있다.

ⓒ 전통적 제조과정과 시간 중심 제조과정의 비교

구분	전통적 제조과정	시간 중심 제조과정
생산시간	최대화 노력	최소화 노력
생산설비 배치	하나의 공정 후에 다음 단계가 수행되어 시간 낭비	제품 중심으로 각 부문의 움직임을 최소화해서 시간 절약
일정계획	중앙집권적인 일정계획	국부적인 일정계획

(3) 기술적 접근

① 각각의 회사는 요구되는 상황에 따라 스스로의 목표 및 전략에 맞추어 제조기술과 도입 및 운영에 대한 프로젝트를 준비해야 한다.
② 제조전략은 원가, 품질, 신뢰성 및 신축성 등을 이루기 위해 수립하는 것이므로 제조전략에서의 설계에서는 이 4가지 성과 측정 시스템을 고려해야 한다.

04 생산계획·운영 및 통제

1. 생산예측

(1) 생산예측의 개념

미래의 시점에 있어 또는 미래의 시점에 다다르기까지의 해당 제품에 대한 수요를 과거 및 현재를 기반으로 일정한 조건하에서 예상하는 것을 말한다.

(2) 생산예측의 방법

① 정성적 방법
  ㉠ 시장에 신제품이 처음으로 출시될 때처럼 새로운 제품에 대한 수요예측의 자료가 충분하지 못할 경우에 주로 활용한다.
  ㉡ 논리적이고 선입견 없는 체계적인 방식으로 정보를 수집한다.
  ㉢ 델파이법, 위원회에 의한 예측법, 시장조사법, 과거자료유추법 등이 해당한다.

> **델파이법**
> • 가능성 있는 미래기술 개발방향과 시기 등에 대한 정보를 취득하기 위한 방식이다.
> • 회합 시 발생하기 쉬운 심리적 편기를 배제할 수 있다.
> • 회답자들에 따른 가중치를 부여하기 어렵다는 문제점이 있다.

② 정량적 방법
　㉠ 인과적 방법
　　• 과거 자료의 수집이 쉽고 예측하려는 요소 및 그 외의 사회경제적 요소와의 관련성을 비교적 명백하게 밝힐 수 있을 때 활용한다.
　　• 인과모형은 자료 작성 등에 있어 많은 기간의 준비가 필요한 반면에 미래 전환기를 예언하는 최선의 방식이다. 예측방법 중 가장 정교한 방식으로 관련된 인과관계를 수학적으로 표현한다.
　　• 투입산출모형, 회귀모형, 경기지표법, 계량경제모형, 제품수명주기 분석법, 소비자 구매 경향 조사법 등이 해당한다.
　㉡ 시계열분석 방법
　　• 제품 및 제품계열에 대한 수년간의 자료 등을 수집하기 용이하며, 변화하는 경향이 비교적 분명하며 안정적일 경우에 활용한다.
　　• 추세변동(경향변동) : 상승·하락적인 장기적 추세 및 방향을 나타내는 변동을 말하며 이동평균법, 최소자승법, 목측법, 지수평활법 등이 해당된다.
　　• 계절변동 : 주기가 1년 이내인 계절의 변화와 연관되어 발생하는 경제통계상의 변동이다.
　　• 순환변동 : 일정 주기를 가지고 반복되는 변동으로 경향선상의 장기적 진동을 의미한다.
　　• 불규칙변동 : 우연한 사건의 결과로 발생되는 변동이다.

2. 총괄생산계획

(1) 의의
① 특정한 시간에 대해 예측수요량을 기반으로 제품 생산능력을 적절하게 할당 및 배분해서 생산시설을 효과적으로 운용하기 위한 기준이자 시설능력의 제약적 조건하에서 단위기간별 수요를 충족시키기 위해 작업자의 증원, 잔업, 하청 또는 재고의 비축 등의 변수 등 어떠한 것을 활용할 것인지를 결정하는 것을 의미한다.
② 생산계획의 구분
　㉠ 장기계획 : 통상적으로 1년 이상의 계획기간을 대상으로 매년 작성되며, 기업에서의 전략계획, 판매 및 시장계획, 재무계획, 사업계획, 자본·설비투자계획 등과 같은 내용을 포함한다.
　㉡ 중기계획 : 대체로 6~8개월의 기간을 대상으로 해서 분기별 또는 월별로 계획을 작성하고, 계획기간 동안에 발생하는 총생산비용을 최소로 줄이기 위해 월별 재고수준, 노동력 규모 및 생산율 등을 결정하는 수요예측, 총괄생산계획, 대일정계획, 대일정계획에 의한 개괄적인 설비능력계획 등을 포함한다.
　㉢ 단기계획 : 대체로 주별로 작성되며, 1일 내지 수 주간의 기간을 대상으로 한다.

(2) 총괄생산계획의 내용
① 총괄생산계획의 생산전략
　㉠ 생산율을 일정하게 고정시키면서 재고를 활용해서 수요에 대한 변화를 흡수한다.
　㉡ 수요변화에 대응하기 위해 노동력의 규모를 변화시켜 생산율을 조절하며, 재고는 안전 재고 수준만을 보유한다.

ⓒ 노동력의 규모를 고정시키고 그 대신에 잔업 또는 단축노무 등으로 인한 생산시간 등을 조절해서 생산율을 변동시킴으로써 수요의 변화에 대응한다.
② 총괄생산계획에서의 비용요소
   ㉠ 기본 생산비 : 일정 기간 동안 정상적 생산 활동을 통해 일정량을 생산할 때 발생하는 공정비 및 공정생산비로 정규작업대금 및 기계준비비 등이 포함된다.
   ㉡ 생산율 변동비용 : 기존 생산율을 변동시킬 경우에 발생하는 비용으로 고용·해고비용, 하청비용, 잔업비용 등이 포함된다.
   ㉢ 재고비용 : 재고유지비(창고운영비, 세금, 보험금, 감가상각비등), 기회손실비(기회이익의 손실) 등이 포함된다.
   ㉣ 재고부족비용 : 수요에 대응할 재고가 없을 경우에 발생하는 판매수익의 손실, 미납주문, 신뢰도 상실 등을 의미한다.

3. 재고관리 및 통제

(1) 재고의 기능
① 고객에 대한 서비스 : 많은 양의 재고를 보유하게 되면 수요의 불규칙적 변동에도 불구하고 품절 예방이 가능하며, 더불어 소비자가 요구하는 가용성도 지닐 수 있다.
② 생산의 안정화 : 재고량 조절을 통해 고용수준이나 조업시간 또는 설비가동률을 안정적으로 유지해 나갈 수 있다.
③ 부문 간 완충 : 수요나 생산능력이 급격하게 변동하더라도 구매·판매·제조·인사·재무 등의 여러 부문 간 활동들의 충격을 완화한다.
④ 취급수량의 경제성 : 경제적 발주량의 실행으로 인해 대량취급의 이점을 얻을 수 있다.
⑤ 투자·투기의 목적으로 보유한다.
⑥ 재고보유를 통해 판매를 촉진한다.

(2) 재고관리 시스템

정기발주 시스템	정량발주 시스템
• 발주 간격을 정해서 정기적으로 발주하는 방식이다. • 단가가 높은 상품에 적용된다. • 발주할 때마다 발주량이 변하는 것이 특징이며, 발주량이 문제가 된다.	• 재고가 일정 수준의 주문점에 다다르면 정해진 주문량을 주문하는 시스템이다. • 매회 주문량을 일정하게 하고 소비의 변동에 따라 발주시기를 변동한다. • 조달 기간 동안의 실제 수요량이 달라지나, 주문량은 언제나 동일하므로 주문 사이의 기간이 매번 다르고, 최대 재고 수준도 조달 기간의 수요량에 따라 달라진다.
〈특징〉 • 일정 기간별 발주 및 발주량 변동 • 운용자금의 절약 • 재고량의 발주 빈도 감소 • 고가품, 수요변동, 준비기간 장기 • 사무처리 수요 증가 • 수요예측제도의 향상 • 품목별 관리	〈특징〉 • 일정량을 발주하고 발주 시기는 비정기적 • 발주 비용이 저렴 • 계산이 편리해서 사무관리가 용이 • 저가품, 수요안정, 준비기간 단기 • 재고량의 증가 우려 • 정기적인 재고량 점검

(3) 재고 관련 비용
   ① 재고유지비(Holding Cost)
   ② 품절비(Stockout Cost)
   ③ 발주비(Ordering Cost)
   ④ 구매비(Purchase Cost)

4. 공정관리

(1) 개념

일정 품질 및 수량의 제품을 적시에 생산할 수 있도록 인적 노력 및 기계설비 등의 생산자원을 합리적으로 활용할 것을 목적으로 공장 생산 활동을 전체적으로 통제하는 것이다.

(2) 공정관리의 기능
   ① 공정관리의 기능은 크게 계획기능과 통제기능 2가지로 분류된다[계획기능(절차계획, 공수계획, 일정계획 등), 통제기능(작업할당, 진도관리 등)].
   ② **절차계획의 주요 결정사항** : 제품생산에 있어 필요로 하는 작업의 내용 및 방법, 각 작업의 실시장소 및 경로, 각 작업의 실시순서, 각 작업의 소요시간·표준시간, 경제적 제조 로트의 결정, 제품생산에 있어 필요로 하는 자재의 종류 및 수량, 각 작업에 사용할 기계 및 공구
   ③ **공수계획** : 계획생산량 완성에 있어 필요로 하는 인원 또는 기계의 부하를 결정해서 이를 현유인원 및 기계의 능력 등과 비교해서 조정하는 것으로, 가장 많이 활용되는 기준은 작업시간으로서 기계시간(Machine Hour)과 인시(Man Hour)가 대표적이다.
   ④ **일정계획** : 생산계획을 구체화하는 과정을 말하며 기준일정 결정과 생산일정 결정으로 나누어진다. 통상적으로 대일정계획, 중일정계획, 소일정계획의 3단계로 분류한다.
   ⑤ **작업할당** : 절차계획에서 결정된 공정절차표 및 일정계획에서 수립된 일정표에 의해 실제 생산 활동을 시작하도록 허가하는 것을 가리킨다.
   ⑥ **진도관리** : 진행 중인 작업에 대해 첫 작업부터 완료되기까지의 진도상태를 관리하는 것을 의미한다. 통상적으로 간트 차트식의 진도표 또는 그래프식 진도표, 작업관리판 등이 활용된다.

5. 자재관리 계획

(1) MRP(Material Requirement Planning)
소요량에 의해 최초의 주문을 계획할 때, 자재소요의 양적·시간적인 변화에 맞춰 기주문을 재계획함으로써 정확한 자재의 수요를 계산해 나가는 방법이다.

① MRP의 특징
    ㉠ 설비가동능률의 증진
    ㉡ 적시 최소비용으로 공급
    ㉢ 소비자에 대한 서비스의 개선
    ㉣ 의사결정의 자동화에 기여
    ㉤ 생산계획의 효과적인 도구

② MRP 전제조건
    ㉠ 전체 재고품목들을 확인·구별할 수 있어야 한다.
    ㉡ 재고기록서에 기록된 자료들은 정확성 및 유용성이 높아야 한다.
    ㉢ 원자재·가공조립품·구입품 등을 표시할 수 있는 자재명세서가 준비되어야 한다.
    ㉣ 어떠한 제품이 언제(얼만큼) 필요한지를 나타내는 정확한 생산 종합계획이 수립되어야 한다.

③ MRP의 효율적 적용을 위한 가정
    ㉠ 제조공정이 독립적이어야 한다.
    ㉡ 전체 자료의 조달기간 파악이 가능해야 한다.
    ㉢ 재고기록서의 자료 및 자재명세서의 자료가 일치해야 한다.
    ㉣ 전체 조립구성품들은 조립착수 시점에서 활용이 가능해야 한다.
    ㉤ 전체 품목들은 저장이 가능해야 하며, 매출행위가 있어야 한다.

(2) MRP II
① 고전적 MRP 시스템에 생산계획 및 생산일정 등과 같은 계획기능, 구매활동 등과 같은 실행기능이 덧붙여진 시스템이다.

② MRP II 시스템 구축
    ㉠ 프로젝트 팀을 지정하고 높은 수준을 지닌 전문가를 선정한다.
    ㉡ 프로젝트 팀에 모든 문제를 위임한다.
    ㉢ 필요로 하는 자원을 제공한다.
    ㉣ 충분한 사내교육을 실시한다.
    ㉤ 실제 운영 이전의 예비수행계획을 준비한다.
    ㉥ 각 부서로 하여금 리더십을 지니도록 한다.

6. 품질관리

(1) 품질관리의 개념 및 특성

① 소비자들의 요구에 부응하는 품질의 제품 및 서비스를 경제적으로 생산 가능하도록 기업조직 내 여러 부문이 제품에 대한 품질을 유지·개선하는 관리적 활동의 체계를 의미한다.

② 품질관리의 구체적 목표
  ㉠ 제품시장에 일치시킴으로써 소비자들의 요구를 충족시킨다.
  ㉡ 다음 공정의 작업을 원활화한다.
  ㉢ 불량, 오작의 재발을 방지한다.
  ㉣ 요구품질의 수준과 비교함으로써 공정을 관리한다.
  ㉤ 현 공정능력에 따른 제품의 적정품질수준을 검토해서 설계, 시방의 지침으로 한다.
  ㉥ 불량품 및 부적격 업무를 감소시킨다.

③ 품질관리의 실시효과
  ㉠ 불량품이 감소되어 제품품질의 균일화를 가져온다.
  ㉡ 제품원가가 감소되어 제품가격이 저렴해진다.
  ㉢ 생산량의 증가와 합리적 생산계획을 수립한다.
  ㉣ 기술부문과 제조현장 및 검사부문의 밀접한 협력관계가 이루어진다.
  ㉤ 작업자들의 제품품질에 대한 책임감 및 관심 등이 높아진다.
  ㉥ 통계적인 수법의 활용과 더불어 검사비용이 줄어든다.
  ㉦ 원자재 공급자 및 생산자와 소비자와의 거래가 공정하게 이루어진다.
  ㉧ 사내 각 부문의 종사자들이 좋은 인간관계를 지니게 되고, 사외 이해관계자들에게는 높은 신용을 지니게 한다.

(2) 종합적 품질경영(TQM; Total Quality Management)

경영자의 열의 및 리더십을 기반으로 지속된 교육 및 참여에 의해 능력이 개발된 조직의 구성원들이 합리적이면서 과학적인 관리방식을 활용해서 기업조직 내 절차를 표준화하며, 이를 지속적으로 개선해 나가는 과정에서 종업원의 니즈를 만족시키고 소비자 만족 및 기업조직의 장기적인 성장을 추구하는 관점에서의 경영시스템

CHAPTER 12 | 마케팅

01 마케팅의 본질

1. 마케팅의 의의 및 특성

(1) 마케팅의 정의

개인 및 조직의 목표를 만족시키기 위해 재화·서비스·가격설정·촉진·유통 등을 계획하고 실시하며 통제하는 경영관리 과정이다.

(2) 마케팅의 특성

① 모든 기업조직의 활동들(예 생산, 재무, 판매 등)을 고객의 욕구에 부응하도록 통합한다.
② 고객의 욕구를 충족시킴으로써 모든 목표, 즉 금전적, 사회적, 개인적인 목표를 달성할 수 있다는 점을 강조한다.
③ 고객의 욕구에 부응하는 데 있어 나타나는 사회적 결과에 관심을 가진다.
④ 제품, 서비스, 아이디어를 창출하고 이들의 가격을 결정하고 이들에 대한 정보를 제공하고 이들을 배포하여 개인 및 조직체의 목표를 만족시키는 교환을 성립하게 하는 일련의 인간 활동을 말한다.
⑤ 단순히 영리를 목적으로 하는 기업뿐만 아니라 비영리조직까지 적용되고 있다.
⑥ 단순한 판매나 영업의 범위를 벗어난 고객을 위한 인간 활동이며, 눈에 보이는 유형의 상품뿐만 아니라 무형의 서비스까지도 마케팅 대상이다.
⑦ 계획·실시·통제라는 경영관리의 성격을 지닌다.

(3) 마케팅의 본질

① 개인 및 조직의 목표를 만족 : 마케팅 활동은 단지 영리를 추구하는 기업조직만이 실행하는 것은 아니다.
② 교환의 성립 : 기업조직은 소비자들에게 제품 및 서비스, 정보 등을 제공하며, 소비자들은 그에 대한 대가로 노력, 시간, 돈 등을 기업조직에 제공함으로써 서로 간의 교환이 이루어진다.
③ 일련의 인간 활동 : 마케팅 요소 4P's를 혼합하는 활동[4P : 제품(Product), 가격(Price), 유통(Place), 프로모션(Promotion)]

2. 마케팅의 기본 요소

필요(Needs)와 욕구(Wants), 수요(Demands), 제품(Products), 교환(Exchange), 시장(Market)

3. 마케팅 개념의 발전 단계

생산개념	• 생산지향성 시대는 무엇보다도 저렴한 제품을 선호한다는 가정에서 출발한다. 즉, 소비자는 제품 이용 가능성과 저가격에만 관심이 있다고 할 수 있다. 그러므로 기업의 입장에서는 대량생산과 유통을 통해 낮은 제품원가를 실현하는 것이 목적이 된다. • 제품의 수요에 비해서 공급이 부족하여 고객들이 제품구매에 어려움을 느끼기 때문에 고객들의 주된 관심이 '지불할 수 있는 가격으로 그 제품을 구매하는 것'일 때 나타나는 이념이다.

↓

제품개념	• 소비자들이 가장 우수한 품질이나 효용을 제공하는 제품을 선호한다는 개념이다. • 제품지향적인 기업은 다른 어떤 것보다도 보다 나은 양질의 제품을 생산하고 이를 개선하는 데 노력을 기울인다.

↓

판매개념	• 기업이 소비자로 하여금 경쟁회사 제품보다는 자사제품을 더 많이 구매하도록 설득하여야 하며, 이를 위하여 이용 가능한 모든 효과적인 판매활동과 촉진도구를 활용하여야 한다고 보는 개념이다. • 생산능력의 증대로 제품공급의 과잉상태가 나타나게 되며, 고압적인 마케팅 방식에 의존하여 광고, 유통 등에 많은 관심을 가진다. • 소비자의 욕구보다는 판매방식이나 판매자 시장에 관심을 가진다.

↓

마케팅 개념	• 고객중심적인 마케팅 관리이념으로서 고객욕구를 파악하고, 이에 부합되는 제품을 생산하여 고객욕구를 충족시키는 데 초점을 둔다. • 고객지향 : 소비자들의 욕구를 기업 관점이 아닌 소비자의 관점에서 정의하는 것(소비자의 욕구를 소비자 스스로가 기꺼이 지불할 수 있는 가격에 충족시키는 것)이다. • 전사적 노력 : 기업의 각 부서 중에서 직접적으로 소비자를 상대하는 부문은 마케팅 부서이나 고객중심의 개념으로 비추어 보면 기업 내 전 부서의 공통된 노력이 요구된다. 즉, 기업의 전 부서 모두가 고객지향적일 때 올바른 고객욕구의 충족이 이루어질 수 있다. • 고객만족을 통한 이익의 실현 : 마케팅 개념은 기업 목적 지향적이어야 하며, 적정한 이익의 실현은 기업 목적달성을 위한 필수불가결한 요소이다. 이러한 이익은 결국 고객만족 노력에 대한 결과이며 동시에 기업이 이익만을 추구할 경우에는 이러한 목적은 실현될 수 없음을 의미한다.

↓

사회지향적 개념	• 기업의 이윤을 창출할 수 있는 범위 안에서 타사에 비해 효율적으로 소비자의 욕구를 충족시키도록 노력하는 데 있어서는 마케팅 개념과 일치한다. • 사회지향적 마케팅은 단기적인 소비자의 욕구충족이 장기적으로는 소비자는 물론 사회의 복지와 상충되어짐에 따라서 기업은 마케팅활동의 결과가 소비자는 물론 사회 전체에 어떤 영향을 미치게 될 것인가에 대한 관심을 가져야 하며 부정적 영향을 미치는 마케팅활동을 가급적 자제하여야 한다는 사고에서 등장한 개념이다(고객만족, 기업의 이익에 더불어 사회 전체의 복지를 요구하는 개념).

4. 현대 마케팅의 특징

소비자 지향성, 기업목적 지향성, 사회적 책임 지향성, 통합적 마케팅 지향성

02 마케팅 관리체계

1. 상황분석

마케팅관리 과정에서 가장 먼저 해야 할 일은 자사의 제품이 당면하고 있는 환경 및 상황에 대한 명확한 분석이다.

2. 목표시장 선정 전략의 수립(시장세분화 → 표적시장 → 포지셔닝)

(1) 시장세분화

가격이나 제품에 대한 반응에 따라 전체시장을 몇 개의 공통된 특성을 가지는 세분시장으로 나누어서 마케팅을 차별화시키는 것을 말한다.

(2) 표적시장

세분시장이 확인되고 나면, 기업은 어떤 세분시장을 얼마나 표적으로 할 것인지를 결정한다.

(3) 포지셔닝

자사 제품의 큰 경쟁우위를 찾아내어 이용함으로써 선정된 목표시장의 소비자들의 마음속에 자사의 상품을 자리잡게 하는 것이다.

3. 마케팅믹스 전략의 수립

기업조직이 표적시장에서 자사의 마케팅 목표를 이루기 위해 기업이 통제 가능한 요소인 제품, 가격, 유통, 프로모션(판매촉진)을 효율적으로 구사해서 혼합하는 것을 가리킨다.

(1) 제품

소비자들에게 필요하며 그들의 욕구를 만족시켜주는 재화 및 서비스, 아이디어 등

(2) 가격

소비자들이 제품을 소유하기 위해 지불하는 가치

(3) 유통

소비자들이 제품을 구매하는 장소

(4) 프로모션

소비자와 판매자 간 커뮤니케이션 수단

4. 마케팅 조사

(1) 개요
① 마케팅 의사결정을 하기 위해 필요한 각종 정보를 제공하기 위해 자료를 수집·분석하는 과정이다.
② 마케팅 조사는 서로 간의 관련이 있는 사실들을 찾아내고 분석하고, 가능한 조치를 제시함으로써 마케팅 의사결정을 돕는다.

(2) 마케팅 조사의 절차과정

단계	내용
1단계 조사문제의 정의와 조사목적의 결정	통상적으로 마케팅 조사를 수행하기 위해서는 먼저 조사문제를 정확하게 정의해야 한다. 마케팅 조사는 특정한 의사결정을 위해 수행되는 것이므로 의사결정 문제에서부터 조사문제가 결정된다.
2단계 마케팅 조사의 설계	연구에 대한 구체적인 목적을 공식화하여 조사를 수행하기 위한 순서와 책임을 구체화시켜야 함. 보통 연구조사의 주체, 대상, 시점, 장소 및 방법 등을 결정하는 단계이다.
3단계 자료의 수집과 분석	자료의 수집방법, 설문지의 작성, 조사대상에 대한 선정 및 실사 등을 통해 자료를 수집한다. 분석하고 나온 결과에 대해 의미 있는 해석이 뒤따라야 한다.
4단계 보고서 작성	분석이 완료된 후에 마케팅 의사결정자의 의사결정에 도움이 되도록 조사결과와 결론에 대한 조사 보고서를 작성해야 한다.

03 마케팅 환경

1. 거시적 환경

(1) 개념
특정 개별기업의 마케팅활동에 직접적으로 영향을 미치지 않고 간접적이며, 단기적으로는 잘 변하지 않는 환경요인을 의미한다(사회, 문화, 정치, 경제, 법, 기술적 환경 등).

(2) 거시적 환경요인의 종류
인구통계적 환경요소, 경제적 환경요소, 기술적 환경요소, 법적·정치적 환경요소, 사회·문화적 환경요소

2. 내부 환경
최고경영층, 각 기능부서

3. 과업 환경

원료공급자, 중개업자, 소비자

4. 제약 환경

경쟁업자, 공중(정부, 금융, 매체, 시민운동 등 기업과 이해관계를 가지고 있거나 기업 활동에 영향을 미치는 집단)

5. 소비자 환경

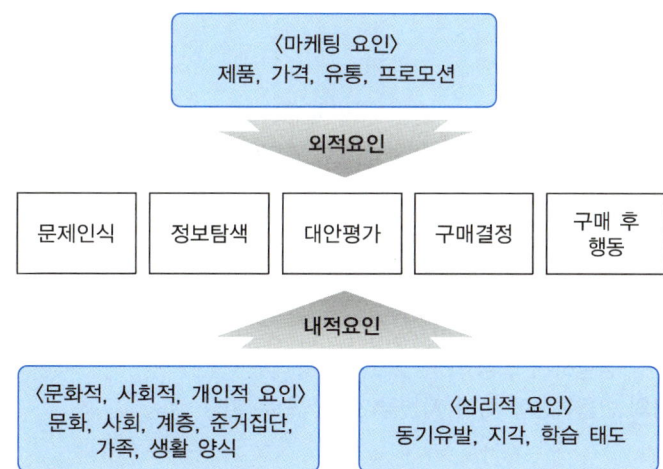

(1) 소비자 행동모델 및 영향요소

① 사회적 요인 : 가족, 준거집단, 역할 및 지위
② 문화적 요인 : 소비자들 스스로가 속한 문화, 사회계층, 하위문화
③ 개인적 요인 : 연령, 직업, 경제상황, 생활주기, 개성 및 자아개념
④ 마케팅 자극 : 가격, 제품, 유통촉진 요인
⑤ 심리적 요인 : 지각, 동기, 학습, 신념 및 태도

(2) 소비자 구매의사결정과정

문제의 인식 → 정보의 탐색 → 대안의 평가 → 구매 → 구매 후 행동

04 목표시장 선정

1. 목표시장 선정 전략

시장 세분화	• 시장 세분화를 위한 세분화 기준변수 파악 • 각 세분시장의 프로파일 개발
표적시장 선정	• 세분시장 매력도 평가를 위한 측정변수 개발 • 표적시장 선정
포지셔닝	• 각 표적시장의 포지셔닝을 위한 위치 파악 • 각 표적시장의 마케팅믹스 개발

2. 시장 세분화

(1) 의의

전체시장을 하나의 시장으로 보지 않고, 소비자 특성의 차이 또는 기업의 마케팅 정책, 예를 들어 가격이나 제품에 대한 반응에 따라 전체시장을 몇 개의 공통된 특성을 가지는 세분시장으로 나누어서 마케팅을 차별화시키는 것이다.

(2) 시장 세분화의 이점

① 새로운 마케팅 기회를 효과적으로 포착
② 마케팅 믹스를 정밀하게 조정
③ 각 세분시장의 반응특성에 따라 자원을 효율적으로 할당

(3) 시장 세분화의 요건

구분	개념
측정가능성	마케터는 각 세분시장에 속하는 구성원을 확인하고, 세분화 근거에 따라 그 규모나 구매력 등의 크기를 측정할 수 있어야 한다.
유지가능성	각 세분시장은 별도의 마케팅 노력을 할애받을 만큼 규모가 크고 수익성이 높아야 한다.
접근가능성	마케터는 각 세분시장에 별도의 상이한 마케팅 노력을 효과적으로 집중시킬 수 있어야 한다.
실행가능성	마케터는 각 세분시장에 적합한 마케팅 믹스를 실제로 개발할 수 있는 능력과 자원을 가지고 있어야 한다.
내부적 동질성과 외부적 이질성	특정한 마케팅 믹스에 대한 반응이나 세분화 근거에 있어서 같은 세분시장의 구성원은 동질성을 보여야 하고, 다른 세분시장의 구성원과는 이질성을 보여야 한다.

3. 시장 표적화

(1) 개념
자사가 경쟁우위가 어느 세분시장에서 경쟁우위를 확보할 수 있는지를 평가해서 상대적으로 경쟁우위가 있는 세분시장을 선택하는 것이다.

(2) 목표시장 선정전략
① 무차별적 마케팅 전략
  ㉠ 개념 : 전체 시장을 하나의 동일한 시장으로 간주하고, 하나의 제품을 제공하는 전략이다.
  ㉡ 장점 : 규모의 경제, 즉 비용을 줄일 수 있다.
  ㉢ 단점 : 모든 계층의 소비자를 만족시킬 수 없으므로 경쟁사가 쉽게 틈새시장을 찾아 시장에 진입할 수 있다.
② 차별적 마케팅 전략
  ㉠ 개념 : 전체 시장을 여러 개의 세분시장으로 나누고, 이들 모두를 목표시장으로 삼아 각기 다른 세분시장의 상이한 욕구에 부응할 수 있는 마케팅믹스를 개발하여 적용함으로써 기업의 마케팅 목표를 달성하고자 하는 것이다.
  ㉡ 장점 : 전체 시장의 매출은 증가한다.
  ㉢ 단점 : 각 세분시장에 차별화된 제품과 광고 판촉을 제공하기 위해 비용도 늘어난다.
  ㉣ 특징 : 주로 자원이 풍부한 대기업이 사용한다.
③ 집중적 마케팅 전략
  ㉠ 개념 : 전체 세분시장 중에서 특정 세분시장을 목표시장으로 삼아 집중 공략하는 전략이다.
  ㉡ 장점 : 해당 시장의 소비자 욕구를 보다 정확히 이해하여 그에 걸맞은 제품과 서비스를 제공함으로써 전문화의 명성을 얻을 수 있으며 생산·판매 및 촉진활동을 전문화함으로써 비용을 절감시킬 수 있다.
  ㉢ 단점 : 대상으로 하는 세분시장의 규모가 축소되거나 경쟁자가 해당 시장에 뛰어들 경우 위험이 크다.
  ㉣ 특징 : 자원이 한정된 중소기업이 사용한다.

4. 제품 포지셔닝

(1) 개념
자사 제품의 큰 경쟁우위를 찾아내어 이용함으로써 선정된 목표시장의 소비자들의 마음속에 자사의 상품을 자리잡게 하는 것, 즉 소비자들에게 경쟁제품과 비교하여 자사제품에 대한 차별화된 이미지를 심어 주기 위한 계획적인 전략접근법이다.

(2) 포지셔닝 전략유형
① 제품속성에 의한 포지셔닝
  ㉠ 자사제품의 속성이 경쟁제품에 비해 차별적 속성을 지니고 있어서 그에 대한 혜택을 제공한다는 것을 소비자에게 인식시키는 전략으로서 가장 널리 사용되는 포지셔닝 전략
  ㉡ 스웨덴의 'Volvo(안전)', 쉐보레의 '스파크(저렴한 유지비)', '파로돈탁스(타사 제품과는 달리 잇몸질환을 예방해 준다는 속성을 강조)' 등

② 이미지 포지셔닝

　제품이 지니고 있는 추상적인 편익을 강조하는 전략

③ 경쟁제품에 의한 포지셔닝

　소비자가 인식하고 있는 기존의 경쟁제품과 비교함으로써 자사 제품의 편익을 강조하는 방법

④ 사용상황에 의한 포지셔닝

　자사 제품의 적절한 사용상황을 설정함으로써 타사 제품과 사용상황에 따라 차별적으로 다르다는 것을 소비자에게 인식시키는 전략

⑤ 제품사용자에 의한 포지셔닝

　제품이 특정 사용자 계층에 적합하다고 강조하여 포지셔닝하는 전략

(3) 포지셔닝 맵

① 소비자의 마음속에 자리잡고 있는 자사의 제품과 경쟁 제품들의 위치를 2차원 또는 3차원의 도면으로 작성해 놓은 도표이다.

② 작성 절차 : 차원의 수를 결정 → 차원의 이름을 결정 → 경쟁사 제품 및 자사 제품의 위치를 확인 → 이상적인 포지션의 결정

05 제품관리

1. 제품의 의의 및 유형

(1) 제품의 개념

일반적으로 소비자들의 기본적인 욕구와 욕망을 충족시켜 주기 위한 것으로, 시장에 출시되어 사람의 주의, 획득, 사용이나 소비의 대상이 되는 것을 말한다.

(2) 제품차원의 구성 : 핵심제품, 유형제품, 확장제품

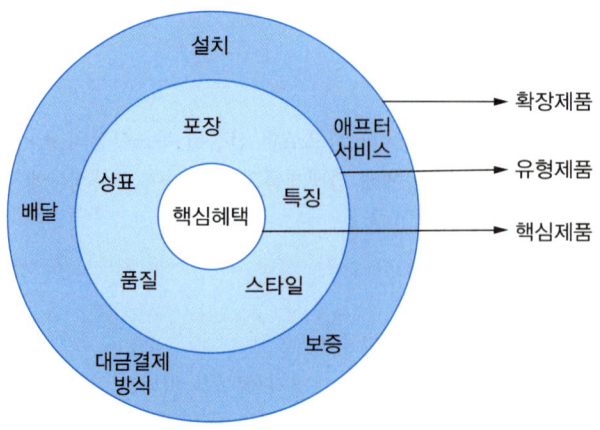

(3) 구매관습에 따른 소비재 분류

① 소비재 : 구매자가 일반적으로 개인이 최종적으로 사용하거나 소비하는 것을 목적으로 구매하는 제품이다.
   ㉠ 편의품 : 구매빈도가 높은 저가의 제품인 동시에 최소한의 노력과 습관적으로 구매하는 경향이 있는 제품
   ㉡ 선매품 : 소비자가 가격, 품질, 스타일이나 색상 면에서 경쟁제품을 비교한 후에 구매하는 제품
   ㉢ 전문품 : 소비자가 자신이 찾는 품목에 대해서 너무 잘 알고 있으며, 그것을 구입하기 위해서 특별한 노력을 기울이는 제품

구분	편의품	선매품	전문품
구매 전 계획정도	거의 없음	있음	상당히 있음
가격	저가	중·고가	고가
브랜드 충성도	거의 없음	있음	특정상표 선호
고객쇼핑 노력	최소한	보통	최대한
제품회전율	빠름	느림	느림

② 산업재 : 구매자가 개인이 아니라 기업 등의 조직으로 최종 소비가 목적이 아니라 다른 제품을 만들기 위하여 또는 제3자에게 판매할 목적으로 구매하는 제품이다. 원자재와 자본재로 구분된다.
   ㉠ 원자재의 구분
      • 원자재 : 제품의 제작에 필요한 모든 자연생산물을 의미한다.
      • 가공재 : 원료를 가공 처리하여 제조된 제품으로서 다른 제품의 부분으로 사용되는데, 다른 제품의 생산에 투입될 경우에 원형을 잃게 되는 제품이다(철강, 설탕 등).
      • 부품 : 생산과정을 거쳐 제조되었지만, 그 자체로는 사용가치를 지니지 않는 완제품으로, 더이상 변화 없이 최종 제품의 부분이 된다(소형 모터, 타이어 등).
   ㉡ 자본재의 구분
      • 설비 : 고정자산적 성격이 강하고 매우 비싸며 건물, 공장의 부분으로 부착되어 있는 제품이다.
      • 소모품 : 제품의 완성에는 필요하지만, 최종 제품의 일부가 되지 않는 제품이다(윤활유, 페인트 등).

2. 제품의 구성요소

(1) 제품기능

① 특징 : 타사의 제품과 차별되는 기본요소 또는 구조적·기능적인 차이점과 더불어 소비자들에게 제공하는 이점 및 효과이다.
② 품질 : 비슷한 제품과의 우위성을 나타내며, 이는 기술적인 수준과 상업적인 질의 2가지 측면을 고려해야 한다.
③ 스타일 : 제품에 대한 선호 및 취향에 맞게 다양성을 부여하는 것이다.

(2) 상표

① 사업자가 자기가 취급하는 상품을 타사의 상품과 식별(이름, 표시, 도형 등을 총칭)하기 위하여 상품에 사용하는 표지를 나타낸다.
② **상표명** : 상표를 나타내는 구체적인 이름을 의미한다.
③ **상표마크** : 상표에 드러난 심벌모형을 의미한다.
④ 구매자 입장에서 상표의 좋은 점
　㉠ 공급업자가 생산하는 제품의 질을 보증하는 역할을 수행한다.
　㉡ 상품구매의 효율성을 높여준다.
⑤ 회사 입장에서 상표의 좋은 점
　㉠ 상표를 사용함으로써 판매업자로 인한 주문 처리와 문제점 추적을 쉽게 할 수 있다.
　㉡ 자사만의 제품특성에 대한 법적 보호를 받음으로써 타사가 모방할 수 없게 해준다.
　㉢ 고객에 대한 기업의 이미지가 상승한다.
　㉣ 고객의 자사제품에 대한 신뢰도를 구축하여 꾸준하게 구매가능성이 높은 고객층을 확보하도록 해준다.

(3) 포장

① 물품을 수송·보관함에 있어서 이에 대한 가치나 상태 등을 보호하기 위하여 적절한 재료나 용기 등에 탑재하는 것을 말한다(상표에 대해 소비자로 하여금 바로 인지하게 하는 역할을 수행).
② 목적

제품의 보호성	포장의 근본적인 목적임과 동시에 제품이 공급자에서 소비자로 넘어가기까지 운송, 보관, 하역 또는 수송·배송을 함에 있어서 발생할 수 있는 여러 위험요소로부터 제품을 보호하기 위함이다.
제품의 경제성	유통상의 총비용을 절감한다.
제품의 편리성	제품취급을 편리하게 해주는 것으로 제품이 공급자의 손을 떠나 운송, 보관, 하역 등 일련의 과정에서 편리를 제공하기 위함이다.
제품의 촉진성	타사 제품과 차별화를 시키면서 자사 제품 이미지의 상승효과를 불러와 소비자들로 하여금 구매충동을 일으키게 한다.
제품의 환경보호성	공익성과 함께 환경 친화적인 포장을 추구해 나가는 것을 의미한다.

(4) 고객서비스

서비스 요소는 서비스의 종류를 의미하는데, 이는 소비자들이 중요하다고 여기는 요소의 중요도에 따라 충족시켜 주어야 하고, 서비스의 수준은 소비자들이 기대하는 수준 및 경쟁사의 수준 등을 고려해서 결정해야 한다.

3. 제품전략

(1) 제품수명주기 및 제품전략

제품이 시장에 처음 출시되는 도입기 → 본격적으로 매출이 증가하는 성장기 → 매출액 증가율이 감소하기 시작하는 성숙기 → 매출액이 급격히 감소하여 더이상의 제품으로 기능을 하지 못하는 쇠퇴기로 이루어진다.

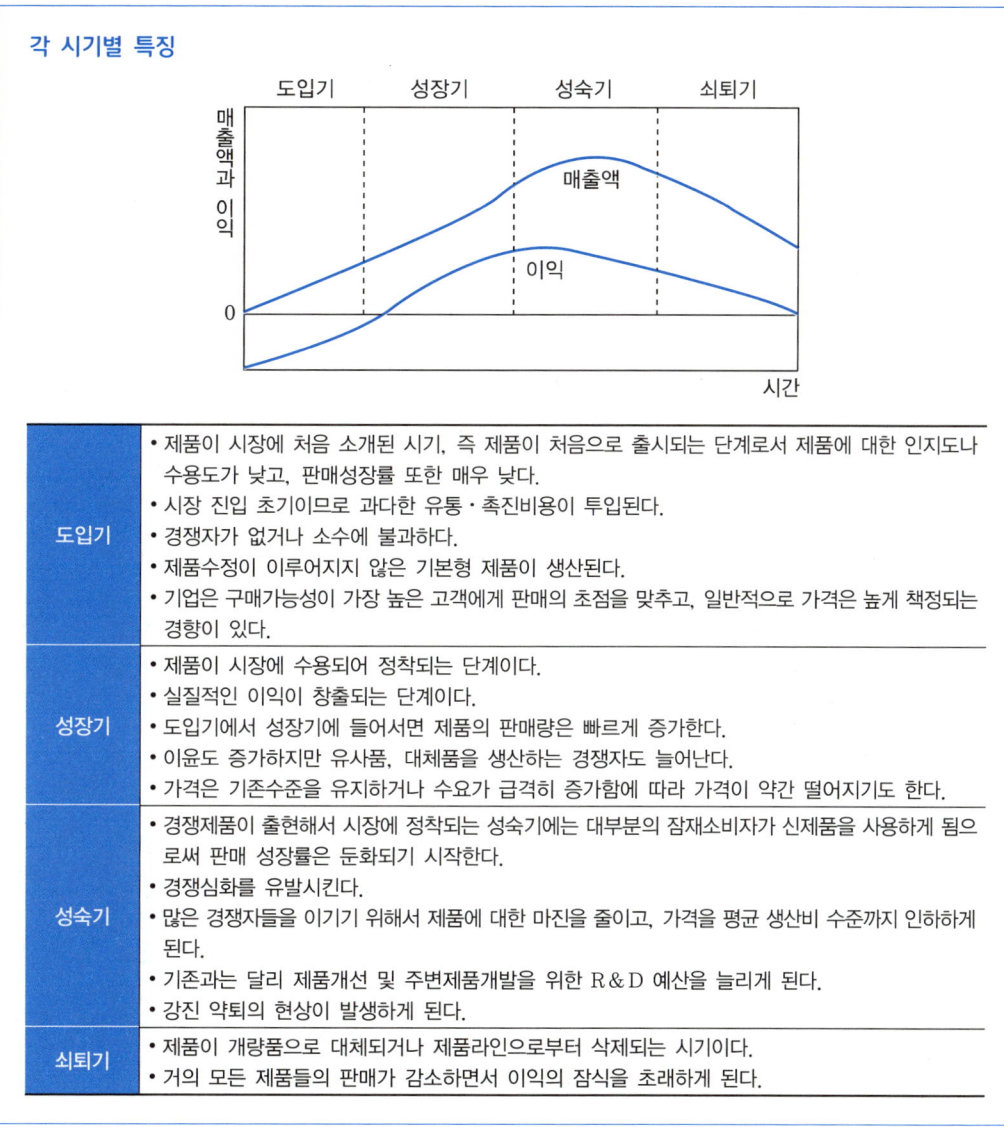

각 시기별 특징

도입기	• 제품이 시장에 처음 소개된 시기, 즉 제품이 처음으로 출시되는 단계로서 제품에 대한 인지도나 수용도가 낮고, 판매성장률 또한 매우 낮다. • 시장 진입 초기이므로 과다한 유통·촉진비용이 투입된다. • 경쟁자가 없거나 소수에 불과하다. • 제품수정이 이루어지지 않은 기본형 제품이 생산된다. • 기업은 구매가능성이 가장 높은 고객에게 판매의 초점을 맞추고, 일반적으로 가격은 높게 책정되는 경향이 있다.
성장기	• 제품이 시장에 수용되어 정착되는 단계이다. • 실질적인 이익이 창출되는 단계이다. • 도입기에서 성장기에 들어서면 제품의 판매량은 빠르게 증가한다. • 이윤도 증가하지만 유사품, 대체품을 생산하는 경쟁자도 늘어난다. • 가격은 기존수준을 유지하거나 수요가 급격히 증가함에 따라 가격이 약간 떨어지기도 한다.
성숙기	• 경쟁제품이 출현해서 시장에 정착되는 성숙기에는 대부분의 잠재소비자가 신제품을 사용하게 됨으로써 판매 성장률은 둔화되기 시작한다. • 경쟁심화를 유발시킨다. • 많은 경쟁자들을 이기기 위해서 제품에 대한 마진을 줄이고, 가격을 평균 생산비 수준까지 인하하게 된다. • 기존과는 달리 제품개선 및 주변제품개발을 위한 R&D 예산을 늘리게 된다. • 강진 약퇴의 현상이 발생하게 된다.
쇠퇴기	• 제품이 개량품으로 대체되거나 제품라인으로부터 삭제되는 시기이다. • 거의 모든 제품들의 판매가 감소하면서 이익의 잠식을 초래하게 된다.

(2) 제품믹스 전략
   ① **제품믹스** : 일반적으로 기업이 다수의 소비자에게 제공하는 모든 형태의 제품 계열과 제품품목을 통합한 것을 말한다.
   ② **제품계열** : 제품믹스 중에서 물리적·기술적 특징이나 용도가 비슷하거나 동일한 고객집단에 의해 구매되는 제품의 집단이다. 즉, 특성이나 용도가 비슷한 제품들로 이루어진 집단을 말한다.
      ㉠ 제품믹스의 폭 : 기업이 가지고 있는 제품계열의 수를 의미한다.
      ㉡ 제품믹스의 깊이 : 각 제품계열 안에 있는 품목 수를 의미한다.
      ㉢ 제품믹스의 길이 : 제품믹스 내의 모든 제품품목의 수를 의미한다.

4. 신제품 관리

(1) 신제품 개발
   ① 자사의 목표와 마케팅목표를 달성하는 데 있어 신제품이 수행해야 할 전략적 역할을 규명하는 것이다.
   ② 신제품 개발 계획을 입안하기 위해 마케팅 관리자는 신제품 개발 과정에서 이루어져야 할 주요 의사결정영역을 미리 확인하고 각 영역별 의사결정요소들을 검토해야 한다.

(2) 신제품 개발 과정
   ① 아이디어 창출
   ② 아이디어 선별(평가)
   ③ 제품개념 및 테스트
   ④ 마케팅전략 개발
   ⑤ 사업성 분석
   ⑥ 제품개발
   ⑦ 시험마케팅
   ⑧ 상업화

06 가격관리

1. 가격의 의의 및 중요성

(1) 가격의 의의

공급자로부터 제공받는 재화와 서비스에 대해 소비자가 이에 대한 대가로 지급하는 화폐의 양을 말한다. 경제학에서는 상품의 교환가치라고 정의하기도 한다.

(2) 가격의 역할

① 품질에 대한 정보제공의 기능을 한다.
② 타 마케팅믹스 요소 중에서 자사의 이익을 결정하는 유일한 변수 역할을 한다.
③ 경쟁의 도구 역할을 한다.

2. 가격결정에 대한 영향 요인

(1) 내부요인 : 마케팅 목표, 마케팅믹스 전략, 원가

(2) 외부요인 : 시장과 수요, 경쟁자, 기타 환경요인

3. 가격산정 방법

(1) 원가 가산법

$$(제품단위원가) + (표준이익) = \frac{(단위원가)}{1 - (예상판매수익률)}$$

(2) 목표수익률 가산법

$$(단위원가) + \frac{(투자액) \times (목표수익률)}{(예상판매량)}$$

(3) 경쟁자 중심 가격결정

경쟁자들이 정하는 가격을 가격결정 기준으로 삼는 것이다. 선도기업의 가격을 기준으로 해서 자사의 제품 가격을 결정하는 후발업체 및 중소기업 등이 주로 활용하는 방식이다.

(4) 소비자 기대수준 가격산정법

소비자들의 지각수준을 파악하기 위한 마케팅 조사가 우선적으로 이루어져야 한다.

4. 최종가격 선정 전략

(1) 제품믹스 가격전략

가격계열화	• 하나의 제품에 대해서 단일가격을 설정하는 것이 아닌 제품의 품질이나 디자인의 차이에 따라 제품의 가격대를 설정하고, 그러한 가격대 안에서 개별 제품에 대한 구체적인 가격을 결정하는 가격정책을 말한다. • 기업에서는 가격을 이용해서 여러 제품들 간의 품질 차이를 납득시킬 수 있는 것을 의미한다.
2부제 가격 또는 이중요율	• 제품의 가격체계를 기본가격과 사용가격으로 구분하여 2부제로 부가하는 가격 정책을 말한다. • 전기, 전화[(기본요금)+(사용요금)], 수도 등의 공공요금 및 택시 요금, 놀이공원[(입장료)+(시설이용료)] 등이다. • 구매량과는 상관없이 기본가격과 단위가격이 적용된다.
부산품 전략	• 주산물에 대하여 종속의 위치에 놓이는 입장이지만 생산과정에서 필연적으로 발생하는 작업 쓰레기와는 구별되며, 그 자체가 제품가치를 지니고 있어 그대로 또는 가공 후에 판매되거나 자가 소비된다. • 가치가 없던 것들을 재가공하여 또 다른 부가가치로 만드는 것을 의미한다.
묶음가격	• 두 가지 또는 그 이상의 제품 및 서비스 등을 결합해서 하나의 특별한 가격으로 판매하는 방식의 마케팅 전략으로, 제품이나 서비스의 마케팅 등에서 종종 활용하는 기법이다. • 식료품의 묶음판매, 휴가상품 패키지, 패스트푸드점의 세트메뉴, 프로야구 시즌티켓 판매 등이 있다. • 묶음판매를 하는 주요한 이유는 가격차별화를 통한 이익의 증대를 가져오기 위함이다.

(2) 심리적 가격결정방법

단수가격 (Odd Pricing)	• 시장에서 경쟁이 치열할 때 소비자들에게 심리적으로 값싸다는 느낌을 주어 판매량을 늘리려는 가격결정방법이다. • 제품의 가격을 100원, 1,000원 등과 같이 현 화폐단위에 맞게 책정하는 것이 아니라 그보다 조금 낮은 95원, 990원 등과 같이 단수로 책정하는 방식이다. • 소비자의 입장에서는 가격이 상당히 낮게 느껴지고 정확한 계산에 의해 가격이 책정되었다는 느낌을 줄 수 있다.
관습가격 (Customary Pricing)	• 일용품의 경우처럼 장기간에 걸친 소비자의 수요로 인해 관습적으로 형성되는 가격이다. • 소매점에서 포장 과자류 등을 판매할 때, 생산원가가 변동되었다고 하더라도 품질이나 수량을 가감하여 종전가격을 그대로 유지하는 것을 의미한다.
명성가격 (Prestige Pricing)	• 자신의 명성이나 위신을 나타내는 제품의 경우에 일시적으로 가격이 높아짐에 따라 수요가 증가되는 경향을 보이기도 하는데, 이를 이용하여 높은 가격을 설정하는 방법이다. • 제품의 가격과 품질의 상관관계가 높게 느껴지게 되는 제품의 경우 고가격을 유지한다.
준거가격 (Reference Pricing)	• 구매자는 어떤 제품에 대해서 자기 나름대로의 기준이 되는 준거가격을 마음 속에 지니고 있어서 제품을 구매할 경우 그것과 비교해보고 제품 가격이 비싼지 그렇지 않은지 여부를 결정하는 것이다. • A구매자가 B백화점에서 청바지 가격이 대략 10만 원 정도라고 생각했는데, 15만 원의 청바지를 보면 비싸다고 느끼는 경우에 A구매자에게 청바지의 준거가격은 10만 원 정도이다.

(3) 지리적 가격조정

균일운송가격	지역에 상관없이 모든 고객에게 운임을 포함한 동일한 가격을 부과하는 가격정책으로, 운송비가 가격에서 차지하는 비율이 낮은 경우에 용이하다.
Free On Board 가격	균일운송가격과 반대로 제품의 생산지에서부터 소비자가 있는 곳까지의 운송비를 소비자가 부담하도록 하는 방법으로, 일반 소비재의 경우에는 현실적인 적용이 어렵고, 발생하는 건수가 많지 않은 산업재·제조업자와 중간상 간의 거래에 많이 이용된다.
구역가격	하나의 전체 시장을 몇몇 지대로 구분하고, 각각의 지대에서는 소비자들에게 동일한 수송비를 부과하는 방법으로 동시에 지역 간의 운송비 차이를 일정 정도 반영하면서 가격관리의 효율성도 같이 취할 수 있는 방법(FOB 가격과 균일운송가격의 중간 형태)이다.
기점가격	공급자가 특정한 도시나 지역을 하나의 기준점으로 하여 제품이 운송되는 지역과 상관없이 모든 고객에게 동일한 운송비를 부과하는 방법이다.
운송비 흡수가격	특정한 지역이나 고객을 대상으로 공급업자가 운송비를 흡수하는 방법으로, 이런 가격결정은 사업 확장, 시장 침투 또는 경쟁이 심한 시장에서의 유지를 위해 사용한다.

5. 가격조정전략

(1) 가격인상전략

제품원가의 상승, 기능 및 속성 등의 개량으로 인한 재포지셔닝의 경우, 쇠퇴기의 경우에 있어 독점적인 지위를 누리는 경우에 활용하는 전략을 말한다.

(2) 가격인하전략

수량할인	제품을 대량으로 구입할 경우에 제품의 가격을 낮추어 주는 것이다.
현금할인	제품에 대한 대금결제를 신용이나 할부가 아닌 현금으로 할 경우에 일정액을 차감해주는 것이다.
계절할인	제품판매에서 계절성을 타는 경우에 비수기에 제품을 구입하는 소비자에게 할인혜택을 주는 것이다.
기능할인 (거래 할인)	유통의 기능을 생산자 대신 수행해주는 중간상, 즉 유통업체에 대한 보상성격의 할인이다.
공제	가격의 일부를 삭감해 주는 것(보상판매와 촉진공제로 분류)이다.

07 유통관리

1. 유통경로의 의의 및 중요성

(1) 의의
① 기업이 소비자에게 전달하는 제품과 서비스가 다양한 경로를 거쳐 목표로 한 최종 소비자에게 보내지거나 소비하게 되는 경로를 말한다.
② 어떤 제품을 최종 소비자가 쉽게 구입할 수 있도록 해주는 과정이다.

(2) 유통경로의 중요성
① 제품, 가격, 지불조건 및 구입단위 등을 표준화시켜 상호 간 거래를 용이하게 한다.
② 총거래수를 최소화시키고, 상호 간 거래를 촉진함으로써 교환과정을 촉진시킨다.
③ 소품종을 대량생산하는 생산자와 다품종 소량소비를 하는 소비자 간 제품 구색 차이를 연결시켜 준다.
④ 판매자에게 소비자 정보 및 잠재 소비자의 도달 가능성을 높여주고, 소비자들에게는 탐색비용을 낮춰줌으로써 생산자와 소비자를 연결시켜 준다.
⑤ 타 믹스요소와는 다르게 용이하게 변화시킬 수 없는 비탄력성을 지니며, 각국의 특성에 따른 고유 유통경로가 존재하는 유통경로의 특수성으로 인해 중요 전략적 위치를 차지한다.

2. 유통경로 전략

(1) 경로 커버리지 결정
경로 커버리지는 유통집중도라고 하는데, 이는 어느 특정지역에서 자사 제품을 취급하는 점포의 수를 의미한다.

집약적 유통	• 가능한 한 많은 소매상들이 자사의 제품을 취급하게 함으로써 포괄되는 시장의 범위를 확대시키려는 전략이다. • 대체로 편의품이 속한다(소비자는 제품구매를 위해 많은 노력을 기울이지 않기 때문). • 장점 : 충동구매의 증가 및 소비자에 대한 인지도 확대, 편의성의 증가 등 • 단점 : 낮은 순이익, 소량주문, 재고 및 주문관리 등의 어려움, 중간상 통제에 대한 어려움 등
전속적 유통	• 판매지역별로 하나 또는 극소수의 중간상들에게 자사제품의 유통에 대한 독점권을 부여하는 방식의 전략이다. • 소비자가 자신이 제품구매를 위해 적극적으로 정보탐색을 하고, 그러한 제품을 취급하는 점포까지 가서 기꺼이 쇼핑하는 노력도 감수하는 특성을 지닌 전문품에 적절한 전략이다. • 장점 : 중간상들에게 독점판매권과 함께 높은 이익을 제공함으로써 그들의 적극적인 판매노력을 기대할 수 있다. 중간상의 판매가격 및 신용정책 등을 강하게 통제할 수 있으며, 동시에 자사의 제품 이미지에 적합한 중간상들을 선택함으로써 브랜드 이미지 강화를 꾀할 수 있다. • 단점 : 제한된 유통으로 인해 판매기회가 상실될 수 있다.
선택적 유통	• 집약적 유통과 전속적 유통의 중간 형태에 해당하는 전략으로 판매지역별로 자사의 제품을 취급하기를 원하는 중간상들 중에서 일정 자격을 갖춘 하나 이상 또는 소수의 중간상들에게 판매를 허가하는 전략이다. • 소비자가 구매 전 상표 대안들을 비교·평가하는 특성을 지닌 선매품에 적절하다. • 특징 : 판매력이 있는 중간상들만 유통경로에 포함시키므로 만족스러운 매출과 이익을 기대할 수 있으며, 생산자는 선택된 중간상들과의 친밀한 거래관계의 구축을 통해 적극적인 판매 노력을 기대할 수 있다.

(2) 유통경로 통합수준에 따른 유통경로 전략
① 수직적 통합은 대량판매체제의 필요성, 거래비용의 절감, 유통지배력, 안정된 가격 및 원료공급의 확보라는 이점을 지닌다.
② 막대한 자금의 소요, 기업조직의 융통성 감소 및 전문화 상실 등의 문제점이 있다.

3. 유통기구

(1) 소매상
소매상은 개인용으로 사용하려는 최종 소비자에게 직접 제품과 서비스를 제공하여 소매활동을 하는 유통기관을 말한다(전문점, 편의점, 슈퍼마켓, 백화점, 할인점, 양판점, 회원제 도매클럽 등).

(2) 도매상
제품을 재판매하거나 산업용 또는 업무용으로 구입하려는 재판매업자나 기관구매자에게 제품이나 서비스를 제공하는 상인 또는 유통기구를 말한다(상인 도매상, 제조업자 도매상, 대리인 및 브로커 등).

4. 물적 유통관리

(1) 개념
조달, 생산, 판매활동 등에 수반되는 각종 물적 흐름을 효과적으로 관리하는 과정이다.

(2) 물적 유통의 중요성
① 물류관리는 회사의 유통경로 활동 및 마케팅 등 단순한 물류에 국한된 문제만이 아닌 회사전체의 맥락과 함께 고려해야 한다.
② 기술의 발전과 더불어 물류관리는 너무나 큰 연관이 있기 때문에 현대에 들어와서 정보처리 전산화 및 자동화된 물류설비의 발전 등은 개개의 기업 물류활동을 훨씬 더 원활하게 수행하게끔 하는 기반이 된다.
③ 물류관리에서 비용절감의 문제에서 벗어나 고객만족 차원에서의 물류관리가 더욱 중요시되고 있다.

08 마케팅 커뮤니케이션(촉진)관리

1. 촉진믹스의 본질

(1) 개요

① 어떤 특정한 기간 동안 자사가 기울이는 여러 가지 촉진적 노력들의 결합체를 의미한다.
② 소비자들의 수요 자극, 제품에 대한 정보제공, 제품의 차별화 및 판매의 안정화 등을 목표로 한다.

(2) 촉진믹스의 구성요소

광고활동, 인적판매활동, 판매촉진활동, 홍보활동

(3) 촉진믹스의 결정 요인

제품·시장 유형, 촉진전략의 방향, 제품수명주기단계, 구매의사결정단계 등

푸시전략과 풀전략	
푸시(Push) 전략	• 제조업자가 소비자를 향해 제품을 밀어낸다는 의미로 제조업자는 도매상에게 도매상은 소매상에게, 소매상은 소비자에게 제품을 판매하게 만드는 전략을 말한다. • 푸시전략은 소비자들의 브랜드 애호도가 낮고, 브랜드 선택이 점포 안에서 이루어지며, 동시에 충동구매가 잦은 제품의 경우에 적합한 전략이다.
풀(Pull) 전략	• 제조업자 쪽으로 당긴다는 의미로 소비자를 상대로 적극적인 프로모션 활동을 하여 소비자들이 스스로 제품을 찾게 만들고 중간상들은 소비자가 원하기 때문에 제품을 취급할 수밖에 없게 만드는 전략을 말한다. • 광고와 홍보를 주로 사용하며, 소비자들의 브랜드 애호도가 높고, 점포에 오기 전 브랜드 선택에 대해서 관여도가 높은 상품에 적합한 전략이다.

2. 촉진관리 과정(커뮤니케이션 과정)

(1) 표적청중의 확인

표적청중들에 따라 메시지의 내용, 매체, 전달시기 등이 달라진다.

(2) 목표의 설정

정보의 제공, 제품의 차별화, 수요의 자극, 판매 안정화 등이 있다.

(3) 메시지의 결정

대상과 목표 등이 명확해지면 효과적인 메시지를 작성해야 한다.

(4) 매체의 선정

자사의 촉진목표에 부합하는 경로를 선택한다.

(5) 촉진예산설정
매출액비율법, 가용자원법, 목표과업법, 경쟁자기준법 등이 있다.

(6) 촉진믹스결정
각각의 촉진믹스 요인의 특징을 파악한 후 그에 맞는 촉진수단을 선정한다.

(7) 촉진효과의 측정
매출액을 측정하는 방식과 표적고객의 인지도를 측정하는 방식 등이 있다.

3. 판매촉진

(1) 개념
자사의 제품이나 서비스의 판매를 촉진하기 위해서 단기적인 동기 부여 수단을 사용하는 방법을 총망라한 것으로, 광고가 서비스의 구매이유에 대한 정보를 제공하고, 이에 따른 판매를 촉진시키는 방법을 가리킨다.

(2) 특징
① 장점 : 즉각적인 반응의 유발, 단기간의 수급조절이 가능, 신제품 사용유도에 적합하다.
② 단점 : 브랜드충성도가 높은 소비자들에게는 효과가 떨어지며, 모방이 용이하다.

4. 인적판매

(1) 개요
① 신제품, 기술적으로 복잡한 제품, 고가격의 제품 등 이들의 촉진을 위해서 인적판매가 필요하다.
② 판매원은 제품정보를 소비자에게 대면하여 제공함으로써 구매할 때 또는 사용 중에 발생할 수 있는 위험 등을 줄이는 역할을 한다(자사와 고객들 간의 지속적인 관계를 이어주는 창구 역할).

(2) 특징

장점	단점
• 타 촉진수단에 비해서 개인적이며, 직접적인 접촉을 통해서 많은 양의 정보제공이 가능하다. • 소비자들의 니즈와 구매시점에서 반응이나 판매상황에 따라 상이한 제안을 할 수 있다. • 판매낭비를 최소화하고 실제 판매를 발생시킨다.	• 높은 비용을 발생시킨다. • 능력있는 판매원의 확보가 쉽지 않다. • 소비자들이 판매원에 대해 좋지 않은 이미지를 가지고 있다.

(3) 인적판매의 과정

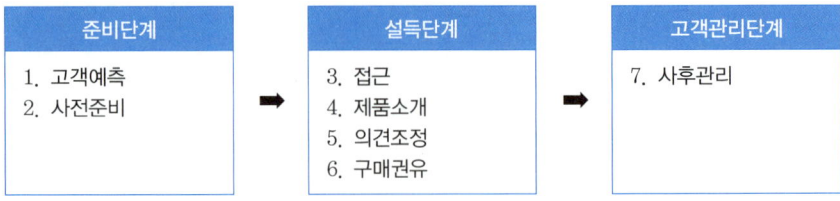

5. PR(Public Relations)

(1) 개요
① 사람이 아닌 다른 매체를 통해서 제품이나 기업자체를 뉴스나 논설의 형식으로 널리 알리는 방식이다.
② 소비자들이 속해 있는 지역사회나 단체 등과 호의적인 관계를 형성하기 위해서 벌이는 여러 가지 활동 등을 의미한다.
③ 기업의 대표적인 PR 수단

수단	내용
출판물	사보, 소책자, 연례 보고서, 신문이나 잡지 기고문
뉴스	회사 자체, 회사의 임직원 또는 제품 등에 대한 뉴스거리를 발굴하여 언론매체에 등재
이벤트	기자회견, 세미나, 전시회, 기념식, 행사 스폰서십
연설	최고경영자 또는 임원들이 각종 행사에 참석하여 연설
사회 봉사활동	지역사회나 각종 공익 단체에 기부금을 내거나 임직원들이 직접 사회봉사활동에 참여
기업 아이덴티티	고객 및 일반 대중들에게 통일된 시각적 이미지를 주기 위해 로고, 명함, 문구, 제복, 건물 등을 디자인하는 것

(2) 특징
비용이 거의 들지 않으며, 매체의 독립성으로 인한 효과가 높다.

6. 광고

(1) 광고주가 비용을 지불하고 사람이 아닌 각종 매체를 통하여 자사의 제품을 널리 알리는 촉진활동이다.

(2) 광고와 PR의 차이점

광고	PR
매체에 대한 비용을 지불한다.	매체에 대한 비용을 지불하지 않는다.
상대적으로 신뢰도가 낮다.	상대적으로 신뢰도가 높다.
광고 내용, 위치, 일정 등의 통제가 가능하다.	통제가 불가능하다.
신문 광고, TV와 라디오 광고, 온라인 광고 등이 있다.	출판물이나 이벤트, 연설 등이 있다.

CHAPTER 13 경영정보

01 경영정보시스템의 일반 개념

1. 경영정보시스템의 정의

(1) 경영정보시스템(MIS; Management Information System)

기업조직의 목표를 달성하기 위해 정보, 업무, 조직원 및 정보기술 등이 조직적으로 결합된 것을 말한다.

(2) 킨(P. Keen)

'기업조직의 정보시스템을 효율적으로 설계하고 설치 및 활용하는 것'이라고 정의한다.

2. 조직에서 정보시스템의 역할

(1) 계획

어떠한 작업(일)을 할 것이며, 언제 어떠한 결과가 산출되는가를 결정하는 과정으로 목표 및 수단을 필요로 한다.

(2) 통제

업무가 계획했던 대로 순차적으로 진행되어 수립된 목표 달성이 가능하도록 실제 업무에서 발생했던 정보를 활용하는 과정이다.

(3) 조직

계획 수립 후 해당 계획을 효과적으로 실행하기 위해 업무를 분화해서 각각의 분화된 업무의 목표 달성이 가능하도록 조직화하는 과정이다.

3. 조직 수준에 따른 정보시스템

(1) 조직 수준의 정보시스템
① 구조화된 활동 : 판단 및 통찰력 등이 불필요하며, 대다수의 경우 의사결정과정이 자동화되어 있는 활동을 의미한다.
② 비구조화된 활동 : 창조적 능력 및 판단 등을 필요로 하는 활동으로 의사결정과정을 자동화시키는 것이 상당히 어렵다.
③ 앤소니에 의한 경영활동의 분류
　㉠ 운영통제 : 세부적인 업무 등이 실행되도록 관리하는 과정
　㉡ 관리통제 : 관리자가 경영자원을 획득해서 이를 효율적으로 활용하도록 관리하는 과정
　㉢ 전략계획 : 기업조직의 목표설정 및 변경, 이러한 목표를 변경하기 위해 활용하는 경영자원의 획득과 연관된 의사결정을 하는 과정

(2) 부서 수준의 정보시스템
① 해당 부서의 생산성을 높임과 동시에 목표 달성이 가능하도록 해야 한다.
② 부서 등은 기업조직의 내·외부로 제공하는 제품 등이 경쟁력을 지닐 수 있도록 지원을 한다.

(3) 개인 수준의 정보시스템
① 사용자가 하나뿐인 시스템이며, 주의해야 할 요소 및 자료의 양은 상당히 제한적이다.
② 개인 스스로가 창출하는 제품 및 서비스의 질을 높이는 것이 주요 목적이다.

4. 정보시스템의 구성 요소

(1) 정보시스템의 역할
기업조직의 의사결정자는 의사결정과 연관된 지식의 확대를 통해 환경의 불확실성 등이 감소된 상태에서 의사결정을 하기 위해 정보를 활용한다.

(2) 정보시스템의 구성
통상적으로 소프트웨어(프로그램), 하드웨어, 절차, 자료, 사람 등으로 구성된다.

5. 자료와 정보

(1) 자료
① 자료 : 어떠한 현상이 일어난 사건, 사실 등을 있는 그대로 기록한 것으로 주로 기호·숫자·음성·문자·그림·비디오 등의 형태로 표현한다.
② 1차 자료 : 현재 수행 중인 조사목적을 달성하기 위해 조사자가 직접 수집한 자료이다.
③ 2차 자료 : 현재의 조사목적에 도움을 줄 수 있는 기존의 모든 자료이다.

(2) 정보
① 개인 또는 조직이 효과적인 의사결정을 하는 데 있어 의미가 있으면서 유용한 형태로 처리된 자료를 말한다.
② **정보의 특징** : 정확성, 완전성, 경제성, 신뢰성, 관련성, 단순성, 적시성, 입증가능성, 통합성, 적절성, 누적가치성, 매체의존성, 결과지향성, 형태성

6. 시스템

(1) 개념
조직, 체계, 제도 등 요소들의 집합 또는 요소와 요소 간의 유기적인 집합이다. 즉, 지정된 정보 처리 기능을 수행하기 위해 조직화되고 규칙적으로 상호 작용하는 방법, 절차, 경우에 따라 인간도 포함하는 구성 요소들의 집합을 의미한다.

(2) 시스템의 구성요소 : 입력(Input), 처리(Process), 출력(Output)

(3) 시스템의 특징
① 개개요소가 아닌 하나의 전체로 인지되어야 한다.
② 상승효과를 동반한다.
③ 계층적 구조의 성격을 지닌다.
④ 통제되어야 한다.
⑤ 투입물을 입력받아서 처리과정을 거친 후에 그로 인한 출력물을 밖으로 내보낸다.

02 거래처리 시스템

1. 개요

(1) 기업조직에서 일상적이면서 반복적으로 수행되는 거래를 쉽게 기록·처리하는 정보 시스템으로서 기업 활동의 가장 기본적인 역할을 지원한다.

(2) 내용
① 컴퓨터를 활용해서 제품의 판매 및 구매와 예금의 입출금·급여계산·물품선적·항공예약과 같은 실생활에서 가장 일상적이면서 반복적인 기본적 업무를 효율적으로 신속·정확하게 처리해서 DB에 필요한 정보를 제공한다.
② 온라인 처리방식 또는 일괄처리방식에 의해 거래데이터를 처리한다.

(3) 목적 : 다량의 데이터를 신속·정확하게 처리하기 위함이다.

2. 경영정보 시스템(MIS; Management Information System)

(1) 기업조직에서 활용하는 효율적인 정보시스템의 개발 및 사용을 의미한다. 정규적으로 구조화되어 있으며, 요약된 보고서를 관리자에게 제공하는 정보시스템을 말한다.

(2) 경영정보 시스템은 기업조직에서 발생되는 경영활동의 실적 추적정보 및 조직 내 부서 간의 업무협조를 공고히 하는 데 필요한 정보를 생성해낸다.

3. 의사결정지원 시스템(DSS; Decision Support System)

(1) 반구조적 또는 비구조적 의사결정을 지원하기 위해 의사결정자가 데이터와 모델을 활용할 수 있게 해주는 대화식 시스템이다.

(2) 특성
① 의사결정자 및 시스템 간의 대화식의 정보처리가 가능하도록 설계되어야 한다.
② 그래픽을 활용해서 해당 정보처리 결과를 보여주고 출력하는 기능이 있어야 한다.
③ 여러 가지 원천으로부터 데이터를 획득해서 의사결정에 필요한 정보처리를 할 수 있도록 설계되어야 한다.
④ 의사결정이 이루어지는 과정 중에 발생 가능한 환경의 변화를 반영할 수 있도록 유연하게 설계되어야 한다.

4. 사무자동화 시스템

(1) 기업조직 내 일상의 업무소통 및 정보처리 업무 등을 지원하는 시스템을 의미한다.

(2) 조직원 개인의 생산성 향상뿐만 아니라 구성원들의 사고 및 의사소통 등 새로운 방식의 업무수행방법을 제시하는 역할도 수행한다.

5. 최고경영자 정보시스템

(1) 조직의 최고 경영층에게 주요 성공요인과 관련된 내·외부 정보를 손쉽게 접할 수 있도록 해주는 컴퓨터 기반의 시스템이다.

(2) 다량의 자료를 사용자가 원하는 방식으로 요약한 정보를 의미하며, 사용자의 입장에서는 알고 싶어 하는 정보에 대한 상세함의 정도에 따라 갖가지 형식으로 그림 또는 표 등의 선택이 가능하다.

03 컴퓨터와 컴퓨터 시스템

1. 하드웨어

(1) 중앙처리장치(CPU)

기억장치에서 읽어 온 데이터에 대해서 연산처리, 비교처리, 데이터 전송, 편집, 변환, 테스트와 분기, 연산제어 등의 조작을 수행하고, 데이터 처리 순서를 표시하는 프로그램을 기억장치로부터 인출하여 여러 가지의 장치를 구동하면서 조작한다.

① 제어장치 : 데이터 처리 시스템에서 하나 이상의 주변장치를 제어하는 기능 단위로서 기억장치에 저장되어 있는 프로그램 명령을 순차적으로 꺼내어 분석 및 해독해서 각 장치에 필요한 지령 신호를 주고, 장치 간의 정보 조작을 제어하는 역할을 수행한다.

② 연산 및 논리장치 : 컴퓨터의 처리가 이루어지는 곳으로 연산에 필요한 데이터를 입력받아 제어장치가 지시하는 순서에 따라 연산을 수행한다.

③ 주기억장치 : 프로그램이 실행될 때 보조기억장치로부터 프로그램 및 자료를 이동시켜 실행시킬 수 있는 기억장치이다.

(2) 입력장치

컴퓨터 시스템에 데이터 입력을 위해 사용되는 장치(마우스, 키보드, 스캐너, 터치스크린, 라이트 펜 등)이다.

(3) 출력장치

컴퓨터에서 정보를 처리한 후에 해당 결과를 기계로부터 인간이 인지할 수 있는 언어로 변환하는 장치(모니터, 스피커, 프린터 등)이다.

2. 소프트웨어

(1) 응용 소프트웨어

① 개인 및 조직의 일에 대한 컴퓨터 활용 수단으로 특정 분야의 응용을 목적으로 개발된 프로그램이다. 사용자가 바라는 기능을 수행하기 위해 컴퓨터의 성능을 소비하는 것을 뜻하는 컴퓨터 소프트웨어에 속한다. 실제 업무 처리를 위해 제작된 프로그램으로 프로그래머나 회사에서 제품으로 만들어진 프로그램이다.

② 응용패키지 프로그램
  ㉠ 패키지 소프트웨어는 여러 사용자 요구에 맞게 개발한 프로그램으로 표준화되고 특성화된 프로젝트로서 사용자들이 쉽게 활용하도록 소프트웨어 개발회사에서 제작한 프로그램이다.
  ㉡ 통상적으로 패키지 프로그램은 마이크로 컴퓨터에서 광범위하게 사용되며, 개인의 생산성을 높이는 도구로 사용된다(예 스프레드시트, 워드프로세서, 데이터베이스 관리 소프트웨어, 그래픽 소프트웨어, 개인 정보 관리 소프트웨어, 압축 소프트웨어 등).

(2) 시스템 소프트웨어
　① 운영체제(OS) : 사용자가 컴퓨터 자원을 효율적으로 관리할 수 있도록 편의를 제공하는 프로그램으로 사용자와 컴퓨터의 중간자적인 역할을 담당한다.
　② 언어번역기
　　㉠ 컴파일러 : 고급언어로 쓰인 프로그램을 그와 의미적으로 동등하면서도 컴퓨터에서 즉시 실행이 가능한 형태의 목적 프로그램으로 바꾸어 주는 번역 프로그램이다.
　　㉡ 인터프리터 : 소스 코드를 직접 실행하거나 소스 코드를 효율적인 다른 중간 코드로 변환하고 이를 바로 실행하는 방식이다.
　③ 유틸리티 프로그램 : 프로그램이나 데이터를 한 매체에서 다른 매체로 옮기거나 데이터의 내용이나 배치 순서를 바꾸거나 프로그램 개발 시 에러 등을 쉽게 찾아낼 수 있게 하는 등의 여러 프로그램을 집합적으로 일컫는 말이다.

3. 컴퓨터의 유형

(1) 슈퍼 컴퓨터

가장 빠르고 크다. 주로 거래처리 및 보고서 작성보다도 긴 연산 등에 활용되는 것으로 가격 면에서 가장 고가이다.

(2) 메인 프레임

다량의 DB와 갖가지 주변 기기들의 지원이 가능하다. 많은 유저들의 요구사항을 한번에 처리할 수 있으므로 특히 대기업이 자료처리의 중심으로 많이 활용하고 있다.

(3) 미니 컴퓨터

초창기에는 상당한 시장발전 가능성을 보였지만, 마이크로 컴퓨터의 등장으로 인해 현대의 컴퓨터 시장에서는 시장위치의 확보에 있어 상당한 어려움을 겪고 있다.

(4) 마이크로 컴퓨터

수요가 증가하고 있는 기종으로, 소프트웨어의 개발 및 판매도 상당히 상승되고 있다. 유저들이 용이하게 운반하도록 점점 더 소형화되고 있는 추세이다.

04 시스템 개발 과정

1. 정보요구사항 결정 단계

프로젝트 팀 구성 → 문제 정의 → 구체적인 정보요구사항의 결정 → 타당성의 조사 → 경영자의 승인 획득

2. 시스템 개발 단계

정보요구사항의 결정 → 선택안의 평가 → 설계 → 구현

3. 선택안 평가

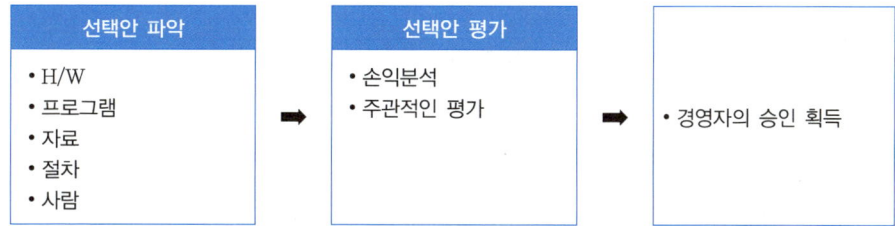

4. 설계

시스템의 설계 시 고려사항 : H/W에 대한 구체적인 사항, 프로그램, 자료, 절차, 사람, 경영자의 승인 획득

5. 구현

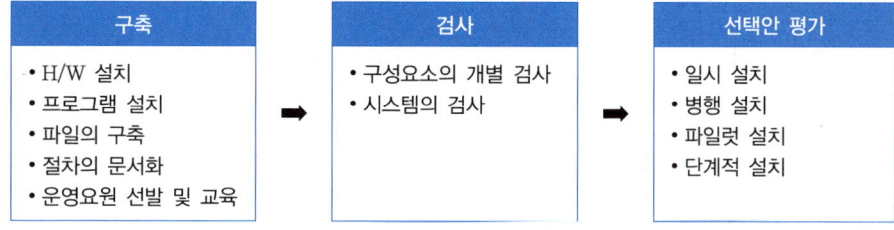

05 정보시스템의 활용

1. 통신

(1) EDI(Electronic Data Interchange)
전자문서교환이라고도 하며, 기업 사이에 컴퓨터를 통해서 표준화된 양식의 문서를 전자적으로 교환하는 정보전달방식이다.

(2) 전자우편
PC통신의 전자우편과 비슷한 개념으로 전 세계를 대상으로 편지를 보낼 수 있는 서비스이다.

(3) 화상회의
지역적으로 거리가 먼 임원들이 서로 한 자리에 모여 회의를 해야 할 필요가 없기 때문에 비용 절감이 가능하다.

2. 의사결정

기업조직이 해결해야 할 문제의 구조화 등에 따라 의사결정의 질을 높이는 데 있어서 정보시스템의 역할이 달라짐을 말하며, 최종 사용자 S/W 또는 정보통신네트워크 등은 의사결정의 질을 높이는 데 있어서 상당히 중요한 역할을 수행한다.

3. 전문가 시스템의 활용

(1) 개념
능력진단과 같은 운영업무를 위해 전문가의 조언을 제공하거나 관리적인 의사결정을 위한 전문가의 조언을 제공하는 시스템이다.

(2) 전문가 시스템의 특성
① 연역적인 추론방식이다.
② 실용성이 있다.
③ 전문가의 지식으로 이루어진 지식베이스를 사용한다.

(3) 전문가 시스템의 주요 구성요소
지식베이스, 추론기관, 설명기관, 사용자인터페이스, 블랙보드 등

CHAPTER 14 회계

01 회계의 기초

1. 회계의 개요

(1) 회계의 의의

회계는 정보이용자가 합리적인 판단이나 의사결정을 할 수 있도록 기업 실체에 대한 유용한 경제적 정보를 식별하고 측정하여 전달하는 과정이다.

(2) 회계의 기본가정(계속기업의 가정)

① 회계의 기본가정은 기업실체를 둘러싼 환경으로부터 도출해낸 회계이론 전개의 기초가 되는 사실들을 말하며, 회계공준 또는 환경적 가정이라고도 한다.
② 재무제표는 일반적으로 기업이 계속기업이며 예상 가능한 기간 동안 영업을 계속할 것이라는 가정하에 작성된다. 즉, 기업실체의 경영활동에 있어서 청산, 사업축소 등을 하지 않고 설립 목적을 수행하기에 충분할 정도로 장기간 존속한다는 것을 가정한다는 의미이다.
③ 계속기업의 가정은 '역사적 원가' 평가의 근거가 된다.

(3) 회계상의 거래

① 기업의 경영활동 결과 자산·부채·자본·수익·비용의 증감변화를 일으키는 모든 사실을 회계상의 거래라 하며, 이를 화폐금액으로 표시할 수 있어야 한다.
② 일상생활에서 이루어지는 거래당사자 간의 일반적인 합의를 의미하는 경제상의 거래와는 구별되는 한편 일상생활에서는 거래로 간주하지 않는 일방적인 손실 혹은 이득에 대하여도 회계상으로는 거래로 인식되어 재무제표에 반영되는 경우가 존재한다.

회계상의 거래인 것	회계상의 거래가 아닌 것
• 현금의 수입과 지출 • 상품의 매매거래 • 채권·채무 및 손익의 발생 • 건물(자산) 등의 사용에 의한 가치 감소 • 유가증권(주식, 채권 등)의 구입과 처분 • 화재나 도난에 의한 자산의 소멸 • 기부금의 수수, 현금분실 또는 도난	• 상품의 주문 • 건물 임대차 계약, 매매 계약 • 직원의 채용 • 약속, 의뢰, 보관, 위탁 • 전기, 수도료 등의 고지서 수취

③ 거래의 8요소는 동시에 결합되어 나타나게 되는데, 이를 거래의 결합관계라고 한다.

차변	대변
자산의 증가	자산의 감소
부채의 감소	부채의 증가
자본의 감소	자본의 증가
비용의 발생	수익의 발생

(4) 회계의 구분

① 회계는 재무회계(Financial Accounting), 관리회계(Managerial Accounting), 세무회계(Tax Accounting)로 구분된다.

재무회계	회계투자자, 금융기관, 소비자, 일반대중, 노동조합, 정부 기관 등 일반목적의 재무제표 작성을 주요 목적으로 하는 회계(외부보고용 회계)이다.
관리회계	경영자가 경영활동에 필요로 하는 모든 회계정보를 생산하고 이를 분석하는 것을 주요 목적으로 하는 회계(내부 보고용 회계)이다.
세무회계	기업은 여러 종류의 과세, 즉 법인세, 부가가치세, 관세, 지방세 등에 대한 세무신고를 해야 하며, 세무신고는 관련 법규가 정하는 바에 따라 작성(세무신고를 위한 회계)한다.

② 재무회계와 관리회계 비교

구분	재무회계	관리회계
보고대상	외부정보 이용자	내부정보 이용자
보고시기	정기보고	수시보고
기준	GAAP	원가계산시스템
형식	일정한 형식	일정한 형식 없음
보고내용	주로 재무제표와 부속자료	제한 없음 (주로 원가, 예산, 기타 분석 자료)

2. 재무제표

재무제표는 기업실체의 외부 정보이용자에게 기업실체에 대한 재무적 정보를 전달하는 핵심적 재무보고 수단이다.

(1) 재무제표 작성의 일반사항

공정한 표시와 한국채택국제회계기준의 준수, 계속기업, 발생기준 회계, 중요성과 통합표시, 상계, 보고빈도, 비교정보, 표시의 계속성 등이 있다.

(2) 재무제표 종류

특정시점의 상태	특정기간의 변동
재무상태표	포괄손익계산서, 자본변동표, 현금흐름표

① 재무상태표

재무상태표는 일정시점 현재 기업이 보유하고 있는 경제적 자원인 자산과 경제적 의무인 부채 그리고 자본에 대한 정보를 제공하는 재무보고서이다. 재무상태표는 복식부기에 의해 작성된 회계정보를 통합하여 만들어지기 때문에 차변의 자산총액과 대변의 부채, 자본 총액이 일치하게 된다. 이러한 원리를 대차평균의 원리라고 한다.

> (자산)＝(부채)＋(자본)

㉠ 자산(Asset)

유동자산	당좌자산	• 현금 및 현금성 자산, 매출채권, 단기투자자산 등
	재고자산	• 상품, 제품, 반제품, 재공품, 원재료, 저장품 등
비유동자산	투자자산	• 타기업의 지배나 여유자금을 장기적으로 투하한 것 • 지분증권, 영업활동에 사용되지 않는 투자 부동산, 설비확장 목적으로 보유하고 있는 특정목적예금 등
	유형자산	• 실물이 구체적인 물리적인 형태로 존재하는 자산 • 토지, 건물, 기계장치 등
	무형자산	• 구체적인 물리적 형태는 존재하지 않지만 식별 가능하고 기업이 통제하고 있으며 미래에 경제적 효익이 있는 비화폐성 자산 • 영업권, 산업재산권, 광업권, 개발비 등
	기타 비유동자산	• 임차보증금, 이연법인세자산 등

㉡ 부채(Liabilities)

유동부채	• 기업의 일상 영업거래 및 재무거래에서 발생하는 것 • 단기금융부채(매입채무, 단기차입금, 미지급금), 선수금, 예수금, 미지급비용, 미지급법인세, 선수수익 등
비유동부채	• 상환 만기가 1년 이상의 부채 • 사채, 장기차입금, 장기제품보증충당부채, 장기매입채무, 퇴직급여충당금, 이연법인세부채, 장기미지급금 등

㉢ 자본(Capital)

자본금	• 기업의 주주가 기업에 출자한 금액 • 보통주자본금, 우선주자본금
자본잉여금	• 증자나 감자 등 주주와의 거래에서 발생하여 자본을 증가시키는 잉여금 • 주식발행초과금, 감자차익, 자기주식처분이익 등
자본조정	• 당해 항목의 특성상 소유주지분에서 가감되어야 하거나 아직 최종결과가 미확정 상태여서 자본의 구성항목 중 어느 것에 가감해야 하는지 알 수 없는 항목 • 주식할인발행차금, 자기주식, 감자차손, 자기주식처분손실, 배당건설이자, 미교부주식배당금 등
기타포괄 손익 누계액	• 포괄손익이란 자본의 변동 중에서 주주와의 거래에서 생긴 자본의 변동을 제외한 모든 변동 • 매도가능증권평가손익, 해외사업환산손익, 위험회피 파생상품평가손익 등
이익잉여금	• 손익계산서에 보고된 손익과 다른 자본 항목에서 이입된 금액의 합계액에서 주주에 대한 배당, 자본금으로의 전입 및 자본조정 항목의 상각 등으로 처분된 금액을 차감한 잔액 • 법정적립금, 임의적립금 및 미처분이익잉여금(또는 미처리결손금) 등 손익거래에 의하여 발생한 매기의 이익을 그 원천으로 함

② 포괄손익계산서

포괄손익계산서는 일정기간 동안 기업의 재무성과에 대한 정보를 제공하는 재무보고서이며 미래의 현금흐름과 수익창출능력 등의 예측에 유용한 정보를 제공하는 보고서이다.

㉠ 성격별 포괄손익계산서

성격별 분류법에서는 당기손익에 포함된 비용을 그 성격별로 통합하며, 기능별로 재배분하지 않는다. 비용을 성격별로 분류한다는 것은 각 항목을 유형별로 구분, 표시한다는 것으로 감가상각비, 운송비, 광고비 등으로 분류한다.

㉡ 기능별 포괄손익계산서

기능별 분류법은 비용을 매출원가, 물류원가, 관리활동원가 등과 같이 기능별로 분류하는 방법으로 매출원가법이라고도 한다. 이 방법에서는 매출원가를 반드시 다른 비용과 분리하여 공시한다. 비용의 성격에 대한 정보가 미래현금흐름을 예측하는 데 유용하기 때문에 비용별 포괄손익계산서를 사용하는 경우에는 성격별 분류에 따른 추가 공시가 필요하다.

성격별 포괄손익계산서		기능별 포괄손익계산서	
수익	×××	수익	×××
기타수익	×××	매출원가	(×××)
총비용		매출총이익	×××
제품과 재공품의 변동		기타수익	×××
원재료와 소모품의 사용액		물류원가	(×××)
종업원급여비용		관리비	(×××)
감가상각비와 기타상각비		기타비용	(×××)
기타비용	(×××)	금융원가	(×××)
법인세비용차감전순이익	×××	법인세비용차감전순이익	×××
법인세비용	(×××)	법인세비용	(×××)
당기순이익	×××	당기순이익	×××
기타포괄이익	×××	기타포괄이익	×××
총포괄이익	×××	총포괄이익	×××

③ 자본변동표

자본변동표는 기업의 경영에 따라 자본이 변동되는 흐름을 파악하기 위해 일정기간 동안 자본의 크기와 그 변동에 대한 정보를 제공하는 재무보고서이다.

④ 현금흐름표

현금흐름표는 일정기간 동안 기업의 현금 조달과 사용을 나타내는 표로, 기업의 현금 및 현금성자산 창출능력과 기업의 현금흐름 사용 필요성에 대한 평가의 기초를 재무제표 이용자에게 제공한다.

㉠ 영업활동 현금흐름 : 기업 고유활동인 생산 제품의 판매, 원재료와 상품의 구입에 따른 현금 유·출입 상황

㉡ 투자활동 현금흐름 : 유가증권 및 토지의 매입·매각, 예금 등에 따른 현금 유·출입 상황

㉢ 재무활동 현금흐름 : 단기차입금, 회사채 및 증자 등에 따른 현금 유·출입 상황

⑤ 주석

주석은 재무상태표, 포괄손익계산서, 자본변동표 및 현금흐름표에 표시된 개별 항목과 관련된 양적·질적인 정보를 제공한다. 주석은 다음의 정보를 제공한다.

㉠ 재무제표 작성 근거와 구체적인 회계정책에 대한 정보

㉡ 한국채택국제회계기준에서 요구하는 정보이지만 재무제표 어느 곳에도 표시되지 않는 정보

㉢ 재무제표 어느 곳에도 표시되지 않지만 재무제표를 이해하는 데 목적 적합한 정보

02 회계처리와 CVP 분석

1. 재고자산

(1) 재고자산의 의의

재고자산은 판매를 위하여 보유하거나 생산과정에 있는 자산 및 생산 또는 서비스 제공과정에서 투입될 원재료나 소모품의 형태로 존재하는 자산을 말한다. 용역 제공기업의 재고자산에는 관련된 수익이 아직 인식되지 않은 용역원가가 포함된다.

(2) 재고자산 흐름

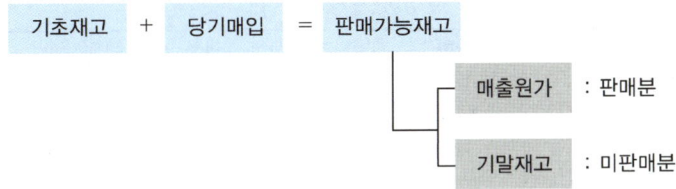

(3) 기말재고자산에 포함할 항목

구분		인식여부	기말재고에의 포함 여부
미착상품 (구매자의 입장)	도착지인도조건	매입으로 인식하지 않음	제외
	선적지인도조건	매입으로 인식함	포함
적송품	수탁자 보관분	매출로 인식하지 않음	포함
	수탁자 미보관분	매출로 인식함	제외
저당상품		매출로 인식하지 않음	포함
반품권이 부여된 재고자산	반품가능성 예측 가능	매출로 인식함	제외
	반품가능성 예측 불가능	매출로 인식하지 않음	포함
할부판매상품(장단기 포함)		매출로 인식함	제외

(4) 재고자산 평가방법

① 개별법

개별법은 개개의 상품 또는 제품에 대하여 개별적인 원가를 계산하는 방법이다. 상호 교환될 수 없는 재고자산항목의 원가와 특정 프로젝트별로 생산되고 분리되는 재화 또는 용역의 원가는 개별법을 사용하여 결정한다.

장점	• 실제원가와 실제수익이 대응되므로 대응원칙에 가장 충실하다. • 소량인 재고자산에 적용이 용이하다.
단점	• 재고자산 종류, 수량이 많은 경우 적용이 어렵다. • 원가를 실무자가 임의로 조정하여 당기손익을 조작할 수 있다. • 여러 재고자산에 공통적인 부대비용을 임의로 배분하여 원가를 조작할 수 있다.

② 가중평균법

기초 재고자산과 회계기간 중 매입 또는 생산된 재고자산의 원가를 가중평균하여 재고항목의 단위원가를 결정하는 방법이다. 가중평균법에는 총평균법과 이동평균법이 있다. 총평균법은 실사법하에서의 가중평균법을 의미하며, 이동평균법은 계속기록법하에서의 가중평균법을 말한다.

장점	• 실무적 적용이 편리하며 이익조작의 가능성이 작다. • 실제 물량흐름을 개별적으로 파악하기 힘들므로 평균원가 사용이 보다 적절할 수 있다.
단점	• 수익과 비용의 적절한 대응이 어렵다. • 기초재고의 원가가 평균단가에 합산되어 기말재고의 금액에 영향을 미칠 수 있다.

③ 선입선출법(FIFO; First-In First-Out method)

선입선출법은 물량의 실제흐름과는 관계없이 먼저 매입 또는 생산한 항목이 먼저 판매 또는 사용된 것으로 가정하여 기말 재고액을 결정하는 방법이다.

장점	• 실제 물량흐름과 유사하므로 개별법과 유사한 결과를 얻을 수 있다. • 체계적이고 객관적이므로 이익조작의 가능성이 작다. • 기말재고자산이 현행원가의 근사치로 표시된다.
단점	• 현행수익에 과거원가를 대응시키므로 대응원칙에 충실하지 못하다. • 물가가 상승하는 경우 과거의 취득원가가 현행 매출수익에 대응되므로 당기순이익이 과대계상된다.

④ 후입선출법(LIFO; Last-In First-Out method)

후입선출법은 나중에 구매 또는 생산한 항목이 먼저 판매 또는 사용된 것으로 가정하고 재고자산을 평가하는 방법이다. 기업회계기준에서는 후입선출법을 사용할 수 없도록 하고 있다.

장점	• 대응원칙에 충실 : 현행수익에 현행원가가 대응되므로 대응원칙에 충실하다. • 가격정책결정에 유용 : 판매가격은 최근 구입한 원가를 초과해야 하므로 최소한 후입선출법을 적용할 때도 이익이 발생하여야 한다. • 세금효과로 인한 현금흐름 개선 : 당기순이익이 적게 계상되어 세금 납부를 이연할 수 있으므로 현금흐름이 좋아진다.
단점	• 기말 재고자산의 부적절한 평가 : 기말 재고자산이 과거 취득원가로 기록된다. • 후입선출청산현상 : 판매량 급증의 경우 과거 가격으로 평가된 재고층이 매출원가로 계상되어 당기순이익이 증가된다. • 불건전한 구매관습 : 후입선출청산을 회피하기 위해 불필요한 재고자산을 구입하거나 당기순이익을 증가시키기 위해 재고자산을 구입하지 않고 고갈시키는 불건전한 구매관습을 통해 당기순이익을 조작할 수 있다. • 낮은 당기순이익 : 당기순이익이 적게 계상된다. • 실제 물량흐름과 불일치

⑤ 재고자산 평가방법의 비교

구분	크기비교	비고
기말재고자산	선입선출법>이동평균법>총평균법>후입선출법	제외
매출원가	선입선출법<이동평균법<총평균법<후입선출법	–
당기순이익	선입선출법>이동평균법>총평균법>후입선출법	–
법인세	선입선출법>이동평균법>총평균법>후입선출법	과세소득이 충분함
현금흐름	선입선출법<이동평균법<총평균법<후입선출법	법인세효과

2. 감가상각

(1) 감가상각의 의의

감가상각은 자산의 취득가액을 사용가능연한인 내용연수 동안 체계적인 방법을 통해 비용으로 배분하는 원가의 배분과정이다. 각 사업 연도의 손익계산을 정확하고 공정하게 하고, 상품과 제품의 원가계산을 적절하게 하기 위함에 그 목적이 있다. 자산은 시일의 경과와 경제 사정의 변화에 따라 경제가치가 감소되어 간다. 감가상각의 원인은 다음과 같다.

- 사용에 의한 소모
- 시간의 경과에 따르는 퇴화
- 기능적 감가 : 물질 자체로는 사용가치가 있으나 경제적 이용가치의 상실을 의미한다. 유행의 변천과 새로운 발명에 의한 구식화 등이 이에 속한다.

(2) 감가상각대상금액과 감가상각기간

① 감가상각기준액

$$[감가상각대상금액(감가상각기준액)] = (자산의\ 원가) - (잔존가치)$$

② 잔존가치

자산의 내용연수가 만료되는 시점에 남아있는 자산적 가치를 잔존가치라고 한다. 자산의 처분으로부터 현재 획득할 금액에서 추정 처분부대원가를 차감한 금액의 추정치를 말한다.

③ 내용연수

자산이 영업활동에 사용될 수 있는 예상기간, 즉 수명을 말하며 자산이 사용불능이 되어 폐기할 때까지의 추정연수를 말한다. 반드시 기간적인 의미만 있는 것이 아니라 생산량 또는 활동능력으로 평가될 수도 있다.

(3) 감가상각방법

① 정액법

정액법은 매기 균등액을 감가상각비로 계산하는 방법으로, 자산의 경제적 유용성이 내용연수 동안 매년 동일하고 관련된 수선유지비도 매년 동일하다고 가정한다.

$$(상각률) = \frac{1}{(추정내용연수)}$$
$$(매년\ 감가상각비) = [(취득금액) - (잔존가치)] \times (상각률)$$

㉠ 장점 : 계산이 간단하다.
㉡ 단점 : 자산의 경제적 유용성이 내용연수 동안 동일한 것으로 가정하는데, 일반적으로 자산의 생산성은 취득 초기에 높고 후기로 갈수록 낮아지는 현실을 반영하지 못한다. 또한, 수선유지비는 내용연수 후기로 갈수록 증가하는데 이러한 현실을 반영하지도 못한다.

② 정률법

$$(상각률) = 1 - \sqrt[n]{\frac{(잔존가치)}{(취득금액)}} \quad (n = 내용연수)$$
$$(매년\ 감가상각비) = [(취득원가) - (상각전\ 감가상각누가액)] \times (상각률)$$

③ 연수합계법

$$(특정연도의\ 상각률) = \frac{(특정연도초의\ 잔존내용연수)}{(내용연수의\ 합계)}$$
$$(특정연도의\ 감가상각비) = [(취득원가) - (잔존가치)] \times (상각률)$$

④ 이중체감법

이중체감법의 상각률은 정액법 상각률의 2배를 사용한다.

$$(상각률) = \frac{1}{(내용연수)} \times 2$$
$$(매년\ 감가상각비) = [(취득원가) - (상각전\ 감가상각누계액)] \times (상각률)$$

⑤ 생산량비례법

보유 중인 자산의 감가가 단순히 시간이 경과함에 따라 나타난다고 하기보다는 생산량에 비례하여 나타난다는 것을 전제로 하여 감가상각비를 계산하는 방법이다. 주로 광산, 유전, 산림 등과 같은 소모성 또는 고갈성 자산의 채취산업에서 많이 사용된다.

$$(매년\ 감가상각비) = [(취득원가) - (잔존가치)] \times \frac{(당기실제생산량)}{(추정총생산량)}$$

3. 현금 및 현금성자산

(1) 현금

현금은 기업이 보유하고 있는 자산 중 가장 유동성이 높은 자산으로서 통화와 통화대용증권이 있다. 회계상으로 현금은 지폐나 주화 등 통화와 타인발행수표 등 통화대용증권 및 보통예금, 당좌예금 등 요구불예금으로 구성된다.

(2) 현금성자산

현금성자산이란 투자나 다른 목적이 아닌 단기적인 현금수요를 충족하기 위한 목적으로 보유하는 것으로 현금과 거의 유사한 환금성을 갖는 자산을 말한다. 기업회계기준서에서는 현금성자산을 유동성이 매우 높은 단기 투자자산으로서 확정된 금액의 현금으로의 전환이 용이하고 가치변동의 위험이 경미한 자산으로 정의하고 있다. 이때의 단기란 일반적으로 취득일로부터 투자자산의 만기일 또는 상환일이 3개월 이내인 경우를 의미한다(주식은 만기가 없어 현금성자산이 아님).

(3) 금융상품

금융기관이 취급하는 정기예금·정기적금·사용이 제한되어 있는 예금 및 기타 정형화된 상품 등으로 단기적 자금 운용 목적으로 소유하거나 기한이 1년 내에 도래하는 단기금융상품과 단기금융상품에 속하지 아니하는 정기예금 등의 장기금융상품으로 구분된다.

(4) 현금 및 현금성자산과 금융상품의 분류

구분	분류항목		계정분류
현금 및 현금성자산	통화 및 타인발행수표, 보통예금·당좌예금 등 요구불예금, 우편환증서, 송금환, 기일도래 공사채이자표, 배당금지급통지표, 공장·지점전도금, 현금성자산		-
금융상품	정기예금·정기적금 사용이 제한된 예금 환매채(RP)·양도성예금증서(CD) 등 금융상품	취득일로부터 3개월 이내 만기도래	현금성자산*
		보고기간말로부터 1년 이내 만기도래	단기금융 상품
		보고기간말로부터 1년 이후 만기도래	장기금융 상품
기타 항목	선일자수표(매출채권 또는 미수금), 직원가불금 및 차용증서(단기대여금), 우표 및 수입인지(선급비용 또는 소모품), 당좌개설보증금(장기금융상품), 당좌차월(단기차입금)		-

*사용이 제한된 예금은 제외한다.

4. CVP(Cost - Volume - Profit) 분석

(1) CVP 분석의 개요
① CVP 분석이란 조업도(Volume)와 원가(Cost)의 변화가 이익(Profit)에 미치는 영향을 분석하는 기법을 말한다.
② 분석내용
  ㉠ 손실을 보지 않기 위해서 달성하여야 하는 판매량 및 매출액
  ㉡ 목표이익을 얻기 위해서 달성하여야 하는 판매량 및 매출액
  ㉢ 특정판매량을 통해서 얻을 수 있는 이익
  ㉣ 판매량이나 원가가 변동 시 이익에 미치는 영향

(2) CVP 분석의 기본 개념
① CVP 분석의 기본 공식
  (이익) = (매출액) - (총비용)
      = (매출액) - [(총변동비) + (총고정비)]
      = [(매출액) - (총변동비)] - (총고정비)
      = (공헌이익) - (총고정비)

② 공헌이익(CM; Contribution Margin)
  ㉠ 재무회계의 매출총이익과 같이 순이익 산출과정의 중간이익 개념으로서 고정원가를 회수하고 순이익창출에 공헌하는 이익을 의미한다. 따라서 매출액에서 변동비를 차감하면 공헌이익이 되며, 공헌이익에서 고정비를 차감하면 순이익이 산출된다.
  ㉡ 공헌이익과 공헌이익률

공헌이익	(매출액) - (변동비)
	(고정비) + (이익)
단위공헌이익	(총공헌이익)/(판매수량)
	(판매가격) - (단위변동비)
	(판매가격) × (공헌이익률)
공헌이익률	(공헌이익)/(매출액)
	(단위공헌이익)/(판매가격)

③ 손익분기점(BEP; Break-Even Point)
  매출액이 총원가와 동일한 지점, 즉 이익이 '0'이 되는 매출액 수준을 나타낸다.

$$(BEP매출수량) = \frac{(고정비)}{(단위공헌이익)}$$

$$(BEP매출액) = \frac{(고정비)}{(공헌이익률)}$$

(3) CVP 분석의 가정과 한계
① 원가요소 중에서 변동비와 고정비로 구분하기 어려운 것이 있다.
② 판매수량이 오를수록 판매단위는 고정적인 것이 아니며 매출액선과 총비용선이 직선이라는 가정은 비현실적이다.

CHAPTER 15 재무관리

01 재무관리의 기초

1. 재무관리의 개요

(1) 재무관리의 목표

이익의 극대화(전통적인 재무관리의 목표), 기업가치의 극대화, 자기자본가치의 극대화

(2) 투자안의 경제성 분석기법

① 경제성 분석기법의 구분

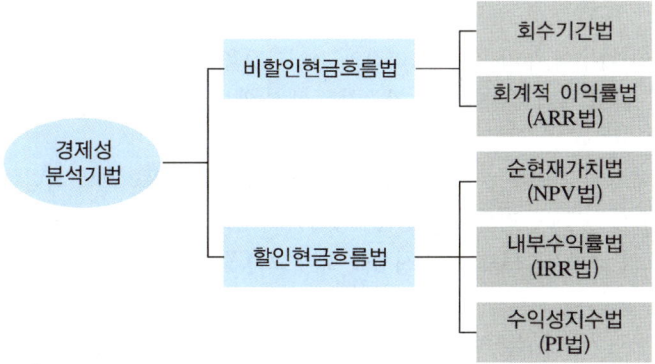

② 경제성 분석기법의 의의 및 의사결정기준

㉠ 비할인현금흐름

회수기간법	• 투자안에서 발생하는 현금유입액으로 투자원금을 회수하는 데 걸리는 시간 • 독립적 투자안 : 회수기간이 목표 회수기간보다 짧으면 채택 • 배타적 투자안 : 회수기간이 가장 짧은 투자안 선택
회계적 이익률법 (ARR)	• (회계적 이익률)=(연평균순이익)÷(연평균 투자액) • 독립적 투자안 : 회계적 이익률이 목표이익률보다 크면 채택 • 배타적 투자안 : 회계적 이익률이 가장 큰 투자안 선택

㉡ 할인현금흐름

순현재가치법 (NPV)	• 현금유입액의 현재가치에서 현금유출액의 현재가치를 뺀 값 • 독립적 투자안 : NPV가 0보다 크면 채택 • 배타적 투자안 : NPV가 가장 큰 투자안 선택
내부수익률법 (IRR)	• 투자로부터 얻게 될 현금유입액의 현재가치가 현금유출액의 현재가치와 같게 해주는 할인율 • 독립적 투자안 : IRR이 자본비용보다 크면 채택 • 배타적 투자안 : IRR이 가장 큰 투자안 선택

수익성지수법 (PI)	• 현금유입액의 현재가치를 현금유출액의 현재가치로 나눈 값 • 독립적 투자안 : PI가 1보다 크면 채택 • 배타적 투자안 : PI가 가장 큰 투자안 선택

2. 위험과 수익률

(1) 위험의 의의와 측정

① 불확실성과 위험

불확실성	미래 수익을 현재시점에서 확실하게 알 수 없고, 단지 확률분포의 형태로 예측할 수 있는 상황
위험(Risk)	미래에 실제로 실현되는 성과가 기대성과와 다를 가능성으로 분산이나 표준편차로 측정

② 투자수익률과 기대수익률

투자수익률	투자수익률은 기간의 투자수익[(투자안의 기말가치)-(기초투자액)]을 기초 투자액으로 나눈 값
기대수익률	기대수익률은 미래에 평균적으로 예상되는 수익률로서 각 상황별로 발생 가능한 수익률에 그 상황이 발생할 확률을 곱한 다음 이를 모두 합산한 값

(2) 포트폴리오 이론

① 투자자금을 여러 위험자산에 나누어 투자할 경우 최적의 선택과정을 설명하는 이론이다.
② 포트폴리오의 기대수익률은 각 주식의 투자비율을 가중치로 해서 개별주식의 기대수익률을 가중평균한 값이다.
③ 다른 조건이 동일하다면 개별주식 수익률 간의 상관계수가 작아질수록 포트폴리오의 위험이 작아지므로 상관계수가 작은 주식으로 포트폴리오를 구성할수록 위험분산효과가 크게 나타난다.
④ 위험분산효과는 포트폴리오의 구성자산 수를 증가시킴에 따라 포트폴리오의 위험을 현저하게 줄일 수도 있다.
⑤ 자산수익률의 분산은 포트폴리오의 구성자산 수를 증가시킴에 따라 제거할 수 없는 체계적 위험(Systematic Risk)과 제거할 수 없는 비체계적 위험(Unsystematic Risk)으로 구성된다.

체계적 위험	• 경제성장률, 이자율, 인플레이션, 환율, 국제유가 등 경제 전반에 영향을 미치는 요인들의 변동에 따른 위험이다. • 모든 주식에 공통적으로 영향을 미치기 때문에 여러 주식으로 포트폴리오를 구성해서 투자해도 제거할 수 없다.
비체계적 위험	• 주식을 발행한 기업의 경영성과, 경영진의 교체, 신 제품개발의 성패 등과 같이 그 기업에만 영향을 미치는 요인들로 인한 위험이다. • 주식 수를 충분히 증가시켜서 투자하면 완전히 제거할 수 있다.

(3) 자본자산가격결정모형(CAPM)

① 자본시장선(CML)

$$E(R_P) = R_f + \left[\frac{E(R_M - R_f) - R_f}{\sigma_M} \right] \sigma_P$$

② 증권시장선(SML)

$$E(R_i) = R_f + [E(R_M) - R_f]\beta_i$$

02 자본시장과 가치평가

1. 자본시장과 주식평가

(1) 금융시장

직접금융시장	중개기관을 거치지 않고 자금의 최종수요자와 공급자간에 직접증권(기업이 발행하는 주식이나 회사채, 정부 등이 발행하는 국공채 등)의 매매를 통하여 자금의 수급이 이루어지는 시장
간접금융시장	자금의 공급자와 최종수요자 사이에 중개기관(은행, 보험회사 등)이 개입하여 자금의 수급이 이루어지는 시장

(2) 주식평가

① 단순화된 배당평가모형

무성장 모형	성장이 없다고 가정하여 배당금이 매년 일정할 것으로 기대되는 주식의 평가모형 $P_0 = \dfrac{D_1}{(1+r)} + \dfrac{D_1}{(1+r)^2} + \dfrac{D_1}{(1+r)^3} + \cdots = \dfrac{D_1}{r}$
고든의 항상성장모형	주식에 대한 배당금이 매년 일정한 비율로 증가한다고 가정하는 평가모형 $P_0 = \dfrac{D_1}{(1+r)} + \dfrac{D_1(1+g)}{(1+r)^2} + \dfrac{D_1(1+g)^2}{(1+r)^3} + \cdots = \dfrac{D_1}{r-g}$ (단, $r > g$)

(D_1 : 차기주당배당금, V_0 : 당기 1주당 현재가치, r : 요구수익률, g : 성장률)

② 주가배수모형

㉠ 주가배수모형이란 주가를 주당순이익(EPS)으로 나눈 주가배수를 이용하여 주가를 평가하는 방법이다.

㉡ 주가수익비율은 현재의 주식가격을 기대주당이익(EPS)으로 나눈 값이다.

$$PER = \dfrac{(\text{현재의 주가})}{(\text{기대주당이익})} = \dfrac{P_0}{EPS}$$

$P_0 = PER \times EPS$

㉢ PER의 장단점

장점	단점
• 성장성과 위험 등 기업의 여러 특성들을 나타내는 지표가 될 수 있다. • 대부분의 주식에 적용하여 간단하게 계산할 수 있고, 자료를 쉽게 구할 수 있기 때문에 주식 간 비교가 용이하다.	• 순이익이 0보다 작으면 음수가 되어 의미가 없다. • 순이익의 변동성이 크면 기간에 따라 크게 변할 수 있다. • 순이익의 회계처리방법에 따라 달라질 수 있다.

2. 채권

(1) 채권의 개요

① 채권의 의의

채무자가 채권자에게 정해진 조건에 따라 이자와 원금을 상환하겠다는 것을 약속하기 위하여 발행해주는 증서이다. 채권에는 만기일, 액면가, 표면이자율이 기재된다.

만기일	원금을 상환하기로 약속한 날
액면가	만기일에 상환하기로 약속한 원금
표면이자율	만기까지 매기 지급하기로 약속한 이자율을 말하며, 액면이자율이라고도 한다.

② 채권의 종류

이표채 (Coupon Bond)	만기와 표면이자율이 정해져 있어서 만기일까지 매기 정해진 이자를 지급해주고 만기일에 원금을 상환해주는 채권
무이표채 (Zero Coupon Bond)	표면이자율이 0인 채권으로 이자는 지급하지 않고 만기일에 원금만 상환해주는 채권
영구채 (Perpetual Bond)	만기가 무한대인 채권으로 원금상환은 없고 매기말에 정해진 이자만 영구히 지급해주는 채권

(2) 시장이자율과 채권가격(말킬의 정리)

① 시장이자율과 채권가격
  ㉠ 채권가격은 시장이자율과 역의 관계에 있다. 즉, 시장이자율이 하락하면 채권가격은 상승하고, 시장이자율이 상승하면 채권가격은 하락한다.
  ㉡ 만기가 정해진 상태에서 이자율의 상승 또는 하락폭이 동일하다면, 이자율의 하락으로 인한 채권 가격 상승폭이 이자율의 상승으로 인한 채권가격 하락폭보다 크다.

② 만기와 채권가격
  ㉠ 다른 조건이 동일하다면, 만기가 길어질수록 일정한 이자율변동에 따른 채권가격 변동폭이 커진다.
  ㉡ 시장이자율의 변동에 따른 채권가격 변동폭은 만기가 길어질수록 증가하지만, 만기의 한 단위 증가에 따른 채권가격 변동폭은 만기가 길어질수록 감소한다.

③ 표면이자율과 채권가격
다른 조건이 동일하다면 표면이자율이 낮아질수록 이자율 변동에 따른 채권가격 변동률이 커진다.

3. 채권의 듀레이션

(1) 듀레이션의 의의

듀레이션은 채권투자로부터 발생하는 현금흐름을 회수하는 데 걸리는 평균기간을 의미한다. 각 현금흐름이 발생하는 시점까지의 기간을 각 시점에서 발생하는 현금흐름의 현재가치가 전체 현금흐름의 현재가치(채권의 시장가치)에서 차지하는 비중을 가중치로 하여 평균한 값을 말한다.

$$D = 1 \times \frac{\frac{D}{(1+r)}}{P_0} + 2 \times \frac{\frac{D}{(1+r)^2}}{P_0} + \cdots + n \times \frac{\frac{D^n}{(1+r)^n}}{P_0}$$

(2) 듀레이션의 특징

① 만기가 길수록 듀레이션은 커진다.
② 표면이자율이 높을수록 듀레이션은 작아진다.
③ 만기수익률이 높을수록 듀레이션은 작아진다.
④ 이자 지급빈도가 증가할수록 듀레이션은 작아진다.

03 파생상품

1. 선물

(1) 선도거래와 선물거래

① 선도거래는 미래의 특정시점에 정해진 가격으로 특정자산을 사고팔기로 현재시점에서 약정하고 약정에 따라 미래에 상품을 인수도하면서 대금을 결제하는 거래를 말한다.
② 선물거래는 품질과 가격 등이 표준화된 일정량의 상품을 현재시점에서 약정된 가격으로 미래의 일정시점에 매입 또는 매도하기로 조직화된 거래소 내에서 약정하는 거래를 말한다.

구분	선도거래	선물거래
시장형태	비조직적 시장	조직화된 거래소
거래방법	당사자 간에 직접 계약	공개호가방식
거래조건	당사자 간의 합의	표준화
가격형성	계약 시 한 번만 결정됨	매일 새로운 가격이 형성됨
이행보증	거래당사자의 신용도에 좌우	청산소가 거래의 이행을 보증
실물인도	만기일에 실물을 인수도	대부분 반대매매를 통하여 청산
결제방식	만기일에 한 번 결제	일일정산

(2) 선물과 옵션

구분	선물	옵션
권리와 의무 관계	매입자와 매도자 모두 계약 이행에 대한 의무를 부담	매입자는 권리만 갖고 매도자는 의무만 부담
대가의 수급	매입자와 매도자 모두 증거금을 납부할 뿐 둘 간에 주고받는 대가는 없음	매입자는 매도자에게 옵션의 대가를 지급하고 매도자는 증거금을 납부
위험의 범위	매입자와 매도자 모두 반드시 계약을 이행해야 하는 의무를 부담하므로 위험에 한계가 없음	매입자는 불리할 경우 권리 행사를 포기하여 위험을 한정시킬 수 있음

2. 옵션

(1) 옵션의 정의 및 특성
① 옵션이란 미리 정해진 기간 동안에 정해진 가격으로 특정 자산을 사거나 팔 수 있는 권리가 부여된 증권을 말한다.
② 옵션매입자는 옵션에 부여되어 있는 권리를 갖고, 옵션매도자(또는 옵션발행자)는 옵션매입자가 권리를 행사할 경우 거래에 응해야 하는 의무를 부담한다. 따라서 옵션매입자가 옵션매도자에게 권리에 대한 대가인 옵션프리미엄을 지급한다.
③ 옵션의 가치는 기초자산의 가격에 따라 결정된다.

(2) 옵션의 종류

콜옵션(Call Option)	정해진 가격으로 기초자산을 살 수 있는 권리가 부여된 옵션
풋옵션(Put Option)	정해진 가격으로 기초자산을 팔 수 있는 권리가 부여된 옵션

(3) 옵션가격결정의 기초
① 옵션가격결정의 종류

종류	콜옵션	풋옵션
내가격(ITM)	행사가격(E) < 기초자산가격(S)	행사가격(E) > 기초자산가격(S)
등가격(ATM)	행사가격(E) = 기초자산가격(S)	행사가격(E) = 기초자산가격(S)
외가격(OTM)	행사가격(E) > 기초자산가격(S)	행사가격(E) < 기초자산가격(S)

내가격은 옵션을 행사하면 이익을 얻는 상태이며, 등가격은 옵션을 행사해도 손익이 발생하지 않는 상태, 외가격은 옵션을 행사하면 손실을 입는 상태를 의미한다.

② 옵션가격의 결정요인

요인	콜옵션	풋옵션
행사가격	−	+
만기일	+	+
기초자산의 가치	+	−
기초자산의 변동성	+	+
무위험이자율	+	−

04 재무분석

1. 재무비율 분석

재무비율을 통해서 기업의 재무상태와 경영성과를 분석하는 방법이다. 즉, 재무제표의 자료를 기초로 하여 기업의 경제적 실체를 알려줄 수 있는 재무비율을 계산한 다음 이를 관찰하여 기업의 현재와 미래의 모습을 분석한다.

장점	• 재무제표의 자료를 이용하여 간단하게 기업의 재무상태를 파악할 수 있다.
단점	• 과거의 자료를 중심으로 분석한다. • 일정시점이나 일정기간을 이용하므로 정보가 한정적이다. • 비율 상호 간의 연결이 없다. • 종합적인 결론을 얻을 수 없다. • 절대적인 기준치나 표준치가 없다.

2. 안정성비율

안정성비율이란 기업의 장기지급능력을 측정하는 데 사용되는 비율을 말한다. 재무상태표 간 항목들의 관계를 설명하는 정태비율로서 단기채무 지불능력인 재무유동성과 경기대응능력인 안정성을 측정하는 지표이다.

(1) 유동비율

$$(\text{유동비율}) = \frac{(\text{유동자산})}{(\text{유동부채})} \times 100$$

(2) 당좌비율

$$(\text{당좌비율}) = \frac{(\text{당좌자산})}{(\text{유동부채})} \times 100$$

(3) 부채비율

$$(\text{부채비율}) = \frac{[\text{부채(타인자본)}]}{(\text{자기자본})} \times 100$$

(4) 고정비율

$$(고정비율) = \frac{(고정자산) + (투자자산)}{(자기자본)} \times 100$$

(5) 자기자본비율

$$(자기자본비율) = \frac{(자기자본)}{(총자산)} \times 100$$

(6) 유보율

$$(유보율) = \frac{(잉여금)}{(납입자본금)}$$

단, (잉여금) = (자본잉여금) + (이익잉여금)

(7) 이자보상비율

$$(이자보상비율) = \frac{(영업이익)}{[금융비용(이자비용)]} \times 100$$

3. 수익성비율

수익성비율은 기업이 얼마나 효율적으로 관리되고 있는가를 나타내는 종합적 지표이다. 일정한 기간에 있어서의 기업활동의 최종적인 성과, 즉 손익의 상태를 측정하고 그 성과의 원인을 분석, 검토하는 수익성분석을 행함으로써 재무제표의 내부 및 외부이용자들은 보다 합리적인 의사결정을 할 수 있다.

(1) 매출액순이익률

$$(매출액순이익률) = \frac{(순이익)}{(매출액)} \times 100$$

(2) 매출액영업이익률

$$(매출액영업이익률) = \frac{(영업이익)}{(매출액)} \times 100$$

(3) 총자산이익률

$$(총자산이익률) = \frac{(당기순이익)}{(총자산)} \times 100$$

(4) 자기자본순이익률

$$(자기자본순이익률) = \frac{(순이익)}{(자기자본)} \times 100$$

(5) 주당순이익

$$(주당순이익) = \frac{(당기순이익)}{(발행주식수)}$$

(6) 배당성향

$$(배당성향) = \frac{(배당금)}{(당기순이익)} \times 100$$

4. 성장성비율

기업의 한 해 경영 규모 및 기업 활동의 성과가 전년도에 비하여 얼마만큼 증가하였는가를 보여주는 지표이다. 기업의 성장성을 판단하고 예측한 비율들을 비교 분석함으로써 보다 효율적인 판단자료로서 기업 경영에 활용된다.

(1) 매출액증가율

$$(\text{매출액증가율}) = \frac{(\text{당기매출액}) - (\text{전기매출액})}{(\text{전기매출액})} \times 100$$

(2) 총자산증가율

$$(\text{총자산증가율}) = \frac{(\text{당기총자산증가액})}{(\text{전기말총자산})} \times 100$$

(3) 순이익증가율

$$(\text{순이익증가율}) = \frac{(\text{당기순이익증가액})}{(\text{전기순이익})} \times 100$$

(4) 납입자본증가율

$$(\text{납입자본증가율}) = \frac{(\text{당기납입자본증가액})}{(\text{전기말납입자본금})} \times 100$$

5. 활동성비율

기업이 소유하고 있는 자산들이 얼마나 효율적으로 이용되고 있는가를 추정하는 비율로, 일정기간(보통 1년)의 매출액을 각종 주요자산으로 나누어 산출한다. 따라서 회전율이 높다는 것은 자산의 활용도가 높음을 의미한다. 기업의 활동을 대표하는 것이 매출액이므로 매출액과 주요자산의 관계를 비율에 의해 평가하는 활동성비율은 기업을 이해하는 데 큰 도움이 된다.

(1) 총자본(총자산)회전율

$$(총자본회전율) = \frac{(매출액)}{(총자본)}$$

(2) 납입자본회전율

$$(납입자본회전율) = \frac{(매출액)}{(납입자본)}$$

(3) 재고자산회전율

$$(재고자산회전율) = \frac{(매출액)}{(재고자산)}$$

(4) 고정자산회전율

$$(고정자산회전율) = \frac{(매출액)}{(고정자산)}$$

6. 시장가치비율

기업의 경영활동을 통해서 나타난 경영성과를 실행시키는 과정 중에 시장에서 평가된 주식의 가치, 즉 시장가치비율은 증권시장에서 해당 기업의 주식가격을 주당이익이나 장부가치 등의 주식과 관련된 각종 비율로 나타내서 투자자 및 전문가들이 기업의 가치를 어떻게 바라보는가를 파악할 수 있다.

(1) 주가수익비율

$$(주가수익비율) = \frac{(주가)}{[주당순이익(EPS)]}$$

(2) 주가순자산비율

$$(주가순자산비율) = \frac{(주가)}{(주당순자산가치)}$$

(3) 토빈의 Q비율

$$(토빈의\ Q비율) = \frac{(기업의\ 시장가치)}{(기업실물자본의\ 대체비용)}$$

CHAPTER 16 경영학 적중예상문제

01 다음 중 포터(M. Porter)의 경쟁전략 유형에 해당하는 것은?

① 차별화(Differentiation) 전략
② 블루오션(Blue Ocean) 전략
③ 방어자(Defender) 전략
④ 반응자(Reactor) 전략

02 다음 중 경영전략과 경영조직에 대한 설명으로 옳은 것은?

① 기계적 조직은 유기적 조직에 비해 집권화 정도와 공식화 정도가 모두 강하다.
② BCG 매트릭스에서는 시장의 성장률과 절대적 시장점유율을 기준으로 사업을 평가한다.
③ 포터의 가치사슬 모형에 의하면 마케팅, 재무관리, 생산관리, 인적자원관리는 본원적 활동이다.
④ 대량생산기술을 적용할 때에는 유기적 조직이 적합하며, 소량주문생산기술을 적용할 때에는 기계적 조직이 적합하다.

03 다음 중 ESG 경영에 대한 설명으로 옳지 않은 것은?

① ESG 경영의 핵심은 효율을 최우선으로 착한 기업을 키워나가는 것을 목적으로 한다는 것이다.
② ESG는 재무제표에는 드러나지 않지만 중장기적으로 기업 가치에 영향을 미치는 지속가능성 평가지표이다.
③ ESG는 기업의 비재무적 요소인 '환경(Environment), 사회(Social), 지배구조(Governance)'의 약자이다.
④ ESG 평가가 높을수록 단순히 사회적 평판이 좋은 기업이라기보다 리스크에 강한 기업이라 할 수 있다.

04 다음 중 기업이 상품을 판매할 때마다 수익의 일부를 기부하는 마케팅은?

① 그린 마케팅(Green Marketing)
② 프로 보노(Pro Bono)
③ 니치 마케팅(Niche Marketing)
④ 코즈 마케팅(Cause Marketing)

05 다음 중 목표설정이론 및 목표관리(MBO)에 대한 설명으로 옳지 않은 것은?

① 목표는 구체적이고 도전적으로 설정하는 것이 바람직하다.
② 목표는 지시적 목표, 자기설정 목표, 참여적 목표로 구분된다.
③ 성과는 경영진이 평가하여 부하직원 개개인에게 통보한다.
④ 조직의 목표를 구체적인 부서별 목표로 전환하게 된다.

06 다음 중 기계적 조직과 유기적 조직에 대한 설명으로 옳지 않은 것은?

① 기계적 조직은 공식화 정도가 낮고 유기적 조직은 공식화 정도가 높다.
② 기계적 조직은 경영관리 위계가 수직적이고 유기적 조직은 경영관리 위계가 수평적이다.
③ 기계적 조직은 직무 전문화가 높고 유기적 조직은 직무 전문화가 낮다.
④ 기계적 조직은 의사결정권한이 집중화되어 있고 유기적 조직은 의사결정권한이 분권화되어 있다.

07 다음 중 홉스테드(G. Hofstede)의 국가 간 문화차이연구에서 문화차원(Cultural Dimensions)에 해당하지 않는 것은?

① 권력의 거리(Power Distance)
② 불확실성 회피성(Uncertainty Avoidance)
③ 남성성 – 여성성(Masculinity – Femininity)
④ 민주주의 – 독재주의(Democracy – Autocracy)

08 다음 중 노동조합의 가입방법에 대한 설명으로 옳지 않은 것은?

① 오픈 숍(Open Shop)에서는 노동조합 가입여부가 고용 또는 해고의 조건이 되지 않는다.
② 에이전시 숍(Agency Shop)에서는 근로자들의 조합 가입과 조합비 납부가 강제된다.
③ 유니언 숍(Union Shop)에서 신규 채용된 근로자는 일정기간이 지나면 반드시 노동조합에 가입해야 한다.
④ 클로즈드 숍(Closed Shop)은 기업에 속해 있는 근로자 전체가 노동조합에 가입해야 할 의무가 있는 제도이다.

09 다음 〈보기〉 중 가격책정 방법에 대한 설명으로 옳은 것을 모두 고르면?

> **보기**
> ㉠ 준거가격이란 구매자가 어떤 상품에 대해 지불할 용의가 있는 최고가격을 의미한다.
> ㉡ 명성가격이란 가격 – 품질 연상관계를 이용한 가격책정 방법이다.
> ㉢ 단수가격이란 판매가격을 단수로 표시하여 가격이 저렴한 인상을 소비자에게 심어주어 판매를 증대시키는 방법이다.
> ㉣ 최저수용가격이란 심리적으로 적당하다고 생각하는 가격 수준을 의미한다.

① ㉠, ㉡
② ㉠, ㉢
③ ㉡, ㉢
④ ㉡, ㉣

10 다음 수요예측기법 중 성격이 다른 것은?

① 델파이 기법
② 역사적 유추법
③ 시계열분석 방법
④ 시장조사법

11 다음 중 소비자의 구매의사결정과정을 순서대로 바르게 나열한 것은?

① 정보탐색 → 문제인식 → 구매 → 대안평가 → 구매 후 행동
② 문제인식 → 정보탐색 → 대안평가 → 구매 → 구매 후 행동
③ 문제인식 → 대안평가 → 구매 → 정보탐색 → 구매 후 행동
④ 정보탐색 → 문제인식 → 대안평가 → 구매 → 구매 후 행동

12 다음 중 수직적 통합의 이유로 옳은 것은?

① 대기업이 시장점유율을 높여 가격선도자 역할을 하기 위해
② 중소기업이 생산규모를 확대하고, 판매망을 강화하기 위해
③ 원료부터 제품까지의 기술적 일관성을 위해
④ 규모의 경제 확보를 위해

13 다음 중 자재소요계획(MRP)에 대한 설명으로 옳은 것은?

① MRP는 풀 생산방식(Pull System)의 전형적인 예로, 시장 수요가 생산을 촉발시키는 시스템이다.
② MRP는 독립수요를 갖는 부품들의 생산수량과 생산시기를 결정하는 방법이다.
③ 자재명세서의 부품별 계획 주문 발주시기를 근거로 MRP를 수립한다.
④ 생산 일정계획의 완제품 생산일정(MPS), 자재명세서(BOM), 재고기록철(IR) 정보를 근거로 MRP를 수립한다.

14 다음 중 작업 우선순위 결정 규칙에 대한 설명으로 옳지 않은 것은?

① 최소작업시간(SPT) : 작업시간이 짧은 순서대로 처리한다.
② 최소여유시간(STR) : 납기일까지 남은 시간이 적은 순서대로 처리한다.
③ 최소납기일(EDD) : 납기일이 빠른 순서대로 처리한다.
④ 선입선출(FCFS) : 먼저 도착한 순서대로 처리한다.

15 다음을 활용하여 경제적 주문량(EOQ)을 고려한 연간 총재고비용을 구하면?[단, 기준은 (총재고비용)=(주문비)+(재고유지비이다)]

- 연간 부품 수요량 : 1,000개
- 1회 주문비 : 200원
- 단위당 재고유지비 : 40원

① 1,000원 ② 2,000원
③ 3,000원 ④ 4,000원

16 다음 중 최고경영자, 중간경영자, 하위경영자 모두가 공통적으로 가져야 할 능력은?

① 타인에 대한 이해력과 동기부여 능력
② 지식과 경험을 해당 분야에 적용시키는 능력
③ 복잡한 상황 등 여러 상황을 분석하여 조직 전체에 적용하는 능력
④ 담당 업무를 수행하기 위한 육체적, 지능적 능력

17 민츠버그(Mintzberg)는 여러 형태의 경영자를 조사하여 공통적으로 수행하는 경영자의 역할을 10가지로 정리하였다. 다음 글에서 설명하는 역할은 무엇인가?

> 경영자는 기업의 존속과 발전을 위해 조직과 환경을 탐색하고, 발전과 성장을 위한 의사결정을 담당하는 역할을 맡는다.

① 대표자 역할
② 연락자 역할
③ 정보수집자 역할
④ 기업가 역할

18 다음 중 지식경영시스템(KMS)에 대한 설명으로 옳지 않은 것은?

① 지식관리시스템은 지식베이스, 지식스키마, 지식맵의 3가지 요소로 구성되어 있다.
② KMS는 Knowledge Management System의 약자로, 지식경영시스템 또는 지식관리시스템을 나타낸다.
③ 지식베이스가 데이터베이스에 비유된다면 지식스키마는 원시데이터에 대한 메타데이터를 담고 있는 데이터사전 또는 데이터베이스에 비유될 수 있다.
④ 조직에서 필요한 지식과 정보를 창출하는 연구자, 설계자, 건축가, 과학자, 기술자는 필수적으로 포함되어야 한다.

19 A사는 철물 관련 사업을 하는 중소기업으로, 수요가 어느 정도 안정된 소모품을 다양한 거래처에 납품하고 있으며, 내부적으로는 부서별 효율성을 추구하고 있다. 이러한 회사의 조직구조로 적합한 유형은?

① 기능별 조직
② 사업부제 조직
③ 프로젝트 조직
④ 매트릭스 조직

20 다음은 H기업의 균형성과평가제도를 적용한 평가기준표이다. A ~ D에 들어갈 용어를 순서대로 바르게 나열한 것은?

구분	전략목표	주요 성공요인	주요 평가지표	목표	실행계획
(A)관점	매출 확대	경쟁사 대비 가격 및 납기우위	평균 분기별 총매출, 전년 대비 총매출	평균 분기 10억 원 이상, 전년 대비 20% 이상	영업 인원 증원
(B)관점	부담 없는 가격, 충실한 A/S	생산성 향상, 높은 서비스품질	전년 대비 재구매 비율, 고객 만족도	전년 대비 10포인트 향상, 만족도 80% 이상	작업 순서 준수, 서비스 품질 향상
(C)관점	작업 순서 표준화 개선 제안 및 실행	매뉴얼 작성 및 준수	매뉴얼 체크 회수 개선 제안 수 및 실행 횟수	1일 1회, 연 100개 이상	매뉴얼 교육 강좌 개선, 보고회의 실시
(D)관점	경험이 부족한 사원 교육	실천적 교육 커리큘럼 충실	사내 스터디 실시 횟수, 스터디 참여율	연 30회, 80% 이상	스터디 모임의 중요성 및 참여 촉진

	(A)	(B)	(C)	(D)
①	고객	업무 프로세스	학습 및 성장	재무적
②	업무 프로세스	재무적	고객	학습 및 성장
③	재무적	고객	업무 프로세스	학습 및 성장
④	학습 및 성장	고객	재무적	업무 프로세스

21 다음 중 대규모 데이터베이스에서 숨겨진 패턴이나 관계를 발견하여 의사결정 및 미래예측에 활용할 수 있도록 데이터를 모아서 분석하는 것은?

① 데이터 웨어하우스(Data Warehouse) ② 데이터 마이닝(Data Mining)
③ 데이터 마트(Data Mart) ④ 데이터 정제(Data Cleansing)

22 다음 중 기업신용평가등급표의 양적 평가요소에 해당하는 것은?

① 진입장벽 ② 시장점유율
③ 재무비율 평가항목 ④ 은행거래 신뢰도

23 다음 중 재무제표에 대한 설명으로 옳지 않은 것은?

① 재무제표는 재무상태표, 포괄손익계산서, 자본변동표, 현금흐름표, 주석으로 구성된다.
② 재무제표 요소의 측정기준은 역사적 원가와 현행가치 등으로 구분된다.
③ 재무제표는 적어도 1년에 한 번은 작성하며, 현금흐름에 대한 정보를 제외하고는 발생기준의 가정하에 작성한다.
④ 기업이 경영활동을 청산 또는 중단할 의도가 있더라도, 재무제표는 계속기업의 가정하에 작성한다.

24 A회사는 B회사와 다음과 같은 기계장치를 상호 교환하였다. 교환과정에서 A회사는 B회사에게 현금을 지급하고, 기계장치 취득원가 ₩470,000, 처분손실 ₩10,000을 인식하였다. 교환과정에서 A회사가 지급한 현금은?(단, 교환거래에 상업적 실질이 있고 각 기계장치의 공정가치는 신뢰성 있게 측정된다)

구분	A회사	B회사
취득원가	₩800,000	₩600,000
감가상각누계액	₩340,000	₩100,000
공정가치	₩450,000	₩480,000

① ₩10,000
② ₩20,000
③ ₩30,000
④ ₩40,000

25 다음 자료를 이용하여 당기순이익을 구하면?(단, 회계기간은 1월 1일부터 12월 31일까지이다)

• 영업이익	300,000원
• 이자비용	10,000원
• 영업외 수익	50,000원
• 법인세비용	15,000원

① 275,000원
② 290,000원
③ 325,000원
④ 335,000원

26 다음 자료를 이용하여 계산한 회사의 주식가치는 얼마인가?

- 사내유보율=30%
- 자기자본이익률(ROE)=10%
- 자기자본비용=20%
- 당기의 주당순이익=3,000원

① 12,723원 ② 13,250원
③ 14,500원 ④ 15,675원

27 다음 중 재무레버리지에 대한 설명으로 옳은 것은?

① 재무고정비에는 부채뿐만 아니라 보통주배당도 포함된다.
② 재무고정비로 인하여 영업이익의 변동률에 따른 주당순자산(BPS)의 변동폭은 확대되어 나타난다.
③ 재무레버리지란 자산을 획득하기 위해 조달한 자금 중 재무고정비를 수반하는 자기자본이 차지하는 비율이다.
④ 재무레버리지도(DFL; Degree of Financial Leverage)는 영업이익이 주당이익(EPS)에 미치는 영향을 분석한 것이다.

28 다음 중 재고자산에 대한 설명으로 옳은 것은?(단, 재고자산감모손실 및 재고자산평가손실은 없다)

① 재고자산 매입 시 부담한 매입운임은 운반비로 구분하여 비용처리한다.
② 재고자산을 순실현가능가치로 감액한 평가손실과 모든 감모손실은 감액이나 감모가 발생한 다음 기간에 매출원가로 인식한다.
③ 선입선출법 적용 시 물가가 지속적으로 상승한다면, 계속기록법에 의한 기말재고자산금액이 실지재고조사법에 의한 기말재고자산 금액보다 작다.
④ 부동산 매매기업이 정상적인 영업과정에서 판매를 목적으로 보유하는 건물은 재고자산으로 구분한다.

29 K회사는 정상원가계산을 사용하고 있으며, 직접노무시간을 기준으로 제조간접원가를 예정배부하고 있다. K회사의 2023년도 연간 제조간접원가 예산은 ₩600,000이고, 실제 발생한 제조간접원가는 ₩650,000이다. 2023년도 연간 예정조업도는 20,000시간이고, 실제 직접노무시간은 18,000시간이다. K회사는 제조간접원가 배부차이를 전액 매출원가에서 조정하고 있다. 2023년도 제조간접원가 배부차이조정전 매출총이익이 ₩400,000이라면, 포괄손익계산서에 인식할 매출총이익은?

① ₩290,000 ② ₩360,000
③ ₩400,000 ④ ₩450,000

30 다음 중 자기자본비용에 대한 설명으로 옳은 것은?

① 위험프리미엄을 포함한 자기자본비용 계산 시 보통 자본자산가격결정모형(CAPM)을 이용한다.
② 기업이 주식발행을 통해 자금조달을 할 경우 자본이용의 대가로 얼마의 이용 지급료를 산정해야 하는지는 명확하다.
③ 자기자본비용은 기업이 조달한 자기자본의 가치를 유지하기 위해 최대한 벌어들여야 하는 수익률이다.
④ CAPM에서는 베타와 증권시장선을 계산해서 미래의 증권시장선으로 사용하는데, 이는 과거와는 다른 현상들이 미래에 발생하더라도 타당한 방법이다.

아이들이 답이 있는 질문을 하기 시작하면 그들이 성장하고 있음을 알 수 있다.

– 존 J. 플롬프 –

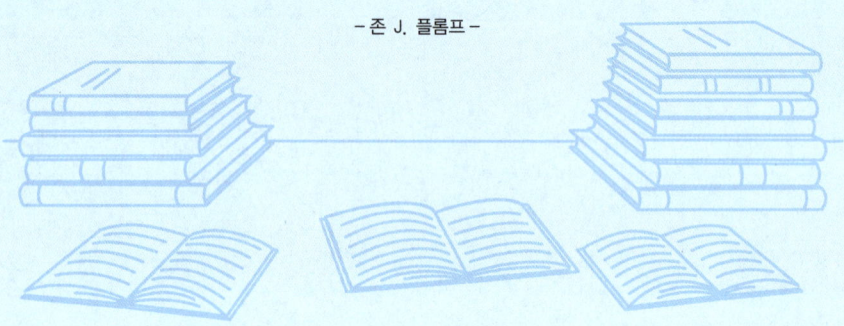

PART 2

경제학

CHAPTER 01	경제학의 기초
CHAPTER 02	수요와 공급
CHAPTER 03	소비자이론
CHAPTER 04	생산자이론
CHAPTER 05	시장이론
CHAPTER 06	생산요소시장과 소득분배
CHAPTER 07	시장과 효율성
CHAPTER 08	국민소득결정이론
CHAPTER 09	거시경제의 균형
CHAPTER 10	거시경제안정화 정책
CHAPTER 11	소비함수와 투자함수
CHAPTER 12	화폐금융론
CHAPTER 13	총수요와 총공급이론
CHAPTER 14	인플레이션과 실업
CHAPTER 15	경기변동과 경제성장
CHAPTER 16	국제경제학
CHAPTER 17	적중예상문제

CHAPTER 01 경제학의 기초

01 경제활동과 경제체제

1. 경제학의 개요

(1) 경제학의 정의
① 경제학은 사회과학의 독립된 한 분야로 경제문제를 다루는 학문이다.
② 경제학은 재화의 생산 및 교환, 분배, 소비에 관하여 연구하는 학문이다.
③ 즉, 경제학이란 개인이나 사회가 제한적이고 한정된 자원을 효율적·선택적으로 사용하여 여러 가지 재화와 용역을 생산·교환·분배·소비하는 데서 발생하는 여러 가지 경제현상을 연구 대상으로 하는 학문이다.

(2) 희소성의 원칙
① 희소성의 원칙이란 인간의 무한한 욕망을 충족시킬 재화나 용역이 상대적으로 부족한 것을 의미한다.
② 이러한 희소성으로 인해 선택의 문제에 직면하게 되고, 사람들은 기회비용을 파악하여 제한된 자원을 합리적으로 사용하기 위해 노력한다.
③ 즉, 희소성의 원칙은 모든 경제 이론의 출발점이며 다른 모든 경제 원리나 이론들은 희소성의 개념과 관련되어 있다.

(3) 경제재와 자유재의 비교

경제재 (Economic Goods)	• 희소성을 가지고 있는 자원으로 합리적인 의사결정으로 선택을 해야 하는 재화를 말한다. • 우리가 일상생활에서 돈을 지불하고 구입하는 일련의 재화 또는 서비스를 모두 포함한다.
자유재 (Free Goods)	• 희소성을 가지고 있지 않아 값을 지불하지 않고도 누구나 마음대로 쓸 수 있는 물건을 말한다. • 공기나 햇빛같이 우리의 욕구에 비해 자원의 양이 풍부해서 경제적 판단을 요구하지 않는 재화를 모두 포함한다.

2. 기회비용의 종류

경제적 비용 (기회비용)	명시적 비용 (회계적 비용)	기업이 생산을 위해 타인에게 실제적으로 지불한 비용 예 임금, 이자, 지대
	암묵적 비용 (잠재적 비용)	기업 자신의 생산 요소에 대한 기회비용 예 귀속 임금, 귀속 이자, 귀속 지대

3. 경제적 이윤과 회계적 이윤의 비교

경제적 이윤	회계적 이윤
• 매출액에서 기회비용을 차감한 이윤을 말한다. • 사업주가 자원배분이 합리적인지 판단하기 위한 지표이다. • 경제적 이윤은 경제적 부가가치(EVA)로 나타내기도 한다. • 경제학에서 장기적으로 기업의 퇴출 여부 판단의 기준이 된다.	• 매출액에서 명시적 비용만 차감한 이윤을 말한다. • 사업주가 외부 이해관계자(채권자, 주주, 금융기관 등)에게 사업성과를 보여주기 위한 지표이다. • 즉, 회계적 이윤에는 객관적으로 측정 가능한 명시적 비용만을 반영한다.

4. 생산가능곡선(PPC; Production Possibility Curve)

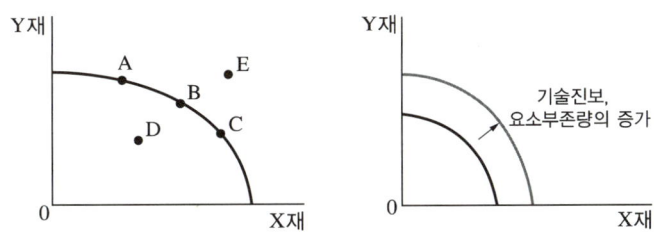

(1) 생산가능곡선의 개념
① 생산가능곡선이란 경제 내의 모든 생산요소를 가장 효율적으로 사용하여 최대로 생산할 수 있는 X재와 Y재의 조합을 나타내는 곡선을 말한다.
② 생산요소의 양이 주어져 있는 상태에서 X재와 Y재만을 생산한다고 가정하는 경우, X재의 생산량을 증가시키기 위해서는 Y재의 생산량을 감소시켜야 하므로 생산가능곡선은 우하향한다.
③ 기회비용체증 법칙으로 인해 생산가능곡선은 원점에 대하여 오목한 형태이다.

(2) 생산가능곡선의 이해 및 해석
① 생산가능곡선상에 위치한 점 A ~ C는 가장 효율적인 생산을 달성한 점이다.
② 생산가능곡선 내부에 위치한 점 D는 현재 보유하고 있는 생산요소를 효과적으로 사용하지 못하여 생산이 비효율적으로 이루어지는 점이다. 즉, 이 상황에서는 실업률이 올라가거나 공장의 가동률이 떨어진다.
③ 생산가능곡선 외부에 위치한 점 E는 현재의 기술수준과 주어진 생산요소로는 달성할 수 없는 생산조합을 나타낸다.

(3) 생산가능곡선의 이동
① 생산요소 부존량이 일정하더라도 기술진보가 이루어지면 생산 가능한 재화의 수량이 증가하므로 생산가능곡선은 바깥쪽으로 이동한다.
② 새로운 천연자원의 발견, 새로운 인구 유입 등으로 자원의 양이 증가하는 경우에도 생산능력이 확대되기 때문에 생산가능곡선은 바깥쪽으로 이동한다.

5. 경제체제와 자원배분

(1) 경제체제의 개념
① 경제체제란 인간의 경제생활을 영위하기 위해 각 구성원의 경제활동을 조정하여 경제문제를 해결하는 일련의 제도를 말한다.
② 오늘날 세계 각국의 경제체제는 운용방식에 따라 시장경제체제와 계획경제체제로 분류할 수 있으며, 소유 형태에 따라 자본주의체제와 사회주의체제로 구분할 수 있다.

(2) 경제체제의 분류
시장경제체제, 계획경제체제, 혼합경제체제

(3) 주요 3대 경제 문제(P. A. Samuelson)
① 어떤 재화를 얼마만큼 생산할 것인가? (생산물의 종류와 수량)
② 어떻게 생산할 것인가? (생산방법)
③ 누구를 위하여 생산할 것인가? (소득분배)

02 경제이론

1. 경제변수의 구분

(1) 외생변수와 내생변수
① **외생변수** : 연립방정식으로 표시되는 경제모델에서 사용되는 변수 중에서 그 값이 모형 외부에서 결정되는 변수로 정책변수(통화량, 정부지출 등), 자연적으로 주어진 변수(기후조건, 강수량 등) 등이 이에 해당된다.
② **내생변수** : 연립방정식으로 표시되는 경제모델에서 사용되는 변수 중에서 그 값이 모형 내부에서 결정되는 변수로 가격·임금·이자율·국민소득·소비·투자 등의 경제변수인 경우가 많다.

(2) 유량변수와 저량변수
① **유량변수** : '일정기간'을 명시해야 측정할 수 있는 변수로 국내총생산(GDP), 국제수지, 수출, 수입, 소비, 투자, 수요, 공급 등이 포함된다.
② **저량변수** : '일정시점'에서 측정할 수 있는 변수로 통화량, 노동량, 자본량, 국부, 외채, 외환보유고 등이 포함된다.

2. 인과의 오류와 구성의 오류

(1) 인과의 오류
인과의 오류란 어떤 현상의 선후관계와 인과관계를 혼동하여 서로 무관한 사실을 관련짓는 오류를 의미한다.

(2) 구성의 오류

구성의 오류란 어떤 원리가 부분에서는 성립하지만 이를 전체로 확장하면 성립하지 않는 경우의 오류를 의미한다.

3. 실증경제학과 규범경제학

(1) 실증경제학

경제현상을 객관적으로 분석하고 경제변수들 간의 인과관계를 발견하여 경제현상의 변화를 예측하는 일련의 지식체계, 가치판단이 개입되지 않으며 객관적인 인과관계만을 분석한다.

(2) 규범경제학

가치판단에 의하여 어떤 경제 상태가 바람직하고 어떤 경제 상태가 바람직하지 못한가를 평가하고 그 개선방안을 연구하는 분야, 현실의 경제 상태를 개선하기 위해서 어떤 경제 정책을 실시하는 것이 바람직한 것인지에 대한 내용이 포함된다.

4. 상관관계와 인과관계

(1) 상관관계

상관관계란 두 변수 사이의 관계를 살펴볼 때 한 변수가 변화함에 따라 다른 변수도 변화하는 관계를 말한다.

(2) 인과관계

인과관계란 두 변수 사이의 관계를 살펴볼 때 한 변수의 변화가 다른 변수의 변화 원인이 되는 경향을 말한다.

5. 부분균형분석과 일반균형분석

(1) 부분균형분석

다른 조건은 모두 일정하다는 가정하에 특정부분만을 떼어내서 분석, 경제부문 간의 상호의존관계를 고려하지 않기 때문에 잘못된 결론에 도달할 수 있다.

(2) 일반균형분석

각 시장 간의 연관관계를 고려하여 분석하는 방법으로 특정시장에서 발생한 불균형이 다른 부문에 미치는 파급효과를 분석, 보다 엄밀한 분석결과의 도출이 가능하나 일반균형분석은 상대적으로 분석이 복잡하다는 단점을 지닌다.

CHAPTER 02 | 수요와 공급

01 수요·공급의 이론

1. 수요이론

(1) 의의

수요란 일정 기간 동안 주어진 가격하에서 수요자들이 구입하려고 의도하는 재화 또는 서비스의 총량을 의미한다.

(2) 수요함수와 수요의 법칙

① 수요함수

$D_n = f(P_n : P_1 \cdots P_{n-1}, Y, T, N, M)$

(P_n : n재의 가격, $P_1 \cdots P_{n-1}$: 타재화의 가격, Y : 소득수준, T : 선호도, N : 인구, M : 소득)

② 수요의 법칙
  ㉠ Giffen재 : 가격이 하락하는 경우 대체효과의 크기보다 소득효과의 크기가 커서 수요량이 감소하는 재화로 열등재의 일종이다.
  ㉡ Veblen's Effect : 귀금속이나 화장품 등의 경우 가격이 상승할 때 오히려 수요량이 증가하는데, 이는 다른 사람들에게 과시하고 싶은 욕구 때문이다.

(3) 수요량의 변화와 수요의 변화

① 수요량의 변화 : 당해 재화의 가격변화로 인한 수요곡선상의 이동을 의미한다.
② 수요의 변화 : 당해 재화가격 이외의 다른 요인의 변화로 수요곡선 자체가 이동하는 경우를 말한다.

(4) 수요의 변화 요인

① 타재화의 가격변화 : 대체재(커피와 홍차의 관계), 보완재
② 소비자 소득수준의 변화 : 우등재(상급재·정상재·보통재), 열등재(하급재)
③ 소득의 분포
④ 물가상승에 대한 기대(E)

2. 공급이론

(1) 의의
공급이란 일정 기간 동안 주어진 가격으로 생산자들이 판매하고자 의도하는 재화 또는 서비스의 총량을 의미한다.

(2) 공급함수
$S_n = f(P_n : P_1 \cdots P_{n-1}, F_1 \cdots F_m)$

(P_n : n재의 가격, $P_1 \cdots P_{n-1}$: 타재화의 가격, $F_1 \cdots F_m$: 생산요소의 가격)

(3) 공급량의 변화와 공급의 변화
① 공급량의 변화 : 당해 재화의 가격 변화로 인한 공급곡선상의 이동을 의미한다.
② 공급의 변화 : 당해 재화가격 이외의 다른 요인의 변화로 공급곡선 자체가 이동하는 것을 말한다.

(4) 공급의 변화 요인
① 타재화의 가격변화
② 생산요소의 가격변화
③ 기술의 변화

3. 시장균형

(1) 시장균형가격

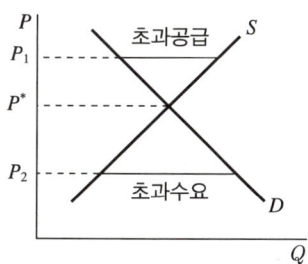

가격이 P_1인 경우 시장에는 기업이 팔고자 하는 상품 중 일부가 팔리지 않는 초과공급(Excess Supply) 상태가 나타난다. 초과공급의 존재는 가격을 P_1 밑으로 떨어뜨리며 가격이 P_2인 경우 시장에는 초과수요(Excess Demand)가 발생하여 가격이 상승하게 된다. 시장균형 가격인 P*에서는 초과공급이나 초과수요가 생기지 않으며, 이 가격은 다른 교란요인이 없는 한 계속 유지될 수 있다.

(2) 시장균형의 변화
① 시장균형가격의 변화 : 수요가 증가하거나 공급이 감소하는 경우 시장가격은 상승하며 수요가 감소하거나 공급이 증가하는 경우 시장가격은 하락한다.
② 시장균형거래량의 변화 : 수요가 증가하거나 공급이 증가하는 경우 시장균형거래량은 증가하며 수요가 감소하거나 공급이 감소하는 경우 시장균형거래량은 감소한다.

02 탄력성

1. 수요의 탄력성

(1) 의의

수요의 탄력성은 각 독립변수의 변화에 대해 수요량이 얼마나 민감하게 반응하는지를 하나의 숫자로 나타내 준다. 일반적으로 말해 'A의 B 탄력성(B Elasticity of A)'이라고 하는 것은 B라는 독립변수의 변화에 대해 종속변수 A가 얼마나 민감하게 반응하는가를 나타내는 특정한 탄력성을 뜻한다.

(2) 수요의 가격탄력성

① 의의 : 수요의 가격탄력성(Price Elasticity of Demand)은 상품가격의 변화율에 대한 수요량 변화율의 상대적 크기로 측정된다.

② 가격탄력성의 도출

$$\varepsilon_P = -\frac{(수요량의\ 변화율)}{(가격의\ 변화율)} = -\frac{\frac{\Delta Q_D}{Q_D}}{\frac{\Delta P}{P}} = -\frac{\Delta Q_D}{\Delta P} \cdot \frac{P}{Q_D}$$

③ 수요곡선이 직선인 경우

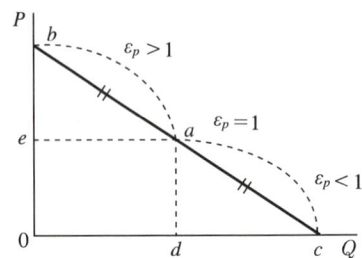

$\frac{dQ_D}{dP}$ (기울기의 역수) $= \frac{\overline{dc}}{\overline{ad}}$, $P = \overline{ad}$, $Q_D = \overline{Od}$

$\varepsilon_P = \frac{dQ_D}{dP} \cdot \frac{P}{Q} = \frac{\overline{dc}}{\overline{Od}} = \frac{\overline{eO}}{\overline{be}} = \frac{\overline{ac}}{\overline{ba}}$

④ 예외적인 경우

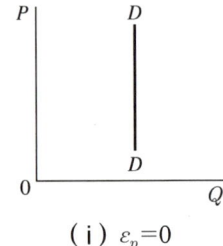

(i) $\varepsilon_p = 0$

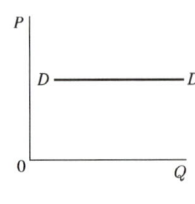

(ii) $\varepsilon_p = \infty$

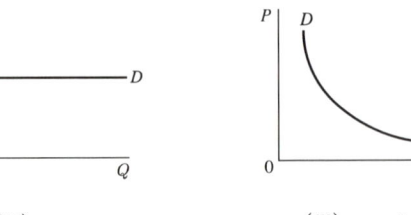

(iii) $\varepsilon_p = 1$

(3) 가격탄력성과 판매수입

구분	$\varepsilon_p>1$(탄력적)	$\varepsilon_p=1$(단위탄력적)	$0<\varepsilon_p<1$(비탄력적)	$\varepsilon_p=0$(완전 비탄력적)
가격 상승	판매 수입 감소	판매 수입 변동 없음	판매 수입 증가	판매 수입 증가
가격 하락	판매 수입 증가	판매 수입 변동 없음	판매 수입 감소	판매 수입 감소

(4) 가격탄력성의 결정요인

① 재화의 성격
  ㉠ 사치재 : $\varepsilon_p>1$
  ㉡ 필수재 : $0<\varepsilon_p<1$
② 대체재의 존재 여부
③ 전체 지출에서 차지하는 비중

(5) 기타의 수요탄력성

① 소득탄력성 : 수요의 소득탄력성(Income Elasticity of Demand)은 소득수준에 생긴 작은 변화에 대해 수요가 얼마나 민감하게 반응하는가를 나타내고 있다.

$$\varepsilon_M = \frac{[수요(량)의\ 변화율]}{(소득의\ 변화율)} = \frac{\triangle Q/Q}{\triangle M/M}$$

② 소득탄력성에 따른 재화의 분류
  ㉠ 다른 모든 조건이 동일할 때, 소득의 증가가 그 상품에 대한 수요를 증가시키면 그 상품을 정상재(Normal Goods)라 하고, 수요를 감소시키면 열등재(Inferior Goods)라고 한다.
    → 정상재 : $\varepsilon_M>0$, 열등재 : $\varepsilon_M<0$
  ㉡ 정상재는 수요증가율이 소득증가율보다 더 큰가의 여부에 따라 사치재(Luxuries)와 필수재(Necessities)로 구분할 수 있다. → 필수재 : $0<\varepsilon_M<1$, 사치재 : $\varepsilon_M>1$

③ 교차탄력성
  ㉠ 교차탄력성(Cross Elasticity of Demand)은 한 상품의 가격에 생긴 변화에 대해 다른 상품의 수요가 얼마나 민감하게 반응하는가를 나타낸다.

$$\varepsilon_{xy} = \frac{[Y재\ 수요(량)의\ 변화율]}{(X재\ 가격의\ 변화율)} = \frac{\triangle Q_Y/Q_Y}{\triangle P_X/P_X}$$

  ㉡ 대체재의 관계에 있는 재화 간의 교차탄력성은 0보다 크며, 보완재의 관계에 있는 재화 간의 교차탄력성은 0보다 작다.

2. 공급의 가격탄력성

(1) 의의
공급의 가격탄력성은 재화 가격의 변화에 대한 공급의 변화정도를 나타낸다.

(2) 가격탄력성의 도출

$$\varepsilon_S = \frac{(공급량의\ 변화율)}{(가격의\ 변화율)} = \frac{\frac{\triangle Q_S}{Q_S}}{\frac{\triangle P}{P}} = \frac{\triangle Q_S}{\triangle P} \cdot \frac{P}{Q_S}$$

(3) 공급곡선의 가격탄력성
공급곡선의 절편이 P축에 존재하는 경우 가격탄력성은 1보다 크며, 공급곡선의 절편이 Q축에 존재하는 경우에는 1보다 작다. 만약 공급곡선이 원점을 지나는 직선인 경우 공급의 가격탄력성은 1이다.

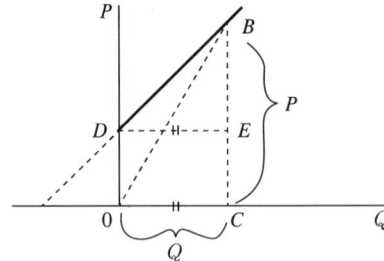

$$\varepsilon_S = \frac{\triangle Q_S}{\triangle P} \cdot \frac{P}{Q_S} = \frac{\overline{OC}}{\overline{BE}} \cdot \frac{\overline{BC}}{\overline{OC}} = \frac{\overline{BC}}{\overline{BE}} > 1$$

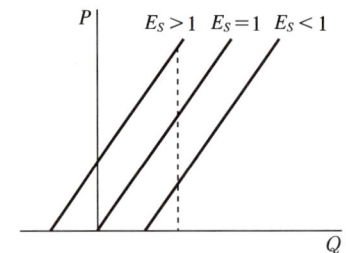

(4) 공급의 가격탄력성 결정요인
생산량 증가에 따른 한계비용 상승이 완만할수록, 기술수준의 향상이 빠를수록, 유휴설비가 많을수록, 측정기간이 길어질수록 공급의 가격탄력성은 커진다.

03 수요·공급이론의 응용

1. 가격규제의 종류

(1) 최고가격제도

최고가격제도는 소비자를 보호할 목적으로 시장균형가격보다 낮은 가격을 최고가격으로 설정하여 그 이상으로 가격이 올라가지 못하게 하는 제도를 말한다.

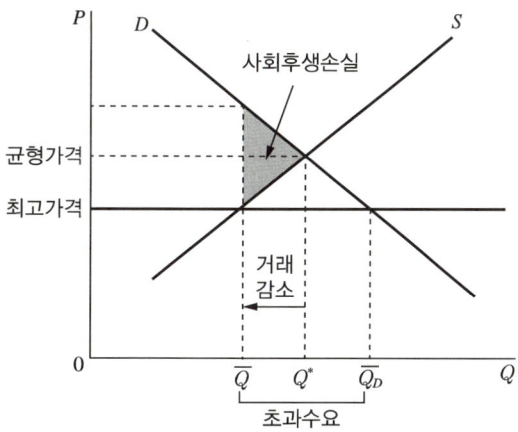

최고가격제도를 실시하는 경우 시장에는 초과수요가 발생하여 비시장적 자원배분이 발생하고 암시장이 형성될 가능성이 있으며 인위적인 가격규제에 의한 비효율이 발생한다.

(2) 최저가격제도

최저가격제도는 공급자 보호를 위해 시장균형가격보다 높은 가격수준에 최저가격을 설정하여 가격이 그 이하로 내려가지 못하게 하는 제도를 말한다.

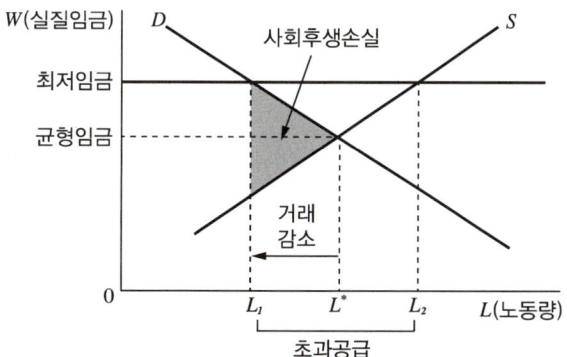

미숙련 노동시장에서 최저임금제가 실시되면 시장 내의 초과공급 발생으로 비자발적 실업($L_1 L_2$)이 발생하며 인위적인 가격규제에 의해 사회적 비효율이 발생하게 된다.

2. 물품세 부과의 경제적 효과

(1) 물품세 부과와 자원배분

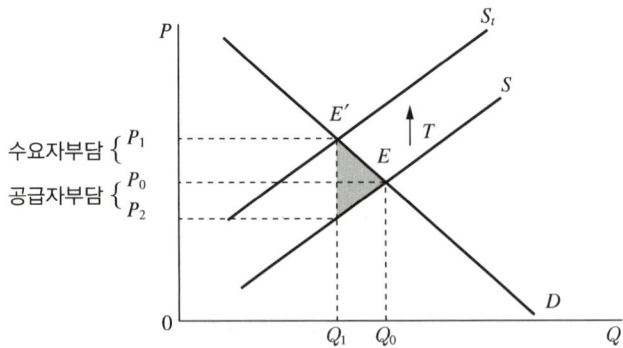

물품세 부과에 따라 소비자가격은 상승하며($P_0 \rightarrow P_1$), 공급자가 인식하는 가격수준은 하락한다($P_0 \rightarrow P_2$). 소비자가격의 상승분($\overline{P_1P_0}$)이 소비자부담에 해당하며, 공급자가 인식하는 가격수준의 하락폭($\overline{P_0P_2}$)이 공급자부담에 해당한다. 물품세 부과로 인하여 사회적으로 비효율이 발생하고 시장균형거래량은 감소한다.

(2) 물품세의 귀착

$$\frac{(수요의\ 가격탄력성)}{(공급의\ 가격탄력성)} = \frac{(공급자부담)}{(소비자부담)}$$

수요는 비탄력적일수록, 공급은 탄력적일수록 물품세는 소비자에게 많이 전가되며 수요와 공급이 비탄력적일수록 물품세 부과로 인한 정부의 조세수입액은 크다.

CHAPTER 03 소비자이론

01 한계효용이론

1. 총효용과 한계효용

효용 \ 재화	1	2	3	4	5
총효용	10	16	20	22	20
한계효용	10	6	4	2	−2

2. 한계효용체감의 법칙

한계효용체감의 법칙은 재화의 소비량이 증가함에 따라서 추가적인 소비로부터 얻게 되는 한계효용은 점점 감소한다는 것이다. 이는 한계효용곡선이 우하향함을 의미한다.

3. 총효용과 한계효용과의 관계

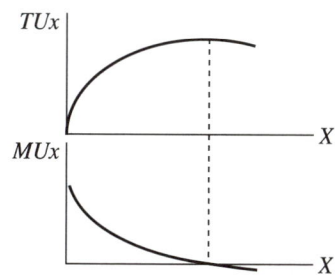

① 재화 n번째 단위의 총효용은 n번째 단위까지의 한계효용을 누계한 것과 같다.
② 총효용곡선상의 한 점에서의 기울기는 그 점에서의 한계효용이다.
③ 총효용 극대점에 이를 때까지 총효용은 증가하나 한계효용은 감소한다.
④ 총효용이 극대(극대점)일 때 한계효용은 0이 된다.
⑤ 총효용이 감소할 때 한계효용은 (−)의 값을 갖는다.

4. 한계효용균등의 법칙

$$\frac{MU_X}{P_X} = \frac{MU_Y}{P_Y}$$

02 무차별곡선이론

1. 효용함수와 무차별곡선

(1) 효용함수

효용함수란 일정한 공리를 만족하는 소비자의 선호서열을 수치로 나타내는 함수를 말한다. 무차별곡선이론에서는 한계효용이론에서와 달리 서수적 효용을 전제로 한다. 한계효용이론에서는 효용수준을 절대적으로 측정가능하다는 기수적 효용을 전제로 하였으나 이러한 가정의 비현실성에 기인하여 무차별곡선은 서수적 효용을 전제로 하게 되었다.

(2) 무차별곡선

① 의의

무차별곡선(Indifference Curve)이란 동일한 수준의 효용을 가져다주는 모든 상품묶음을 연결한 궤적을 말한다.

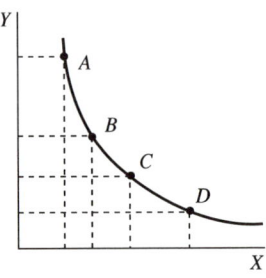

② 무차별곡선의 성질

X와 Y가 모두 재화일 때, 무차별곡선은 우하향하며, 원점에서 멀어질수록 높은 효용을 나타내고, 서로 교차하지 않고, 원점에 대해 볼록한 형태를 갖는다.

③ 무차별곡선의 형태

㉠ 일반적 재화(콥 – 더글러스 효용함수) : $U(L, K) = AX^\alpha Y^\beta$ (단, $\alpha > 0$, $\beta > 0$, $\alpha + \beta = 1$)
㉡ 완전보완재(레온티에프 효용함수) : $U(X, Y) = Min(aX, bY)$ (단, $a > 0$, $b > 0$)

ⓒ 완전대체재(선형 효용함수) : U(X, Y)＝aX＋bY(단, a＞0, b＞0)

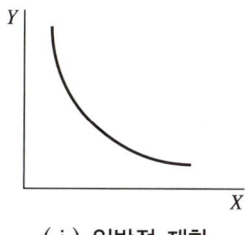
(ⅰ) 일반적 재화

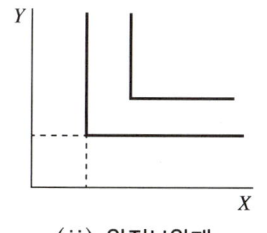
(ⅱ) 완전보완재

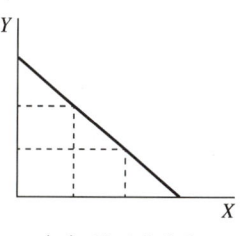
(ⅲ) 완전대체제

(3) 한계대체율(MRS$_{XY}$; Marginal Rate of Substitution of X for Y)

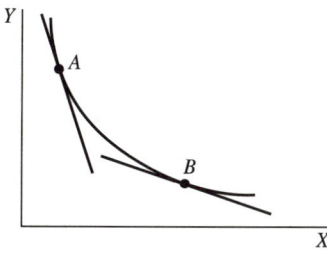

$$MRS_{XY} = -\frac{\Delta Y}{\Delta X} = \frac{MU_X}{MU_Y}$$

무차별곡선의 형태가 일반적인 경우 한계대체율은 체감한다(한계대체율체감의 법칙 : $MRS_{XY}^{A} > MRS_{XY}^{B}$).

2. 예산선(Price Line or Budget Line)

(1) 예산선

   M＝P$_X$・X ＋P$_Y$・Y

(2) 예산선의 이동

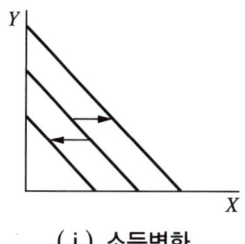
(ⅰ) 소득변화

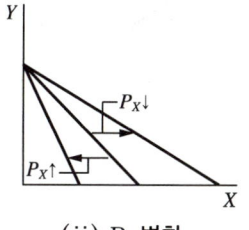
(ⅱ) P$_X$변화

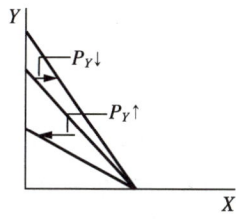
(ⅲ) P$_Y$변화

03 소비자 균형

1. 소비자 균형

소비자 균형이란 주어진 예산제약하에서 소비자 효용을 극대화하고 있는 상태를 말한다.

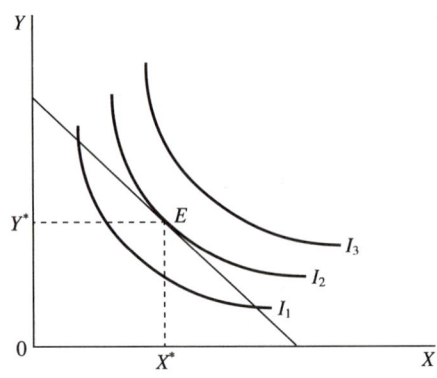

① 무차별곡선과 가격선이 접하는 점(E)

② [무차별곡선의 기울기의 절대치(MRS$_{XY}$)] = $\left[\text{가격선의 기울기의 절대치} \left(\dfrac{P_X}{P_Y} \right) \right]$

③ $\dfrac{MU_X}{MU_Y} = \dfrac{P_X}{P_Y} \left(\dfrac{MU_X}{P_X} = \dfrac{MU_Y}{P_Y} \right)$ 일 때 성립

2. 소비자 균형의 변화

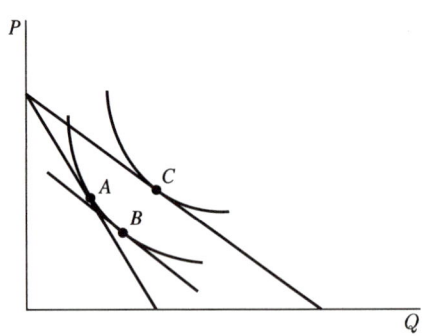

① 가격효과(A → C)
② 대체효과(A → B)
③ 소득효과(B → C)

구분	대체효과	보상수요곡선의 기울기	소득효과	가격효과	(마샬)수요곡선의 기울기
정상재	−	우하향	−	−	우하향
열등재	−	우하향	+	0, −, +	알 수 없음
기펜재	−	우하향	+	+	우상향

※ 가격변화 방향과 구입량변화 방향이 동일한 경우 (+), 반대일 경우 (−)로 표시한다.

3. 가격소비곡선(Price Consumption Curve)

(1) 가격소비곡선

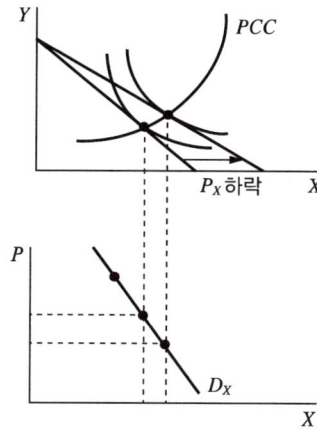

(2) 수요의 가격탄력성과 가격소비곡선

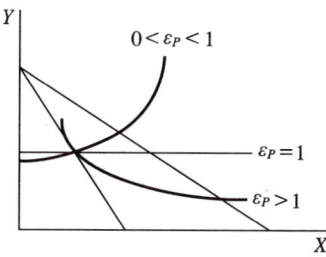

가격탄력성	가격소비곡선
$0<\varepsilon_P<1$	우상향
$\varepsilon_P=1$	수평선
$\varepsilon_P>1$	우하향

4. 소득소비곡선(Income Consumption Curve)

(1) 소득소비곡선

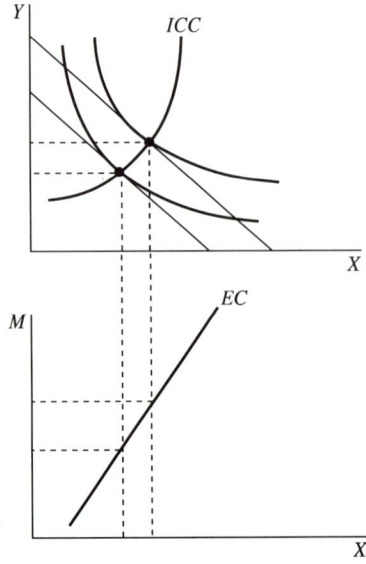

(2) 소득탄력성과 소득소비곡선

재화의 종류		소득탄력성	소득소비곡선	엥겔곡선
정상재	사치재	$\varepsilon_M > 1$	• 아래로 오목 / 우상향	• 아래로 오목 / 우상향
	–	$\varepsilon_M = 1$	• 원점을 통과하는 직선	• 원점을 통과하는 직선
	필수재	$0 < \varepsilon_M < 1$	• 아래로 볼록 / 우상향	• 아래로 볼록 / 우상향
중립재		$\varepsilon_M = 0$	• 수직선	• 수직선
열등재		$\varepsilon_M < 0$	• X재가 열등재인 경우 좌상향 • Y재가 열등재인 경우 우하향	• 좌상향

04 소비자 이론의 확장

1. 현시선호이론

(1) 의의

P. A. Samuelson이 제시하고 H. R. Hicks에 의해 발전된 이론으로 한계효용이론에서의 효용의 기수적 가측성도 무차별곡선이론에서의 효용의 서수적 가측성을 나타내는 무차별곡선도 전제하지 않고 실제로 시장에서 나타난 소비자의 행동을 바탕으로 하여 소비자의 최적화를 분석하는 이론이다. 이 이론은 소비자가 일관적이고 합리적으로 행위한다고 전제하여 전개된다.

(2) 약공리와 강공리

① 약공리(제1공준, 일관성의 공준)
소비자가 A상품배합과 B상품배합 모두 선택 가능할 때 A를 선호한다면 A가 직접현시선호되었다고 말한다. 약공리란 A상품배합이 B상품배합에 대하여 직접현시선호되면 B는 A보다 직접현시선호될 수 없다는 것을 의미한다.

② 강공리(제2공준, 추이성의 공준)
소비자가 A, B라는 상품배합 중 A를 선택하고, B, C라는 상품배합 중 B를 선택한다면 A는 C에 대하여 간접현시선호되었다고 말한다. 강공리란 상품배합 A가 상품배합 C보다 간접현시선호되면 C가 A보다 간접현시선호될 수 없다는 것을 의미한다.

③ 약공리와 강공리의 관계
강공리가 성립된 경우 약공리는 이미 성립되어 있는 것으로, 강공리가 성립되면 약공리가 성립하나, 약공리가 성립한다고 하여 곧바로 강공리가 성립되는 것은 아니다.

2. 지수

(1) 의의

지수(Index)는 상품의 수량이나 가격에 생긴 평균적인 변화를 하나의 수치로 표현하는 것을 가능하게 하기 위해 고안된 개념이다.

(2) 수량지수

① 라스파이레스 수량지수(Laspeyres Quantity Index)

$$L_Q = \frac{P_{X_0}X_1 + P_{Y_0}Y_1}{P_{X_0}X_0 + P_{Y_0}Y_0} = \frac{P_0 \cdot Q_1}{P_0 \cdot Q_0}$$

② 파셰 수량지수(Paasche Quantity Index)

$$P_Q = \frac{P_{X_1}X_1 + P_{Y_1}Y_1}{P_{X_1}X_0 + P_{Y_1}Y_0} = \frac{P_1 \cdot Q_1}{P_1 \cdot Q_0}$$

③ 수량지수에 의한 후생평가
  ㉠ 만약 $L_Q \leq 1$이면 비교연도의 생활수준은 기준연도에 비해 명백하게 악화되었다고 평가할 수 있다.
  ㉡ 만약 $P_Q \geq 1$이면 비교연도의 생활수준은 기준연도에 비해 명백하게 개선되었다고 평가할 수 있다.

(3) 가격지수

① 라스파이레스 가격지수(Laspeyres Price Index)

$$L_P = \frac{P_{X_1}X_0 + P_{Y_1}Y_0}{P_{X_0}X_0 + P_{Y_0}Y_0} = \frac{P_1 \cdot Q_0}{P_0 \cdot Q_0}$$

② 파셰 가격지수(Paasche Price Index)

$$P_P = \frac{P_{X_1}X_1 + P_{Y_1}Y_1}{P_{X_0}X_1 + P_{Y_0}Y_1} = \frac{P_1 \cdot Q_1}{P_0 \cdot Q_1}$$

③ 후생평가 시 유의사항

라스파이레스지수는 현재 후생을 과대평가하는 경향이 있고, 파셰지수는 현재후생을 과소평가하는 경향이 있다.

④ 명목소득지수

$$N = \frac{M_1}{M_0} = \frac{P_{X_1}X_1 + P_{Y_1}Y_1}{P_{X_0}X_0 + P_{Y_0}Y_0} = \frac{P_1 \cdot Q_1}{P_0 \cdot Q_0}$$

3. 소비자잉여와 생산자잉여

(1) 소비자잉여(A. Marshall)

소비자가 재화의 일정량 구입에 대하여 지불할 용의가 있는 금액과 실제로 지불한 금액과의 차액으로, 이는 균형가격을 상회하는 수요곡선 내의 면적으로 표시할 수 있다.

(2) 생산자잉여

생산자가 재화의 일정량 판매로 인하여 실제로 받은 금액에서 판매할 용의가 있었던 금액을 차감한 것으로 공급곡선과 시장균형가격 사이의 면적으로 표시할 수 있다.

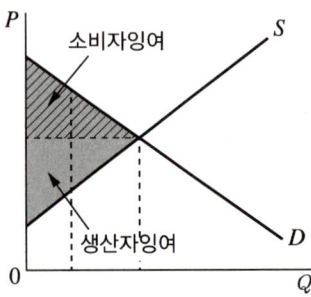

4. 보상변화와 동등변화

(1) 보상변화(Compensated Variation)

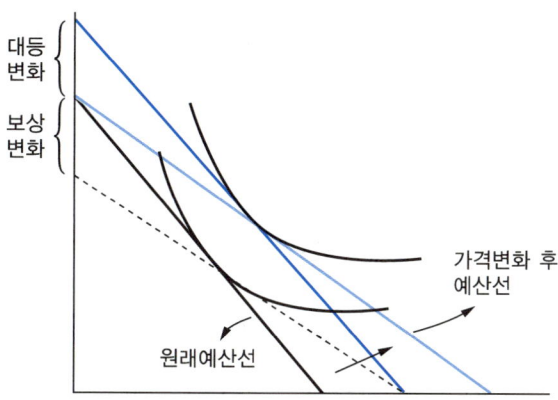

보상변화란 가격변화 후에도 가격변화 전의 효용수준을 달성하기 위해 보상해야 할 소득의 크기이므로 보상의 크기는 가격변동 후의 대체효과를 나타내는 예산선과 가격변동 후의 가격효과를 나타내는 예산선의 차이만큼이다.

(2) 동등변화(Equivalent Variation) 또는 대등변화

동등변화란 가격변화에 의한 효용의 변화를 소득으로 측정한 크기이다. 동등변화의 크기를 알기 위해서는 가격변화 이전의 소득수준을 가격변화 이후의 효용이 되도록 소득을 변화시켜 두 소득 사이의 차이를 계산하면 된다.

5. 사회복지제도

(1) 소득(현금)보조와 현물보조

현금보조를 하는 경우 소비자의 소득이 증가한 것과 동일한 효과가 발생한다. 현물보조를 하는 경우 현물로 지급된 재화의 소비가능영역이 증가하나 다른 재화와 교환이 불가능하기에 예산선이 굴절된 형태로 나타난다(예산선 : ABD). 현금보조와 현물보조의 상대적 유효성은 일단 현금보조가 더 효과적이다. 현물보조되지 않은 재화에 대해 편향적 선호를 가지고 있지 않은 소비자에게는 현금보조와 현물보조가 무차별하지만($U_{소득}$ = 현물보조) Y재에 대해 편향적 선호를 가지고 있는 소비자(Y재를 A 이상 소비하는 소비자)에게는 현금보조가 더 우월하다.

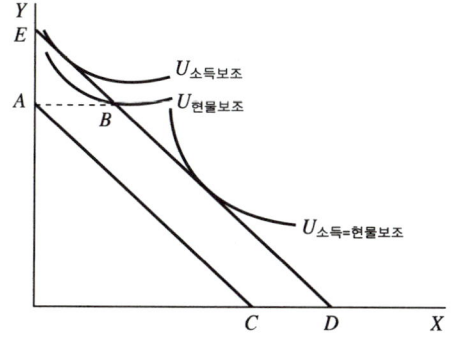

(2) 현금보조와 가격보조

현금보조는 소득증가와 동일한 효과가 있으며, 가격보조는 보조된 재화의 가격이 하락하는 것과 동일한 효과가 있다. 즉, 현금보조는 예산선의 기울기(상대가격비율)를 일정하게 유지하면서 보조를 해주는 효과를 갖는 데 비해 가격보조의 경우에는 상대가격비율을 변화시킨다. 가격보조가 주어질 때 소비자의 선택행위는 상대가격구조의 변화에 의해 교란되며, 이로 인해 효율성의 상실이 초래되는 결과가 나타나 현금보조가 더 우월하다.

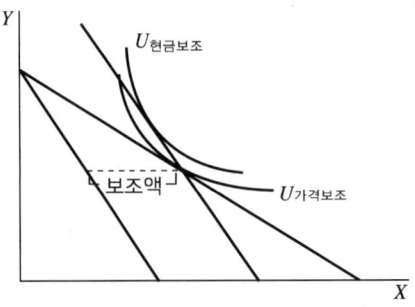

CHAPTER 04 생산자이론

01 생산이론

1. 생산기간

(1) 단기(Short-run Period)

생산요소 중 최소한 한 개 이상의 고정요소가 있는 상태를 말한다. 변화가 가능한 생산요소를 가변요소(Variable Factor)라 하고, 변화가 불가능한 생산요소를 고정요소(Fixed Factor)라 한다. 일반적으로 노동을 가변요소, 자본을 고정요소로 본다.

(2) 장기(Long-run Period)

모든 생산요소를 변화시킬 수 있는 상태를 말한다. 모든 생산요소가 가변요소로 이용된다. 따라서 노동과 자본 모두 가변요소이다.

2. 단기생산함수

$Q=f(L, K)=f(L)$

(1) 의의 : 단기생산함수는 고정요소인 자본이 K로 고정된 상태에서 노동량만 변화가 가능할 때, 투입 노동량에 따른 생산량을 의미한다.

(2) 총생산물과 평균생산물, 한계생산물의 관계

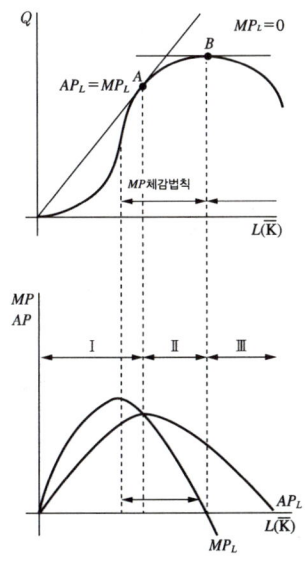

① 생산의 3단계

구분	제1단계(Ⅰ)	제2단계(Ⅱ)	제3단계(Ⅲ)
특징	원점에서 AP_L 최대점까지 : 비경제적인 영역	AP_L 최대점에서 $MP_L=0$까지 : 경제적인 영역	MP_L 이 음인 영역 : 비경제적인 영역

② 노동의 평균생산성 : $AP_L = \dfrac{Q}{L}$

③ 노동의 한계생산성 : $MP_L = \dfrac{\triangle Q}{\triangle L}$

④ 한계생산곡선과 평균생산곡선의 특징

평균생산물이 증가하는 영역	평균생산물이 감소하는 영역	평균생산물이 극대인 점
$MP_L > AP_L$	$MP_L < AP_L$	$MP_L = AP_L$

㉠ 평균생산물은 총생산곡선의 변곡점에서 가장 큰 값을 갖는다. 즉, 노동이 증가할수록 점점 커지다가 변곡점에서 극대값을 갖고 변곡점 이후에서는 점점 작아진다.
㉡ 원점에서 그은 직선이 총생산곡선과 접하는 점에서 한계생산곡선은 평균생산곡선과 만난다.
㉢ 한계생산과 평균생산이 일치하는 점 이전에는 한계생산이 평균생산보다 크고, 이후에는 평균생산이 한계생산보다 크다.

3. 장기생산함수

Q=f(L, K)

(1) 등량곡선

① 의의 : 등량곡선이란 동일한 양의 산출량을 생산하는 데 필요한 두 생산요소의 여러 조합을 연결한 곡선이다.
② 등량곡선의 특징
㉠ 우하향한다.
㉡ 원점에 대해 볼록하다. 즉, $MRTS_{LK}$(한계기술대체율)가 체감한다.
㉢ 동일한 생산기술의 두 등량곡선은 교차하지 않는다.
㉣ 노동 – 자본 평면의 모든 점들은 그 점을 지나는 하나의 등량곡선을 갖는다.
㉤ 원점에서 멀수록 더 높은 산출량을 의미한다.

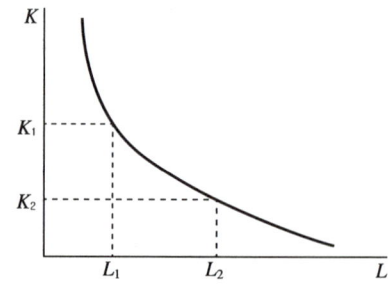

③ 한계기술대체율(MRTS$_{LK}$; Marginal Rate of Technical Substitution)
　㉠ 의의 : 한계기술대체율(MRTS$_{LK}$)이란 노동을 △L만큼 증가(감소)시켰을 때, 동일한 산출량을 생산하기 위한 자본의 감소(증가)량(△K)을 의미하며 등량곡선의 접선의 기울기와 같다.

$$\text{MRTS}_{LK} = -\frac{\triangle K}{\triangle L} = \frac{MP_L}{MP_K}$$

　㉡ 한계기술대체율체감의 법칙 : 한계기술대체율체감의 법칙이란 노동 투입량을 증가시킬수록 노동 한 단위를 대체해야 하는 자본의 크기가 작아지는 것을 말한다. 한계기술대체율이 체감하는 이유는 생산기술이 강볼록성을 갖기 때문이다. 한계생산성 체감의 법칙과 한계기술대체율체감의 법칙은 관련이 없다.

(2) 등비용곡선(Iso-quantity Curve) : $wL + rK = C$

등비용곡선이란 지출액이 주어져 있을 때 주어진 가격하에서 투입할 수 있는 최대 투입요소의 조합을 의미하며 소비자의 예산선과 유사한 개념이다.

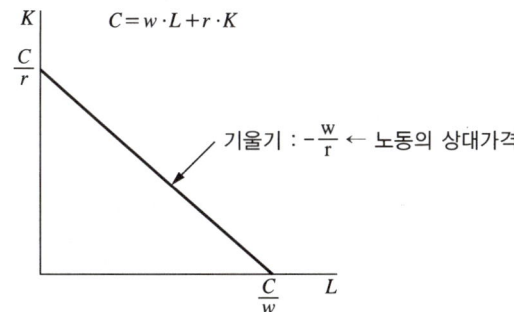

(3) 생산자균형 : 비용제약하의 생산극대 $\left(\text{MRTS}_{LK} = \dfrac{w}{r} \right)$

① 생산자균형의 도출

등량곡선의 기울기의 절대값인 MRTS$_{LK}$와 등비용곡선의 기울기의 절대값, 즉 요소상대가격이 일치하는 수준에서 노동량과 자본량을 투입할 때 생산극대가 달성된다. 생산자균형점에서 $\dfrac{MP_L}{w} = \dfrac{MP_K}{r}$의 관계가 성립한다. 이는 화폐 단위당 한계생산물이 일치할 때 생산극대가 달성됨을 의미한다. 이를 화폐 단위당 한계생산물 균등의 법칙이라고 부른다.

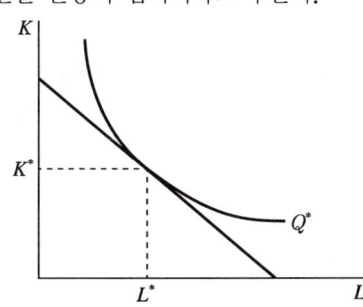

② 확장선(Expansion Path)

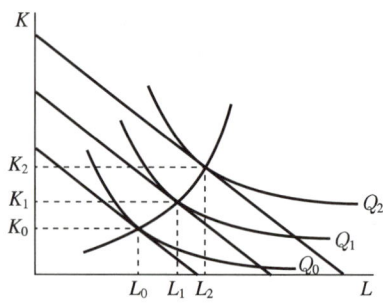

(4) 대체탄력성

① 대체탄력성의 개념

요소상대가격(한계기술대체율)의 변화율에 대한 자본과 노동의 투입비율의 변화정도를 보여주는 것이 대체탄력성이다. MRTS와 요소의 투입비율 사이의 변화율의 비율로 계산한다.

$$\sigma = \frac{\triangle\left(\frac{K}{L}\right)/\left(\frac{K}{L}\right)}{\triangle MRTS/MRTS} = \frac{\triangle\left(\frac{K}{L}\right)/\left(\frac{K}{L}\right)}{\triangle\left(\frac{w}{r}\right)/\left(\frac{w}{r}\right)}$$

② 각 생산함수의 대체탄력성

구분	Cobb – Douglas 생산함수	Leontief 생산함수	선형생산함수
대체탄력성	1	0	∞
등량곡선의 형태	직각쌍곡선	L자 형태	직선
생산함수 형태	$Q=AL^\alpha K^\beta$	$Q=\text{Min}\left(\frac{L}{\alpha}, \frac{K}{\beta}\right)$	$Q=\alpha L + \beta K$

02 비용이론

1. 비용의 개념

> - 경제적 비용[(회계비용)+(기회비용)] : 경제학에서 비용은 회계비용뿐 아니라 기회비용까지 포함한 개념이다.
> - 회계비용 : 회계비용은 기업이 경영활동과 관련하여 실제로 지출한 모든 경비를 말한다.
> - 기회비용 : 기회비용이란 어떤 경제행위 대신 다른 경제행위를 했을 때 얻을 수 있으리라 예상되는 수익, 즉 어떤 경제행위를 함으로써 포기해야 하는 수익 중 가장 가치가 큰 것을 말한다.

2. 단기생산비용

(1) **단기총비용**: 단기에는 생산요소가 고정요소와 가변요소로 구성되므로 총비용을 고정요소에 투입된 고정비용(TFC; Total Fixed Cost)과 가변요소에 투입된 가변비용(TVC; Total Variable Cost)으로 나눌 수 있다.

TC = TFC + TVC

(2) **단기평균비용(AC)**: 단기평균비용은 산출량 1단위를 생산하는 데 평균적으로 지출된 비용을 의미한다. 따라서 단기평균비용은 총비용을 산출량으로 나눠줌으로써 계산할 수 있다.

$AC = \dfrac{TC}{Q} = \dfrac{TFC}{Q} + \dfrac{TVC}{Q} = AFC + AVC$

(AFC : 평균고정비용, AVC : 평균가변비용)

① **평균비용(AC)**: 평균비용의 크기는 원점에서 총비용곡선상의 한 점에 그은 직선의 기울기와 같다. 평균비용은 평균고정비용과 평균가변비용의 합과 같다.
② **평균고정비용(AFC)**: 평균고정비용은 원점에서 고정비용곡선상의 한 점에 그은 직선의 기울기와 같다. 평균고정비용은 산출량이 증가할수록 점점 낮아진다.
③ **평균가변비용(AVC)**: 평균가변비용은 가변비용곡선의 한 점에 그은 직선의 기울기와 같다.

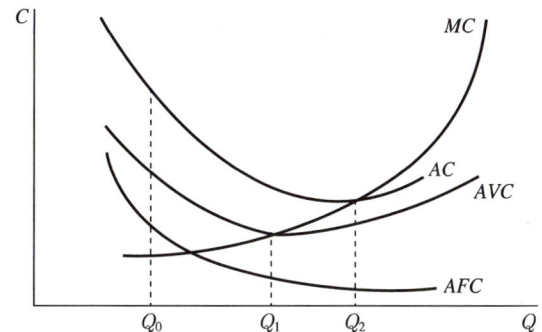

(3) **단기한계비용**

$SMC = \dfrac{\triangle TC}{\triangle Q} = \dfrac{\triangle TFC}{\triangle Q} + \dfrac{\triangle TVC}{\triangle Q}$

(4) **평균비용과 한계비용**

한계비용과 평균비용은 평균비용이 최저점인 생산량 Q_2 수준에서 동일한 값을 갖는다. 즉, 평균비용곡선과 한계비용곡선은 생산량 Q_2 수준에서 만난다. 평균비용의 최저점이 되기 전에는 한계비용보다 평균비용이 크고, 평균비용의 최저점을 지나면 한계비용이 평균비용을 능가한다. 또한, 평균가변비용과 한계비용은 평균가변비용곡선의 최저점(Q_1)에서 만난다. 평균가변비용도 평균비용에서와 마찬가지로 평균가변비용의 최저점이 되기 전에는 평균가변비용이 한계비용을 초과하고, 최저점을 지나면 한계비용이 평균비용을 능가한다.

3. 장기생산비용

(1) 장기총비용함수
LTC = TC(Q)

(2) 장기평균비용
장기평균비용은 노동과 자본을 모두 변경시킬 수 있을 때 한 단위의 산출량을 생산하는 데 지출된 비용을 의미한다.

$LAC = \dfrac{LTC}{Q}$

LAC는 각 자본규모에 따른 단기평균비용곡선상에서 비용을 최소화하는 생산량에서의 평균비용을 연결한 것이다. 따라서 장기평균비용곡선은 단기평균비용곡선의 포락선(Envelope Curve)이다.

① 장기평균비용곡선과 단기평균비용곡선

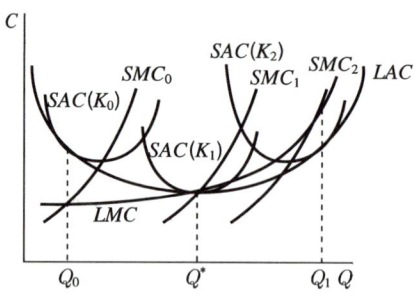

(3) 장기한계비용
장기한계비용곡선은 장기총비용곡선의 접선의 기울기를 의미한다.

(4) 규모에 대한 수익과 장기비용
① 규모에 대해 수익불변(CRS) : 투입요소를 일정 비율로 증가시킬 때 산출량은 동일한 비율로 증가한다. 따라서 비용의 측면에서 산출량증가비율과 투입요소의 비율이 일정하므로 요소가격이 불변이라면 장기평균비용도 일정하다.
  ㉠ $f(\alpha L, \alpha K) = \alpha f(L, K)$
  ㉡ 규모에 대한 수익불변의 경우 등량곡선의 간격은 일정하게 나타난다.

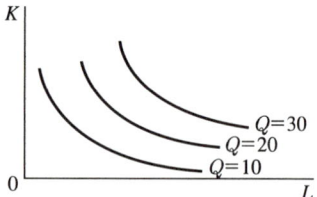

② 규모에 대한 수익증가(IRS) : 투입요소를 일정한 비율로 증가시킬 때 산출량은 더 큰 비율로 증가한다. 산출량을 일정 비율로 증가시키는 데 필요한 투입요소의 증가비율은 산출량 증가비율보다 낮다. 따라서 산출량이 증가할수록 장기평균비용이 감소한다.
  ㉠ $f(\alpha L, \alpha K) > \alpha f(L, K)$
  ㉡ 규모에 대한 수익체증의 경우 등량곡선의 간격은 점점 좁아진다.

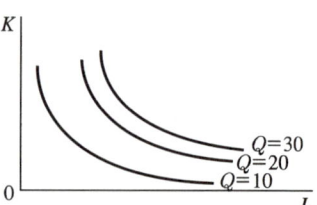

③ **규모에 대한 수익감소(DRS)** : 산출량을 일정 비율로 증가시키기 위해 필요한 투입요소는 산출량 증가비율보다 높은 비율로 증가한다. 산출량을 일정 비율로 증가시키기 위해 산출량의 증가보다 더 많은 비율의 요소를 투입해야 하므로 장기평균비용이 증가한다.

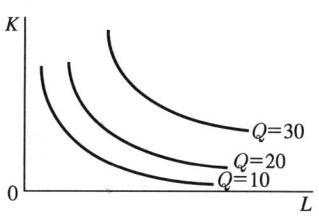

㉠ $f(\alpha L, \alpha K) < \alpha f(L, K)$
㉡ 규모에 대한 수익체감의 경우 등량곡선의 간격은 점점 넓어진다.

CHAPTER 05 시장이론

01 기업의 이윤극대화

1. 기업이윤과 기회비용

(1) 기업의 이윤

$\pi = TR - TC$

(2) 회계이윤과 기회비용

(기업의 이윤) = (총수익) − [(회계비용) + (기회비용)]
　　　　　　 = [(총수익) − (회계비용)] − (기회비용)
　　　　　　 = (회계적 이윤) − (기회비용)

2. 기업의 이윤극대화 조건

$\pi = TR(Q) - TC(Q)$
1계조건 : $MR = MC$
2계조건 : MR의 기울기 < MC의 기울기

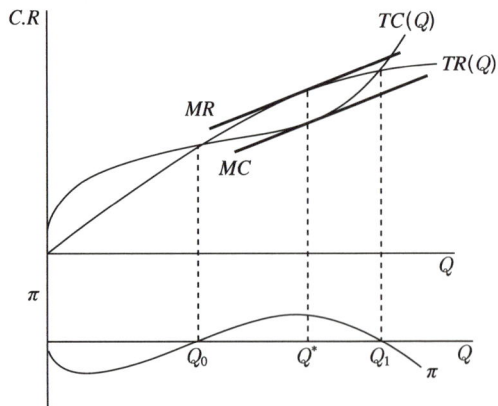

02 완전경쟁시장

1. 성립요건

(1) 다수의 생산자와 수요자(가격순응자)

(2) 동질적인 제품

(3) 재화 및 생산요소의 자유로운 이동

(4) 완전한 정보

2. 완전경쟁기업의 수요곡선

가격순응자인 완전경쟁기업은 시장에서 결정된 가격수준에서 수평인 수요곡선을 갖는다. 이는 수요가 가격에 대해 완전탄력적임을 의미한다.

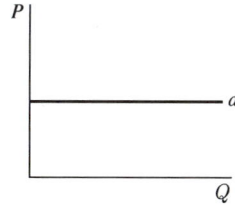
(Ⅰ) 개별기업의 수요곡선

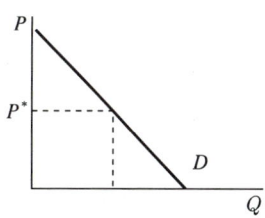
(Ⅱ) 시장에서의 수요곡선

3. 완전경쟁기업의 균형

(1) 단기 이윤극대화

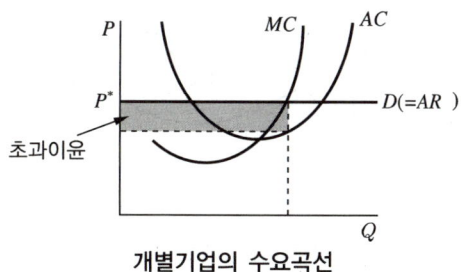
개별기업의 수요곡선

완전경쟁시장에서는 P=MR=AR의 관계가 성립한다. 따라서 이윤극대화 조건에서 P=MR=MC=AR의 관계가 성립한다. 완전경쟁시장에서 단기에 신규기업의 진입이 불가능하기에 단기에는 초과이윤이 존재할 수 있다.

(2) 단기공급곡선

시장가격이 P_1 미만에서 결정되면 기업은 평균수익(AR)이 평균비용보다 낮아 손실이 발생한다. 그러나 단기에는 P≤AC라고 해서 조업을 중단하지는 않는다. AVC≤P인 경우에는 조업을 계속하는 것이 유리하기 때문이다. 다시 말해서 고정비용이란 단기에는 조정될 수 없는 비용을 의미하므로 단기에는 조업을 중단하더라도 고정비용은 계속 지출하게 되기 때문에 고정비용만큼 손실을 입게 된다. 따라서 단기에는 평균수익(AR=P)이 평균비용보다 낮아 손실을 입더라도, 평균가변비용(AVC) 이상의 수익을 얻을 수 있다면 그 초과분(P−AVC)으로 고정비용의 일정부분이라도 충당할 수 있기 때문에 조업을 계속하게 된다. 즉, 평균가변비용(AVC)의 최저점이 조업중단점이 되는 것이다. 따라서 완전경쟁시장을 가정하고 있다는 전제하에 완전경쟁기업의 단기공급곡선은 평균가변비용곡선의 상방에 존재하는 한계비용곡선이다.

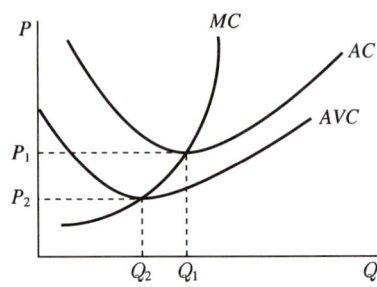

① 손익분기점(P_1, Q_1) : 정상이윤만 발생하는 평균비용의 최저점
② 조업중단점(P_2, Q_2) : 재화 1단위당 손실이 평균고정비용과 동일한 평균가변비용의 최저점

(3) 장기균형

① 장기균형의 조건 : P=AR=MR=LMC=LAC

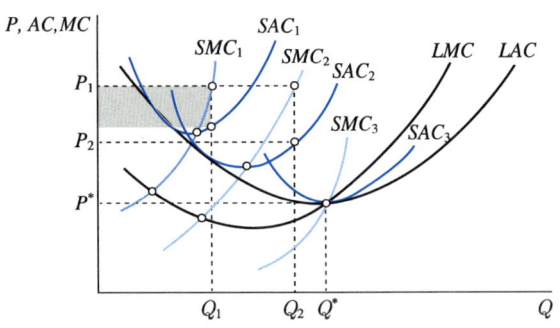

(생산량)=Q_1인 경우 단기균형가격수준(P_1)에서 기업은 초과이윤을 얻는다. 단기초과이윤의 존재는 장기 신규기업의 진입과 기존 기업의 산출량의 증가를 통해 시장공급량을 증가시켜 결국 모든 기업이 정상이윤만 획득하는 장기균형에 도달한다.

② 완전경쟁산업의 장기공급곡선
   ㉠ 비용불변산업의 경우 : 수량축에 평행
   ㉡ 비용증가산업의 경우 : 우상향
   ㉢ 비용감소산업의 경우 : 우하향

4. 자원배분의 평가

(1) P=MC에서 자원배분이 이루어져 비효율이 발생하지 않는다.

(2) 장기에 최적 시설규모에서 생산이 이루어진다.

(3) 장기에 모든 기업이 정상이윤만 획득하게 된다.

03 독점시장

1. 의의

독점은 시장에 하나의 기업만 존재한다는 것을 의미한다. 독점시장은 하나의 기업이 시장을 지배하고 진입장벽이 존재하며, 공급자가 가격설정자(Price Setter)로 기능한다는 특징을 가지고 있다.

2. 독점발생의 원인(=진입장벽의 존재)

독점은 시장규모가 협소할 때, 규모의 경제가 존재할 때, 생산요소의 공급원이 독점될 때, 국가에 의해 특허권이 설정될 때에 발생한다.

3. 독점기업의 단기균형

(1) 독점기업의 이윤극대화 조건

독점기업은 수요곡선에 해당하는 가격을 임의로 선택할 수 있는 가격설정자이다. 따라서 개별 독점기업이 직면하는 수요곡선은 시장수요곡선과 동일하다.
① 이윤함수 : $\pi = P(Q) \cdot Q - TC(Q)$
② 이윤극대화 조건 : MR=MC

(2) 수요함수와 MR의 관계

수요곡선 D=P(Q)로 우하향하고, 총수입은 TR=P(Q)·Q이다.

$AR = \dfrac{TR}{Q} = D(수요곡선)$

$MR = \dfrac{dTR}{dQ} = P\left(1 - \dfrac{1}{\varepsilon_P}\right)$, $\varepsilon_P = (수요의 가격탄력성)$

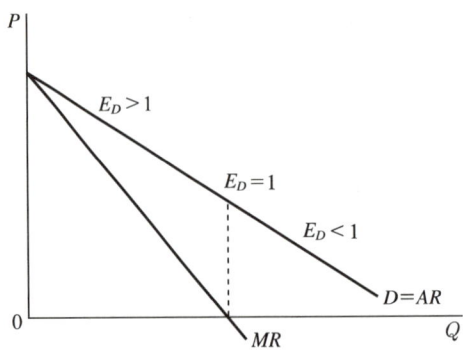

수요곡선이 우하향하므로 AR > MR이 성립한다. 또한, 수요의 가격탄력성 $E_D = 1$일 때 MR = 0이다.

(3) 독점기업의 단기균형

독점기업의 이윤극대화 산출량은 MR = MC인 Q_m에서 결정되며, 가격은 P_m에서 결정된다. 이때, 독점기업의 초과이윤(=독점이윤)은 색칠해진 영역이다.

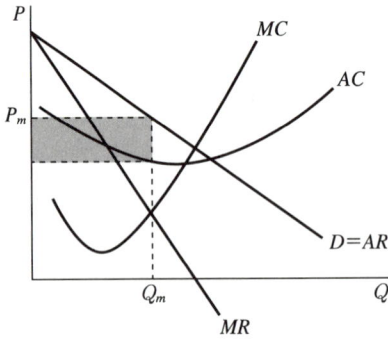

4. 독점기업의 장기균형

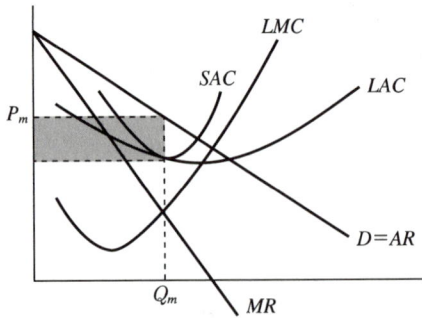

이윤극대화 산출량은 MR = LMC인 Q_m 수준에서 결정되고, 장기독점가격은 산출량에 해당하는 수요곡선 위의 한 점인 P_m에서 결정된다. 완전경쟁기업이 장기에서 정상이윤만을 얻는 데 비해 독점기업은 장기에 반드시 0 이상의 이윤을 얻는다.

5. 가격차별(Price Discrimination)

(1) 의의
가격차별이란 동일한 재화에 대해 다른 가격을 책정하는 독점기업의 이윤극대화 행동 중 하나이다.

(2) 가격차별의 종류 : 1급 가격차별, 2급 가격차별, 3급 가격차별
① 3급 가격차별이란 수요곡선의 탄력성에 따라 '시장'을 분할하고, 각 시장의 탄력성에 따라 각각 다른 가격을 부과하는 가격차별정책이다.
② 이윤극대화 조건
　㉠ 이윤함수 : $\pi = P_A(Q_A)Q_A + P_B(Q_B)Q_B,\ Q_A + Q_B = Q^*$
　㉡ 이윤극대화 조건 : $MR_A = MR_B = MC$
③ 수요의 가격탄력성과 가격 사이의 관계(아모로소 – 로빈슨 공식)

가격과 한계수입은 $MR = P\left(1 - \dfrac{1}{\varepsilon_P}\right)$의 관계가 성립하므로 이윤극대화 조건은 다음과 같이 바꿀 수 있다.

$$P_A\left(1 - \dfrac{1}{\varepsilon_P^A}\right) = P_B\left(1 - \dfrac{1}{\varepsilon_P^B}\right) = MC$$

만약 $\varepsilon_P^A > \varepsilon_P^B$라면, $P_A < P_B$가 성립한다. 즉, 탄력성이 낮을수록 높은 가격을 부담한다.

6. 독점시장의 자원배분의 평가

(1) 자원배분의 비효율성

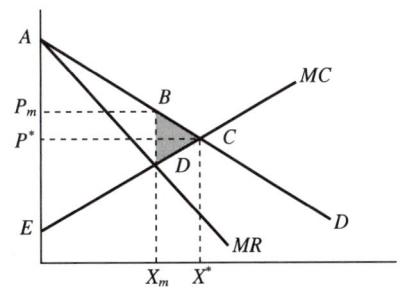

① $P_m > MR = MC$, 완전경쟁에서보다 생산량은 적고 가격은 높게 된다.
② 사회적 후생손실(자중손실)이 발생한다[(자중손실)= △BCD].
③ 비효율성이 존재한다.

(2) 소득분배의 측면
① 소비자잉여를 독점이윤으로 전환시킴에 따라 소득분배의 불평등이 초래된다.
② 초과이윤의 존재와 경제력 집중으로 인해 소득불평등이 심화될 수 있다.

(3) 기타의 측면

① 규모의 경제에 의해 독점이 발생한 것이라면 독점의 자원배분이 완전경쟁시장에서보다 효율적일 수도 있다.
② 시장규모가 협소하여 1개 이상의 기업이 들어설 수 있는 여지가 없는 경우라면 독점은 불가피하다.
③ **기술혁신의 측면** : 독점기업은 안일하게 초과이윤을 향유하므로 기술혁신을 저해하는 측면이 있다. 반면, 슘페터(Schumpeter)에 따르면 독점에 따른 초과이윤을 누리기 위해 기술혁신이 촉진되는 효과도 있다고 한다.

7. 독점의 규제

개념		이윤극대화 조건의 변화	효과	평가
가격규제	가격의 상한을 설정	• P=MC 수준에서 가격상한을 설정	• 가격 하락 • 생산량 증가	• 자연독점의 경우 기업은 손실을 볼 수 있음
조세부과	종량세	재화 1단위당 조세 부과	• 평균비용 상승, 한계비용 상승	• 가격 상승 • 생산량 감소 • 독점이윤 감소	• 자원배분왜곡에 따른 비효율 발생
	정액세	산출량과 관계없이 일정액을 부과	• 평균비용 상승, 한계비용 불변	• 가격 불변 • 생산량 불변 • 독점이윤 감소	• 자원배분상태는 불변이나 독점이윤을 제거하여 분배측면은 개선 가능
	이윤세	기업의 이윤에 조세 부과	• 이윤세의 부과는 기업의 이윤극대화 조건을 변화시키지 않음		

04 독점적 경쟁시장

1. 독점적 경쟁시장의 특징

차별화된 재화의 공급, 다수의 기업 존재, 진입장벽의 부재, 비가격 경쟁

2. 독점적 경쟁기업의 단기균형

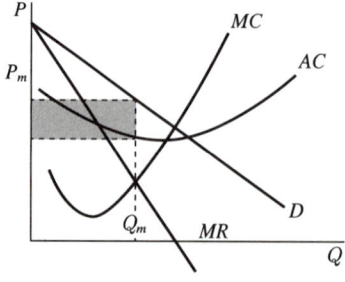

독점적 경쟁기업은 차별적 재화의 독점력을 이용하여 단기에는 독점기업과 같이 행동한다. 기업은 단기에 기업의 진입과 퇴출이 불가능하므로 색칠해진 영역만큼 초과이윤이 발생한다.

3. 독점적 경쟁기업의 장기균형

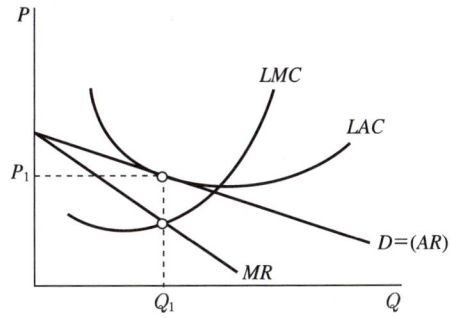

독점적 경쟁시장은 장기에 진입장벽이 존재하지 않아 진입과 퇴출이 자유로우므로 초과이윤이 발생하면 새로운 기업의 진입이 이뤄지므로 개별기업이 직면하는 수요곡선이 초과이윤이 없을 때까지 이동하여 LAC와 접하게 된다. 손실이 발생하면 기존 기업의 퇴출이 이뤄진다. 따라서 장기에 독점적 경쟁기업의 가격은 D=MR=LAC인 수준에서 결정된다. 평균수익과 평균비용이 항상 일치하므로 초과이윤이 존재하지 않는다.

05 과점시장

1. 의의

과점시장은 둘 이상 소수의 공급자가 시장을 지배하고, 진입장벽(Entry Barrier)이 존재한다. 동질(同質)의 상품이 거래되는 과점시장을 순수과점, 종류는 동일하지만 품질이 다른 상품을 거래하는 과점시장을 차별과점이라 한다.

2. 과점의 특징

과점시장은 시장 내 기업 간의 상호의존성, 기업 간의 비가격경쟁, 기술 혁신의 유인이 높다는 점 등의 특징을 가지고 있다.

3. 쿠르노(Cournot) 모형

(1) 가정
① 시장에 두 개의 기업만 존재하는 복점을 가정한다.
② 추측된 산출량의 변화는 0이라고 가정한다.
③ 두 기업은 동시에 의사결정을 하며 의사결정의 대상은 산출량이다.

(2) 시장균형

각 기업은 이윤극대화 식을 통해 반응곡선을 도출한다. 반응곡선이란 상대방의 산출량을 주어진 것으로 보았을 때 이윤극대화 산출량의 궤적을 말한다. 시장균형은 각 기업의 반응곡선이 만나는 점에서 이루어진다.

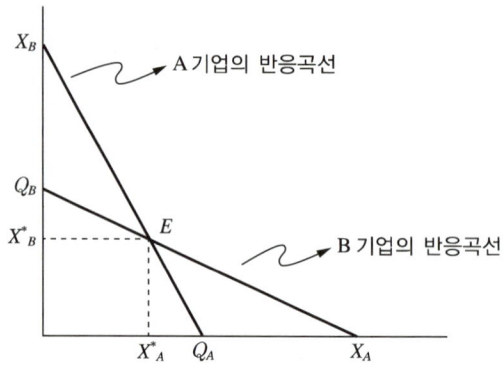

(3) 자원배분의 평가

수요곡선이 직선인 경우 완전경쟁시장, 독점시장, 쿠르노 모형에서의 산출량 간에는 다음의 관계가 성립한다.

- (독점기업의 산출량) = $\dfrac{1}{2}$ × (완전경쟁기업의 산출량)

- (쿠르노 모형에서 각 기업의 산출량) = $\dfrac{1}{3}$ × (완전경쟁기업의 산출량)

4. 베르트랑(Bertrand) 모형

(1) 기본가정

① 두 개의 기업이 존재하고 각 기업은 동시에 의사결정을 한다.
② 각 기업이 생산하는 재화는 동질적이며, 각 기업의 한계비용은 동일하다.
③ 의사결정 대상이 산출량이 아니라 가격이다.

(2) 시장균형

① 전략변수로서의 가격

전략변수가 가격인 과점시장에서 각 기업은 자신의 가격을 한계비용 이하로 가격을 낮출 수 없으므로 A기업과 B기업이 취할 수 있는 가장 낮은 가격은 한계비용이라고 할 수 있다. 또한, 독점가격보다 높은 가격을 제시하는 것은 이윤극대화 원리에 어긋나므로 A기업과 B기업이 취할 수 있는 가장 높은 가격은 독점가격인 P_M이다.

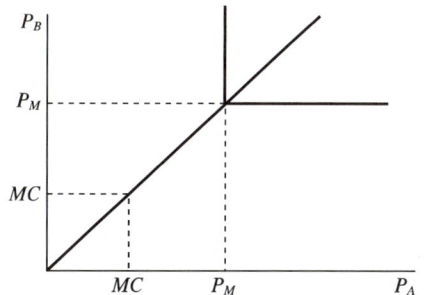

② 시장균형

각 기업은 동질의 상품을 공급하므로 어느 한 기업의 가격이 조금만 낮아도 수요를 독점할 수 있다. 따라서 각 기업은 서로 조금씩 낮은 가격을 제시하여 자신이 시장수요 전체를 독점하려 한다. 이러한 가격경쟁을 통해 시장가격은 두 기업이 제시할 수 있는 가장 낮은 가격인 한계비용수준에서 결정된다. 만약 두 기업의 한계비용이 다른 경우라면, 높은 한계비용을 가진 기업의 한계비용수준에서 가격이 결정되고, 시장수요는 낮은 한계비용을 가진 기업이 독점하게 된다.

5. 슈타켈버그(Stackelberg) 모형(수량선도모형)

(1) 의의

슈타켈버그는 복점시장이 선도기업(Leader)과 추종기업(Follower)으로 구성되는 경우를 모형화하였다. 선도기업은 추종기업의 반응을 고려하여 먼저 의사결정을 하고, 추종기업은 선도기업의 산출량을 보고 자신의 이윤극대화 산출량을 결정한다. 따라서 추종기업의 추측된 변화는 0이지만 선도기업의 추측된 변화는 0이 아니다.

(2) 시장균형

① 선도기업과 추종기업의 시장균형

모형은 쿠르노의 경우와 같고, A기업이 선도기업이고 B기업이 추종기업이라고 할 때 선도기업인 기업 A는 기업 B의 반응을 추측하여 자신의 이윤극대화 산출량을 결정한다. 그리고 추종기업은 선도기업의 주어진 생산수준에서 자신의 이윤극대화 산출량을 결정한다.

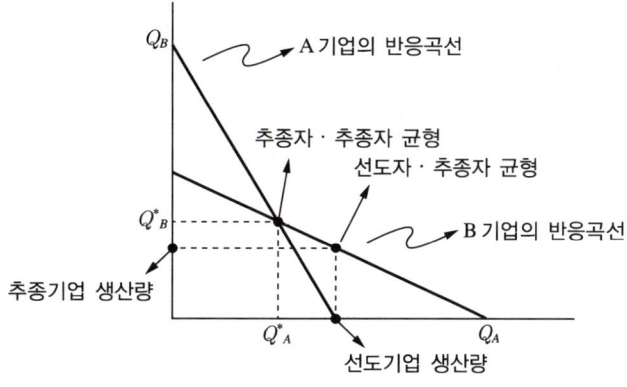

시장균형상태에서는 쿠르노 균형에 비해 선도기업의 산출량은 증가하고, 추종기업의 산출량은 감소한다.

② 선도기업 간의 시장균형

두 기업이 서로 선도자라고 생각하는 경우 두 기업은 모두 앞 모형의 선도기업처럼 행동할 것이다. 선도경쟁하의 균형은 존재할 수 없는 균형이다. 이처럼 각 기업이 서로 선도기업이 되려고 하는 것을 슈타켈버그 전쟁(Stackelberg Warfare)이라고 한다.

③ 자원배분의 평가

- (독점기업의 산출량) = $\frac{1}{2}$ × (완전경쟁기업의 산출량)

- (과점기업의 산출량) = $\frac{1}{3}$ × (완전경쟁기업의 산출량)

- (선도기업의 산출량) = $\frac{1}{2}$ × (완전경쟁기업의 산출량)

- (추종기업의 산출량) = $\frac{1}{4}$ × (완전경쟁기업의 산출량)

6. 담합모형

모형	내용
가격선도이론 (불완전한 담합)	• 가격선도자가 가격을 설정하면 추종자는 선도자가 정한 가격을 주어진 것으로 받아들이고 산출량을 결정한다.
카르텔 (완전담합)	• 동일산업에 속하는 기업들이 명시적으로 합의하여 가격이나 생산량을 정하는 것이다. • 카르텔은 단일독점기업과 동일하게 행동한다. • 카르텔이 형성되면 협정을 위반할 유인이 존재하여 내재적 불안정성을 가지고 있다.

7. 과점의 평가

(1) 과점의 비효율성

① 장기평균비용곡선의 최저점에서 생산이 이뤄지는 것이 아니다(비효율적 생산).
② 일반적으로 정상이윤을 넘는 초과이윤을 수취한다(진입장벽이 존재).
③ 광고비 등 비가격경쟁에 과다한 자원배분이다.

(2) 과점의 후생학적 장점

① R&D 경쟁 : 비가격경쟁의 일환으로 R&D 경쟁이 활발하다.
② 질적 수준이 높은 상품이나 다양한 상품을 공급함으로써 소비자들의 선택 가능성을 증대시켜 소비자의 효용을 증대시킬 수 있다.
③ 규모의 경제가 실현되므로 생산의 효율성을 증대할 수 있다.

06 게임이론

1. 우월전략균형

(1) 우월전략
우월전략이란 상대방의 전략에 상관없이 자신의 전략 중 자신의 보수를 극대화하는 전략을 말한다.

(2) 우월전략균형
우월전략 균형은 경기자들의 우월전략의 배합을 말한다.
A의 우월전략(자백), B의 우월전략(자백) → 우월전략균형(자백, 자백)

용의자 A \ 용의자 B	자백	부인
자백	(−5, −5)	(−1, −10)
부인	(−10, −1)	(−2, −2)

(3) 균형상태의 평가
① 각 경기자의 우월전략은 비협조전략이다.
② 각 경기자의 우월전략배합이 열위전략의 배합보다 파레토 열위상태이다.
③ 자신만이 비협조전략(이기적인 전략)을 선택하는 경우 보수가 증가한다.
④ 효율적 자원배분(부인, 부인)은 협조전략하에 나타난다.
⑤ 각 경기자가 자신의 이익을 극대화하는 행동이 사회적으로 바람직한 자원배분을 실현하는 것은 아니다(개인적 합리성이 집단적 합리성을 보장하지 못한다).

2. 내쉬균형(Nash Equilibrium)

(1) 내쉬균형
상대방의 전략을 주어진 것으로 보고 자신의 이익을 극대화하는 전략을 선택할 때 이 최적전략의 짝을 내쉬균형이라 한다. 내쉬균형은 존재하지 않을 수도, 복수로 존재할 수도 있다.

(2) 내쉬전략
내쉬균형은 상대방의 최적전략에 대해서만 최적대응이 될 수 있는 전략의 존재를 요구한다.

(3) 우월전략균형과의 관계
우월전략균형은 반드시 내쉬균형이나, 내쉬균형은 우월전략균형이 아닐 수 있다.

(4) 내쉬균형의 예

① 내쉬균형이 존재하지 않는 경우

A \ B	T	H
T	(3, 2)	(1, 3)
H	(1, 1)	(3, −1)

② 내쉬균형이 1개 존재하는 경우(자백, 자백)

A \ B	자백	부인
자백	(−5, −5)	(−1, −10)
부인	(−10, −1)	(−2, −2)

③ 내쉬균형이 2개 존재하는 경우(야구, 야구) (영화, 영화)

A \ B	야구	영화
야구	(3, 2)	(1, 1)
영화	(1, 1)	(2, 3)

3. 혼합전략균형

(1) 순수전략과 혼합전략

① 순수전략 : 경기자가 여러 가지 전략 중 특정한 한 가지 전략만 사용하는 것
② 혼합전략 : 각 경기자가 2가지 이상의 순수전략을 미리 선택된 확률에 의거하여 혼합하여 사용하는 것(각 경기자가 혼합전략을 사용하는 이유는 자신의 행동을 상대방이 쉽게 예측하지 못하게 하기 위함이다)

(2) 혼합전략 내쉬균형

모든 경기자가 각 순수전략을 사용할 확률, 즉 혼합전략을 더이상 변경할 유인이 없는 상태를 말한다.

CHAPTER 06 생산요소시장과 소득분배

01 생산요소의 고용량과 가격

1. 생산요소에 대한 수요

생산요소에 대한 수요는 기업의 이윤극대화과정에서 결정되는데, 이는 결국 생산물시장에서 시장수요의 크기에 의해서 좌우되므로 생산요소에 대한 수요는 파생수요로서의 성질을 갖게 된다. 생산요소에 대한 수요곡선은 우하향하는데, 이는 수확체감의 법칙 때문이다.

(1) 수요곡선

① 재화시장이 완전경쟁시장인 경우 : $W = MR \cdot MP_L = P \cdot MP_L = VMP_L$
② 재화시장이 불완전경쟁시장인 경우 : $W = MR \cdot MP_L = MRP_L$

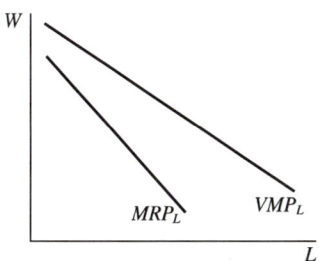

(2) 요소수요의 변화요인

내생변수인 요소가격이 하락하면 요소수요량이 증가하고(곡선상의 이동), 외생변수인 가격이 상승하거나 요소한계생산성이 증가하면 요소수요가 증가한다(곡선의 이동).

(3) 요소수요의 가격탄력성 결정요인

대체적인 요소가 많을수록, 재화수요가 탄력적일수록, 대체탄력성이 클수록, 측정기간이 길수록 요소수요의 가격탄력성은 커진다.

2. 생산요소에 대한 공급

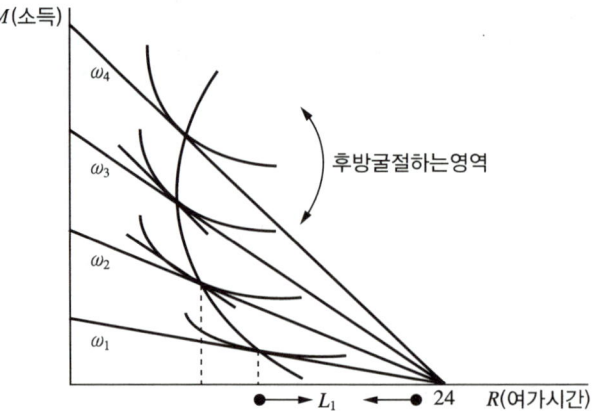

- 소득효과< 대체효과 : 여가수요 감소, 즉 노동공급 증가 : 우상향하는 노동공급곡선
- 소득효과> 대체효과 : 여가수요 증가, 즉 노동공급 감소 : 우하향하는 노동공급곡선

3. 완전경쟁요소시장의 균형

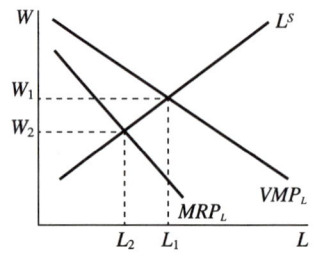

생산물시장이 불완전경쟁구조인 경우에는 완전경쟁구조인 경우에 비하여 고용량은 작고($L_1 > L_2$), 임금수준은 낮은($W_1 > W_2$) 상태에서 균형이 성립한다.

4. 불완전경쟁요소시장의 균형

(1) 수요독점인 경우

① 한계요소비용곡선

요소수요독점인 경우 수요독점자는 노동공급곡선(L^S)을 AFC_L로 인식하게 된다. 이때 AFC_L이 우상향하므로 MFC_L은 AFC_L보다 상방에 위치한다.

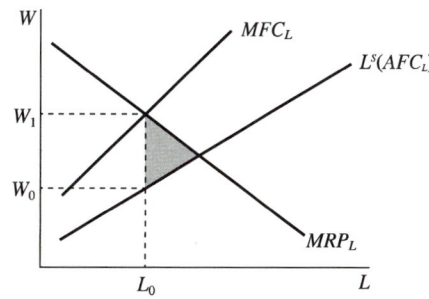

② 시장의 균형 : $MFC_L = MRP_L$

생산요소시장에서 수요독점인 경우 생산물시장은 불완전경쟁시장이 형성된다. 시장의 균형은 생산요소 1단위 고용에 따른 한계수입(MRP_L)과 생산요소 1단위 고용에 따른 한계비용(MFC_L)이 일치하는 점에서 고용량이 결정되고 결정된 고용량에 해당하는 공급곡선의 높이에 해당하는 점에서 임금이 결정된다.

③ 자원배분의 평가

생산요소시장이 수요독점인 경우 수요독점적 착취가 발생한다($W_1 - W_0$). 그리고 색칠해진 영역만큼의 사회적 비효율이 발생한다.

(2) 공급독점인 경우 : $MR = MC$

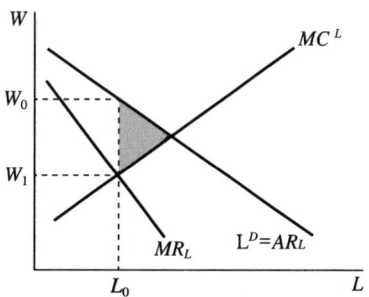

생산요소시장에서 공급독점인 경우 공급자는 이윤극대화 노동량을 노동공급자의 노동 1단위 추가공급에 따른 한계비용인 MC_L과 노동 1단위 추가공급에 따른 한계수입인 MR_L이 만나는 점(L_0)에서 결정하며, 결정된 공급량에 해당하는 수요곡선(L^D)의 높이(W_0)에서 임금을 결정한다.

5. 시장형태에 따른 이윤극대화 조건

구분		재화시장	
		완전경쟁	공급독점
요소시장	완전경쟁	$W=AFC_L=MFC_L=MRP_L=VMP_L$	$W=MFC_L=MRP_L<VMP_L$
	수요독점	$W(AFC_L)<MFC_L=MRP_L=VMP_L$	$W(AFC_L)<MFC_L=MRP_L<VMP_L$
	공급독점	$W(AR_L)>MR_L=MC_L=VMP_L$	$W(AR_L)>MR_L=MC_L<VMP_L$
	쌍방독점	$L^S : MC_L=MR_L$ $W^S : AR_L$ $L^D : MFC_L=MRP_L$ $W^D : AFC_L$	

(L^S : 공급자가 공급하려는 노동량, W^S : 공급자가 요구하는 임금, L^D : 수요자의 이윤극대화 수요량, W^D : 수요자가 요구하는 임금)

요소시장이 쌍방독점인 경우에는 노동공급자와 노동수요자가 이윤극대화를 하는 노동량이 상이하나, 우연히 같더라도 공급자와 수요자가 요구하는 임금수준이 상이하여 협상으로 임금을 결정한다.

02 소득분배이론

1. 불평등도지수(Inequality Index)

(1) 십분위분배율(Deciles Distribution Ratio)

$$D = \frac{(하위\ 40\%의\ 소득점유비율)}{(상위\ 20\%의\ 소득점유비율)} (0 \leq D \leq 2)$$

(2) 로렌츠 곡선(Lorenz Curve)

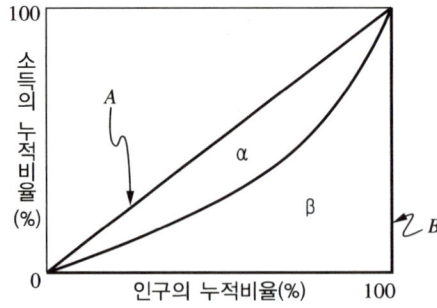

① 인구의 누적비율과 소득의 누적비율 사이의 관계를 나타낸 곡선
② 완전평등 시 로렌츠 곡선 : A
③ 완전불평등 시 로렌츠 곡선 : B
④ Lorenz Curve의 장단점 : Lorenz Curve로 불평등도를 판단하는 방법은 최소한의 가치판단을 전제로 하고 있어서 높은 객관성이 유지되나 곡선 교차 시 평등도의 비교가 곤란하다. 아울러 서수적인 판단만이 가능하다.

(3) 지니계수(Gini's Coefficient)

① Lorenz Curve를 이용 : $G = \dfrac{\alpha}{\alpha+\beta}\,(0 \leq G \leq 1)$

② 평균소득격차의 개념을 사용 : $G = \dfrac{\Delta}{2\mu}$

$$\Delta = \frac{1}{n(n-1)} \sum_{i=1}^{n} \sum_{j=1}^{n} |y_i - y_j| \quad (\Delta : 평균소득격차,\ \mu : 평균소득)$$

③ 비판

Gini계수에 의한 평가는 일련의 가치판단을 전제로 하여 얻어진 것으로 상당한 주관성을 내포하고 있다.

(4) 앳킨슨 지수(Atkinson Index)

① Atkinson Index의 도출

㉠ $A = 1 - \left\{\sum \left(\dfrac{y_i}{\mu}\right)^{i=\varepsilon} \cdot f_i \right\}^{\frac{1}{i=\varepsilon}} = 1 - \dfrac{Y^{EDE}}{\mu}$

y_i : i번째 계층의 평균소득

μ : 전체인구의 평균소득

f_i : i번째 계층의 비율

㉡ 균등분배대등소득(Y^{EDE} ; Equally Distributed Equivalent Income)

모든 사람에게 균등하게 소득을 분배하였을 경우에 사회후생 수준이, 현재의 분배상태에서 사회후생수준과 같아지도록 만드는 균등소득

② 사회후생함수에 따른 Y^{EDE}

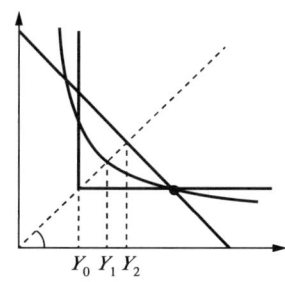

㉠ Y^{EDE}의 크기 : 공리 > 평등 > 롤즈($Y_2 > Y_1 > Y_0$)

㉡ Atkinson 지수의 크기 : 롤즈 > 평등 > 공리

2. 지대론

(1) 준지대

단기적으로 공급이 고정되어 있는 생산요소에 지불되는 보수를 준지대라 한다.

> (준지대)=[판매수입(TR)]−[단기가변비용(TVC)]
> =[고정비용(TFC)]+(초과이윤)

완전경쟁시장인 경우 장기에 0이 되며, 단기에는 고정비용 중 매몰비용이 차지하는 비율에 따라 그 크기가 달라질 수 있다.

(2) 경제적 지대

① 의의 : 경제적 지대란 단기와 장기에 모두 발생가능하며 생산요소의 총 수입에서 이전수입을 차감한 것으로 측정된다. 이러한 경제적 지대는 생산요소의 공급탄력성이 비탄력적일수록 증가한다.
② 이전수입 : 이전수입이란 요소공급자에게 최소한 지급해야 하는 금액으로 생산요소를 공급하도록 하는 최소금액을 의미한다.

3. 탄력성과 경제적 지대

(1) 요소공급의 가격탄력성이 무한대인 경우

(요소소득)=(이전수입), (경제적 지대)=0

(2) 요소공급의 가격탄력성이 완전비탄력적인 경우

(요소소득)=(경제적 지대), (이전수입)=0

(3) 일반적인 우상향하는 공급곡선의 경우

(요소소득)=(경제적 지대)+(이전수입)

CHAPTER 07 시장과 효율성

01 일반균형이론과 자원배분의 효율성

1. 일반균형론

일반균형(General Equilibrium)이란 경제 안의 모든 시장이 동시에 균형이 달성되는 상태를 의미한다. 일반균형상태에서는 다음의 조건이 성립한다.
① 모든 소비자가 그의 예산제약하에서 효용이 극대화되는 상품묶음을 선택하고 있다.
② 모든 소비자가 원하는 만큼의 생산요소를 공급하고 있다.
③ 모든 기업이 주어진 여건하에서 이윤을 극대화하고 있다.
④ 주어진 가격체계하에서 모든 상품시장과 생산요소시장에서의 수요량과 공급량이 일치하고 있다.

> **왈라스의 법칙(Walras Law)**
> 왈라스의 법칙이란 n개의 시장이 존재할 때, $(n-1)$개의 시장에서 동시에 균형이 달성되면 나머지 한 시장은 자동으로 균형이 달성된다는 법칙이다.

2. 자원배분의 효율성

(1) 경제적 효율성의 정의와 조건
① 파레토효율(파레토최적) : 하나의 자원배분상태에서 다른 어떤 사람에게 손해가 가도록 하지 않고서는 어떤 한 사람에게 이득이 되는 변화를 만들어 내는 것이 불가능한 상태, 즉 더이상의 파레토 개선이 불가능한 자원배분 상태를 말한다.
② 효율적인 자원배분을 위한 세 가지 한계조건
    ㉠ 생산의 효율성 조건 : $\text{MRTS}^X_{LK} = \text{MRTS}^Y_{LK}$
    ㉡ 교환의 효율성 조건 : $\text{MRS}^A_{XY} = \text{MRS}^B_{XY}$
    ㉢ 생산과 교환의 종합적 효율성 조건 : $\text{MRS}_{XY} = \text{MRT}_{XY}$

> **효용가능경계**
> 주어진 생산요소(L, K)로 한 경제 내에서 달성가능한 생산의 효율성을 만족하는 산출량조합(PPC, X, Y)의 각각에 대해서 교환의 효율성을 만족시킬 때의 소비자의 효용수준의 조합으로 도출된 개별효용가능곡선(UPC)의 포락선을 의미한다.

(2) 완전경쟁과 자원배분의 효율성

① 의의 : 후생경제학의 제1정리(First Theorem of Welfare Economy)
모든 소비자의 선호체계가 강단조성을 가지고, 외부성이 존재하지 않을 경우 일반경쟁균형의 배분은 반드시 파레토효율적이다(시장의 힘에 의하여 달성된 균형이 계약곡선상에 위치한다).

② 경제적 의미 : 제1정리는 A. Smith가 말한 "보이지 않는 손"이 자원을 효율적으로 배분한다는 말을 달리 표현한 것이다. 즉, 개별 경제주체들의 사익추구와 공익이 조화됨을 의미하는 것으로, 시장의 힘에 대한 신뢰를 이론적으로 정당화하며 시장의 제반 조건이 충족되는 경우 정부의 개입이 불필요하다는 것을 의미한다.

③ 제1정리의 한계 : 시장실패
제1정리가 전제로 하는 완전경쟁시장의 조건은 현실에서 충족되기 어렵다. 또한, 제1정리는 자원배분의 효율성에 대해 말하는 것이지 분배의 공평성과는 상관이 없다.

④ 후생경제학의 제2정리(Second Theorem of Welfare Economy)
  ㉠ 의의 : 후생경제학 제1정리에 따르면 시장은 자원을 파레토효율적으로 배분한다. 하지만 제반 조건이 충족되지 못하는 경우 시장실패현상(효율성 측면, 공평성 측면)이 나타나게 되며, 이는 정부 개입의 필요조건이 된다. 후생경제학 제2정리는 정부개입의 이론적 근거와 정부개입방법의 기준을 제시하고 있다.
  ㉡ 내용 : (초기부존 자원이 적절히 분배된 상태에서) 모든 소비자의 선호체계가 볼록성을 가지면 파레토효율적인 자원배분은 일반경쟁균형이 된다. 즉, 선호가 볼록한 경우 최초 자원배분을 적절히 재분배한 후 시장기능에 맡기면 어떠한 파레토효율적인 자원배분도 경쟁균형이 되도록 할 수 있다는 의미이다.

3. 시장실패와 정부실패

(1) 시장실패의 원인

① 불완전경쟁 : 독점, 과점, 독점적 경쟁 등을 의미한다. $P > MC$인 것이 특징이다.
② 공공재(Public Goods) : 비경합성과 배제불가능성을 지니는 공공재의 경우 과소공급과 무임승차의 문제가 발생한다.
③ 외부성(Externality) : 소비의 외부성이 존재하는 경우 SMB와 PMB가 일치하지 않게 되며, 생산의 외부성이 존재하는 경우 SMC와 PMC가 일치하지 않게 되어 과소・과다소비, 과소・과다생산이 이루어지게 된다.
④ 불확실성 : 불확실성이 존재하는 경우에 시장실패가 일어나는 것이 일반적이나, 완전한 조건부상품 시장이 존재하는 경우에는 시장실패가 발생하지 않는다(K. Arrow).
⑤ 불완전한 정보 : 역선택과 도덕적 해이
⑥ 완비되지 못한 시장 : 전쟁, 천재지변에 대한 보험시장이 존재하지 않는 경우

(2) 시장실패와 정부개입

시장의 실패가 발생할 경우 정부의 개입에 대한 필요성이 제기된다. 그러나 시장의 실패는 정부개입의 필요조건만을 제공할 뿐 충분조건까지 제공하는 것은 아니다. 즉, 정부의 개입이 오히려 비효율성을 심화시키는 정부실패의 발생가능성이 존재한다.

(3) 정부실패의 원인

① 제한된 정보(차선의 정리)
② 민간부분 반응의 통제 불가능성 : 최적정책의 동태적 비일관성, 루카스 비판(Lucas Critique)
③ 정치적 과정에서의 제약 : 이익집단이나 정치집단의 개입
④ 관료제에 대한 불완전한 통제 : X – 비효율성, 니스카넨의 모형, 울프(C. Wolf)의 내부성
⑤ 공공선택의 문제 : 이해당사자들의 타협을 통한 의사결정(불가능성정리)
⑥ 재원조달 과정상의 비효율성

4. 사회후생함수(Social Welfare Function)

(1) 의미

사회후생함수란 사회구성원들의 효용수준이 주어져 있을 때, 이를 사회후생의 수준으로 나타내주는 함수를 의미한다.
$SW = f(U_a + U_b)$, $U_a = $ (A의 효용), $U_b = $ (B의 효용)

(2) 유형

① 공리주의 사회후생함수 : $SW = U_A \cdot U_B = \sum U_i$

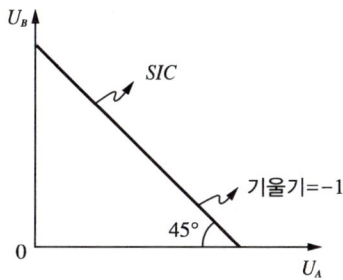

② 평등주의 사회후생함수 : $SW = U_A \cdot U_B$
평등주의 사회후생함수는 가중치를 사용하여 각 개인의 효용수준을 반영하여 사회후생수준을 측정한다.

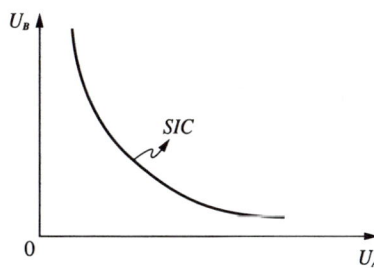

③ 롤즈의 사회후생함수 : SW= Min(αU_A, βU_B)(최소극대화의 원칙)

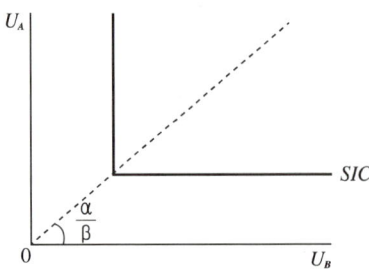

5. K. Arrow의 불가능성 정리

(1) 의미
개인적 선호로부터 선호의 완전성, 만장일치, 비독재성, 보편성과 독립성을 만족시키는 사회적인 선호 (사회후생함수)를 도출하는 것은 불가능하다는 정리를 말한다.

(2) 내용 : Arrow의 가정
① **집단적 합리성** : 완전성(Completeness), 이행성(Transitivity)
완전성이란 모든 사회적 자원배분 상태를 비교평가 할 수 있음을 의미한다. 이행성이란 자원배분 상태 사이에 X≥Y, Y≥Z이면, X≥Z가 성립해야 함을 의미한다.
② **만장일치(Unanimity)** : 파레토원칙
모든 개인이 X≥Y인 경우 사회적 선호도 X≥Y가 되어야 한다.
③ **비독재성(Non-dictatorship)** : 사회적 선호는 어느 한 경제주체가 결정할 수 없다.
④ **보편성(Universality)** : 개인의 선호가 특정한 선호로 제약되어서는 안 된다.
⑤ **무관한 선택으로부터의 독립(IIA)** : 사회적 선호의 우선순위는 이에 대응하는 개별선호의 우선순위에 의해서만 결정되고 이와 관련 없는 다른 선호의 영향을 받지 않는다.

6. 차선의 정리 : Lipsey & Lancaster

한 경제 내에서 효율적인 자원배분을 위해 n개의 효율성 조건이 만족되어야 한다고 할 때, 이미 하나 이상의 효율성 조건이 파괴되어 있는 상태에서는 만족되는 효율성의 조건이 많아진다고 해서 사회후생 측면에서 바람직하다고 할 수 없다.

02 공공재

1. 공공재의 의의 및 성격

(1) 의의

어느 사람에 의해 생산되는 즉시 그 집단의 모든 성원에 의해 소비혜택이 공유될 수 있는 재화 또는 서비스를 의미한다.

(2) 성격

비경합성, 배제불가능성

(3) 종류

① 순수 공공재 : 국방·치안서비스 등
② 비순수 공공재 : 불완전한 비경합성을 가진 Club재(혼합재), 지방공공재

2. 공공재의 최적 공급량

(1) 부분균형분석 : 균형조건($\sum_{i=0}^{n} MB_i = MC$)

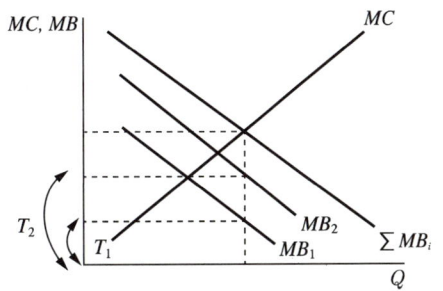

(2) 일반균형분석 : 균형조건($\sum MRS_{XY}^{i} = MRT_{XY}$)

3. 무임승차자의 문제

(1) 의의
무임승차자의 문제란 자신의 재화(공공재)에 대한 선호를 왜곡해서 표현하여 재화가 다른 사람에 의해 공급된 후 이에 편승하고자 하는 경향이 있기 때문에 발생하는 문제이다.

(2) 무임승차자 문제의 발생원인
공공재의 경우 소비자가 자신의 선호를 왜곡해서 표출함으로써 이득을 볼 여지가 생기는 것은 공공재의 배제 불가능성 때문이다. 공공재에 대한 선호를 왜곡하여 표출하는 무임승차자가 존재하는 경우 공공재는 과소공급되며 진실한 선호를 기준으로 할 때 후생손실이 발생하게 된다.

(3) 무임승차자 문제의 해결방안
협상에 의한 방법, 수요표출 메커니즘, 간접적 수요 추정

03 외부성

1. 의의
어떤 경제주체의 행위가 다른 경제주체에게 긍정적 또는 부정적 영향을 미치나, 이에 대해 보상을 지급하거나 지급받지 않는 성질을 말한다.

2. 외부성과 자원배분의 효율성

(1) 생산의 부정적 외부성
외부성이 존재하는 경우 사회적 최적기준과 개인의 최적조건이 일치하지 않게 된다. 따라서 비효율이 발생한다.

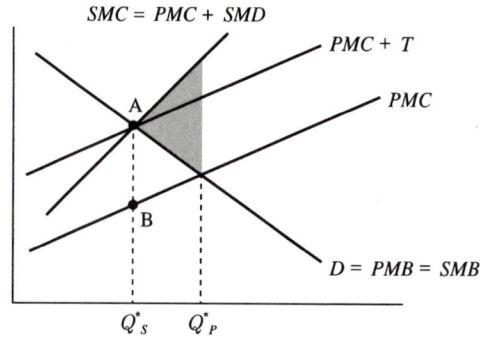

생산의 부정적 외부성이 존재하는 경우 SMC > PMC이다. 이때 사회적 최적생산량은 Q_S^*이며 사적 의사결정하의 산출량은 Q_P^*로 사회적 최적산출량보다 많은 수준으로 색칠해진 영역만큼의 비효율이 발생한다. 피구조세를 부과하는 경우 사적 한계비용이 상승하여 사회적 최적생산이 가능하게 된다. 부과되는 조세액의 크기는 사회적 최적산출량 수준에서 SMC−PMC 차이(A−B)만큼이다.

(2) 외부성의 유형과 자원배분

① 소비의 외부 경제 : 과소소비
  사회적 한계편익 > 사적 편익 = 사적 한계비용 = 사회적 한계비용
② 소비의 외부 불경제 : 과다소비
  사회적 한계편익 < 사적 편익 = 사적 한계비용 = 사회적 한계비용
③ 생산의 외부 경제 : 과소생산
  사회적 한계편익 = 사적 편익 = 사적 한계비용 > 사회적 한계비용
④ 생산의 외부 불경제 : 과다생산
  사회적 한계편익 = 사적 편익 = 사적 한계비용 < 사회적 한계비용

3. 외부성의 해결방안

사적 해결방안	합병	외부성의 내부화를 이룰 수 있다.
	코즈 정리	재산권이 명확하게 설정되어 있고 거래비용이 작다면 외부성에 대한 재산권이 귀속여부에 관계없이 당사자 간의 자발적인 협상에 의해 해결 가능하다.
공적 해결방안	조세·보조금	외부한계비용만큼의 조세·보조금을 지급하는 경우 사적 비용(효용)과 사회적 비용(효용)과 동일하게 되어 효율적인 자원배분이 달성된다.
	오염배출권 제도	사회적 최적수준만큼의 오염허가권을 정부가 경매 등의 방법으로 시장에 유통시키는 경우 오염 허가권의 가격은 외부성의 외부한계비용만큼으로 결정되며 자원배분의 효율성이 달성된다.

04 정보경제학

1. 기본개념정리

개념	정의
역선택	감추어진 특성에 대한 비대칭적 정보로 인해 정보를 갖지 못한 측이 교환에서 얻을 수 있는 최대한의 이익을 얻을 수 있는 선택을 하지 못하는 상황이다.
Signaling	감추어진 특성에 대한 관찰가능한 지표로서 정보를 보유한 측에서 적극적으로 정보를 알리려고 노력하는 것을 말한다. Signal은 감추어진 특성과 높은 상관관계가 있어야 하며 Signaling에 따른 비용이 적어야 한다.
Screening	정보를 보유하지 못한 측에서 불충분하지만 보유하고 있는 정보를 기초로 상대방의 감추어진 특성을 파악하는 행위이다.
Reputation	정보를 보유한 측의 오랜 기간 일관된 행위를 기초로 획득되는 것으로, 정보를 보유하지 못한 측에게 신호로 작용하게 된다.
도덕적 해이	감추어진 행동에 대한 비대칭적 정보하의 상황에서 한 경제주체의 행위의 결과가 다른 경제주체에 귀속됨에 따라 발생하는 경제주체의 부주의한 행동을 의미한다.
자기선택장치	정보가 없는 측에서 불리한 상황의 선택을 피하기 위해 고안한 장치로, 감추어진 속성을 가진 사람들이 자신의 속성에 따라서 선택을 하는 것이 자신에게 유리하기 때문에 스스로 자신의 속성을 드러내도록 고안된 장치를 의미한다. 이러한 자기선택장치는 정보를 보유한 측이 자신의 유형을 드러내는 것이 더 기대효용이 높도록 설계되어야 한다.

2. 정보의 비대칭 해결방안

역선택	도덕적 해이
• 신호발송 • 강제집행 • 평판과 표준화 • 신용할당(자본시장의 경우)	• 보험시장 : 공동보험, 기초공제제도 • 금융시장 : 담보설정, Monitoring • 노동시장 : 효율성임금

CHAPTER 08 국민소득결정이론

01 거시경제학의 기초개념

1. 국민소득의 순환구조

가계는 기업에 생산요소(주로 노동)를 제공한 대가로 소득(Y)을 얻고 이 소득을 기초로 소비(C)와 저축(S)을 한다. 기업은 가계가 제공하는 생산요소를 생산설비(기계나 공장)와 결합하여 생산물을 만들고 이를 시장에 판매한다. 이때 생산설비나 건물 등에 대한 기업의 지출은 투자(I)로 분류된다. 그림의 아랫부분은 가계가 제공하는 생산요소가 거래되는 생산요소시장, 그림의 윗부분은 기업이 생산하는 재화가 거래되는 생산물시장을 나타낸다.

국민경제와 국민소득의 순환과정

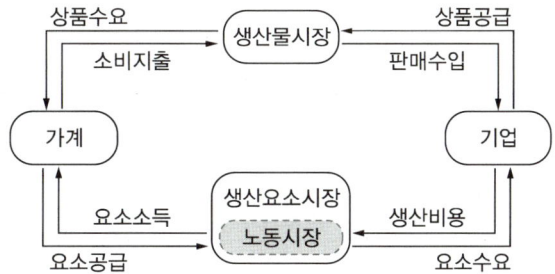

2. 국민소득의 측정 : 삼면등가의 법칙

(1) 국민소득의 개념

국민경제가 일정 기간(보통 1년)에 생산한 최종 생산물(재화·서비스)을 시장가격으로 평가한 총액으로 측정된다. 국민총생산(GNP)은 국민소득 순환과정에서 생산물시장(생산물의 생산, 생산물의 지출)에서 측정하거나 생산요소시장에서 요소소득의 흐름으로 측정할 수 있다.

(2) 삼면등가의 법칙

① **생산국민소득**(GNP : 국민총생산) : 생산물의 흐름을 통해서 파악되는 것으로 최종생산물의 시장가치를 합하여 계산한다.
② **지출국민소득**(GNE : 국민총지출) : 최종생산물에 대한 지출을 합산하여 계산한다[소비(C)+투자(I)+정부지출(G)+순수출(X−M)].
③ **분배국민소득**(GNI) : 생산요소소득에 의해서 측정되는 것으로 요소시장에서 요소공급자의 요소소득(임금, 이자, 지대, 이윤)에 감가상각을 합산하여 계산한다[요소소득(임금+이자+지대+이윤)+감가상각].

(3) 주입과 누출

① 주입(Injection) : 소득순환의 외부로부터 유입되어 새로운 소득을 창출한다. 주입이 커지면 소득순환의 크기는 증가한다[투자(I), 정부지출(G), 수출(X) 등].
② 누출(Leakage) : 소득순환과정 안으로부터 구매력이 밖으로 빠져나가는 것으로 누출은 국민소득의 크기를 감소시킨다[저축(S), 조세(T), 수입(M) 등].
③ 주입과 누출 사이의 관계

주입＞누출	주입＝누출	주입＜누출
국민소득 증대	국민소득 균형	국민소득 감소

3. 국민총생산(GNP)과 GNP관련 지표들

(1) 국내총생산(GDP)

일정 기간 동안 한 나라(지역) 안에서 생산된 최종생산물의 시장가치의 합을 말한다.

① [국내총생산(GDP)]＝GNP－(순해외수취요소소득)＝GNP－[(해외수취요소소득)－(해외지불요소소득)]

해외수취요소소득은 자국민이 해외에서 벌어들인 임금, 이자 등 요소소득을 의미하며, 해외지불요소소득은 외국인이 자국에서 벌어들여 가지고 나간 임금, 이자 등을 의미한다.

② GNP와 비교

구분		GNP와의 관계
폐쇄경제		GNP＝GDP
개방경제	해외에 대한 투자가 활발한 경우	GNP＞GDP
	외국인의 자국투자가 활발한 경우	GNP＜GDP

(2) 기타 지표들

국민순생산(NNP)	한 경제가 생산한 최종생산물의 가치 NNP＝GNP－(감가상각비)＝(임금)＋(이자)＋(지대)＋(이윤)＝(부가가치의 합)
국민소득(NI)	생산에 참여한 생산요소의 대가로 지불한 보수의 합계 NI＝NNP－(간접세)＋(정부보조금)＝NNP－(순간접세)
개인소득(PI)	일정기간 동안에 모든 가계에 실제로 수취된 소득 PI＝NI－(법인세)－(사내유보이익)＋(이전지출)－(사회보장부담금)
개인가처분소득(PDI)	가계가 실제로 수령하여 자유롭게 처분할 수 있는 소득 PDI＝PI－(개인소득세＝[민간소비지출(C)]＋[개인저축(S)]

02 고전학파와 케인스의 국민소득결정이론

1. 고전학파의 국민소득결정이론

(1) 의의

한 나라의 국민소득수준은 그 나라의 생산기술, 자본량, 노동량 등 공급측면에 의해서 결정된다.

(2) 기본 가정

① 세이의 법칙(Say's Law)
② 모든 가격변수(물가, 명목임금, 명목이자율)는 완전 신축적이다.
③ 노동에 대한 수요와 공급은 실질임금의 함수이다.
④ 모든 시장은 완전경쟁시장이다.

(3) 균형국민소득의 결정

노동시장에서의 노동의 수요와 공급이 일치하는 균형고용량이 결정되면 총생산함수와 균형고용량을 통해 국민소득이 결정된다. 외적요인에 의해 물가가 상승하는 경우 일시적인 노동의 초과수요가 발생하나 즉각적으로 명목임금이 상승하므로 고용량은 불변이다. 노동시장에서 고용량이 불변이므로 총 산출량도 변하지 않는다. 따라서 고전학파의 총공급곡선(AS)은 수직선으로 나타난다.

(4) 시사점

고전학파모형은 공급애로가 있는 국민경제를 설명하기에 적합한 모형이다. 즉, 공급애로가 있는 국민경제는 국민소득을 증가시키기 위해서 생산능력을 향상시켜야 함을 시사한다.

2. 케인스의 국민소득결정이론

(1) 의의

경제는 불완전 고용상태가 일반적이며 한 나라의 국민소득수준은 수요측면에 의해서 결정된다.

(2) 가정(케인스 단순모형)

① 경제에 초과생산능력이 존재한다. 따라서 유효수요가 존재하는 경우 물가수준의 변화 없이 생산이 가능하다.
② 물가는 일정하다.
③ 소비는 소득의 함수이며, 한계소비성향은 0과 1 사이이다.
  ㉠ 소비함수 : $C = a + bY_d (a > 0, \ 0 < b < 1)$
  ㉡ 저축함수 : $S = -a + (1-b)Y_d$
④ 기업의 투자지출, 정부지출, 순수출은 모두 일정하다.

(3) 균형국민소득의 결정

① 주입과 누출에 의한 국민소득결정

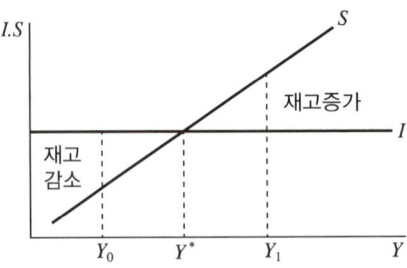

사전적인 투자수요와 저축이 일치하는 Y^*에서 국민소득이 균형을 이룬다. 국민소득이 Y_0에서는 사전적 투자(의도했던 투자)가 사후적 투자보다 많기 때문에 의도하지 않은 재고의 감소가 발생하고, 생산이 증가하여 균형국민소득(Y^*)으로 수렴한다. 국민소득이 Y_1에서는 사전적 투자가 사후적 투자보다 적기 때문에 의도하지 않은 재고의 증가가 발생하고, 생산이 감소하여 균형국민소득(Y^*)으로 수렴한다.

② 유효수요에 의한 국민소득결정
  ㉠ 총수요 : $Y^D = C + I = a + bY + I$
  ㉡ 총공급 : $Y^S = Y$

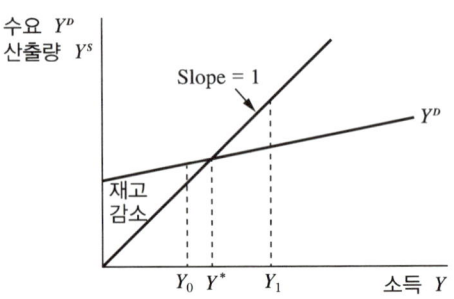

Y_0에서는 총수요가 총공급을 초과하므로 재고의 감소가 일어나고 이에 따라 생산이 증가하게 되어 국민소득이 증가하여 Y^*에 수렴하게 된다. Y_1에서는 총공급이 총수요를 초과하므로 재고의 증가가 일어난다. 따라서 생산이 감소하게 되어 국민소득이 감소하여 Y^*에 수렴하게 된다.

3. 고전학파와 케인스의 비교

구분	고전학파	케인스
경제환경	19세기까지의 물물교환경제	20세기의 화폐경제
분석중심	초과수요경제	초과공급경제
기본가정	공급측	수요측
경제이론	모든 시장은 완전경쟁, 가격 변수의 신축성, 완전정보	가격변수의 경직성, 불완전정보, 불완전경쟁시장
경제의 안정여부	자본주의 경제는 안정적이다.	자본주의 경제는 불안정적이다.
정책	자유방임정책	정부의 적극적 개입

03 승수이론

1. 인플레이션 갭과 디플레이션 갭

(1) 인플레이션 갭

(현실적인 총수요) - (완전고용 국민소득수준만큼의 총수요) = (완전고용 국민소득수준에서의 초과수요)

(2) 디플레이션 갭

(완전고용 국민소득수준만큼의 총수요) - (현실적인 총수요) = (완전고용 국민소득수준에서의 수요의 부족분)

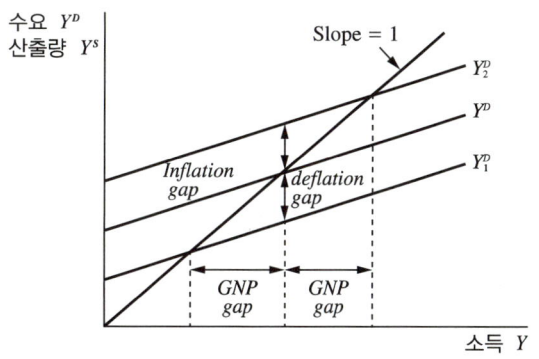

2. 승수이론

(1) 개념

독립지출(기초소비, 독립투자, 정부지출)이 증가하면 국민소득은 독립지출 증가분보다 몇 배로 증가하게 되는데, 이를 승수효과라고 한다.

$$(승수) = \frac{(균형국민소득 증가분)}{(독립지출 증가분)}$$

(2) 가정

① 국민경제에는 잉여생산능력이 존재한다.
② 한계소비성향은 일정하다.
③ 물가수준은 변하지 않는다.

(3) 승수의 도출(2부문모형 : 가계, 기업)

$Y^D = C + I = a + bY + I_0$
($C = a + bY$, $I = I_0$)

균형국민소득을 도출하면 $Y = \dfrac{1}{1-b} \cdot I_0 + \dfrac{1}{1-b} \cdot a$가 도출된다.

도출된 국민소득 식을 통해 $\triangle Y = \dfrac{1}{1-b} \cdot \triangle I$임을 알 수 있다 $\left[(승수) = \dfrac{1}{1-b} \right]$.

(4) 승수 크기 결정요인

$$\dfrac{1}{1 - b(1-t) + m - i}$$

한계소비성향(b)과 유발투자계수(i)가 클수록, 한계저축성향(s)과 조세율(t), 한계수입성향(m)이 작을수록 승수는 커진다.

(5) 승수의 계산

① 폐쇄경제에서 정액세만 존재하는 경우의 승수(MPC : 한계소비성향, t : 비례세율, m : 한계수입성향)

- 투자승수 : $\dfrac{1}{1 - MPC}$
- 정부지출승수 : $\dfrac{1}{1 - MPC}$
- 조세승수 : $-\dfrac{MPC}{1 - MPC}$

② 폐쇄경제에서 정액세와 비례세가 존재하는 경우의 승수

- 투자승수 : $\dfrac{1}{1 - MPC(1-t)}$
- 정부지출승수 : $\dfrac{1}{1 - MPC(1-t)}$
- 조세승수 : $\dfrac{-MPC}{1 - MPC(1-t)}$

③ 개방경제에서 정액세와 비례세가 존재하는 경우의 승수

- 투자승수 : $\dfrac{1}{1 - MPC(1-t) + m}$
- 정부지출승수 : $\dfrac{1}{1 - MPC(1-t) + m}$
- 조세승수 : $\dfrac{-MPC}{1 - MPC(1-t) + m}$

CHAPTER 09 거시경제의 균형

01 생산물 시장의 곡선 : IS곡선

1. 의의

IS곡선은 생산물시장의 균형을 나타내는 이자율과 국민소득의 조합을 연결한 곡선으로 이자율 – 소득평면에서 IS곡선은 일반적으로 우하향한다.

2. IS곡선의 도출 : 4부문 모형(가계, 기업, 정부, 해외)

(1) 균형국민소득 결정식에 아래 주어진 변수들을 대입한다.
- $Y = AE$
- $AE = C + I + G + (X - M)$
- $C = C_0 + cY_d (0 < c < 1)$
- $Y_d = Y - T$
- $T = T_0 + tY (t > 0)$
- $I = I_0 - br (b > 0)$
- $G = G_0$
- $X = X_0$
- $M = M_0 + mY (0 < m < 1)$

$Y = C_0 + c(Y - T_0 - tY) + I_0 - br + G_0 + (X_0 - M_0 - mY)$

$[1 - c(1-t) + m]Y = C_0 - cT_0 + I_0 - br + G_0 + X_0 - M_0$

$Y = \dfrac{1}{[1 - c(1-t) + m]}(C_0 - cT_0 + I_0 + G_0 + X_0 - M_0) - \dfrac{b}{[1 - c(1-t) + m]}r$

(2) IS곡선의 함수식을 도출한다.

$r = -\dfrac{1 - c(1-t) + m}{b}Y + \dfrac{1}{b}(C_0 - cT_0 + I_0 + G_0 + X_0 - M_0)$

3. IS곡선 기울기

(1) IS곡선의 기울기
이자율이 하락하는 경우 투자가 증가하여 생산물 시장에서 초과수요가 발생한다. 따라서 소득이 증가하여 생산물시장의 균형이 이루어진다. 결국 IS곡선의 기울기는 이자율-소득평면에서 우하향한다.

(2) IS곡선의 기울기 결정요인 : 4부문 모형
① 투자의 이자율탄력성(b)이 클수록 IS곡선은 완만하다(탄력적이다).

학파	b크기	IS곡선 기울기	효과적인 정책
케인스학파	작다	급경사	재정정책
통화주의학파	크다	완만	금융정책

② 한계소비성향(c)이 클수록 IS곡선은 완만하다(탄력적이다).
③ 한계저축성향(s)이 클수록 IS곡선이 급경사이다(비탄력적이다).
④ 세율(t)이 높을수록 IS곡선이 급경사이다(비탄력적이다).
⑤ 한계수입성향(m)이 클수록 IS곡선이 급경사이다(비탄력적이다).

(3) IS곡선 기울기에 대한 학파별 견해

구분	고전학파	통화론자	케인스학파	케인스 단순모형
투자의 이자율 탄력성	완전탄력적	탄력적	비탄력적	완전비탄력적
IS곡선의 기울기	수평	완만	가파른 형태	수직
재정정책의 유효성	무력	효과 적음 (구축효과가 크다)	효과 많음 (구축효과가 적다)	구축효과가 발생하지 않음

4. IS곡선의 이동

(1) IS곡선상의 이동

다른 모든 변수가 일정한 상태에서 이자율이 변하면 IS곡선상에서 균형점이 이동한다.

(2) IS곡선의 이동

정부지출을 G_0에서 G_1으로 증가시킨 경우 $C+I(r_0)+G_0$ 곡선이 $C+I(r_0)+G_1$으로 상방이동한다. 이러한 증가는 이자율-소득 평면에서 이자율 수준에 변화가 없이 소득이 증가한 경우이므로 IS곡선을 우측이동시킨다.

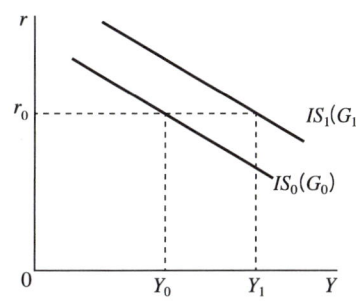

우측이동 : 주입의 증가, 누출의 감소	좌측이동 : 주입의 감소, 누출의 증가
• 기초소비(C_0) 증가 : 소비 증가, 저축(S) 감소	• 기초소비(C_0) 감소 : 소비 감소, 저축(S) 증가
• 독립투자(I_0) 증가 : 투자 증가	• 독립투자(I_0) 감소 : 투자 감소
• 정부지출(G) 증가 : 재정적자 증가, 조세(T) 감소	• 정부지출(G) 감소 : 재정적자 감소, 조세(T) 증가
• 수출(X) 증가, 수입(M) 감소 : 순수출(NX) 증가	• 수출(X) 감소, 수입(M) 증가 : 순수출(NX) 감소

5. 생산물시장의 균형 및 불균형

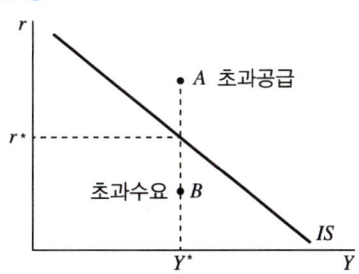

(1) IS곡선 상방영역(A점)

균형수준을 보장하는 이자율 수준보다 높은 이자율 수준으로 총수요가 총공급에 미달하여 생산물시장에 초과공급이 발생한다.

(2) IS곡선 하방영역(B점)

균형수준을 보장하는 이자율 수준보다 낮은 이자율 수준으로 총수요가 총공급을 초과하는 초과수요가 발생하는 영역이다.

02 화폐시장의 균형 : LM곡선

1. 의의

LM곡선은 화폐시장의 균형을 나타내는 이자율과 국민소득의 조합을 연결한 곡선이며 일반적으로 LM곡선은 우상향한다.

2. LM곡선의 도출

(1) 화폐수요함수와 화폐공급함수

화폐수요는 소득의 증가함수이자 이자율의 감소함수이며 화폐공급은 중앙은행에 의해 외생적으로 주어지며 일정하다.

① 화폐수요 : $\dfrac{M^d}{P} = kY - hr$ (k > 0, h > 0)

② 화폐공급 : $\dfrac{M^s}{P} = \dfrac{M_0}{P_0}$ (단, 물가수준은 P_0로 주어져 있고, 중앙은행의 명목통화량은 M_0라고 가정한다)

(2) LM곡선의 함수식

$$\dfrac{M^s}{P} = \dfrac{M^d}{P} \Rightarrow \dfrac{M_0}{P_0} = kY - hr \Rightarrow r = \dfrac{k}{h}Y - \dfrac{1}{h}\dfrac{M_0}{P_0}$$

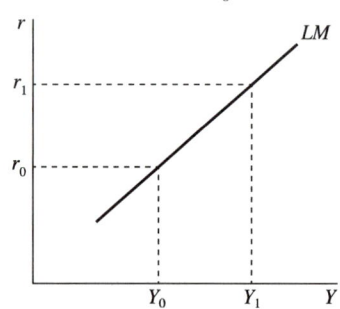

3. LM곡선의 기울기

(1) LM곡선의 기울기

화폐시장에서 이자율이 상승하는 경우 화폐수요가 감소하여 초과공급이 발생한다. 따라서 화폐시장의 균형을 유지하기 위해서는 소득이 증가하여 화폐수요가 증가하여야 한다. 결국 LM곡선은 우상향한다.

(2) LM곡선의 기울기 결정요인

① 화폐의 소득탄력성(마샬k)이 작을수록 LM곡선은 완만하다(탄력적이다).

② 화폐의 유통속도 $\left(V=\dfrac{1}{k}\right)$가 클수록 LM곡선은 완만하다(탄력적이다).

③ 화폐의 이자율탄력성(h)이 클수록 LM곡선은 완만하다(탄력적이다).

학파	h크기	LM곡선 기울기	효과적인 정책
케인스학파	크다	완만	재정정책
통화주의학파	작다	급경사	금융정책

(3) LM곡선 기울기에 대한 학파별 견해

구분	고전학파	통화론자	케인스학파	케인스 단순모형
화폐수요의 이자율탄력성	• 완전비탄력적	• 비탄력적	• 탄력적	• 탄력적(유동성함정하 완전탄력적)
LM곡선의 기울기	• 수직	• 가파른 형태	• 완만	• 완만(유동성함정하 수평)
금융정책의 유효성	• 고전적이분성 • 효과 없음	• 유효	• 효과 적음	• 효과 적음(유동성함정하 효과 없음)

4. LM곡선의 이동

(1) LM곡선상의 이동

다른 모든 변수가 일정한 상태에서 이자율이 변하면 LM곡선상에서 균형점이 이동한다.

(2) LM곡선의 이동

중앙은행이 통화량을 M_0에서 M_1으로 증가시킨 경우 화폐시장은 초과공급상태가 된다. 소득수준이 변하지 않는다면 거래적 화폐수요가 변하지 않으므로 증가된 화폐공급은 투기적 화폐수요에 의해 흡수되어야 한다. 이 과정에서 균형이자율은 r_0에서 r_1으로 하락해야 한다. 주어진 소득수준 Y_0에서 화폐시장의 균형을 가져오기 위한 이자율의 하락은 LM곡선이 LM_0에서 LM_1으로 하방 또는 우측이동함을 의미한다.

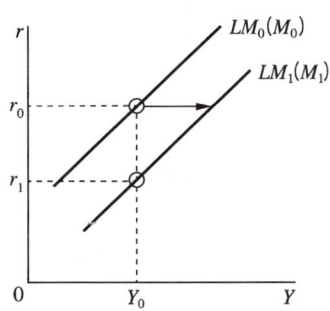

우측이동	좌측이동
• 통화공급량의 증가 • 물가수준의 하락 • 화폐수요의 감소	• 통화공급량의 감소 • 물가수준의 상승 • 화폐수요의 증가

5. 화폐시장의 균형 및 불균형

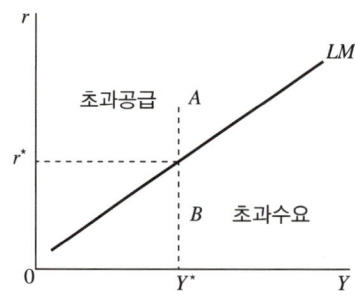

(1) LM곡선 상방영역(A점)

화폐시장의 균형을 보장하는 이자율 수준보다 높은 이자율 수준으로 화폐수요가 화폐공급보다 적은 초과공급영역이다.

(2) LM곡선 하방영역(B점)

화폐시장의 균형을 보장하는 이자율 수준보다 낮은 이자율 수준으로, 이는 화폐수요가 화폐공급수준보다 많은 초과수요영역이다.

6. 생산물시장과 화폐시장의 동시균형

(1) 균형국민소득과 균형이자율 결정

IS곡선과 LM곡선이 교차하는 점에서 균형국민소득과 균형이자율이 결정되며, 이 점에서 생산물시장과 화폐시장이 동시에 균형을 이루게 된다.

(2) 생산물시장과 화폐시장의 불균형

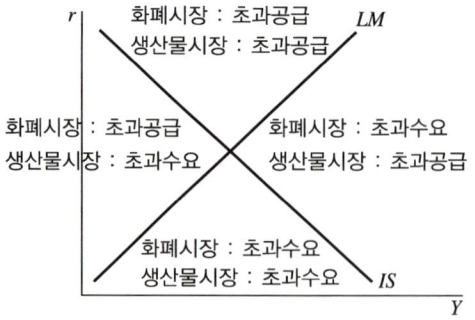

생산물시장에서 불균형이 발생하면 생산량을 통해서 불균형을 조정하며 화폐시장에서 불균형이 발생하면 이자율을 통해서 불균형이 조정된다.

03 총수요 - 총공급이론

1. 의의

생산물 시장의 균형과 화폐시장의 균형을 나타내는 IS – LM곡선으로부터 물가변화에 대한 총수요수준의 변화를 나타내는 총수요곡선을 도출할 수 있고 노동시장의 균형과 물가수준에 대한 기대 그리고 생산함수를 통하여 총공급곡선을 도출할 수 있다.

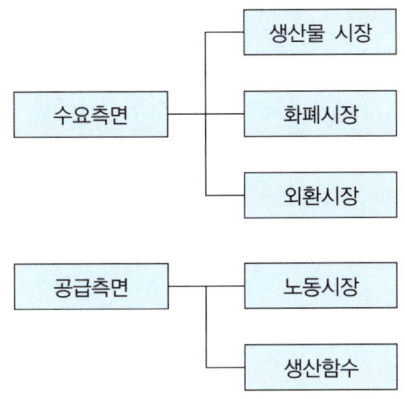

2. 총수요곡선

(1) 총수요곡선의 도출

물가수준이 하락하는 경우 실질통화공급량이 증가한다 $\left(\dfrac{M}{P_0} \to \dfrac{M}{P_1}\right)$. 실질통화공급량의 증가에 따라 이자율이 하락하고($r_0 \to r_1$), 투자가 증가하여 소득이 증가한다($Y_0 \to Y_1$). 물가와 총수요와의 관계는 물가가 하락하면 총수요가 증가하며 총수요곡선은 우하향한다.

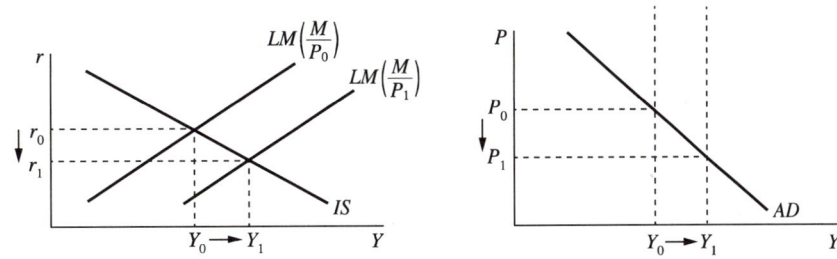

(2) 총수요곡선의 기울기

① 총수요곡선의 기울기는 물가하락에 따라 화폐시장에서 이자율이 하락할 때 이자율의 하락 정도와 이자율의 하락에 따른 소득의 증가의 크기와 관계 있다. 이자율 하락 정도는 화폐수요의 이자율탄력성과 관계가 있으며 이자율하락에 따른 소득의 증가는 투자의 이자율탄력성과 관계가 있다.
② IS곡선이 완만할수록(투자의 이자율탄력성이 클수록), LM곡선의 기울기가 급경사일수록(화폐수요의 이자율탄력성이 작을수록) 총수요곡선의 기울기는 완만해진다.

(3) 총수요곡선의 이동

IS곡선이나 LM곡선이 우측으로 이동하는 경우 총수요곡선은 주어진 물가수준에서 우측으로 이동한다. 그러나 물가수준의 변화에 따른 실질통화공급의 변화는 총수요곡선의 이동이 아닌 총수요곡선상의 이동에 해당한다.

3. 총공급곡선

(1) 총공급곡선(AS)의 개념
① 각각의 물가수준에서 기업전체가 생산하는 재화의 공급량을 나타내는 곡선을 말한다.
② 총공급의 크기는 한 나라가 보유한 생산요소(노동, 자본 등) 부존량과 생산기술(총생산함수)에 의하여 결정된다.

(2) 단기총공급곡선
① 단기총공급곡선은 생산요소의 가격은 고정되어 있으나 상품의 가격은 변할 수 있는 기간에 도출되는 곡선을 말한다.
② 단기총공급곡선은 불완전한 정보와 비신축적인 임금 및 가격 등의 변수로 인해 우상향 형태로 도출된다.

(3) 장기총공급곡선
① 생산요소와 생산물의 가격이 모두 변할 수 있는 장기에 도출되는 총공급곡선을 말한다.
② 장기에는 물가가 상승하더라도 경제 전체의 총생산량은 변하지 않으므로 총공급곡선은 자연산출량 수준에서 수직선이 된다.

(4) 총공급곡선의 이동요인
① 총공급곡선은 물가(P)와 국민소득(Y) 간의 관계를 나타내는 좌표평면에 그려지는 그래프이므로 물가의 변동은 총공급곡선상의 이동을 가져온다.
② 물가 이외의 국내외 생산요소 가격의 변화, 생산성의 변화, 제도의 변화 등의 요인들의 변동은 총공급곡선의 이동을 가져온다.
③ 총공급곡선을 우측으로 이동시키는 요인들은 다음과 같다.
  ⊙ 인구증가, 노동 의욕의 증가 등으로 임금이 하락하여 노동고용량이 증가하는 경우에는 총공급곡선이 우측으로 이동한다.
  ⓒ 석유 등 원자재 가격의 하락으로 국외 생산요소의 가격이 하락하면 생산요소투입량이 증가하게 되어 총공급곡선이 우측으로 이동한다.
  ⓒ 기술개발 등으로 인한 생산성의 증가는 평균 생산비용을 줄이게 되어 총공급곡선을 우측으로 이동시킨다.
  ② 법인세율의 인하는 생산비용을 감소시켜 총공급곡선을 우측으로 이동시킨다.
  ⑩ 기업에 대한 보조금은 생산비용을 감소시켜 총공급곡선을 우측으로 이동시킨다.

CHAPTER 10 거시경제안정화 정책

01 재정정책

1. 의의

정부지출과 조세를 변화시켜 물가안정, 완전고용(실업감소), 국제수지균형 등을 달성하여 경제를 안정화시키려는 경제정책을 말하며, 정부지출을 위한 재원을 조세수입이나 국·공채의 발행(일반인에게)으로 조달하는 경우로 통화공급량에 영향을 미치지 않는 경우를 말한다.

2. 정부예산제약식

[정부지출(G)] − [조세(T)] = [통화공급증가(ΔM)] + [국·공채발행(ΔB)]
정부지출과 조세의 크기가 동일한 경우를 균형예산(균형재정)이라 한다. 정부지출의 크기가 조세수입의 크기를 초과하는 경우를 재정적자(적자예산)라 하며, 부족한 재원은 화폐를 발행하거나 국·공채발행을 통해 조달하게 된다.

3. 경기변동과 재정의 기능

(1) 재정의 자동안정화장치

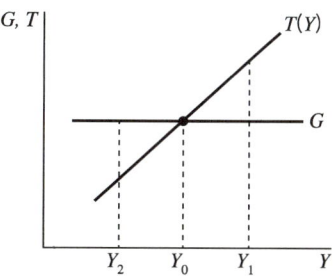

국민소득이 Y_0 일 때 정부지출(G)과 조세수입(T)은 동일하게 되어 균형재정상태를 이룬다. 국민소득이 Y_0 에서 Y_1 으로 경기가 과열되는 경우 조세수입(누출)이 증가하여 경기과열을 억제시켜 준다. 소득이 감소하는 경우에는 조세수입(누출)이 감소하여 경기침체를 완화시켜 준다. 재정의 자동안정화장치로는 누진세제도, 실업보험, 각종 사회보장제도 등이 있다.

(2) 재정적 견인(Fiscal Drag)

(3) 정책함정

4. 재정정책의 효과 : 확대재정정책

정부가 정부지출 증가나 조세의 감소 등 확대재정정책을 실시할 경우 IS곡선은 우측으로 이동하게 되어 [IS(G_0) → IS(G_1)] 국민소득은 증가하고(Y_0 → Y_1) 이자율도 상승한다(r_0 → r_1). 이자율 상승에 따라 케인스 단순모형에서의 승수효과보다 작은 소득의 증가가 발생하는데, 이처럼 정부지출 증가로 인한 총수요 증가효과가 민간투자의 감소로 상쇄되는 현상을 구축효과(Crowding-out Effect)라고 한다. 이러한 구축효과는 확대재정정책이 이자율을 상승시키기 때문에 발생하는 현상이다(구축효과 : $Y_2 - Y_1$).

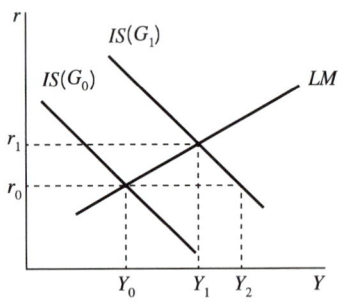

5. 재정정책의 상대적 유효성

(1) LM곡선의 기울기와 재정정책의 효과

LM곡선의 기울기가 완만한 경우(LM_2) 동일한 재정지출의 증가 시 이자율의 상승폭이 더 작다. 이는 이자율의 상승에 따른 투자의 구축효과가 작음을 의미하며 재정정책의 효과가 LM곡선의 기울기가 가파른 경우(LM_1)에 비하여 더 크다.

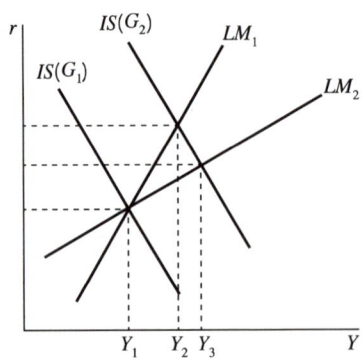

① LM_1의 경우 : $Y_1 → Y_2$
② LM_2의 경우 : $Y_1 → Y_3$

(2) IS곡선의 기울기와 재정정책의 효과

IS곡선의 기울기가 완만한 경우(IS^2)가 가파른 경우(IS^1)에 비하여 구축효과의 크기가 더 크다. 이는 투자의 이자율탄력성이 더 크기 때문이다. LM곡선이 일정한 경우 IS곡선의 기울기가 가파른 경우가 재정정책의 효과가 더 크다.

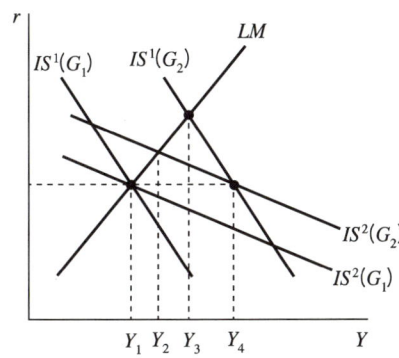

① IS^1의 경우 : $Y_1 \rightarrow Y_3$, 구축효과($Y_4 - Y_3$)
② IS^2의 경우 : $Y_1 \rightarrow Y_2$, 구축효과($Y_4 - Y_2$)

02 금융정책

1. 의의

중앙은행이 각종금융정책수단을 이용하여 통화량을 변화시킴으로써 물가안정, 완전고용(실업감소), 국제수지균형 등을 달성하려는 경제정책을 말한다.

2. 금융정책의 수단과 목표

정책수단	→	운용목표	→	중간목표	→	최종목표
• 공개시장조작 • 지급준비율		• 콜금리 • 본원통화 • 재할인율		• 통화량 • 이자율		• 완전고용 • 물가안정 • Inflation Targeting • 국제수지균형

(1) 최종목표
금융정책이 실현하고자 하는 국민경제상의 목표를 말한다.

(2) 운용목표
금융정책의 최종목표를 달성하기 위하여 금융정책 당국이 조절·통제하려고 하는 지표를 말한다.

(3) 정책수단

금융정책의 운용목표인 이자율과 통화량을 조절·통제하고자 금융정책 당국이 직접 사용할 수 있는 정책도구를 말한다.

3. 금융정책 수단

(1) 본원통화에 영향

① 공개시장 조작 정책 : 중앙은행이 공개시장에서 유동성이 높은 특정증권을 매매하여 통화량이나 금리조절을 하는 것을 말한다.
  ㉠ 시중은행 상대 : 매입 → 지불준비금 증가, 매각 → 지불준비금 감소
  ㉡ 민간상대 : 민간보유현금 변화
② 재할인율정책 : 재할인율이란 중앙은행으로부터 부족한 지불준비금 차입 시 부과되는 금리를 의미한다(재할인율 변경 → 지불준비금 변화 → 본원통화 변화).

(2) 통화승수에 영향(지불준비율조정정책)

지불준비금은 금융기관의 유동성을 유지할 목적으로 중앙은행에 예치하거나 은행이 보유하고 있는 현금을 의미한다(지불준비율 변경 → 신용창조능력 변화 → 통화량 변화=통화승수 변화).

4. 중간목표

(1) 의의

중간목표란 금융정책의 궁극적인 목표(물가안정 등)를 달성하기 위하여 중앙은행이 조절·통제하려는 지표를 말한다. 중간목표는 정책수단과 최종목표와의 매개역할을 하는 것으로 금융정책의 외부시차가 길고 가변적이기 때문에 필요하다. 중간목표의 변화를 통하여 최종목표를 예측 가능해야 하며 통제 및 측정 가능하여야 한다.

(2) 금융정책의 중간지표에 대한 학파별 견해

① 통화주의학파(주요지표 : 통화량)
  이자율지표는 매우 불완전한 정보를 제공하기 때문에 통화량을 금융지표로 사용해야 한다고 주장한다.
② 케인스학파(주요지표 : 이자율)
  통화량증감은 그 자체에 의미가 있는 것이 아니라 그것이 이자율을 변동시켜 투자수요(실물경제)에 영향을 미칠 때 그 의미가 있다고 주장한다.

5. 금융정책의 효과(확대금융정책)

중앙은행이 통화량증가를 통한 확대금융정책을 실시할 경우 통화공급의 증가로($M_1 \to M_2$) 화폐시장에서 초과공급이 발생하고 이자율이 하락한다($r_1 \to r_2$). 이자율의 하락에 따라 실물시장에서 투자가 증가하여 소득이 증가한다($Y_1 \to Y_2$).

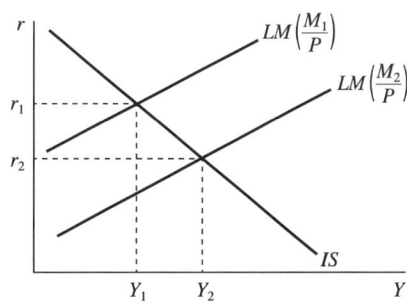

6. 금융정책의 상대적 유효성(IS곡선의 기울기와 금융정책)

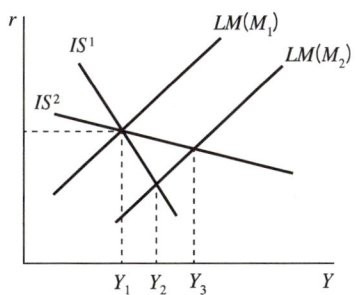

IS곡선의 기울기가 가파른 것은 투자의 이자율탄력성이 작기 때문이다. 금융정책은 통화공급증가에 따른 이자율하락과 이에 따른 투자의 증가로 그 효과가 발생한다. 투자의 이자율탄력성이 작은 경우는 이자율하락에 따른 투자의 증대효과가 적어 IS곡선의 기울기가 더 완만한 경우에 비하여 금융정책의 효과가 더 적게 나타난다.

① IS^1의 경우 : $Y_1 \to Y_2$
② IS^2의 경우 : $Y_1 \to Y_3$
③ LM곡선의 기울기와 금융정책의 효과

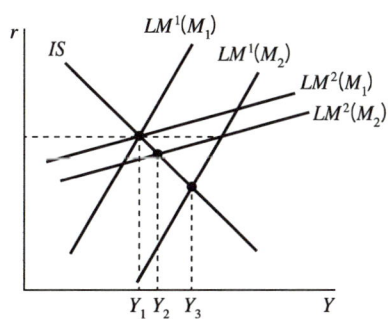

LM곡선의 기울기가 가파른 경우(LM^1)가 완만한 경우(LM^2)에 비하여 금융정책의 효과가 더 크게 나타난다. LM곡선의 기울기가 가파르다는 것은 화폐수요의 이자율 탄력성이 작다는 것을 의미한다. 이는 동일한 통화공급량이 증가한 경우 화폐시장의 균형을 회복하기 위한 이자율의 하락폭이 더 크다는 것을 의미하며, 투자의 증대에 의한 소득증대효과가 더 크게 나타난다.

㉠ LM^1의 경우 : $Y_1 \rightarrow Y_3$
㉡ LM^2의 경우 : $Y_1 \rightarrow Y_2$

CHAPTER 11 소비함수와 투자함수

01 소비함수

1. 절대소득가설(케인스)

(1) 가정

소비의 독립성, 소비의 가역성

(2) 내용

① 소비는 당기의 가처분소득에 의해서 결정된다.
  ☞ $C = C_0 + cY$ (C_0 : 기초소비, c : 한계소비성향, Y : 가처분소득)
② 소득이 증가하면 소비도 증가하나 증가한 소득 중 일부만 소비된다.
  ☞ 한계소비성향(MPC)은 0과 1 사이이다($0 < MPC < 1$).
③ 평균소비성향(APC)은 소득이 증가함에 따라 감소한다.

(3) 시사점

케인스의 절대소득가설은 소비가 가처분소득의 증가함수이므로 가처분소득을 증가시킬 수 있는 재정정책(조세정책)은 매우 효과적이다.

(4) 한계점

절대소득가설은 단기에 APC > MPC임을 설명할 수 있으나 장기에 APC = MPC가 됨을 설명하는 것은 불가능하다.

> **쿠즈네츠의 실증분석**
> - 횡단면분석 : 소득이 높을수록 평균소비성향은 감소한다(APC > MPC).
> - 단기시계열분석 : 호황기에는 APC가 낮고, 불황기에는 APC가 높다(APC > MPC).
> - 장기시계열분석 : 장기에는 APC가 일정하다(APC = MPC).

2. 상대소득가설(듀젠베리)

(1) 가정
소비행위의 상호의존성, 소비의 비가역성

(2) 내용
① **장기소비함수(LRC)** : 장기에 소득이 증가할 때 소비도 비례적으로 증가하면 장기에는 평균소비성향이 일정한 값을 갖게 된다. 즉, 장기소비함수가 원점을 통과하는 직선의 형태로 도출된다(APC=MPC).
② **단기소비함수(SRC)**
  ㉠ 전시효과(⇐ 소비의 상호의존성) : 경제주체의 소비행위는 자신의 소득뿐만 아니라 이웃 집단의 평균적인 소득에 따른 소비수준에도 영향을 받는다.
  ㉡ 톱니효과(⇐ 소비의 비가역성) : 소비는 현재의 소득뿐만 아니라 과거의 최고소득수준에도 영향을 받는다.

(3) 한계점
① 전시효과, 톱니효과에서는 소비자가 지나치게 비합리적인 소비를 한다고 가정하였다.
② 소득이 증가할 때는 소비가 증가하지만, 소득이 감소할 때는 비가역성으로 인해 소비가 별로 줄어들지 않으므로 소비함수가 비대칭적이다.

> **피셔의 2기간 모형**
> - 소비자균형에서는 현재소비와 미래소비 간의 소비자의 주관적인 교환비율(MRS)과 객관적인 교환비율인 상대가격$(1+r)$이 일치한다(MRS=$1+r$).
> - 소득흐름과 무관하게 소비를 일정하게 유지함으로써 더 높은 효용을 얻을 수 있다. ☞ 소비평준화의 동기
> - 이자율이 상승하거나 하락하면 현재소비의 상대가격이 변하므로 현재소비도 변한다.
> - 이 모형은 케인스의 절대소득가설과는 달리 개인들의 현재소비는 미래소득에 의해서도 영향을 받는다는 것을 보여주며, 항상소득가설, 생애주기가설, 랜덤워크가설의 이론적인 기초를 제공해 준다.

3. 항상소득가설(프리드먼)

(1) 개요
프리드먼은 실제소득이 항상소득과 임시소득의 합으로 구성된다고 보았으며, 항상소득이라는 개념을 도입하여 장단기소비함수를 설명하였다.
① **항상소득** : 정상적인 소득흐름으로 볼 때 확실하게 기대할 수 있는 장기적인 평균기대수입을 의미하며, 일반적으로 현재 및 과거의 소득을 가중평균하여 구한다.
② **임시소득** : 비정상적인 소득으로 예측 불가능한 임시적인 소득을 의미하며, 단기에는 임시소득이 $(+)$ 혹은 $(-)$가 될 수 있으나 장기에는 평균이 0이다.

(2) 내용
① 단기소비함수 : 단기소비함수는 소비축을 통과하는 직선의 형태이므로 호황기(고소득층)에는 평균소비성향이 감소하고 불황기(저소득층)에는 평균소비성향이 증가한다. 따라서 단기에 소득이 증가할수록 평균소비성향은 하락하게 된다.
② 장기소비함수 : 장기적으로 임시소득은 0이므로 평균소비성향은 일정하고 소비는 항상소득만의 함수이므로 한계소비성향과 평균소비성향은 일치한다(APC=MPC).

(3) 시사점과 한계점
① 단기적인 재정정책은 임시소득만 변화시키게 되므로 장기적으로는 항상소득을 변화시키는 정책만이 소비에 영향을 미칠 수 있다.
② 실제소득을 항상소득과 임시소득으로 구분하는 것은 어렵다.

4. 생애주기가설(모딜리아니, 앤도)

(1) 가정
① 소득의 흐름은 불규칙적이고 소비는 일생 동안 매우 안정적인 추세를 보인다.
② 즉, 소득이 낮은 유년기와 노년기에는 (−)의 저축이 발생하고, 소득이 높은 장년기에는 (+)의 저축이 발생한다.

(2) 내용
단기에는 자산소득이 고정되어 있으므로 단기소비함수는 소비축을 통과하는 우상향의 직선이고, 장기에는 자산소득이 노동소득에 비례해서 증가하므로 장기소비함수는 원점을 통과하는 직선의 형태이다.

(3) 시사점
① 단기적인 조세정책은 평생소득에 큰 영향을 미치지 못하므로 효과가 미약하다.
② 인구구성의 변화가 소비와 저축에 미치는 영향을 분석하는 데 유용하다. 예를 들어 기대수명이 길어질 것으로 예상되면 저축률 상승을 예상할 수 있다.
③ 생애주기가설은 항상소득과 임시소득의 구분 없이 전생애에 걸친 소득과 소비의 패턴을 관찰하는 데 주목하므로 개인의 현실적 소비행태에 초점을 맞춘다.

5. 랜덤워크가설(홀)

(1) 개요
① 항상소득가설에 합리적 기대를 도입하여 소비행태를 설명하는 이론이다.
  ※ 합리적 기대란 이용가능한 모든 정보를 이용하여 경제변수를 예상하는 것을 의미하며, 합리적 기대하에서는 체계적인 예상오차가 발생하지 않는다.
② 개인들은 합리적 기대를 통해 항상소득을 예상하고, 결정된 항상소득에 따라 소비를 결정한다.

(2) 시사점

① 미래의 소비를 예측하기 위해서는 전기의 소비만 알면 된다.
② 예상되지 못한 정책만이 소비를 변화시킬 수 있다.

02 투자함수

1. 현재가치법(고전학파)

(1) 의의

투자로 인한 기대수익의 현재가치(PV)와 자본재의 구입가격 또는 투자비용(C)을 비교하여 투자의사결정을 내리는 방법이다.

(2) 투자의사결정

$$[순현재가치(NPV)] = -C + \sum_{k=1}^{n} \frac{R_k}{(1+r)^k}$$

(R_k : k기의 기대수익, r : 이자율, n : 기대수익의 발생시점, C : 투자비용)

① NPV > 0 : 투자증가
② NPV < 0 : 투자감소
③ NPV = 0 : 투자불변

(3) 이자율과 투자

투자는 이자율의 감소함수이다. 즉, 이자율이 하락하면 기대수익의 현재가치가 증대되어 투자규모가 증가하게 되고, 이자율이 상승하면 기대수익의 현재가치가 감소하여 투자규모가 감소하게 된다.

2. 내부수익률법(케인스)

(1) 의의

① 내부수익률(투자의 한계효율, MEI)과 이자율을 비교하여 투자를 결정하는 방법이다.
② 내부수익률(m)이란 투자비용과 투자로부터 얻는 예상수입의 현재가치가 같도록 하는 할인율을 의미한다.

$$C = PV = \sum_{k=1}^{n} \frac{R_k}{(1+m)^k}$$

(2) 투자의사결정

기업가의 예상수익률을 의미하는 내부수익률이 자금조달비용인 이자율보다 높다면 투자규모가 증가하게 되고, 내부수익률이 자금조달비용인 이자율보다 낮다면 투자규모가 감소하게 된다.
① m > r : 투자증가
② m < r : 투자감소
③ m = r : 투자불변

(3) 이자율과 투자

① 투자의 한계효율이 이자율보다 크면 투자가 이루어지므로 이자율이 상승하여 투자의 한계효율 수준보다 높아지는 경우 투자는 감소하게 된다. 따라서 투자는 이자율의 감소함수이다.
② 케인스는 기업가의 장래에 대한 기대와 동물적 감각에 의해 투자가 결정되며, 투자의 이자율탄력성은 작다고 보았다.

3. 신고전학파의 투자결정이론

(1) 의의

기업의 이윤극대화를 추구하는 과정에서 적정자본량이 결정되고, 자본량을 적정수준으로 조정하는 과정에서 투자가 이루어지게 된다는 이론이다.

(2) 내용

① **자본의 사용자비용** : 자본의 사용자비용에 영향을 미치는 3가지 요인에는 이자비용, 감가상각비, 인플레이션이 있다.
   $C = (i + d - \pi)P_k = (r + d)P_k$
   (i : 명목이자율, d : 감가상각률, π : 인플레이션율, r : 실질이자율)
② **자본의 한계생산물가치** : 자본의 한계생산물가치란 자본 1단위의 투입으로 인하여 추가로 얻는 수입을 의미하며, 자본에 대해 수확체감의 법칙이 성립하므로 우하향하는 형태로 도출된다.
   $VMP_K = MP_K \times P$
③ **적정자본량의 결정** : 기업의 이윤이 극대가 되는 적정자본량은 자본의 한계생산물가치와 자본의 사용자비용이 같아지는 수준에서 결정된다.
   $MP_K \times P = (r + d)P_K$

(3) 투자결정원리

① 실질이자율이나 감가상각률이 하락하면 자본의 사용자비용이 하락하고 그에 따라 적정자본량이 증가하므로 투자가 증가한다.
② 인플레이션율이 상승하는 경우에도 자본의 사용자비용이 하락하여 적정자본량이 증가하므로 투자가 증가한다.

4. 단순가속도원리(사무엘슨, 힉스)

(1) 의의
유발투자를 설명하려는 이론으로 소득의 증가는 소비의 증가를 가져오고, 이러한 생산량(혹은 소비)의 변동보다 투자변동이 훨씬 더 큰 폭으로 이루어진다는 것을 설명한다.

(2) 내용
투자를 소득변동의 영향을 받는 것으로 설명하며, 소득의 변화는 투자에 가속도적인 영향을 미친다고 본다.

$I_t = K_t^* - K_{t-1} = vY_t - vY_{t-1} = v(Y_t - Y_{t-1}) = v\triangle Y$

[K_t^* : t기의 목표자본량, K_{t-1} : 전년도 자본량, v : 자본계수, Y_t : t기의 총생산량, Y_{t-1} : $(t-1)$기의 총생산량]

$v = \dfrac{K}{Y} \Rightarrow K = vY$

(3) 특징
한계소비성향이 클수록 유발투자가 증가하고, 소득증가분이 클수록 유발투자가 증가한다.

(4) 한계점
① 자본이 완전 이용된다는 가정을 전제로 하고 있다.
② 가속도계수(v)가 일정하다고 가정하고 있다.
③ 자본재가격이나 예상수익률을 고려하지 않고 있다.
④ 특정연도의 목표자본량이 당해연도에 모두 실현된다는 비현실적인 상황을 가정하고 있다.

5. 자본스톡조정모형(신축적 가속도원리)

(1) 의의
실제자본량(K_t)과 목표자본량(K^*) 간의 차이가 시차를 두고 서서히 메워진다고 보는 이론으로, 투자조정속도(λ)를 고려하였다.

(2) 내용
투자결정과 실제로 투자가 실행되는 데는 상당한 시차가 존재하므로 매기 투자는 ($K_t^* - K_{t-1}$)의 일정 비율(λ)만큼 이루어진다.

$I_t = K_t - K_{t-1} = \lambda(K_t^* - K_{t-1})$ (단, $0 < \lambda < 1$)

(3) 투자결정원리
① 목표생산량이 증가하거나 자본재가격이 하락하면 목표자본량이 증가하여 투자가 증가하게 된다.
② 이자율이 하락하면 자본재 보유의 기회비용이 낮아지므로 목표자본량이 증가하여 투자가 증가하게 된다.

(4) 평가

투자에 소요되는 시차를 고려하므로 단순한 가속도이론보다는 훨씬 더 현실적이다.

6. q – 이론(토빈)

(1) 의의

주식시장에서 평가된 기업의 가치와 실물자본의 대체비용을 비교하여 투자가 결정된다는 이론이다.

(2) 투자결정원리

$$q = \frac{(주식시장에서\ 평가된\ 기업의\ 시장가치)}{(기업의\ 실물자본의\ 대체비용)}$$

① $q > 1$: 주식시장가치 > 실물자본가치 ⇨ 투자증가
② $q < 1$: 주식시장가치 < 실물자본가치 ⇨ 투자감소
③ $q = 1$: 주식시장가치 = 실물자본가치 ⇨ 투자불변

> **이자율과 투자의 관계**
> • 이자율 상승 → 주가하락 → q 하락 → 투자감소
> • 이자율 하락 → 주가상승 → q 상승 → 투자증가

(3) 평가

전통적인 투자이론이 이자율, 국민소득 등을 설명변수로 하는 자본재 수요이론인 것에 비해 q – 이론은 주식시장에서 평가된 자본가치를 포함하여 투자유인에 대한 정보를 보다 포괄적으로 고려하고 있다.

CHAPTER 12 화폐금융론

01 화폐와 금융 개요

1. 화폐와 통화량

(1) 화폐의 정의와 기능
① 화폐란 재화나 서비스의 거래, 채권·채무관계의 청산 등 일상적인 거래에서 일반적으로 통용되는 자산을 의미한다.
② 화폐의 기능 : 교환의 매개수단, 가치의 척도, 장래지불의 표준, 가치저장수단, 회계의 단위

(2) 통화량과 통화지표
① 통화량이란 일정 시점에서 시중에 유통되고 있는 화폐의 양을 의미하며, 통화량을 적정수준으로 유지하는 것에 힘써야 한다.
② 통화지표와 유동성지표의 분류

통화 지표	M1 (협의통화)	[현금통화(민간보유현금)]+[요구불예금(당좌예금, 보통예금 등)]+[수시입출금식 저축성예금(은행의 저축예금, MMDA, 투신사 MMF)]
	M2 (광의통화)	M1+(정기예·적금 및 부금)+(시장형 상품)+(실적배당형 상품)+[금융채+기타(투신사 증권 저축, 종금사 발행어음 등)] *만기 2년 이상 상품은 제외
유동성 지표	Lf (금융기관 유동성)	M2+(만기 2년 이상 정기예·적금 및 금융채)+(증권금융 예수금)+[생명보험회사(우체국 보험 포함) 보험계약준비금 및 RP]+(농협 국민생명 공제의 예수금 등)
	L (광의유동성)	Lf+[정부 및 기업 등이 발행한 유동성 금융상품(국채, 지방채, 기업어음, 회사채 등)]

2. 금융과 금융기관

(1) 금융거래의 유형 : 직접금융, 간접금융

(2) 금융기관의 기능 : 거래비용의 절감, 위험의 축소, 유동성의 제고, 지급결제수단의 제공, 화폐의 공급

> **중앙은행의 기능**
> - 발권은행으로서의 기능
> - 통화금융정책의 집행
> - 외환관리업무
> - 은행의 은행으로서의 기능
> - 정부의 은행으로서의 기능

02 화폐공급

1. 본원통화

(1) 의의

중앙은행의 창구를 통하여 시중에 나온 현금을 본원통화 또는 고성능화폐라고 한다. 본원통화는 중앙은행이 발행한 것이므로 중앙은행의 통화성 부채이며, 예금은행의 예금통화 창조의 토대가 된다.

(2) 본원통화의 구성

본원통화		
현금통화	지급준비금	
현금통화	시재금	지급준비예치금
화폐발행액		지급준비예치금

① (본원통화) = [현금통화(민간보유)] + [지급준비금(은행보유)]
  ㉠ (지급준비금) = (법정지급준비금) + (초과지급준비금)
  ㉡ 법정지급준비금이란 예금은행이 예금액에서 예금주를 보호하기 위해서 정해 놓은 일정비율(법정지급준비율)만큼 보유해야 하는 준비금을 말한다.
② (지급준비금) = (시재금) + (지급준비예치금)
  ㉠ 시재금이란 지급준비금 중 예금은행의 금고에 보관 중인 현금을 말한다.
  ㉡ 지급준비예치금이란 지급준비금 중 중앙은행에 예치한 금액을 말한다.
③ 화폐발행액이란 본원통화 중 중앙은행에 예치된 지급준비예치금을 제외하고 민간이 보유한 현금통화와 은행이 보유한 시재금을 합한 현금총액을 말한다.

(3) 본원통화의 공급경로

① 중앙은행의 대차대조표

차변(자산)	대변(부채+자본)
• 정부에 대한 여신 • 예금은행에 대한 여신 • 유가증권 • 외화자산(외화예금) • 기타자산(현금, 금 등)	• 본원통화[=(화폐발행액)+(지급준비예치금)] • 정부예금 • 해외부채 • 기타부채

② 본원통화는 중앙은행의 자산이 증가하는 경우에 증가하게 된다. 즉, 정부재정적자가 증가하는 경우, 예금은행의 한국은행으로부터의 차입이 증가하는 경우, 국제수지가 흑자인 경우, 중앙은행이 유가증권을 구입하는 경우 본원통화는 증가하게 된다.

2. 통화공급방정식

(1) 통화승수(m)

통화승수란 본원통화가 1단위 공급되었을 때 통화량이 얼마나 증가하였는지를 나타낸다.

① 현금통화비율 $\left[c = \dfrac{\text{현금통화}(C)}{\text{통화량}(M)}\right]$ 이 주어져 있을 때의 통화승수

$$[\text{통화승수}(m)] = \dfrac{1}{c + z(1-c)} \ (z : \text{실제지급준비율})$$

② 현금예금비율 $\left[k = \dfrac{\text{현금통화}(C)}{\text{예금통화}(D)}\right]$ 이 주어져 있을 때의 통화승수

$$[\text{통화승수}(m)] = \dfrac{k+1}{k+z} \ (z : \text{실제지급준비율})$$

(2) 통화공급방정식

$$[\text{통화량}(M)] = [\text{통화승수}(m)] \times [\text{본원통화}(B)] = \dfrac{1}{c + z(1-c)} \times B$$

(3) 통화공급량의 결정요인

① 통화공급량은 민간부문, 예금은행, 중앙은행에 의해 결정된다.
   → 민간부문이 결정하는 현금통화비율과 예금은행이 결정하는 초과지급준비율이 일정하다면 통화 공급량은 중앙은행에 의해 결정되므로 통화공급곡선은 수직선으로 나타난다.
② 본원통화가 변하거나 통화승수가 커지면 통화공급곡선은 오른쪽으로 이동한다.
   → 현금통화비율(c)이 하락하거나 지급준비율(z)이 하락하는 경우 통화승수가 커지면서 통화공급이 증가하게 된다.

03 화폐수요

1. 고전적 화폐수량설(피셔)

(1) 교환방정식

$MV = PY$

(M : 통화량, V : 화폐유통속도, P : 물가, Y : 총산출량)

화폐유통속도(V)와 총산출량(Y)이 일정하다는 전제하에 물가(P)와 통화량(M)은 정비례한다. 즉, 교환방정식은 일정기간 동안의 총거래액(PY)과 그에 대한 일정기간 동안의 총지출액(MV)이 항상 일치함을 의미하는 항등식이다.

(2) 화폐수요이론의 도출

$M = \dfrac{1}{V} PY$

명목GDP($= PY$)만큼의 거래를 위해서는 명목국민소득의 일정비율($\dfrac{1}{V}$)만큼의 화폐가 필요하다는 의미이다(교환의 매개수단).

2. 현금잔고수량설(마샬, 피구)

(1) 가정

개인들은 소득의 수입시점과 지출시점이 완전히 일치하지 않고, 채권매매 시 비용이 발생하므로 명목국민소득 중 일정비율(k%)만큼은 화폐로 보유한다(가치의 저장수단).

(2) 현금잔고방정식

$M^d = kPY$ (k : 마샬k, 현금보유비율)

마샬k는 사회의 거래관습에 의해 결정되므로 일정하고, Y는 완전고용국민소득으로 일정하므로 화폐수요와 소득수준 간에는 일정한 비례관계가 유지된다. 즉, 개개인은 명목국민소득(PY) 중 일정비율(k%)만큼 화폐를 보유한다.

(3) 교환방정식(고전적 화폐수량설)과 비교

구분	고전적 화폐수량설	현금잔고수량설
화폐의 기능	교환의 매개수단	가치의 저장수단
화폐의 수요	화폐수요를 암묵적으로 도출 $M^d = \dfrac{1}{V} PY$	화폐수요를 명시적으로 도출 $M^d = kPY$
화폐의 수량	유량(Flow)	저량(Stock)

3. 유동성 선호설(케인스)

(1) 화폐수요의 동기
거래적 동기의 화폐수요, 예비적 동기의 화폐수요, 투기적 동기의 화폐수요

> **유동성함정**
> 경기가 매우 침체된 상태에서 나타나는 유동성함정은 이자율이 매우 낮은 경우 모든 개인들이 이자율의 상승(채권가격의 하락)을 예상하여 화폐수요를 무한히 증가시키는 구간을 말한다. 즉, 유동성함정에서 투기적 화폐수요의 이자율탄력성은 무한대가 된다. 유동성함정에서는 모든 유휴자금의 증가분이 투기적 화폐수요로 흡수되기 때문에 금융정책의 효과는 없다.

(2) 케인스의 화폐수요곡선
① 케인스의 화폐수요곡선의 이동

$$\frac{M^d}{P} = L_T(Y) + L_S(r) = L(Y, r)$$

화폐수요는 거래적·예비적 화폐수요와 투기적 화폐수요의 합으로 나타낸다. 소득의 변화는 거래적 화폐수요를 변화시키므로 화폐수요곡선은 소득증가 시 우측으로, 소득감소 시 좌측으로 이동한다. 이자율이 변하는 경우에는 화폐수요곡선상에서 이동하게 된다.

② 특징
㉠ 케인스는 화폐수요의 동기 중 투기적 동기에 의한 화폐수요(L_S)를 중요시하였으며, 투기적 화폐수요는 이자율의 감소함수이다.
- 이자율이 상승하는 경우 : 이자율과 역의 관계인 채권가격이 하락하고 이에 따라 채권의 가격 상승을 예상한 경제주체는 채권을 매입하여 화폐에 대한 수요가 감소한다.
- 이자율이 하락하는 경우 : 이자율이 하락하는 경우 채권의 가격이 상승하고 정상가격보다 상승한 채권의 가격수준에 대해 경제주체는 채권의 가격하락을 예상하여 채권의 보유를 줄이고 화폐를 보유하여 화폐에 대한 수요가 증가한다.

㉡ 케인스는 이자율이 화폐시장에서 화폐수요와 화폐공급이 일치하는 수준에서 결정되는 것으로 본다. 반면, 고전학파는 이자율이 대부자금시장에서 대부자금의 수요(투자)와 대부자금의 공급(저축)이 일치하는 수준에서 결정되는 것으로 본다.

㉢ 이자율의 변화요인
- 국민소득이 증가하면 거래적 화폐수요가 증가하여 화폐수요곡선이 오른쪽으로 이동하므로 이자율이 상승한다.
- 중앙은행이 통화공급량을 증가시키면 화폐공급곡선이 오른쪽으로 이동하므로 이자율이 하락한다. 반면, 물가수준이 상승하면 실질통화공급이 감소하므로 이자율이 상승한다.

4. 신화폐수량설(프리드먼)

(1) 의의
고전학파는 화폐의 자산으로서의 기능을 무시하고 교환의 매개수단으로서의 기능만을 강조하였다. 반면, 케인스는 화폐를 하나의 자산으로 보유하는 가치저장의 기능을 중시하였다. 이에 대해 프리드먼도 화폐를 자산으로 보유하는 가치저장의 기능을 인정하였지만 케인스와는 달리 화폐수요가 매우 안정적이라고 주장하였다.

(2) 신화폐수량설의 화폐수요함수
① 화폐수요의 결정요인
　㉠ 프리드먼의 신화폐수량설에서 실질화폐수요$\left(\dfrac{M^d}{P}\right)$에 영향을 미치는 변수에는 개인의 부(W)로부터 발생하는 항상소득(Y_P), 채권수익률, 주식수익률, 화폐수익률 등의 수익률(r), 예상인플레이션율(π^e) 등이 있다.

$$\dfrac{M^d}{P} = f(Y_P,\ r,\ \pi^e)$$

　㉡ 일반적으로 항상소득이 증가하면 화폐수요가 증가하고, 여러 자산의 수익률 또는 예상인플레이션율이 상승하면 화폐수요는 감소한다.

② 특징
　㉠ 프리드먼은 신화폐수량설에서 유통속도는 이자율과 예상인플레이션율의 영향을 받는 함수이지만 그 정도가 매우 미미하다고 주장한다. 즉, 화폐수요의 이자율 탄력성이 매우 낮으므로 화폐수요함수가 매우 안정적이다.
　㉡ 화폐수요가 안정적이기 때문에 통화량의 변화가 명목국민소득 결정에 가장 중요한 결정요인이다.
　㉢ 통화지표로 통화량을 중시하였으며, 규칙적인 k% 룰의 통화준칙을 실시하라고 주장하였다.
　㉣ 화폐유통속도(V)가 안정적이므로 통화량의 변화는 단기적으로 명목국민소득(PY)에 매우 큰 영향을 미치나 장기적으로는 물가상승만 초래한다.

5. 각 학파의 화폐수요함수 및 유통속도에 대한 견해

구분	고전적 화폐수량설	케인스의 유동성 선호설	프리드먼의 신화폐수량설
화폐의 기능	교환의 매개수단 강조	가치저장수단 강조	가치저장수단 강조
화폐수요 결정요인	명목국민소득(PY)	소득과 이자율 → 이자율 강조	소득과 이자율 → 항상소득(Y_P) 강조
화폐유통속도	일정 (외생적 결정 변수)	불안정적	안정적
화폐수요함수	$M^d = \dfrac{1}{V}PY$	$\dfrac{M^d}{P} = L_T(Y) + L_S(r)$	$\dfrac{M^d}{P} = k(r,\ \pi^e)\, Y_P$
화폐수요함수의 안정성	매우 안정적	불안정적	매우 안정적
화폐수요의 이자율탄력성	완전 비탄력적	탄력적	비탄력적
화폐수요의 소득탄력성	1(단위 탄력적)	매우 비탄력적	1에 가깝다.

04 금융정책

1. 의의

중앙은행이 각종 금융정책수단을 이용하여 물가안정, 완전고용, 경제성장, 국제수지균형 등의 정책목표를 달성하려는 경제정책으로, 중간목표관리제와 물가안정목표제로 구분된다.

2. 중간목표관리제와 물가안정목표제

(1) 중간목표관리제

① 중간목표 변수로는 주로 이자율, 통화량 등이 사용된다.
  ㉠ 케인스학파는 이자율의 급격한 변동이 투자를 불안정하게 하여 실물부문의 불안정성이 초래되므로 이자율을 중간목표로 사용하는 것이 바람직하다고 주장한다.
  ㉡ 반면, 통화론자들은 통화량을 자주 조정하면 인플레이션이 발생하므로 물가안정을 위해서는 통화량을 중간목표로 사용하는 것이 바람직하다고 주장한다.

> **통화공급목표의 설정**
>
> $$\frac{\triangle M}{M} + \frac{\triangle V}{V} = \frac{\triangle P}{P} + \frac{\triangle Y}{Y}$$
>
> (통화공급 증가율)+(유통속도 증가율)=(물가 상승률)+(경제성장률)

② 일반적인 금융정책수단

공개시장 조작정책	공개시장에서 국공채를 매입·매각함으로써 통화량과 이자율을 조정하는 정책을 말한다. • 국공채매입 ⇨ 본원통화 증가 ⇨ 통화량 증가 ⇨ 이자율 하락 • 국공채매각 ⇨ 본원통화 감소 ⇨ 통화량 감소 ⇨ 이자율 상승
재할인율 정책	예금은행이 중앙은행으로부터 차입할 때 적용받는 이자율인 재할인율을 조정함으로써 통화량과 이자율을 조정하는 정책을 말한다. • 재할인율 하락 ⇨ 예금은행의 차입 증가 ⇨ 본원통화 증가 ⇨ 통화량 증가 ⇨ 이자율 하락 • 재할인율 상승 ⇨ 예금은행의 차입 감소 ⇨ 본원통화 감소 ⇨ 통화량 감소 ⇨ 이자율 상승
지급준비율 정책	법정지급준비율을 변화시킴으로써 통화승수의 변화를 통하여 통화량과 이자율을 조정하는 정책을 말한다. • 지급준비율 감소 ⇨ 통화승수 증가 ⇨ 통화량 증가 ⇨ 이자율 하락 • 지급준비율 증가 ⇨ 통화승수 감소 ⇨ 통화량 감소 ⇨ 이자율 상승

(2) 물가안정목표제

① 운용방식과 운용목표

㉠ 물가안정목표제란 중간목표 없이 공개시장조작정책 등의 정책수단을 이용하여 최종목표인 물가안정을 달성하는 통화정책 운용체계를 말한다.

㉡ 우리나라에서는 '한국은행 기준금리'가 운용목표로 사용되며, 소비자물가상승률을 물가안정목표로 설정한다.

> **기준금리 조정의 효과(기준금리 인상 시)**
> - 기준금리 인상으로 이자율이 상승하면 투자가 감소한다.
> - 기준금리가 인상되면 장기금리인 채권수익률이 상승하게 되어 주식에 대한 수요가 감소하게 된다(주가하락 ⇨ 토빈의 q 하락 ⇨ 투자감소).
> - 기준금리 인상으로 은행의 대출금리가 상승하면 주택구입자금 대출 시 이자비용이 증가하므로 주택수요가 감소한다(부동산가격 하락 ⇨ 주택투자 감소).
> - 기준금리가 인상되면 해외자본이 유입되어 환율이 하락하므로 순수출이 감소한다.
> - 기준금리가 인상되면 자산가격이 하락하므로 소비가 감소한다.

② 도입효과

물가안정목표제 도입으로 중앙은행이 '물가안정'을 최고로 중시하게 됨에 따라 중앙은행의 통화정책에 대한 신뢰도가 높아지고, 인플레이션율이 낮아지는 효과가 발생한다.

13 | 총수요와 총공급이론

01 IS곡선과 LM곡선

1. 생산물시장과 IS곡선

(1) IS곡선의 개념

① IS곡선이란 생산물시장의 균형이 이루어지는 이자율(r)과 국민소득(Y)의 조합을 나타내는 직선을 말한다.

② 생산물시장의 균형은 투자(I)와 저축(S)이 일치하는 점에서 결정되는데, 여기서 투자는 이자율의 감소함수, 저축은 가처분소득의 증가함수로 주어진다고 가정한다.

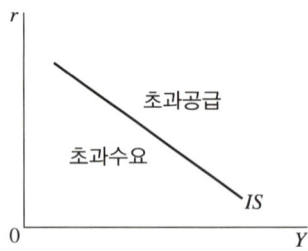

③ 이자율이 하락하면 투자가 증가하고, 투자증가는 총수요 증가를 통해 국민소득을 증가시킨다. 그러므로 이자율이 하락할 때 균형국민소득이 증가하므로 이자율과 국민소득의 조합을 나타내는 IS곡선은 우하향의 형태로 도출된다.

④ IS곡선의 상방부분은 균형보다 이자율이 높으므로 투자과소로 생산물시장은 초과공급 상태이며, IS곡선의 하방부분은 균형보다 이자율이 낮으므로 투자과다로 생산물시장은 초과수요상태이다.

(2) IS곡선의 함수식

① 균형국민소득 결정식에 아래 주어진 변수들을 대입한다.

- $Y = AE$
- $C = C_0 + cY_d \,(0 < c < 1)$
- $T = T_0 + tY \,(t > 0)$
- $I = I_0 - br \,(b > 0)$
- $G = G_0$
- $M = M_0 + mY \,(0 < m < 1)$

- $AE = C + I + G + (X - M)$
- $Y_d = Y - T$

- $X = X_0$

$$Y = C_0 + c(Y - T_0 - tY) + I_0 - br + G_0 + (X_0 - M_0 - mY)$$
$$(1 - c(1-t) + m)Y = C_0 - cT_0 + I_0 - br + G_0 + X_0 - M_0$$
$$Y = \frac{1}{[1-c(1-t)+m]}(C_0 - cT_0 + I_0 + G_0 + X_0 - M_0) - \frac{b}{[1-c(1-t)+m]}r$$

② IS곡선의 함수식을 도출한다.

$$r = -\frac{[1-c(1-t)+m]}{b}Y + \frac{1}{b}(C_0 - cT_0 + I_0 + G_0 + X_0 - M_0)$$

(3) IS곡선의 기울기 결정요인

① 투자의 이자율탄력성(b)이 클수록 IS곡선은 완만하다(탄력적이다).

학파	b크기	IS곡선 기울기	효과적인 정책
케인스학파	작다	급경사	재정정책
통화주의학파	크다	완만	금융정책

② 한계소비성향(c)이 클수록 IS곡선은 완만하다(탄력적이다).
③ 한계저축성향(s)이 클수록 IS곡선이 급경사이다(비탄력적이다).
④ 세율(t)이 높을수록 IS곡선이 급경사이다(비탄력적이다).
⑤ 한계수입성향(m)이 클수록 IS곡선이 급경사이다(비탄력적이다).

(4) IS곡선의 이동요인

① 소비, 투자, 정부지출, 수출이 증가할 때 IS곡선은 오른쪽으로 수평이동한다.
② 조세, 수입, 저축이 증가할 때 IS곡선은 왼쪽으로 수평이동한다.

2. 화폐시장과 LM곡선

(1) LM곡선의 개념

① LM곡선이란 화폐시장의 균형이 이루어지는 이자율(r)과 국민소득(Y)의 조합을 나타내는 선을 말한다.
② 화폐시장의 균형은 화폐의 수요(M^d)와 공급(M^s)이 일치하는 점에서 결정되며, 거래적·예비적 화폐수요는 국민소득의 증가함수이고 투기적 화폐수요는 이자율의 감소함수이다.

$$\frac{M^d}{P} = kY - hr \ (k>0, \ h>0)$$

③ 통화공급은 중앙은행에 의해 외생적으로 주어진 상태에서 국민소득의 증가로 거래적 화폐수요가 증가하면 화폐시장은 초과수요상태가 되며, 이러한 화폐시장이 다시 균형으로 복귀하기 위해서는 이자율이 상승하여 투기적 화폐수요가 감소해야 하기 때문에 LM곡선은 우상향의 형태로 도출된다.

④ LM곡선의 상방부분은 균형보다 이자율이 높으므로 투기적 화폐수요가 적기 때문에 화폐시장의 초과공급(채권시장의 초과수요) 상태이며, LM곡선의 하방부분은 균형보다 이자율이 낮으므로 투기적 화폐수요가 많기 때문에 화폐시장의 초과수요(채권시장의 초과공급) 상태이다.

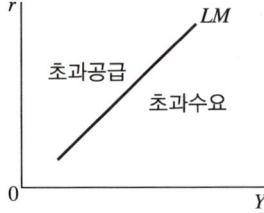

(2) LM곡선의 함수식

① 화폐수요함수와 화폐공급함수를 연립한다.
(단, 물가수준은 P_0로 주어져 있고, 중앙은행의 명목통화량은 M_0라고 가정한다)

$$\frac{M^s}{P} = \frac{M^d}{P} \Rightarrow \frac{M_0}{P_0} = kY - hr$$

② LM곡선의 함수식을 도출한다.

$$r = \frac{1}{h}\left(kY - \frac{M_0}{P_0}\right) = \frac{k}{h}Y - \frac{1}{h}\frac{M_0}{P_0}$$

(3) LM곡선의 기울기 결정요인

① 화폐의 소득탄력성(마샬k)이 작을수록 LM곡선은 완만하다(탄력적이다).
② 화폐의 유통속도가 클수록 LM곡선은 완만하다(탄력적이다).
③ 화폐의 이자율탄력성(h)이 클수록 LM곡선은 완만하다(탄력적이다).

학파	h	LM곡선 기울기	효과적인 정책
케인스학파	크다	완만	재정정책
통화주의학파	작다	급경사	금융정책

(4) LM곡선의 이동요인

① 통화량이 증가할 때 LM곡선은 오른쪽으로 수평이동한다.
② 물가가 상승할 때 실질통화량이 감소하게 되므로 LM곡선은 왼쪽으로 수평이동한다.
③ 거래적 동기의 화폐수요가 증가할 때 LM곡선은 왼쪽으로 수평이동한다.

3. 생산물시장과 화폐시장의 균형

IS곡선과 LM곡선이 교차하는 점에서 생산물시장과 화폐시장의 동시적 균형이 이루어지며, 교차하는 점에서 균형국민소득과 균형이자율이 결정된다.

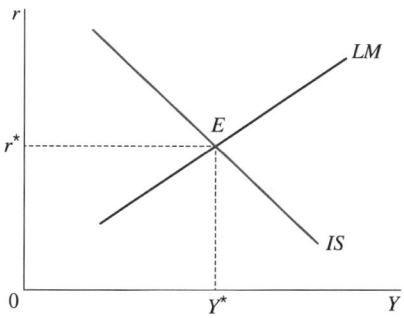

02 총수요곡선과 총공급곡선

1. 총수요곡선(AD)과 총공급곡선(AS)의 개요

(1) 총수요곡선과 총공급곡선에서는 물가가 가변적인 경우를 분석한다.

(2) 총수요곡선은 IS – LM모형으로부터 도출되므로 생산물시장과 화폐시장을 모두 고려하며, 총공급곡선은 노동시장과 총생산함수에 의해 도출되므로 노동시장이 고려된다.

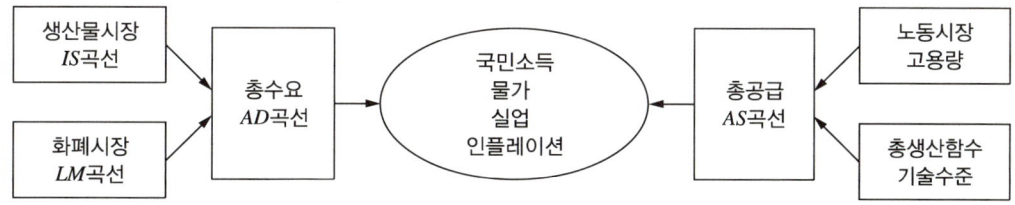

2. 총수요곡선(AD)

(1) 총수요곡선(AD)의 개념

① 총수요곡선(AD)이란 각각의 물가수준에서 수요되는 실질총생산(총수요)의 크기를 나타내는 곡선을 말한다.

② 총수요란 가계, 기업, 정부, 외국이 국내에서 생산된 최종생산물(실질GDP)에 대해 구매하고자 하는 재화의 양을 말한다.

$$[총수요(AD)] = [가계소비수요(C)] + [기업투자수요(I)] + [정부지출수요(G)] + [순수출수요(X-M)]$$

(2) 총수요곡선(AD)이 우하향하는 이유

① 실질잔고 효과(Real Balance Effect)

부의 효과	자산가격이 상승하면 소비도 증가하는 현상을 말한다.
실질잔고 효과	통화정책을 실시하여 명목통화공급이 증가하면 실질잔고가 정상치를 벗어나 부의 증가를 초래하여 최종적으로 소비가 증가하는 현상을 말한다.
피구 효과	경제불황이 발생하여 물가가 하락하면 민간이 보유한 화폐의 구매력이 증가하므로 실질적인 부가 증가하는 효과가 발생하고, 실질부가 증가하면서 소비도 증가하는 현상을 말한다.

② 이자율 효과
  ㉠ 물가가 하락하면 실질통화량이 증가하게 되어 이자율이 하락하므로 기업의 투자와 소비자의 소비가 증가한다.
  ㉡ 물가가 하락하여 기업의 투자와 소비자의 소비가 증가하면 총수요가 증가한다.

③ 무역수지 효과
  ㉠ 우리나라의 물가수준이 하락하면 상대적으로 우리나라에서 생산된 상품가격이 외국에서 생산된 상품가격보다 하락하게 되므로 순수출이 증가한다.
  ㉡ 물가하락으로 인하여 순수출이 증가하면 총수요가 증가한다.

(3) 총수요곡선의 이동요인

① 물가수준이 주어져 있을 때 총수요의 구성요소(C, I, G, $X-M$) 중 일부가 증가하면 총수요곡선은 오른쪽으로 이동한다.
② 일반적으로 IS곡선이나 LM곡선이 오른쪽으로 이동하면 총수요가 증가하게 되므로 총수요곡선이 오른쪽으로 이동한다.

총수요곡선이 오른쪽으로 이동하는 경우	
IS곡선의 우측이동	LM곡선의 우측이동
• 소비자의 소비지출(C)이 증가하는 경우 • 기업의 투자지출(I)이 증가하는 경우 • 정부의 정부지출(G)이 증가하는 경우 • 순수출(NX)이 증가하는 경우	• 화폐공급(M^s)이 증가하는 경우 • 화폐수요(M^d)가 증가하는 경우

㉠ 소비지출이 증가하는 경우
  • 일반적으로 소비자 부(Wealth)의 증가는 소비를 증가시켜 총수요곡선을 우측으로 이동하게 한다.
  • 미래에 소득이 증가할 것으로 예상하는 소비자의 기대도 소비지출을 증가시켜 총수요곡선을 우측으로 이동하게 한다.
㉡ 투자지출이 증가하는 경우
  • 실질이자율이 하락하는 경우 차입비용이 감소하여 투자 여력이 증가하게 되고, 이는 총수요의 증가로 이어져 총수요곡선을 우측으로 이동하게 한다.
  • 미래에 새로운 기술의 개발 등으로 인해 향후 투자에 대한 기대수익이 높은 경우에 투자가 증가하여 총수요곡선을 우측으로 이동하게 한다.
㉢ 정부지출이 증가하는 경우
  • 도로, 항만의 건설이나 국방비 증가 등의 재정정책은 정부지출을 증가시켜 총수요곡선을 우측으로 이동하게 한다.

ⓔ 순수출이 증가하는 경우
- 해외소득이 증가하면 우리나라 상품도 소비가 증가하게 되므로 우리나라 총수요곡선은 우측으로 이동한다.
- 명목환율의 상승은 해외시장에서 가격경쟁력을 높여 수출이 증가하게 되어 총수요곡선은 우측으로 이동한다.

3. 총공급곡선(AS)

(1) 총공급곡선(AS)의 개념
① 총공급이란 국가경제에서 일정 기간 동안 생산되는 재화 및 서비스 공급의 총합으로, 한 나라가 보유한 생산요소(노동, 자본 등) 부존량과 생산기술(총생산함수)에 의하여 결정된다.
② 총공급곡선(AS)은 각각의 물가수준(P)에서 기업전체가 생산하는 재화의 총공급(AS)과의 관계를 나타내는 곡선이다. 총공급곡선은 유가 상승 등의 이슈로 기업의 생산비용이 올라가면 좌측 또는 위로 이동하고, 인건비 감소 등으로 같은 상황에서 더 많은 생산이 가능할 경우 우측 또는 아래로 이동하는 등 변화를 보인다.

(2) 단기총공급곡선
① 생산요소의 가격, 즉 생산 비용이 고정된 것으로 볼 수 있으나 상품의 가격이 변할 수 있는 단기에 물가와 총생산물의 공급량 사이에 도출되는 곡선을 말한다.
② 물가의 상승으로 인해 기업의 이윤이 증가하지만 생산 비용이 고정되어 있으면 생산량이 증가하기 때문에 총공급곡선은 우상향하는 형태가 된다(단, 주어진 물가수준에서 원하는 만큼 생산이 가능한 경우 총공급곡선은 수평이 된다).
③ 단기총공급곡선이 우상향함을 설명하는 모형은 다음과 같다.

화폐환상모형 (비대칭 정보모형)	- 케인스학파와 통화주의학파의 총공급곡선 모형이다. - 노동자들이 기업에 비해 물가에 대한 정보가 부족하여 물가 상승 시 노동자들이 임금상승을 제대로 인식하지 못하는 경우 실질임금이 하락하고 고용량이 증가하는 현상을 설명한다. - 물가상승 시 고용량이 증가하므로 총공급곡선은 우상향한다.
비신축적임금모형 (명목임금 경직성모형)	- 노동자들은 예상임금을 바탕으로 명목임금 계약을 체결하므로 명목임금은 경직적이다. - 명목임금이 경직적인 상황에서 물가가 상승하면 실질임금이 하락하므로 고용량이 증가하는 현상을 설명한다. - 물가상승 시 고용량이 증가하므로 총공급곡선은 우상향한다.
불완전정보모형	- 루카스에 의해 개발된 새고전학파의 총공급곡선 모형이다. - 각 개별생산자들은 다른 재화 가격에 대한 불완전한 정보로 인해 물가상승 시 자신이 생산하는 재화의 가격만 상승한 것으로 인식하는 경우에는 생산량을 증가시키게 되는 현상을 설명한다. - 물가상승 시 생산량이 증가하므로 총공급곡선이 우상향한다.
비신축적가격모형	- 새케인스학파의 총공급곡선이다. - 일부기업은 총수요증가로 물가가 상승할 때 메뉴비용 등으로 인해 가격조정 대신 생산량을 증가시키는 현상을 설명한다. - 물가상승 시 생산량이 증가하므로 총공급곡선이 우상향한다.

(3) 장기총공급곡선
① 생산요소 및 생산물의 가격이 모두 변할 수 있는 장기간에 걸쳐 도출되는, 잠재적인 총생산을 나타내는 총공급곡선을 의미한다.
② 단기와 달리 장기에는 노동자들이 미래의 물가수준을 예측할 수 있기 때문에 물가가 상승하더라도 경제전체의 총생산량은 변하지 않는다. 따라서 총공급곡선은 자연국민소득수준에서 수직선을 나타내게 된다.
③ 고전학파의 경우 가격변수가 신축적이고 경제주체들의 완전예견($P_t^e = P_t$)을 가정하고 있으므로 단기에도 총공급곡선이 수직선으로 도출된다.

(4) 총공급곡선의 이동요인
① 물가의 변동
② 생사요소 가격, 생산성, 제도의 변화
③ 노동고용량의 증가(우측으로 이동)
④ 생산요소 투입량의 증가(우측으로 이동)
⑤ 생산성의 증가 및 법인세율의 인하, 기업에 대한 보조금으로 인한 평균생산비용 감소(우측으로 이동)

4. 균형물가 및 균형생산량의 결정

(1) 균형의 형성
① 총수요곡선과 총공급곡선이 교차하는 점에서 균형물가와 균형생산량이 결정된다.
② GDP란 균형생산량을 의미한다.

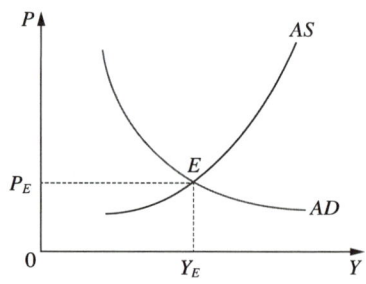

(2) 불균형 시 조정과정
① 총수요(AD)가 총공급(AS)을 초과하는 경우에는 세율 인상, 정부지출 축소, 이자율 인상 등의 총수요억제정책을 활용하여 균형으로 조정해 간다.
② 총공급(AS)이 총수요(AD)를 초과하는 경우에는 세율 인하, 정부지출 확대, 이자율 인하 등의 총수요확대정책을 활용하여 균형으로 조정해 간다.

CHAPTER 14 인플레이션과 실업

01 인플레이션

1. 물가지수

(1) 개념

물가의 움직임을 구체적으로 측정한 지표로서 일정 시점을 기준으로 그 이후의 물가변동을 백분율(%)로 표시한다.

(2) 측정

$$(물가지수) = \frac{(비교\ 시의\ 물가수준)}{(기준\ 시의\ 물가수준)} \times 100$$

(3) 물가지수 작성방법

① 라스파이레스 방식(LPI) : $\dfrac{\sum P_i Q_0}{\sum P_0 Q_0} \times 100$

기준연도의 거래량을 가중치로 사용하며 소비자물가지수, 생산자물가지수 등의 계산에 이용된다. 일반물가수준의 상승을 과대평가한다.

② 파셰 방식(PPI) : $\dfrac{\sum P_i Q_i}{\sum P_0 Q_i} \times 100$

비교연도의 거래량을 가중치로 사용하며 GDP디플레이터 계산에 이용된다. 파셰 방식은 일반물가수준의 상승을 과소평가한다.

(4) 물가지수의 종류

소비자물가지수(CPI), 생산자물가지수(PPI), GDP디플레이터

(5) 화폐의 구매력(화폐의 일반적인 교환가치)

$$\text{(화폐가치)} = \frac{1}{\text{(물가수준)}} \times 100$$

- 물가상승 → 화폐구매력 감소 → 화폐가치 하락
- 물가하락 → 화폐구매력 증가 → 화폐가치 상승

2. 인플레이션

(1) 개념
인플레이션이란 물가수준이 지속적으로 상승하여 화폐가치가 하락하는 현상을 말한다.

(2) 인플레이션의 종류(발생원인에 따른 분류)
① 수요견인 인플레이션 : 총수요(AD)증가로 인한 인플레이션
② 비용인상 인플레이션 : 총공급(AS)감소로 인한 인플레이션
③ 혼합형 인플레이션 : 총수요증가와 총공급감소가 동시에 발생함으로 인한 인플레이션

(3) 인플레이션 원인과 대책
① 수요견인 인플레이션
  ㉠ 고전학파와 통화주의학파
    인플레이션의 원인을 지나친 통화공급으로 파악하여 통화량을 적절히 조절한다면 인플레이션을 제거할 수 있다고 보았다. 특히 통화주의자들은 통화량 증가율은 경제성장률에 맞추어 매년 일정하게 유지하는 준칙($k\%$ 준칙)에 입각한 통화정책의 실시를 강력하게 주장하였다.
  ㉡ 케인스학파
    총수요의 증가에 의해 발생한 인플레이션을 긴축적인 총수요관리정책(긴축재정, 긴축금융정책)을 통해 억제한다.
② 비용인상 인플레이션
  ㉠ 케인스학파
    비용인상 인플레이션을 임금인상, 이윤인상, 석유파동, 원자재가격상승 등으로 인한 AS곡선의 좌측이동으로 인해 발생하는 것으로 파악한 케인스학파는 총공급관리정책을 통해 비용인상 인플레이션을 억제하려 한다. 총공급관리정책이란 정책당국이 생산성 증가율의 범위 내에서 임금 등의 가격상승을 억제하는 정책을 실시하여 인플레이션을 억제하고자 하는 정책을 말한다.
  ㉡ 통화주의학파와 합리적 기대학파
    재량에 의한 금융정책으로 수요견인 인플레이션이 발생하여 경제주체들이 그 수요견인 인플레이션에 적응적(합리적)으로 대응하는 과정에서 비용인상 인플레이션이 발생한다고 보았다. 따라서 준칙에 의한 통화정책을 통하여 민간의 물가수준에 대한 기대가 실제물가수준와 일치할 수 있도록 하는 것을 중요시한다($k\%$ 준칙에 입각한 통화정책).

〈인플레이션의 발생원인〉

학파	수요견인 인플레이션	비용인상 인플레이션
고전학파	통화공급(M)의 증가	통화주의는 물가수준에 대한 적응적 기대를 하는 과정에서 생긴 현상으로 파악
통화주의학파		
케인스학파	정부지출 증가, 투자 증가 등 유효수요 증가와 통화량 증가	임금인상 등의 부정적 공급충격

(4) 인플레이션의 경제적 효과

① 예상치 못한 인플레이션은 채권자에서 채무자에게로 소득을 재분배하며 고정소득자와 금융자산을 많이 보유한 사람에게 불리하게 작용한다.
② 예상치 못한 인플레이션은 경제 내의 불확실성을 증가시킨다.
③ 인플레이션은 물가수준의 상승을 의미하므로 수출재의 가격이 상승하여 경상수지를 악화시킨다.
④ 인플레이션은 실물자산에 대한 선호를 증가시켜 저축이 감소하여 자본축적을 저해해 경제의 장기적인 성장가능성을 저하시킨다.

02 실업

1. 실업의 개념

일할 의사와 능력을 가진 사람이 직업을 갖지 못한 상태를 말한다.

2. 실업률의 측정

(1) **실업률** : $\dfrac{(실업자)}{(경제활동인구)} \times 100(\%)$

(2) **경제활동참가율** : $\dfrac{(경제활동인구)}{(15세\ 이상\ 인구)} \times 100(\%)$

[생산가능인구(15세 이상 인구)]=(경제활동인구)+(비경제활동인구)
- (경제활동인구)=(실업자)+(취업자)
- 비경제활동인구는 주부, 학생, 환자, 실망노동자 등 취업할 의사가 없는 사람

3. 실업의 구분

(1) 자발적 실업
일할 능력을 갖고 있으나 현재의 임금수준에서 일할 의사가 없어서 실업상태에 있는 경우를 말한다.
① 마찰적 실업 : 일시적으로 직장을 옮기는 과정에서 발생하는 실업
② 탐색적 실업 : 보다 나은 직장을 탐색하면서 발생하는 실업

(2) 비자발적 실업
일할 의사와 능력을 갖고 있으나 현재의 임금수준에서 일자리를 구하지 못하여 실업상태에 있는 경우를 말한다.
① 경기적 실업 : 경기침체로 인해 발생하는 대량의 실업(케인스적 실업) → 경기회복으로 해결이 가능
② 구조적 실업 : 일부산업의 사양화 등 산업구조의 변화로 인하여 발생하는 실업 → 산업구조의 개편과 새로운 인력 정책으로 해결이 가능
③ 기타의 실업
  ㉠ 위장실업 : 인구과잉의 후진국 농업부문에서 주로 나타나는 실업으로 겉으로 보기에는 취업상태에 있으나 한계생산력이 0인 상태의 실업을 말한다.
  ㉡ 기술적 실업 : 기술진보로 노동이 인간에서 기계로 대체되어 발생하는 실업
  ㉢ 계절적 실업 : 생산 또는 수요의 계절적 변화에 따라 발생하는 실업

4. 실업원인과 대책

(1) 고전학파
고전학파에 따르면 물가에 대한 완전예견과 가격·임금수준의 신축성에 기인하여 균형고용량은 완전고용수준의 고용량과 같다. 따라서 실업은 노동조합, 최저임금제, 실업수당 등 제도적 요인에 의해 발생하며 실업의 대책은 가격의 신축성을 저해하는 제도적 요인들을 최소화하는 것이다.

(2) 케인스와 케인스학파
케인스학파는 노동의 공급을 예상실질임금의 함수로 보았으나 명목임금의 하방경직성을 가정함으로써 비자발적 실업의 존재를 인정한다. 실업은 총수요의 부족에 기인하여 발생하며 정부가 총수요확대 정책을 실시하는 경우 실업을 줄일 수 있다고 본다.

(3) 통화주의학파(자연실업률가설)
① 자연실업률
  ㉠ 의의 : 자연실업률이란 현재 진행되는 인플레이션을 가속시키지도 않고, 감속시키지도 않는 실업률을 말한다.
  ㉡ 측정
$$U_N = \frac{U}{U+E} = \frac{(이직률)}{(이직률)+(구직률)}$$

② **자연실업률가설** : 적응적 기대와 신축적 물가를 가정하여 정부의 재량적인 정책은 단기적인 효과가 존재하나 장기에는 민간 경제주체의 기대의 변화에 의해 물가수준만 상승시킨다(준칙에 입각한 통화정책 주장). 즉, 실업을 감소시키기 위한 정부의 재량적인 정책은 장기적으로 무력하며 자연실업률 수준을 변화시키는 정책만이 있다.

(4) 새고전학파(직업탐색이론)

직업탐색이론에 따르면 불완전한 노동시장과 비대칭적 정보하에서 노동자는 보다 많은 임금의 일자리를 탐색하고, 기업은 보다 높은 생산성을 가진 노동자를 탐색하는 과정에서 일시적으로 실업이 발생한다. 따라서 실업을 감소시키기 위해서 노동시장의 정보흐름을 원활히 하고 실업수당을 감소시킬 것을 주장하였다.

03 실업과 인플레이션 관계

1. 전통적 필립스곡선

(1) 형태

인플레이션과 실업의 관계를 구명하는 곡선을 필립스곡선(Philips Curve)이라 한다. 일반적인 필립스 곡선은 우하향의 형태를 띠고 있다.

$\pi = h(u - u_n)$

(π : 인플레이션율, $h < 0$, u : 실제실업률, u_n : 자연실업률)

(2) 특징

필립스곡선은 우하향하며 실업률이 하락하면 인플레이션율이 상승하고, 실업률이 상승하면 인플레이션율이 하락한다. 그러나 정태적 기대를 가정하고 있으며 물가가 상승하고 실업률이 증가하는 스태그플레이션을 설명하지 못한다.

(3) 정책적 시사점

우하향하는 필립스곡선은 정부의 정책 개입에 따른 정책효과가 존재함을 의미하여 케인스학파의 재량정책의 정당성을 부여하였다.

2. 프리드먼 - 펠프스의 기대부가 필립스곡선(자연실업률 가설)

(1) 형태
단기적으로 경제주체들의 예상 인플레이션(π^e)이 일정할 때 단기 필립스곡선은 우하향곡선의 형태이다. 이때 정부의 인위적인 재량정책을 사용하며 경제주체들의 예상 인플레이션이 상승하면 필립스곡선도 예상 인플레이션만큼 상방이동하게 되어 장기적으로 필립스곡선은 수직형태를 띠게 된다.

$\pi = \pi^e + h(u - u_n)$

($h < 0$, u : 실제실업률, u_n : 자연실업률)

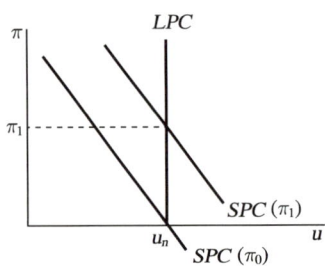

(2) 특징
적응적 기대와 가격신축성을 가정한다. 단기적으로 필립스곡선은 우하향하며 장기에는 기대의 변화로 단기 필립스곡선이 이동하게 된다. 따라서 장기 필립스곡선은 자연실업률 수준에서 수직이다.

(3) 정책적 시사점
정부의 정책은 단기적으로 유효하나 장기적으로 물가만 불안하게 하므로 정부는 준칙에 의한 정책을 실시하여야 한다.

CHAPTER 15 경기변동과 경제성장

01 경기변동론

1. 의의
경기변동이란 실질GDP, 소비, 투자, 고용 등 집계변수들이 장기추세선을 중심으로 상승과 하락을 반복하는 현상을 말한다.

2. 경기변동요인
계절요인, 불규칙요인, 추세요인, 순환요인 : 경기의 상승과 하강에 따라 변동하는 요인

3. 경기변동의 종류

기간	종류	주기	요인
단기	키친 파동	2~6년	통화공급, 금리변동, 물가변동, 생산업자나 판매업자의 재고변동
중기	주글라 파동, 쿠즈네츠 파동	10~20년	기술혁신, 설비투자의 내용연수, 경제성장률의 변동
장기	콘트라티에프 파동	50~60년	기술혁신(산업혁명 등), 신자원개발

4. 경기지수

(1) **경기종합지수(CI; Composite Index)의 종류** : 선행종합지수, 동행종합지수, 후행종합지수

선행지수	동행지수	후행지수
1. 구인구직비율 2. 재고순환지표 3. 소비자기대지수 4. 기계류내수출하지수(선박 제외) 5. 건설수주액(실질) 6. 수출입물가비율 7. 코스피지수(한국거래소) 8. 장단기금리차	1. 비농림어업취업자수 2. 광공업생산지수 3. 서비스업생산지수(도소매 제외) 4. 소매판매액지수 5. 내수출하지수 6. 건설기성액(실질) 7. 수입액(실질)	1. 취업자수 2. 생산자제품재고지수 3. 소비자물가지수변화율(서비스) 4. 소비재수입액(실질) 5. 회사채(CP)유통수익률

(2) 기업실사지수(BSI)

경기에 대한 기업가의 판단, 예측 및 계획 등의 내용을 설문조사를 통해 경기상황을 지수화한 것이다.

$$[\text{기업실사지수(BSI)}] = \frac{[(\text{긍정적 응답업체 수}) - (\text{부정적 응답업체 수})]}{(\text{전체 응답업체 수})} \times 100 + 100$$

5. 고전적 경기변동이론(케인스 이전의 내생적 경기이론)

(1) 세이의 부분적 과잉생산설
"공급이 스스로 수요를 창출한다."라고 하여 과잉생산은 원칙적으로 발생하지 않지만, 기업가의 착오로 인하여 부분적으로 과잉생산이 일어나고 이로 인해 경기변동이 일어난다.

(2) 맬더스의 일반적 과잉생산설
인구의 증가는 임금의 감소를 유발하고, 기업가의 이윤을 증가시키므로 경영자는 생산확장이 실행되고, 근로자는 소비지출을 감소시키므로 경기변동이 일어난다.

(3) 순수화폐적 과잉투자설(호트레이; Hawtrey)
은행의 신용창조에 의한 금리변동에 의해 경기변동이 발생한다.

(4) 슘페터의 기술혁신설
기업가의 혁신에 의한 신제품, 신기술개발 등으로 경기변동이 일어난다.

6. 사무엘슨의 승수·가속도원리

(1) 케인스의 승수이론(불황설명)에 근대적 가속도원리(호황설명)를 접목시켰다.

(2) 근대적 가속도원리(소득증가 → 소비증가 → 투자증가 → 소득증가 …)

(3) 투자의 증가폭은 α(한계소비성향)와 β(가속도계수)의 크기에 의해 결정되며, 국민소득의 진동폭은 한계소비성향(α)과 가속도계수(β)의 크기가 클수록 커진다.

7. 신고전학파의 균형경기변동이론

(1) 화폐적 균형경기변동이론(루카스)
루카스의 화폐적 경기변동이론은 불완전정보, 합리적 기대, 신축적 가격조정이라는 가정을 도입하여 예측치 못한 통화량의 변화(경기변동의 원인=화폐적 요인)에 대해 합리적 기대를 하는 경제주체들이 물가변동에 대한 예상착오를 일으켜 경기변동이 발생한다고 보았다.

(2) 실물적 균형경기변동이론(프로세콧, 카디랜드)

실물적 균형경기변동이론은 합리적 기대, 동태적 최적화, 신축적 가격을 가정하며 경기변동의 원인을 생산성 충격 등의 실물적 요인으로 본다. 실물적 충격이 발생하면 투자의 완결기간(Time-to-build), 동태적 최적화 등에 의해 경기변동이 지속된다고 보았다.

8. 신케인스파의 불균형경기변동이론

합리적 기대, 동태적 최적화, 가격경직성을 가정하며 일부시장의 불균형 상태가 다른 시장에 파급됨으로써 경제전체가 불균형을 야기하고, 이로 인해 경기변동이 일어난다고 주장한다. 즉, 외부적 충격으로 총수요가 감소하면 산출량과 고용량이 감소하고 경기가 침체되지만, 가격은 즉각적으로 조정되지 않으므로 시장은 단기적으로 불균형상태를 유지하게 되며 경기변동이 발생한다.

02 경제성장론

1. 의의

경제성장이란 오랜 기간에 걸쳐 일어나는 총체적 생산수준 혹은 실질 국내총생산의 지속적 증가와 평균 생활수준 혹은 1인당 실질GDP의 지속적 성장을 의미한다.

2. 경제성장률의 측정

- (경제성장률) $= \dfrac{Y_t - Y_{t-1}}{Y_{t-1}} \times 100$
- (1인당 경제성장률) = (경제성장률) - (인구증가율)

3. 칼도의 정형화된 사실

(1) 자본-산출량의 비율 $\left(\text{자본계수}: \dfrac{K}{Y}\right)$ 은 대체로 일정하다 $\left[= \dfrac{(\text{자본})}{(\text{실질GDP})} \text{이 일정}\right]$.

(2) 자본증가율은 대체로 일정하다(= 실질GDP 증가율이 자본증가율과 거의 같음).

(3) 자본-노동투입비율 $\left(\dfrac{K}{L}\right)$ 과 1인당 소득 $\left(\dfrac{K}{Y}\right)$ 이 일정비율로 증가한다(자본증가율이 노동증가율보다 크고 그 차이는 대체로 일정함을 의미).

(4) 실질이자율은 지속적으로 증가하거나 감소하는 추세를 보이지 않는다.

(5) 자본과 노동의 상대적 분배율은 대체로 일정하다.

4. 해로드 – 도마모형

(1) 가정
① 경제 내에 생산물이 하나만 존재하는 경제이다.
② 매기의 인구증가율은 n으로 일정이다.
③ 평균저축성향(s)은 장기적으로 일정하다(S=sY, S=I).
④ 레온티에프 생산함수 : $Y = \min\left[\dfrac{K}{v}, \dfrac{N}{\alpha}\right]$ (v : 자본계수, α : 노동계수)
→ $Y = \dfrac{K}{v} = \dfrac{N}{\alpha}$ 일 경우 효율적 생산이 이루어진다.

(2) 내용
① **노동의 완전고용조건** : [실제성장률(G_A)]=[자연성장률(G_n)], 장기적으로 노동이 완전고용되기 위해서는 경제성장률(실제성장률)과 인구증가율이 일치해야 하며 이때의 성장률을 자연성장률(G_n)이라고 한다($G_n = n$).
  ㉠ 실제성장률(G_A) < 자연성장률(G_n) … 노동의 초과공급(실업) 발생
  ㉡ 실제성장률(G_A) > 자연성장률(G_n) … 노동의 초과수요 발생

② **자본의 완전고용조건** : [실제성장률(G_A)]=[적정성장률(G_w)]
  장기적으로 자본이 완전 가동되기 위해서는 경제성장률(실제성장률)과 자본증가율$\left(\dfrac{s}{v}\right)$이 일치해야 하며, 이때의 성장률을 적정성장률(G_w)이라고 한다$\left(G_w = \dfrac{s}{v}\right)$.
  ㉠ 실제성장률(G_A) < 적정성장률(G_w) … 자본의 초과공급(잉여설비) 발생
  ㉡ 실제성장률(G_A) > 적정성장률(G_w) … 자본의 초과수요 발생

$G_w > G_n$	$G_w < G_n$
적정성장률>자연성장률 → 자본증가율(w)>인구증가율(n) → 자본의 과잉투자 → 소비가 미덕	적정성장률<자연성장률 → 자본증가율(w)<인구증가율(n) → 자본의 과소투자 → 저축이 미덕

③ **자본과 노동의 완전고용조건** : $G_A = \dfrac{s}{v} = n \left(\dfrac{s}{v} : \text{자본증가율}, \ n : \text{인구증가율}\right)$

실질성장률(G_A)과 자본증가율, 인구증가율이 일치하는 경우에만 완전고용하에서 균형성장이 달성되나, 균형조건하의 변수들이 모두 외생적으로 주어지는 외생변수이므로 적정성장률(G_w)과 자연성장률(G_n)이 일치하지 않는 경우가 일반적이다. 따라서 경제는 일반적으로 불완전고용하의 성장이 나타나고, 균형성장은 현실적으로 나타나지 않는다.

5. 솔로우모형

(1) 가정
① 모든 가격변수는 신축적으로 변동하고, 정보는 완전하다.
② 생산함수는 요소 간의 대체가능한 콥-더글라스 생산함수이다.
③ 인구증가율은 n으로 일정하다.
④ 저축은 소득의 일정비율이며 저축과 투자는 항상 일치한다($I = S$).

(2) 장기균형 : 균제상태
① 의의 : 모든 1인당 변수들이 시점에 관계없이 일정한 값을 갖는 상태를 의미한다.
② 균제조건 : $sf(k^*) = (n+d)k^*$

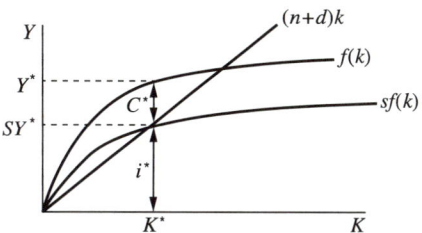

1인당 자본량을 일정수준으로 유지하기 위해 요구되는 자본축적량(우변)만큼 자본이 실제로 투자(좌변)될 때 균제상태가 달성된다. 즉, 균제상태는 $sf(k)$와 $(n+d)k$가 만나기만 하면 존재한다(k). 균제상태(k)에서의 1인당 자본량은 변하지 않는다. 1인당 자본량이 변하지 않으므로 1인당 산출량 $y = f(k)$ 역시 변하지 않는다. 따라서 1인당 생산, 소득의 증가율은 0이다. 한편, 총생산(Y), 총자본량(K), 총소비(C)의 성장률은 인구증가율(n)과 같다.

(3) 경제성장의 결정요인 : 인구 증가, 저축률의 증가, 기술진보

(4) 솔로우모형의 문제점
① 기술진보의 요인을 모형 내에서 규명하지 못한다(성장원동력의 외생성).
② 국가 간 성장률 차이가 발생하는 원인을 설명하지 못한다(수렴가설의 한계).

CHAPTER 16 국제경제학

01 국제무역론

1. 리카도모형(Ricardo Model)

(1) 의의

리카도모형은 단 하나의 생산요소인 노동을 사용하여 2개의 서로 다른 재화의 생산을 행하는 모형이다.

(2) 비교우위의 결정 : 노동생산성의 차이

무역은 국가 간 재화의 상대가격의 차이에 의해 발생한다. 이러한 재화의 상대가격차이는 리카도모형에서 노동생산성의 차이에서 발생한다. 즉, X재 산업의 노동생산성이 외국에 비해 높은 경우 X재 생산을 더 싸게 생산할 수 있게 되어 X재 산업에서 비교우위에 있게 된다.

(3) 무역 패턴

리카도모형에서 무역 패턴은 양국의 무역 전 상대가격의 차이로부터 결정된다. 즉, 무역 전 본국의 X재의 상대가격이 외국의 X재 상대가격보다 낮다면 본국은 X재를 수출하고 Y재를 수입하며, 반대로 외국은 X를 수입하고 Y재를 수출하게 된다.

(4) 완전 특화

리카도모형은 노동생산성이 일정함을 가정하며 생산요소가 노동으로 유일함을 가정한다. 따라서 한 국가의 생산가능곡선은 직선으로 나타나며 교역이 발생하면 비교우위를 가진 하나의 재화에 완전 특화하여 생산하게 된다.

(5) 무역의 이익

각 재화의 상대가격차이에 의해 교역이 발생하게 된다. 각국은 교역에 따라 무역의 이익을 가지게 되는데 무역의 이익은 국제상대가격과 국내상대가격과의 격차가 클수록 커지게 된다.

(6) 리카도의 비교생산비설의 문제점

① 노동가치설에 입각해 있다(자본시장은 무시하고 있다).
② 한계생산물 체감의 법칙을 무시하고 있다. 즉, 요소의 투입량과 산출량과의 고정불변의 비례관계를 전제하고 있다(1차 동차 생산함수 전제).
③ 교역조건의 범위는 결정하나 구체적인 교역점을 알 수 없다.

2. 헥셔 – 올린모형(Hecksher – Ohlin Model)

(1) 의의

헥셔 – 올린모형은 2국, 2재화, 2생산요소를 가정하는 모형이다. 이 모형을 통하여 요소부존도의 차이가 어떻게 무역을 발생시키고, 비교우위를 창출하며, 무역의 이익을 가져다 주는지를 알 수 있다.

(2) 비교우위의 결정 : 요소부존도의 차이

(3) 무역 패턴

무역 패턴은 비교우위에 따라 결정된다. 헥셔 – 올린모형에 따르면 각국은 상대적으로 풍부한 생산요소를 집약적으로 사용하는 재화를 수출하게 되고 상대적으로 부족한 재화를 집약적으로 사용하는 재화를 수입하게 된다.

(4) 불완전 특화

1차 동차 생산함수와 두 가지의 생산요소를 가정하는 헥셔 – 올린모형은 생산가능곡선이 원점에 대해 오목한 모양이다. 이는 한 재화생산의 기회비용이 체증함을 의미하며 교역을 하는 경우 각국은 불완전 특화하게 된다.

(5) 요소가격 균등화 정리

헥셔 – 올린모형에서 생산요소의 국가 간 이동은 불가능하다. 그러나 재화에 대한 자유무역이 발생하게 되면 양국 간 재화의 상대가격뿐만 아니라 절대가격이 동일하게 된다. 재화의 가격이 동일해짐에 따라 생산요소시장에서 생산요소의 수요의 변화와 산업 간 생산요소의 이동이 발생하고 이러한 변화에 기인하여 각국 간 생산요소의 절대가격과 상대가격이 동일하게 된다.

(6) 스톨퍼 – 사무엘슨 정리(Stolper – Samuelson Theorem)

교역조건(재화의 국제상대가격)의 변화는 생산과 소득분배에 변화를 가져온다. 스톨퍼 – 사무엘슨 정리에 따르면 어떤 한 재화의 상대가격의 상승은 그 재화의 생산을 늘리고 다른 재화의 생산을 줄이며, 그 재화에 집약적으로 사용되는 생산요소의 가격을 재화의 가격상승분보다 더 높게 상승시키고 다른 생산요소의 가격은 절대적으로 하락하게 된다.

(7) 립진스키 정리(Rybczynski Theorem)

헥셔 – 올린모형에서 생산요소의 총량은 일정함을 가정한다. 일정하다고 가정한 생산요소의 공급이 변화하는 경우 생산에 변화가 발생하게 되는데, 이를 립진스키 정리라 한다. 립진스키 정리에 따르면 재화가격에 변화가 없는 상태에서 어떤 한 생산요소의 부존량이 증가하는 경우 그 요소를 집약적으로 사용하는 재화의 생산은 절대적으로 증가하고, 다른 생산요소를 사용하는 재화의 생산은 절대적으로 감소하게 된다.

(8) 레온티에프 역설(Leontief Paradox)

헥셔 – 올린 정리에 의하면 자본이 풍부한 나라는 자본집약적인 재화를 수출하고, 노동집약적인 재화를 수입하게 된다. 헥셔 – 올린 정리에 따르면 미국의 경우는 자본이 노동에 대해 상대적으로 풍부한 나라로 자본집약재를 수출하여야 하나 실증결과는 그 반대로 나타났다. 이를 레온티에프 패러독스 또는 레온티에프 역설이라 부른다.

02 무역정책론

1. 교역조건

교역조건은 양국 간에 교역되는 제품 간의 교환비율을 의미한다. 즉, 수출상품 1단위와 교환되는 수입상품의 수량을 나타내며 이를 식으로 나타내면 다음과 같다.

$$(\text{교역조건}) = \frac{(\text{수입수량지수})}{(\text{수출수량지수})} = \frac{(\text{수출가격지수})}{(\text{수입가격지수})}$$

교역조건이 개선되면 수출품 단위당 교환되는 수입품의 수량이 늘어나게 되며 수입가격에 비하여 수출가격이 상대적으로 상승하였음을 의미한다.

2. 오퍼곡선(Offer Curve)

오퍼곡선이란 주어진 수요·공급조건하에서 한 나라가 무역을 할 때 상대가격의 변화에 따라 그 나라가 수입하고자 하는 재화의 양과 그 대가로 지불(수출)하고자 하는 다른 재화의 양을 나타내는 조합의 궤적이다.

오퍼곡선은 밀(J. S. Mill)에 의해 창안되었고 이후 에지워드(F. Y. Edgeworth)와 마샬(A. Marshall)에 의해 발전하였으며 미시경제학의 소비자이론에서 나오는 가격소비곡선과 개념적으로 완전히 일치한다.

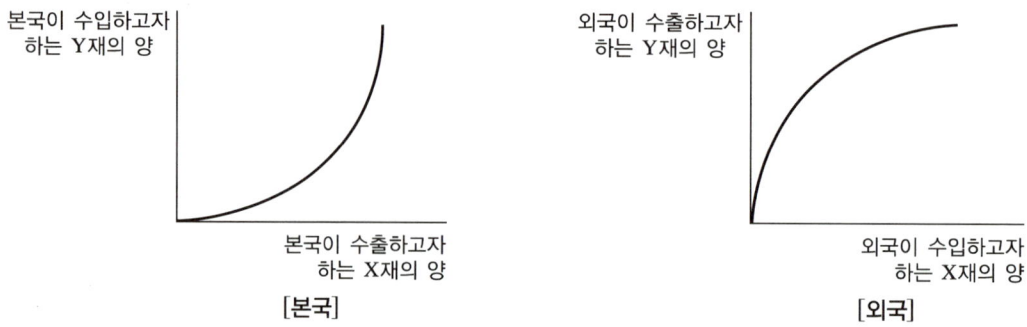

세계 균형가격은 각국의 오퍼곡선이 만나는 점(각국의 수입수요와 수출공급량이 일치하는 점)에서 이루어진다. 경제규모가 작은 소국의 경우 오퍼곡선은 국제상대가격과 동일한 기울기를 갖는 직선으로 나타난다.

3. 관세부과의 경제적 효과 : 소국의 경우

소국의 의미는 세계시장에서 결정되는 재화의 상대가격에 아무런 영향을 미치지 못함을 의미한다. 관세를 부과하는 경우는 재화를 수입하는 경우이며 이 경우 관세부과의 효과는 다음과 같다.

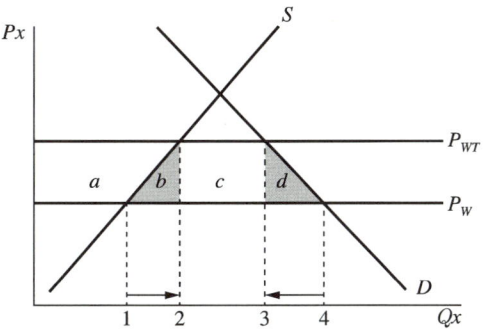

(1) 자원배분효과
① 생산(보호)효과(1 → 2 : 국내생산의 증가)
② 소비효과(4 → 3 : 국내소비의 감소)
③ 무역(수입대체)효과(14 → 23)

(2) 사회후생의 변화
생산자잉여는 증가(a)하였고 소비자잉여는 감소(a+b+c+d)하였으며 정부수입은 증가(c)하였다. 그러나 생산측면의 왜곡(b)과 소비측면의 왜곡(d)이 발생하는 비효율성이 나타난다.

4. 최적 관세

자국의 후생을 극대화시키는 관세로서 자국한계대체율과 외국한계교역 조건이 일치하는 수준(본국의 무역무차별곡선과 외국의 오퍼곡선이 접하는 점)에서 사회후생이 극대화되며 그때의 관세수준이 최적 관세이다. 소국의 경우 관세를 부과하더라도 교역조건 개선에 따른 이득이 발생하지 않으므로 관세부과 시 항상 사회적인 후생손실을 발생하게 한다. 그러므로 소국의 경우는 최적 관세율이 0이다. 일반적으로 최적 관세율(t)은 다음과 같이 나타낼 수 있다.

$$t = \frac{1}{e^* - 1} \ (e^* : \text{외국의 수입수요의 가격탄력성})$$

그러나 대국의 경우 관세부과에 따른 교역조건 개선효과가 관세의 왜곡 효과보다 큰 경우 후생증대가능성이 존재한다(그러나 장기적인 관점에선 관세전쟁의 가능성에 따라 자유무역이 최선이다).

> **메츨러의 역설(Metzler's Paradox)**
> 대국의 경우 관세부과에 따른 국제가격 하락폭(교역조건 개선효과)이 국내가격 상승폭(관세효과)을 상회하여 관세 부과 후 수입재의 국내가격이 하락하는 현상을 말한다. 메츨러의 역설이 발생하는 경우 관세부과에 따른 국내산업 보호효과는 나타나지 않게 된다.

03 경제성장과 경제통합

1. 궁핍화 성장

성장으로 인하여 교역조건의 악화 또는 자원배분의 왜곡이 나타나는 경우, 이러한 교역조건의 악화나 왜곡이 너무 심하여 성장 그 자체에 기인하는 최초 실질소득 증가효과를 압도하게 되어 성장의 결과 오히려 성장 전보다 실질소득(=후생수준)이 감소되는 형태의 성장을 의미하며 대국에서 수출편향적인 성장이 이루어지는 경우 발생한다.

2. 경제통합의 유형

경제통합의 유형	정의
자유무역지역	역내국에는 관세철폐, 역외국에 대해서는 독자관세 유지
관세동맹	역내국에는 관세철폐, 역외국에 대해서는 공동관세
공동시장	관세동맹에 더하여 생산요소의 자유로운 이동을 보장
경제동맹	공동시장에 더하여 각국 간 경제정책의 협조
완전경제통합	경제 면에서 하나의 국가와 동일

3. 관세동맹의 경제적 효과

관세동맹의 후생평가는 무역전환효과와 무역창출효과를 함께 분석하여야 한다.

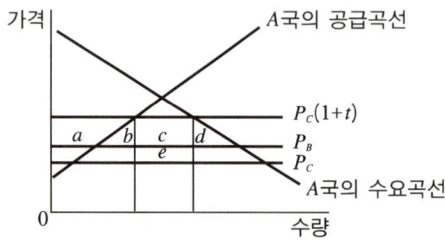

모든 국가에 대해 관세를 부과하고 있는 최초상황에서 A국은 재화를 가장 효율적으로 생산하는 C국으로부터 $P_C(1+t)$의 가격으로 수입한다. A국이 B국과 관세동맹을 체결하면 B국의 생산비가 P_B이고 관세동맹을 체결하지 않은 C국의 관세부과 후의 $P_C(1+t)$가격은 증가되어 수입을 B국으로부터 하게 된다.

(1) 무역창출효과 : 관세동맹으로 인해 가맹국들 간에 무역이 발생하는 효과

$P_C(1+t)$로 수입하던 재화를 관세동맹으로 인해 P_B의 가격으로 수입하게 됨에 따라 수입이 증가한다. 수입이 증가함에 따른 소비자잉여는 a+b+c+d만큼 증가하고 생산자잉여는 a만큼이 감소한다. 그리고 정부 관세수입이 c만큼 감소하여 총후생증가는 b+d이다.

(2) **무역전환효과** : 관세동맹으로 인해 역외국가에서 역내국가로 전환되는 효과

관세동맹 전 A국은 C국으로부터 수입을 하였으나 관세동맹 후 수입이 B국으로 전환되었다. 이에 따라 무역창출효과로 분석하였던 후생 평가를 수정하여야 한다. 즉, 추가적인 관세수입의 손실에 따른 후생 감소를 반영하여 관세동맹에 의해 b+d−e만큼의 후생변화가 발생한다.

(3) **관세동맹이익**

① 역내국 간 경쟁적 산업구조일수록 효과가 크다.
② 역내국 간 시장규모가 클수록 무역창출효과 크고, 전환효과는 작다.
③ 관세동맹 이전 역내국 간 무역장벽이 높을수록 통합효과가 크다.
④ 인접국 간 유통비용이 낮고, 산업구조조정의 유연성이 클수록 경제효과가 커진다.

04 환율

1. 환율과 환율제도

(1) **의의**

국내화폐와 외국화폐가 교환되는 시장을 외환시장(Foreign Exchange Market)이라고 한다. 그리고 여기서 결정되는 두 나라 화폐의 교환비율을 환율이라고 한다. 즉, 환율이란 자국화폐단위로 표시한 외국화폐 1단위의 가격을 말한다.

(2) **환율의 변화**

평가절상(=환율 인하, 자국화폐가치 상승)		평가절하(=환율 인상, 자국화폐가치 하락)	
• 수출 감소	• 수입 증가	• 수출 증가	• 수입 감소
• 경상수지 악화	• 외채부담 감소	• 경상수지 개선	• 외채부담 증가

(3) **환율제도**

구분	고정환율제도	변동환율제도
국제수지 불균형의 조정	정부개입에 의한 해결(평가절하, 평가절상)과 역외국에 대해서는 독자관세 유지	시장에서 환율의 변화에 따라 자동적으로 조정
환위험	작음	환율의 변동성에 기인하여 환위험에 크게 노출되어 있음
환투기의 위험	작음	큼(이에 대해 프리드먼은 환투기는 환율을 오히려 안정시키는 효과가 존재한다고 주장)
해외교란요인의 파급 여부	국내로 쉽게 전파됨	환율의 변화가 해외교란요인의 전파를 차단(차단효과)
금융정책의 자율성 여부	자율성 상실(불가능성 정리)	자율성 유지
정책의 유효성	금융정책 무력	재정정책 무력

2. 환율결정이론

(1) 구매력평가설

① 개념 : 환율이 각국 화폐의 구매력, 즉 물가수준의 비율에 의해서 결정된다는 이론이다. 이 이론은 교역이 자유로운 상황에서 동일한 재화의 시장가격은 유일하다는 일물일가의 법칙(Law of one Price)을 전제로 한다.

② 도출
- 절대적 구매력 평가설($P = eP^f$)

$$e = \frac{(외국화폐의\ 구매력)}{(본국화폐의\ 구매력)} = \frac{\frac{1}{P^f}}{\frac{1}{P}} \rightarrow e = \frac{P}{P^f}$$

- 상대적 구매력 평가설

$$\triangle\left(\frac{P}{P}\right) = \triangle\left(\frac{e}{e}\right) + \triangle\left(\frac{P}{P^f}\right)$$

[(물가상승률) = (환율상승률) + (외국물가상승률)]

이 식에 따르면 국내 인플레이션율과 외국 인플레이션율의 차이는 환율변화율과 일치한다.

③ 한계
㉠ 재화의 교역이 자유롭다는 구매력평가설의 가정과는 달리 실제로는 많은 나라들이 아직도 관세 등 무역장벽을 쌓고 있고, 무역에 소요되는 거래비용이 무시할 수 없을 정도로 큰 것이 일반적이다.
㉡ 각 나라가 생산하는 상품이 완전히 동질적일 수는 없다. 따라서 일물일가의 법칙을 적용하는 데 무리가 따른다.
㉢ 보편적으로 비교역재(Nontradable Goods)가 존재한다. 따라서 비교역재를 포함한 일반물가수준의 차이로는 환율결정방식을 설명할 수 없다.

(2) 이자율평가설

① 의의 : 이자율평가설(IRP Theory; Interest Rate Parity Theory)은 국가 간 자본이동에 아무런 제약이 없다면, 투자자가 갖고 있는 국내통화를 국내에 투자하든 외국통화로 바꿔서 외국에 투자하든 그 자본투자에 따른 수익률이 같아야 한다는 것을 주된 내용으로 한다. 즉, 이자율평가설은 환율이 두 나라 간 명목이자율 차이에 의해 결정된다고 본다.

② 균형환율의 결정

$$r = r^f + \frac{e_{t+1} - e_t}{e_t}$$

$$r = r^f + \frac{\triangle e}{e}$$

㉠ $1+r > \dfrac{e_{t+1}}{e_t}(1+r^f)$ 인 경우

㉡ $1+r < \dfrac{e_{t+1}}{e_t}(1+r^f)$ 인 경우

해외투자수익률이 높아 해외투자를 위하여 외환을 매입하고 원화를 매도하게 된다. 따라서 환율이 상승하여 양국의 투자수익률은 동일하게 된다.

05 국제수지론

1. 국제수지표의 구성 및 작성방법

(1) 국제수지표의 구성

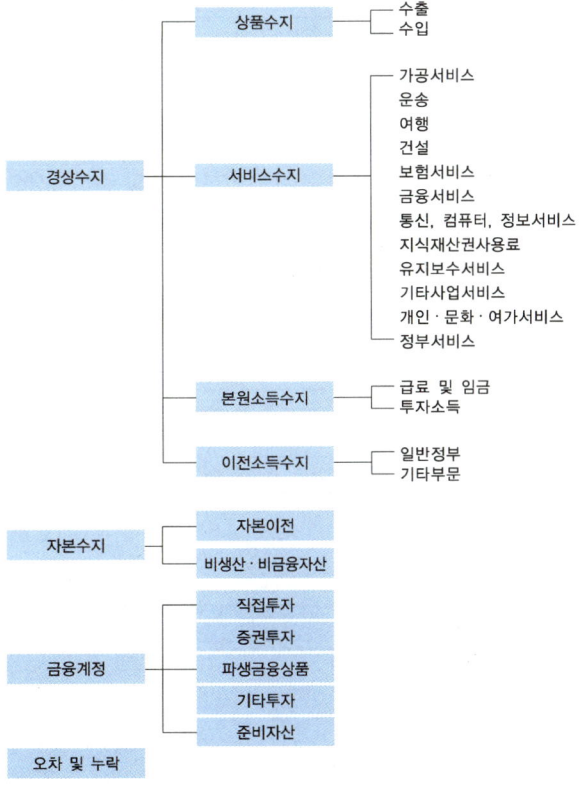

① 경상수지는 상품수지, 서비스수지, 본원소득수지 및 이전소득수지의 4개 세부항목으로 구성된다.

상품수지	• 상품의 수출액과 수입액의 차이를 의미한다. • 수출이 수입보다 크면 수지는 흑자가 되며, 수입이 수출보다 큰 경우 수지는 적자가 된다.
서비스수지	• 외국과의 서비스거래로 수취한 돈과 지급한 돈의 차이를 의미한다. • 서비스 수입에는 우리나라의 선박이나 항공기가 상품을 나르고 외국으로부터 받은 운임, 외국관광객이 국내에서 쓴 돈, 국내기업이 외국기업으로부터 받은 특허권 사용료 등이 포함된다. • 서비스 지급에는 우리나라가 외국에 지급한 운임, 해외 여행 경비, 해외 광고비 등이 포함된다.
본원소득수지	• 급료 및 임금 수지와 투자소득수지로 구성된다. • 급료 및 임금 수지는 거주자가 외국에 단기간(1년 미만) 머물면서 일한 대가로 받은 돈과 국내에 단기로 고용된 비거주자에게 지급한 돈의 차이를 의미한다. • 투자소득수지는 거주자가 외국에 투자하여 벌어들인 배당금·이자와 국내에 투자한 비거주자에게 지급한 배당금·이자의 차이를 의미한다.
이전소득수지	• 거주자와 비거주자 사이에 아무런 대가 없이 주고받은 거래의 차이를 의미한다. • 이전소득수지에는 해외에 거주하는 교포가 국내의 친척 등에게 보내오는 송금이나 정부 간에 이루어지는 무상원조 등이 기록된다.

② 자본수지에는 자본이전 및 비생산·비금융자산 거래가 기록된다.

자본이전	• 자산 소유권의 무상이전, 해외 이주비, 채권자에 의한 채무면제 등
비생산· 비금융자산	아래와 같은 자산의 취득과 처분 • 브랜드네임, 상표 등 마케팅자산 • 토지, 지하자원 등 비생산 유형자산 • 기타 양도 가능한 무형자산

③ 금융계정은 직접투자, 증권투자, 파생금융상품, 기타투자 및 준비자산으로 구성되며 거주자의 입장에서 자산 또는 부채 여부를 판단한다.

직접투자	• 직접투자 관계에 있는 투자자와 투자대상기업 간에 일어나는 대외거래 • 해외부동산 취득 및 주식 구입이나 자금대여를 포함
증권투자	• 거주자와 비거주 간에 이루어진 주식, 채권 등에 대한 투자
파생금융상품	• 파생금융상품거래로 실현된 손익 및 옵션 프리미엄 지급·수취
기타투자	• 직접투자, 증권투자, 파생금융상품 및 준비자산에 포함되지 않는 거주자와 비거주자 간의 모든 금융거래
준비자산	• 중앙은행의 외환보유액 변동분 중 거래적 요인에 의한 것만 포함

(2) 국제수지표의 작성방법

구분	차변(지급)	대변(수입)
경상수지	• 상품 수입(실물자산 증가) • 서비스 지급(제공 받음) • 본원소득 지급 • 이전소득 지급	• 상품 수출(실물자산 감소) • 서비스 수입(제공함) • 본원소득 수입 • 이전소득 수입
자본수지	• 자본이전 지급 • 비생산·비금융자산 취득	• 자본이전 수입 • 비생산·비금융자산 처분
금융계정	• 금융자산 증가 • 금융부채 감소	• 금융자산 감소 • 금융부채 증가

※ 국제수지는 복식부기원칙에 의하여 작성되므로 항상 차변과 대변이 일치하는 국제수지 균형상태에 있다.

2. 국민소득항등식과 경상수지

경상수지와 국민총생산	$Y=C+I+G+X-M$ $Y-(C+I+G)=X-M$ • 국내총생산이 국내총지출수준보다 큰 경우 경상수지는 흑자이다. 즉, 국내에서 소비하고 남은 부분을 해외수출하게 된다. • 국내총지출이 국내총생산보다 큰 경우 경상수지는 적자이다. 즉, 국내총생산을 초과하는 지출만큼 해외로부터 수입하게 된다.
경상수지와 저축	$Y=C+I+G+X-M$ $(S-I)+(T-G)=X-M$ [민간저축(S)]+[정부저축(T-G)]-[투자(I)]=[해외투자(X-M)] • 국내총저축 수준이 국내투자 수준을 상회하는 경우 해외투자 (경상수지)가 양이 된다. 즉, 경상수지 적자는 국내총투자가 저축을 초과하기 때문에 발생한다.

3. 국제수지 균형곡선

(1) 의의

BP곡선은 국제수지를 균형으로 만드는 국민소득과 이자율의 조합을 의미한다.

(2) 도출

국가 간 자본이동에 아무런 제약 없이 해외자본유출입이 자유화되면 국제수지는 경상수지($X-Q$)와 자본수지(F)의 합, 즉 $BP=(X-Q)+F(r-r^f)$로 구성된다. 해외이자율(r^f)에 비해 국내이자율(r)이 높다면 외국인들의 국내자산에 대한 투자는 증가한다. 결국 순자본유입(F)은 국내외 이자율차이($r-r^f$)의 증가함수가 된다.

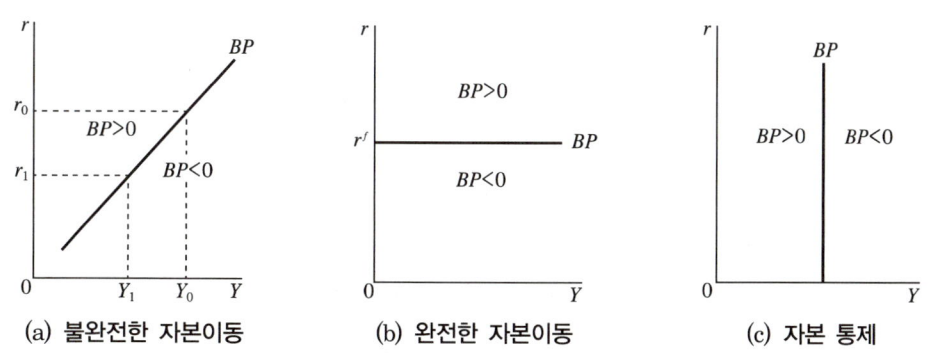

(a) 불완전한 자본이동　　(b) 완전한 자본이동　　(c) 자본 통제

4. 고정환율제에서의 정책효과

자본이동이 자유로운 고정환율제도에서 재정정책은 유효한 반면 화폐금융정책은 아무런 효과를 갖지 못한다.

(1) 재정정책

정부지출의 증가는 IS곡선을 IS_0에서 IS_1으로 우측이동시킨다. 그러면 새로운 대내균형은 점 A_1에서 이루어진다. 국내금리가 국제금리보다 높아지므로 해외자본이 급속히 유입되어 국제수지 흑자가 되고 환율하락을 막기 위한 중앙은행개입(자국통화 매도와 외화 매입)의 결과 국내통화량이 증가해서 LM곡선이 LM_0에서 LM_1으로 우측이동하여 LM곡선은 점 A_2까지 이동한다.

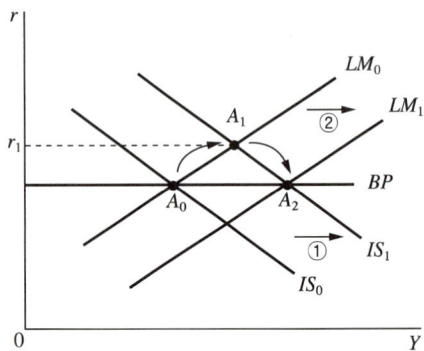

(2) 화폐금융정책

통화량이 증가하면 LM곡선이 LM_1으로 우측이동하므로 A_1점에서 대내균형이 이루어진다. 이때 국내이자율이 국제이자율보다 낮아지면서 해외로 자본이 유출되어 국제수지 적자가 되고, 환율상승을 막기 위한 중앙은행개입(자국통화 매입과 외환 매도)의 결과 통화량이 감소한다. 이에 따라 LM곡선은 다시 좌측으로 이동하여 원래의 위치로 되돌아온다. 따라서 고정환율제도에서 확장적 화폐금융정책은 수요측면의 균형총생산 또는 국민소득(Y)을 증대시키는 데 효과가 없다.

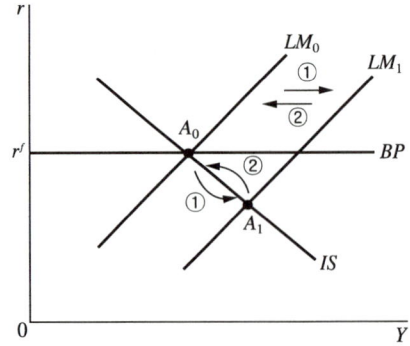

5. 변동환율제에서의 정책효과

자본이동이 자유로운 변동환율제도에서 금융정책은 유효한 반면 재정정책은 아무런 효과를 갖지 못한다.

(1) 재정정책

정부지출이 증가하면 IS곡선은 IS_1으로 우측이동한다. 그 결과 새로운 대내균형은 IS_1과 LM이 교차하는 A_1점에서 결정될 것이다. 새로운 대내균형점 A_1에서는 국내이자율이 국제이자율보다 높기 때문에 해외로부터 자본이 급속히 유입되어 국제수지는 흑자가 된다. 한편, 국내통화가치의 상승(Appreciation)에 따른 실질환율 하락은 생산물시장에서 순수출을 감소시키므로 IS곡선을 다시 좌측으로 이동시킨다. 따라서 변동환율제도에서 확장적 재정정책은 국민소득(Y)을 증대시키는 데 효과가 없다.

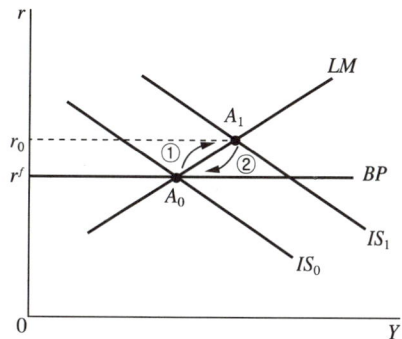

(2) 화폐금융정책

중앙은행이 통화량을 증가시키면 LM곡선은 LM_1으로 우측이동하고 A_1에서 새로운 대내균형이 형성된다. 이때 국내이자율이 국제이자율보다 낮아 자본유출이 발생하고 환율이 상승한다. 이에 따라 경상수지가 호전되고, 그 결과 생산물시장에서 IS곡선이 IS_1으로 우측이동하여 A_2에 도달한다. 따라서 변동환율제도에서 확장적 화폐금융정책은 수요측면의 균형총생산 또는 국민소득(Y)을 증대시키는 데 효과가 있다.

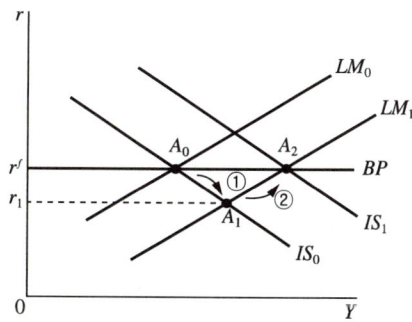

CHAPTER 17 경제학 적중예상문제

정답 및 해설 p.020

01 다음은 소비의 결정요인에 대한 이론이다. 이 설명에 해당하는 가설은 무엇인가?

> 소비는 오직 현재 소득(처분가능소득)에 의해서만 결정된다. 타인의 소비행위와는 독립적이다. 소득이 증가하면 소비가 늘어나고, 소득이 감소하면 소비도 줄어든다. 따라서 정부의 재량적인 조세정책이 경기부양에 매우 효과적이다.

① 절대소득가설
② 항상소득가설
③ 상대소득가설
④ 생애주기가설

02 흡연자 갑은 담배 한 갑을 피울 때 최대 3천 원을 지불할 용의가 있고, 을은 최대 5천 원을 지불할 용의가 있다. 현재 담배 한 갑당 2천 원의 가격일 때 갑과 을은 하루에 한 갑씩 담배를 피운다. 미래에 담배 한 갑당 2천 원의 건강세가 부과될 때, 이 건강세로부터 발생하는 하루 조세수입원은 얼마인가?(단, 두 사람은 한 갑 단위로 담배를 소비하는 합리적 경제주체이고, 하루에 최대한 소비할 수 있는 담배의 양은 각각 한 갑이라고 가정한다)

① 없음
② 2천 원
③ 3천 원
④ 4천 원

03 다음 표를 보고 국내총생산(GDP)과 국민총생산(GNP) 간의 관계를 바르게 표현한 것은?

구분	자국민	외국인
자국에서 생산한 것	A	B
외국에서 생산한 것	C	D

① GNP=GDP+B
② GNP=GDP+C
③ GNP=GDP+B−C
④ GNP=GDP−B+C

04 자동차 타이어에 대한 수요와 공급이 각각 $Q_D = 800 - 2P$, $Q_S = 200 + 3P$로 주어져 있을 때, 정부가 소비자에게 타이어 1개당 50원의 세금을 부과하려고 한다. 이때 공급자가 받는 가격과 소비자가 지불하는 가격은 각각 얼마인가?(단, P는 가격을 나타낸다)

① 100원, 120원
② 100원, 150원
③ 120원, 100원
④ 120원, 150원

05 A국과 B국은 각각 고구마와 휴대폰을 생산한다. A국은 고구마 1kg 생산에 200명이, 휴대폰 한 대 생산에 300명이 투입된다. 반면 B국은 고구마 1kg 생산에 150명이, 휴대폰 한 대 생산에 200명이 투입된다. 두 나라에 각각 6,000명의 투입 가능한 인력이 있다고 할 때 비교우위에 의한 생산을 바르게 계산한 것은?

① A국 휴대폰 20대, B국 고구마 30kg
② A국 휴대폰 20대, B국 고구마 40kg
③ A국 고구마 30kg, B국 휴대폰 30대
④ A국 고구마 30kg, B국 휴대폰 40대

06 생산가능인구가 1,000만 명인 K국이 있다. 이 중 취업자가 570만 명이고, 실업자가 30만 명인 경우에 대한 설명으로 옳지 않은 것은?

① 실업률은 5%이다.
② 비경제활동률은 40%이다.
③ 경제활동인구는 600만 명이다.
④ 고용률은 60%이다.

07 다음 글에 대한 분석으로 옳은 것을 〈보기〉에서 모두 고르면?

> 우리나라에 거주 중인 광성이는 ㉠ 여름휴가를 앞두고 휴가 동안 발리로 서핑을 갈지, 빈 필하모닉 오케스트라의 내한 협주를 들으러 갈지 고민하다가 ㉡ 발리로 서핑을 갔다. 그러나 화산폭발의 위험이 있어 안전의 위협을 느끼고 ㉢ 환불이 불가능한 숙박비를 포기한 채 우리나라로 돌아왔다.

보기
ㄱ. ㉠의 고민은 광성이의 주관적 희소성 때문이다.
ㄴ. ㉠의 고민을 할 때는 기회비용을 고려한다.
ㄷ. ㉡의 기회비용은 빈 필하모닉 오케스트라 내한 협주이다.
ㄹ. ㉡은 경제재이다.
ㅁ. ㉢은 비합리적 선택 행위의 일면이다.

① ㄱ, ㄴ, ㄹ
② ㄴ, ㄷ, ㄹ
③ ㄴ, ㄷ, ㅁ
④ ㄱ, ㄴ, ㄷ, ㄹ

08 다음은 기업 A와 기업 B의 광고여부에 따른 보수행렬을 나타낸다. 내쉬균형에서 기업 A와 기업 B의 이윤은 얼마인가?

구분		기업 B의 광고 전략	
		광고를 함	광고를 하지 않음
기업 A의 광고전략	광고를 함	(55, 75)	(235, 45)
	광고를 하지 않음	(25, 115)	(165, 85)

① 55, 75
② 55, 115
③ 235, 45
④ 235, 115

09 다음 중 경기침체기에 경기를 부양하기 위해 취하였던 통화 공급, 감세 등과 같은 완화정책이나 과도하게 풀린 자금을 경제회복의 조짐이 있는 상황에서 도로 거두어들이는 경제정책은?

① 출구전략
② 입구전략
③ 긴축재정정책
④ 확대재정정책

10 화폐수량방정식은 $M \times V = P \times Y$이다. 甲국의 화폐유통속도가 乙국의 화폐유통속도보다 크고 양국의 중앙은행이 각각 통화량을 5% 증가시켰다. 이때 화폐수량설에 따른 추론으로 옳은 것은?(단, M은 통화량, V는 화폐유통속도, P는 산출물의 가격, Y는 산출량이고, 화폐유통속도는 일정하며, 甲국과 乙국에서 화폐수량설은 독립적으로 성립한다)

① 물가상승률은 甲국이 乙국보다 높다.
② 물가상승률은 乙국이 甲국보다 높다.
③ 산출량증가율은 甲국이 乙국보다 높다.
④ 甲국과 乙국의 명목산출량은 각각 5% 증가한다.

11 어느 기업의 확장경로는 원점을 지나는 직선의 형태로 나타나는데, 생산량 Q를 100단위씩 증가시켜 700단위까지 늘려감에 따라 원점에서부터 거리를 표시하면 다음 표와 같다. 생산량 증가에 따른 규모에 대한 수익은 어떻게 변하는가?

생산량(Q)	100	200	300	400	500	600	700
거리	7	13	18	21	25	32	40

① 체감하다가 불변이 된다.
② 체증하다가 불변이 된다.
③ 체감하다가 체증한다.
④ 체증하다가 체감한다.

12 다음 국제거래 중 우리나라의 경상수지를 개선하는 사례는?

① 외국인이 우리나라 기업의 주식을 매입하였다.
② 우리나라 학생의 해외유학이 증가하였다.
③ 미국 기업은 우리나라에 자동차 공장을 건설하였다.
④ 우리나라 기업이 중국 기업으로부터 특허료를 지급받았다.

13 다음 중 완전경쟁기업의 단기 조업중단 결정에 대한 설명으로 옳은 것은?

① 가격이 평균가변비용보다 높으면 손실을 보더라도 조업을 계속하는 것이 합리적 선택이다.
② 가격이 평균고정비용보다 높으면 손실을 보더라도 조업을 계속해야 한다.
③ 평균비용과 한계비용이 같으면 반드시 조업을 계속해야 한다.
④ 가격이 한계비용보다 낮으면 조업을 계속해야 한다.

14 다음 중 빈칸에 들어갈 용어가 바르게 연결된 것은?

- __가__ : 구직활동 과정에서 일시적으로 실업 상태에 놓이는 것을 의미한다.
- __나__ : 실업률과 GDP 갭(국민생산손실)은 정(+)의 관계이다.
- __다__ : 실업이 높은 수준으로 올라가고 나면 경기확장정책을 실시하더라도 다시 실업률이 감소하지 않는 경향을 의미한다.
- __라__ : 경기침체로 인한 총수요의 부족으로 발생하는 실업이다.

	가	나	다	라
①	마찰적 실업	오쿤의 법칙	이력현상	경기적 실업
②	마찰적 실업	경기적 실업	오쿤의 법칙	구조적 실업
③	구조적 실업	이력현상	경기적 실업	마찰적 실업
④	구조적 실업	이력현상	오쿤의 법칙	경기적 실업

15 효용을 극대화하는 소비자 A는 X재와 Y재, 두 재화만 소비한다. 다른 조건이 일정하고 X재의 가격만 하락하였을 때, A의 X재에 대한 수요량이 변하지 않았다. 다음 〈보기〉 중 이에 대한 설명으로 옳은 것을 모두 고르면?

보기
ㄱ. 두 재화는 완전보완재이다.
ㄴ. X재는 열등재이다.
ㄷ. Y재는 정상재이다.
ㄹ. X재의 소득효과와 대체효과가 서로 상쇄된다.

① ㄱ, ㄴ
② ㄷ, ㄹ
③ ㄱ, ㄷ, ㄹ
④ ㄴ, ㄷ, ㄹ

16 다음 중 고전학파와 케인스학파의 거시경제관에 대한 설명으로 옳지 않은 것은?

① 고전학파는 공급이 수요를 창출한다고 보는 반면 케인스학파는 수요가 공급을 창출한다고 본다.
② 고전학파는 화폐가 베일(Veil)에 불과하다고 보는 반면 케인스학파는 화폐가 실물경제에 영향을 미친다고 본다.
③ 고전학파는 저축과 투자가 같아지는 과정에서 이자율이 중심적인 역할을 한다고 본 반면 케인스학파는 국민소득이 중심적인 역할을 한다고 본다.
④ 고전학파는 실업문제 해소에 대해 케인스학파와 동일하게 재정정책이 금융정책보다 더 효과적이라고 본다.

17 다음 중 효율임금이론(Efficiency Wage Theory)에 대한 설명으로 옳은 것은?

① 실질임금이 인상되면 노동생산성도 증가된다고 주장한다.
② 기업이 임금을 시장균형임금보다 낮게 설정하여 이윤극대화를 추구한다는 이론이다.
③ 기업은 숙련노동자에 대한 정보가 완전하기 때문에 해당 노동자에 대해서 항상 높은 임금을 지불한다.
④ 비자발적 실업이 발생하는 경우 효율적인 임금 수준이 재조정되므로 임금이 하락하는 이유를 설명할 수 있다.

18 다음 중 역선택 문제를 완화하기 위해 고안된 장치와 거리가 먼 것은?

① 중고차 판매 시 책임수리 제공
② 민간의료보험 가입 시 신체검사
③ 보험가입 의무화
④ 사고에 따른 자동차 보험료 할증

19 다음 〈보기〉 중 다른 조건이 일정할 때 통화승수의 증가를 가져오는 요인으로 옳은 것을 모두 고르면?

> **보기**
> ㄱ. 법정지급준비금 증가
> ㄴ. 초과지급준비율 증가
> ㄷ. 현금통화비율 하락

① ㄱ
② ㄴ
③ ㄷ
④ ㄱ, ㄴ

20 다음 중 생애주기(Life-cycle)가설에 대한 설명으로 옳지 않은 것은?

① 소비자는 일생 동안 발생한 소득을 염두에 두고 적절한 소비 수준을 결정한다.
② 청소년기에는 소득보다 더 높은 소비수준을 유지한다.
③ 저축과 달리 소비의 경우는 일생에 걸쳐 거의 일정한 수준이 유지된다.
④ 동일한 수준의 가처분소득을 갖고 있는 사람들은 같은 한계소비성향을 보인다.

21 현재 우리나라 채권의 연간 명목수익률이 5%이고 동일 위험을 갖는 미국 채권의 연간 명목수익률이 2.5%일 때, 현물환율이 달러당 1,200원인 경우 연간 선물환율은?(단, 이자율평가설이 성립한다고 가정한다)

① 1,200원/달러
② 1,210원/달러
③ 1,220원/달러
④ 1,230원/달러

22 다음 중 독점기업의 가격전략에 대한 설명으로 옳지 않은 것은?

① 영화관 조조할인은 제3급 가격차별의 사례이다.
② 제1급 가격차별의 경우 생산량은 완전경쟁시장과 같다.
③ 제3급 가격차별의 경우 재판매가 불가능해야 가격차별이 성립한다.
④ 독점기업이 시장에서 한계수입보다 높은 수준으로 가격을 책정하는 것은 가격차별전략이다.

23 자전거를 생산하는 A기업의 수요곡선은 $P=500$, 한계비용은 $MC=200+\frac{1}{3}Q$이다. A기업의 공장에서 자전거를 생산할 때 오염물질이 배출되는데, 이 피해가 자전거 한 대당 20이다. A기업의 사적 이윤극대화 생산량(가)과 사회적 최적생산량(나)은 각각 얼마인가?(단, P는 가격, Q는 생산량이다)

	가	나
①	700	840
②	700	860
③	900	840
④	900	860

24 다음 중 한국은행의 통화정책 수단과 제도에 대한 설명으로 옳지 않은 것은?

① 국채 매입·매각을 통한 통화량 관리
② 고용증진 목표 달성을 위한 물가안정목표제 시행
③ 재할인율 조정을 통한 통화량 관리
④ 법정지급준비율 변화를 통한 통화량 관리

25 현재 인플레이션율을 8%에서 4%로 낮출 경우, 〈조건〉을 참고하여 계산한 희생률은 얼마인가?[단, Π_t, Π_{t-1}, U_t는 각각 t기의 인플레이션율, $(t-1)$기의 인플레이션율, t기의 실업률이다]

조건
- $\Pi_t - \Pi_{t-1} = -0.8(U_t - 0.05)$
- 현재실업률 : 5%
- 실업률 1%p 증가할 때 GDP 2% 감소로 가정
- 희생률 : 인플레이션율을 1%p 낮출 경우 감소되는 GDP 변화율(%)

① 1.5%   ② 2%
③ 2.5%   ④ 3%

26 제품 A만 생산하는 독점기업의 생산비는 생산량에 관계없이 1단위당 60원이고, 제품 A에 대한 시장수요곡선은 $P=100-2Q$이다. 이 독점기업의 이윤극대화 가격(P)과 생산량(Q)을 구하면?

	P	Q
①	50원	25개
②	60원	20개
③	70원	15개
④	80원	10개

27 다음 모형에서 정부지출(G)을 1만큼 증가시킬 때, 균형소비지출(C)의 증가량은?(단, Y는 국민소득, I는 투자, X는 수출, M은 수입이며 수출은 외생적이다)

- $Y = C + I + G + X - M$
- $C = 0.5Y + 10$
- $I = 0.4Y + 10$
- $M = 0.1Y + 20$

① 0.1   ② 0.2
③ 1.5   ④ 2.5

28 다음 중 독점적 경쟁시장에 대한 설명으로 옳지 않은 것은?

① 기업의 수요곡선은 우하향하는 형태이다.
② 진입장벽이 존재하지 않으므로, 단기에는 기업이 양(+)의 이윤을 얻지 못한다.
③ 기업의 이윤극대화 가격은 한계비용보다 크다.
④ 단기에 기업의 한계수입곡선과 한계비용곡선이 만나는 점에서 이윤극대화 생산량이 결정된다.

29 다음 중 황도 복숭아 시장에서 그림과 같은 변화를 가져올 수 있는 요인이 아닌 것은?

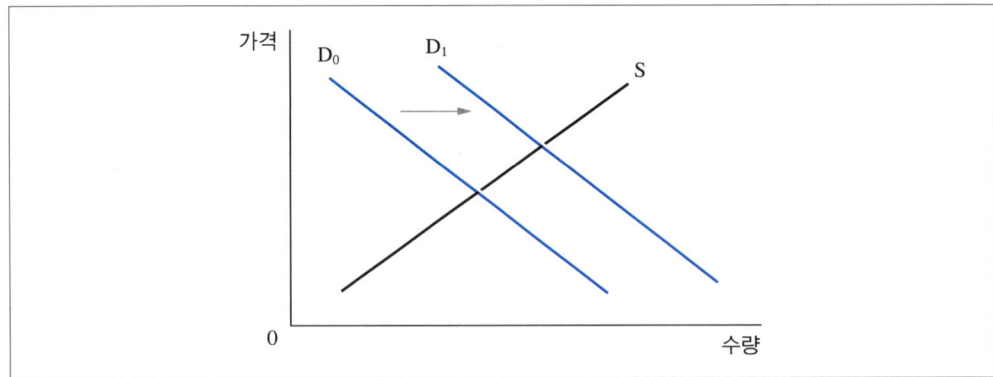

① 황도 복숭아 가격의 하락
② 복숭아가 정상재인 경우 소비자의 소득 증가
③ 황도 복숭아와 대체관계에 있는 천도 복숭아 가격의 상승
④ 복숭아 가격이 점점 상승할 것이라는 소비자들의 예상

30 대학 졸업 후 구직활동을 꾸준히 해온 30대 초반의 K씨는 당분간 구직활동을 포기하기로 하였다. K씨와 같이 구직활동을 포기하는 사람이 많아지면 실업률과 고용률에 어떠한 변화가 생기는가?

① 실업률 상승, 고용률 하락
② 실업률 상승, 고용률 불변
③ 실업률 하락, 고용률 하락
④ 실업률 하락, 고용률 불변

PART 3

행정학

CHAPTER 01 행정학의 기초
CHAPTER 02 정책론
CHAPTER 03 조직론
CHAPTER 04 인사행정론
CHAPTER 05 재무행정론
CHAPTER 06 행정통제 및 개혁
CHAPTER 07 지방행정론
CHAPTER 08 적중예상문제

CHAPTER 01 행정학의 기초

01 행정학 의의

1. 행정학의 개념

(1) 행정학적 행정개념의 종류 : 행정관리설, 통치기능설(정치기능설), 행정행태설, 발전기능설, 정책화기능설, 국정관리설(Governance)

구분	행정관리설	통치기능설	행정행태설	발전기능설	정책화기능설	국정관리설
대두 시기	1880 ~ 1930년대	1930 ~ 1940년대	1940 ~ 1960년대	1960년대	1970년대	1980년대 후반
대두 배경	엽관제의 극복, 행정의 능률성 추구	세계대공황과 뉴딜정책	행정의 과학화, 가치와 사실의 구분	신생독립국과 개발도상국의 발전 필요성	선진국의 사회문제 적극적 해결	감축관리의 필요성과 공공부문의 생산성 향상
내용	법이나 정책의 구체화를 위한 사무·관리·기술·집행 체제	행정을 정책결정과 집행으로 이해	행정행태의 규칙성을 과학적으로 규명	발전목표의 설정과 이를 위한 대응능력의 향상	행정의 정책형성 기능을 중시	신자유주의에 의한 작은 정부의 실현
정치·행정	정치·행정이원론	정치·행정일원론	정치·행정 새이원론	정치·행정 새일원론	정치·행정 새일원론	정치·행정이원론
행정·경영	공·사행정일원론	공·사행정이원론	공·사행정 새일원론	공·사행정 새이원론	공·사행정 새이원론	공·사행정일원론
행정 이념	능률성	민주성	합리성	효과성	형평성	생산성
학자	W. Willson, L. D. White	M. E. Dimock, P. H. Appleby	C. I. Barmard, H. A. Simon	Esman, Weidner	I. Sharkansky, D. Allenworth	B. Guy Peters, Osborne 등

(2) 행정법적 행정개념의 종류 : 구별긍정설, 구별부정설

(3) 공공서비스의 유형 : 민간재(사적재), 요금재(유료재), 공유재(공동재), 공공재

(4) 공공서비스의 특성 : 등량소비성, 비배제성, 무임승차성, 비분할성, 비시장성, 비축적성, 과소비의 문제, 집합적 이용, 외부적 효과

2. 행정의 변수와 과정

(1) 행정의 변수 : 구조, 인간, 환경, 기능, 가치관(발전인)

구분	고전기 (1880년대)	신고전기 (1930~1940년대)	현대 (1950년대~)		
행정이론	과학적 관리론 관료제 이론 행정관리론	인간관계론 행태론	생태론 체제론	비교행정론	발전행정론 신행정론
변수	구조	인간	환경	기능	인간 (가치관과 태도)

(2) 행정과정

행정목표를 효율적으로 달성하기 위한 절차나 단계를 말한다. 전통적 행정과정(1920년대)과 현대적 행정과정(1960년대)으로 구분할 수 있다.

① 전통적 행정과정
  ㉠ 근대 입법국가 시대의 초기 행정이론이나 정치·행정이원론하에서 중시하였다.
  ㉡ 귤릭의 POSDCoRB 개념에 따라 행정과정을 '계획 → 조직화 → 실시 → 통제'의 과정으로 파악할 수 있다.
  ㉢ 행정을 정태적·수단적 차원에서, 단순히 정치가 내세운 목표를 달성하기 위한 수단이나 기술로 파악하였다.
  ㉣ 정치·행정이원론, 공·사행정일원론의 입장에서 원리주의를 강조하여 능률성을 제1의 공리로 간주하였다.

> **POSDCoRB**
> 귤릭(L. Gulick)과 어윅(L. F. Urwick)이 공저한 「행정과학논문집」 중 한 논문에서 귤릭이 POSDCoRB를 전개하였다. POSDCoRB는 전통적 행정이론에서 최고관리층의 7가지 기능의 머리글자만 따서 만든 용어이다.
> - 계획(Planning) : 목표나 정책의 합리적 운용을 위한 준비활동
> - 조직화(Organizing) : 인적·물적 자원과 정보를 편제하는 과정
> - 인사, 총무(Staffing) : 인적 자원을 관리하는 활동
> - 지휘(Directing) : 목표의 성취를 위한 기준을 지시하는 활동
> - 조정(Coordinating) : 조직 총화의 증대를 위해 모든 구성체들이 하나의 구심점에 연계된 활동을 하도록 하는 과정
> - 보고(Reporting) : 보고를 받기도 하고 하달하기도 하는 과정
> - 예산(Budgeting) : 예산을 편성·관리·통제하는 제반 활동

② 현대적 행정과정
  ㉠ 목표설정(Goal-setting)
  ㉡ 정책결정(Policy Making)
  ㉢ 기획화(Planning)
  ㉣ 조직화(Organizing)
  ㉤ 동기부여(Motivating)
  ㉥ 통제(Controlling)
  ㉦ 환류(Feedback : 시정조치)

3. 정치와 행정

(1) 정치·행정이원론(기술적 행정학)

정치와 행정을 개념적으로 분리하여 행정을 정책의 효율적인 집행을 위한 관리기술로 보는 입장으로, 기술적 행정학이라고도 한다. 정치·행정이원론을 최초로 주창한 사람은 W. Wilson으로 그의 '행정의 연구'라는 논문에서부터였다. 그는 이 논문에서 "행정의 분야는 사무의 분야이고, 행정은 정치의 고유 영역 밖에 존재하며 행정문제는 정치문제가 아니다."라고 하여 정치로부터 행정의 분리·독립을 주창하였다. 그 후 L. D. White, F. J. Goodnow, W. F. Willoughby 등에 의하여 계승·발전되었다.

(2) 정치·행정일원론(기능적 행정학)

행정영역을 정치로부터 명확히 분리하지 않고 행정의 정책결정 등 정치적 측면을 인정하는 입장으로, 기능적 행정학이라고도 한다. Dimock은 정책결정과 정책집행과정이 상호 간의 명확한 경계를 가지는 것이라기보다는 연속선상에 있다고 지적하면서 이원론에서의 기계적 능률이 아닌 사회적·인간적 능률을 주장하였다. Appleby는 '정책과 행정'에서 가치판단적인 정책결정이 행정과정에서도 이루어진다고 주장하였다.

(3) 새이원론(행태론적 행정학)

새이원론의 대표적인 학자인 Simon은 행정의 가치판단적인 정책결정기능을 인정하였지만, 행정연구의 과학화를 위하여 논리실증주의에 입각하여 정치와 행정을 구분하고자 하였다. 이에 따라 그는 행정현상을 가치판단적인 것과 사실적인 것으로 구분하고, 사실적인 것만을 연구의 대상으로 할 것을 주장하였다. 이를 위해 Simon은 학문 연구에 있어 제도나 구조보다는 집단이나 인간의 행태에 관심을 돌려 과학적 분석의 기초로 삼는 행태론을 행정학에 도입하였다.

(4) 새일원론(발전행정론·행정우위론적 행정학)

발전행정론적 입장에서 M. J. Esman, E. W. Weidner 등은 신생국에서 조속한 국가발전을 이루기 위해서는 행정이 직접 발전 목표를 설정·집행하고 사회변동을 적극 유도해 나가야 한다고 보았다. 따라서 정치와 행정은 구분될 수 없다는 주장과 함께 행정우위론적인 일원론이 제기된 것이다. 1970년대 이후 행정의 적실성을 위해 사회문제 및 가치를 적극 다루어야 한다는 소위 신행정론은 행정의 적극적 가치 추구를 강조하여 정치와 행정의 유기적 통합을 강조하였다.

(5) 우리나라에 있어서의 정치·행정의 관계

행정국가화 경향을 보이고 있는 오늘날에는 정치·행정일원론적 관점이 보편화되었다. 연혁적으로 보면, 서구에서는 민주적 시민사회 발전이 선행된 후에 새로운 사회적 요청에 따라 정치에 대한 행정의 우위가 나타난 반면, 우리나라에서는 이론적 기반과 사회적 여건의 구축도 없이 행정체제의 일방적 강화가 진행되어 왔다. 특히 우리나라에서는 정치와 행정의 기능이 확실하게 분화되지 못한 채 행정이 강력한 중앙집권적인 권력구조하에 고도의 정치적 기능을 수행하면서 정치에 대한 행정의 우위를 지켜왔다고 할 수 있다.

4. 공행정과 사행정

(1) 공·사행정의 관계에 관한 이론
공·사행정일원론, 공·사행정이원론, 공·사행정새일원론, 공·사행정새이원론

(2) 공·사행정의 비교

구분	공행정	사행정
주체	국가 또는 공공기관	개인 또는 민간단체
목적	공익 추구(다원적·추상적)	사적 이윤 추구(일원적·구체적)
법적 규제	강한 법적 규제	상대적으로 약한 법적 규제
정치적 통제	직접적인 정치적 통제 대상	예외적 통제 대상
능률 측정	기계적 능률 측정 곤란	기계적 능률 측정 용이
권력 수단	강제적인 권력수단을 통한 이행확보	주로 경제적인 수단을 통한 이행확보
공개성	공개 원칙	대부분 비공개 원칙
신분보장	법적으로 보장	인사권자의 재량
독점성 여부	독점적	경쟁적

02 행정학의 성립과 발달

1. 미국의 행정학

(1) 미국 행정학의 발전 과정
① 시대적 상황

18세기 이후 남북전쟁과 산업혁명 등으로 인해 산업자본이 비대화됨에 따라 자본주의의 폐해가 드러나는 등 사회문제가 대두됨에 따라 정부기능의 강화가 요구되었다. 건국 초기 미국은 전문적 행정관료 체제보다는 주민의 통제하에 이루어지는 아마추어리즘이 행정을 지배해 왔다. 이러한 경향은 1829년 잭슨 대통령이 공직임용의 기준을 선거전에서의 기여도에 두었던 엽관주의(Spoils System)를 본격적으로 도입함으로써 심화되었다. 엽관주의는 민주주의에 기여할 것이라는 당초의 기대와 달리, 비능률과 부패의 만연 등 많은 부작용을 야기함에 따라 공무원 개혁운동이 전개되었다. 개혁운동가들은 민주주의의 위기를 극복하기 위해서는 정치와 행정을 분리하여 일반시민이 더 많이 참여할 수 있도록 정치제도를 개혁하고, 행정은 당시 기업 경영에서 유행하고 있던 능률성 위주의 업무 전문화를 도모하는 것이 필요하다고 주장하였다. 이러한 일련의 개혁운동들은 1883년에는 펜들턴 법(Pendleton Act)이 제정됨으로써 행정의 정치적 중립과 실적주의 인사제도가 실현을 보게 되었고, 아울러 행정학의 탄생과 성장을 촉진하는 데 기여하였다.

② 행정학의 발전
  ㉠ 굿노우(F. G. Goodnow)
    정부에는 국가의사를 표현하는 정치와 그 집행을 다루는 행정의 두 영역이 있다고 지적하였다.
  ㉡ 화이트(L. D. White)
    정치는 행정에 간섭해서는 안 되며, 행정은 관리의 영역이라고 주장하였다.
  ㉢ 윌로비(William F. Willoughby)
    행정은 순수한 기술적 과정이며, 행정의 과제는 절약과 능률을 확보하고 과학적 원리를 찾아내는 것임을 강조하였다.
  ㉣ 귤릭(Luther Gulick)
    • 조직설계의 원리로서 명령통일의 원리, 통솔범위의 원리, 부성화의 원리 등을 제시하였다.
    • 관리활동의 원리로서 조직의 최고관리층이 담당해야 할 관리기능으로 기획(Planning), 조직(Organizing), 인사(Staffing), 지휘(Directing), 조정(Coordinating), 보고(Reporting), 예산(Budgeting)의 7대 기능을 합성한 'POSDCoRB'라는 신조어를 제시하였다.
③ 행정학의 성숙
  ㉠ 디목(Marshall. E. Dimock), 애플비(Paul. H. Appleby)
    정치와 행정의 분리로 인한 행정의 비현실성을 지적하면서 정치와 행정의 현실을 양자의 혼합으로 보았다.
  ㉡ 사이먼(H. A. Simon)
    • 행태과학의 영향을 받아 과학적 행정 연구를 위한 행태주의를 주장하였고, 이후 다양한 의사결정 이론이 발전하는 계기를 마련하였다.
    • 의사결정이 행정의 핵심이며 행정 과정은 바로 의사결정과정이므로 절약과 능률보다는 합리적 결정이 더 중요하다고 간주하였다. 이러한 의사결정론은 1960년대에 관리과학과 정책학으로 발전하게 되었다.
  ㉢ 리그스(Fred W. Riggs)
    전후 개발도상국 행정에 대한 기술 원조 과정에서 미국 행정학의 보편타당성에 의문이 제기되면서 각국의 비교연구를 통한 행정학의 과학성 제고와 일반화된 행정이론을 개발하였다.
  ㉣ 이스먼(Esman)
    개발도상국에 대한 관심과 함께 국가 발전을 위한 행정의 적극적 역할이 강조되면서 발전을 위한 전략과 처방을 제시하였다.
  ㉤ 왈도(Dwight W. Waldo)
    기존 행정학의 능률지상주의 및 가치중립적 행정학의 비실천성을 비판하며 적실성, 사회적 형평성, 참여, 민주적 가치, 인본주의에 입각한 능동적 행정, 고객중심 행정을 주창하면서 탈관료제 조직 설계 대안을 제시하였다. 논리실증주의와 행태주의를 비판하고 현상학적 접근방법을 제시하는 등 행정학의 새로운 주체성에 대한 관심을 제고하였다.

(2) 행정학의 사상적 조류와 접근방법
  ① **행정학의 사상적 기초** : 해밀턴적 고전주의, 제퍼슨적 낭만주의, 매디슨적 신고전주의
  ② **행정학의 기본적 접근방법** : 미시적 접근방법과 거시적 접근방법, 역사적 접근방법, 법률·제도적 접근방법

2. 현대행정학

(1) 현대행정의 의의

① **현대행정의 개념**

현대행정이란 일반적으로 행정의 기능과 권한이 확대·강화된 행정부 우위의 행정국가시대의 행정을 의미한다. 행정국가는 권력분립에 기초한 국가권력 작용 중 행정권이 입법권·사법권보다 우위에 있는 국가를 말한다. 이는 입법국가에 대응하는 개념으로 행정입법의 증가, 행정재량 확대, 행정부에 의한 의회 지배를 특질로 하며 현대국가의 공통된 현상이다.

② **행정국가의 성립배경**

과거 18~19세기경까지 국가는 단순히 야경국가·경찰국가·입법국가로 불리며, 국민의 최소한의 안전과 치안방지 등의 소극적 기능을 수행하였다. 그런데 20세기에 들어와 한정된 자원에 비해 인구가 기하급수적으로 증가하면서 시장이 가격 조절기능을 상실하여 빈부격차 등 여러 사회문제가 발생하였다. 또한, 산업혁명 이후 도시화에 따라 주택, 교통, 상하수도, 환경, 인구 등 여러 가지 공공재적 요소들이 등장하면서 자유방임주의사상에 입각하여 필요악으로 여겨지던 국가의 개입이 필연적으로 바뀌게 되었다. 이에 따라 과거 국가안보와 치안질서유지 기능위주의 소극적 국가의 형태에서 국가안보, 치안질서유지는 기본이며, 규제기능 및 사회촉진 기능 등 적극적 기능을 수행하는 국가가 필요로 하여 등장한 것이 행정국가이다.

(2) 행정국가의 형성요인

① **근본적 촉진요인** : 대의제의 원리와 현실 사이의 모순(대의제의 위기 초래), 행정기능의 확대 강화
② **구체적 촉진요인** : 산업혁명 이후의 비약적인 사회·경제 발전으로 많은 사회·경제문제의 대두, 인구의 급증 및 도시화에 따른 도시문제의 대두, 과학기술의 급속한 발달, 전쟁의 위기와 국제긴장의 가속화, 노사 간의 대립 등
③ **시장실패**

(3) 현대행정의 특징

① **양적 측면의 특징** : 행정기능의 확대·강화, 행정기구의 확대, 공무원 수의 증가, 예산규모의 증가, 공기업의 증가
② **질적 측면의 특징** : 행정의 전문화 심화, 행정의 조정·통합의 중시, 정책결정 및 기획의 중시, 컴퓨터 및 관리과학의 이용, 신중앙집권화, 행정의 광역화, 행정조직의 동태화, 행정평가제도의 발달, 행정책임의 중시, 행정조사·행정통계의 적극적 활용, 예산의 성과지향성/기획지향성

(4) 현대행정의 문제점과 바람직한 방향

① 행정국가의 문제점
  ㉠ 정부에의 의존 경향이 확대되어 국민의 피동화를 초래할 우려가 크며 이러한 경향은 결국 더욱 행정권을 강화하게 될 것이다.
  ㉡ 행정권의 집중화 현상에 따라 시민의 자유가 제약되고, 시민의 의견을 행정에 반영하기 어렵게 된다.
  ㉢ 이익집단이 직접 행정에 밀착되어 공익을 저해할 우려가 크다.

② **정부실패** : 도덕적 해이(Moral Hazard), 행정기구의 내부성과 조직내부목표, 조직 내의 비능률성과 서비스 제공비용의 계속적 증가, 정부개입의 파생적 효과, 소득분배에의 관여와 권력분배의 불평등

③ 현대행정의 방향
  ㉠ 현대국가에서 행정의 역할 및 기능의 확대·강화 경향은 여전할 것이지만, 불필요한 사업의 통폐합, 공공부문의 민영화나 계약에 의한 민간 위탁 등을 통해 작지만 강한 정부를 지향하여야 한다.
  ㉡ 행정권의 비대를 방지하고, 효과적인 통제와 책임성의 확보로 시민의 자유와 권리를 수호해 나아가야 한다.
  ㉢ 행정의 분권화를 통해 행정능률성을 제고하고, 지방실정에 맞는 행정이 시행되어야 한다.
  ㉣ 소외된 계층의 편에 서서 사회정의와 공익을 실현시키며 생활의 질을 향상시키는 데 주력해야 한다.

03 행정학의 주요이론

1. 과학적 관계론

(1) 개념 및 성립배경

① 개념
생산 과정에 있어서 필요한 지식과 기술을 적절히 활용하고, 작업 수행에 있어서 낭비와 비능률을 제거함으로써 최소의 노동과 비용으로 최대의 생산효과를 확보할 수 있는 방법을 찾아내기 위한 관리이론이다.

② 성립배경
19세기 말과 20세기 초 미국에 해외이민의 급증으로 인구가 급격하게 팽창하고 산업화가 급속히 촉진되었고, 대부분의 기업들은 주로 저임금과 미숙련 노동자 중심의 경영, 즉 관리의 대상은 미숙련공이고, 관리의 초점은 저임금의 유지인 경영을 하고 있었다. 이러한 상황에서 Taylor는 합리적이고 과학적인 관리를 통해 생산성을 올리는 데 주력할 수 있는 일명 테일러 시스템 또는 테일러리즘(Taylor System 또는 Taylorism)으로 불리는 과학적 관리론을 창안하였다.

(2) 과학적 관리의 내용 : 시간 연구, 성과급의 지급, 계획과 작업 수행의 분리, 과학적인 작업 방법, 기능적 관리 통제

구분	테일러 시스템(과업관리)	포드 시스템(동시관리)
역점사항	개별 생산공장 관리기술의 합리화	계속 생산의 능률적 향상 및 관리 합리화
경영이념	고임금, 저노무비의 원리(High Wage and Low Labor Cost)	고임금, 저가격의 원리(High Wage and Low Price)
원리	4대 원리 • 최고과업 결정 • 표준화된 제조건 • 성공에 대한 우대 • 실패시는 노동자의 손실	4대 이념 • 영리주의 부인 • 봉사주의 제창 • 경영의 자주성 강조 • 경영을 공동체시함
수단방법	시간연구, 직능식 조직, 차별적 성과급제, 지도표 제도의 채용	3S 적용, 이동조립법, 일급제 급여, 대량소비시장의 존재
표준	작업의 표준화	생산(제품)의 표준화

(3) 과학적 관리법의 특징

① 행정의 전문성을 강조하며, 과학화·객관화·분업화를 통한 행정의 능률성을 중시하였다.
② 권한·책임의 범위 분담을 위한 계층제 등 공식구조·조직을 강조하였으며, 상의하달형 의사전달에 따른 경직성을 초래하였다.
③ 경제적·합리적 인간을 전제로 X이론적 인간관을 주장하였으며, 기계적 능률성을 강조하였다.
④ 외부적 환경변수를 무시하고, 비공식적 요인을 고려하지 않는 폐쇄적 조직이론이다.

(4) 과학적 관리법의 유용성과 한계

① 과학적 관리법의 유용성
  ㉠ 과학적 관리론은 조직과 인간관리의 과학화를 주창함으로써 능률을 극대화하는 데 크게 기여하였다.
  ㉡ 과학적 관리론은 행정을 관리현상으로 인식하고, 행정능률을 보다 향상·촉진시키는 데 공헌하였으며, 정치·행정이원론의 성립에 기여하였다.
  ㉢ 행정조사 및 행정개혁운동의 배경으로 작용하여 엽관주의의 폐단을 극복하는 계기가 되었다.
② 과학적 관리법의 한계
  ㉠ 공익을 우선으로 해야 하는 행정에 있어서는 이윤의 극대화를 목적으로 하는 기계적인 능률원리를 적용하는 데 일정한 한계가 있다.
  ㉡ 조직과 인간을 기계시하여 종속변수만으로서의 인간의 부품화라는 인식을 초래하였다.
  ㉢ 폐쇄형 조직이론으로서 조직과 환경과의 상호작용을 무시하고 있다.
  ㉣ 경제적 동기의 지나친 강조로 인간의 사회적·심리적 요인 등을 간과하였다.
  ㉤ 정치가 개입되는 행정을 경영과 동일시하고 있다(공·사행정일원론).
  ㉥ 조직 내의 비공식 집단을 무시하고 있다.

2. 인간관계론

(1) 개념 및 성립배경
① 개념
㉠ 인간관계론은 진정한 능률을 추구하기 위해서는 인간을 기계적으로만 취급할 것이 아니라 감정·정서·비합리성·사회성을 지닌 존재로 간주하고, 인간의 감정적 요소와 비합리적 요소를 효율적으로 운용하는 것이 능률성 제고에 유용하다는 이론이다.
㉡ 인간관계론은 모든 조직에 비공식적 인간관계가 존재하며 비공식적 관계가 공식적 명령체계보다 더 효과적으로 작용한다고 보았다.

② 성립배경
㉠ 인간관계론은 과학적 관리론에 의해 인간의 기계화·비인격화가 초래되자 이에 대한 반발로 등장하였다. 그러나 과학적 관리론을 전면 부정한 것은 아니고, 이의 성과를 인정하면서도 과학적 관리론에서 경시되었던 인간의 감성적, 사회적 측면에 주목한 것이다.
㉡ 인간관계론에 최초로 공헌한 사람은 폴렛(M.P. Follett)이지만 이 주장이 성립·발전된 것은 메이요(Elton Mayo)의 호손실험(Hawthorne Experiment) 이후이다.

(2) 인간관계론
① 인간관계론에 의하면 구성원은 개인으로서가 아니라 집단의 구성원으로서 행동한다.
② 사람은 감정과 기분에 따라 움직이며 조직참여자들이 만족하면 생산성 향상에 도움이 된다.
③ 기계적 능률성보다 사회적 능률을 중시하고, 대인관계 등 사회적·비경제적 동기가 생산성을 결정한다.
④ 조직 구성원의 사기는 소규모집단을 중심으로 형성되며, 공식구조보다는 구성원 간의 욕구나 혈연·지연 등에 따른 비공식적인 소집단에서의 소속감이 중시된다.

(3) 인간관계론의 유용성과 한계
① 인간관계론의 유용성
㉠ 인간을 인격적으로 인식하고, 인간의 심리적·사회적 측면을 중시하였다.
㉡ 사회적 능률이라는 개념을 정립하고 노동자의 인격적 대우가 조직의 능률 향상에 기여함을 파악하였다.
㉢ 조직의 관리에 있어서 의사전달, 리더십, 비공식조직 등을 강조함으로써 경쟁이 아닌 협동과 인화에 의한 생산성 제고를 강조하였다.

② 인간관계론의 한계
㉠ 비합리적·정서적·감정적 요인을 지나치게 강조한 결과, 인간의 경제적 동기를 지나치게 경시하였다.
㉡ 공식조직의 합리적 기능을 경시하고 비공식 집단의 중요성을 지나치게 강조하였다.
㉢ 인간을 관리의 대상으로 삼는다는 점에서 관리방법 적용상의 기술적 한계가 현실적으로 존재한다.
㉣ 조직 내의 개인·비공식조직을 단위로 사회적·심리적 관계를 연구하는 데 그치고 있어 조직과 외부환경과의 상호의존적 작용관계를 설명하지 못한다.
㉤ 사회심리적 욕구의 충족에 의한 동기부여를 지나치게 강조하고 있으며 직무 자체를 중심으로 한 동기부여를 간과하고 있다.
㉥ 인간관계의 안정적 균형을 지나치게 강조하여 보수적 안정 희구주의에 경도될 우려가 있다.

(4) 과학적 관리론과 인간관계론의 비교

구분	과학적 관리론	인간관계론
능률관	기계적 능률관	사회적 능률관
조직관	인간을 종속변수로만 인식	인간을 사회·정서적 존재로 인식
인간관	합리적 경제인관(X이론)	사회적 인간관(Y이론)
구조 측면	공식적 구조 중심	비공식적 구조, 소집단
기여	능률증진에 기여	민주성 확립에 기여
동기부여	경제적 유인	사회심리적 유인
의사전달	하향적	상향적·하향적
생산성 향상	구성원 간 경쟁을 통한 능률 향상	구성원 간 협동을 통한 능률 향상
조직목표와 개인욕구 간 균형	저해요인 제거에 의한 여건 조성으로 저절로 균형 성립	적극적 개입 전략에 의해 의식적으로 균형 성립

3. 행정행태론

(1) 행태론의 의의

① 개념 : 행태론은 행정을 연구함에 있어서 이념·제도 및 구조보다는 가치관이나 동기 등 인간적 요인에 초점을 두고 행정현상을 분석하려는 연구방법을 말한다.

② 행태론의 연구전제
  ㉠ 행정현상을 인간의 집단적이고 합리적인 의사결정과정으로 인식한다.
  ㉡ 객관적 사실이나 검증될 수 있는 영역을 연구대상으로 삼고, 주관적이고 가치판단적인 영역은 의식적으로 배제한다.
  ㉢ 행태론은 인간의 행태를 수학적으로 계량화하는 것이 가능하다고 본다.

(2) 행태론의 내용

① 과학적·경험적 방법에 입각하여 행정현상을 사실영역과 가치영역으로 구분하고 행정학은 경험적으로 검증가능한 사실문제만을 연구대상으로 할 것을 주장하였다.
② 행정을 목적 설정과 이를 집행하는 의사결정과정의 연속체로 파악하여 의사결정을 둘러싸고 있는 권위·갈등·의사전달 등을 중시한다(새이원론).
③ 행정조직의 구조적·제도적 측면보다 행정문화·집단행태 및 이에 따른 행정인의 행태를 분석하는 데 중점을 둔다.
④ 개념의 조작적 정의를 통해 객관적인 측정방법을 사용하며, 자료의 미시적·계량적 분석에 중점을 둔다.
⑤ 인간을 복잡인으로 간주하여 인간 사고체계의 집단에 따른 고유한 특성을 인정하지 않고, 개인의 특성에 따라 각자 다르다는 방법론적 개체주의에 입각하였다.
⑥ 자료의 수집에 심리학·사회학·문화인류학의 기법이 적용되고, 수집된 자료의 분석에도 인문과학과 자연과학적 기법이 동원되는 등 종합과학적 성격이 강조된다.
⑦ 수집된 자료의 객관적·계량적 입증을 거쳐 이러한 행태의 규칙성, 상관성 및 인과성을 경험적으로 입증하고 설명하는 데 치중한다.

(3) 행태론의 유용성과 한계
① 행태론의 유용성
- ㉠ 행정학 연구의 과학화에 공헌하였다.
- ㉡ 의사결정을 둘러싸고 일어나는 권위·갈등·의사전달 등에 관한 현상을 사회심리학적 측면에서 연구하였다.

② 행태론적 접근방법에 대한 비판
- ㉠ 방법의 신뢰성에 치중하는 나머지 연구대상과 범위를 지나치게 미시적인 것에 한정하고, 실제문제를 외면한 채 형식논리로 흐를 가능성이 있다.
- ㉡ 연구방법이나 기술에 있어서 지나치게 일부분에 치중하며, 객관화하기 어려운 분야에서의 자의적 자료 조작 가능성이 있다.
- ㉢ 정책결정이 가치선택의 문제임을 간과하고 가치중립성이 지나치게 강조되면 결과적으로 현상유지적인 보수주의적 행정에 빠지게 된다.
- ㉣ 관료의 자발적인 행태를 관찰하기 어려운 개도국에 적용하기 곤란하므로 보편화의 문제점이 있다.

(4) 후기행태론·탈행태론의 대두
행태론이 지나치게 가치중립적이어서 가치판단이 필요한 여러 사회적 문제를 제대로 진단해 내지 못함에 따라 행태론에서 소홀히 했던 가치판단, 철학적 측면이나 사회적 형평성 등을 중시하는 후기행태론, 신행정론 등 대안적 접근이 대두되었다.

4. 생태론적 접근방법

(1) 의의
① 개념
생태(Ecology)란 살아있는 유기체와 그 주위환경과의 상호작용관계를 의미한다. 생태론적 접근방법은 행정을 주변 환경과 밀접한 영향을 주고받는 하나의 유기체로 파악하여 행정체제와 이를 둘러싸고 있는 환경적 요인 간의 관계에 연구의 중심을 둔다.

② 성립배경
생태론적 접근방법은 제2차 세계대전 후 미국에서 발전한 기존의 행정학 이론이 제3세계 국가에 적용하기 어려운 현실에서 출발하였다. 특히 성숙한 행정환경이 없는 신생국의 경우 서구에서 이식된 행정제도와 이식된 신생국의 현실 간에 괴리로 인해 제도의 이상이 형해화되고 여러 문제점이 발생함에 따라 이에 대한 해결을 위해 논의되기 시작하였다.

③ 특징
- ㉠ 행정체제의 개방성을 강조하고, 행정의 종속변수적 측면을 강조하였다.
- ㉡ 분석단위가 행위자 개인보다는 집합적 행위나 제도를 위주로 하고 있어 거시적 분석의 성격을 띠고 있고, 신생국 행정의 연구에 중점을 두었다.

(2) 생태론적 접근방법

① 가우스(Gaus)의 생태론 : 주민(국민의 연령이나 성별, 학력 등), 장소(지리적 요인 등), 욕구와 이념(국민들이 공유하는 바람이나 사상 등), 재난(전쟁이나 천재지변 등), 사회적 기술(금융실명제, 독점자본의 규제 등), 물리적 기술(전자정부의 구축, 인터넷의 발달 등), 인물(지도적 인물의 성품이나 리더십, 가치관)

② 리그스(Riggs)의 생태론
  ㉠ 농업사회와 산업사회의 비교

구분	농업사회	산업사회
정치적 요인	• 정치권력의 근거는 천명	• 정치권력의 근거는 국민
경제적 요인	• 자급자족적 경제체제	• 시장경제체제
사회구조적 요인	• 1차집단 중심으로 혈연·지연 강조	• 실적이 중시되고 기능적 분화 • 개방적인 2차 사회
이념적 요인	• 직감에 의한 인식이 지배적 • 지식의 획일성	• 경험에 의한 인식 • 지식의 다양성
의사전달제도	• 정부와 국민 간 의사소통이 원활하지 않음	• 정부와 국민 간 의사소통이 원활 • 국민의사가 국정에 반영

  ㉡ 리그스(Riggs)의 프리즘적 사회의 특징 : 이질성, 기능의 중복, 형식주의, 규범의 비통일성, 파벌주의, 가격의 불확정성, 양초점성, 가치의 응집, 의존증후군

(3) 생태론적 접근방법의 유용성과 한계

① 유용성
  ㉠ 행정체제를 개방체제로 파악하여 문화적·환경적 요인과의 상호관련성 속에서 행정을 고찰함으로써 행정학의 연구에 거시적 안목을 제공하였다.
  ㉡ 행정을 보편적 이론으로 보지 않고 정치·경제·사회·문화적 조건에 따라 다르게 나타나는 것으로 보게 되어 비교행정의 기초를 제공하였다.
  ㉢ 주로 제도면에 치중했던 전통적 방법론 대신 현상과 현상 간의 상호관계의 연구에 중점을 두어 행정의 종합적 연구를 촉진시켰다.

② 한계
  ㉠ 국가발전에 대한 독립변수로서 쇄신적 행정엘리트가 발전의 원동력이 될 수 있는 가능성을 무시하고 인간적 요인을 과소평가하였다.
  ㉡ 행정을 문화적 환경에 의하여 결정되는 종속변수로 봄으로써 행정의 적극적 역할을 무시하였다.
  ㉢ 행정이 지향해야 할 목표·이념을 제시하지 못하고 있다.
  ㉣ 신생국 발전에 대한 비관주의·패배주의, 정태적 체제론이다.
  ㉤ 특정국가의 개별적 환경을 대상으로 함으로써 이론의 보편화가 저해된다.

5. 체제론적 접근방법

(1) 의의
체제론적 접근방법이란 행정현상을 하나의 유기체로 보아 행정을 둘러싸고 있는 다른 환경적 요소와의 관련 속에서 행정현상을 연구하려는 것을 말한다. 체제론적 접근방법은 행정을 개방체제의 관점에서 상호작용 과정으로 파악하여 거시적으로 접근하였다.

(2) 사회체제론
① 체제의 특징
  ㉠ 체제는 여러 하위체제로 분화됨과 동시에 공동목표를 위해 상호조정되고 통합된다.
  ㉡ 체제는 환경, 투입, 전환, 산출, 환류의 과정을 거치면서 환경과 상호작용한다.
  ㉢ 체제는 스스로의 정체성을 유지하기 위하여 다른 체제와 구별되는 경계를 지닌다.
  ㉣ 체제는 그것을 둘러싸고 있는 환경과의 관계에 따라 환경과 관련이 없는 자급자족적 체제인 폐쇄체제, 환경과 상호유기적 교호작용을 갖는 개방체제, 그리고 환경이 체제에 영향을 미칠 수는 있으나 체제는 환경에 영향을 미치지 못하는 준 개방체제로 나뉜다.
② 체제의 기능 : 적응기능, 목표달성 기능, 통합기능, 형태 유지 기능

(3) 행정체제론의 구성요소 : 환경, 투입, 전환, 산출, 환류 등

(4) 체제론의 발달영역 : 일반체제이론, 체제철학, 체제관리, 체제분석

(5) 개방체제의 특징
① 투입, 전환, 산출, 환류, 환경의 5단계 기능을 수행한다.
② 조직이 해체·소멸하여 가는 엔트로피 현상을 부정하고, 체제의 지속적인 유지를 중시한다.
③ 개방체제는 목표달성, 적응, 통합, 형태 유지의 4대 기능을 수행한다.
④ 정보의 관리기능을 통해 의사결정의 합리성을 제고한다.
⑤ 환경과의 불균형을 시정하기 위해 투입과 산출을 계속하는 점에서 동태적이지만 체제의 특징은 변하지 않고 고유형태를 유지한다.
⑥ 과정과 절차보다는 최종성과를 중시하여 방법론적 다양성을 지향한다.
⑦ 다른 체제나 환경과의 안정과 균형을 중시한다.
⑧ 개방체제에서는 통합을 전제로 기능적으로 분화하는데, 이는 발전을 의미한다.

(6) 체제론적 접근방법의 유용성과 한계
① 유용성
  ㉠ 다양한 여러 행정체제나 행정단위의 비교분석을 위한 일반적인 기준을 제시한다.
  ㉡ 문제해결과 의사결정의 합리화에 기여할 수 있고, 행정이론의 과학화에 이바지하였다.
  ㉢ 구조나 절차를 중요시하기보다 거시적인 측면에서 전체를 조망하며 그 구성부분 간의 상호 기능적인 측면을 분석하였다.

② 한계
   ㉠ 체제기능의 성질이나 하위체제 간의 구분·비중을 밝히기 어렵다.
   ㉡ 체제유지, 사회체제의 균형·조화적 관계 등이 강조됨으로써 보수적인 편견이 내재하고 있다.
   ㉢ 특정 인물의 성격·리더십 등이 큰 비중을 차지하더라도 이를 과소평가하기 쉽고, 권력·의사전달·정책결정 등의 문제나 행정의 가치문제를 고려하지 못한다.
   ㉣ 거시적인 분석이 지나치게 강조되어 체제의 전체적인 국면은 잘 다루고 있으나, 체제의 과정이나 절차상 구체적 운영이나 행태적인 측면의 설명에서 취약하다.
   ㉤ 체제기능 위주이므로 동태적인 변화를 설명하기 곤란하며, 정태적·균형적 성격을 띠게 되어 정치사회의 변동을 충분히 설명할 수 없다.
   ㉥ 안정적인 선진국(다원주의사회) 연구에는 적절하나, 행정환경이 급변하는 후진국에는 적용하기 어렵다.

6. 비교행정론

(1) 개념

비교행정은 여러 국가의 행정체제와 행태를 연구함으로써 보편성 있는 일반이론을 정립하는 동시에 행정개선에 필요한 지식기반을 구축하는 것을 목적으로 한다. 비교행정론에서 주요 연구대상은 관료제라고 할 수 있다. 따라서 비교관료제론은 사실상 비교행정론의 대부분을 형성하고 있다. 1950년대 말부터 대두된 비교 및 발전행정론을 통해 그동안 미국 행정학이 안고 있던 문화기속적 관점에서 벗어나 보편적이고 일반적인 행정이론을 형성하는 계기가 되었다.

(2) 성립배경

비교행정은 전후 개발도상국 행정에 대한 기술 원조 과정에서 미국 행정이론의 보편타당성에 의문이 제기되면서 각국의 비교연구를 통한 행정학의 과학성 제고와 일반화된 행정이론의 개발을 위해 대두되었다. 비교행정은 미국 행정학의 문화기속적 속성과 보편타당성의 한계를 인식하면서 선·후진국을 막론하고 보편적으로 적용할 수 있는 행정학을 만들기 위해 등장하였다.

(3) 접근방법

리그스(Riggs)의 접근방법, 해디(Heady)의 접근방법(수정전통형, 발전지향형, 일반체제모형, 중범위이론)

(4) 비교행정론의 한계

① 비교행정론은 현상유지적 성격을 지니므로 행정의 사회변동 기능을 다루지 못하였다.
② 행정행태의 특징 중 환경을 지나치게 강조한 나머지 후진국의 발전에 비관적이다.
③ 발전의 독립변수로서 행정체제나 행정엘리트의 요소를 경시하였다.

7. 발전행정론

(1) 발전의 개념
발전의 개념에 대해서는 다양한 견해가 있으나 일반적으로 발전을 양적 성장과 질적 향상, 또는 물질적 요인과 인간적 요인을 포함하는 포괄적인 개념으로 보는 것이 보편적이다. 양적 성장의 예로는 인구의 증가, 국민소득의 증가 등을 들 수 있다. 질적 성장의 예로는 구조의 분화, 생산성의 향상, 인력의 질적 향상 등을 들 수 있다. 발전은 질적인 변화를 포함하므로 주관적인 가치판단이 어느 정도 개입될 수밖에 없다. 따라서 발전의 뜻이 다양성을 띠게 되는 것이다. 또한, 발전은 과정으로서뿐 아니라 성취목표로 인식되기도 한다.

(2) 성립배경
비교행정론이 정태성, 이론지향성 등으로 인해 신생국의 조속한 국가발전을 지원하는 데 한계를 노출함에 따라 직접적·구체적 발전방안을 제시하기 위하여 발전행정론이 대두되었다. 발전행정론은 비교행정론과 달리 역동적인 신생국의 발전에 대한 직접적 활동, 즉 동태적 연구를 중시하여 신생국 발전의 구체적인 방안제시를 목표로 한다.

(3) 발전행정의 특징
① 행정을 국가발전 목표의 달성을 위한 정책의 수립과 집행과정으로 보면서 행정우위론적인 정치·행정일원론의 입장을 취하고 행정인의 정책결정능력을 강조한다.
② 과학성보다는 기술성·규범성을 강조한다.
③ 발전사업의 목표달성을 위한 행정이념으로 효과성을 중시한다.
④ 독립된 행정변수로 발전행정인의 역할을 중시한다.
⑤ 행정체제를 발전시켜 다른 하위체제의 발전을 유도하는 불균형 전략을 선호하며, 발전행정의 전략으로 기관형성 전략을 중요시한다.

(4) 발전행정의 접근전략
① 행정체제 접근방법 : 균형적 접근방법, 불균형적 접근방법
② 사회체제 접근방법 : 균형적 접근방법, 불균형적 접근방법
③ 접근전략의 종류 : 강제적 전략, 기술적 전략, 규범적 전략

(5) 발전행정론의 한계
① 발전이라는 개념이 모호하며, 서구화를 발전이라고 보는 오류를 범할 수 있다.
② 발전행정의 입장에서는 필연적으로 행정기능이 비대화되어 민주주의를 저해하고, 소위 '개발독재'라는 식의 독재의 합리화 수단으로 전락할 수 있다.
③ 발전행정론은 개도국의 발전을 위한 처방적 성격으로 인해 과학성이 결여되고, 이론의 검증이 제대로 되지 않고 있다.
④ 외형적인 산출기능만 중시하여 정책결정에의 참여와 관련되는 투입기능을 경시하게 된다.
⑤ 관료들의 의식이나 윤리를 중시하지 않으므로 가치배분의 불공정 문제가 유발될 수 있다.

8. 신행정론

(1) 의의
신행정론은 1940년대의 행태론, 1950년대의 생태론, 비교행정론의 보수성과 정태성에 대한 반발과 1960~1970년대 미국 후기산업사회의 현실을 배경으로 그에 알맞는 행정이론의 정립과 이론의 현실적 적용을 목표로 하는 행정이론의 새로운 사조이다. 신행정론은 실증주의에 대한 반발에 철학적 배경을 두고 있으며, 현실적합성을 강조하는 현상학과 직·간접으로 관련이 있다. 신행정론은 사회적 형평성, 인본주의적 경향, 적극적인 가치판단, 정책·문제지향성 등을 특징으로 한다.

(2) 성립 배경
1960년대 미국에서는 월남전의 충격, 소수민족 문제의 확산, 신구 세대간의 갈등 등 여러 현실문제가 발생하였으나, 기존의 행정이론이 제대로 대처하지 못했다. 왈도(D. Waldo)와 소장학자들은 안정과 질서를 전제로 한 중산층 위주의 가치중립적인 기존의 행정이론으로는 격동기의 현실문제에 제대로 대응하기 어렵다고 판단하였으며, 1968년 미노브룩(Minnowbrook)회의에서 새로운 행정학의 방향을 모색하였다.

(3) 주요 내용
사회적 형평과 능동적 행정의 추구, 적실성(Relevance)의 추구, 문제지향성의 강조, 행태론의 지양과 규범주의의 추구(Norm & Value), 고객중심의 행정, 반계층제적 입장과 새로운 조직형태의 모색(구조적 동태성)

(4) 신행정론의 문제점과 평가
① 문제점
  ㉠ 사회적 형평의 실현을 주장하고 있으나, 형평의 내용이 추상적이고 그 기준이나 접근방법이 구체적이지 않다.
  ㉡ 시민의 행정참여를 지나치게 강조한 나머지 행정의 목표 설정 등에 행정전문가보다 아마추어에 의존한다는 비판을 받는다. 또한, 시민참여가 미진한 개발도상국에 적용하기 어렵다.
  ㉢ 관료들의 가치지향적 행동을 지나치게 강조하면 관료권의 비대화를 초래하거나 정치적 불안을 야기할 수 있다.
  ㉣ 실제 행정분야에서 비계층제조직이나 비관료제적 구조로의 개혁이 현실적으로 가능한 것인가에 대한 의문이 있다.
  ㉤ 수익자집단 내지 고객이 행정에 적극 참여하여 특수이익을 추구하는 경우 공익이나 행정목표와 대립하게 되면 그 해결이 어렵고 역차별문제가 발생한다.
② 평가
  ㉠ 신행정론은 기존의 모든 행정이론을 전면 부정하는 하나의 확립된 이론체계라기보다는 기존이론과 상호보완의 관계에서 전통적 행정이론의 단점을 지적해 주는 하나의 안티테제(反命題)이며 행정이론이 추구해야 할 방향을 제시하였다고 볼 수 있다.
  ㉡ 신행정론은 1980년대 등장한 비판행정학·행동이론과 연계하여 가치중립보다는 규범성을, 기술성보다는 처방성을 중시하고, 제도지향적이기보다는 고객지향적이며, 행정의 능동적 정책결정기능을 주장하지만 행정의 관료주의화를 경계하여 새로운 이념으로서 사회적 형평성과 대응성, 그리고 시민의 적극적인 참여를 강조하고 있다.

(5) 발전행정론과 신행정론의 비교

발전행정론	신행정론
1960년대	1970년대
개발도상국에 적용	선진국에 적용
거시적·체제적 접근	현상학적 접근
기관형성 중시	기관형성 비판
성장·발전 강조	분배·윤리 강조
전문관료 위주의 행정	참여(고객) 위주의 행정
거시적 접근방법	미시적 접근방법

9. 현상학적 접근방법

(1) 주요 내용
① 현상학적 접근방법에서 사회적 현상 또는 사회적 실재는 사회적 행위자인 인간의 의식·생각·언어·관념 등을 통하여 인식되고, 그들의 상호주관적인 경험으로 이룩되는 것이기 때문에 사회과학에서 형성하는 사유대상은 자연과학의 그것과는 본질적으로 다르게 된다.
② 인간은 의식과 의도성을 가진 능동적 존재로 파악되며, 인간의 외면적 행태만을 연구하는 것은 의미가 없으며, 인간행동의 의미와 동기를 연구하여야 한다.
③ 인간의 행위는 기본적으로 개개인의 지각을 바탕으로 의도적으로 행해지는 것이므로 개인의 자율과 책임이 강조된다.
④ 조직은 상호연결되어 살아가며 행동하는 다양한 개인들에 의하여 공유되는 집합이다. 따라서 인간을 고립된 개체로 보지 않고 자유로운 의사소통을 통한 상호인식작용과 인간의 내면세계(간주관성)를 중시한다.
⑤ 조직은 그 규모가 커지고 복잡화·전문화·비인간화됨에 따라 물화(物化)되고 인간의 주관적 의미·내적가치·목적성 등을 객체화시킴으로써 인간상실을 유도하게 된다. 현상학은 조직의 탈물화(脫物化)를 강조한다.

(2) 현상학적 접근방법의 공헌과 비판
① 공헌
　㉠ 인간의 주관적 관념·의식·동기 등의 의미를 보다 더 적절하게 다루고 이해할 가능성을 제시하였다.
　㉡ 사회현상을 보는 관점에 폭넓은 철학적 사고의 틀을 제공한다.
② 비판
　㉠ 주장이 지나치게 사변적이고 철학적이다.
　㉡ 인간행동의 많은 부분이 무의식이나 집단규범 또는 외적 환경의 산물이라는 점을 간과하였다.
　㉢ 개별적인 인간행동과 상호작용의 해석에 역점을 두어 지나치게 미시적이다.

(3) 현상학과 행태론의 비교

구분	현상학	행태론
관점	주관적, 내면적	객관적, 외면적
존재	유명론(인간의 의식과 믿음 중시)	실재론(객관적 사실 중시)
인식	반실증주의(철학적)	실증주의(과학적)
인간	자발론(외부환경에 능동적 대응)	결정론(외부환경에 피동적 대응)
방법	개별 사례·문제중심	일반법칙적

10. 공공선택이론

(1) 주요 특징
방법론적 개인주의(Methodological Individualism), 합리적·이기적인 경제인 가정, 정책의 파급효과 중시, 다양한 조직 및 제도적 장치의 활용

(2) 주요 이론
다운즈(Downs)의 정책결정의 공공선택이론, 니스카넨(Niskanen)의 관료예산 극대화가설, 오스트롬(Ostrom)의 민주행정 패러다임, 뷰캐넌(Buchanan)과 털록(Tullock)의 적정참여자수 모형, 투표정치이론

(3) 공공선택이론의 유용성과 한계
① 유용성 : 정부실패의 원인분석, 행정학의 과학성 제고, 민주행정 패러다임 제공
② 문제점 : 방법론적 개인주의와 인간관에 대한 비판, 정부역할의 지나친 경시, 시장실패의 가능성

11. 신제도론적 접근법

(1) 신제도론(New Institutionalism)의 개념
행태주의는 제도적인 측면보다 인간의 행태를 주요 연구 대상으로 하여 행정현상을 분석하고자 하였다. 신제도론은 이러한 행태주의의 한계를 극복하기 위하여 1980년대 발전한 패러다임으로 제도가 인간의 행동에 미치는 영향을 연구하는 이론적 사조이다. 신제도론은 제도를 인간이 만들지만 아울러 거시적인 제도가 인간의 미시적인 행동을 제약한다고 본다. 따라서 거시이론과 미시이론이 연계되며, 제도는 종속변수이자 독립변수로서 간주된다.

(2) 전통적 제도주의와 신제도주의의 비교

구분	구제도론	신제도론
제도의 개념	공식적인 법규나 기관 (가시적이고 구체적인 것만 인정)	상호관계의 질서를 확보하기 위해 공유하는 규범
제도의 형성	일방적 결정	제도와 행위자 간 상호작용으로 형성
제도의 특성	공식적, 정태적	비공식적, 동태적
시장에 대한 관점	시장실패 중시	정부실패 중시

12. 신공공관리론

(1) 개념
신공공관리는 신자유주의를 바탕으로 시장주의적 경쟁원리의 도입과 관리의 자율성 강화로 기업가적 정부운영을 시도하는 것을 말한다. 신공공관리는 명령·통제하는 권력적 행정작용을 극복하고 주민에게 효율적으로 공공서비스를 제공하는 작고 효율적인 정부로 가기 위한 행정개혁 경향을 설명하기 위한 이론이다. 신공공관리론은 '관리주의'에 근거한다. 관리주의란 지나친 내부 통제를 감축시켜 성과 위주의 행정을 운영하는 것으로 민간부문의 관리기법을 행정에 받아들임으로써 행정관리의 합리화를 실현시키는 것이다. 신자유주의적 관점은 경제적인 신자유주의를 의미하며, 국가의 무리한 개입은 시장을 비능률적이고 비효과적으로 만들고, 개인의 선택과 자유를 박탈할 수 있기 때문에 정부의 역할을 축소하자는 것이다.

(2) 등장배경
1980년대 들어서 공산주의와의 체제경쟁에서 자본주의 시장경제체제의 우월성이 입증된 듯한 분위기와 극심한 재정적자를 해소하고 경제를 살리기 위해 추진된 작은 정부운동이 신공공관리론을 불러들이게 되었다.

(3) 신공공관리론의 특징
시장지향성, 신축성의 제고, 정부기능의 조정과 감축, 정치적 성격의 강조, 성과의 중시

(4) 신공공관리론의 내용
고객중심적 행정관리, 민간관리기법의 수용, 총체적 품질관리(TQM), 벤치마킹 시스템, 다운사이징

(5) 신공공관리론과 정부혁신
신공공관리론은 공공부문과 민간부문의 관리가 본질적으로 다를 것이 없으나, 민간부분의 관리기법이 공공부분보다 우월하다는 전제하에 다음과 같은 정부혁신전략을 주장한다.
① 규정과 규제의 완화, 분권화 및 관료의 재량권 확대를 통한 관리의 탈규제화
② 성과에 대한 명시적인 기준과 측정에 의한 투입 통제 및 관료제적 절차의 대체
③ 계약제, 외부 계약 등을 통한 공공부문에의 경쟁과 경합가능성의 도입
④ 공공부문의 대규모 관료제의 준자율적 단위로의 분리, 정책결정과 정책집행기능의 분리
⑤ 민간기업 형태의 관리기법 도입
⑥ 자원배분과 보상을 측정된 성과와 연계하는 금전적인 유인체제에 의한 비금전적 유인체제의 대체
⑦ 비용절감, 효율성 및 인원감축 강조 등

(6) 신공공관리론의 한계
① 공공부문은 법의 지배, 헌법적 제한, 정치적 통제 등의 측면에서 민간의 운영과는 근본적인 차이가 있으므로 민간부문의 관리기법을 공공부문에 적용하는 것은 일정한 한계가 있다.
② 신공공관리론은 정책과 집행의 분리를 전제로 하는데, 이는 현실적으로 어려우며 정책의 환류기능을 차단하여 행정의 개선여지를 차단할 수 있다.

③ 내부시장, 성과측정, 감축관리 등이 공무원의 사기저하를 유발할 수 있으며, 지나친 경쟁이 목표의 하향조정이나 조직의 긴장감을 유발하여 생산성을 저하시킬 우려도 있다.
④ 신공공관리론의 '고객중심의 논리'가 국민의 권리만 강조하고 의무적 측면은 경시할 수 있다.
⑤ 민주적 책임성과 기업가적 자율성 및 재량권 간의 갈등으로 정부관료제의 효율성이 퇴색될 수 있다.

13. 거버넌스

(1) 개념

거버넌스(Governance)란 공공행정의 새로운 패러다임으로서 종래의 관 주도적 통제에 의한 일방적 통치를 비판하면서 시민들의 반관료적, 반정부적, 탈기관적 요구에 부응하기 위한 새로운 정부 운영방식, 최소한의 정부, 새로운 공공관리를 설명하기 위하여 등장한 개념이다. 거버넌스 이론에서는 분권화와 민영화, 시장화 등에 의하여 정부와 국민을 동반자적 관계로 보고 국민의 복지증진, 질서유지 등을 정부의 주된 역할로 인식하는 것이다. 거버넌스 이론은 사회과학 분야의 다양한 이론적 토대를 기반으로 새롭게 형성되고 있는 이론이다. 이 때문에 개념 자체가 다접근성과 다차원성으로 인한 복합성을 지닌다. 거버넌스는 영역에 따라 글로벌 거버넌스(국가간), 내셔널 거버넌스(국가적), 로컬 거버넌스(지역), 사이버 거버넌스(가상적 공간) 등을 들 수 있다.

(2) 성립배경

① 세계화와 이에 따른 신자유주의의 확산은 국민국가의 활동영역을 축소하고 그 기능을 약화시켰다. 반면에 그 역할을 시민사회나 시장 및 국제체제가 분담하게 되었다.
② 정보화는 국가, 사회, 기업 등 국가운영 주체 간의 관계를 변화시켜 산업사회의 공동체 운영 틀의 기본을 바꾸는 중요한 변수가 되었다. 계급대립 대신에 NGO를 중심으로 한 시민사회의 역할을 증대시키고, 정치적인 대리인에 의한 간접민주주의인 대의민주주의 체제의 약화를 가져왔으며, 정부기술의 지원을 받는 네트워크와 사이버를 통해 국민들의 직접참여 욕구를 충족시킬 수 있게 하였다.
③ 정보화와 세계화는 국내외의 정치·경제·사회의 조건을 변화시키고 국가의 통치능력을 약화시키면서 국가, 시장, 시민사회, 국제체제 등 공동체 운영 주체 사이에 과거의 배타적인 국민국가의 지배적인 체제 대신에 새로운 형태의 네트워크체제나 행위 주체 간의 파트너십을 형성하게 하였다.

(3) 특징

① 거버넌스의 가장 중요한 특징은 중앙정부, 지방정부, 정치적·사회적 단체, NGO, 민간 조직 등의 다양한 구성원들로 이루어진 네트워크를 강조한다는 사실이다.
② 다양한 참여자로 구성된 네트워크 상황은 참여자들이 상호독립적이라는 것을 의미한다. 그러나 모든 구성원들이 상호독립적이라는 것이 모든 참여자가 동등하다는 것을 의미하는 것은 아니다.
③ 특히 정부는 전통적 정부처럼 우월한 것도 아니고, 항상 동등한 입장도 아니다. 즉, 정부는 기본적으로 동등한 입장에서 전체 네트워크를 관리하는 조정자의 입장에 있다고 하여야 할 것이다.
④ 사회의 자기조정 능력이 강조되는 등 전통적인 정부와 사회의 역할분담 관계가 재조정되고 있다.

(4) 국정관리의 주요모형

시장적 정부 모형, 참여적 정부 모형, 신축적 정부 모형, (저)통제정부 모형

(5) 기존 거버넌스 이론의 한계

개념의 혼란과 극복문제, 이론적 다양성과 이질성의 극복문제

14. 뉴거버넌스

(1) 의의

① 최광의의 의미

신국정관리가 곧 국가통치행위이며 이것이 가장 전통적이고 포괄적인 개념이라고 할 수 있다.

② 광의의 의미

국정관리의 차원에서 보면 신국정관리는 곧 신공공관리이며 일반적으로 국정관리라고 하면 신공공관리를 의미한다고 본다.

③ 협의의 의미

국정관리 이후의 개념으로서 일반적으로 신국정관리라 하면 협의의 개념인 서비스연계망을 관리하는 정부의 활동을 의미하며, 이는 다음과 같은 세 가지 요소로 구성된다.

㉠ 다양한 정부 및 비정부조직에 의한 공공서비스 제공

1980년대 이후 신공공관리에 의하여 비정부조직이 대거 등장함으로써 서비스를 전달할 뿐 아니라 정책결정 및 평가활동에 많은 영향을 미치기 시작했다.

㉡ 정부, 비정부조직, 개인들 간의 서비스 연계망

가장 핵심적인 요소로서 정부, 비정부조직, 개인들 간의 사회적·사이버네틱적 체제에 의한 '연계망(Network)'이 공공서비스 공급을 담당한다. 연계망의 구체적인 형태는 정책공동체, 인지공동체 등이며 이들은 수직적 명령복종관계가 아닌 수평적 협력관계를 유지한다.

㉢ 신뢰를 기반으로 하는 상호작용

연계망의 활동상 특징으로 '신뢰'를 기반으로 하는 조직단위 간 상호적응이 이루어지고 이들은 국가로부터 상당한 자율성을 가진다. 신뢰의 연결고리는 일차적으로 규범과 규칙이며, 구성원의 생각을 교환할 수 있는 기회가 이차적 연결고리이다.

(2) 신공공관리와 뉴거버넌스의 비교

구분	신공공관리	뉴거버넌스
서비스 공급	시장	서비스 연계망
인식론	신자유주의, 신공공관리	공동체주의
관리 방식	고객 지향적	임무 중심적
작동 원리	시장 메커니즘	참여 메커니즘
관료의 역할	공공 기업가	조정자

(3) 뉴거버넌스의 주요 모형

최소국가, 기업적 거버넌스, 신공공관리, 좋은 거버넌스, 사회적 인공지능 체계, 자기조직화 연결망

(4) 뉴거버넌스의 문제점과 대응방안

① 문제점
- ㉠ 서비스 공급을 여러 조직과 기관들이 관여하여 추진하기 때문에 집행에 대한 통제를 상실하여 행정의 혼선이 나타날 수 있다.
- ㉡ 연계망이 지나치게 복잡하여 정부가 조타(Steering)하는 것이 곤란하게 될 수 있고, 책임소재를 밝히기 어렵게 된다.

② 대응방안
- ㉠ 정책집행에 대한 순응을 확보하기 위한 집행설계를 합리적으로 하고, 구성단위의 자발적 협조를 얻기 위해서 자원배분을 유인책으로 잘 활용해야 하며, 게임의 규칙과 규범을 서비스의 효율적 제공에 적합하도록 만들어야 한다.
- ㉡ 이를 위해서는 구성원의 권리뿐 아니라 의무 등을 분명히 하고 덕성 있는 시민들의 시민정신과 이타심을 적극 활용하는 방법을 강구하는 것이 필요하다.

CHAPTER 02 정책론

01 정책학의 의의와 발달

1. 정책의 개념

정책이란 용어는 매우 포괄적이면서도 다의적(多義的)이지만 정부의 정책을 한정하여 지칭할 때 공공정책이라고 부르게 되며, 행정학에서 정의하는 정책은 '바람직한 사회상태를 이룩하려는 정책목표와 이를 달성하기 위해 필요한 정책수단에 대하여 권위 있는 공공기관이 공식적으로 결정한 기본계획 또는 행동방침'을 가리킨다.

2. 정책의 특성

목표지향적·규범적 성격, 행동지향적 성격, 정부의 공식적 결정, 정책대상집단의 존재, 문제해결지향성, 권위적·정치적 성격, 대응성·반응성

3. 정책의 유형

알몬드(Almond)와 파웰(Powell)의 유형, 로위(Lowi)의 유형, 솔즈베리(Salisbury)의 분류(요구·결정 패턴 기준), 리플리와 프랭클린(Ripley & Franklin)의 분류(사회적 목표 기준)

구분	분배정책	규제정책	재분배정책
주된 정치적 단위	개인·기업	집단	연합회
정치단위 간의 관계	상호부조·상호불간섭	협상	이데올로기적
정치단위 간의 안정성	높다	낮다	매우 높다
전문가·관계기관의 역할	낮다	낮다	매우 높다
이익집단의 로비활동	대체로 높다	매우 높다	보통
의회위원회의 역할	중요하다	비교적 중요하다	중요성이 없다
대통령의 역할	애원적	조정적, 수동적, 애원적	매우 중요

02 정책의제의 형성과정

1. 정책의제의 의의

정책의제란 '정책결정자가 해결하기로 또는 적어도 다루기로 결정한 정책문제들 또는 정책 이슈들의 일부'라고 할 수 있는데, 정책의제는 사회문제로부터 연원하며, 사회문제는 개인문제로부터 시작한다. 문제란 사람에게 해결 욕구를 일으키는 불만족스러운 상태나 조건으로, 우리는 개인적으로나 집단적으로나 수많은 문제에 직면하면서 살아간다. 그런데 이러한 문제들 중에서 어떤 문제는 개인이 책임을 져야 하고 또 어떤 문제는 사회 일반 불특정 다수의 문제가 되어 사회적으로 심각한 문제가 된다. 이때 개인문제가 사회문제화되어 수많은 사회문제가 존재할 때, 이들 문제 중 극히 일부 문제만이 공적으로 취급되어 정부에서 해결을 위하여 노력하게 된다. 이때 정부에서 해결하기 위하여 공식적으로 채택한 문제를 정책의제(Agenda)라고 한다. 따라서 정책의제의 설정과정은 일반적으로 개인문제로부터 출발하여 사회문제로, 다시 사쟁점(Issue)으로 변화되고, 언론의제(Press Agenda)나 공중의제(Public Agenda)를 거쳐 정부의제로 채택된다.

(1) 정책의제채택이 중요한 이유

① 정책의제 형성과정은 정책과정에 작용하는 정치세력들이 처음으로 등장하는 국면이라는 점이다. 따라서 자기가 원하는 사안을 정부기관에 투입시키는 데 실패하게 되면 자신의 이익확대를 위한 기회는 끝나게 되고 마는 것이다.
② 정책의제 형성과정은 민주적 정치참여과정의 핵심적 성격을 띠고 있다. 민주정치의 중요한 특징은 정책의제형성에 국민의 참여·개입이 높은 비율을 차지한다는 것이며, 이러한 과정을 통하여 정부의 조치가 요구되는 문제들이 밝혀지게 된다.
③ 정책의제는 정부의 정책결정체제에 의해 특정화된 정책문제이다. 따라서 정책의제 형성은 정책문제의 우선순위(Priority)를 결정하는 성격을 지니고 있다. 정부에 의해 검토·해결을 필요로 하는 많은 정책문제들이 상호 간 대립·갈등과 경쟁관계에 있으므로 이를 다루는 데는 우선순위가 정해져야 한다.
④ 정책의제 형성단계에서는 다음 단계인 정책결정단계에서 찾아내어야 할 정책대안들이 제시되는 경우가 있다. 특정한 사회문제가 아무리 심각한 피해를 주고 있다고 하더라도 그 문제를 해결할 수 있는 대안이 없을 때는 그러한 문제는 정책의제로 채택되기 어렵다. 따라서 어떤 문제를 정책의제로 채택해 주기를 바라는 집단은 그 문제해결방법을 생각하기 마련이다.
⑤ 정책의제 형성단계는 정책의제화의 양상에 따라 후속 정책과정에 커다란 영향을 미친다. 정책의제 형성단계에서 찬성집단과 반대집단은 후속되는 정책과정의 전 과정을 통해 경쟁과 투쟁을 계속하게 된다. 이처럼 정책의제 형성단계에서 경쟁·대립하는 집단들 간에 원만한 타협을 볼 수 있느냐 하는 것은 물론 문제를 주도한 집단들이 누구냐에 따라서 또는 정책의제 채택의 방법 등에 따라 정책결정단계는 물론 집행의 효율성과 그 정책의 평가에까지 큰 영향을 미치게 되는 것이다.

(2) 정책의제 설정 유형

외부주도형(사회문제 → 공중의제 → 정부의제), 동원형(사회문제 → 정부의제 → 공중의제), 내부접근형(사회문제 → 정부의제)

2. 무의사결정론

무의사결정이란 정책의제 설정에서 지배 엘리트의 이해관계와 일치하는 사회문제만 정책의제화된다는 이론으로서 의사결정자들이 기존의 가치나 자신들의 이익에 대한 잠재적인 도전을 억압하기로 하는 결정을 말하는 것인데, 이는 사회의 모든 문제가 정책의제화하지는 못한다는 현상을 설명하고자 하는 이론이다. 다시 말하면, 사회적 강자들의 요구에 배치되는 문제는 그것이 거론되지 못하도록 질식시켜 버리거나 정책결정의 장(場)에 도달되기도 전에 무력화시키든지 이 방법이 성공하지 못하면 정책결정·집행단계에서 이를 파괴·좌절시키는 수단이 되는 것이 무의사결정이다.

(1) 무의사결정 발생이유
① 지배적인 가치나 신념체계, 즉 정치문화가 제기된 정책문제의 채택에 부정적일 때
② 사회 내 지배계급이 제기되는 정책적 이슈에 대해 두려움을 느낄 때
③ 지배엘리트들이 제기되는 이슈를 좋아하지 않을 것이라고 정치 입후보자들이나 행정가들이 생각할 때
④ 정치체제가 특정문제들에 대해서 편견을 가지고 있을 때

(2) 무의사결정 수단 : 폭력의 행사, 권력의 행사, 편견의 동원, 편견의 강화·수정

03 정책결정론

1. 정책결정의 성격 및 유형

(1) 정책결정의 성격

정책목표와 정책수단을 개발하는 과정, 행동지향성, 미래지향성, 동태적 과정, 정치적 성격과 분석적 성격의 통합

(2) 정책결정의 유형

정형적 결정과 비정형적 결정, 전략적 결정과 전술적 결정, 개인적 결정과 집단적 결정

(3) 정책결정의 이론모형

합리모형, 만족모형, 점증모형, 혼합주사모형, 최적모형, 연합모형, 기타 모형(Cybernetics 모형, 쓰레기통 모형, 흐름·창 모형 등)

합리모형	점증모형
합리적 세계, 현상을 무시함	정치적 세계, 현상을 중요시함
무한정, 기득권을 무시함	한정된 수, 기득권을 중요시함
조직 간의 장벽이 제거됨	조직 간 구분을 인정함
수단을 목표와 조합	목표를 수단과 조합
연역적으로 접근	귀납적으로 접근
개발도상국에 적용됨	선진국에 적용됨
정책의 분할가능성이 낮음	정책의 분할가능성이 높음
하향적 결정	상향적 결정

2. 정책결정의 참여자

(1) 공식적 참여자

① 정책결정과정에서의 공식적 참여자는 법적·제도적으로 정책을 결정할 권한을 부여받은 집단을 말한다.
② 과거에는 대개 의회에 의해 정책이 결정되었으나, 오늘날에는 행정부 스스로가 정책을 결정하는 경우가 대부분이므로 과거와 달리 여러 기관이 공식적 권한을 보유하여 정책결정을 행하고 있다고 볼 수 있다.
③ 대통령, 국회, 행정관료, 사법부 등

(2) 비공식적 참여자

정책결정과정에는 공식적 권한을 부여받지는 못하였지만 크게 영향력을 행사하여 자신들의 주장에 부합하는 정책결정을 유도하려는 집단이 있다. 이러한 집단의 예로는 정당, 이익단체, 언론기관, 일반시민, 그리고 관·산·학·연 등에 의한 정책공동체 등 다양한 것들이 있다.

04 정책분석론

1. 정책분석의 의의

(1) 정책분석의 목적
① 정책분석은 동태적이고 급변하는 복잡한 사회문제를 파악하여 정책결정을 개선하려는 정책과학의 주요 처방으로서 정책결정자의 판단의 질을 높여 정책결정의 합리성을 제고하려는 것이다.
② 정책분석의 기본목적은 정책문제를 인지하고 목표를 명확히 한 다음, 목표를 달성할 수 있는 대안을 탐색하고 보다 나은 정책대안의 선택을 위한 자기발견적 방법을 제공하는 데 있다고 할 수 있다.

(2) 체제분석과 정책분석의 비교

구분	체제분석	정책분석
기본 과학	• 경제적·응용조사·계량적 결정이론	• (체제분석)+(정치학·행정학·심리학·새로운 영역으로서의 정책과학)
주안점	• 계량분석	• (체제분석)+(새로운 대안의 쇄신)
방법	• 경제적 분석 • 계량모형의 정립	• (체제분석)+(계량적 모형과 분석) • 상상적이고 미래지향적 사고 및 사고의 통합
주 적용분야	• 계획예산제도	• 사회 전 분야
효과	• 보다 명백한 결정 • 그러나 복잡한 정치문제 해결에는 역효과	• 복잡한 정치문제 해결 • 교육적 영향 • 장기적 안목에 있어서 보다 나은 결정

2. 정책분석의 과정

① 정책문제의 파악과 정책목표의 설정
② 정책대안의 탐색·개발
③ 정책대안의 결과예측
④ 정책대안의 비교·평가
⑤ 최선의 대안선택과 건의

3. 정책분석의 기법

① 체제분석(SA; System Analysis)
② 비용편익분석
③ 관리과학(OR; Operations Research)

⟨관리과학과 체제분석의 비교⟩

OR(관리과학)	SA(체제분석)
• 방법지향적이며 전술적 성격 • 분석범위가 좁고 엄격한 규칙에 의거 • 계량화가 가능 • 목표가 명확(부여된 것) • 당면문제(단기적)	• 문제지향적이며 전략적 성격 • 넓고 다양한 방법 이용 • 불확실한 요인이나 질적 요인을 포함하여 계량적 측정과 논리적 사고 병행 • 목표 그 자체가 검토의 대상이 될 수 있음 • 장래 문제에 대한 것 위주(장기적)

④ 미래예측

4. 정책분석의 제한과 극복

(1) 정책분석의 제한

① 정책문제의 특성에서 오는 제한
   ㉠ 정책문제의 정의는 확실히 분명한 것이 아니다. 정책문제 정의는 주관적 판단을 요구하므로 항상 판단상의 갈등을 일으킨다.
   ㉡ 하나의 정책문제는 대단히 넓은 연관성을 가진다. 그러므로 그 정책문제와 관련된 모든 관련 변수들을 빠짐없이 분석한다는 것은 거의 불가능하다.
   ㉢ 정책문제는 상황의 변화에 따라 그 본질이 달라진다. 문제시되는 상황에 대한 규범적 판단이 달라져도 역시 정책문제의 내용은 달라진다. 그러므로 정책문제 정의는 한번으로 끝나는 것이 아니라 계속적으로 재정의되어야 한다. 그러나 문제상황의 변화를 상시 추적하고 이에 규범판단을 적용시켜 계속적으로 문제를 분석하여 정의·재정의하는 작업이 완벽하게 이루어지기는 어렵다.
   ㉣ 정책문제는 가치의 사회적 배분에 관련된 문제이다. 그러므로 정책문제 정의는 항상 사회적 갈등을 일으킨다.
   ㉤ 정책문제는 분석과정에 의해서만이 아니라 정치과정을 통하여 정의되고 해결되는 문제이다. 그러므로 정책문제의 정의와 이에 대한 해결방안의 선택이 정책분석에 의해서 완전히 이루어질 수는 없다.

② 정책상황의 불명확성에서 오는 제한
   ㉠ 정책상황은 계속해서 변화한다. 그것은 한번도 반복되지 않는 것으로 항상 독특하다. 이러한 특성을 지닌 정책상황을 완전하게 분석한다는 것은 거의 불가능하다.
   ㉡ 분석적으로 접근할 수 있는 정책상황은 단순화된 상황이다. 그것은 항상 실제의 상황과 다르고 허구성을 지닌다. 그러므로 불완전하게 분석된 허구의 정책상황을 토대로 이루어진 여타의 분석도 당연히 한계를 지닐 수밖에 없다.

(2) 정책분석 제한의 극복

① 취급하여야 할 정책문제의 내용과 성격에 따라서 그것에 가장 적합한 분석방법을 개발하고 활용하는 것이 필요하다.
② 어떤 분석기법을 사용하기 전에 반드시 그것의 적용가능성과 한계성을 면밀히 검토하고 그것의 적절한 적용범위와 한계를 설정한다.
③ 실제의 정책결정과정은 항상 분석적 과정과 정치적 과정의 혼합과정으로 이루어진다는 사실을 이해하고 분석활동에서 이를 고려한다.

05 정책집행론

1. 정책집행의 의의

(1) 개념

정책집행이란 정책의 내용 또는 정책수단을 실현시키는 과정을 의미한다. 프레스먼(Pressman)과 월다브스키(Wildavsky)는 '목표설정 활동과 목표달성 활동 간의 상호작용'이라고 정의하였다. 존스(Jones)는 '집행이란 사업계획의 실시를 지향하는 행위들'이라고 정의하였다.

(2) 정책집행 활동

① 정책결정이 이루어지고 나면 우선 결정내용을 공식화한다. 공식화하기 위해서 법과 시행령을 마련하여 관보(官報)나 언론매체를 통해 국민과 관계기관에 공표하거나 법률 형태를 띠지 않은 것은 정부 공문서로 만들어 관계기관에 배포한다.
② 집행을 담당할 기관 및 사람을 정한다. 이때는 기존의 기관 및 사람을 이용하기도 하지만, 새로운 정책일 경우는 따로 기관을 창설하고 공무원을 충원한다. 쓸 수 있는 예산의 배정은 아울러 필수적이다.
③ 집행기관에서는 업무시행세칙을 마련하고 업무 개시일을 정해 국민에게 알린다. 또한, 내부 공무원들의 근무규율을 정하고 이에 따라 업무를 시행한다.
④ 결재권자가 관심을 크게 가지고 있는 중요한 정책의 경우엔 시정 방침, 대통령 특별지시사항, 업무지침, 세부시행세칙들로 정해져 하부 집행기관에 시달된다.
⑤ 법이나 시행령, 시행세칙들은 굵직굵직하게 대강만 정해 놓은 경우가 대부분이다. 그래서 구체적인 해석은 집행담당자들에게 맡겨져 있다.
⑥ 정책집행은 가치의 구체화 과정이다. 목표로 정한 가치의 실현은 결정만으론 달성될 수 없다. 반드시 집행과정을 거쳐야만 가치실현이 이루어질 수 있다. 조직 상층부의 결정권자로부터 일선기관 공무원에게 정책내용이 전달되면서 목표가치가 구체화되고 실현된다.

(3) 정책집행의 특징

① 정책집행은 정책결정(정책형성)이나 정책평가 등 정책의 여타과정도 서로 영향을 주고받는 복합적·순환과정이다.
② 정책집행은 정책의 다른 어떤 과정보다도 정책갈등이나 집단갈등이 심한 과정이다. 물론 정책결정이나 정책평가과정 등에서도 집단갈등이나 정책갈등이 나타나지만 특히 정책집행과정에서는 이러한 갈등이 더욱 심각하고 치열하게 발생하는 경향이 있다. 이러한 현상은 특히 후진국에서 더욱 심하게 나타나는데 그 이유는 정책집행단계에서 그 이전에 못했던 여러 가지 정책내용들이 주민이나 국민들에게 알려지게 되기 때문이다. 즉, 언론이나 매스컴, 신문, 심지어 소문이나 풍문 등을 통하여 어떤 정책의 내용을 주민들이 알게 되는 단계가 보통 정책집행단계가 된다는 것이다. 이렇게 하여 주민들이 정책의 내용을 알게 되면 그들의 이해득실에 따라 다양한 갈등집단들이 발생하고 이들 집단들은 그들의 이익을 위하여 치열한 경쟁이나 투쟁 또는 갈등을 겪게 되는 것이다.
③ 정책집행단계에서도 정책은 계속 수정되거나 보완된다. 즉, 정책집행단계에서도 정책변화는 계속 일어난다. 정책진행 과정은 결정된 정책을 단순히 집행만 하는 것이 아니라 경우에 따라서는 기존의 정책을 수정·보완하면서 새로운 정책을 만들어나가는 일련의 연속적 과정인 것이다.

④ 행정(정부)과 주민이 직접 접촉하는 단계이기 때문에 주민의 반응이 매우 민감하게 나타나는 과정이다.
⑤ 집행과정은 다양한 개인이나 집단들이 자기의 이익을 추구하는 정치적 관계기관의 성격도 가진다.

(4) 정책결정과 정책집행의 관계
① 공통점
   ㉠ 정책집행활동이 실질적으로 정책의 내용을 확정함으로써 정책결정과 같은 기능을 수행한다.
   ㉡ 둘 다 의사결정 활동이다.
   ㉢ 집행활동도 정치적인 성격을 지닌다.
   ㉣ 담당주체라는 면에서 실질적인 두 가지 활동을 행정부가 담당한다.
② 차이점
   ㉠ 정책결정은 정책의 기본적이고 전체적인 부분에 영향을 미치나, 집행상의 결정은 부분적인 결정이다.
   ㉡ 정책집행은 정책결정보다 기술적, 기계적, 전문적인 결정을 특징으로 한다.
   ㉢ 정책결정은 행정부처의 상위계층에서 담당하나, 정책집행은 하위계층에서 담당한다.

(5) 정책집행의 유형[나카무라(Nakamura) & 스몰우드(Smallwood)]
고전적 기술관료형, 지시적 위임형, 협상자형, 재량적 실험가형, 관료적 기업가형

2. 하향식 접근방법과 상향식 접근방법

(1) 하향식 접근방법(Top – down Approach)
① 주로 성공적인 정책집행에 대한 연구를 목적으로 하는 접근방법이다.
② 연구의 출발을 정책결정에서부터 파악한다.
③ 정책목표나 영향에 미치는 요인을 연구한다.
④ 목표달성도를 파악한다.
⑤ 집행자의 정책내용에 대한 순응의 정도를 파악한다.

(2) 상향식 접근방법(Bottom – up Approach)
① 일선집행요원의 행동과 행태에서 출발하여 상위의 정책결정으로 연구를 행한다.
② 수혜자 중심의 서비스 제공 정책 등에 유용하다.

(3) 하향식 접근방법과 상향식 접근방법의 비교

구분	하향식 접근방법	상향식 접근방법
정책상황	안정적·구조화된 상황	유동적·동태적 상황
정책목표의 수정	목표가 명확하여 수정이 적음	목표가 불명확해 수정이 많음
관리자의 참여	참여의 제한	다원적인 참여가 필요
집행자의 재량	집행자의 재량 불인정	집행자의 재량 인정
정책평가의 기준	집행의 충실성 또는 성과	환경에의 적응성 중시, 정책성과는 2차적 기준

3. 정책집행에 영향을 미치는 요인

(1) **정책의 유형**

(2) **사업계획의 성격** : 명확성, 일관성, 소망성 등

(3) **집행주체** : 조직과 재원, 집행담당자 등

(4) **정책대상집단** : 대상집단의 대응 행태, 집행주체의 협상 전략 등

(5) **환경적 요인**

내적 요인	외적 요인
• 정책목표의 명확성 • 의사소통의 효율성 • 집행책임자의 리더십과 능력문제 • 집행자의 성향 • 자원 • 정책집행절차 · 표준운영절차	• 환경적 여건의 변화 • 정책대상집단의 태도와 정치력 • 대중매체의 관심과 여론의 지지 • 정책결정기관의 지원

06 행정학의 의의

1. 정책평가론

(1) **의의**

정책평가(Policy Evaluation)의 개념에 대해서는 학자에 따라 매우 다양한 견해가 제시되고 있다. 좁은 의미에서의 정책평가라고 하면 보통 정책집행의 결과로 나타난 정책목표의 달성정도 내지는 그 정책의 영향 등을 분석하고 판단하는 것이라고 볼 수 있다. 넓은 의미에서 보면 집행이 완료된 후의 평가뿐만 아니라 정책의 전 과정을 통하여 정책의 내용이나 수행과정, 그리고 효과 등을 측정·사정하여 환류기능(Feedback)을 통하여 정책과정에 유용한 정보를 제공하는 활동이라고 볼 수 있다.

(2) **정책평가의 목적과 기능**

정책결정과 집행에 필요한 정보제공, 집행과정상의 책임성 확보, 이론구축에 의한 학문적 기여

(3) **정책평가의 중요성**

① 목표가 얼마나 잘 충족되었는가를 알려준다.
② 성공과 실패의 원인을 구체적으로 제시해 준다.
③ 프로그램의 성공을 위한 원칙을 발견해 준다.
④ 효과성을 증진시키기 위해 여러 기법을 사용하는 실험과정으로 유도해 준다.
⑤ 대안적인 기법들의 상대적인 성공을 위한 근거에서 더 향상된 연구를 위한 기초를 마련해 준다.
⑥ 목표달성을 위해 사용된 수단을 재규정해 주고 심지어 하위목표들도 재규정해 준다.

2. 정책평가의 유형

(1) **형성평가**(Formative Evaluation) : 효과성평가, 능률성평가 및 정책영향평가, 공평성평가

(2) **총괄평가**(Summative Evaluation) : 산출평가, 결과평가, 영향평가

3. 정책평가의 방법

(1) **평가의 타당성**

구성적 타당성 (Constructive Validity)	처리, 결과, 모집단 및 상황들에 대한 이론적 구성요소들이 성공적으로 조작화된 정도를 의미한다.
통계적 결론의 타당성 (Statistical Conclusion Validity)	정책의 결과가 존재하고 이것이 제대로 조작되었다고 할 때 이에 대한 효과를 찾아낼 만큼 충분히 정밀하고 강력하게 연구설계가 이루어진 정도를 말한다.
내적 타당성 (Internal Validity)	조작화된 결과에 대하여 찾아낸 효과가 다른 경쟁적인 원인들에 의해서라기보다는 조작화된 처리에 기인된 것이라고 볼 수 있는 정도를 말한다.
외적 타당성 (External Validity)	조작화된 구성요소들 가운데에서 관찰된 효과들이 당초의 연구가설에 구체화된 그것들 이외에 다른 이론적 구성요소들까지도 일반화될 수 있는 정도를 의미한다.

(2) **실험적 설계** : 진실험적 방법, 준실험적 방법

(3) **비실험적 설계**

4. 정책평가의 기준

(1) **능률성**

(2) **목표달성도(효과성)**

(3) **수익자대응성**

(4) **주민만족도**

(5) **체제유지도**

5. 정책변동

(1) **정책변동의 의의**
  ① 정책과정의 전체단계에 걸쳐 얻게 되는 정보·지식을 서로 다른 단계로 환류시켜 정책목표·정책수단·정책대상집단 등과 관련되는 정책 내용과 정책집행 담당조직·정책집행절차와 관련되는 정책집행방법에 변화를 가져오는 것을 의미한다.

② 정책을 독립변수로 파악하고 정책순환의 최종단계를 중시하면서 단일정책의 점증적 변동이 아닌 다수정책의 동태적 변동에 초점을 둔다.

(2) 정책변동의 유형(Hogwood & Peters, 정책역학론)

정책혁신, 정책승계, 정책유지, 정책종결

(3) 정책변동의 원인

문제소멸(Problem Depletion), 환경적 기반의 약화, 정책내용의 오류, 조직의 정치적 취약성(Political Vulnerability), 조직의 위축(Organizational Atrophy)

(4) 정책변동에 대한 저항과 그 해소방안

① **정책종결에 대한 저항원인** : 정책담당 조직의 저항(동태적 보수주의 추구), 정책수혜자 집단의 저항, 정치적 부담의 기피
② **저항의 해소방안**
  ㉠ 관련정보의 누설방지
  ㉡ 동조세력의 확대와 외부인사의 참여
  ㉢ 기존정책의 폐해와 새로운 정책도입의 홍보
  ㉣ 부담의 보상
  ㉤ 제도적 장치의 확립(ZBB, 일몰법)

07 기획론

1. 기획의 개념

기획(Planning)은 조직의 목적을 달성하기 위한 사전준비 수단으로서 정책을 수립한 후 이를 실현하기 위하여 구체적 절차와 방법을 개발해 나가는 과정이다. 기획은 특정목표를 달성하기 위하여 누가, 언제, 어떠한 방법으로, 어느 정도의 예산으로 어떤 활동을 하는가를 결정하는 것을 말한다.

2. 기획의 특성

(1) 지향하는 명확한 목표를 전제로 해야 하는 목표지향성이 있다.

(2) 장래에 대한 대비수단, 즉 미래지향적이어야 한다.

(3) 행동 전의 사고과정이다.

(4) 사회적 가치를 반영하는 수단이다.

(5) 하나의 의사결정과정이다.

3. 기획의 기능

(1) 행정의 목표를 명확히 해줌으로써 행정의 방향과 활동지침을 제공해주고 구성원의 주의와 노력을 집중하게 할 수 있다.

(2) 사전조정을 기하는 준거가 된다. 조직단위 활동의 상호충돌과 마찰을 저지하고 통일적 활동으로부터 이탈을 방지한다.

(3) 경비와 인력을 절약할 수 있다. 기획을 통해 방향착오와 방향전환으로 인한 손실을 막을 수 있으며, 인력과 물자의 효율적 사용을 도모할 수 있다.

(4) 행정통제의 기준이 되며, 업적의 사후평가 기준이 된다.

(5) 조직의 전체적인 운영상황을 파악하여 환경변동에 대응할 수 있다.

4. 기획의 원칙

목적의 구체성, 단순성, 표준화, 신축성, 안정성, 경제성, 예측성, 계층화

5. 기획의 제약요인

기획수립상의 요인, 집행상의 요인, 행정적(정치적) 제약요인

구분	유형	특징
기간별	장기 계획	10∼20년
	중기 계획	3∼7년 또는 5년
	단기 계획	1년
계층별	정책계획(입법계획)	기본적·종합적 계획(국회의결을 요함)
	운영계획(행정계획)	구체적·세부적 계획(국회의결 필요 없음)
이용 빈도별	단용 계획	1회에 한하여 사용(비정형적 계획)
	상용 계획	반복으로 사용(정형적 계획)
기간의 고정성 유무	고정 계획	기간이 고정된 계획(비현실적)
	연동 계획	중심 연도를 기준으로 매년 기간이 변동
구속성의 유무	지시계획(유도기획)	구속성·강제성이 없음(프랑스의 모네기획)
기타 1(Faludi)	청사진 중심의 산출기획 ⇔ 과정 중심적 기획 합리적·포괄적 기획 ⇔ 단편적·점증적 기획 규범적·목표적 접근 ⇔ 기능적·수단적 접근	
기타 2(Hudson)	총괄기획·점증기획·교류기획·창조기획·급진기획 등 이른바 SITAR	

CHAPTER 03 조직론

01 조직의 기초 이론

1. 조직의 본질과 유형

(1) 조직의 개념

행정조직의 개념에 대해선 다양한 견해가 제시되고 있으나, 일반적으로 '일정한 행정목표를 달성하기 위해 형성된 분업과 통합의 활동체계를 갖춘 사회적 단위'라고 할 수 있다. 여기서 조직의 개념적 특성으로는 목표지향적, 분업과 통합의 합리적 활동체계, 사회적 단위, 구조와 과정을 포함, 일정한 경계가 있어 환경과 상호작용 등을 들 수 있다.

(2) 조직의 유형

파슨스(T. Parsons)의 유형, 블라우(Blau)와 스콧(Scott)의 유형, 민츠버그(Mintzberg)의 유형

2. 조직이론의 종류

고전적 조직이론, 신고전적 조직이론, 현대적 조직이론

구분	고전적 조직이론	신고전적 조직이론	현대적 조직이론
기초이론	과학적 관리론	인간관계론	체제이론
인간관	합리적 경제인관	사회인관	복잡인관, 자기실현인관
추구하는 가치	기계적 능률, 구조·기술 행정개혁, 수단 중시	사회적 능률, 실증·인간주의	다원적 가치, 조직발전, 동태적 조직, 상황 적응적 요인
주 연구대상	공식적 구조	비공식적 구조	계층적 구조
환경	폐쇄형	폐쇄형	개방형
연구방법	원리접근법	경험적 접근법	복합적 접근법
입장	정치·행정이원론 공·사행정일원론	정치·행정이원론적 성격 강함	정치·행정일원론 (공·사행정이원론)
기타 관련 이론	행정관리론, 고전적 관료체제	경험주의이론(실험주의 이론), 환경유관론(생태론)	행태과학·상황적응이론, 관리과학, 발전행정론 등

3. 조직의 원리

(1) 계층제의 원리(순기능과 역기능)

순기능	역기능
• 지휘명령의 통로 • 상하연결의 의사전달 경로 • 업무배분 통로 • 권한과 책임한계 명확 • 내부통제의 경로 • 조직내의 분쟁조절 수단 • 조직의 통일성 및 질서 유지	• 인간의 개성상실 • 동태적 인간관계형성 저해 • 조직 구성원의 귀속감 감소 • 조직의 경직화 • 의사소통의 왜곡 • 할거주의 • 새로운 지식, 기술도입의 신속성 곤란

(2) 통솔범위의 원리(관련 이론)

① 영국의 홀데인위원회(Haldane Committee)는 10명이 이상적이며 12명을 초과해서는 안 됨
② 페이욜(H. Fayol)은 상위층은 5 ~ 6명, 하위층은 20 ~ 30명
③ 어윅(K. Urwick)은 상위책임자의 경우 4명, 하위층은 8 ~ 12명
④ 그레이쿠나스(V. A. Graicunas)는 계층제의 상층부의 경우 5 ~ 6명, 말단의 경우는 20명

(3) 분업(전문화)의 원리(관련 평가)

① 분업의 원리는 사회적 분화에 따른 조직에 대한 전문성의 요구에 부응할 수 있도록 하여 작업능률을 향상시킬 수 있고, 도구 및 기계의 발달을 기하며, 개인능력의 한계 이상으로 조직을 확대할 수 있는 장점이 있다.
② 그러나 분업이 과도하게 진행되면 단순한 업무의 반복으로 업무에 대한 흥미를 상실하고 창조적인 정신을 상실하게 되어 개인의 자아실현욕구를 저해한다. 개인은 분담된 업무만을 수행하게 되므로 인간의 기계화 현상을 낳게 되며 시야의 협소화를 초래하여 소위 '훈련된 무능력'을 나타내게 된다. 분업을 세분화하면 할수록 업무의 중복·책임회피화가 발생하며 조직 내 각 단위의 조정을 어렵게 한다. 따라서 분업화에 비례하여 조직의 효율성을 높이려면 그만큼 조정과 통합력이 향상되어야만 한다.

(4) 조정의 원리

① 조정의 방법
　㉠ 목표의 명확화
　㉡ 권한과 책임의 명확화
　㉢ 의사소통의 촉진
　㉣ 의회 및 위원회제의 활용
　㉤ 조정기구의 설치
　㉥ 계층제원리의 도입
　㉦ 동기부여나 일체감조성 등

② 조정의 저해요인
　㉠ 행정조직의 구성원들이 여러 가지 정치세력과 관련된 파벌성을 띠는 경우나 행정에 대한 정치적 영향력이 복잡하게 미칠 때
　㉡ 행정조직이 확산될 때
　㉢ 행정기능이 고도로 전문화 할 때
　㉣ 조직의 목표와 구성원의 목표 간 갭이 생길 때
　㉤ 조직에 할거주의적 성향이 생길 때
　㉥ 관리자의 리더십이 모자랄 때 등

4. 조직의 동태화

(1) 애드호크라시(Adhocracy)의 개념

관료제의 반대 개념에 가까운 애드호크라시는 워렌 베니스(W. G. Bennis)가 만들어냈으며, 기계적이고 정태적이며, 일상적인 관료제에 비하여 유기성·동태성·비일상성을 강조하는 조직구조 개념이다. 베니스는 애드호크라시를 '다양한 전문기술을 가진 비교적 이질적인 전문가들이 프로젝트를 중심으로 집단을 구성하여 문제를 해결하는, 변화가 빠르고, 적응적이며, 일시적인 체계'로 정의하고 있다. 애드호크라시는 관료제와는 달리 유연성(Flexibility)·적응성(Adaptability)·대응성(Responsiveness)·혁신성(Innovation)이 높다는 점에서 유기적 조직구조에 속한다.

(2) 애드호크라시의 구조적 특성 : 낮은 수준의 복잡성, 낮은 수준의 공식화, 분권적 의사결정

(3) 애드호크라시의 조직형태 : 매트릭스 조직(Matrix Organization), 태스크 포스(Task Force), 공동관리구조(동료조직; Collegial Structure), 위원회 구조(Committee Structure)

(4) 애드호크라시가 요구되는 상황 : 비일상적 기술, 동태적이고 복잡한 환경, 신생조직, 정교하고 자동화된 기술체계, 이질적인 요소가 병존하는 환경이다.

기업의 경우를 예로 들어보면, 어느 한 기업이 다수의 제품과 시장을 가지고 있을 때 제품을 중심으로 사업부제 구조(Divisional Structure)를 실시하면 시장의 연관성이 상실된다. 시장을 중심으로 사업부제를 실시하면 제품의 연관성이 상실될 경우, 제품과 시장이라는 두 이질적 요소를 고려하여 매트릭스 조직을 형성하면 이러한 문제를 해결할 수 있다.

02 조직의 구조

1. 조직의 구조

(1) 의의

① 조직의 구조란 조직 구성원들의 '유형화된 상호작용(Patterned Interaction)'이라고 할 수 있는데, 조직 구성원들은 조직 속에서 조직 목표를 달성하기 위하여 서로 협동하면서 끊임없이 상호작용을 계속해 나간다.

② 이러한 상호작용 과정 속에서 일정한 질서 또는 유형이 생기는데, 이것이 바로 조직의 구조이다. 이러한 구조에는 공식적인 측면과 비공식적인 측면이 있다.

(2) 조직구조의 요인

조직의 구조는 일련의 요인들이 상호작용하는 가운데 엮어진다. 구조를 엮어내는 요인들이란 조직 구성원들의 행동을 유형화하는 데 작용하는 요인들을 말하며, 이들 요인 가운데서 가장 기초적인 것은 역할과 지위, 권력과 권한을 들 수 있다.

① 역할(Role)

조직구조의 기본단위를 형성하는 원료는 인간의 행동이다. 이러한 행동을 한정하고 유형화하여 구조적 단위의 기초를 마련하는 것은 역할이다. 역할은 사회적인 관계에서 어떤 위치를 차지하는 사람들이 해야 할 것으로 기대되는 행동이나 행위의 범주이다. 조직 내에서 일, 직무, 업무, 임무 및 기능이라고 표현되기도 하며, 역할을 구성하는 행동은 다른 사람들의 기대에 결부된 것이며 반복적이고 예측 가능한 결과를 수반하는 것이다.

② 지위(Status)

지위는 어떤 사회적 체제 속에서 개인이 차지하는 위치의 비교적인 가치(Relative Worth) 또는 존중도를 의미하는데, 계층화된 지위체제 내에서의 등급 또는 계급이라고 말할 수 있다. 지위의 차이는 차등적인 보수와 편익, 권한과 책임 등을 기초로 하고 있으며, 차등적인 지위에는 각각 크기에 상응한 상징(Status Symbol)이 부여된다. 또한, 지위는 조직 구성원의 상호작용의 출발점이 되는 지각에 많은 영향을 미친다.

③ 권한(Authority), 권력(Power)

권한이나 권력은 조직 구성원들이 유형화된 상호작용을 하기 위해 필요한 지배구조의 요소들이다. 권한은 조직의 규범에 의하여 그 정당성이 승인된 권력이고, 권력은 개인 또는 조직단위의 행태를 좌우할 수 있는 능력이라고 할 수 있다. 권력은 행동주체(개인, 집단, 조직 등) 사이의 관계를 설정해 주는 요인이다. 개인이나 집단이 권력을 고립적으로 행사할 수는 없으며 반드시 다른 사람 또는 집단과의 관계 속에서만 행사할 수 있는 것이다. 따라서 권력은 일종의 관계변수(Relational Variable)라고 부를 수 있다.

2. 관료제

(1) 의의
① 관료제란 한마디로 정의하기 어려운 개념이다. 다만, 일반적으로 계층제 형태를 띠고, 합법적이고, 합리적인 지배가 제도화되고 있는 복잡한 대규모 조직의 구조적 특징을 보이고 있다.
② 일찍이 F. M. Marx는 관료제란 용어를 조직의 구조, 조직의 만성적 병리, 현대정부의 성격 혹은 반민주적 제도를 의미한다고 보았다.

(2) 베버(Weber)의 관료제
① 지배의 3유형과 근대관료제
  베버는 지배의 유형을 전통적 지배, 합법적·합리적 지배, 카리스마적 지배로 나누고, 근대관료제는 합법적·합리적 지배라는 이념형에 입각한다고 하였다. 즉, 전통적인 권위나 카리스마적 인물에 의한 지배가 아닌 합법성·합리성에 의한 지배의 전형적 형태를 관료제라고 파악한 것이다.
② 근대관료제의 발전요인
  베버는 근대관료제의 발전요인을 화폐경제의 발달, 행정사무의 양적 증대, 행정사무의 질적 변화, 관료제 조직의 기술적 이점, 행정수단의 집중화, 사회적 차별의 평균화라고 지적하였다.
③ 근대관료제의 특징
  ㉠ 조직의 목적 달성을 위한 정규적인 활동은 일정한 방법에 따른 공식상의 직무로서 배분된다.
  ㉡ 직무의 조직은 관료제의 원칙을 따른다.
  ㉢ 직무의 수행은 문서에 의한다.
  ㉣ 직원은 비정서적·합법적인 방법으로 일을 수행한다.
  ㉤ 관료는 전문적인 지식 여부에 의해서 채용된다.
  ㉥ 관료제적 조직은 기술적인 면에서 최고의 능률을 확보할 수 있다.
④ 평가
  베버의 관료제가 추구하는 이상과 장점은 Federico의 지적과 마찬가지로 탁월한 능률성, 질서와 안정, 예측가능성, 계속성에 있다. 이러한 이상과 장점의 추구는 합법성과 합리성, 즉 비인간적인 공식적 규칙과 기준에 입각한 조직의 운영 속에서 가능한 것이고, 그러한 이상을 현실화하는 데 많은 공헌을 하였다.

(3) 베버의 이론에 대한 수정과 비판
① 1930년대의 수정이론
  1930년대에 이르러 베버의 이론의 탐구를 계속한 미국의 사회학자들은 베버의 이론이 본질적으로 독일의 비민주적 정치사회를 대상으로 한 것이었다고 지적하고, 베버가 합법적인 근대 관료제의 장점을 너무 강조한 나머지 다음과 같은 점을 간과했다고 주장하고 있다.
  ㉠ 베버의 이론은 공식적인 면만 강조하고 비공식적인 면을 도외시했다.
  ㉡ 합리적인 면만 강조하고 비합리적인 면을 등한시하였다.
  ㉢ 관료제의 순기능만 강조하고 역기능 내지 병리를 경시했다.
  ㉣ 관료제를 환경과의 관련하에서 보지 않고 그 내부의 문제만 한정해서 보았다.

② 1960년대의 수정이론

1930년대의 이론이 베버의 이론을 보완적으로 수정한 것이라면, 1960년대의 수정이론은 전면적·부정적 수정이라 할 수 있다.

㉠ 고전적 관료제이론은 관청의 권한을 법령으로 규정하고 있는데, 법령으로 행정의 융통성을 묶어두는 것은 발전의 입장에서는 장애가 된다는 것이다.
㉡ 베버의 이론에서는 좁은 분야의 전문지식이 아니라 사회 전반에 대한 넓은 분업체제로 고려해야 한다.
㉢ 관료에게 좁은 분야의 전문지식이 아니라 사회 전반에 대한 넓은 이해력과 발전지향성이 요구된다.
㉣ 법령에 따라 합법적인 행정이 요구됨은 말할 것도 없지만 그보다는 발전목적에 일치하는 합목적성과 효과성이 요구된다.

(4) 관료제의 병리 및 역기능

① 병리 및 역기능에 대한 연구모형

㉠ 머튼(Merton)의 모형

관료제의 역기능은 관리자의 관료에 대한 통제요구에서 발생한다고 본다. 관리자는 관료들의 행태를 개선하기 위해 규칙을 마련하는데, 그와 같은 규칙의 준수는 행태의 경직성을 초래하고, 그로 인하여 고객과의 갈등을 초래하고, 고객의 불만감을 증가시킨다. 즉, 규칙으로 인해 목표를 망각하고, 규칙의 준수만을 강조하는 악순환 속에 빠지게 되는 것이다.

㉡ 셀즈닉(Selznick)의 모형

역기능은 권한위임 및 전문화에서 발생한다고 본다. 권한위임과 전문화는 관료의 전문적인 능력을 향상시키지만, 하위단위의 이해관계를 분립을 초래하고, 하위단위들이 조직의 전체적 목표보다는 각기의 하위목표만을 강조하는 부문주의를 초래하며 조직 단위 간 갈등을 증가시킨다.

㉢ 골드너(Gouldner)의 모형

역기능은 최고관리층이 조직 구성원을 통제하기 위하여 일반적이고 비인간적인 규칙을 제정하여 적용하는 데 있다고 본다. 규칙의 적용은 조직 내의 권력관계를 분명히 하므로 조직 내의 긴장을 완화시킨다고 생각하지만, 조직 구성원은 규칙의 범위 내에서 그들에게 요구되는 최소한의 행태를 파악하고 거기에만 그들의 행태를 맞추기 때문에 조직의 목표와 개인들이 달성한 실적 간 차질을 초래하게 된다.

② 관료제의 병리 및 역기능현상

㉠ 일반적인 규칙과 표준적인 절차를 강요하게 되어 형식주의와 문서주의를 야기하게 된다.
㉡ 관료는 자신의 권한을 최대한 축적하려고 한다.
㉢ 정해진 규정 속에서 관료는 책임을 회피하고 분산하려는 행태를 취한다.
㉣ 관료들은 자신들에게 불리한 어떤 정책이나 행위에 대해 정보제공의 거부 및 번문욕례 등의 활용으로 방해를 하게 된다.
㉤ 관료들은 자신이 속한 기관·부서 등을 중시하여 할거주의가 초래된다.
㉥ 관료제는 수단으로 강조된 규칙에 지나치게 집착하여 목적을 망각하는 동조과잉 현상을 낳는다.
㉦ 관료제는 기본적으로 보수성을 지니므로 변화에 대해 저항을 하게 된다.
㉧ 아울러 관료제는 무사안일주의, 복지부동, 권력에 대한 지나친 욕구 등을 야기하기도 한다.

3. 대표관료제

(1) 의의
① 대표관료제란 인종, 성별, 직업, 신분, 계층, 지역 등 여러 기준에 의하여 분리되는 모든 사회집단들이 한 나라의 인구 전체 안에서 차지하는 수적비율에 맞게 관료조직의 지위를 차지하는 원리가 적용되는 관료제를 말한다.
② 오늘날 관료제가 직면한 본질적 문제 가운데 하나는 능력이나 능률성의 담보가 아니라 관료제의 책임성의 확보라고 보고, 이러한 책임성의 확보와 연계되어 흔히 제안되고 있는 것이 관료제의 인적 구성을 그 사회의 주요한 사회적, 경제적, 인구학적, 그리고 여타의 집단들을 반영하는 것으로 구성하자는 것이다.
③ 이러한 사고의 밑바탕에는 관료제 내에 사회의 모든 주요한 가치, 이해, 관점 등이 반영되어 있다. 이는 특정 계급이나 분야 혹은 집단의 이해와 요구가 아니라 모든 국민의 이해와 요구에 봉사한다는 의미에서 관료제가 책임성을 갖게 된다는 것이다.

(2) 발달과정
① 대표관료제라는 용어가 처음 사용되기 시작한 것은 킹슬리(J. D. Kingsley)가 1944년에 발표한 「대표관료제 : 영국관료제의 해석」에서였다.
② 대표관료제라는 용어는 애초에 모든 사회집단들이 그들의 통치기관에 참여할 권리를 가졌다는 의미로 사용되었다.
③ 최근에는 모든 사회집단들이 전체 국민에서 차지하는 비율에 상응하여 관직을 보유해야 한다는 규범적 성격에까지 발전하였다.
④ 대표관료제는 관료가 사회의 어떠한 노력과 고립무연한 존재라 보지 않고 일상적으로 국민과 접촉하는 의회의 의원과도 비슷하며 행정을 통하여 국민의 반감을 관찰하고 이에 따라서 정치적 지식을 획득하고 있다고 한다.

(3) 대표관료제의 기능
① 정부관료제에 다양한 집단을 참여시킴으로써 정부관료제의 민주화에 기여한다.
② 국민의 다양한 요구에 대한 정부의 대응성을 향상시키고 기회균등의 원칙을 보장함으로써 국민의 대표성과 사회적 형평성의 제고라는 민주적 이념을 실현한다.
③ 정부가 민주적 정책결정을 하도록 도와줄 뿐만 아니라 정부정책에 대한 관료의 책임성을 제고시켜 정부가 좀 더 합리적인 정책을 선택할 수 있도록 도와준다.
④ 소외집단을 정부에 참여시키고 활용함으로써 국가적인 견지에서 인적 자원을 효율적으로 관리하도록 도와줄 뿐만 아니라 소외집단의 요구에 대한 정부정책의 대응성을 높임으로써 정부정책에 대한 국민의 신뢰감을 높이고 정책의 집행을 용이하게 하며 정부활동의 능률성을 향상시킨다.
⑤ 전통적으로 차별을 받거나 소외된 집단의 사회, 경제적 지위를 향상시킴으로써 소외집단의 구성원들에 의한 반사회적 행위를 감소시킨다.

(4) 대표관료제 구현 방안

① **고용평등조치(Equal Employment Opportunity)**
  이는 인종, 피부색, 성별, 종교, 연령, 과거의 국적 또는 합법적인 임용 기준으로는 될 수 없는 요인을 기초로 어떤 개인을 불리하게 취급하거나 임용 기회를 박탈하는 것을 방지하기 위한 일련의 인사정책, 절차, 운영 방법을 말한다.

② **적극적 시정조치(Affirmative Action)**
  이는 인종, 성별 등에 의한 차별을 제거하려는 목적하에 소외집단의 구성원들을 적극적으로 채용·승진시키도록 하는 구체적 노력을 말한다.

③ **임용할당제(Employment Quota System)**
  이는 정부관료제 내의 모든 계층과 직업 분야에 대한 임용의 비례적 대표성을 강제하는 방식을 말한다.

(5) 비판

① 대표관료제의 원리는 개인보다 집단에 역점을 두어 자유주의에 어긋나며 역차별을 낳고 사회의 분열을 조장한다.
② 대표관료제는 능력·자격을 2차적인 가치로 삼기 때문에 행정의 전문성과 생산성을 저하시킨다.
③ 대표관료제는 정책결정 시 공무원의 행태가 공직취임 후에도 변화되지 않는다는 것을 전제로 하고 있으나 조직 내의 사회화과정, 조직 내 준거집단의 영향 등으로 변화되기 마련이다.
④ 정부관료제가 정책입안의 주된 출처라고는 하지만 공무원들이 출신집단 별로 집단이기주의를 표출해서는 안 되므로 대표관료제의 논거가 빈약하다.
⑤ 대표관료제의 실현에는 여러 가지 기술적 어려움이 따른다. 즉, 직원의 끊임없는 내부이동으로 인한 인구비례의 정태적 균형 유지의 곤란성, 사회집단별 인구구조는 일정하지 않으므로 사회집단별 공무원할당수의 통계학적 산정이 곤란한 것이다.

4. 공식조직과 비공식조직

(1) 의의

법률에 의하여 인위적으로 이루어진 조직을 공식조직이라 하고 공식조직 내에서 인간관계에 입각한 상호접촉·친분·감정 등에 의하여 자연발생적으로 성립된 조직을 비공식조직이라 한다.

(2) 공식조직과 비공식조직의 비교

① 공식적 조직은 외면적이고 가시적 조직인 데 반하여, 비공식적 조직은 내면적이고 불가시적 조직이다.
② 공식적 조직은 규제·규정·편람 등에 의하여 명문화된 제도적·인위적 조직인 데 반하여, 비공식적 조직은 자연발생적으로 생성된 성문화되지 않은 비제도적 조직이다.
③ 공식적 조직은 제도화된 계층구조를 중심으로 한 수직적 조직으로서 법적으로 권한의 배정이 이루어지지만 비공식적 조직은 그렇지 아니하다.
④ 공식적 조직은 능률성과 합리성이 전제된 행동으로 나타나지만, 비공식적 조직은 현실적인 인간관계에서 생기는 감정의 일치가 이루어질 때 비로소 나타나는 조직이다.

⑤ 공식적 조직은 하나로 일관된 전체질서를 요구하는 조직이고, 비공식 조직은 공식조직 내에 여러 개가 존재할 수 있는 것으로, 각각의 비공식 조직은 서로 다른 부분적 질서를 요구하는 조직이다.
⑥ 공식적 조직은 하나의 목표를 추구하는 조직인 데 반하여, 비공식적 조직은 여러 목표를 추구하는 질서조직이다.

(3) 비공식적 조직의 순기능과 역기능

조직에 있어서 비공식적 조직을 연구하는 목적은 비공식조직이 공식조직의 목표달성에 있어서 어느 정도 기여할 수 있는가를 파악하여 활용하고자 하는 데 있다. 비공식적 조직이 조직의 목표달성에 기여하는 기능을 순기능이라 하고, 이에 방해가 되는 기능을 역기능이라고 한다.

① 순기능
  ㉠ 비공식적인 인간관계를 통해서 자유스러운 의사소통이 가능하기에 행정의 민주화에 기여할 수 있다.
  ㉡ 정적인 조직에서 동적인 조직으로 변화하게 하여 능률만을 강조하는 기계적이고 비인격적인 합리주의적 조직에서 오는 모순과 폐단을 수정 또는 보완할 수 있다.
  ㉢ 능률은 물적 환경만으로 이루어지는 것이 아니라 조직의 구성원이며 행정의 주체인 인간의 심리적·사회적 만족에서도 이루어지기 때문에 비공식 조직은 능률적 수행의 새로운 기능으로 인정할 수 있다.
  ㉣ 조직 구성원이 귀속감·안정감을 받음으로써 사기가 높아지고 심리적 안정감을 갖게 되어 조직의 안정을 기할 수 있다.
  ㉤ 조직 구성원의 욕구불만에 대한 발산처로서의 역할을 하기 때문에 불만에서 만족을 얻어 다시 새로운 의욕을 북돋아주는 역할을 한다.
  ㉥ 비공식적 조직은 공식적 조직이 제도적인 규칙 및 절차 등에만 집착한 나머지 진부한 상태와 퇴보를 야기시킬 위험에서 조직에 활기를 넣어 주어 발전적인 생동감을 주는 역할을 한다.

② 역기능
  ㉠ 비공식적 조직이 상층부의 요구를 거절하고 자기들 스스로가 수집한 직무수행 방법을 고집할 경우, 적대적인 태도를 취하게 되어 조직의 기능을 발휘할 수 없게 된다. 이와 같은 적대감정이 비공식적 조직을 지배할 경우, 비공식적 조직의 응집력이 강화되어 더 심한 역기능을 초래하게 된다.
  ㉡ 비공식적 조직의 구성원이기 때문에 받을지도 모르는 승진의 제한, 면직 또는 좌천, 장래에 대한 공포 등으로 심리적 불안감을 갖게 되고 개인의 불안과 개인의 의사를 조직 전체의 것인 양, 조직 전체의 불안으로 확대시킬 우려성이 있다.
  ㉢ 비공식적 의사전달이 공식적인 의사전달을 오도하거나 그릇된 의사를 전달함으로써 조직의 활동을 잘못 유도할 수도 있다.
  ㉣ 정실주의가 만연될 가능성이 있다.
  ㉤ 계획이 사전에 누설되거나 직원 혹은 간부의 사생활이 유포되어 사기를 떨어뜨리고 불필요한 불안감을 가져올 염려가 있다.
  ㉥ 비공식적 접촉을 통하여 개인의 이해와 관련된 정치적인 활동을 하게 될 우려가 있어 행정의 정치적 중립성을 저해한다.
  ㉦ 비공식적 조직은 사집단화되어 압력단체적 역할을 할 우려가 있다.

〈공식적 의사전달과 비공식적 의사전달의 비교〉

구분	공식적 의사전달	비공식적 의사전달
성격	제도적	자생적
주요 전달 방법	서면	구두
정보흐름 방향	하향적, 상향적, 수평적	동태적
장점	정확한 기록, 책임소재 파악 용이	효율적, 여론 파악, 속도 빠름, 융통성, 인간적
단점	시간·비용 과다 소요, 경직적, 편협성	공식적 권위관계 파괴, 조정 곤란, 통제 어려움

③ 비공식적 조직에 대한 통제
  ㉠ 공식조직의 관리자는 조직 내 비공식조직의 구성기준, 목표, 기능 등의 실태를 파악하여 공식조직의 목표와 일치하게끔 설득하여야 한다.
  ㉡ 공식조직의 관리자는 불만의 원인을 분석하여 이해와 설득으로 불만을 제거하고 관리자와 비공식적 조직의 구성원과의 대립과 알력을 해소하도록 노력하여야 하며, 그렇게 함으로써 불안감·긴장감을 제거시켜야 할 것이다.
  ㉢ 전술한 바의 수단으로 통제가 불가능한 것으로 인정될 때, 즉 공식조직의 목표달성을 해치는 경우에는 직무절차 및 집행내용을 변경시켜 비공식적 조직의 관례를 약화시키거나 비공식조직의 지도자의 유출, 구성원의 전직·격리·분산에 의하여 상호접촉을 제한하는 등의 강제적 방법을 동원할 수 있다.

5. 계선과 막료

(1) 의의

① 계선기관
  ㉠ 계선기관이란 고전학파의 조직이론 가운데 대표적 주장이라 할 수 있는 명령통일의 원리 아래 조직의 목표달성을 위하여 주업무를 직접 수행하면서 권한과 명령권을 독점하고 그것을 체계적으로 행사하는 집행기관을 말한다.
  ㉡ 계선기관은 상하복종관계가 형성되어 명령과 감독이 위에서 아래로 이루어지는 계층제 또는 관료제까지 포함하는 포괄적인 개념이다.
  ㉢ 조직이론에 있어서 조직의 목표를 원활히 달성하고 효과적으로 조직을 운영하기 위한 논의는 지금까지 계속되어 오고 있다. 이 가운데 계선기관과 막료기관은 조직구조의 분업화에 따라 분류한 것이다.
  ㉣ 오늘날 행정의 기능이 다양·복잡해지고 조직체가 확대·발전되자 업무량이 증가하고 업무관계가 전문화·기술화되어 가며, 국민의 요구가 행정으로 하여금 보다 많은 정보와 지식에 의존하게 되었다. 이에 전통적으로 조직의 근간이 되어왔던 계선기관이 막료기관의 기능에 보다 많이 의존하게 되었다.

② 막료기관
  ㉠ 막료기관이란 신고전학파와 행태론자에 의해 그 중요성이 강조된 기관으로서 계선기관이 그 기능을 원활히 수행할 수 있도록 조직목표 달성에 간접적으로 공헌하는 기관을 일컫는다.
  ㉡ 현대행정국가에 있어서 행정의 기능이 관리나 통제기능 중심에서 기획과 정책결정 중심으로 그 비중이 옮겨짐에 따라 행정기관의 역할 면에서도 계선보다는 막료기관에 중점을 두고 있다.

(2) 특징 및 장·단점

① 특징
  ㉠ 계선기관은 행정의 목표달성을 위하여 직접적으로 기여하는 반면, 막료기관은 간접적으로 보완 기능을 수행한다.
  ㉡ 계선기관은 구체적으로 집행능력이 있어 명령권을 행사하는 반면, 막료기관은 집행권이 없기 때문에 명령이나 지휘권을 행사할 수 없다.
  ㉢ 계선기관은 조직의 목표수행에 직접적으로 관여하므로 국민과 접촉을 하는 반면, 막료기관은 조직 내의 활동으로 대부분 제한된다.

② 장·단점 비교
  ㉠ 계선기관은 피라미드 구조를 형성함으로써 권한과 책임의 한계가 명확하고, 결정의 신축성을 기할 수 있으며, 계선 간의 갈등을 강력한 통솔력으로 쉽게 해결할 수 있고, 조정이 용이하다. 또한, 계선기관은 일반행정가를 양성하기에 적합하다.
  ㉡ 막료기관은 일반적으로 명령권·집행권·결정권이 없기 때문에 정책 형성이나 집행에 있어 보조적인 역할밖에 못한다. 그러나 막료기관은 전문적 지식이나 경험이 풍부하므로 보다 합리적인 결정을 내릴 수 있으며, 조직활동의 조정이 상대적으로 비교적 용이하여 조직의 신축성을 기할 수 있다. 따라서 막료기관은 전문행정가를 양성하기에 적합하다.

(3) 계선기관과 막료기관의 관계

① 상호보완관계
  ㉠ 글렌 스탈(O. G. Stahl)은 조직체의 직무를 수직적 사업계획, 수평적 지원활동 체계가 서로 합쳐진 '망'으로서 파악하고 있다. 여기서 전자가 계선기관에 해당하며, 후자가 막료기관에 해당된다고 보았다. 따라서 계선기관과 막료기관은 서로 협력하는 상호보완관계이다.
  ㉡ Golembiewski는 동료모형을 제시하여 계선과 막료기관의 기능상의 통합을 주장하였다. 양기관이 현대 대규모 조직에서 동시에 발견되는 사실에서 각기 두 기관이 기능면에서는 차이가 있으나, 모두 행정기관 전체의 효과성을 제고시키고자 한다는 목적 면에서는 상호보완적이라 할 것이다.

② 갈등관계
위와 같은 상호보완관계에도 불구하고 두 기관은 성격, 지위, 권한 등 여러 면에서 차이가 존재하기 때문에 빈번히 갈등관계에 놓인다.
  ㉠ 갈등원인
    • 인간적인 면에서 계선기관은 현상유지적·보수적이며 교육수준이 막료에 비하여 높지 못한 반면, 막료기관은 개혁적·진보적이며 현실 타파적인 성향을 갖는다. 따라서 두 기관은 특정 문제를 보는 상태나 관점에서 갈등을 일으키게 된다.
    • 구조적인 면에서 계선은 계층제를 통한 강력한 권한을 행사할 수 있는 지위에 있는 반면, 막료는 합의제적 조직구조와 계선을 보조하는 소극적인 지위에 놓여 있기 때문에 실제적 권력을 행사하지 못한다.
    • 환경적인 면에서 오늘날의 계선기관 위주의 행정풍토는 막료 기관의 기능수행을 저해한다.
  ㉡ 갈등의 해결방안
    • 인간적인 면에서 폭넓은 교육훈련을 통하여 막료의 좁은 시야를 확대시키고 적극적으로 인사교류와 상호접촉의 기회를 확대함으로써 갈등해소에 기여할 수 있다.

- 구조적인 면에서 양기관의 권한적 불균형을 해소하여 불명확한 권한·책임의 한계를 명확히 하는 노력을 기울여야 할 것이다.
- 환경적인 면에서 오늘날 막료기능이 강화되어 있음을 인식하여 계선기관의 독선적인 지배·권위의식을 버리고 막료의 역할을 인정하여 주는 적극적인 행정문화의 변화가 요구된다고 하겠다.

6. 위원회

(1) 의의

① 위원회제도는 단독제조직에 대응되는 개념으로서 복수의 구성원으로 이루어지는 합의체 행정기관을 말한다.
② 위원회제도는 행정국가의 출현으로 인한 행정의 양적 기능 확대와 질적 변화에 대응하고 경제사회의 급격한 변동에 따르는 국제적 기능을 보다 합리적이고 민주적으로 해결하기 위하여 만든 제도이다.
③ 최초의 위원회제는 미국에서 발생하였다. 상이한 규범을 가지고 있는 각 주 간의 통상거래를 규율하기 위해서 만든 주간 통상 위원회(Interstate Commission)가 위원회제도의 시초였다. 이 위원회는 1887년에 만들어졌고 각주의 대표들로 구성되어 준입법, 준사법, 준행정의 기능을 담당하는 기구였고, 이런 기능은 현재 미국의 대표적인 위원회 형태인 독립규제위원회의 모체였다.

(2) 위원회제도와 단독제제도의 비교

① 결정의 신중성과 공정성
  단독제는 사항 결정 시 개인적인 편견이 개입될 수 있으나, 위원회제도는 다양한 의견과 전문지식을 반영시켜 그 결정이 신중하고 전문적이며 공정하다.
② 대중적인 지지
  위원회는 여러 사람의 참여로 보다 많은 사람의 지지를 얻을 수 있으나, 단독제는 결정을 하는 사람이 다수가 아닌 혼자이므로 지지 확보가 어렵다.
③ 행정의 안정성과 지속성
  위원회 위원들의 부분적 교체나 강력한 신분보장으로 행정의 안정성과 지속성을 유지할 수 있으나, 단독제는 정권이 바뀌면 제반 정책도 바뀔 우려가 있어 안정성이 결여된다.
④ 결정의 신속성
  단독제는 의사결정권자가 1인이므로 결정이 신속히 이루어지나, 위원회제는 토의와 심의가 지체되어 결정의 신속성을 기대하기 어렵다.
⑤ 책임의 소재
  단독제는 책임소재가 분명하나 위원회는 구성원이 복수이므로 책임의식이 흐려 책임회피 경향이 있다.
⑥ 비용
  단독제는 안건 결정 시 적은 비용으로 가능하나, 위원회 운영에는 많은 경비가 소모된다.
⑦ 기밀성
  단독제와는 달리 위원회는 구성원이 복수이므로 기밀이 누설되기 쉽다.

(3) 위원회의 유형

위원회의 유형은 그 기능에 따라 자문위원회, 조정위원회, 행정위원회, 독립규제위원회 등으로 나누어진다.

① 자문위원회

특정의 개인이나 조직 전체의 자문에 응답할 목적으로 설치되는 막료적 기능의 합의체 기관이다. 우리나라 위원회는 대부분 여기에 속한다. 이러한 위원회는 자문적 기능만 수행할 뿐 그 결정은 실제적인 영향력을 제외하고는 법적 구속력을 가지지 못한다.

② 조정위원회

상이한 여러 의견이나 입장을 조정, 통합하여 합의에 도달하는 목적의 합의체 기관이다. 결의의 효과가 의사전달 정도의 효과밖에 없는 것과 함께 법적 구속력을 갖는 경우도 있다. 동일한 수준에 있는 상이한 정부기관 내 업무를 조정하기 위해 설치되는 경우가 많다.

③ 행정위원회

행정관청으로서의 성격을 가진 합의체 기관이며, 그 결정은 법적 구속력을 가진다. 또한, 상설위원회와 상임위원이 있어 독립된 행정기관으로서의 성격을 가진다. 미국의 독립규제위원회는 이의 전형적 형태이다.

④ 독립규제위원회

19세기 말 미국을 중심으로 발달한 합의제 행정기관이다. 이것은 자본주의의 비약적인 발전에 따라 경제, 사회적인 규제기능을 공정하게 수행하기 위하여 준입법적, 준사법적 기능을 주로 수행하는 독립된 행정관청으로서 '머리없는 제4부'라고 불린다. 그러나 최근 다른 행정기관과의 조정이 어렵고, 대통령의 강력한 정책추진을 저해하고 있다는 지적에 따라 그 기능이 양적, 질적인 면에서 점점 감소되고 있다. 우리나라에는 이와 비슷한 성격의 위원회로서 중앙선거관리위원회, 금융통화위원회, 공정거래위원회 등이 있으나, 그 발생시기나 동기, 규제대상이 미국의 그것과는 근본적으로 다르고, 우리나라는 특히 중앙정부의 권한이 대단히 강력하여 그 반대로 독립규제위원회의 권한은 낮은 편이다.

(4) 우리나라 위원회 제도의 문제점과 개선 방향

① 문제점

　㉠ 위원 구성의 비합리성

　　위원 선정이 정실이나 정치적 관계에 좌우되고, 이른바 거물급 인사가 많이 임명되어 위원회에 전념하지 못하여 위원회의 전문성이 결여되어 있다.

　㉡ 목적, 지위, 권한의 불분명

　　유명무실한 위원회가 남설되어 왔으며, 권한과 지위가 분명하지 않다.

　㉢ 위원회의 독립성 미흡

　　위원회는 직·간접적인 정치적 영향력을 피할 수 없어 완전한 독립성이 없었다. 따라서 위원회가 주체성을 가지고 능률적으로 일을 수행할 수 없었다.

② 개선 방향

위에서 지적한 문제점들을 해결하기 위해서는 위원 구성 시 전문가와 각 계층을 대표할 수 있는 구성이 되도록 노력하고 위원회 위원들의 지위, 권한 등을 명확히 할 것이며, 위원회 자체의 목적 또한 확실해야 할 것이다. 또한, 위원회가 본 업무를 능률적으로 수행할 수 있도록 독립성이 보장되어야 하며 지속적인 감사와 평가가 필요하다.

7. 공기업

(1) 의의
① 개념
  ㉠ 국가 또는 지방자치단체가 수행하는 사업 중에서 기업적인 성격을 지닌 것을 공기업이라고 한다.
  ㉡ 지배주체설에 의하면 국가 또는 지방자치단체가 소유하는 기업, 국가 또는 공공단체가 소유하며 경영하는 사업 등 국가나 지방자치단체가 자본금의 50% 이상을 출자한 공사혼합기업이라는 것이다.
  ㉢ 소유주체설은 국가 또는 지방자치단체가 '소유'하는 기업을 '공기업'이라 함으로써 공기업의 범위를 국가나 지방자치단체가 '지배의 주체'인 기업을 공기업이라 하는 공사혼합기업을 공기업에서 제외시키고 있다.
② 공기업 효율성에 관한 이론적 배경
  ㉠ 공기업은 명목상으로는 국민이 주인이지만 실제로는 주인이 없는 기업이어서 효율이 저하될 수밖에 없어 원래 목적이었던 공공의 이익에도 봉사하지 못하고 있다.
  ㉡ 이에 공기업은 소유권 관계를 명확히 규정하는 주인 있는 경영의 논리로 기업활동의 자유가 전제되어야 하며, 그것은 정부규제로부터 탈피하여 시장의 자유를 누리는 것을 의미한다.
  ㉢ 재산권 이론에서 이야기하는 공기업의 효율성을 높이기 위해서는 경영 인센티브와 경영에 대한 감시를 효과적으로 해야 한다는 것이다. 즉, 사적 소유권에 기초한 이윤동기가 경영 인센티브를 제공하고 이렇게 주인이 있을 경우에 경영에 대한 감시도 효과적으로 이루어짐으로써 높은 생산 효율이 달성된다는 것이다.

(2) 이념
공기업의 양대 이념으로 공공성과 능률성을 들 수 있는데, 어느 한쪽으로 치우치는 것은 바람직하지 않으며 양자가 조화되는 것이 바람직하다.
① 공공성(민주성, 공익성)
  공기업은 공익을 고려하여 공공의 수요를 충족하는 것이 일차적인 목적이다.
② 능률성(경영성, 수지적합성, 기업성, 독립채산제 적용)
  공기업의 일차적인 목적은 공익에 봉사하는 것이지만, 공기업도 기업인 만큼 경영수지적인 측면을 고려하여 운영되어야 한다.

(3) 공기업의 설치 요인[프리드먼(Friedman)의 견해]
① 제2차 세계대전 이후 1970년대까지 유행
② 민간자본의 부족
③ 독점적인 서비스의 필요성
④ 방위·전략상의 요인
⑤ 정치적인 신조
⑥ 위기성이나 모험성을 띠는 사업
⑦ 공공성이 능률성보다 우선하는 경우
⑧ 경제·사회·재정 정책상의 요인

(4) 공기업의 민영화

① 의의

공기업의 민영화란 주식을 포함하는 자산이나 서비스 기능을 정부에서 민간부문으로 이전시키는 것을 의미한다. 따라서 공기업의 민영화란 공기업을 완전히 민간에 매각하는 경우뿐만 아니라 정부가 보유하는 주식의 일부를 민간에 매각하는 경우도 포함한다. 공기업의 민영화를 세분화하면 다음과 같다.

㉠ 협의의 공기업 민영화

민영화는 흔히 공기업의 주식을 개인이나 민간기업에게 매각하는 것을 의미한다. 소유권의 이전과 함께 경영권의 이전도 동시에 일어남은 물론이다. 이러한 좁은 의미의 공기업 민영화는 소유주체 또는 지배주체의 변화를 의미할 뿐 경쟁에의 개방을 의미하는 자유화와는 명확히 구분된다. 공기업의 매각은 공기업 주식 가운데 최소한 51%를 민간부문으로 이전하는 것으로 정의하는 것이 적절하다. 그러나 완전한 민영화를 이루기 위해서는 공기업의 모든 주식과 재산이 민간에게 매각되어야 할 것이다.

㉡ 광의의 공기업 민영화

민영화를 보다 넓은 의미로 파악하는 자들은 공기업 지분의 매각을 탈국유화 또는 민유화라 하여 넓은 의미의 민영화의 한 방식에 불과한 것으로 본다. 넓은 의미에서 본 민영화란 이제까지 공공부문에 의해서 배타적으로 수행되던 공공서비스 공급기능이 민간영역으로 이전되는 것을 지칭한다.

② 민영화의 배경

㉠ 신보수주의 이념의 등장

이른바 민영화의 연대로 알려진 1980년대에 영국의 대처 정권, 미국의 레이건 정권, 일본의 나카소네 정권 등에 의하여 민영화가 강력히 추진되었으며, 그 영향이 1990년대에도 공공부문에 계속 미치고 있다.

㉡ 재정적자의 증가

1973년에 시작된 중동석유위기를 배경으로 각국이 저성장시대에 들어가면서 그 대응책으로서 민영화와 규제완화가 관심을 끌게 되었다.

㉢ 복지국가의 위기

2차대전 이후 광범한 국가개입을 받아들였던 서구복지국가는 공공부문의 비대화, 비능률 재정위기, 민간부문의 상대적 위축 등으로 국가역할 재검토가 불가피하였다.

㉣ 기술혁신

정보산업을 중심으로 급격한 기술혁신이 진행되면서 경제활동에 대한 정부의 규제가 비판되고 경제의 국제화와 더불어 각국의 산업규제 철폐의 필요성이 강조되었다.

㉤ 민주화

민주화의 추세는 전통적인 경제자유주의에 따라 국가개입에 반대하는 정치적 운동이 아니라 공공부문과 민간부문의 역할분담과 관련되는 것이다.

㉥ 공기업의 적자운영

공기업의 적자운영을 타파하여 재정부담을 경감하고 정부의 시장개입에 의한 기업의 내부적 비효율성의 극복이 절실하였다.

③ 민영화의 문제점
  ㉠ 국가의 주권기능은 민영화의 대상이 될 수 없으며, 민영화는 시민의 헌법상의 권리보호에 배치될 수 있다.
  ㉡ 공공성의 보장을 어렵게 하며, 공사 영역 간의 경계가 애매하므로 공공책임의 약화를 초래할 수 있다.
  ㉢ 실업률 상승, 부패확산, 관리책임의 약화 등을 가져올 수 있다.
  ㉣ 국가의 안보나 국민의 안전을 침해할 우려가 있다.
④ 방식
  ㉠ Franchise 기법
    • 정부가 시민에게 직접 서비스를 제공하는 것이 아니라 특정 집단·기업에게 허가권을 부여하여 기업으로 하여금 서비스를 제공하게 하는 방식
    • 수익자 부담원칙에 적합
    • 약자의 희생이 나타날 수 있음
  ㉡ Voucher 방식(증서 교부, 쿠폰 증정)
    • 국가가 시민에게 증서를 교부하여 필요한 재화를 구매하는 방식
    • 식품구입권, 경로우대증

8. 책임운영기관제도

(1) 책임운영기관의 의의

① 책임운영기관은 서비스전달 및 집행기능을 정책결정과 분리시켜 서비스전달 및 집행기능을 띤 행정기관은 공공성을 유지하면서 기관장에게 예산·인사·조직관리 등에 대폭의 자율적 권한을 부여하여 기관운영의 독립성과 성과에 따른 책임관리를 강조하는 기업형 관리방식의 정부기관을 말한다.
② 책임운영기관은 영국의 넥스트 스텝스 계획(Next Steps Program)의 책임집행기관(Executive Agency), 뉴질랜드의 독립사업기관(Crown Entities), 호주의 행정지원부(Department of Administrative Services), 캐나다의 특별운영기관(Special Operating Agencies), 미국의 책임성과기관(Performance Based Organizations) 등이 대표적이다.

(2) 책임운영기관의 특징

① 결정과 집행의 분리
  정책결정기능과 직접 서비스를 전달 혹은 집행하는 기능으로 분리하여 정책결정기능은 전통적 방식대로 중앙정부 부서가 담당하고, 정책집행기능은 서비스 전달기관이 대폭적인 재량권을 가지면서 신축성 있게 전담하도록 하는 기관운영방식이다.
② 민간기업형 경쟁의 도입
  공공조직에 기업형 관리방식인 예산 및 회계제도를 도입하고, 기관장 충원은 공개모집으로 발탁하여 민간기업과 유사한 경쟁방식을 추구하는 특징을 지닌다.
③ 기관장의 재량권부여
  책임운영기관장은 공개경쟁을 통하여 3~5년 임기로 임명되며, 조직·인사·예산 운영에서의 대폭적인 재량권한을 부여받아 책임운영을 하게 된다.

④ 성과에 대한 책임

종래 관료조직이 제공하였던 신분상의 안정성을 보장하기보다는 충분한 재량권을 부여하는 대신에 기관장으로 하여금 기관운영의 성과에 대한 책임을 지도록 유도하는 방식을 취한다.

〈책임운영기관의 일반적 특징〉

설립근거	별도의 책임운영기관법에 근거하여 설립된 독립기관
업무성격	집행성격의 공공서비스 제공
조직 구성원 신분	공무원(일부는 계약직)
기관장 임용	계약직으로 외부민간인 임용
성과평가	별도의 평가위원회 성과계약 강조
예산·인사의 자율성	기관장의 자율성 보장, 특별회계(기업회계 원칙)

(3) 적용대상 사무
① 공공성이 강하고 성과관리가 용이한 사무
② 재원의 전체 또는 일부의 자체 확보가 가능한 사무
③ 내부시장화가 필요하고, 서비스의 통합이 필요한 사무

(4) 우리나라 책임운영기관의 추진

IMF 금융위기 이후, 김대중 정부도 정부개혁의 일환으로서 정부조직개편과 함께 공공부문의 구조조정을 추진하는 과정에서 1999년 책임운영기관의 설치·운영에 관한 법률을 제정·공포하였다.

① 개념규정

동법 제2조 제1항은 책임운영기관을 정부가 수행하는 사무 중 공공성을 유지하면서도 경쟁원리에 따라 운영하는 것이 바람직하거나 전문성이 있어 성과관리를 강화할 필요가 있는 사무에 대하여 책임운영기관의 장에게 행정 및 재정상의 자율성을 부여하고 그 운영성과에 대하여 책임을 지도록 하는 행정기관으로 규정하고 있다.

② 책임운영기관의 설치
㉠ 책임운영기관의 설치·운영에 관한 법률 제4조 제1항에 의하면 책임운영기관은 기관의 주된 사무가 사업적·집행적 성질의 행정서비스를 제공하고 성과측정 기준의 개발하여 성과의 측정이 가능한 사무의 경우, 기관 운영에 필요한 재정수입의 전부 또는 일부를 자체 확보할 수 있는 사무의 경우, 행정안전부장관은 기획재정부 및 해당 중앙행정기관의 장과 협의하여 책임운영기관을 설치할 수 있다.
㉡ 중앙행정기관의 장은 소관사무 중 책임운영기관이 수행하는 것이 효율적이라고 인정되는 경우에는 행정안전부장관에게 책임운영기관의 설치를 요청할 수 있도록 하고 있다(동법 제4조 제2항).
㉢ 우리나라 책임운영기관의 운영원리는 독립적 조직형태로 집행가능한 기관을 대상으로 하는 독립성과 기관장 충원은 계약직 공개모집으로 채용하는 개방성, 기관장과 소속장관 간의 사업목표와 계획을 계약에 의해 합의하는 목표성, 조직·인사·예산 상의 자율성, 사업성과에 따른 보상과 책임을 묻는 책임성을 기본으로 하고 있다.

③ 운영원칙

동법 제3조에 의하여 책임운영기관은 소속 중앙행정기관 또는 국무총리가 부여한 사업목표를 달성하는 데 필요한 기관 운영의 독립성과 자율성을 보장하고, 책임운영기관의 장은 기관의 경영혁신을 위하여 필요한 조치를 하도록 하고 있다.

④ 기관장의 채용
 기관장은 소속 중앙행정기관의 장이 공개모집 절차에 따라 행정이나 경영에 관한 지식·능력 또는 관련 분야의 경험이 풍부한 자 중에서 임기제 공무원으로 채용하도록 하고 있다(동법 제7조 제1항).
⑤ 소속 책임운영기관운영심의회
 소속 책임운영기관의 사업성과의 평가 등 중요사항을 심의하기 위하여 중앙행정기관의 장 소속하에 소속 책임운영기관운영심의회를 두고, 기관장은 평가 결과를 그 기관 운영의 개선에 반영하여야 한다(동법 제12조 제1항).

9. 준정부조직(QUANGO)

(1) 준정부조직의 의의
① 개념
 ㉠ 준정부조직이란 법적으로는 민간부문의 조직형태를 취하면서도 공공부문에 해당하는 공적인 기능을 수행하는 기관을 의미한다.
 ㉡ 본래 공공부문에 속하였던 활동의 일부를 공공부문에 대한 제약·속박에서 벗어나 공공성·공정성·효율성 등을 기하면서 자주적으로 수행하기 위해 민간부문의 조직들이 정부로부터 권한과 업무를 위탁받아 공공부문의 기능을 수행하는 것으로, 공공부문과 민간부문이 혼재된 조직이다.
 ㉢ 현대사회에서 복잡하고 다양한 행정수요에 대응하기 위해 이러한 준정부조직이 행정수단으로 활용되는데, 이는 정부의 역할 수행이 직접행정에서 간접행정으로 변화함을 보여주는 것으로, 순수한 공공부문과 순수한 민간부문을 양극으로 하는 연속선상의 중간에 위치하고 있다.
② 유형
 ㉠ 준정부조직은 제3섹터, 준공공기관, 비영리조직, 경계영역조직, 그림자국가(Shadow State), 공유된 정부(Shared Government) 등으로 부르기도 한다.
 ㉡ 우리나라에서는 각종 공사, 공단, 협회, 기금, 정부출연기관, 정부보조기관이나 사업단 등이 이에 해당되며, 정부의 산하단체·외곽단체·관변단체로 불리기도 한다.

(2) 준정부조직의 대두원인
 기능적 효율성과 관료적 이해관계의 연계로 인해 현대행정에서 발전하고 있다.
① 공공부문의 한계
 ㉠ 다원화·다양화된 사회에서 행정기관에 의한 공공서비스의 효율적 배분에 제약·한계가 있다.
 ㉡ 정부활동의 비효율성과 정부개입·정부팽창의 한계 등으로 전문성과 혁신성을 도모할 수 있는 적응적 행정양식으로서 정부활동을 보조하는 준정부조직의 활용이 필요하게 되었다.
 ㉢ 정부관료의 퇴직 후 자리보장과 같이 관료세력이 영향력을 확대하고 통제할 수 있는 자원의 증대를 추구하였나.
② 민간부문의 한계
 시장과 자발적부문의 경우 무임승차의 문제를 극복하지 못한다.

(3) 준정부조직의 특성

① 조직형태상 정부조직이 아니라 법적인 측면에서는 민간부문의 조직형태를 띠고 있다. 따라서 정부조직보다는 정치적·행정적 통제가 약하고, 조직원의 신분은 공무원이 아니다.
② 주된 목적은 사익이나 이윤추구가 아니라 공공복지의 증진을 위한 공적 기능을 수행하는 데 있다.
③ 조직구조·명칭·법적 지위·자주성과 정부에 의한 통제·정부에 대한 자원의존도 등에 있어서 매우 다양한 모습을 지니지만, 일반적으로는 정부로부터 독립하여 자율적으로 운영되지 못하고 있으며, 기관장의 임면도 행정기관이 하거나 그 승인을 받도록 되어 있다.
④ 설립근거를 주로 특별법·민법·상법 등에 둔다.

(4) 준정부조직의 유용성과 문제점

① 유용성
　㉠ 관료제의 경직성을 극복하고 자율성과 신축성을 도모할 수 있다.
　㉡ 국민에 대한 봉사기능을 제고한다.
　㉢ 융자, 보조, 정보 제공을 통해 권력적 행정에서 간접적 지원의 행정으로 전환하는 계기가 되고 있다.
　㉣ 전문성의 활용이 가능하다.
② 문제점
　㉠ 정부의 과잉통제·감독으로 자율성이 제한된다.
　㉡ 낙하산 인사로 인해 조직운영의 폐단이 심하다.
　㉢ 정부관료의 잠재적인 이해관계를 반영하여 정부팽창의 수단이 된다. 그리하여 관계행정조직은 준정부조직의 보호·확대와 영향력 확산에 주력해 왔다.
　㉣ 그 활동의 가시성이 낮기 때문에 행정책임의 귀속과 한계가 명확하지 않아 정치적 책임의 확보가 곤란하고 정부의 책임회피의 수단이 된다.
　㉤ 관료제에 대한 사회적 통제가 어렵고, 국민이 이중적으로 행정개입을 받게 된다.

03 조직과 환경

1. 조직환경의 의의

(1) 조직

① 조직은 의식적인 집단목적 달성을 위하여 이루어진 구조적 배열이자 관리의 도구로 각 시대의 모든 사회적 목적을 달성하기 위한 수단이었으며, 이러한 사회적 목적의 변동에 따라 변모하여 왔다.
② 조직은 그 내부의 욕구를 충족시키고 생존을 유지하기 위하여 그것을 둘러싸고 있는 내외의 환경 변화를 부단히 관리하고, 그에 적응해야 하는 개방체제이다.

(2) 환경

① 조직 환경은 조직 밖에 존재하면서 조직 전체나 일부분에 영향을 미칠 가능성이 있는 모든 것이다.
② 조직 환경은 조직의 행위와 업적에 영향을 미치는 제도(혹은 기관)나 세력으로서 조직이 직접 통제할 수 없거나 통제하기 어려운 성격을 지니고 있다.

(3) 관계
① 조직과 환경은 투입과 산출을 통하여 상호 의존하고 작용하는 관계를 갖는다.
② 조직과 환경은 상호 간에 자원의존관계를 갖는다.
③ 조직과 환경은 협력적인 호혜와 공생관계를 갖기도 하고, 경쟁적인 적대관계를 갖기도 한다.
④ 조직과 환경은 투입·산출을 통해서 경계교환관계를 갖는다.
⑤ 조직과 환경은 대등한 관계를 갖거나 지배 혹은 종속관계를 갖는다.

2. 조직환경의 유형과 성격

(1) 조직환경의 유형
조직환경은 그 차원에 따라 거시적·일반적 환경과 미시적이며 특정한 환경으로 구분할 수 있다.

① 거시적·일반적 환경
   조직을 둘러싸고 있는 조직과 일반적으로 관계를 가지고 있는 정치·경제·사회 등을 말한다. 힉스(Hicks)는 조직의 거시적 환경요인으로서 사람, 물리적 자원 및 기후, 경제 및 시장조건, 태도, 법을 들고 있으며, 홀(Richard H. Hall)은 조직의 일반적 환경으로서 기술적 조건, 법적 조건, 정치적 조건, 경제적 조건, 인구학적 조건, 생태학적 조건, 문화적 조건 등 일곱 가지를 들고 있다.

   ㉠ 기술적 조건
   조직이 속해 있는 사회의 기술수준과 그에 관한 정보전달체제는 조직의 구조와 과정에 결정적인 영향을 미친다. 여기서 기술이란 자연과학적 기술뿐 아니라 관리상의 기술 내지 행정상의 기술도 포함하는 것이다.

   ㉡ 정치적·법적 조건
   정치체계의 구조와 과정, 그리고 정치체제가 산출하는 법적 규범 체계를 말한다. 정치적·법적 환경은 조직의 공식적 정당성을 규정하고 활동의 한계를 설정한다. 법적 규범을 산출하는 정치적 과정은 조직의 지위와 자원획득 능력에 직접 또는 간접의 영향을 미친다.

   ㉢ 경제적 조건
   경제체제의 상태를 말하는 것으로 조직이 소속되어 있는 사회의 경제적 조건은 조직의 목표와 규모, 사업 등에 많은 영향을 미친다. 경제적 요건은 경우에 따라서 조직의 생성 또는 존속 자체를 좌우하는 결정적 요소로 작용할 수도 있다.

   ㉣ 인구학적 조건
   조직이 접촉해야 하는 인구집단의 규모, 성장률, 구성 및 분포에 변동이 일어나면 조직은 조만간 그에 적응하지 않을 수 없다.

   ㉤ 생태학적 조건
   무생물적인 자연자원, 기후, 지형 등 물적 조건, 사람이 이용할 수 있는 식량과 기타 동식물 등 생물적 조건이 포함되며 이러한 조건들이 조직에 영향을 미칠 것은 자명하다.

   ㉥ 문화적 조건
   사회적 문화체제의 조건으로 문화적 조건은 조직참여자들의 가치기준과 행태에 영향을 미치고 결국은 조직의 구조와 과정에 영향을 미친다.

② 미시적・특정적 환경

조직의 목표달성과 활동에 직접적으로 관계를 가지는 특정한 요인들을 말한다. 예컨대 카스트(Fremont E. Kast)의 견해에 의하면 개별 조직의 의사결정과정에 직접적인 영향력을 발휘할 수 있는 환경으로 고객(주민), 공급자, 경쟁자, 정치적・사회적 요소, 기술적 요소를 들고 있으며, 이러한 환경을 과업환경이라고도 한다.

③ 객관적 환경과 주관적 환경
  ㉠ 객관적 환경
    객관주의적 관점에서는 조직환경을 존재론적 사실주의에 입각하여 물리적인 실체가 있는 것으로, 인식론적으로는 실증주의에 입각하여 실체를 경험에 의하여 지각할 수 있는 것으로 본다. 이러한 관점에서 파악된 조직환경을 객관적 환경이라 한다.
  ㉡ 주관적 환경
    주관주의적 관점에서는 조직환경을 명목주의에 입각하여 실체의 존재 여부와 관계없이 지각되어 설정된 것으로, 인식론적으로는 반실증주의에 입각하여 개인의 주관에 의하여 추론되고 해석되며 창조되는 것으로 본다. 그러므로 동일한 환경도 사람에 따라 다르게 설정될 수 있는 것이다. 이와 같은 관점에서 주관적으로 구성된 환경을 설정된 환경이라고 한다.

(2) 조직환경의 성격

조직환경의 성격은 여러 가지로 나눌 수 있다. 예를 들면 안정 – 불안정, 동질적 – 이질적, 단순 – 복잡, 정태적 – 동태적, 적대적 – 우호적, 확실 – 불확실 등과 같이 수많은 성격을 지닌 환경이 존재한다. 그러므로 그 특성들을 상세하게 분류하는 것은 어렵기 때문에 몇 개의 기본적 특성을 유형화하는 것이 바람직하다.

① Emery와 Trist의 이론
  에머리(F.E. Emery)와 트리스트(E.L. Trist)는 환경적 구성요소 간의 관계를 착안하여 조직환경이 간단하고 안정된 단계로부터 복잡하고 급격한 단계로 이행함을 명백히 밝히고 각 단계별 변화의 모형을 다음과 같이 설명하고 있다.
  ㉠ 제1단계 : 정적・임의적 환경
    • 환경을 구성하는 여러 요소 간의 변화가 적고 골고루 안정적으로 분산되어 있는 상태이다.
    • 이러한 환경에 대한 조직의 대응은 특별한 장기적인 전략이나 단기적인 전략이 없으며 다른 문제와 관계없이 개별적으로 문제를 해결한다.
  ㉡ 제2단계 : 정적・집약(集落)적 환경
    • 환경의 여러 요소는 정태적이며 활동은 하지 않지만 일정하게 정해진 방식으로 결합을 시작한다.
    • 이 경우 조직은 자신이 처한 입장을 파악하여 대응하기 위해서 전략적 계획을 수립하고 자원을 배분하여 능력발전을 촉진시켜야 한다.
  ㉢ 제3단계 : 교란・반응적 환경
    • 동태적 환경이며 복수의 체제가 상호작용하면서 경쟁하는 것이 특징이다.
    • 이에 대한 반응으로 조직체제가 다른 환경체제를 흡수하거나 조직체제가 환경체제에 기생하는 두 가지 전략이 있는데 조직의 존속과 능력강화를 위해서는 환경체제를 적극적・능동적으로 조절하고 흡수하는 것이 바람직하다.

ㄹ 제4단계 : 파동의 장
- 매우 복잡하고 격변하는 소용돌이의 장으로 고도의 복잡성·불확실성의 특징을 가진다.
- 이 경우 조직은 경쟁자의 도전에 대응하기 위한 연구·개발의 필요성이 요구된다.
- 조직은 환경의 영향에 따른 적응적 변화와 조직의 안정에 대한 위협을 피하기 위하여 외부환경으로부터 적응적 흡수 등의 전략이 요청된다.

② 카츠(D. Katz)와 칸(R. Kahn)의 이론

환경적 특성의 주요 국면을 네 가지로 나누고 각 특성을 이원화시킨 다음 한 극단적 특성에서 그 반대의 특성에 연결되는 연속선상에 특정한 환경의 위치가 설정된다고 한다. 이 네 가지 국면은 안정성과 격동성, 다양성과 동질성, 집약성과 무작위성, 궁핍성과 충족성의 대조적인 특성을 보인다.

04 조직형태론

1. 조직과 개인

(1) 의의

① 조직과 개인은 상호 공동체이다. 조직은 개인을 통하여 목표를 실현하고, 개인은 조직을 통하여 자아를 실현한다. 그러나 이러한 공존체제를 조화롭게 유지하는 것은 매우 어려운 일이다.
② 조직이론의 핵심은 조직과 개인의 마찰을 어떻게 하면 극복할 수 있는가, 어떻게 하면 조직과 개인의 공존관계를 보다 조화롭게 유지할 수 있는가에 대한 해답을 구하는 데 있다고 할 수 있다.

(2) 조직과 개인의 관계

① 사회화과정
구성원이 조직의 목표에 기여하는 활동과정을 말하는데, 조직은 구성원에게 조직목표에 기여하는 합리화를 추구한다.
② 인간화과정
개인의 자아실현에 기여하는 활동과정을 말하는 바, 개인은 자아실현을 위주로 활동하고 만족을 추구한다.
③ 융합과정
인간화의 요구와 사회화의 요구가 융합되어 공식적·비공식적으로 개인은 조직의 목표를 달성케 하는 행위자가 되고 자신의 욕구를 충족시키게 된다.

(3) 개인의 조직에 대한 관여

에치오니(Etzioni)는 조직에 대한 개인의 관계를 권력과 관여의 기본변수를 기초로 하여 관여를 소외적·타산적·도덕적 관여로, 권력을 강제적·보수적·규범적 권력으로 나누면서 권력과 관여의 조합에 의하여 세 가지 유형으로 설명하고 있다. 그러나 권력의 유형과 관여의 유형을 대비시킨 이러한 유형이 순수하게 존재한다는 것은 현실적으로 드물 것이며, 세 가지 유형의 혼합형이 일반적 현상이며 대개 보수적·규범적 관여가 보편적이다.

① 강제적·소외적 관계

조직은 개인을 강제하나 개인은 조직에 대하여 심리적으로 관여하지 않으며 그 구성원으로서의 지위를 감수하는 경우이다(교도소와 죄인).

② 보수적·타산적 관계

조직은 개인에게 임금과 서비스를 제공하며 개인은 관여 정도를 보수에 의거하는 경우이다(생산조직과 특약점의 운영자).

③ 규범적·도덕적 관계

조직은 위신과 의례적 상징을 표시하고 그러한 조직에 개인이 헌신적으로 관여하는 경우이다(종교단체와 그의 신도와의 관계).

(4) 인간관과 관리전략

조직의 목표달성에 기여할 수 있는 인간행동은 무엇인가에 대한 문제는 인간관의 문제에 귀착된다. 따라서 조직의 구성원이 어떠한 욕구가 충족되고 어떠한 기대를 가질 수 있게 되면 행동에 대한 동기가 부여되느냐의 문제가 제기되는 것이다.

① 맥그리거(D. McGregor)의 X이론과 Y이론

  ㉠ X이론
  - 1920년대 과학적 관리론, 고전적 조직이론에서 강조되었다.
  - 인간의 하급욕구에 착안하여 통제에 입각한 관리전략을 처방하는 전통적인 관점을 반영하는 것이다.
  - 경제적 보상이나 물질을 중시하였다.
  - 인간은 선천적으로 게으르고, 일하기도 싫어하고 남의 통제·지배받기를 원한다고 본다(인간의 피동성을 강조).
  - 그러므로 X이론하에서는 경제적 보상체계의 강화, 권위주의적 리더십의 강화, 엄격한 감독과 통제제도의 강화, 상부책임 제도의 강화, 조직구조의 고층성을 중심으로 하는 관리전략이 필요하다(경제적·합리적 인간 중시, 기계적 능률성, 권위형).

  ㉡ Y이론
  - 1930년대 인간관계론, 신고전적 조직이론에서 중시하였다.
  - 인간의 고급욕구에 착안하여 통합형의 관리전략을 처방하는 새로운 관점이다.
  - 인간이 작업에 신체적·정신적 노력을 기울이는 것은 극히 자연스러운 일이며, 대부분의 사람들은 문제해결에 필요한 창의성과 상상력을 갖고 있다고 본다.
  - 사회적 능률성(민주성)을 강조하고, 심리적·감정적·정서적 요인과 같은 비합리적·비경제적 측면을 중시한다.
  - 관리전략으로는 민주적 리더십의 확립, 분권화와 권한 위임, 목표에 대한 관리, 직무확장, 비공식조직의 활용, 조직구조의 수평화 등을 들 수 있다.

> **Z이론**
>
> Z이론은 맥그리거의 X·Y이론에 부합되지 않는 조직관리 상황을 지칭하며 서로 다른 세 가지 종류가 있다. 런드스테드(S. Lundstedt)의 자유방임형 관리, 로리스(D. Lawless)의 상황적응적 관리, 오우치(W. Ouchi)의 일본식 경영 등의 연구가 바로 그것이다. 이들은 각각 자기가 연구한 조직관리 상황을 각각 Z이론이라고 부르고 있지만 Z이론이라는 이름만 같을 뿐 그 내용은 서로 상이하다.
>
> - 런드스테드
>   런드스테드의 Z이론은 맥그리거의 X·Y이론이 묘사하고 있지 아니한 조직의 한 측면을 추가하여 이를 보완하고 있다. X이론이 권위주의적 관리를 대변하고 Y이론이 민주적 관리를 대변한다면, Z이론은 자유방임형의 관리를 대변하고 있다.
> - 로리스
>   로리스는 고정적 획일적 관리전략의 유용성을 의심하는 것으로부터 출발하고 있다. 변동하는 환경 속에서 살아가는 조직을 관리함에 있어서 상황을 객관적으로 파악하여 이에 상응하는 관리전략을 세우고 변화시켜 나가야 한다는 다분히 상황적 접근방법이다.
> - 오우치
>   오우치는 일본 기업이 미국 기업보다 생산성이 높다는 것을 전제하고 미국에서 운영되고 있는 일본식 경영을 Z이론이라고 하였다. Z이론(일본식 경영)의 주된 내용은 종신고용제, 조직 구성원에 대한 장기적이고 완만한 평가와 승진, 경력발전계통의 비전문화, 내재적이고 비공식적인 통제장치, 집단적 의사결정, 집단적 책임, 직원에 대한 전인격적 관심 등이 열거되고 있다.

② 샤인(E.H. Schein)의 복잡한 인간관

샤인은 조직에서 인간관을 시대적 변천에 따라 네 가지로 분류하고 최근에 가장 적절한 인간관을 복잡한 인간관이라고 지적하고 있다.

㉠ 합리적 경제인관

이 모형은 인간을 경제적 유인에 의해 움직이는 피동적 존재로 보고, 인간의 개인적 목적과 조직적 목적은 서로 상충된다고 본다. 따라서 관리자는 공식적인 권위를 통하여 운영의 능률을 기하기 위하여 관리수단으로 공식구조, 경제적 유인, 통제 등이 중요시된다.

㉡ 사회적 인간관

이 모형은 인간을 사회적 존재로서 파악하고 사회적 욕구의 충족에 의하여 동기가 부여된다고 본다. 따라서 관리자는 업무의 강요보다는 직원의 욕구에 관심을 가져야 하며, 소집단의 기능을 적극 활용하여야 한다.

㉢ 자아실현적 인간관

이 모형은 인간은 자율적으로 자기통제를 할 수 있고 스스로 동기부여를 할 수 있다고 보는 인간관이다. 따라서 관리자는 외적·타율적 자극이나 통제에 의해서 인간을 수동적으로 움직이도록 하는 것보다는 스스로 조직의 목표를 인식하고 직무에 대한 만족을 통하여 동기가 부여되도록 해야 한다.

㉣ 복잡인관

이 모형은 인간은 다양한 욕구와 잠재력을 가졌으며, 매우 복잡한 존재이며, 그 복잡성의 유형도 사람마다 다르다고 본다. 따라서 관리자는 구성원들의 변이성과 개인차를 인식하고 존중해야 하며, 이에 대해 융통성 있는 관리행태를 견지하도록 해야 한다.

③ 매슬로의 욕구계층론
　㉠ 매슬로는 인간의 욕구를 5단계로 구분하고 있는데, 이는 다음과 같은 세 가지 전제 위에 성립한 것이다.
　　• 사람은 뭔가 부족한 상태에 있는, 욕구를 가진 동물이다. 그런데 그러한 욕구는 결코 완전히 해결될 수는 없다.
　　• 충족된 욕구는 인간에게 더 이상 동기 부여의 기능을 하지 못한다.
　　• 인간의 욕구는 그 중요성에 따라 계층(Hierachy)을 이룬다.
　㉡ 5단계 욕구
　　• 자아실현의 욕구
　　　가장 고차원적인 단계로, 자신의 잠재능력을 최대한 발휘하고자 한다(예 직무충실, 사회적 평가 제고).
　　• 존경의 욕구
　　　타인으로부터 존경받기를 원하는 단계이다(예 교육훈련, 제안제도).
　　• 사회・애정의 욕구
　　　이웃 사람과의 친밀한 인간관계를 느끼고 싶어한다(예 의사전달의 원활).
　　• 안전의 욕구
　　　외부 환경으로부터 생명의 안전을 지키고 위협적인 요인을 제거하는 단계이다(예 고용안정, 신분보장).
　　• 생리적 욕구
　　　의식주 등과 관련된 욕구로 가장 기본적이며 하위의 욕구이다(예 보수).
　㉢ 매슬로의 욕구계층론은 욕구계층의 고정성에 대한 예외, 욕구 충족의 상대성, 동기유발의 복합성과 관련된 약점을 지니고 있다.

④ 앨더퍼의 ERG이론
　ERG이론은 매슬로의 기본전제인 욕구의 우선순위와 한 욕구가 어느 정도 충족되면 다음 욕구의 활성화를 유도한다는 만족 – 진행 접근가정을 배제하고, 상위욕구인지 하위욕구인지를 막론하고 어느 시점에서든지 동기부여의 역할을 할 수 있다는 것이고, 상위 욕구가 충족되지 않거나 좌절되면 그보다 낮은 하위욕구의 중요성이 커진다는 좌절 – 퇴행 접근을 인정하고 있다. 또한, ERG이론은 매슬로의 경우보다 복합적이며 종합적인 욕구 개념을 수립하여 개인의 행동을 설명하고 있다는 점에서 차이를 발견할 수 있다. 앨더퍼는 매슬로의 욕구계층론을 수정하여 인간의 기본 욕구를 존재(Existence)욕구, 관계(Relatedness)욕구, 성장(Growth)욕구의 3단계 욕구로 구분하여 설명하고 있다.
　㉠ 존재욕구는 허기, 갈증, 거처 등과 같은 모든 형태의 생리적 욕구와 안전에 대한 욕구를 포괄한다.
　㉡ 관계욕구는 타인과의 대인 관계와 관련된 모든 욕구로서 매슬로의 셋째 범주인 사회적 욕구와 넷째 범주의 일부인 타인으로부터의 존경욕구가 포함된다.
　㉢ 성장욕구는 창조적・개인적 성장을 위한 자긍의 욕구와 자기실현의 욕구가 포함된다.

⑤ 허즈버그(F. Herzberg)의 동기・위생요인론
　㉠ 허즈버그는 일련의 연구를 통하여 사람들에게 직무만족을 주는 요인과 직무 불만족을 주는 요인이 별개의 군을 형성하고 있음을 알아냈다.

ⓒ 그는 연구를 통하여 사람들이 직무에 불만족을 느낄 때에는 직무의 환경(Context)이 문제가 되었으며, 반면에 직무에 관하여 만족을 느낄 때에는 이것은 직무의 내용(Content)과 관련을 갖고 있는 것임을 알아냈다.
   ⓒ 허즈버그는 환경과 관련된 첫 번째 범주의 요인들을 위생 요인(Hygiene Factors)이라고 불렀다. 이에 속하는 것으로는 회사의 정책과 관리, 감독, 작업조건, 개인 상호 간의 관계, 임금, 보수, 지위, 안전 등을 들고 있다.
   ⓔ 허즈버그는 직무 내용과 관련된 두 번째 범주의 요인들을 동기 요인(Motivations)이라고 불렀다. 이에 속하는 것으로는 성취감, 안정감, 도전감, 책임감, 성장과 발전, 일 자체 등을 들 수 있다. 동기 요인의 특성은 이러한 요인이 충족되지 않아도 불만은 없지만, 일단 충족되게 되면 만족에 적극적인 영향을 줄 수 있고 일에 대한 적극적인 태도를 유도할 수 있다는 것이다.

⑥ 브룸(V. H. Vroom)의 선호·기대이론
   ⓐ 브룸의 기대이론은 동기부여를 설명할 때, 개인의 선택행동을 주요 설명변수로 삼고 있다. 다시 말해서 개인은 행동을 할 때 다수의 선택 가능한 대안을 평가하여 자신에게 가장 득이 될 것으로 평가되는 행동전략을 선택한다고 설명한다.
   ⓑ 개인의 동기부여는 그 행동이 가져올 가능성이 있는 모든 결과에 부여하는 효용(가중치)과 자신들이 어떤 행동을 하면 어떤 결과가 수반될 것이라는 주관적 확률인 기대감(Expectancy)을 반영한 것이다.
   ⓒ 개인의 선택행동은 결과에 대한 선호뿐만 아니라 그러한 결과를 가져오는 것이 가능하다고 믿는 정도에 의해서도 영향을 받는다는 것이다.
   ⓓ 개인의 직무수행 수준은 동기유발과 능력을 곱한 것에 달려있다고 본다. 즉, 인간의 동기만이 어떤 행동완성을 보장하는 유일한 요인이 아니고 동기를 뒷받침할 능력이 있어야 한다는 점에 주의를 환기시키고 있다.

⑦ 포터와 롤러(Poter & Lawler Ⅲ)의 기대이론
   ⓐ 포터와 롤러는 노력, 보상, 성과, 만족 등의 변수들 간의 상호작용을 전제로 하여 그들의 이론을 전개시켜 나가고 있다. 이들은 만족이 직무성취 또는 업적을 직접적으로 가져오는 것이 아니라 직무성취의 수준이 직무만족의 원인이 된다고 보고 있다.
   ⓑ 인간이 원하는 목표 또는 결과는 성취하려는 노력에 의하여 결정되며, 만족은 인간이 실제로 달성하는 결과에 의하여 결정될 수 있다는 것을 전제한다. 또한, 성과와 여기에 결부된 보상에 개인이 부여하는 가치와 노력이 보상을 수반하게 될 것이라는 기대감이 업무 수행능력을 좌우할 것이라고 주장하고 있다.
   ⓒ 포터와 롤러의 이론은 다음과 같이 요약될 수 있다.
      • 직무성취(업적)와 거기에 결부된 보상(Rewards)에 부여하는 가치, 그리고 어떤 노력이 보상을 가져다 줄 것이라는 기대가 직무수행 노력을 좌우한다.
      • 노력에 의한 직무성취는 개인에게 만족을 줄 수 있는데, 직무성취가 만족을 주는 힘은 거기에 결부되는 내재적 및 외재적 보상에 의하여 강화된다.
      • 이때에 보상은 공평한 것이라고 인식되는 것이라야 한다. 즉, 내재적 및 외재적 보상이 있더라도 그것이 불공평하다고 인식되면 개인에게 만족을 줄 수 없다.

⑧ 아담스(J. S. Adams)의 형평이론(Equity Theory)
   ⓐ 아담스의 형평이론에 의하면 개인의 행위는 타인과의 관계에서 형평성을 유지하는 방향으로 동기부여가 된다고 한다.

  ⓒ 형평이론에서의 형평이란 개인의 투입과 산출과의 비율이 타인의 투입과 산출의 비율과의 비교와 관계된 개념이다. 즉, 개인이 인지하는 자신의 투입 – 산출의 비율이 타인의 투입 – 산출의 비율과 비교하여 두 비율 간의 대등함이 인지되면 형평성을 느끼고, 그 반대의 경우일 때 불공평성을 느끼게 된다는 것이다.
  ⓒ 불공평성이 인식되면 개인은 이를 감소시키려는 노력을 하게 되고 그 노력의 강도는 불공평성의 인식 정도에 따라 결정된다고 한다.
  ⓔ 형평이론에서는 과소보상과 과다보상 양자 모두 개인으로 하여금 불공평성을 느끼게 만든다고 보고 있다.

2. 조직발전론

(1) 조직발전(Organizational Development)의 개념
 ① 조직발전은 조직의 효과성을 추구하기 위하여 변화대상조직 내에 있는 개인과 집단 및 조직의 형태, 가치관, 신념, 태도와 문화를 변화시키기 위한 것이다.
 ② 조직발전의 초점은 조직의 질적 변화를 달성시키는 데 있기 때문에 단순히 조직의 구조, 기능 혹은 기술의 개선에 중점을 두는 조직변화와는 차이가 있다.
 ③ 조직발전이라 함은 조직효과의 향상과 개선, 조직의 변화대응능력의 증진을 위한 의도적·계획적 활동과 그에 관련된 개념, 도구 및 기법들의 체계라고 할 수 있다.

(2) 조직발전의 목적과 가정(假定)
조직의 발전은 조직 내 인간적 가치를 향상시키면서 동시에 조직전체의 개혁도 이룩하려는 접근방법이다. 조직을 빙산에 비유하면 수면을 중심으로 상하를 각각 공식조직과 비공식조직으로 생각할 수 있다. 겉으로 드러나는 공식조직의 저변에는 훨씬 큰 비공식적인 조직이 있으므로 조직을 발전시키기 위해서 공식조직과 비공식조직을 잘 관리하여야 하며 기술, 구조 및 인간에 대한 문제를 잘 해결하여야 한다.
 ① **조직발전의 목적(조직의 효과성 증진)**
  ⓐ 집단 내의 문제나 집단 간의 문제를 회피 또는 은폐하지 않고 문제와 정면 대결하여 해결하는 능력을 기르는 것이다.
  ⓑ 조직 구성원의 개인적 만족과 직무수행의욕을 제고시키는 것이다.
  ⓒ 협동적 노력에 의해서 창의적인 문제해결능력을 향상시키는 것이다.
  ⓓ 업무 성격에 따라 구조가 자율적으로 조정될 수 있도록 조직의 융통성을 제고시키기 위한 것이다.
  ⓔ 지속적인 개선장치를 조직에 내재시켜 조직의 효율성을 높이는 것이다.
 ② **조직발전의 가정**
  조직발전의 핵심은 조직 목표설정에 구성원이 참여할 경우 그들은 조직의 목표달성에 보다 헌신적으로 된다는 가정에 입각하고 있으며 조직발전은 근본적으로 성장이론에 기초를 두고 있다. 즉, 인간은 성장과 자기실현의 욕구를 지닌 존재이며 조직 구성원들은 협동적이고 건설적인 노력에 높은 가치를 부여한다고 가정한다. 조직발전의 가정은 다음과 같이 세 가지로 정립할 수 있다.

㉠ 인간에 관한 가정
- 대부분의 인간은 개인적인 성장과 발전을 위해서 노력한다. 그리고 이와 같은 노력은 이를 지지하고 인정해 주는 환경 속에서 보다 잘 실현된다.
- 대부분의 인간은 환경이 허용하는 것보다 더 많이 조직목표의 성취를 위해서 공헌하고 또 그렇게 할 능력을 보유하고 있다.

㉡ 집단 속의 인간에 관한 가정
- 조직 구성원들은 준거집단 내에서 인정받고 협조적으로 일하기를 원한다. 집단 내의 대인관계가 개방적이고 솔직하며 상호 지원적이면 개인의 집단에 대한 기여는 크게 향상될 수 있다.
- 사람에게 가장 강한 심리적인 연관집단(聯關集團)은 동료와 상관을 가지고 있는 작업집단(직장 등)이다.
- 대부분의 사람들은 그가 속해 있는 집단의 문제를 해결함으로써 자기의 효율성을 높이고 보다 효과적으로 집단 구성원과 어울리게 된다.
- 효율성의 최적화라는 관점에서 볼 때, 집단의 공식적 리더는 모든 경우에 리더십을 발휘할 수 있는 것은 아니다. 집단의 구성원은 리더십과 구성원 상호 간의 도움으로 서로 협동해야 하는 것이다.

㉢ 조직 속의 인간에 관한 가정
- 조직 속의 문화(혹은 분위기)는 대체로 다른 사람들에 대한 느낌이나 조직의 방향이 어떻게 되어야 한다고 하는 생각을 억제하는 경향이 있다. 이 억제된 감정은 조직의 문제해결, 개인의 성장, 업무의 만족에 영향을 준다.
- 조직 속의 개인 간의 신뢰성, 지지, 협조의 수준은 대단히 낮다.
- 사람과 집단 사이의 성패의 전략은 장기적으로 볼 때 조직의 문제해결을 위해서 적당한 것이 못된다.
- 감정은 조직에 대한 중요한 자료로서 간주되며, 이는 목표설정, 리더십, 의사소통, 문제해결, 집단 간의 협조, 사기 등에 중요하게 작용한다.
- 조직발전의 결과 이루어지는 향상된 업무의 성취는 적절한 인사제도에 의해 뒷받침되어야 한다. 즉, 근무평가, 보수, 훈련, 전입 등에 반영되어야 한다.

(3) 조직발전의 과정(백하르트 모형)

① 제1단계(진단)
㉠ 이 단계는 조직발전의 필요성과 조직의 상태를 파악하는 단계로서 조직의 상태를 정확하게 진단하기 위해서는 두 가지 측면, 즉 대상조직의 기본속성과 그 조직의 현재상태에 관한 정보를 충분히 가져야 한다.
㉡ 일반적인 조사대상 요소로는 조직풍토와 조직과정의 문제가 중심이 되고 있다. 조사 방법으로는 자료에 의한 사전조사, 현장 및 관찰조사, 관계자와의 면접조사 및 설문지에 의한 앙케이트 조사 등이 있다.

② 제2단계(전략계획의 수립)
㉠ 이 단계는 조직발전의 실시대상, 실시순서, 매기활동의 내용, 조직발전 활동전개를 위한 계획수립 단계이다.
㉡ 백하르트에 의하면 조직발전의 전략목표는 팀 효율의 향상, 각 부서관계의 개선, 각 구성원의 지식, 기술 및 능력개발을 목적으로 하는 교육훈련과정에 주어진다고 한다.

③ 제3단계(교육)

이 단계는 조직발전을 위한 활동을 원활히 수행하기 위한 분위기 조성 단계로서 행동지향적이라기보다는 조직발전전문가들의 지도에 의한 교육활동단계이다.

④ 제4단계(상담 및 훈련)
  ㉠ 이 단계는 전체조직 또는 하위조직들이 알고 있는 기존 문제나 새로운 문제들을 해결해 나가는 데 직·간접적으로 기여할 수 있도록 교정적 행동을 취하는 단계이다.
  ㉡ 조직발전기법들을 통하여 변화담당자가 직접 문제해결에 임하든가 대상조직 스스로 문제해결을 할 수 있도록 조력하는 단계를 말한다.

⑤ 제5단계(평가단계)

이 단계는 조직발전프로그램의 효과를 분석, 평가하는 것으로서 자료의 수집, 분석 및 평가를 통해 다음의 조직발전프로그램이 더욱 합리적으로 되도록 하기 위한 환류단계이다.

3. 행정PR(공공관계)

(1) 행정PR의 개념

① 개인 또는 조직의 정책이나 주장 또는 행위가 사람들의 신뢰를 획득하기에 충분한 가치가 있도록 노력한다는 것을 의미한다.
② 이 사실을 사람들에게 설명하여 이해시킴으로써 개인 또는 조직에게 유리한 상태, 즉 신뢰를 획득하려고 하는 행위를 말한다.

(2) 행정PR의 영향과 방법

① 행정PR의 영향

적대감 해소	올바른 행정PR을 통해 의사소통의 기회를 증대시킬 수 있고 적대감을 해소시킬 수 있음
무관심 타파	일반 국민들의 무관심을 극복하는 수단인 행정PR을 통해 새로운 계획이 공중에게 구체적이고 실질적인 이익을 가져다 줄 수 있다는 것을 확신시킬 수 있음
편견의 극복	행정PR을 통해 공중이 가지고 있는 편견 내용을 파악하고 형성 원인을 찾아내어 정확한 의사소통을 통해 극복할 수 있음
이해·조정·통합의 역할	행정PR은 다양한 의사교환 과정을 통해 개인, 집단, 사회를 조정·이해·통합시키는 중요한 도구로서의 역할을 수행함

② 행정PR의 방법

직접적 홍보	연설과 토론, 전시회, 시범활동, 시청각, 간행물, 광고
간접적 홍보	공무원의 대민 접촉, 주민과 공무원의 상호 협조, 언론 기관과의 관계, 자치단체의 경진 대회 등

(3) 행정PR의 4순환 과정

① 정보 투입 과정 : 공청 기능을 통하여 국민의 의견·태도·여론을 수렴하여 정보를 처리하고 행정 수요를 파악하는 과정이다.
② 전환과정 : 정책결정과정으로 행정 수요를 충족시키고 국민의 협조·지지를 얻을 수 있는 정책 계획을 수립하고 결정하는 과정이다.

③ 정보 산출 과정 : 널리 알리는 공보 기능을 수행하는 과정으로서 국민의 지지와 이해, 신뢰와 협조를 구하는 과정이다.
④ 환류과정 : 행정기관이 정책 사업 계획에 대한 국민의 반응을 살피고 정보의 투입·산출을 매개하는 과정으로 이 과정을 통하여 끊임없이 분석·평가함으로써 적절한 대응책을 강구하는 과정이다.

05 조직관리론

1. 의사소통

(1) 의사소통의 개념과 기능
① 개념
  ㉠ 의사소통이란 상징에 의하여 정보·생각·감정을 전달하는 것이며, 의사결정의 전제가 되는 정보를 전달하는 과정을 의미한다.
  ㉡ 의사소통이란 상호교류과정(Two-way Process)으로서 전달자와 피전달자 간에 사실과 의견을 전달하여 인간에게 영향을 미치고 행동에 변화를 일으키는 것을 말한다.
  ㉢ 정보의 정확한 전달과 원활한 교류에 의하여 조직의 구성원은 조직목표를 명확하게 인식하게 되고, 합리적 협동행위를 할 수 있게 되며, 권한과 책임의 효율적인 배분이 가능하게 된다.
② 기능
  ㉠ 정책결정 및 의사결정의 합리화를 기할 수 있다. 즉, 정책결정의 합리성은 정확·신속하고 우수한 질을 가진 의사소통체제에 의하여 확보된다.
  ㉡ 조직 구성원의 사기앙양과 참여를 촉진시킬 수 있다. 의사소통은 조직 구성원의 심리적 욕구를 충족시키는 중요한 수단이 되며, 활발한 의사소통을 통하여 정책·업무절차·인사 등에 관한 정보를 제공하고 인정감, 소속감, 참여의식을 느낄 수 있게 함으로써 사기를 올리게 되며 행정능률이 향상될 수 있다.
  ㉢ 조정의 효율화를 기할 수 있다.
  ㉣ 리더십의 발휘수단이 된다. 의사소통을 활성화시키고 효과적 활용 여부는 행정 리더십의 성패를 좌우하게 된다.

(2) 의사소통의 구성요소와 원칙
① 의사소통이 성립하기 위해서는 어떤 의미나 의도를 전달하는 발신자와 그것을 받아들이는 수신자, 그리고 그들 사이의 소통을 매개하는 통로의 존재를 기본적 요소로 한다.
② 의사소통의 구성 요소와 관련하여 그 과정을 간단하게 말하면 '어떤 효과를 위해서 전달자(Sender)가 메시지(Message)를 특정의 통로(Channel)를 통하여 수신자(Receiver)에게 전달하는 것'이라고 할 수 있다.
③ 의사소통의 일반적 원칙은 명료성, 일관성 또는 일치성, 적정성, 적시성, 분포성, 적응성과 통일성의 조화, 관심과 수용 등이 제시되고 있다.

(3) 의사소통의 유형과 방법

의사소통의 유형은 그 분류기준에 따라 다양하게 분류되는데, 첫째, 공식성 유무를 기준으로 공식적 의사소통과 비공식적 의사소통으로 구분할 수 있으며, 둘째, 의사소통의 방향과 흐름을 기준으로 상의하달(하향적 의사소통), 하의상달(상향적 의사소통), 횡적 의사소통(수평적 의사소통) 등으로 구분할 수 있다.

① 상의하달
  ㉠ 하향적 의사소통(상의하달)은 조직의 계층구조를 따라 상급자로부터 하급자에게로 명령이나 지시·방침·성과 표준 등이 전달되는 것을 말한다.
  ㉡ 상의하달은 업무 활동상의 관계로 볼 때 직접적인 것과 간접적인 것으로 나누어진다. 전자에는 명령이 있고 후자에는 일반적 통보가 있는데, 일반적 통보의 종류로는 편람(Manual), 핸드북, 게시판, 구내방송, 기관지 등이 있다.

② 하의상달
  ㉠ 상향적 의사소통(하의상달)은 조직의 하층에서 상층으로 올라가는 것으로서 성과보고부터 내부결재, 인간 관계의 유지 향상을 위하여 행하는 여러 가지 정보전달, 각종 면담, 직장여론조사, 직장회의, 제안제도, 인사상담에 이르기까지 매우 광범위하다.
  ㉡ 상향적 의사소통은 조직에서 상·하급자 간에 쌍방적 의사소통을 가능하게 하고 상의하달의 오류를 시정하는 장점이 있는 반면, 여과 효과(Filtering Effect)에 의하여 그 정확성이 훼손될 가능성이 있다.

③ 수평적 의사소통
  ㉠ 수평적 의사소통은 조직에서 위계 수준이 같은 구성원이나 부서 간의 의사소통을 의미하는 것으로 상호작용적 의사소통이라고도 한다.
  ㉡ 하향적인 메시지의 흐름이 대개 권위적인데 비해 수평 흐름에 의한 메시지의 내용은 주로 협력적인 성격을 띠며 그 왜곡의 정도도 덜하다.
  ㉢ 대부분의 사람들은 자신의 상사보다는 동료들과 의사소통을 할 때 좀 더 개방적이고 자유롭게 의사를 전달하는 경향이 있으므로 수평적 의사소통은 구성원과 부서 간의 기능을 조정하는 역할을 한다.
  ㉣ 구체적인 방법으로는 사전협의 제도, 사후통지 제도, 회의 또는 위원회 제도 등이 포함된다.

④ 비공식적 의사소통

비공식적 의사소통은 조직 구성원들이 직종과 계급을 넘어서 인간적 유대, 예컨대 감정적인 친지관계·학연·지연·입사 동기 등의 유대를 기반으로 자생적 의사소통을 유지하게 되는데, 이러한 비공식적 의사소통은 흐르는 정보의 내용이 루머(Rumor)의 형태인 데다가 의사소통 과정에서 왜곡의 소지가 많아 관리자들이 싫어했다. 그러나 이러한 풍문은 조직에서 필연적이고 자연적인 현상이므로 인정해야 할 것이다. 조직 내에서 풍문의 주요 발생요인은 진상에 대한 정보의 결여, 억압적 분위기를 들고 있다. 비공식적 의사소통은 다음과 같은 장점이 있다.
  ㉠ 일선 구성원의 동태 파악
  ㉡ 정서적 긴장의 해소
  ㉢ 딱딱한 명령이나 지시를 인간적으로 부드러운 것으로 변화시킴
  ㉣ 공식적 커뮤니케이션망의 보완 등

⑤ 대외적 의사소통

행정조직을 외적 환경과 유기적으로 연계시키는 것으로서 행정의 민주적 책임을 확보하는 데 필수적인 요건이 된다. 즉, 이것은 외부통제와 외적 조정통합의 기초를 이룬다. 이러한 외적 의사소통에는 시민, 이익집단, 정당 및 국회 등과의 의사소통 또는 PR(Public Relation) 등을 포함한다.

(4) 의사소통의 장해요인과 극복

① 의사소통은 고도로 구조화된 상황에서 발생하므로 장해요인은 결국 의사소통 과정의 구성 요소라고 볼 수 있는 전달자, 수신자, 기호화 및 전달 경로 등에 대한 장해요인이라고 할 수 있다.
② 효과적인 의사소통을 방해하는 장해요인은 대체로 어의(語義)상의 문제, 의사소통의 분위기, 상이한 가치관, 선입관에 의한 왜곡, 정보의 간소화 경향, 정보의 독점 및 누락, 정보의 과부하(過負荷)나 의도적 제한, 평가적 경향 등을 들 수 있다.
③ 극복을 위해서는 대인관계의 개선, 매체의 정밀성 제고, 반복과 환류·확인, 정보과다의 통제, 의사소통의 시간조절, 의사소통 조정장치의 활용 등이 제시되고 있다.

2. 리더십

(1) 의의

① 리더십이란 조직의 목표 달성을 위하여 구성원이 자발적으로 적극적인 행동을 하도록 동기를 부여하고, 영향력을 미치는 관리자의 쇄신적·창의적인 기능·능력을 의미한다.
② 지도자 자신의 권위 및 자발성을 근거로 하므로 공식적 직위를 근거로 제도적 권위의 성격을 갖는 직권력(Headship)과 구별되는 개념이다.
③ 리더십은 합리적·기계적 인간관을 바탕으로 하는 과학적 관리론이 지배하던 시대에서는 중요시되지 않다가 1930년대 인간관계론의 대두와 1960년대 발전행정의 대두로 그 중요성이 강조되기 시작하였다.

(2) 전통적 이론

① 자질론적 접근법(Trait Approach)
  ㉠ 시대적 배경
    1930년대 세계대전과 경제대공황이라는 위기 속에서 발휘된 뛰어난 지도자들의 리더십에 관한 연구에서 비롯되었다.
  ㉡ 내용
    주로 1940년대와 1950년대에 리더를 중심으로 성공적인 리더십이 개인의 자질·특성에 따라 발휘된다는 입장으로, 대표적인 학자로는 메리엄(Merriam)과 버나드(Barnard) 등을 들 수 있다.
  ㉢ 비판
    • 집단의 특징, 조직목표, 상황에 따라 리더십의 자질도 전혀 다를 수 있다.
    • 지도자라 하더라도 누구나 동일한 자질을 갖는 것은 아니다.
    • 지도자가 반드시 갖추어야 할 보편적인 자질은 없다는 비판을 받고 있다.
    • 이러한 비판에도 불구하고 동일한 상황에서라면 기본적인 자질을 갖춘 사람이 지도자가 될 수 있다는 관점에서 자질론의 유용성이 전면 부인되기는 어려울 것이다.

② 행태론적 접근법(Behavioral Approach)
　㉠ 시대적 배경
　　1940년대 행태론에서 행정조직을 내부관계, 내부환경에 한정시킨 채 조직을 집단적·협동적인 복수의 의사결정과정에서 파악한 조직관으로부터 비롯되었다.
　㉡ 내용
　　자질론에서 리더가 될 수 있는 특성을 발견하지 못한 학자들은 리더의 행태에 어떤 보편성이 있는가에 관심을 돌려, 리더는 어떻게 행동하는가라는 관점에서 적합한 리더의 행동유형을 밝히려는 방향으로 리더십의 행태에 관한 연구가 이루어지게 되었다. 대표적 학자로는 리커트(Likert), 머튼(Mouton) 등이 있다.
　㉢ 비판
　　- 행태론은 모든 상황에서 효과적인 리더의 행동이 존재함을 전제로 하나, 리더의 행동을 구분하고 측정할 수 있는 신뢰성·타당성 있는 측정방법이 개발되지 않고 있다.
　　- 효과적인 리더의 행동은 상황에 따라 다르다는 사실을 간과하고 있다.
　　- 정태적 상관관계 분석에 의존하고 있다.

(3) 현대적 이론
① 상황론적 접근법(Situational Approach)
　㉠ 시대적 배경
　　1960년대 이후 환경이 행정의 주요변수가 됨에 따라 부각되었다.
　㉡ 내용
　　- 상황론은 위의 두 접근법과는 달리 효과적인 리더의 특성·행동은 상황에 따라 다르다는 것을 강조한다.
　　- 리더 개인의 자질 및 조직의 성격을 결정짓는 집단의 특성과 더불어 개인, 집단이 처한 상황이 리더십의 일부를 구성한다는 것이다. Gihl은 리더십(L)이 리더의 자질(I), 부하의 특성(F), 주어진 상황(S)의 상호작용에 의해 결정된다는 L=f(I, F, S)의 함수모형을 제시하였다.
　　- 대표적인 학자로는 리더와 부하와의 관계, 직위권력, 과업구조로 효과적 리더십을 설명한 피들러(Fiedler) 등이 있다.
　㉢ 비판
　　- 리더십의 효과성에 대한 실증적 연구들이 여러 가지 상황 변수를 종합적으로 분석하는 대신 1~2가지 상황을 선택하여 단편적으로 분석을 시도하였다.
　　- 리더의 행동과 집단의 성과를 정태적 상관관계 분석에 의존하여 리더의 행동성과 집단성(Togetherness)과의 인과관계를 파악하기 곤란하다.
② 후기 상황이론의 접근법
　㉠ 수직적 쌍방관계 이론(Graen과 Dansereau)
　　- 수직적 쌍방관계란 리더와 각각의 부하가 이루는 쌍을 의미하며, 리더와 각각의 부하 간의 관계가 서로 다를 수 있다는 것을 강조한다.
　　- 이 이론에 의하면 리더는 자신이 신뢰하는 소수의 부하들과 내집단을 형성하여 특별한 관계를 맺는다고 한다. 내집단은 책임과 자율성이 있는 특별임무를 수행하며, 이에 따른 특권도 누린다. 내집단에 속하지 않는 부하들은 외집단이라고 하며, 리더와 함께 하는 시간이 적고, 리더의 관심을 적게 받는다.

- 내집단과 외집단 관계의 결정요인은 분명치 않으나 리더와 부하 간의 상호적합성과 부하의 능력 등으로 설명하기도 한다.
  ⓒ Life-cycle 이론(Hersey와 Blanchard)
  - 이 이론은 리더의 행동을 과업행동과 상관성행동의 두 가지로 구분하고, 부하의 성숙도를 상황변수로 채택하였다.
  - 성숙도란 직무상의 성숙도(부하의 지식, 기술 등)와 심리적 성숙도(자신감)를 나타내는데, 부하의 성숙도가 증가됨에 따라 리더십도 이에 적응하여야 한다는 것이다.
  ⓒ 변혁적 리더십(Kuhnert와 Lewis)
  - 이 이론은 변화를 지향하는 리더십과 안정을 지향하는 리더십을 근본적으로 구분하는 데서 출발한다.
  - 리더의 어떤 행동은 업무를 할당하고 결과를 평가하며, 의사결정을 하는 등 일상적인 것으로 이루어진다.
  - 때때로 조직합병을 주도하고, 신규부서를 만들며, 조직 문화를 새로 창출하는 등 중요한 변화를 주도하고 관리하는데, 전자를 안정지향의 거래적 리더십, 후자를 변화지향의 변혁적 리더십이라고 한다.
  - 변혁적 리더십은 리더로 하여금 조직변화와 필요성을 감지하고, 그러한 변화를 이끄는 새로운 비전을 제시하며, 변화를 효율적으로 수행하게 할 수 있는 일련의 능력을 말한다고 볼 수 있다.

3. 갈등

(1) 갈등의 의의

① 개념

갈등이란 조직 내의 의사결정과정에서 대안의 선택기준이 모호하거나 한정된 자원에 대한 경쟁 때문에 개인이나 집단이 대안을 선택하는 데 곤란을 겪는 상황을 말하며, 의사결정은 갈등의 해소를 의미한다. 행태론 및 인간관계론에서 본격적으로 연구되었다.

② 관점(S. Robbins)
  ㉠ 고전적 견해(갈등역기능론)
  갈등을 일종의 악, 사회적 기교의 부족 등으로 취급하여 제거되어야 하고, 직무의 명확한 규정 등을 통해 제거할 수 있다고 본다(E. Mayo).
  ㉡ 행태론적 관점(갈등순기능론), 상호작용론적 관점
  - 어느 정도의 갈등은 집단형성과 집단활동유지의 본질적 요소가 된다(L. Coser : 갈등은 사회화의 한 형태, M. P. Follett : 건설적 갈등의 중요성 강조).
  - 갈등은 조직생존의 불가결한 적응과 변화의 원동력으로, 필요한 갈등은 적극적으로 조장되어야 한다.

(2) 갈등의 기능

① 순기능(갈등이 건설적으로 해결되었을 경우)
  ㉠ 조직발전의 새로운 계기로 작용하여 조직의 장기적인 안정성 강화에 기여한다.
  ㉡ 선의의 경쟁을 통하여 발전과 쇄신을 촉진한다.
  ㉢ 갈등의 해결을 위한 조직의 문제해결능력·창의력·적응능력·단결력 등을 향상시킨다.

② 역기능(갈등이 해결되지 않았을 경우)
  ㉠ 조직의 목표달성을 저해한다.
  ㉡ 구성원의 사기저하와 반목·적대감정을 유발한다.
  ㉢ 갈등과 불안이 일상화되어 쇄신과 발전을 저해할 수도 있다.

(3) 갈등의 유형

① 갈등의 주체에 따른 구분(Simon)
  ㉠ 개인적 갈등
    - 접근 – 접근갈등 : 두 대안 모두 바람직한 가치를 가진 경우
    - 회피 – 회피갈등 : 두 대안 모두 바람직하지 못한 가치를 가진 경우
    - 접근 – 회피갈등 : 두 대안이 각각 바람직한 가치와 바람직하지 못한 가치를 함께 가진 경우
  ㉡ 집단갈등
    의사결정에 참여한 다수의 관련자나 기관 간의 갈등

② 상하단위에 따른 구분(Pondy)
  ㉠ 협상적 갈등
    노사 간 등 이해당사자 간 갈등
  ㉡ 관료제적 갈등
    상하계층 간 갈등
  ㉢ 체제적 갈등
    동일수준 개인·집단 간 갈등

③ 영향의 정도에 따른 구분(Pondy)
  ㉠ 마찰적 갈등
    조직구조에 변화를 일으키지 않는 갈등
  ㉡ 전략적 갈등
    조직구조에 중대한 영향을 주는 갈등

(4) 갈등의 원인과 갈등관리

① 개인적 갈등
  ㉠ 비수락성에서 오는 갈등
    새로운 대안을 모색해보고 그것이 안 되면 목표 수정
  ㉡ 비비교성에서 오는 갈등
    비교기준 명확화 또는 대안이 제기된 전후관계 분석, 만족한 대안선택
  ㉢ 불확실성에서 오는 갈등
    대안의 결과예측 및 예측가능한 다른 대안 탐색, 대안의 과학적 분석

② 의사결정주체 간의 갈등(Simon)

기본적 목표는 합치된 상태 (합리적 · 분석적 해결)	문제해결	객관적 증거 · 이성 · 자료에 의하여 합리적으로 해결, 정보수집 중요시, 사실갈등에 적용, 쇄신적 대안 모색
	설득	상위이념 등의 제시에 의한 해결, 객관적 자료 등에 의존하지 않음, 상위목표인 공동목표에 따라 하위목표인 세부목표를 조정, 상대적으로 목표갈등에 적용
기본적 목표에 대한 미합의 상태 (정치적 · 협상적 해결)	협상	이해당사자끼리 직접 해결
	정략	제3자의 개입에 의한 해결, 잠재적인 지지세력 규합

(5) 한국의 갈등관리
① 문제점
  ㉠ 권위주의적 행정풍토로 인해 상부의 의사가 의사결정에 너무 많이 반영되어 결정 후 갈등의 소지가 남아있고, 계서주의 · 획일주의로 갈등이 증폭된다.
  ㉡ 정보체제의 미발달로 사실인정에 있어 상당히 많은 갈등이 야기되고 있으며, 목표의 차이에 의한 갈등도 심하고, 현재적 갈등보다는 잠재적 갈등이 크다.
  ㉢ 해결방법으로 관료적 · 분석적 방법이 높이 평가되고 있다.
② 개선방향
  ㉠ 관료조직의 관료성 완화로 역기능적 갈등을 최소화하고, 합리적인 가치관을 형성한다.
  ㉡ 의사소통을 원활히 하여 갈등을 현재화하고 합리적 결정을 유도한다.
  ㉢ 갈등해결방법을 표준화한다.
  ㉣ 체제의 자원을 더 공평하게 분배하며 결정권한의 균형상태를 조성하는 것이 바람직하다.
  ㉤ 조정과 협상능력도 배양해야 한다.

(6) 협상
① 의의
둘 이상의 의사결정주체가 임의로 복합적인 이해관계 사안을 주고 받는 교환을 통해 다른 형태의 행동결과보다 나은 결과를 가져오기 위한 상호 전략적 대결과정을 말한다.
② 특성
  ㉠ 둘 이상의 의사결정주체 내지 당사자 존재
  ㉡ 상호 간에 가치의 창출 · 배분에 관련된 사안이 집단적으로 선택
  ㉢ 협상결과가 상대방에 의존하는 결과의존적 성격
  ㉣ 상호모색적 정보의존성
  ㉤ 협상력의 중요성
③ 협상의 유형과 전략
  ㉠ 배분적 협상
    몫이 고정되어 있는 상황에서 가장 큰 몫을 차지하는 방식이다(일방승리 · 일방패배식 협상).
  ㉡ 입장적 협상
    일련의 입장을 계속적으로 주고 받아 자신의 입장에 집착하여 자신의 입장을 상대방에게 이해시키려는 협상전략이다.

ⓒ 통합적 협상

몫을 크게 하여 관계당사자가 모두 승리하는 협상(Win-win Negotiation)을 의미하며, 문제해결기법을 활용하는 협력전략으로서 원칙적 협상전략과 큰 차이가 없다.

ⓔ 원칙적 협상
- 객관적이고 이해관계에 초점을 맞춘 협상전략으로, 사람을 갈등문제로부터 분리시키고, 입장이 아니라 이해관계에 초점을 둔다.
- 상호이득을 위한 대안을 개발하고, 객관적 기준을 활용한다.
- 참여자를 문제해결자로 보고 신뢰관계를 고려하지 않는 협상을 진행하며, 제안이나 위협 대신 공동이해관계를 탐색한다.

> **중재**
> 갈등당사자 간의 협상과정에 제3자가 개입하여 갈등당사자 간의 협상과정을 돕거나 협상과정에서의 문제점을 감소 또는 제거시킴으로써 갈등해소를 용이하게 해주기 위한 과정을 의미하며, 시기적절성, 중재자의 적격성, 중재의 공정성이 효과적 중재의 조건이 된다.

4. 정보공개

(1) 정보공개의 의의

① 정보공개란 공공기관이 보유하고 있는 정보를 국민이나 주민의 청구에 의하여 공개하는 것을 말하며, 정보공개제도에 의하여 국민의 정보공개청구권이 인정되고 공공기관의 정보공개가 의무화된다.
② 정보공개는 정보제공과 구별되어야 하는 바, 정보공개가 법령에 근거를 둔 정보공개 청구권자에게 공공기관이 가공되지 않은 정보를 의무적으로 제공하는 것인데 반하여, 정보제공은 공공기관이 홍보 등의 목적으로 가공된 정보를 자발적으로 제공하는 것을 의미한다.
③ 1996년 12월 제정된 공공기관의 정보공개에 관한 법률 제2조는 정보공개를 '공공기관이 직무상 작성 또는 취득하여 관리하고 있는 정보를 열람하게 하거나 그 사본 또는 복제물을 제공하는 것'을 말한다고 규정하고 있다.

(2) 정보공개의 목적·필요성

① **국민의 알권리 보장**
헌법에 의해 보장되는 알권리는 정보민주주의와 불가분의 관계에 있다. 최대한의 정보수집·공개의 기반이 없으면 민주적 국민의사의 형성이 불가능하다.
② **국정의 투명성 확보와 행정통제**
국민은 국정의 투명성이 확보됨으로써 행정을 감시·통제할 수 있고, 공무원에 의한 권력남용과 부패를 방지할 수 있으며, 이를 통해 행정에 대한 국민의 신뢰가 확립될 수 있다.
③ **국민의 국정참여 보장**
정보공개는 국민의 국정참여에 대한 대전제이다. 정부가 보유하고 있는 정보에 접근하여 정보를 정확하게 확보할 수 없는 경우 실질적인 국정참여는 이루어질 수 없다.

(3) 정보공개제도의 내용

① **정보공개청구권자**
국민에게 정보접근에의 기회가 균등하게 보장되어야 하므로 모든 국민이 정보공개를 청구할 권리를 가진다.

② **정보공개기관의 범위**
공공기관의 정보공개에 관한 법률은 정보공개의 의무를 가지는 정보공개기관인 공공기관을 '국가·지방자치단체·정부투자기관 및 대통령이 정하는 기관'이라고 함으로써 행정부 외에 입법부·사법부와 지방자치단체 및 기타 공공기관을 모두 포함시키고 있다.

③ **공개대상정보의 종류**
공공기관이 직무상 작성 또는 취득하여 관리하고 있는 문서·도면·사진·필름·테이프·슬라이드 및 컴퓨터에 의하여 처리되는 매체 등에 기록된 사항 등이다.

④ **행정정보의 공표 등**
공공기관은 다음에 해당하는 정보에 대하여는 공개의 구체적 범위, 공개의 주기·시기 및 방법 등을 미리 정하여 공표하고, 이에 따라 정기적으로 공개하여야 한다.
  ㉠ 국민생활에 매우 큰 영향을 미치는 정책에 관한 정보
  ㉡ 국가의 시책으로 시행하는 공사 등 대규모의 예산이 투입되는 사업에 관한 정보
  ㉢ 예산집행의 내용과 사업평가 결과 등 행정감시를 위하여 필요한 정보
  ㉣ 그 밖에 공공기관의 장이 정하는 정보

⑤ **비공개대상정보**
  ㉠ 공공기관의 모든 정보는 원칙적으로 공개되어야 한다.
  ㉡ 국민 전체의 권익이나 개인의 프라이버시를 침해할 위험이 있는 정보는 제외되어야 한다.
  ㉢ 비공개정보의 지나친 확대는 정보공개제도의 근본취지에 맞지 않고 국민의 알권리를 제한하므로 합리적인 명확한 이유가 없는 한 정당화될 수 없다.

> **공공기관의 정보공개에 관한 법률 제9조에 의한 비공개 대상정보**
> - 다른 법률 등에서 비공개로 정한 정보
> - 국가의 중대한 이익을 해할 우려가 있다고 인정되는 정보
> - 공개될 경우 국민의 생명·신체·재산의 보호에 현저한 지장을 초래할 만한 상당한 이유가 있는 정보
> - 진행 중인 재판에 관련된 정보와 범죄의 예방, 수사, 공소의 제기 및 유지, 형의 집행, 교정, 보안처분에 관한 사항으로서 공개될 경우 그 직무수행을 현저히 곤란하게 하거나 형사피고인의 공정한 재판을 받을 권리를 침해한다고 인정할 만한 상당한 이유가 있는 정보
> - 감사·감독·검사·규제·입찰계약·첨단기술개발 등에 관한 정보
> - 이름·주민등록번호 등 개인에 관한 사항으로서 공개될 경우 개인의 사생활의 비밀 또는 자유를 침해할 우려가 있다고 인정되는 정보
> - **법인·단체·개인의 정당한 이익을 해할 우려가 있는 정보 등**
> - 공개될 경우 특정인에게 이익 또는 불이익을 줄 우려가 있다고 인정되는 정보

(4) 정보공개거부의 구제제도

정당한 정보공개청구에 대한 거부나 부작위의 경우, 구제방법이 제도적으로 보장되어야 하는 바, 우리나라는 이의신청·행정심판·행정소송 등에 의한 구제방법을 마련하고 있다.

① 정보공개방법

정보공개청구인은 당해 정보를 보유하거나 관리하고 있는 공공기관에 정보공개신청서를 제출하거나 구술로 정보의 공개를 청구할 수 있다.

② 불복구제절차

  ㉠ 청구인이 정보공개와 관련한 공공기관의 비공개 결정 또는 부분 공개 결정에 대하여 불복이 있거나 정보공개 청구 후 20일이 경과하도록 정보공개 결정이 없는 때에는 공공기관으로부터 정보공개 여부의 결정 통지를 받은 날 또는 정보공개 청구 후 20일이 경과한 날부터 30일 이내에 해당 공공기관에 문서로 이의신청을 할 수 있다.
  ㉡ 공공기관은 이의신청을 받은 날부터 7일 이내에 그 이의신청에 대하여 결정하고 그 결과를 청구인에게 지체 없이 문서로 통지하여야 한다. 다만, 부득이한 사유로 정하여진 기간 이내에 결정할 수 없을 때에는 그 기간이 끝나는 날의 다음 날부터 기산하여 7일의 범위에서 연장할 수 있으며, 연장 사유를 청구인에게 통지하여야 한다.
  ㉢ 공공기관은 이의신청을 각하(却下) 또는 기각(棄却)하는 결정을 한 경우에는 청구인에게 행정심판 또는 행정소송을 제기할 수 있다는 사실을 이의신청 결과 통지와 함께 알려야 한다.

(5) 정보공개의 한계

① 국민이 일부러 청구하지 않으면 정보는 제공되지 않는다.
② 정보는 청구인에게만 주어지는 것이므로 국민에게 널리 공개되는 것은 아니다.
③ 정부에 새로운 정보를 수집 또는 작성할 의무는 없다.

5. 목표관리(MBO)와 조직발전(OD)

(1) 목표관리(MBO)의 개념과 특성

① 개념

목표관리(MBO)란 효율적인 경영관리체제를 실현하기 위한 경영관리의 기본 수법으로 조직의 목표와 개인의 목표를 명확하게 설정하고 조직의 목표달성을 위한 실행전략을 수립하여 구체적으로 추진하는 일련의 과정을 말한다.

② 특성

  ㉠ 거시적이고 장기적인 목표보다는 미시적이고 계량적인 목표를 추구한다.
  ㉡ 유동적인 환경에는 적용이 힘들다.
  ㉢ 대내지향적, 미시적인 관점에서 생산성을 추구한다.
  ㉣ Y이론적 관점을 중시하며, 목표의 전환 소지가 있다.
  ㉤ 상하 간 수직적 의사소통이 원활하지 않은 경우 실시하기 어렵다.
  ㉥ 기본구성 요소는 목표설정, 참여, 환류이다.

(2) 조직발전(OD)의 개념과 특성

① 개념

조직발전(OD)이란 의도적이고 계획적으로 조직 구성원의 잠재력을 최대한 개발하고 행태를 개선함으로써 조직 전체의 개혁을 이룩하려는 조직관리기법을 말한다.

② 특성

㉠ 조직 구성원의 행태변화를 통하여 조직의 생산성과 환경에의 적응능력을 향상시키는 것을 목표로 한다.
㉡ 조직의 실속, 효과성, 건강성을 높이기 위한 조직 전반에 걸친 계획된 노력을 의미한다.
㉢ Y론적 인간관을 바탕으로 하는 민주적 관리전략이다.
㉣ 거시적이고 체계적인 차원의 관리전략이다.
㉤ 추구하는 변화는 개인의 행태이지만 조직문화까지 포함한다.
㉥ 주요 기법에는 감수성 훈련과 관리망 훈련 등이 있다.

(3) 목표관리(MBO)와 조직발전(OD)의 비교

목표관리(MBO)	조직발전(OD)
• 내부지향 • 상향적 관리방식 • 목표모형 • 결과를 중시 • 양적	• 외부지향 • 하향적 관리방식 • 체제모형 • 과정을 중시 • 질적

6. 총체적 품질관리(TQM)

(1) 의의

① TQM의 개념

㉠ 총체적 품질관리란 고객만족을 서비스 품질의 제1차적 목표로 삼고 조직 구성원의 광범한 참여하에 조직의 과정·절차를 지속적으로 개선하여 장기적인 전략적 품질관리를 하기 위한 관리철학 내지 관리원칙을 의미한다.
㉡ 행정에 대한 국민의 평가는 서비스의 과정에서 결정되며 고객으로서 국민이 만족하는 품질을 가진 서비스의 제공은 정부의 책임이라는 점에서 TQM은 앞으로의 행정관리에 중요한 의미를 갖는다.

② TQM의 연혁

㉠ TQM은 슈하르트(Shewhart)가 통계적 과정관리기법을 1920년대에 도입한 것을 효시로 한다.
㉡ 데밍(Deming)이 일본산업의 2차대전 후 복구를 위한 경영기법으로서 전파하고 14개 항목의 원리를 제창하였다.
㉢ 주란(Juran)이 일본에서 고객만족을 위한 관리기법을 주지시켰다.
㉣ 그 후 일본기업의 성공적 운영에 충격을 받은 미국기업들이 TQM을 광범위하게 도입하였으며 미국정부기관에도 큰 영향을 미쳤다.

(2) TQM의 성격

TQM은 관리기술이라기보다 관리철학으로서의 성격을 띠고 있다. 관리자에게 서비스의 품질을 고객기준으로 평가하는 사고방식을 갖게 하고, 과정·절차를 개선하도록 하며, 직원에게 권한을 부여하고, 거시적 안목을 갖게 하며, 장기적 전략을 세우게 하고, 현상에 결코 만족하지 않도록 하는 심리적 압박을 가한다. 즉, 강한 고객지향성, 참여적 리더십, 국민에 대한 강한 의식, 자아관리조직, 최고의 성과추구 정신의 속성을 갖는다.

(3) TQM의 필요성

① 새로운 서비스와 가치에 대한 고객의 욕구·기대 상승
② 관료의 보다 많은 자유·책임 요구
③ 정부의 보다 질 높은 성과·책임에 대한 납세자의 요구
④ 정부의 반응성과 창의성에 대한 정치인의 요구

(4) TQM의 주요 내용

① **고객이 품질의 최종결정자**
  행정서비스가 너무 복잡하거나 비싸고 고객의 마음을 끌지 못하면 정상적인 서비스도 높은 품질을 가진다고 평가되지 못한다.
② **산출과정의 초기에 품질이 정착**
  서비스의 품질은 산출의 초기단계에 반영되면 추후단계의 비효율을 방지할 수 있고, 고객만족을 도모할 수 있다.
③ **서비스의 변이성 방지**
  서비스의 품질이 떨어지는 것은 서비스의 지나친 변이성에 기인하므로 서비스가 바람직한 기준을 벗어나지 않도록 해야 한다.
④ **전체 구성원에 의한 품질의 결정**
  서비스의 품질은 구성원의 개인적 노력이 아니라 체제 내에서 활동하는 모든 구성원에 의하여 좌우되며 MBO 등 개인적 성과측정은 적절하지 않다.
⑤ **투입과 과정의 계속적인 개선**
  서비스의 품질은 고객만족에 초점을 두기 때문에 정태적이 아니라 계속 변동하는 목표이며, 산출이 아니라 투입과 과정의 계속적인 개선에 주력해야 한다.
⑥ **구성원의 참여 강화**
  서비스의 품질은 산출활동을 하는 구성원과 투입 및 과정의 끊임없는 개선에 의존하므로 실책이나 변화에 대한 두려움이 없는 구성원의 참여강화가 중요하며 계층수준과 기능단위 간의 의사소통 장벽이 없어야 한다.
⑦ **조직의 총체적 헌신의 요구**
  높은 품질을 가진 서비스를 산출하고 서비스를 개선하는 데 초점을 맞춘 조직문화를 관리자가 창출하는 경우에만 품질을 얻게 되며, 총체적인 헌신이 쇠퇴하면 품질은 급격하게 떨어지고 조직은 경쟁에 뒤처지기 시작한다.

(5) 공공부문에의 TQM 적용의 난점

① 정부는 제품이 아니라 서비스를 제공하는데, 서비스는 노동집약적이며 산출과 소비가 동시에 이루어지고 품질 측정이 어렵다.
② 정부서비스의 고객범위 설정이 곤란하며 서비스를 직접 받는 고객과 대부분 납세자인 최종고객(일반공중) 간의 갈등조정이 어렵다.
③ 품질에 대하여 총체적 관심을 갖는 조직문화가 형성되어야 하는데, 정부조직은 외부영향이 불가피하고 조직문화가 취약하다.
④ 민간조직에서 행사되는 것과 같은 강력한 조직내부권한이 없으며 정부기관이 다르면 업무도 매우 다양하다.
⑤ 최고관리자의 빈번한 교체로 목적의 불변성을 기하기 어렵고 조직의 변신도 어렵다.
⑥ 공공조직의 정치적 환경이 매우 유동적이므로 사업의 장기적인 추진이 어렵다.
⑦ 성과척도의 개발, TQM 기준절차의 설계, 소비자 환류의 새로운 방식, 예산결정과 품질 개선사업의 조화, TQM 기준에 따른 근무성적 평정 등 기술적으로 어려운 문제가 제기된다.

(6) 목표관리(MBO)와 총체적 품질관리(TQM)의 비교

목표관리(MBO)	총체적 품질관리(TQM)
• 단기 · 미시 · 양적(정량적)	• 장기 · 거시 · 질적(정성적)
• 대내지향(효과지향), 결과 중시	• 대외지향(고객지향), 투입 · 과정 · 절차 중시
• 관리전략, 평가 및 환류 중시(사후적 관리)	• 관리철학, 사전적 관리(예방적 통제)
• 계량화 중시	• 계량화를 중시하지 않음
• 개인별 보상	• 총체적 헌신(집단중심)에 대한 팀 보상

CHAPTER 04 인사행정론

01 인사행정의 기초이론

1. 인사행정의 의의

(1) 의의
① 인사행정이란 정부활동을 수행하는 공무원을 대상으로 하는 인사사무, 즉 정부활동의 효과적인 수행을 위한 인적자원의 효율적 활용에 관한 행정을 말한다.
② 인사행정은 유능한 인재를 정부조직에 충원하고 그들의 능력을 계속적으로 발전시키며 높은 사기를 유지시켜 행정목적을 가장 효율적으로 달성하고자 하는 기능을 말한다.

(2) 인사행정과 인사관리의 차이
① 인사행정은 행정의 공공성으로 인해 봉사성과 평등성을 추구한다.
② 인사행정은 행정의 독점성으로 인해 능률성 추구에 한계가 있다.
③ 법령의 제약성으로 인해 인사행정에서는 재량의 여지가 적을 뿐만 아니라 법적 규제가 강하다.
④ 행정에 대한 국민의 통제는 인사행정의 탄력성을 약화시키는 원인이 된다.
⑤ 정치적 환경 속에서 작동하는 인사행정은 정치적인 압력을 받을 소지가 있다.

(3) 인사행정이 추구하는 기본적 가치
① 대응성(국민의 의사존중)
② 능률(지식·기술·능력의 중시)
③ 개인의 권리(법의 정당한 절차와 신분보장)
④ 사회적 형평성(인사행정의 공평성)

2. 인사행정의 발달

(1) 의의
인사행정은 시대적 상황, 국가의 이념 및 국가발전의 수준에 따라 그 기준과 중요성이 달라진다.
① 절대군주국가
  ㉠ 절대군주국가 시대의 관료는 군주의 사용인(私庸人, Royal Servants)으로서의 성격을 지녔다.
  ㉡ 이들은 군주를 위해 충성을 바치는 한편 일반 백성에 대해서는 지배자로서의 특권을 지니는 신분을 유지했다.
  ㉢ 당시의 관료는 엄격한 복무규율의 구속을 받았으나 신분보장은 철저했다.

② 입헌군주국가

입헌군주국가 시대에는 의회에서 다수당을 형성한 정당의 사용인(Party Servants)으로 그 성격이 바뀌었고, 이 성격은 엽관주의(Spoils System) 인사행정의 기초를 제공하였다.

③ 현대 민주주의 국가

㉠ 산업혁명 이후 현대 민주주의 국가가 등장함에 따라 인사행정의 경향도 실적주의(Merit System)로 바뀌게 되었다.

㉡ 현대 민주국가의 공무원은 군주나 특정정당을 위해 봉사하는 것이 아니라 전체 국민에 봉사하는 공공 봉사자(Public Servants)로 변모하게 되었다.

(2) 엽관주의

① 엽관주의의 의의

엽관주의(Spoils System)란 복수정당제가 허용되는 민주국가에서 선거에서 승리한 정당이 정당활동에 대한 공헌도와 충성심의 정도에 따라 공직에 임명하는 제도를 말한다.

> **엽관주의와 정실주의**
> 영국에서 발달한 정실주의는 엽관주의보다 더 넓은 개념으로 인식되고, 일단 임용되면 종신적 성격을 띠어 신분이 보장되는 데 반하여, 엽관주의는 미국에서 처음으로 도입되었고, 선거에서 승리한 정당이 모든 관직을 전리품처럼 임의로 처분할 수 있는 제도를 의미하며, 정권 교체와 함께 공직의 광범한 경질이 단행된다는 점에서 차이가 있다.

② 미국 엽관주의의 발전 요인

㉠ 민주정치의 발전

잭슨(Jackson) 대통령은 자신을 지지해준 대중에게 공직을 개방하는 것이 그들의 의사를 정책에 반영할 수 있는 길이며, 민주정치를 가능하게 하는 길이라고 믿었다.

㉡ 정당정치의 발달

행정부가 강력한 의회의 통제로부터 벗어나기 위한 수단으로서 정당이 발달하였고, 정당의 유지, 정당원의 통솔·통제, 선거전 등을 위해 정당에의 충성도를 활용하는 엽관주의의 존재가 요청되었다.

㉢ 행정의 단순성

당시의 행정은 질서유지적인 단순한 업무가 주를 이루었으며, 이해력이 있는 사람이면 누구나 임무를 수행할 만큼 용이했으므로 전문적·기술적 능력이 요구되지 않았다.

㉣ 하위계층의 이해관계를 반영하는 장치가 요구되었다.

③ 엽관주의의 장·단점

㉠ 장점

- 정당의 이념이나 정강정책을 강력히 추진할 수 있다.
- 공식경질을 통해 관료주의화나 공직의 침체를 방지한다.
- 국민의 요구에 대한 관료적 대응성을 향상시킨다(행정책임 및 행정통제 구현).
- 공직의 개방으로 민주주의의 평등이념에 부합한다(행정의 민주화).
- 중요한 정책변동에 대응하는 데 유리하다.

ⓒ 단점
- 유능한 인물의 배제로 행정능률이 저하되었다.
- 불필요한 관직의 남설로 예산이 낭비된다.
- 대량적인 인력교체로 행정의 안정성과 계속성 유지가 곤란하고, 이에 따라 행정의 능률성과 전문성이 향상될 수 없었다.
- 신분보장이 되지 않아 부정부패의 원인을 제공하였다.
- 관료가 정당사병화하여 행정의 국민에 대한 책임성이 결여되었다.

(3) 실적주의

① 의의
  ㉠ 실적주의(Merit System)는 사람의 능력·자격·실적을 기준으로 정부의 공무원을 모집하고 임명·승진시키는 인사행정체제를 말한다.
  ㉡ 실적주의에는 고대 동양의 과거제도 포함되나, 현대적 의미의 실적주의는 영국에서 1855년과 1870년의 제1차, 제2차 추밀원령에 의해 뿌리내리기 시작했고, 미국에서는 1881년 가필드(J. M. Garfield) 대통령의 암살과 1883년 펜들턴 법의 제정을 계기로 확립되었다.
  ㉢ 한국에서는 1949년 국가공무원법 제정에 의해 공식화되었다.

② 주요 내용
  ㉠ 공직취임의 기회균등
     공직은 모든 국민에게 개방되며, 성별·신앙·사회적 신분·학벌 등의 이유로 어떠한 차별도 받지 않는다.
  ㉡ 능력·자격·실적 중심의 공직임용
  ㉢ 공개경쟁채용 시험제도의 도입
  ㉣ 불편부당한 정치적 중립성 요구
  ㉤ 과학적·객관적 인사행정
  ㉥ 공무원의 신분보장
  ㉦ 중앙인사기관의 권한 강화

③ 성립 요인
  ㉠ 엽관주의의 폐해 극복
     정당의 부패, 예산의 낭비, 행정의 비능률, 정당의 사병화 등을 극복하기 위해 실적주의 채택이 불가피하였다.
  ㉡ 정당정치의 부패
     정당정치의 변질·타락현상이 나타나면서 본래의 참다운 민주적 의미를 상실하였다.
  ㉢ 행정국가의 등장
     행정기능의 양적 증대, 질적 변화로 전문적·기술적 능률을 갖춘 유능한 관료가 요구되었다.

ⓔ 행정의 능률화, 전문화의 요청(공무원제도 개혁운동이 발생)

미국	1883년 펜들턴(Pendleton) 법	• 인사위원회 설치 • 정치활동 금지 • 제대군인에 대한 우대 • 공개경쟁채용 시험제도 • 정부와 기업간 인사교류
영국	1853년 Northcote – Trevelyan 보고서	• 행정개혁 보고서(실적주의 공무원제, 공개경쟁시험, 중앙인사기관 설치)
	1855년 추밀원령	• 독립적인 인사위원회 설치
	1870년 추밀원령	• 공개경쟁시험의 원칙 • 계급의 분류(행정, 집행, 서기, 서기보 계급) • 재무성 인사권의 확립

④ 실적주의의 평가
  ㉠ 장점
    • 공직임용의 기회균등으로 사회적 평등을 실현한다.
    • 공개경쟁시험 등을 통한 유능한 인재의 임용으로 엽관주의의 폐해를 극복하고 행정능률을 향상시킨다.
    • 공무원의 정치적 중립을 보장하여 행정의 공정성을 확보한다.
    • 신분보장이 법령에 의해 규정됨으로써 행정의 안정성과 계속성을 확보하고 행정의 전문화를 제고하며 직업공무원제를 실현할 수 있다.
  ㉡ 문제점
    • 기회균등의 문제
      시험에 응시할 수 있는 기회가 동일하다는 것과 고용기회가 평등하다는 것은 다르다. 그 대상자가 기존 수혜자 계층구성원에 한정된다.
    • 관료독재화의 문제
      대응성, 책임성이 약한 기술관료적 편협성을 지닌 관료제를 형성하여 민주적 통제를 곤란하게 한다.
    • 인사행정의 비인간화·소외현상 야기
    • 기술성 위주의 인사행정의 소극성
      적격자의 선발·임명과정을 중시하여 정실배제에 관심을 가질 뿐 적극적으로 유능한 인재의 유치나 능력발전에는 소홀하다.
    • 집권성
      인사권을 중앙인사기관에 지나치게 집중시킨 나머지 각 운영기관의 실정에 맞는 독창적인 인사행정(신축성)을 저해한다.
    • 기타
      인사행정의 형식성, 폐쇄성으로 인한 전문가적 무능을 초래한다.

⑤ 실적주의의 새로운 경향
  ㉠ 엽관주의의 재인식
    공무원사회의 관료주의화 방지와 관료제에 대한 효율적인 민주적 통제 요구, 중요한 정책변동에의 대응 필요, 정당정치의 발전 촉진, 고위직의 정치적 임명에 대한 요구 등에 따라 엽관주의에 대한 재인식이 이루어졌다. 특히 하위직이나 단순근로직, 정책결정을 요하는 고위직에는 엽관제적 임명이 요구된다.

ⓒ 신인사행정관의 대두
이는 공무원의 노조활동의 전면화에 따른 양방향적 실적규정, 대표적 관료제의 도입 등을 주장한다.

⑥ **적극적 인사행정**
㉠ 의의
적극적 인사행정이란 미국의 경우 1935년경부터 대두한 인사행정의 원칙으로서 실적주의 및 과학적 인사관리만을 고집하지 않고 경우에 따라 '엽관주의'를 신축성 있게 받아들이며, 인사 관리에 있어서 인간관계론적 요소를 중요한 인사관리 방안으로 적용함을 의미한다. 이는 실적주의 인사행정의 소극성, 비융통성 및 지나친 집권성을 배제하고 적극적·신축적·분권적인 인사행정을 하고, 사회심리적 욕구를 충족시키는 방향의 관리를 수립하는 데 의의가 있다.
㉡ 대두배경
인사행정의 소극성, 인사행정의 비융통성, 폐쇄성으로 인한 전문성 약화, 그리고 집권성과 같은 실적주의의 결함과 인간을 오직 합리적인 도구로 다루고 감정적 측면에 대한 관리를 소홀히 했던 과학적 인사관리의 결함을 들 수 있다.
㉢ 제도적 방안
- 적극적 모집
  - 공직에 대한 사회적 평가를 제고시켜 유능한 인재를 외부로부터 적극적으로 모집한다.
  - 수험절차 및 시험방법을 개선하여 제출서류를 간소화하고, 시험부담을 경감하는 것이 필요하다.
  - 공사의 전문경영인 공채, 계약직 공무원의 확대와 같은 특수 분야의 개방형 채용제도를 확대할 필요가 있다.
- 정치적 임명
  고위 정책수립 단위에 엽관주의적 인사를 신축성 있게 적용한다.
- 과학적 인사관리의 완화와 통합적 인사관리
  직위분류제 등의 지나친 합리성을 완화시키고, 직무중심과 인간중심의 적절한 통합에 의한 관리를 도모하고, 개인의 능력 발전과 조직목표와의 조화를 추구한다.
- 인간관계의 개선
  성장형 인간관을 바탕으로 한 신뢰관리를 추구하고, 인사상담 제도, 공무원단체 활동의 인정, 제안제도의 장려, 하의상달적 의사전달의 촉진, 민주적 리더십 등이 중요시되어야 한다.
- 장기적 시야에 입각한 인력계획의 사전적·체계적 수립
- 재직자의 능력발전
  교육훈련, 승진, 전직, 근무성적평정제도를 활용한다.
- 인사권의 분권화

구분	엽관주의(정실주의)	실적주의
발달배경	• 민주주의	• 엽관주의의 비판
임용기준	• 정당 공헌, 개인적 관계	• 개인의 능력, 실적
장점	• 민주정치·행정의 민주화 발달 • 관료적 대응성 향상 • 선거공약·공공정책 실현 용이	• 공직 취임의 기회 균등 • 행정능률성 향상, 공정성 보장 • 행정의 안정성, 계속성 유지 • 정치·행정적 부패 감소

단점	• 공직의 사유화, 상품화 경향 • 행정의 비능률성, 비공정성 • 행정의 계속성, 일관성, 안정성 저하 • 소수 이익의 도구화	• 인사 행정의 소극성, 경직성, 비능률성 • 임용 시험의 연계성 저하 • 관료 통제의 어려움 • 국민 요구에 둔감, 폐쇄집단 경향

3. 직업공무원제

(1) 직업공무원제의 의의

① 직업공무원제의 개념
  ㉠ 직업공무원제(Career System)란 현대행정의 고도의 전문화·기술화 및 책임행정의 확립, 재직자의 사기앙양을 위해 중립적·안정적 제도의 요구에 부응하여 나온 인사제도이다.
  ㉡ 공직이 유능하고 젊은 남녀에게 개방되어 매력 있는 것으로 여겨지고, 업적과 능력에 따라 명예롭고 높은 직위에 올라갈 수 있는 기회가 부여되어 있어 일생의 보람 있는 직업으로 생각되도록 하는 조치가 마련되어 있는 제도를 말한다.
  ㉢ 영국 및 유럽의 지배적인 제도이다.

② 필요성
  ㉠ 행정의 정치적 중립성 유지를 통해 행정의 안정성·계속성·독립성을 확보하고, 정권교체로 인한 행정의 공백상태를 방지하여 국가의 통일성과 항구성을 유지하는 제도적 장치로서 요구된다.
  ㉡ 공무원의 신분보장으로 사기를 앙양하고 직업의식을 강화하여 행정의 능률성을 확보할 필요성이 있다.
  ㉢ 유능한 인재의 유치로 공무원의 질을 향상시킬 수 있다.

(2) 직업공무원제와 실적제와의 관계

직업공무원제는 실적주의와 서로 배치되는 것은 아니지만 동일시될 수도 없다. 왜냐하면 실적주의에 의해 신분보장이 이루어지는 경우에도 개방형을 폭넓게 인정하면 직업공무원제는 확립될 수 없기 때문이다. 실적주의 없이 직업공무원제의 확립을 기대할 수는 없으나, 실적주의가 채택되었다 하여 직업공무원제가 확립되는 것은 아니다.

① 공통점
  ㉠ 신분보장
  ㉡ 정치적 중립
  ㉢ 자격이나 능력에 의한 채용·승진
  ㉣ 공직임용상의 기회균등

② 차이점

실적주의	직업공무원제
• 개방형으로 신분의 상대적 보장 • 결원의 충원방식이 외부충원형 • 공직임용시 완전한 기회균등(연령 제한이 없음) • 직무급 보수제도 및 직위분류제	• 폐쇄형으로 신분의 절대적 보장 • 결원의 충원방식이 내부충원형 • 공직임용시 연령, 학력 등의 제한으로 제약된 기회균등 • 생활급 및 계급제 적용

(3) 직업공무원제의 확립방안(수립요건)과 그 한계

① 직업공무원제의 확립요건
  ㉠ 실적주의의 우선적 확립
  ㉡ 젊고 유능한 인재등용을 위한 학력과 연령 제한(적극적 모집)
  ㉢ 일관성 있고 장기적인 인력수급계획의 수립
    이를 통해 인사의 불공평이나 침체를 막고 효과적인 정원관리, 승진계획을 추진할 수 있어야 한다.
  ㉣ 공직에 대한 사회적 평가의 제고
    공직사회에 만연된 관료부패를 방지함으로써 공직에 대한 오명을 제거할 필요가 있다.
  ㉤ 적정한 보수지급 및 연금수준의 현실화로 생계보장
  ㉥ 다양한 능력발전제도 강구
    승진제도의 합리적 운영과 교육훈련의 강화, 각 부처 간 및 중앙·지방 간의 폭넓은 인사교류 등을 통해 능력발전의 기회가 부여되어야 한다.
  ㉦ 고급공무원의 양성

② 한계
  ㉠ 관료제에 대한 민주적 통제를 곤란하게 하여 행정책임이 보장되기 어렵고, 공무원의 특권화·관료주의화로 인한 폐단이 있다.
  ㉡ 공무원의 보수화 및 무사안일주의로 급격한 환경변화나 발전에 대한 적응능력이 약화될 수 있다.
  ㉢ 계급제에 따른 폐쇄형의 충원으로 공직이 침체되고, 전문행정가의 양성이 어려워 행정의 전문화·기술화를 저해한다.

(4) 직업공무원제의 장·단점

장점	단점
• 정치적 중립 확보 • 신분보장으로 행정의 안정성 확보 • 유능한 공무원의 이직 방지 • 공직에 대한 사명감 • 유능한 인재의 공직 유치 • 재직자의 사기앙양 촉진 • 정권교체로 인한 행정의 공백상태 방지 • 정부와 관료 간의 원만한 관계 유지	• 폐쇄적 인사행정 • 민주적 통제의 곤란 • 학력, 연령의 제한으로 기회균등 위배 • 전문가나 고급기술자의 고위직에의 임용 제약 • 공직의 특권화와 관료주의화 초래 • 유능한 외부인사의 등용 곤란

(5) 우리나라의 직업공무원제

① 문제점
  ㉠ 전통적인 관존민비의 행정문화로 특권계급적인 비민주적 요소가 상당히 잔존한다.
  ㉡ 낙하산식 인사나 부당한 청탁 등이 만연하여 법령상의 직업공무원제에 대한 규정도 제대로 적용되지 못하고 있다.
  ㉢ 연금제도의 불합리, 비현실적인 박봉으로 인하여 사기 및 행정능률이 저하되고 있으며, 부정부패로 인해 공직에 대한 사회적 평가가 저하되고 있다.
  ㉣ 교육훈련의 불합리, 장기적인 인력수급계획의 부재로 인한 승진의 적체와 불균형의 노정 등 합리적 인사관리의 결여가 문제된다.

② 개선 방향
  ㉠ 공직사회의 정화를 통해 공직에 대한 사회적 평가를 제고한다.
  ㉡ 공무원의 부정부패를 제거한다.
  ㉢ 실적주의를 확립하여 능력과 경력에 따른 승진 위주의 인사행정을 도모한다.
  ㉣ 적극적 모집, 적정한 보수와 합리적 연금제도 등을 정립한다.
  ㉤ 재직자 훈련을 강화하여 능력개발에 주력한다.
  ㉥ 고충처리 제도를 적극적으로 활용한다.
  ㉦ 장기적 인력계획의 수립과 집행에 노력한다.

4. 공직의 분류

(1) 공직분류체계의 의의
① 공직분류체계는 공무원 또는 직위를 일정한 기준에 따라 구분하여 정부조직 내의 직업구조를 형성하는 과정 및 그 결과를 말한다.
② 인사행정의 효율적인 수행을 위하여 많은 공무원들을 기준에 따라서 분류·관리할 필요가 있다.
③ 일반적으로 직업공무원제, 폐쇄적 또는 개방적 공무원제 등은 공무원제도의 유형에 속하며, 경력직과 특정직, 그리고 직위분류제와 계급제의 분류는 공직의 분류에 해당된다. 공직의 분류는 직위(Position) 혹은 직무(Job)를 기준으로 한 것이다.

(2) 경력직과 특수경력직
① 경력직은 실적과 자격에 의하여 임명되어 그 신분이 보장되며 평생토록 공무원으로 근무할 것이 예정되는 직업공무원으로, 정부로부터 보수, 신분보장 등의 혜택을 받으며 실적주의의 적용을 받는 공무원이다.
② 특수경력직 공무원은 보수 및 복무규정을 제외하고는 공무원법이나 실적주의 등의 획일적인 적용을 받지 않으며, 정치적 임용이 필요하거나 특수한 직무를 담당하는 자로서 그 임명에 있어 특수한 기준을 요하는 비직업공무원이다.

구분	종류	기능 및 특징
경력직	일반직	기술·연구 또는 행정 일반에 대한 업무를 담당하는 공무원
	특정직	법관, 검사, 외무공무원, 경찰공무원, 소방공무원, 교육공무원, 군인, 군무원, 헌법재판소 헌법연구관, 국가정보원의 직원과 특수 분야의 업무를 담당하는 공무원으로서 다른 법률에서 특정직공무원으로 지정하는 공무원
특수경력직	정무직	가. 선거로 취임하거나 임명할 때 국회의 동의가 필요한 공무원 나. 고도의 정책결정 업무를 담당하거나 이러한 업무를 보조하는 공무원으로서 법률이나 대통령령(대통령비서실 및 국가안보실의 조직에 관한 대통령령만 해당한다)에서 정무직으로 지정하는 공무원
	별정직	비서관·비서 등 보좌업무 등을 수행하거나 특정한 업무 수행을 위하여 법령에서 별정직으로 지정하는 공무원

(3) 폐쇄형과 개방형

① 폐쇄형

계층구조의 중간에 외부로부터의 신규채용을 허용하지 않는 인사제도로서 계급의 수가 적어 계급 간 승진이 상대적으로 용이하진 않으나, 승진의 한계는 높은 편이다. 계급제, 직업공무원제와 관련된다.

㉠ 공무원의 신분보장이 강화되어 행정의 안정성 확보에 유리하다.
㉡ 재직공무원의 승진기회가 많아 사기가 앙양된다.
㉢ 직업공무원제의 확립에 유리하다.
㉣ 조직에 대한 소속감이 장기경험을 활용할 수 있게 하여 행정능률을 향상시킨다.

② 개방형

공직의 모든 계층에 대한 신규임용을 허용하는 인사제도로서 외부전문가를 중시하며, 실적주의, 직위분류제와 관련된다(미국, 캐나다).

㉠ 장점
- 외부로부터 참신하고 유능한 인재를 필요할 때마다 쓸 수 있어 신진대사를 촉진할 수 있다.
- 행정의 전문성을 제고한다.
- 공직의 유동성을 높여 관료주의화 및 공직사회의 침체를 방지할 수 있다.
- 민주적 통제가 용이하다.

㉡ 단점
- 재직자의 능력발전 저해와 사기 저하의 우려가 있다.
- 신분 불안정으로 행정의 안정성·일관성을 저해한다.
- 직업공무원제의 확립을 곤란하게 한다.

③ 양 제도의 관계

폐쇄형을 채용하던 국가들은 최근 개방형을 점차적으로 도입하고 있고, 개방형을 주로 이용하던 미국에서는 그 효용성에 한계가 나타나자 폐쇄성의 요소를 점차 확대해가고 있어 양 제도가 상호 접근하고 있다.

구분	개방형	폐쇄형
신분보장	신분 불안정(임용권자가 좌우)	신분 보장(법적 보장)
신규임용	전 등급에서 허용	최하위직만 허용
승진임용기준	최적격자(외부임용)	상위적격자(내부임용)
임용자격	전문능력	일반능력
직위분류기준	직위 : 직무 중심	직급 : 사람 중심(능력, 자격, 학력 등)
직원간의 관계	사무적	온정적
채택국가	미국	영국, 독일, 프랑스, 일본

(4) 계급제와 직위분류제

① 계급제(수직적 분류)
　㉠ 계급제는 업무의 성격보다는 공직을 수행하는 사람을 중심으로 신분상의 격차인 계급(Rank / Status)이라는 관념에 기초를 두고, 공무원의 상대적 지위, 자격 및 능력에 차등을 두어 상이한 대우와 직책을 부여하는 것이다.
　㉡ 공무원의 계급은 승진·전보·보수지급 등 인사행정의 기준이 될 뿐만 아니라 각 중앙행정기관의 소속기관이나 보조기관 등 하부 조직에 보(補)하는 공무원의 신분을 결정하는 조직·정원관리의 기준도 되고 있다.
　㉢ 계층구조의 피라미드 형태를 갖고 있는 관료조직하에서는 불가피하고, 인사제도를 체계적으로 관리하고 과학적으로 운용하기 위한 가장 기본적인 요건이 된다.

② 직위분류제(수평적 분류)
　㉠ 직위분류제란 직무(Job) 또는 직위(Position)에 기초하여 직무의 종류·곤란도·책임도 등을 기준으로 하여 직류별·직렬별과 등급별로 분류·정리하는 제도를 말한다.
　㉡ 이 제도는 '사람'보다는 '업무'를 중심으로 차등을 두려는 합리적 사고에서 비롯된 것이다.
　㉢ 인구가 증가하고 사회가 발전함에 따라 폭발적으로 다양하게 늘어나는 행정수요를 효율적으로 수행하기 위해서는 이를 담당하는 공무원이 각기 맡은 분야에서 전문가가 되어야 하므로 공직의 수평적 분류는 현대행정의 특징상 불가피한 현상이라 할 수 있다.

구분	직위분류제	계급제
보수	직무급(동일노무 동일보수의 원칙 확립)	생활급
행정주체	전문행정가	일반행정가
인간과 직무	직무 중심 분류(인사행정의 합리화 추구)	인간 중심 분류(창조적·능동적인 자세)
채용과 시험	연결(특정업무와 관련된 전문 지식을 가진 사람 채용)	비연결(일반 교양지식을 지닌 장기적 발전 가능성과 잠재력을 가진 사람 채용)
교육훈련	교육훈련수요의 정확한 파악, 효과의 단기화	교육훈련 수요나 내용 파악 곤란 → 순환보직·재직훈련 강조, 효과의 장기화
보직관리, 인사이동	보직관리의 합리화 도모, 인사 관리의 불융통성, 인사이동 곤란, 승진의 폭 협소	보직관리의 정확성·합리성 확보 곤란, 인사관리의 신축성, 인사이동·승진의 폭이 넓음
신분보장	개방형에 따른 신분보장 곤란 (직무와 밀접한 관계)	폐쇄형에 따른 폭넓은 순환보직으로 신분보장 가능
행정상 조정	행정상의 조정·협조 곤란	행정상의 조정·협조 원활
조직계획	현재의 조직배열에 가장 잘 부합	장기적 조직계획의 수립·발전에 유리

(5) 교류형과 비교류형

교류형은 부처 간의 인사교류가 인정되는 제도이며, 비교류형은 부처주의라고도 하며 인사교류가 인정되지 않는 제도이다.

02 임용

1. 모집

(1) 의의
① 채용의 3단계(모집 → 시험 → 임명) 중에서 모집은 희망자가 시험에 유치되는 과정을 말한다.
② 소극적 모집은 시험의 사전적 연장으로서 부적격자를 사전에 억제하는 데 반해, 적극적 모집은 유능한 인력을 유치하려고 노력하는 것으로, 서구에서는 이미 오래 전부터 민간과의 경쟁을 위해 도입되었으나, 개도국은 상대적으로 이에 소홀하였다.

(2) 적극적 모집의 필요성
① 서구에서는 공직에 대한 사회적 평가의 저하, 상대적 저임금, 승진지체 및 높은 이직률로 인해 그 필요성이 제기되었다.
② 우리나라에서는 실적주의가 충분히 수립되지 못하고 인사권자가 인사권을 사적 목적을 위해 이용하였으며, 농업사회적 전통으로 공직의 사회적 평가가 높았기 때문에 큰 문제가 되지 않았다.
③ 최근에는 신분보장 및 직업의 안정성으로 인해 공직이 더욱 선호되는 경향이 있어 적극적 모집의 필요성은 크지 않다고 볼 수 있다.

(3) 적극적 모집방안
① 사회적 평가의 제고를 위한 적정한 보수 지급, 신분보장과 연금제도의 합리화, 효과적인 능력발전방안의 강구 등
② 장기적 시야를 가진 인력계획의 수립
③ 시험방법의 개선 - 절차의 간소화, 경비절약
④ 모집결과에 대한 사후평가
⑤ 적극적 홍보
⑥ 수습 및 위탁교육

(4) 모집의 요건
소극적 요건으로는 연령, 국민·주민, 학력이 있고, 적극적 요건으로는 지식·기술, 가치관, 태도가 있다.

2. 시험

(1) 의의
① 시험의 효용
- ㉠ 잠재적 능력의 측정
- ㉡ 직무수행능력의 예측
- ㉢ 장래의 발전가능성 측정

② 효용성 확보요건
- ㉠ 균등한 기회, 공정한 절차
- ㉡ 적절한 시험방법
- ㉢ 대상업무와 이를 수행하는 데 필요한 능력의 발견

(2) 측정기준

구분	내용	측정방법
타당도	측정하고자 하는 내용의 정확한 측정 여부	근무성적과 시험성적의 비교
신뢰도	시험시기·장소 등 여건에 따라 점수가 영향을 받지 않는 정도(일관성, 일치도)	동일한 내용의 시험을 반복 시행할 때 그 결과가 비슷해야 함
객관도	채점의 공정성	-
난이도	쉬운 문제와 어려운 문제의 조화	득점자 분포의 광범위 여부
실용도	시험의 경제성, 채점의 용이성, 이용 가치	-

(3) 종류
① 형식에 의한 분류
  필기(객관식, 주관식), 실기, 면접
② 목적에 의한 분류
  일반지능검사, 적성검사(잠재능력의 측정, 고위직에 이용), 성격검사, 업적검사, 신체검사

(4) 한계
① 무엇을 할 수 있는가를 알려줄 뿐 무엇을 할 것인가를 알려주지는 못한다.
② 인간의 능력에 대한 판단을 보충하는 것이며, 절대적인 정확성은 없다.
③ 창의성과 같은 중요한 능력은 전통적인 시험방법으로서는 측정하기 어렵다.
④ 장래 발전할 공무원보다 실패할 가능성이 있는 공무원을 보다 효율적으로 알려줄 뿐이다.

3. 임명

(1) 의의
공무원을 특정 직위에 채용하는 행위이다.
① 외부임명 : 공개경쟁채용과 특별채용
② 내부임명
   ㉠ 수평적 : 전직, 전보, 겸임, 직무대행
   ㉡ 수직적 : 승진, 강임

(2) 전직·전보
① 의의
   ㉠ 전보란 직무내용이나 책임이 유사한 동일직렬과 직급 내에서 직위만 바꾸는 것이므로 시험이 불필요하고, 전직은 직렬의 변동을 의미하므로 시험이 필요하다.
   ㉡ 파견근무는 임시로 다른 기관에서 근무하는 것이므로 전직·전보와 다르고, 배치전환은 전직·전보·파견근무를 포함하는 개념이다.
② 소극적 이용방법
   징계수단, 사임의 강요수단, 부정부패의 방지수단, 개인적 특혜의 제공수단, 개인세력의 확대수단
③ 적극적 이용방법
   인간관계의 개선, 업무수행의 권태방지, 조직에의 충성심 확보, 능력 발전, 개인의 의사고려
④ 우리나라의 경우
   ㉠ 보직관리의 원칙
      승진임명 시 바로 동일 직렬의 하위직으로 충원
   ㉡ 전보제한기간
      일반직 1년, 연구직 2년
   ㉢ 인사교류위원회의 설치

(3) 임명절차
① 채용후보자 명부 작성
   명부는 직급별로 시험 성적순으로 작성하는 것이 원칙이며, 훈련성적, 전공 분야 및 기타 사항을 참작하여 작성한다.
② 추천
   ㉠ 원래 임명권자가 추천을 요구하는 것을 의미하나, 우리나라는 시험실시기관이 임명권자나 임명제청권자에 추천할 수 있고, 각 기관에서는 여러 기록을 토대로 임명 여부를 결정한다.
   ㉡ 추천방법으로는 단수 추천제, 결원된 직위의 정해진 배수(3~7배수)만큼 인원을 추천하는 배수 추천제(Rule of Three-rule of Seven), 채용 후보자를 성적순으로 몇 개의 집단으로 나눈 뒤 우수집단부터 차례로 추천하는 집단 추천제(Category Rating), 채용후보자 명부에 등재된 성적순에 관계없이 추천하는 선택 추천제(Selective Certification), 채용 후보자 전체를 추천하여 임명권자가 자유롭게 선발하도록 하는 전체 추천제가 있다.
   ㉢ 우리나라의 경우 1973년 3배수 추천제를 폐지하고 단일 추천제와 특별 추천제(선택 추천제)를 채택하고 있다. 미국의 경우 현재 7배수 추천제를 채택하고 있다.

③ 시보임명

　적격성 판정, 적응훈련 목적으로 시행되며, 신분보장이 되지 않는다.

④ 임명 및 보직

　시보기간 종료 후 초임 보직을 임명받아 정규공무원이 된다.

03 공무원의 능력발전

1. 교육훈련

(1) 의의

급변하는 환경에 적응하기 위하여 직무수행에 필요한 지식과 기술은 물론 가치관과 태도의 발전을 유도하는 인사관리법이다.

① 교육

　일반적 지식, 교양 습득

② 훈련

　직책수행에 필요한 지식, 기술 등 습득

(2) 교육훈련의 목적과 수요

① 목적

　㉠ 직무수행에 필요한 능력을 향상시킨다.

　㉡ 조직관리의 효율화 또는 조직의 통합기능에 기여하도록 하여 조직의 목적을 효과적으로 달성한다.

　㉢ 공무원 개인에게 능력발전 및 승진의 기회를 제공하고 사기앙양을 도모한다.

② 훈련수요

　훈련수요란 그 직위의 표준적 직무수준에 대한 현직자의 직무수행능력으로서 직책이 요구하는 자격, 즉 공무원의 현재 자격을 말한다.

(3) 훈련방법

훈련의 목적, 피훈련자의 특성, 경비·시설을 고려하여 선택한다.

훈련의 목적	훈련방법
지식의 축적	독서, 강의, 토의, 시찰, 사례연구
기술의 연마	시범, 사례연구, 토의, 전보, 연기, 견습, 현장훈련
태도·행동의 변경	연기, 시범, 사례연구, 토의, 회의, 감수성 훈련, 전보, 영화

① 강의식(Lecture)

　한 사람의 훈련관이 일시에 지식을 전달하는 방법으로, 경제적이며 획일적·체계적인 방법이다. 그러나 일방적인 지식의 전달, 피훈련자 개개인에 대한 관심의 소홀, 피훈련자의 흥미 상실 등이 단점으로 지적된다.

② 회의식(Conference), 토론방법(Forum)
   피훈련자들을 회의나 토론에 참여시켜 다양한 견해와 의견을 교환하는 방법으로, 여러 사람들의 의견을 모아 종합할 수 있고, 회의진행에 따라 새로운 생각을 유도하며 결론을 내리기 힘든 문제의 해결을 쉽게 하는 반면, 소수 인원만 가능하며, 시간이 오래 걸리고 비경제적이라는 단점이 있다.

③ 사례연구(Case Study)
   구체적이고 실제적인 사례를 중심으로 교육하는 것으로, 피훈련자의 참여를 유도하고 응용력·문제해결능력을 기를 수 있으나, 사례준비에 시간과 비용이 많이 들고, 상황변화 시 적용이 어렵다.

④ 연기(Role Playing)
   피훈련자의 참여와 감정이입을 촉진하고 태도나 행동을 변경하는 데 효과적이나, 고도의 기술적 사회방법으로 사전준비가 요구된다.

⑤ 현장훈련(On the Job Training)
   훈련을 받은 자가 실제 직위에서 일하면서 상관으로부터 지도 훈련을 받는 것으로, 고도의 기술적 전문성과 정밀성을 요구하는 훈련에 적합하고 실용적이나, 다수를 동시에 훈련할 수 없고, 좁은 분야의 일을 집중적으로 훈련하므로 고급공무원 훈련에는 부적당하다.

⑥ 전보·순환보직(Rotation)
   공무원의 시야와 경험을 넓히는 데 효과적이고, 개인의 경력 발전을 위해 적극적으로 활용할 만한 방법이나, 훈련이라는 명목하에 비합리적인 인사배치에 악용될 수 있다.

⑦ 신디케이트(Syndicate)
   몇 사람이 반을 편성하여 문제를 연구하고 전원에게 보고하며 비판을 가하는 방법으로, 참가자의 관심을 유도하고 상대방의 의견을 존중하는 장점이 있지만, 비경제적이고 충분한 시간이 요구된다.

(4) 사후평가

훈련에 대한 평가는 훈련 자체에 대한 평가(과정평가)보다는 훈련의 목적 달성 여부에 대한 평가(훈련의 결과 평가)가 중심을 이룬다.

① 평가방법
   ㉠ 출근상태, 이직률, 사고율 등의 객관적이나 간접적 자료를 통한 평가는 측정은 쉬우나, 훈련의 효과를 판단하기 어렵다.
   ㉡ 민원인에 대한 의견조사
      간접적인 평가가 가능하나, 평가기준의 제시가 곤란하다.
   ㉢ 피훈련자 자신, 동료 및 상관의 의견을 통한 평가
      근무성적의 향상 여부를 직접 알 수 있으나, 솔직한 평가를 기대하기 어렵다.
   ㉣ 훈련내용 습득여부를 시험으로 평가

② 평가대상
   ㉠ 반응
   ㉡ 학습
   ㉢ 행동
   ㉣ 결과

(5) 교육훈련에 대한 저항과 그 극복

① 저항의 원인
  ㉠ 업무수행의 지장
  ㉡ 국민 또는 국회의 의구심 – 재정낭비
  ㉢ 권위주의적 행태
  ㉣ 훈련기간 동안의 기득권 상실 우려
  ㉤ 훈련성과의 계량화 곤란

② 극복방안
  ㉠ 치밀한 훈련 계획
  ㉡ 홍보활동
  ㉢ 인사에의 반영
  ㉣ 성과의 계량화

2. 근무성적평정

(1) 의의

① 개념
  ㉠ 근무성적평정이란 공무원이 일정기간 동안 수행한 능력, 근무 성적, 가치관, 태도 등을 평가하여 재직, 승진, 훈련수요의 파악, 보수결정 및 상벌에 영향을 주는 인사행정상의 한 과정을 말한다.
  ㉡ 근무평정은 단순히 공무원의 근무성과만을 평가하는 것이 아니라 공무원이 지니고 있는 능력, 공무원의 직무수행태도도 평가대상이 된다.
  ㉢ 공무원의 근무성과를 평가하는 것이 중요하나, 공직의 특성상 근무성과가 객관적으로 평가되기 어려운 분야도 있는데, 개인의 장·단점 파악 및 적재적소 배치와 효과적 능력발전방안의 모색을 위해서는 그가 지니고 있는 잠재적 능력에 대한 평가도 필요하기 때문이다.

② 효용성
  근무성적평정은 종래에는 징계적 수단으로 사용되었으나, 점차 능력 발전의 수단으로 전환되고 있다. 근무평정제도의 목적이 무엇이든지 가장 중요한 것은 객관적인 평가이다. 인사행정의 기준제공은 물론이고 개인의 장·단점을 파악하기 위한 평정도 객관적으로 정확하게 이루어져야 그 결과에 상응하는 올바른 조치를 모색할 수 있다.
  ㉠ 인사행정의 기준제공
    승진·전보·보수지급·훈련·퇴직 등 인사행정의 기초자료를 그대로 제공한다. 특히 우리나라의 경우 승진의 기준으로 이를 이용하나, 근무성적평정은 과거·현재상태의 평가이지 장래 근무능력의 예측이 아니며 공정한 평정이 행해지지 않는 한 오히려 역이용할 우려가 있다는 문제점이 있다.
  ㉡ 공무원의 능력발전
    개개 공무원의 능력과 그가 담당하는 직책이 요구하는 능력을 비교하여 훈련수요를 파악할 수 있고, 개인의 능력발전 또는 인간관계 개선이나 업무능률향상을 위해 근무성적평정을 활용할 수 있는데, 이 경우에는 근무성적이 개인에게 공개되고 이에 대한 비판을 자연스럽게 할 수 있어야 한다.

ⓒ 시험의 타당도 측정 기준 제공

　　공무원의 채용시험성적과 임용 후의 근무성적을 비교하여 시험의 타당성 여부를 측정할 수 있다.

(2) 근무성적평정의 유형(평정방법)

① 방법을 기준으로 한 분류

㉠ 도표식 평정척도법
- 가장 많이 활용되는 근무성적평정 방법으로, 한편에 평정요소를 나열하고 다른 한편에는 각 평정요소마다 그 우열을 나타내는 척도인 등급을 표시한 평정표를 사용하는 방법이다.
- 평정표의 작성이 용이하고 평정이 쉽다는 장점이 있다.
- 평정요소의 합리적 선정이 어렵고, 평정요소에 대한 등급을 정한 기준이 모호하며, 연쇄효과(Halo Effect), 집중화 경향, 관대화 경향이 나타나기 쉬운 단점이 있다.

㉡ 사실기록법
- 공무원의 근무성적을 객관적인 사실에 기초를 두고 평가하는 방법이다.
- 산출기록법, 주기적 검사법, 근태기록법, 가감점수법 등이 있다.
- 객관적이기는 하나 작업량을 측정하기 어려운 업무에 대하여는 적용할 수 없다는 결점이 있다.

㉢ 서열법
- 피평정자 간의 근무성적을 서로 비교해서 서열을 정하는 방법이다.
- 쌍쌍비교법, 대인비교법 등이 있다.
- 비교적 작은 집단에 대해서만 사용할 수 있고 특정 집단 내의 전체적인 서열을 알려줄 수 있으나, 다른 집단과 비교할 수 있는 객관적 자료는 제시하지 못한다.

㉣ 체크리스트법
- 공무원을 평가하는 데 적절하다고 판단되는 표준행동 목록을 미리 작성해 두고, 이 목록에 단순히 가부를 표시하게 하는 방법을 통해 공무원을 평가하는 방법이다.
- 평정요소가 명확하게 제시되어 있고 평정자가 피평정자에 대한 질문 항목마다 유무 또는 가부만을 판단하기 때문에 평정하기가 비교적 쉽다.
- 평정요소에 관한 평정항목을 만들기가 힘들 뿐만 아니라 질문항목이 많을 경우 평정자가 곤란을 겪게 된다.

㉤ 강제선택법
- 2개 또는 4~5개의 항목으로 구성된 각 기술항목의 조 가운데서 피평정자의 특성에 가까운 것을 강제적으로 골라 표시하도록 하는 방법이다.
- 평정자의 편견이나 정실을 배제할 수 있으며, 신뢰성과 타당성이 높다는 장점이 있다.
- 평정기술항목들을 만들기 어려울 뿐만 아니라 작성비용도 많이 들고, 피평정자의 평정에 관해 상의하기 어려우며, 피평정자와 전혀 관계없다고 생각하거나 모든 항목이 다 관계가 있다고 생각할 때도 그중 하나를 반드시 선택해야 한다는 등의 단점이 있다.

㉥ 중요사건 기록법
- 피평정자의 근무실적에 큰 영향을 주는 중요 사건들을 평정자로 하여금 기술하게 하거나 중요 사건들에 대한 설명구를 미리 만들어 평정자로 하여금 해당되는 사건에 표시하게 하는 방법이다.
- 피평정자와의 상담을 촉진하는 데 유용하고 사실에 초점을 두고 있다는 장점이 있다.
- 이례적인 행동을 지나치게 강조할 위험이 있다.

- ⊙ 직무기준법
    - 직무분석을 통해 각 직위의 직무수행기준을 설정하고 피평정자의 직무수행을 이 기준과 비교함으로써 평정하는 방법이다.
    - 실적을 기준으로 하고 있기 때문에 주관성의 개입을 감소시킬 수 있고, 평정결과를 피평정자에게 쉽게 이해시킬 수 있으며, 부하의 실적이 직무기준에 미치지 못할 경우 그 원인이 어디에 있는지를 알 수 있는 장점이 있다.
    - 각 직위별로 평정표를 따로 만들어야 하기 때문에 시간이 많이 걸리고 일이 많다.
- ⊚ 목표관리
  생산기록과 같은 객관적 결과를 중시하는 목표관리를 근무성적 평정의 방법으로 활용하는 것을 말하나, 목표관리제도의 형식적 운영에 대한 비판이 제기되고 있다.
- ㊈ 강제배분법
    - 근무성적을 평정한 결과 피평정자들의 성적 분포가 과도하게 집중되거나 관대화되는 것을 막기 위해, 즉 평정상의 오류를 방지하기 위해 평정점수의 분포비율을 획일적으로 미리 정해놓는 방법이다.
    - 피평정자가 많을 때에는 관대화 경향에 따르는 평정오차를 방지할 수 있다.
    - 평정대상 전원이 무능하거나 유능한 경우에도 일정 비율만이 우수하거나 열등하다는 평정을 받게 되어 현실을 왜곡하는 부작용이 초래될 수 있다.

② 평정자를 기준으로 한 분류
  - ㉠ 자기평정법
      - 피평정자가 자신의 근무성적을 스스로 평가하는 방법이다.
      - 자신의 직무수행에 대한 체계적 반성의 기회를 제공함으로써 직원의 능력발전을 도모할 수 있으나, 평정의 객관성을 확보하기 어렵다.
  - ㉡ 동료평정법
    집단 내에서 동등한 위치에 있는 피평정자들이 서로를 평정하는 일종의 집단평정방법으로 객관성과 공정성을 기대할 수 있다.
  - ㉢ 감독자평정법
    피평정자의 상관인 감독자가 평정하는 방법으로 일반적으로 사용되고 있다.
  - ㉣ 부하평정법
    부하들이 상관을 평정하는 방법으로 민간기업에서는 사용되고 있으나, 정부기관에서는 아직 널리 사용되지 못하고 있다.
  - ㉤ 집단평정법
    피평정자의 직무수행과 관련된 여러 분야의 사람들이 평정하는 방법으로 편파적인 평가의견을 견제함으로써 균형있는 평가를 할 수 있으며, 감독자 이외의 조직 구성원도 평정에 참여함으로써 참여감과 조직에 대한 일체감을 증진시킬 수 있다.

ⓑ 감사적 방법
　　외부전문가가 개인 또는 조직단위의 직무수행을 평가하는 방법을 말한다.

기준	유형	기준	장점	단점
방법	도표식 평정척도법	도표	작성 용이	요소선정 어려움
	강제배분법	분포도	평정오차방지	역산식 평정
	사실기록법	사실	객관적	계량적 측정불가
	서열법	상호비교	주관적 조작방지	타집단 비교불가
	목표관리제 평정법	목표	객관적, 동기유발	요식행위화
	체크리스트 평정법	표준행동목록	평정 용이	항목 난해
	강제선택법	항목강제선택	신뢰성, 타당성 높음	항목, 비용과다
	중요사건기록법	중요사건	사실에 초점, 개선	이례적 행동 강조
	행태기준 평정척도법	도표+참여	오류감소, 관심, 참여	별도 행태 기준
	행태관찰 척도법	구체적 사건 사례	직무관련성 높음	등급 간 구분 모호
평정자	자기평정법	피평정자 자신	반성기회 제공, 능력발전	주관적
	동료평정법	피평정자 동료	보다 공정성 확보	집단 동요
	감독자평정법	상관인 감독자	잘 알고 있음	정실배제의 어려움
	부하평정법	부하	잘 알고 있음	정실배제의 어려움
	집단평정법	관련인 전부	편파 견제, 균형 평가	하향평준화 가능성

(3) 근무성적평정 제도의 운영과정

① **근무성적평정 계획의 수립**
　㉠ 평정대상집단의 범위 확정
　　일반적으로 실적주의의 적용을 받는 공무원 집단이 평정의 대상이 된다.
　㉡ 평정자의 선정과 훈련
　　평정자는 평정의 목적과 방법에 따라 달리 선정되어야 하며, 대개 평정제도는 이중평정제이다. 1차 평정자는 피평정자와 가장 접촉이 많은 직근 상관이 되며, 2차 평정자 또는 확인자는 차상위의 감독자로 한다.
　㉢ 근무성적평정 요소의 선정과 비중
　　• 평정요소는 사용목적이나 계급, 직종에 따라 적절하게 선정되어야 하며, 그 내용에 중복이 없어야 한다.
　　• 평정의 구성요소는 자질, 행동, 성과로 나뉜다.
　　• 한국의 경우 근무성적평정 요소는 성과를 나타내는 근무실적, 자질을 나타내는 직무수행능력, 행동을 나타내는 직무수행태도로 구성되어 있다.

② **근무성적평정의 실시**
　㉠ 평정의 횟수가 잦아지면 평정이 소홀히 되고 신뢰성이 저하되며 피평정자의 사기를 저하시킨다.
　㉡ 평정의 횟수가 적으면 일관성이 유지되기 어렵고 효용성이 저하되므로 연 1 ~ 2회 실시가 바람직하다.

③ **평정 결과의 분석 및 조정**
　근무성적평정은 연쇄효과, 집중화경향, 관대화 내지 엄격화경향, 규칙적 오류, 총체적 오류, 시간적 오류 등이 발생할 수 있으므로 이를 방지하고 평정의 공정성과 형평성을 확보하기 위하여 평정결과를 확정하기 전에 평정결과를 분석·조정할 필요가 있다.

④ 평정 결과의 공개 및 소청
  ㉠ 평정결과의 공개는 평정의 공정성을 제고하고, 피평정자의 자기 발전을 도모할 수 있게 하며, 평정결과를 광범위하게 활용하도록 할 수 있는 장점이 있다.
  ㉡ 관대화, 집중화경향을 부추기고, 평정자와 피평정자 간의 불화를 조성하며, 성적불량자의 사기를 떨어뜨릴 수 있는 단점이 있다.
  ㉢ 소청은 공정한 평정을 촉구하고 피평정자의 권익을 보호할 수 있는 장점이 있으나, 관대화경향이 심화되고 평정자와 피평정자 간의 갈등을 격화시킬 수 있다.

(4) 근무성적평정상의 오류와 근무성적평정의 한계
① 근무성적평정상의 오류
  ㉠ 연쇄효과(Halo Effect)
    어느 한 평정요소에 대한 평정자의 판단이 연쇄적으로 다른 요소의 평정에도 영향을 주는 현상으로, 이를 줄이기 위해서는 강제선택법을 사용하여 평정요소 간의 연상효과를 배제하고, 각 평정요소별로 모든 피평정자를 순차적으로 평정하며, 평정요소별 배열순서에 유의하여야 한다.
  ㉡ 집중화경향(Central Tendency)
    평정자가 모든 피평정자들에게 대부분 중간수준의 점수나 가치를 주는 심리적 경향을 말하며, 강제배분법을 통하여 방지할 수 있다.
  ㉢ 관대화 경향(Tendency of Leniency)과 엄격화 경향(Tendency of Severity)
    평정결과의 분포가 우수한 쪽 또는 열등한 쪽에 치우치는 경향(하급자와의 인간관계를 의식하여 평정등급이 전반적으로 높아지거나 낮아지는 현상)을 말하며, 강제배분법을 통하여 해결할 수 있다.
  ㉣ 규칙적 오류(일관적 오차, Systematic or Constant Error)와 총계적 오류(총합적 오차, Total Error)
    • 규칙적 오류란 어떤 평정자의 가치관 및 평정기준의 차이 때문에 다른 평정자들보다 언제나 후하거나 나쁜 점수를 주는 것을 말한다.
    • 총계적 오류란 평정자의 평정기준이 일정하지 않아 관대화·엄격화 경향이 불규칙하게 나타나는 것을 말한다.
  ㉤ 시간적 오류(Recency Error)
    쉽게 기억할 수 있는 최근의 실적이나 능력을 중심으로 평가하려는 데서 생긴 오차이다.
  ㉥ 선입견(Personal Bias)에 의한 오류
    평정의 요소와 관계가 없는 요소 등에 대해 평정자가 갖고 있는 편견이 평정에 영향을 미치는 것을 말한다.
  ㉦ 논리적 오차
    평정요소 간 논리적 상관관계가 있다는 관념에 의한 오차로서 상관관계가 있는 한 요소의 평정점수에 의해 다른 요소의 평정점수가 결정된다.
② 근무성적평정의 한계
  ㉠ 주관성의 개입으로 공정한 평정이 어려우며 표준화가 어렵다.
  ㉡ 과거의 평가에 치중하고 장래의 예측에는 소홀할 우려가 있다.
  ㉢ 평정상의 오류로 평정결과의 타당성과 신뢰성이 낮다.
  ㉣ 자격 있는 평정자를 확보하기 어렵다.
  ㉤ 평정제도 자체를 무효화하는 행태들이 비공식적으로 제도화되기도 하므로 형식적인 평정이 되기 쉽다.

3. 승진

(1) 승진의 의의
① 개념
특정한 직책에 가장 적합한 자를 선별해 내는 내부 임용방법의 하나로, 직무의 책임도, 곤란도가 낮은 하위직에서 높은 상위직으로의 수직적인 인사이동을 말한다.

② 승진의 중요성
㉠ 공무원 개인 차원
- 행정목적 달성에 좀 더 효율적으로 기여할 수 있게 한다.
- 사기를 앙양할 수 있으며, 능력발전을 도모하는 유인을 제공한다.

㉡ 정부 차원
- 공무원의 능력을 적절하게 평가하여 적재적소에 배치함으로써 효율적인 인력활용에 기여한다.
- 공무원의 기대 충족을 통한 이직 방지로 전체 공무원의 질을 확보할 수 있다.
- 전보를 가능케 하여 인적 자원의 효율적 이용에 기여한다.

(2) 승진의 범위와 기준
① 승진의 범위
㉠ 승진의 한계
- 높을 경우 사기가 앙양되고 전문성이 증대하나, 관료의 권력이 강화되어 민주통제 곤란의 문제가 발생한다.
- 승진에 대한 지나친 기대나 노력의 낭비를 줄이기 위해서는 승진의 한계를 정하고 적절한 비율을 정해야 한다.
- 영국, 독일 등은 승진한계가 높고 미국은 낮은 편이며, 우리의 경우 법제상 1급까지 승진할 수 있으나, 공무원의 직업화 정도가 낮고 인사권자의 권한 남용으로 실제로는 그보다 낮다.

㉡ 신규채용과의 관계
- 환경변화로 인한 신규 행정수요에 대한 신속하고 전문적인 대처를 통한 행정전문화 및 공무원의 질 확보를 우선으로 할 것인가, 재직자의 능력발전과 사기앙양을 우선으로 할 것인가가 판단기준이 된다.
- 신규채용의 비율이 높아지면 공무원의 질 향상을 기할 수 있고, 공직의 침체를 방지할 수 있다.
- 재직자의 승진비율이 높으면 재직자들의 사기향상과 신분보장으로 인한 행정의 일관성 유지, 직업공무원제의 확립에 기여할 수 있는 장점이 있으나, 직업화의 정도가 낮은 경우 지나친 관료권의 강화를 가져올 우려도 있다.

㉢ 재직자 간 경쟁
승진을 단일부처 내의 경쟁으로 한정할 것인가, 전부처의 경쟁으로 할 것인가의 문제로서 대체로 단일부처 내로 한정한다. 이는 유능한 사람의 선발을 제약하고, 공무원들 간의 기회균등의 문제를 야기하며, 부처 간 공무원의 질의 불균형을 발생시킨다.

② 승진의 기준
  ㉠ 경력(Seniority)과 실적(Merit)
    경력에는 근무연한·학력·경험 등이 포함되며, 실적이란 인사권자 개인의 판단, 근무성적 평정, 교육훈련 성적, 상벌의 기록 등이 포함된다.
  ㉡ 승진기준별 장단점

구분	경력(연공서열)	실적(시험의 경우)
장점	• 객관성 확보 • 행정의 안정성 및 직업공무원제 확보 • 정실에 의한 승진 방지	• 승진의 공정성 확보, 정실개입 배제 • 평가의 타당성 제고 • 지적 수준이 높은 자의 승진임용 가능
단점	• 기관장의 부하통솔 곤란, 공무원의 질 저하 • 공직사회의 침체 및 관료주의화 • 선임순위 중시로 행정의 비능률 초래	• 시험의 타당도가 낮을 때 장기 성실근속자가 불리하여 행정의 안정성 저해 • 수험에 대한 부담

> **경력평정의 원칙**
> • 근시성의 원칙 : 실효성이 있는 최근의 경력을 중요시해야 한다.
> • 습숙성의 원칙 : 담당직무에 대한 숙련도가 높은 상위직급의 경력은 하위직급의 경력보다 배점비율을 높여야 한다.
> • 친근성의 원칙 : 과거의 경력이 현재 담당하고 있거나 담당예정인 직무와 관련성·유사성이 있으면 배점비율을 높여야 한다.
> • 발전성의 원칙 : 학력 또는 직무와 관련성이 있는 훈련경력을 참작하여 장래의 발전가능성을 평가해야 한다.

4. 배치전환

(1) 의의
① 전보란 직무의 내용이나 책임이 유사하거나 동일한 직렬과 직급 내에서 직위만 바꾸는 것으로, 이에 따르는 시험이 필요없다.
② 전직은 등급은 동일하지만 직무의 내용이 다른 직위로의 이동으로 직렬을 달리하므로 원칙적으로 전직시험이 필요하다.

(2) 문제점
① 부패를 방지할 목적으로 이용하거나, 공무원의 징계수단으로 이용하고 있다는 것이 문제가 된다.
② 그리고 각 직위마다 음성 수입, 권력, 예산규모 등의 차이로 인한 어떤 개인의 혜택을 목적으로 인사권자가 이용하는 경우도 있다.

(3) 활용방안
① 행정의 능률성과 민주성, 신뢰성을 확립하기 위해서는 공무원의 훈련과 능력발전의 기회로 활용해야 하며, 행정조직 및 관리상 변혁이 나타날 때 이에 대처하는 방법으로 활용할 수 있다.
② 또한, 인간관계 개선방법으로 이용할 수도 있고, 동일업무의 장기간 담당에 따른 권태방지나 담당업무와 개인의 능력을 일치시키기 위한 목적 등의 수단으로 활용할 수도 있다.

04 공무원의 사기와 복지

1. 사기

(1) 사기의 의의

① 개념
- ㉠ 사기란 조직 구성원이 조직의 공통된 목표를 달성하고자 하는 자발적인 근무의욕을 말하며, 행정 업무의 능률을 위한 중요한 요소 중의 하나로서 인식된다.
- ㉡ 전통적으로 인사행정은 행정의 성과에 영향을 미치는 요인으로 사기와 관련해서 개인의 능력을 주로 다루었지만, 인간관계론 이후에는 근무의욕이 일의 성과에 미치는 영향의 비중이 훨씬 더 크다는 점을 강조한다.
- ㉢ 동기부여는 근무수행 동기가 유지되고 활성화되는 과정이나 그 배경에 비중을 두는 반면, 사기는 심리적 변화과정이나 행동변화의 배경보다는 나중에 드러난 만족감이나 근무의욕 혹은 태도 등에 비중을 둔다는 점에서 사기란 동기부여를 통해서 나타난 조직원의 내재적 동기유발과 외재적 동기유발에 의해 나타난 조직원의 정신적 마음상태라고 할 수 있다.

② 특징
- ㉠ 자율적인 개인의 근무의욕이라는 점에서 개인적 성격을 띤다.
- ㉡ 조직체의 공동목표달성을 추구한다는 점에서 집단성을 가진다.
- ㉢ 반사회성을 가질 경우 참다운 사기가 될 수 없다는 점에서 사회성을 내포한다.

(2) 사기의 효과와 저해요인

① 사기의 효과
- ㉠ 높은 사기는 지도자나 조직에 대한 충성심과 동질화를 강화시켜 주고, 제반규정을 잘 준수하고 따르게 한다.
- ㉡ 구성원들로 하여금 조직을 아끼고 관심을 갖게 만들고 직무와 조직에 대한 자부심을 갖게 하며, 조직발전을 위한 창의성을 발휘하게 한다(직업적 전문주의 촉진).
- ㉢ 역경을 극복할 수 있는 능력을 기르게 하고 조직의 능력 배양을 가능케 하는 힘을 키우는 데 도움을 준다.
- ㉣ 조직을 안정·유지시키며 갈등과 혼란을 극소화하여 조직문화의 활성화에 기여한다.
- ㉤ 궁극적으로 조직의 목표달성을 능률적이고 효과적으로 하게 함으로써 조직의 생산성에 기여한다. 그러나 사기와 생산성과의 관계가 반드시 정(正)의 관계에 있는 것은 아니므로 사기가 높다고 해서 반드시 생산성이 높아지는 것은 아니다.

② 사기의 저해요인
- ㉠ 환경변화에 부응하는 적응력이 부족하다.
- ㉡ 비민주적 내부통제로 인하여 개인의 능력을 발휘하기가 쉽지 않으며, 정보화 시대로 발전하고 있는 요즘에도 결재고수 등 적시성을 잃은 행동규범이 많다.
- ㉢ 공인에 대한 신뢰성이 떨어지면서 공직의 신망이 저하되고 있고, 제도화된 부패의 여파로 국민의 공무원에 대한 불신풍조가 잔재한다.

ⓐ 부적절한 지시는 사기를 저하시킨다. 특히 아직도 중앙부서는 지방자치단체를 우려하고 있는 탓인지 간섭이 심하다. 또한, 권력기관들의 부당한 업무간섭과 압력이 존재한다.
ⓜ 과중한 업무와 부적절한 보수로 인하여 공무원의 근무의욕이 개선되지 않고 있다.

(3) 사기의 결정요인과 앙양방안
① 사기의 결정요인
사기의 수준을 결정하는 요인은 일률적으로 말할 수 없다. 전체적인 근무상황과 직책에 대한 사회적 평가, 인간관계, 개인목표 등 중복적·동태적 요인이 사기의 결정요인이 되기 때문이다. 과학적 관리법이나 전통적 이론에서는 경제적 욕구충족을 가장 중요시하였고, 사회심리적 입장에 선 자들은 심리적 만족을 가장 중요시하였으며, 복합적 인간관을 주장하는 사람들은 복합적 욕구를 충족할 때 사기가 앙양된다고 한다.
㉠ 경제적(물질적) 요인
보수제도의 합리화, 근무여건의 확립 등
㉡ 사회심리적 요인
인정감·성취감, 성공감, 안정감, 귀속감·일체감, 참여감
㉢ 인사관리적 요인
인사관리의 합리성 및 공정성의 정도
㉣ 정치적·환경적 요인
② 사기의 앙양방안
인사행정에서 사기앙양을 위한 노력은 기대이론에 따라 기존의 불만 해소와 적극적인 성취기회의 제공을 통하여 접근할 수 있다.
㉠ 불만족의 해소
- 경제나 민간기업에 대한 규제만 풀 것이 아니라 공무원에 대한 각종 규제도 완화하여야 한다.
- 공무원의 사기에 영향을 미치는 인간적 상황을 고려하여 효과적인 인간관계 개선을 위해 권위주의적 관리방식을 속히 시정하고 '신바람 나는 행정문화'를 만들어야 한다.
- 근무조건을 개선하여 공무원의 사무실 공간을 현실화해주어야 하며 정보화시대를 맞이하여 사무자동화된 사무실로 만들어야 한다.
- 이밖에 공무원보수가 적어도 정부투자기관 수준 정도로까지는 상향조정되어야 할 것이며 합리적이고 공정한 승진제도를 운영하여야 할 것이다.
㉡ 동기유발의 제고
- 먼저 성취감을 북돋아 주어야 할 뿐만 아니라 높은 수준의 성취를 한 사람에게는 그에 상응한 보상을 해주어 그러한 행동이 계속 계승·발전될 수 있도록 해야 한다.
- 이와 관련하여 포상과 같은 인정 메커니즘을 활성화할 필요가 있다.
- 지금까지 포상을 지나치게 소극적으로 활용하여 왔으나, 지방자치단체장이나 각급 기관장이 재량에 따라 포상조치를 독자적으로 시행해볼 필요가 있다.
- 직위분류제를 좀 더 체계화하여 한 분야의 전문가가 될 수 있도록 하고 그 일을 수행할 때 재량권을 부여하면서 엄격한 책임관리제를 실시하여 자신의 일에 자긍심을 갖도록 해줄 때 성취동기가 훨씬 왕성하게 작용할 수 있다.

(4) 사기의 측정수단

① 업적 – 생산성
직무의 성취결과를 토대로 한 간접적인 사기측정의 한 방법으로, 사기가 높으면 성과가 높을 것이라는 가정하에 이용될 수 있다.

② 출퇴근 상황과 이직률
㉠ 출퇴근 상황은 직원의 결근, 지각, 조퇴 등이 사기와 관계가 있다는 가정하에 그 평균치를 기준치와 비교하는 것이며, 이직률은 평균 이직자의 수를 기준치와 비교하여 사기평가지표로 삼는 것이다.
㉡ 우리나라의 경우 대체로 이직률이 낮은 편이나, 기준은 각국의 상황에 따라 다르게 설정해야 하며, 그 변동폭이 측정의 기준이 된다.

③ 사기의 조사
㉠ 직원들에게 사기와 관련된 질문을 하여 사기를 측정하는 것으로, 면접이나 조사표를 통한 조사, 감독자의 주관적 판단을 통한 조사 등이 있으며, 태도조사의 한 방법으로 활용된다.
㉡ 그 판단의 근거가 주관에 있기 때문에 정교한 조사 항목의 설계와 질문방법의 채택을 요구한다.

(5) 사기관리의 수단

① 제안제도
㉠ 제안제도란 공무원으로 하여금 창의적인 개선안을 적절한 방법과 절차에 의해 제안하게 하고 이를 심사하여 그 제안이 행정의 생산성이나 능률을 제고하는 데 도움이 되면 보상하는 제도로, 우리나라는 1960년대 소개되기 시작하여 1973년 '공무원제안규정'이 대통령령으로 제정되었다.
㉡ 특히 최근에는 제안건수가 크게 증가하여 공무원들의 관심이 높아지고 있다는 것을 반영하고 있으며, 그간 채택된 제안 중에는 국가예산절감과 행정능률을 향상시킨 것이 많고 민생개혁을 위한 제안들도 많이 접수되고 있다.

② 고충처리제도
㉠ 고충처리제도는 근무조건이나 인사운영에 대한 불만이 있는 공무원의 고충심사청구에 대한 심사와 인사상담을 통하여 애로사항에 대한 해결책을 모색하는 절차로 소청제도와 함께 공무원의 권리와 신분에 대한 보장을 높이는 제도이다.
㉡ 사기앙양책이라기보다는 공무원의 권익보장책이라고 보는 것이 더 타당하며, 이 제도를 활용한다고 해서 공무원의 사기가 상당히 진작되기는 어려울 것이나, 공무원이 소신을 가지고 근무하게 하고 활동에 대한 막연한 불안감을 해소해주는 차원에서 의미가 크다.

③ 그 밖의 사기관리방안
㉠ 공무원의 귀속감과 일체감을 높이고 근무조건을 유지·개선할 수 있도록 공무원단체를 점진적으로 육성하고 그 대상 공무원을 점차 확대하며, 공무원의 단결권의 적용범위를 확대하여 공무원단체를 통한 공무원의 의사가 전달되도록 하여야 한다.
㉡ 조직차원에서는 사후치료적 인사행정이 아닌 사전에 예방하는 인사행정을 하여야 한다.
㉢ 개인차원에서는 개인의 노력에 의해서 좋은 성과를 실현할 경우 조직은 그에게 각종 보상을 부여해야 하며, 성과 자체에서도 만족을 느낄 수 있도록 해주어야 한다.
㉣ 직무분석과 직무설계를 촉진하여 직무를 확장(Enlargement)하거나 충실화(Enrichment)하여 공무원들의 업무를 적정화하여야 한다.

ⓜ 공무원들의 사기측정을 위해 주기적으로 태도조사 등을 실시하여 좁게는 사기관리에, 넓게는 인사관리에 적극 반영해야 한다.
ⓗ 직원들의 사기는 조직이나 제도가 직원을 앞서 끌어나갈 때 더욱 진작될 것이므로 조직도 끊임없는 학습(Learning)이 필요하다.

2. 신분보장

(1) 의의
① 국가공무원법상 형의 선고, 징계처분, 기타 국가공무원법이 정하는 사유에 의하지 아니하고는 그 의사에 반하여 휴직, 강임, 면직을 당하지 아니한다.
② 행정의 계속성, 안정성, 정치적 중립성, 사기앙양을 위해 필요하나, 지나치면 무사안일주의에 빠지게 된다.

(2) 징계제도
① 목적
  ㉠ 공무원의 의무위반에 대해 제재를 가한다.
  ㉡ 사유발생원인을 파악하고 그를 시정하기 위함이다.
  ㉢ 징계규정을 둠으로써 그러한 사태에 대한 예방 효과를 거두고자 하는 것이다.
② 내용
  법령, 규칙, 명령 위반에 대한 처벌로, 견책, 감봉, 정직, 해임, 파면이 있다.
③ 징계기관과 소청
  중앙(보통)징계위원회 → 소청심사위원회

(3) 직위해제와 대기명령제
① 직위해제(직무수행능력이 부족하거나 근무성적이 극히 불량, 징계의 설정, 형사사건으로 기소 등)
② 3개월 이내의 대기명령
③ 개전의 정이 없을 때 직권면직(징계위원회의 동의를 요한다)

(4) 정년제도
① 의의
  조직의 신진대사를 향상시키기 위하여 일정한 시기가 되면 공무원이 자동퇴직하는 제도이다.
② 유형
  ㉠ 연령정년제
    일정한 연령에 달하면 자동퇴직
  ㉡ 근속정년제
    공직 근속연한이 일정기간에 달하면 자동퇴직
  ㉢ 계급정년제
    일정 계급에서 일정기간 승진을 하지 못하면 자동퇴직

(5) 감원
정부의 사정에 의한 일방적·강제적 퇴직으로, 신분상 불안을 야기시키는 가장 중대한 사유이다.

(6) 전보와 권고사직
① 전보
동일직렬·직급 내에서 직위만 바뀌는 것으로 좌천의 기능도 있다.
② 권고사직
파면대상자의 사표제출을 강요하는 것으로 비합법적 수단이다.

3. 보수

(1) 보수의 의의
① 보수란 공무원의 한 공직에서의 봉사에 대하여 국가 및 정부가 지급하는 금전적인 보상을 말한다.
② 보수는 공무원의 근무에 대한 반대급부인 동시에 생활보장적 급부라는 양면적 성질을 가지고 있다.
③ 공무원의 보수는 각 근무조건과 행정능률에 영향을 미치는 중요한 요소로서 부정부패·비리와 밀접한 관련이 있다는 점에서 적절한 보수제도의 수립이 요청된다.

(2) 보수의 특성과 보수수준 결정의 기본원칙
① 공무원 보수의 특성
공무원의 보수는 정부의 법령을 근거로 정부의 정책에 따라 결정되고 노조활동이 미약하기 때문에 적정선의 규정이 어렵고, 노력과 능력에 따라 지급할 것을 원칙으로 하나, 정부의 성과를 금전적으로 환산하는 기준이 애매하기 때문에 적정한 보수 요건을 갖추기 어렵다.
  ㉠ 보수의 전체 수준이 상대적으로 낮고 인상 시기 면에서도 사회의 경제발전 수준이나 물가 수준의 인상 시기가 사기업에 비해 늦다.
  ㉡ 정부의 업무는 엄격한 직위분류제를 이용하는 경우에도 노동의 비교치를 찾는 것이 힘든 경우가 많기 때문에 시장가격의 적용도 곤란하다.
  ㉢ 일반적으로 노동권의 제약을 받고 있는 공무원의 신분이 보수 결정에 불리한 영향을 미친다.
  ㉣ 전통적인 관직에 대한 사고와 기대, 국가의 경제적 사정 등의 영향으로 더욱 불리한 보수결정을 하게 된다.
② 보수수준 결정의 기본원칙
  ㉠ 대외적 비교성
  직책의 시장가격결정이 어렵기 때문에 일반적으로 사기업 보수의 평균치를 기준으로 하여 보수를 결정한다. 물론 공무원과 사기업의 직종의 상이성, 직급의 다양성 때문에 비교할 행정직의 대표직급의 선정과 비교할 기업의 산업별·규모별·지역별 평균치의 설정과 비교기간의 설정, 비교시기의 결정 등과 같은 또 하나의 기준이 설정되어야 한다.
  ㉡ 대내적 상대성
  이는 성과에 따른 공평한 보수의 기대감을 조직 내에서 찾아보려는 것으로, 상하위 직급 간의 보수의 차이를 통하여 능력발전과 근무의욕의 유도를 가능하게 하려는 것이다. 상하위 격차가 적으면 유인체계로서 매력이 적고, 차이가 너무 크면 직접적 불만을 야기할 수 있으므로 적절한 차이를 두어야 한다. 격차요인으로 근속, 직급, 작업조건, 부양가족, 학력, 경력 등을 들 수 있다.

(3) 보수수준의 결정요인과 보수체계

① 보수수준의 일반적 결정요인
  ㉠ 경제적 요인
    국민의 담세능력과 물가수준 등이 고려되어야 하며, 이는 조세정책에 따라 다르게 나타날 수 있다. 보수 수준의 상한선 결정 시 주요 고려사항이다.
  ㉡ 사회윤리적 요인
    정부가 모범고용주로서 피고용인인 공무원의 최저생계를 보장하여야 한다는 차원에서 고려되어야 한다.
  ㉢ 부가적·정책적 요인
    연구제도, 휴가, 근무시간, 복지후생, 신분보장 등을 고려 → 성과와 동기부여

② 보수체계
  ㉠ 직무급과 생활급
    직무급은 직위분류제하에서, 생활급은 계급제하에서의 보수체계이다.
  ㉡ 기본급과 부가급
    기본급(봉급)은 능력·직책·자격에 따라 일률적으로 지급되는 것이고, 부가급(수당)은 특별한 사정이 있는 경우 지급하는 것으로, 보수행정의 합리화를 저해한다. 계급제 채택국가일수록 능력, 자격에 따라 보수를 결정하기 때문에 수당의 비중이 높다.

(4) 보수표 작성 시 유의사항

① 등급의 수
  ㉠ 등급이란 한 보수표 내에서 직무의 가치나 자격의 단계를 나타내는 기준으로 등급수는 계급제에서는 작고, 직위분류제에서는 많다.
  ㉡ 등급수를 세분하면 동일직무에 동일보수원칙을 실현할 수 있으나, 지나치게 세분하면 그 차액이 보잘 것 없고, 인사업무만 복잡해진다.

② 등급의 폭(호봉제)
  등급의 폭이란 등급 내 보수의 차를 말하고, 승급이란 동일한 직급 내에서 호봉만 올리는 것으로, 근무연한 우대, 장기근무 장려, 근무성적 향상을 목적으로 한다.

③ 등급 간 중첩
  한 등급의 봉급 폭이 상위등급의 봉급 폭과 부분적으로 겹치는 것을 말하며, 근속자에 혜택을 주기 위한 것으로 생활급의 요소를 가지고 있다.

④ 보수곡선
  봉급표 작성에서 호봉 간 급액차를 표시한 것을 보수곡선이라고 하며, 일반적으로 고급공무원을 우대하는 J곡선의 형태를 취한다.

⑤ 보수표의 수
  사회 분화, 식종 분화에 따라 다원화시키는 것이 필요하므로 복수보수표가 보편화되었다. 한국의 경우 14종이다.

4. 연금

(1) 의의
연금이란 공무원에 대한 사회보장제도의 하나로서 장기간에 걸쳐 충실히 근무한 대가를 퇴직 후에 금전적으로 보상받게 되는 인사행정의 보상체계 중 하나이다.

(2) 성격
① 은혜설
② 거치보수설(보수 중 일부를 적립하였다가 사후에 지급)
③ 생활보장설
④ 위자료설

(3) 재원 조성 방법
① 기여제와 비기여제
  연금의 일부를 공무원이 부담하면 기여제, 그렇지 않으면 비기여제(우리나라는 기여제 : 기준소득월액의 9%, 공무원연금법 제67조 제2항)
② 기금제와 비기금제
  연금의 지급을 위해 미리 기금을 마련하면 기금제, 그렇지 않으면 비기금제(우리나라는 기금제)

(4) 종류
① 장기 : 퇴직급여, 장해급여, 유족급여, 퇴직수당
② 단기 : 공무상 요양비, 재해부조금, 사망조위금

5. 직무확장과 직무확충

(1) 직무확충의 개요
① **의의** : 직무확충이란 직무를 동기요인과 연결시켜서 설계하여 업무에의 성취도, 안정감, 흥미, 책임을 확대하기 위한 방법으로 조직 구성원의 자기실현에 의한 직무만족도를 향상시켜 사기를 높여주며 의사전달을 개선하고 계층 간에 원활한 인간관계를 개선시켜준다.
② **직무확충의 조건**
  ㉠ 조직의 문화가 개방적이고 민주적이어야 한다.
  ㉡ 민주적인 리더십, 개방적인 의사전달체제, 분권화에 의한 권위의 위임, 성원들의 자발적인 참여의식과 책임의식이 향상되어야 효과가 크게 나타난다.
③ **직무확충의 한계**
  ㉠ 직무확충은 조직의 모든 업무에 적용될 수 있는 것은 아니며, 주로 직무환경이 급격하게 변화되는 동적인 상황의 탈관료제적인 조직의 직무설계에 효과적이다.
  ㉡ 직무를 설계할 경우 직무의 성격, 조직의 분위기, 구성원의 능력 등을 고려할 필요가 있다.

(2) 직무확장과 직무확충의 비교

① 직무확장은 단순히 일의 범위와 단계를 늘리는 수평적인 개념인 반면, 직무확충은 업무에 근로자의 통제와 책임을 부여하는 데 중점을 두는 수직적인 직무설계 방법이다.
② 직무확장이 불만요인을 감소시키고 위행요인을 증가시켜 인간의 비본질적 동기를 충족시키는 반면, 직무확충은 동기요인을 증가시켜 생산성을 직접 향상시키는 방법이다.
③ 조직의 공식화가 높은 조직이나 자동화되는 업무가 많은 경우에는 직무확충보다는 직무확장의 방법이 보다 효과적이다.

05 인사행정업무

1. 근무규범

(1) 행정윤리의 의의

① 행정윤리의 개념과 특징
  ㉠ 행정윤리란 공무원이 그가 담당하고 있는 행정업무를 수행하는 데 있어 국민 전체에 대한 봉사자로서 행정이 추구하는 공공목적을 달성하기 위해 준수해야 하는 행동규범이다.
  ㉡ 공무원의 신분을 가진 사람이 그의 공적인 행정업무와 관련하여 지켜야 할 가치기준이다.
  ㉢ 공무원이 국민 일부의 봉사자가 아니라 국민 전체에 대한 봉사자로서 공익을 추구하여야 한다는 것을 의미한다. 물론 사회윤리와 유리되어 존재하는 것이 아니므로 공직자만의 문제는 아니다.
  ㉣ 공무원이 마땅히 지켜야 할 공무원의 직업윤리는 물론 공무원이 입안하여 집행하는 정책의 내용이 윤리적이어야 한다는 의미도 있다.
  ㉤ 행정윤리는 행정의 모든 역할들을 보다 바람직하고 공평한 방향으로 인도하는 기준이다.

② 행정윤리의 중요성
  ㉠ 오늘날 행정국가하에서 행정기능이 양적으로 확대되고 질적으로 전문화됨에 따라 행정관료의 자유재량의 범위가 크게 확대되고 방대한 자원의 배분권을 행사하게 되어 그들의 결정이 국민생활에 지대한 영향을 미치고 있으며 이에 상응하여 행정윤리의 중요성이 커지고 있다.
  ㉡ 또한, 행정의 권력성과 더불어 행정권력이 비대화됨에 따라 행정이 남용되고 공권만능사상의 공직침투로 기대추구행위가 조장되어(포획이론) 부패를 초래할 가능성이 높게 되었다. 행정윤리가 확립되어 있지 않을 경우 정부에 대한 불신은 물론 사회 전반에 걸쳐 신뢰성의 위기가 초래된다. 이 경우 행정조직이 사회의 발전을 가로막는 장애물로 변할 수 있는 것이다.
  ㉢ 행정윤리는 건전한 시민사회 형성의 출발이며, 거대관료제와 부정부패의 억제를 위한 행동지침으로 작용한다.

> **행성윤리 성립 부정론**
> 행정관료는 자신들의 도덕적 원칙이 아니라 조직의 결정에 따라 중립적으로 행동해야 하므로 그 책임은 조직이 져야 하고 행정은 도덕적 판단의 대상에서 제외되어야 한다고 본다. 즉, 행정결정은 행정관료가 상관의 명령과 소속기관의 정책을 수행하는 것이므로 윤리적으로는 중립적이다(중립성의 윤리). 또한, 행정결정에는 많은 사람들이 다양한 방법으로 관련되어 있기 때문에 행정관료의 도덕적 책임을 묻기는 어렵다는 것이다(구조의 윤리).

③ 행정윤리의 기준
　㉠ 대외적 기준
　　공익, 공정성, 사회적 형평, 정의, 책임, 사회적 능률성, 반응성, 행정고객과의 상호주관성의 확립 및 인간가치의 존중 등이 포함된다.
　㉡ 대내적 기준
　　능률성, 생산성, 합법성, 창의성, 청렴성, 성실성 및 인화가 포함된다.

(2) 행정윤리의 내용
① 일반적 내용
　우리나라 공무원에게 요구되는 행정윤리의 내용은 국가공무원법상의 공무원 복무규정과 공직자윤리법, 그리고 취임선서나 복무선서 및 공무원의 윤리헌장과 신조 등에서 찾아볼 수 있다.
　㉠ 소극적 측면
　　청렴성·공정성 등 최소한의 행동규범으로서 부정부패를 방지하고 권력남용과 무사안일을 타파하는 것을 의미한다.
　㉡ 적극적 측면
　　행정목적의 효과적 달성을 위한 행동규범으로서 공익성과 봉사성을 강조하는 것을 말한다.
② 구체적 내용(국가공무원법 제7장)
　㉠ 성실의무
　㉡ 복종의무
　㉢ 직장이탈금지
　㉣ 친절·공정의무
　㉤ 종교중립의무
　㉥ 비밀엄수의무
　㉦ 청렴의무
　㉧ 영예 등의 수령규제
　㉨ 품위유지의무
　㉩ 영리업무 및 겸직금지
　㉪ 정치운동금지
　㉫ 집단행위금지

(3) 행정윤리의 저해요인과 확보방안

① 행정윤리의 저해요인

㉠ 인적 요소

행정윤리를 저해하는 가장 근본적인 요인은 관료들의 관존민비, 관직사유관, 무사안일주의와 같은 권위주의적 가치관과 전근대적인 행정문화에서 찾아볼 수 있다.

㉡ 제도적 장치의 미비

내부 통제장치의 미비, 불합리한 인사관리, 비현실적인 보수수준, 과도한 정부규제와 비현실적인 엄격한 규제기준 등이 문제가 되며, 조직의 관료주의적 환경도 조직의 목표달성을 위해 구성원들의 윤리기준마저 포기하도록 강요한다.

㉢ 환경적 요인

낮은 정치발전수준으로 인한 외부통제의 미흡, 정치적·사회적 불안으로 인한 공무원의 신분상의 불안, 그리고 사회적 환경을 이루는 구성원들의 전근대적 가치관 등이 행정윤리를 저해하는 요인이 된다.

② 행정윤리의 확보방안

㉠ 전제조건

행정윤리를 확보하는 전제조건으로는 인간과 정책의 도덕적 양면성, 도덕적 우선순위를 변화시키는 상황이다.

㉡ 행정행태의 쇄신과 공무원의 가치관 전환

행정인의 윤리의식을 제고시키고 전문지식을 향상시키기 위해서는 공무원들에 대한 가치관 전환 훈련 및 능력발전을 위한 각종 교육훈련이 행해져야 한다. 그리고 공무원의 선거개입금지와 같은 정치적 중립을 위한 노력도 필요하며, 부패고리를 단절하기 위해 파벌을 지양하려는 노력이 있어야 한다.

㉢ 제도적 장치의 구비

- 구조화된 부정부패를 일소하기 위해 보다 엄격한 법적 규제장치 및 내부고발자를 보호하는 장치가 마련되어야 한다.
- 직업공무원제도가 확립되어 공무원의 보수 현실화와 연금 적정화가 실현되고 정실인사를 배제하는 합리적인 인사가 이루어질 경우 공무원들은 본래의 직무수행에 충실하게 될 것이다.
- 현실과 괴리된 법령의 이중적인 규제기준을 현실에 맞게 재조정하여 부정의 소지를 원천적으로 봉쇄하고, 통제중심의 행정 관행도 민간주도의 민주사회에 걸맞게 지원중심의 봉사행정으로 바뀌어야 한다. 이를 위해 행정절차의 정비로 급행료를 제거할 필요가 있다.
- 공무원단체의 인정을 통해 자율적·전문적 직업윤리규범을 스스로 세우고 통제할 수 있도록 한다.
- 제도화된 부패의 고리를 차단할 수 있는 방법으로 행정이 공개되어야 한다.

㉣ 환경적 요인의 개선

일반국민노 가치관의 변화가 이루어져야 하며, 선거, 이익단체의 활동, 여론의 형성 및 매스미디어의 활용, 정책실명제와 정책공동체 등으로 국민통제제도를 확립하고 공개와 참여를 통한 정책결정을 도모한다. 또한, 국민고충처리위원회와 같은 옴부즈만 제도가 활성화되어야 한다.

2. 정치적 중립성

(1) 의미
① 공무원의 정치적 중립이란 공무원이 국가의 봉사자로서 그 직무를 수행함에 있어서 어떤 정당이 집권하더라도 정치적 특수이익을 추구하지 않고 법적 의무 또는 공직윤리로서 비당파성, 공평성, 중립성을 준수하는 것을 의미한다.
② 공무원의 정치적 중립은 공무원은 일당일파의 이익에만 편중하거나 부당한 정치적 압력에 굴복함이 없이 불편 부당한 입장에서 자기의 직무를 성실히 수행해야 한다는 것을 말하는 공무원의 행정 규범으로서의 정치적 중립, 공무원에 대한 모든 인사관리에 있어서 정치적인 상태가 제외되어야 한다는 인사관리의 원칙으로서의 정치적 중립 두 가지로 나뉜다.

(2) 정치적 중립과 정치·행정관
① 정치적 중립의 원칙은 정치와 행정의 상관관계가 밀접한 현대국가에 있어서 공무원이 정치 또는 정책으로부터 단절되어야 한다는 뜻은 아니다.
② 정치적 중립은 그 자체의 고유법칙성을 가지는 행정에 의하여 특수이익 대신 공익을 증진시켜 공무원이 직책을 완수할 수 있도록 하기 위하여 요청되는 것이다.
③ 정치와 행정의 관계를 연속과정, 상관과정, 순환과정으로서 파악하게 되는 오늘날에 있어서 공무원의 정치적 중립이란 어떠한 정당이 집권하더라도 공무원은 당파성을 떠나 공평성을 가지고 충실히 봉사한다는 것이며, 특수이익을 추구하지 않는다는 것을 의미한다.
④ 행정인은 정책의 수립, 집행과정을 통하여 항상 그리고 불가피하게 정당 또는 이익집단에 의하여 영향을 받는다.
⑤ 행정인이 정당의 정치적 활동이나 이익집단의 활동에 의하여 받게 되는 영향의 범위는 특정국가의 상황에 따라 다르다.

(3) 공무원의 참정권과 정치적 중립
① 공무원의 정치적 중립은 시민으로서 향유하여야 할 정치적 자유권의 제한을 의미한다.
② 이러한 정치적 중립은 공무원을 제2급 시민으로 전락시키고 정치적 무관심을 초래하게 된다고 지적되고 있다.
③ 또한, 교육수준이 높고 공민정신이 강한 많은 시민의 정치참여기회가 박탈되고 유능한 정당인의 충원이 어렵게 됨으로써 정당기능이 향상될 수 없다고 주장되고 있다.
④ 공무원의 기본권 보장도 중요하다고 보아야 할 것이며 공무원의 정치활동금지를 완화해야 한다는 반론이 강력히 대두되고 있다. 공무원의 정치적 중립은 개인의 기본권 보장과 행정의 중립성, 공평성의 확보라는 서로 모순되는 두 개의 원리를 어떻게 조화시키느냐의 문제에 귀착하게 된다.

(4) 정치적 중립의 필요성
① 행정에 대한 정치권력의 개입을 방지함으로써 행정의 능률·안정성·전문성을 확보할 수 있다.
② 공무원은 국민전체에 대한 봉사자이므로 특정정당에 대한 봉사자가 될 수 없으며 공익의 수호자로서 제삼자적·조정자적 입장에서 업무를 수행하여 행정의 공평성·공정성을 확보하여야 한다.

(5) 공무원의 중립화를 확보하기 위한 방안

① 기본목적
- ㉠ 공무원이 특정의 사인, 단체, 정당의 이익을 위해 그 본연의 업무에 위배된 활동을 하게 될 경우 정권의 변동에 의한 공무원 자신의 신분보장은 물론 보편적인 국민의 의사를 침해받게 된다. 그것은 곧 공무원에 대한 국민의 불신을 가져오게 된다.
- ㉡ 공무원들의 정치적 중립제도의 확립을 통해 행정의 민주화와 능률화, 국가업무의 통일성 및 항구성 유지, 안정성 확립과 공익의 효과적인 달성을 위해서 기본적인 방안을 모색하여야 한다.

② 개선책 : 독립적 중앙 인사기관의 설치, 직업공무원제의 확립, 공무원, 정치인, 국민의 가치관 확립, 신분보장의 제도화, 실적제도, 공무원 단체 활동의 확대

> **직업공무원제의 확립요건**
> - 공직에 대한 사회적 평가가 높아야 한다.
> - 우수한 젊은이들을 채용할 수 있는 절차가 마련되어야 한다.
> - 실적에 의한 승진의 기회를 충분히 보장해야 하며 동시에 승진 및 전직의 융통성이 있어야 한다.
> - 재직자의 발전을 위한 교육훈련을 강화해야 한다.
> - 보수가 적정해야 한다.
> - 적정한 퇴직연금 제도가 확립되어야 한다.
> - 장기적인 인력계획이 수립되어야 한다.

3. 공무원 단체

(1) 의미와 특성

① 의미
- ㉠ 공무원단체란 공무원들이 자주적으로 단결하여 근로조건의 유지 개선과 복지 증진, 기타 경제적·사회적 지위향상을 목적으로 조직하는 단체로 정의될 수 있다.
- ㉡ 광의의 공무원단체에는 여러 목적을 지닌 다양한 공식단체뿐만 아니라 비공식 집단과 자생집단까지 포함되겠으나, 좁은 의미의 공무원단체는 공무원 노동조합을 의미한다.

② 특성
- ㉠ 사기업체와 달리 정부는 전체국민을 대표하므로 공공서비스영역에서 노사문제 해결을 위한 궁극적 권한은 전체국민이 가지며, 이는 공무원 단체와 관련된 협상과 합의의 내용 및 의미에 커다란 영향을 미친다.
- ㉡ 보수를 포함한 공무원의 근무조건은 법령에 의해 정해지므로 공무원 단체는 행정기관의 관리층보다는 의회 쪽에 더 많은 관심을 갖게 된다. 또한, 정부측이 일방적으로 규칙을 정하므로 이러한 여건에서 공무원 단체가 관리층과 협상을 통해 해결할 수 있는 영역은 아주 제한되어 있다.
- ㉢ 정부의 의사결정권한은 사기업보다 훨씬 광범위하게 분산되어 있어 공무원 단체는 교섭상대를 확인하기가 쉽지 않다.

(2) 공무원 단체의 기능

① 공무원 단체의 순기능 : 공무원의 권익증진, 의사전달의 통로, 사기앙양, 행정내부의 민주화, 실적제의 강화, 올바른 직업윤리의 확립과 부패방지, 사회적·경제적 지위의 향상

② 공무원 단체의 역기능
  ㉠ 공적 업무를 수행하는 공무원들의 단체활동은 국민다수의 이익에 부정적 영향을 미칠 수 있다.
  ㉡ 공무원 단체가 협상을 통해 얻게 되는 부가적 이득은 다른 집단 또는 일반 납세자들의 추가적 부담을 전제로 한다.
  ㉢ 공무원 단체는 공무원의 신분보장을 지나치게 강조하고 선임위주의 인사원칙을 내세움으로써 실적주의 인사원칙을 저해할 수 있다.
  ㉣ 공무원 단체는 행정능률을 저해할 수 있다.

(3) 활동내용 : 단결권, 단체교섭권, 단체행동권

4. 부패와 대책

(1) 부패의 개념과 특징

① 개념
  ㉠ 관료부패란 공무원이 청렴의무를 위반하여 그의 직책과 관련하여 직·간접적으로 부당한 이득을 취하거나 취하려고 기도하는 행위이다.
  ㉡ 공직자가 사리사욕을 위하여 공직에 부수되는 공권력을 남용하거나 공직의 영향력을 직·간접적으로 행사하여 법규를 위반하는 경우 또는 공직자로서 기대되는 의무의 불이행 등을 총칭한다.

② 특징
  ㉠ 공무원이 조직참여자로서 부여받은 업무의 수행능력 또는 권력의 행사에 직·간접적으로 관련된 행위이다.
  ㉡ 직무와 관련하여 사익을 추구한다는 것을 알면서 저지르는 의식적 행위이다.
  ㉢ 일정한 제도화된 기대를 위반하는 행위이다.
  ㉣ 부패여부의 구체적 판단기준은 시대·문화적 배경에 따라 달라질 수 있다.

③ 우리나라에서의 관료부패 원인 : 공무원의 전근대적인 가치관과 직업윤리의 타락, 내부통제장치의 미흡, 행정처리절차의 저급한 제도화, 현실과 괴리된 이중적인 규제기준, 정부주도 경제개발의 경험과 규제중심의 행정, 부적절한 보수와 불합리한 인사제도, 시민의 낮은 정치의식 수준과 외부통제의 미흡 등

(2) 관료부패의 기능

① 순기능(Nye 등 1960년대 기능주의자)
  ㉠ 엘리트와 사회의 통합기능을 수행하여 갈등을 완화시키고, 시민의 공무원에 대한 접근가능성을 증대시킨다.
  ㉡ 정경유착을 통한 자본축적을 통해 경제성장을 유도한다.
  ㉢ 관료제의 경직성을 완화하여 행정상의 능률을 향상시킨다는 것이다.

② 역기능
　㉠ 정부의 신뢰성을 저해하여 정치적·사회적 불안정을 유발한다.
　㉡ 사회적 부패의 확대를 조장하여 부패를 일상화·제도화한다.
　㉢ 건전한 공무원의 사기를 저하시키고 공무원 간의 갈등을 조장한다.
　㉣ 행정이 가진 자 위주로 봉사하도록 하여 행정의 공평성·형평성을 저해한다.
　㉤ 결국 사회기강의 해이로 사회윤리 붕괴를 가속화하고, 국가경쟁력 약화의 주요인으로 작용한다.

(3) 관료부패의 유형

구분기준	구분	특징
부패의 주체	권력형부패	암묵적, 정책 결정 이전
	관료부패	정책 결정 과정에 관여
구조화, 제도화 정도	우발적부패	연속성 없음, 구조화되지 않음
	제도적부패	사회 전반의 불신 풍조 조장, 행정 오용, 비능률
사회 구성원의 관용도	백색부패	어느 정도 용인, 관례화된 부패, 선의의 부패
	회색부패	잠재적, 일부만이 처벌을 원함
	흑색부패	심각한 해를 끼침

(4) 관료부패의 원인
① 환경적 원인 : 정치·경제의 불안정, 행정문화, 통제장치의 미흡
② 조직적 요인 : 낮은 보수, 신분불안, 절차의 복잡성(급행료)과 불필요한 과다규제, 모호한 행정법규에 의한 관료재량의 남용과 관리기준의 비현실성, 인사행정의 비합리성(정실·금품수수), 정부주도형 경제개발
③ 개인적 요인 : 공동체의식의 박약, 상대적 박탈감, 공직자 윤리의식의 정립 없는 막강한 관료력 행사, 낮은 전문적 지식과 능력 결여

(5) 관료부패 통제의 어려움
① 관료부패 관련 정보의 빈곤
② 시민의 일시적인 관심
③ 정치행정체계의 복잡성
④ 통제의 역기능

(6) 관료통제의 방안(부패억제책)
① 행정행태의 쇄신과 공무원의 가치관 전환
② 제도적 장치의 구비 : 제도적 장치의 강화, 공무원 근무여건 개선, 행정규제완화와 규제법령의 이중성 배제, 공무원단체의 인정, 행정(정보)의 공개, 조직구조의 개선(업무재설계), 내부고발자 보호장치의 마련, 수의계약을 축소, 사전·사후적 회계검사 합리화, 효율적 감사활동
③ 환경적 요인의 개선 : 일반국민의 가치관의 변화, 입법적 통제를 비롯한 선거, 이익단체의 활동, 여론의 형성 및 매스미디어의 활용, 정책실명제 / 정책공동체 등의 외부통제 강화, 공개와 참여를 통한 정책결정, 옴부즈만 제도, 사회적 환경의 부패저항능력 함양

CHAPTER 05 재무행정론

01 예산의 일반이론

1. 예산의 의의와 기능

(1) 예산의 개념과 재정의 관계

① 예산의 개념
- ㉠ 일반적으로 예산이란 화폐단위로 표시한 일정기간(1회계연도)의 세입·세출에 관한 계획으로, 정부가 수행해야 할 국가재정활동의 지침 내지 사업계획의 윤곽을 나타내는 것이다.
- ㉡ 즉, 예산은 소요자원과 가용자원의 추계를 포함하여 정부목적과 관련되는 사업의 수행계획이다.
- ㉢ 예산의 형식적 개념은 법률적 개념을 말하는데, 이는 입법부가 행정부에 대하여 재정권을 부여함으로써 행정기관이 예산을 지출할 수 있는 권한을 인정받는 동시에 예산의 목적·금액의 범위 내에서만 지출하여야 하는 법적 구속을 받는다는 것을 의미한다.
- ㉣ 예산의 실질적 개념이란 국가의 재정수요와 이에 충당할 재원을 비교하여 배정한 1회계연도에 있어서의 세입·세출의 예정적 계산을 말한다.

② 예산과 재정의 관계
- ㉠ 국가 또는 공공단체가 공공수요를 충족하기 위하여 필요한 재화를 조달·관리·배분하는 경제활동을 의미하는 재정은 예산보다 범위가 넓은 개념이다.
- ㉡ 재정은 국가 또는 지방공공단체가 공적 권력작용이나 경제적 행위 등에 의하여 금전을 취득하고 이를 공공목적에 지출해 가는 것이며, 예산은 이러한 금전활동을 규율하기 위한 경제의 예정적 계획이다.

(2) 예산의 기능 : 정치적 기능, 법적 기능, 행정적 기능, 경제적 기능

2. 예산의 원칙

(1) 전통적(고전적) 예산원칙(F. Neumark)

〈전통적 예산원칙〉

원칙	내용	예외
통일성의 원칙	특정세입과 특정세출 결부 금지	특별회계, 목적세
사전의결의 원칙	국회의 사전 승인	준예산, 기금, 정부투자기관 예산
정확성의 원칙	예산과 결산의 일치	–

한정성의 원칙	질적 : 비목(목적)외 사용금지	이용, 전용
	양적 : 초과지출 금지	예비비
	시간적 : 회계년도 독립의 원칙	이월, 계속비, 과년도 지출·수입
완전성의 원칙	예산총액주의(순계예산 금지)	현물출자, 외국차관 도입하여 전대할 때
공개성의 원칙	국민에 대한 재정활동의 공개	국방비, 안기부 예산 등 체제 유지비
단일성의 원칙	단수예산	특별회계, 기금, 추가경정예산
명료성의 원칙	국민·국회의 이해 용이	–

(2) 현대적 예산원칙(행정국가적 예산원칙)

행정부 책임의 원칙, 상호교류적 예산기구의 원칙, 보고의 원칙, 다원적 절차의 원칙, 적절한 수단구비의 원칙, 행정부 재량의 원칙, 행정부 계획의 원칙, 시기신축성의 원칙

〈예산원칙의 비교〉

전통적 예산의 원칙	현대적 예산의 원칙
• 입법부 우위론적인 예산원칙	• 행정부 우위론적인 예산원칙
• 통제지향적인 원칙	• 관리중심적인 원칙
• A. Smith, Sundelson, L. Say, F. Neumark 등의 학자	• H. Smith
• 예산공개의 원칙 • 예산명료의 원칙 • 예산사전의결의 원칙 • 예산엄밀의 원칙 • 예산한정성의 원칙 • 예산단일의 원칙 • 예산통일성의 원칙 • 완전성의 원칙	• 행정부 계획수립의 원칙 • 행정부 책임의 원칙 • 보고의 원칙 • 적절한 수단구비의 원칙 • 다원적 절차의 원칙 • 행정부 재량의 원칙 • 시기신축성의 원칙 • 상호교류적 예산기구의 원칙

3. 예산의 종류

(1) 세입·세출의 성질에 따른 종류

일반회계, 특별회계, 기금

(2) 예산편성 절차에 따른 종류

본예산, 수정예산, 추가경정예산

(3) 예산집행 절차에 따른 종류

준예산, 잠정예산

(4) 예산기법상의 예산

품목별예산(LIBS), 성과주의예산(PBS), 계획예산(PPBS), 영기준예산(ZBB), 자본예산, 덮개예산(Envelope Budgeting), 일괄예산(Bulk Budgeting), 목표기준예산(Target Base Budget)

4. 예산의 분류

(1) 예산분류와 목적

① 의미
- ㉠ 예산분류란 예산과정을 원활히 수행하기 위하여 일정기준에 의하여 항목화하는 것을 의미한다.
- ㉡ 국가의 세입과 세출을 일정한 기준에 따라서 유형별로 구분하여 이를 체계적으로 배열한 것을 말한다.
- ㉢ 세입·세출에 관한 예산자료는 예산목적과 그 중요성, 예산주체 또는 예산의 경제적·사회적 기능 내지 영향이 이해될 수 있고 이를 용이하게 비교할 수 있도록 체계적으로 분류되어야 한다.

② 목적
- ㉠ 예산의 분류는 예산결정에 있어서 유용한 정보를 제공하는 데 목적이 있다.
- ㉡ 예산분류는 예산과정과 관련하여 사업계획의 수립을 포함한 예산 편성, 심의, 집행 및 회계검사 그리고 평가, 환류 등에 중요한 의미를 가지고 있다.
- ㉢ 정부 간에 또는 시간의 흐름을 감안하여 비교가 가능하도록 분류할 필요가 있으며, 정부회계제도의 분류체계와의 연계를 염두에 두고 분류할 필요가 있다.
  - 사업계획의 수립과 예산심의의 능률화
  - 예산집행의 효율화
  - 회계책임의 명확화
  - 경제분석의 촉진

③ 예산분류와 예산과목구조
예산과목이란 예산에 표시되는 금액의 내용을 나타내는 사항의 명칭으로서 예산분류를 위하여 각 단계별로 표제를 붙인 것을 말한다.

(2) 분류방법

조직별 분류, 품목별 분류 또는 지출대상별 분류, 기능별 분류, 사업별 분류와 활동별 분류, 경제성질별 분류

(3) 통합예산

① 의미
- ㉠ 공공활동을 수행하는 모든 예산과 기금을 망라하여 이를 적절하게 구분하고 명확하게 표시함으로써 국가재정의 규모와 재원조달 내용, 재정이 국민소득·통화·국제수지에 미치는 국민경제적 효과 등을 체계적으로 파악하려는 것이다.
- ㉡ 공적인 자금에 대한 통제와 책임성을 높이며 예산수지의 규모와 정부의 현금출납에 대한 정확한 정보를 제공하려고 한다.

② 분류체계
- ㉠ 세출·순융자의 기능별 분류
- ㉡ 세입·세출의 경제적 분류
- ㉢ 보전재원의 보전수단별 분류
- ㉣ 국민소득계정분석 등

③ 효과
  ㉠ 재정의 건전성 판단(국가채무의 분포상황, 재정의 차입의존도 등의 파악)에 유용하고, 재정의 순계규모를 파악할 수 있으며, 기능별 분류에 의하여 정부정책의 기본방향을 파악할 수 있다.
  ㉡ 경제성질별 분류와 자본 및 경상계정의 구분에 의하여 재정이 실물부문에 미치는 효과와 재정운용이 통화부문에 미치는 효과를 파악할 수 있다.

(4) 조세지출예산제도
① 의미
  ㉠ 조세지출예산(Tax Expenditure Budget)이란 조세감면에 의한 특정 산업의 육성과 과세의 불공평성을 초래할 수 있는 조세감면조치가 증대함에 따라 이러한 조세감면의 정치·경제적 효과를 검토하기 위해 그 구체적 내역을 예산구조로 밝히는 것을 말한다.
  ㉡ 민간에 대한 정부의 지원은 재화나 용역을 구입하거나 민간에 보조금형태로 지원하는 직접적 지출(Direct Expenditure)과 징수해야 할 조세를 면제함으로써 지원하는 조세지출(Tax Expenditure)이 있다.
  ㉢ 현재 국세의 경우는 조세특례제한법, 지방세의 경우는 지방세법에서 각각 조세감면을 규정하고 있다.
  ㉣ 구체적인 집행은 행정부에게 위임되어 있기 때문에 이를 국회차원에서 통제하고 정책효과를 판단하기 위해 도입된다.

② 특징
  ㉠ 조세지출은 법률에 따라 집행되기 때문에 경직성이 강하다.
  ㉡ 법률에 따라 지출되는 재정정책의 효과를 판단하기 위한 기초자료가 된다.
  ㉢ 조세감면은 정치적 특혜의 가능성이 커서 특정산업에 대한 지원의 성격을 가지며 부익부 빈익빈의 가능성이 있으므로 이를 통제하기 위해 필요하고 이를 통해 국고수입을 증대시킬 수 있다.
  ㉣ 과세의 수직적·수평적 형평을 파악할 수 있기 때문에 부정한 조세지출의 폐지, 재정부담의 형평성 제고, 세수인상을 위한 정책판단의 자료가 된다.

③ 문제점
  조세감면은 조세특혜(Tax Preference), 합법적 탈세(Tax Loophole) 혹은 숨은 보조금이라고도 하는 바, 정부가 징수해야 할 조세를 받지 않고 그만큼 보조금으로 지불한 것과 같다는 의미이다. 이와 같이 조세지출은 보조금의 성격을 갖고 있고, 이를 알 수 있는 근거자료를 조세지출예산제도에서 확보할 수 있으므로 개방된 국제환경에서 무역마찰의 소지가 될 수 있다(불공정 무역거래의 기초자료).

02 예산제도

1. 품목별예산(LIBS)

(1) 의미
① 행정부 예산제도와 함께 발달한 품목별예산제도는 지출대상을 품목별로 분류하여 지출대상과 그 한계를 명확히 규정함으로써 예산 집행 시 유용이나 부정을 방지하려는 것이다.
② PBS, PPBS, ZBB 모두 단기간의 계량화에 의한 사업효과의 측정이 불가능한 일반행정부문에 대하여 대폭적으로 적용시키기는 곤란하다.

(2) 특징
① 통제지향적이며 결정이 점증적으로 이루어진다.
② 예산은 단년도지출에 초점을 두어 이루어지며 관리나 계획에 대한 관심은 적다.
③ 예산운영의 목적은 지출의 한계를 준수하는 것이며 회계자료가 유용하게 이용된다.

(3) 장·단점
① 장점
  ㉠ 재정통제 용이
    지출을 기록하고 통제하며, 회계검사를 하는 구체적인 계정을 설치함으로써 예산의 통제와 예산편성에 필요한 자료를 제공해 준다.
  ㉡ 회계책임 명확화
  ㉢ 일목요연하여 예산과정의 참여자들이 쉽게 예산을 이해할 수 있다.
② 단점
  ㉠ 서비스의 산출이 아니라 투입요소에 초점을 맞춤으로써 재정관리를 신축적이고 효율적으로 운영하거나 미래 서비스 수요에 대한 계획을 세우는 데는 도움을 주지 못하고 있다.
  ㉡ 성과측정이 곤란하다.

〈예산의 경제원리(총체주의)와 정치원리(점증주의)〉

구분	경제원리(총체주의)	정치원리(점증주의)
초점	어떻게 예산상의 총이득을 극대화할 것인가?	예산상의 이득을 누가 얼마만큼 향유하는가?
목적	효율적인 자원배분	공정한 몫의 배분
방법	분석적 기법	정치적 타협이나 협상
행동원리	시장원리	게임원리
이론	총체주의	점증주의
적용분야	순수공동재, 분배정책, 신규사업에 적용가능성 높음 기술적·미시적 문제	준공공재, 재분배정책, 속사업에 적용가능성 높음 거시적 문제
예산제도	LIBS, PBS	PPBS, ZBB

2. 성과주의예산(PBS)

(1) 의의
① 정부의 기능·활동 및 사업에 따라 예산을 편성·관리하는 제도로, 운영상의 절약과 성과의 능률성에 초점을 두어 예산과정에서 관리적 측면을 강화하였다.
② 성과주의예산제도는 1913년 뉴욕 리치먼드구의 원가예산제에서 기원하며, 미농무성이 1934년 도입을 시도하였고, 1949년 1차 후버위원회의 권유로 트루먼 대통령이 본격적으로 시행하였다.
③ 예산과목을 사업계획·활동별로 분류한 다음 세부사업별로 '(단위원가)×(업무량)=(예산액)'으로 예산을 편성한다. 단위원가란 업무측정단위 1개를 산출하는 데 소요되는 경비이며, 업무량이란 업무측정단위에 의해 표시된 업무의 양을 말한다.
④ 성과주의예산의 중요한 2가지 요소로서는 업무프로그램내의 성과단위의 식별과 비용회계를 통한 성과비용의 측정을 들 수 있으며, 비용과 효율성에 대한 성과주의예산제도의 관심은 예산과 회계제도에 대한 중요성의 강조와 일맥상통한다. 비용회계는 현재 여러 공공조직에서 폭넓게 적용되고 있는데, 특히 비용편익 분석과 분석기법에서 많이 이용되고 있다.

(2) 품목별예산제도와의 비교
예산결정이 점증적이고 책임이 분산되어 있으며 예산구조와 일치한다는 점에서 품목별예산제도와 맥을 같이 하지만, 정부의 사업이 효율적으로 운영되도록 하는 관리에 주안점을 두는 것으로서 예산투입과 활동의 결과와의 관계를 중시한다는 점에서 차이가 있다.

(3) 장·단점
① 장점
  ㉠ 정책과 계획 수립 용이, 전체사업계획과 활동을 연계할 수 있다.
  ㉡ 효율적 관리수단을 제공한다.
  ㉢ 예산집행이 유연하다.
  ㉣ 자원배분이 합리적이다.
  ㉤ 수수료가 프로그램의 비용을 충당할 수 있는지를 쉽게 식별해준다. 공공의 자금이 어디에 사용되었는가를 의원, 일반대중, 그리고 관리자들이 명확히 이해할 수 있다.
② 단점
  ㉠ 성과단위를 식별하는 데 균일하고 일관성 있는 기준이 없고, 단위원가 산출이 곤란하다.
  ㉡ 정부부문에서는 성과를 측정하는 데 도움을 줄 수 있는 비용회계를 택하지 않기 때문에 성과주의예산제도의 실행에 어려움이 있다.
  ㉢ 업무단위와 비용측정이라는 요소에만 중점을 두기 때문에 손쉬운 업무만을 선호하는 경향이 있다.
  ㉣ 행정조직간에 회계책임이 모호해진다.
  ㉤ 예산통제가 곤란하다.
  ㉥ 정책대안 선택에 도움을 주지 못한다.

3. 계획예산(PPBS)

(1) 의의
  ① 개념
    ㉠ 계획예산제도란 행정수반과 의회의 집권적인 심의하에 정책분석 및 결정을 위한 기초를 제공하기 위해 장기적 계획수립(Planning)과 단기적 예산편성(Budgeting)을 사업계획작성의 가교로 하여 유기적으로 결합시킴으로써 자원배분에 관한 정부의 의사결정을 일관성 있고 합리적으로 행하고자 하는 예산제도를 말한다.
    ㉡ 정책의 종결이나 목표의 달성보다는 정책의 수립 및 결정을 중시한다.
  ② 구성요소
    ㉠ 측정가능한 서비스의 목표
    ㉡ 목표를 달성하는 대안적인 메커니즘
    ㉢ 대안에 대한 비용편익 분석
    ㉣ 다년도 예산 등
  ③ 이론적 근거 : 능률성과 과학적 객관성, 효과성, 조정
  ④ 발전요인 : 경제분석, 정보기술 및 의사결정기술의 발달, 예산과 계획의 점진적 합치

(2) 주요국면(미국의 경우)
  ① 사업구조
    ㉠ 부처의 활동을 몇 개의 묶음으로 분류한 것으로, 한 기관의 모든 업무를 그 기관이 설정한 목표를 달성할 수 있도록 재화나 용역의 산출량으로 조화시킨 집합체이다.
    ㉡ 사업구조는 최종산출을 생산하는 부처의 활동인 사업요소(Program Element), 유사성 있는 사업요소를 묶은 하위사업(Subcategory), 그리고 각 기관의 목표나 업무를 나타내는 과목인 사업범주(Program Category)의 기본단위로 구성된다.
  ② 사업요강(Program Memorandum)
    사업의 필요성, 사업목표, 대안에 대한 설명, 사업선정이유, 전제, 비용, 효과성 등을 설명하는 것이다.
  ③ 특수분석연구
    대안작성에 필요한 정보를 제공한다.
  ④ 사업 및 재정계획
    부처 및 대통령의 과거와 현재의 사업결정이 미래에 시사하는 바와 7년간의 사업구조, 즉 사업범주, 하위사업, 사업요소에 대한 산출, 비용, 자금동원 등을 표시한 문서이다.
  ⑤ 계획예산 관련 문서의 제출과 예산주기
    계획예산제도는 부처의 관리체계와 통합되어야 하는데, 특히 예산편성 및 심의과정과 그 일정이 일치해야 한다.

(3) 성과주의예산제도와의 비교
  프로그램을 중시한다는 점에서 성과주의예산과 맥을 같이하지만, 성과주의예산이 중간 이하계층의 활동에 초점을 두는 반면, 계획예산제도는 기획과 예산결정을 체계적으로 연계시키고 목표를 강조하며 사업의 계층제를 강조하기 때문에 결과적으로 집권화를 초래한다.

(4) 장점과 한계점

① 장점
  ㉠ 국가목표를 보다 정확하고 계속적으로 파악할 수 있다.
  ㉡ 우선적인 목표를 선택하게 한다(자원의 합리적 배분).
  ㉢ 대안의 체계적·과학적 분석이 가능하다.
  ㉣ 장기적 국가 지출액을 예측가능하게 한다.
  ㉤ 최고 책임자에게 관리수단을 제공하여 의사결정의 집중화·일원화를 가져온다.

② 한계점
  ㉠ 중앙집권화(하향적·일방적 의사결정)
    전통적인 예산유형의 특징인 Bottom-up적인 정보의 흐름과 집권적인 결정구조를 가진 PPBS가 완전히 통합되지 못하여 운영기관들은 주변에만 맴도는 형식이 되었다.
  ㉡ 일선공무원들은 PPBS의 전반적인 프로그램 구조의 강조가 함축한 조직개편의 위협을 두려워하여 이 제도의 시행에 소극적이었으며 복잡한 분석기법을 이해하지 못하였다.
  ㉢ 국회의 기능약화
    관리와 통제기능을 거의 도외시하고 장기적인 계획만을 강조한다.
  ㉣ 행정문제는 환산작업(수작업·계량화)이 곤란하다(예산편성 곤란).
  ㉤ 계량화의 중시로 경험적 판단이 경시된다.
  ㉥ 간접비 배분문제가 발생한다.

〈LIBS, PBS, PPBS의 특성비교〉

구분	품목별예산(LIBS)	성과주의예산(PBS)	계획예산(PPBS)
발달연대	1920~1930년대	1950년대	1960년대
중점	재정통제, 회계책임	사업중심, 관리중심	계획중심
결정권의 소재	분권화	분권화	집중화
관리책임	분산	중앙	감독책임자
예산의 중심단계	집행단계	편성단계	편성 전의 계획단계
예산기관의 역할	통제·감시	능률향상	정책에 관심
장점	회계책임 명확화, 재정통제 용이	사업목적 분명, 신축성 유지	기획+예산 자원의 합리적 배분, 조직 간 장벽 제거
단점	신축성 저해, 성과측정 곤란, 지출목적 불분명	회계책임 불분명	예산편성의 집권화, 환산작업 곤란, 하향적 예산편성

4. 영기준예산(ZBB)

(1) 의의

① 기존 사업과 새로운 사업을 구분하지 않고 모든 사업을 엄밀히 분석하여 사업의 타당성을 확보하려는 것으로서 서비스 수준 분석(Service Level Analysis)이라 불리는 예산제도이다.
② 전년도 예산에 구애받지 않고 조직체의 모든 사업과 활동에 대하여 영기준을 적용하여 체계적으로 분석하고 우선순위가 높은 사업과 활동을 선택하여 예산을 결정하는 제도이다.
③ 영기준예산제도는 기획과 분석을 강조한다는 점에서 계획예산제도와 비슷하고, 능률적인 관리를 위해서 구성원의 참여를 촉진한다는 점에서는 MBO와 유사하다.

(2) 절차
　① 예산운영단위의 결정
　② 단위사업분석표
　③ 단위사업분석표의 순위 결정

(3) 장·단점
　① 장점
　　㉠ 자원배분을 합리화하고 예산의 팽창을 억제하는 기능 → 조세부담의 증가 억제
　　㉡ 재정경직화의 타파
　　㉢ 조직 구성원의 참여 촉진
　　㉣ 효율적 관리수단 제공
　② 단점
　　㉠ 시간·노력의 과중
　　㉡ 관료들의 자기 방어
　　㉢ 소규모조직의 희생을 초래
　　㉣ 분석 및 우선순위의 결정 곤란
　　㉤ 새로운 프로그램을 개발하기 곤란

5. 자본예산(CBS)

(1) 의의
　① 자본예산(CBS; Capital Budget System)은 복식예산의 일종으로서 정책과 절차상의 목적을 위하여 정부예산을 경상지출과 자본지출로 구분하고, 경상지출은 경상수입으로 충당시켜 수지균형을 이루도록 하지만, 자본지출은 적자재정과 공채발행으로 충당케 함으로써 불균형예산을 편성하는 것을 말한다.
　② 순환적 균형예산제에 입각하여 불경기에는 공채를 발행하여 적자예산을 편성하고 경기가 회복되면 흑자예산으로 상환하게 하는 제도(정부 지출을 양분하여 채무를 합리화하는 것)로, 정부가 공채발행으로 부채를 진다고 해도 이것이 자산취득을 위한 투융자로 지출된다면 결과적으로 자산증가로 국가의 순자산에는 아무런 변동이 일어나지 않는다.

(2) 특징
　① 자본적 지출은 장기적 계획을 요한다.
　② 지역사회에 미치는 영향이 보다 크다(SOC와 같은 외부효과 유발).
　③ 미래의 운영비를 초래한다.
　④ 사업별로 특별한 자료(투자계획서)가 필요하다.
　⑤ 회계연도를 초월하여 집행하려는 의도를 가지고 있다.

(3) 장점
① 적자재정이 정당화된다.
② 자본계정에서 지출될 대상이 많은 경우 그 혜택이 장기간에 걸치는 것이므로 수익자부담의 원칙에 일치된다(지출에 따른 기복의 조정).
③ 자본적 지출이 경상적 지출과 구분되므로 보다 엄격히 심사 및 분석을 할 수 있다(예산운영의 합리화).
④ 장기적 관점에서 정부의 재정계획 수립에 도움이 된다.
⑤ 국가의 순자산상태의 변동을 명확히 하는 데 이용될 수 있고, 불황기에 적자예산에 의해 유효수요증대수단으로 활용할 수 있어 경기변동 조절에 도움을 준다.
⑥ 재정기본구조를 명확하게 이해할 수 있다. 성격이 판이한 인건비와 대규모 토목공사를 같이 파악할 수는 없는 것이다. 즉, 경찰관봉급은 계속해서 매년 지급되어야 하나, 통행료를 받는 교량은 준공 후 수입을 올릴 수 있을 뿐만 아니라 국가자산이 된다(F. M. Marx).
⑦ 미국·스웨덴의 예산형태를 순환적 균형예산 내지 도시공채의 정당화로서 새롭게 이해할 수 있다.

(4) 문제점
① 자원배분의 불합리
② 정치적으로 이용되기 쉬움
③ 인플레이션을 가속화시키고 경제안정을 해치기 쉬움
④ 기술상의 어려움
⑤ 안정적 정책을 요구하는 중앙정부(연방정부)예산에는 부적합

03 예산결정의 과정

1. 예산결정이론과 예산의 편성

(1) 예산결정의 접근방법
총체주의(합리모형), 점증주의(점증모형)

(2) 예산의 편성
① 예산편성이란 다가오는 새해에 또는 장래 몇 년 동안 정부가 수행하고자 하는 계획과 사업을 구체화하는 과정으로, Top-down과 Bottom-up 의사결정이 순환적으로 이루어진다.
② 대통령실과 예산실을 중심으로 한 정부의 재정 및 경제정책과 관련한 예산운용 전반에 대한 결정인 거시적 예산결정, 중앙부처가 자신의 관할 사업들에 한정된 자원을 배분하는 미시적 예산결정으로 구분할 수 있다.
③ 특히 오늘날은 행정부가 예산을 편성하여 입법부에 제출하는 것이 추세인데, 이를 행정부제출예산제도(Executive Budget System)라고 한다.

④ 내각책임제뿐만 아니라 현대행정에서 일반적으로 행정부에서 제출한 예산안이 대부분 수정 없이 통과되는 추세에 있으므로 행정부의 예산안은 '예산'과 다를 바 없으며, 예산편성은 실질적으로 가장 중요하다.
⑤ 예산과정 중 가장 전형적인 정치적 과정의 성격을 띠고 있으며, 정치와 행정이 밀접하게 관련되어 상호작용하면서 영향을 미치는 과정이다.

(3) 예산편성의 정치적 성격
① 예산실과 중앙부처와의 투쟁, 교섭활동은 그리 합리적인 것만은 아니다.
② 예산실은 Guardian(보호자), 각 부처는 Advocate(주창자)의 성격을 가지고 있다.

(4) 예산편성과정
① 예산안 편성지침의 통보
② 예산요구서의 제출
③ 예산사정
④ 예산안 확정

2. 예산의 심의

(1) 의의
① 국회의 예산심의는 행정부가 제안한 사업과 그 사업을 지원하기 위한 재원에 대해서 재검토하는 것으로 예산총액을 결정할 뿐만 아니라 사업의 정당성을 검토한다.
② 이 과정에서 국회는 행정부의 각종 사업이나 행정관리방법 등을 검토할 수 있고, 궁극적으로는 행정부를 견제하고 통제할 수 있다.
③ 따라서 국회는 사업분석과 정책분석의 능력을 갖추어야 한다.

(2) 예산심의의 과정
우리나라의 예산심의는 국정감사, 대통령의 시정연설, 상임위원회의 예비심사, 예산결산특별위원회의 종합심사, 본회의 의결 순서로 진행되는데, 예산결산특별위원회의 종합심사는 상임위원회의 예비심사와 중복되는 경향이 있다.

(3) 예산심의에 영향을 미치는 요인
정치체제의 특징과 정당의 기율, 이익집단·관계행정기관의 영향, 여론의 작용, 지역성의 작용, 의원의 가치관·지적 능력, 전년도·현년도의 사업계획, 의회관계법령과 예산관계자료 등

(4) 우리나라 예산심의의 문제점
① 의원들의 재선율이 낮고 정당의 제도화가 미흡한 까닭에 의원의 전문성이 낮다. 또한, 정치가 안정되지 못하여 국회가 정책이나 예산을 결정하는 데 주력하지 못하고 예산국회마저 정권투쟁의 장으로 이용되고 있는 실정이다.

② 여당은 당정협의회 등을 통하여 각종 자료를 행정부로부터 쉽게 얻을 수 있고, 정책위 등을 통하여 당내에서도 자료를 전문적으로 생산해내고 있으나, 야당은 자료수집에 어려움을 느끼고 있다.
③ 예산결산특별위원회는 상임위원회가 아닌 관계로 활동기간이 짧고 자체의 자료보다 행정부 자료에 의존하여 예산안을 분석하므로 의원의 예산심의 활동을 보좌하는 데 어려움이 많다.

3. 예산의 집행

(1) 의의
① 예산집행이란 국가의 수입·지출을 실행하는 모든 행위로, 단순히 예산에 정하여진 금액을 국고에 수납하고 국고로부터 지불하는 것만을 말하는 것이 아니라 국고채무부담행위와 지출원인행위도 포함한다.
② 예산에 계상된 세입·세출뿐만 아니라 예산성립 후에 일어날 수 있는 세입·세출 전부를 포함한 국가의 모든 수입·지출행위인 것이다.

(2) 예산집행과정
① 예산의 배정과 재배정
② 수입
③ 지출
④ 기록과 보고

(3) 예산의 통제와 신축성 유지
① 예산의 통제방안 : 배정과 재배정, 정원 및 보수의 통제, 계약의 통제, 기록 및 보고제도
② 예산의 신축성 유지방안 : 전용, 이용, 이체, 계속비, 예비비, 국고채무 부담행위, 회계연도 개시 전 예산배정, 추가경정예산, 수입지출특례

4. 결산 및 회계검사

(1) 의의
결산 및 회계검사는 공무원의 책임을 명확히 하고 동시에 정책 및 사업관리의 효율화를 기하기 위해 예산집행이 합법적·합리적으로 이루어졌는지 그 여부를 비판적으로 검토하는 활동으로, 업무수행의 적법성·내부 통제의 적격성·불합리한 관리의 존재여부·사업의 효과성 등을 확인하는 과정이다.

(2) 결산과정
① 중앙관서의 출납정리 및 보고
② 기획재정부장관의 결산서 작성 및 보고
③ 회계검사, 국무회의 심의와 대통령의 승인
④ 국회의 결산심의

(3) 회계검사기관의 유형

기관의 지위	입법부형(영미형)	회계검사기관을 의회에 직속으로 설치
	행정부형(대륙형)	회계검사기관이 행정부에 소속된 형태
	독립형	입법부, 사법부, 행정부의 어디에도 소속되지 않는 독립된 기관
	사법부형	회계검사기관이 사법부에 소속된 형태
의결결정방식	단독제(독임제)	회계검사가 회계검사기관의 장에 의하여 지휘·감독되는 제도(미국·영국)
	합의제	위원들의 합의에 의하여 회계검사가 이루어지는 제도(우리나라·일본·네덜란드)
헌법기관과 비헌법기관	헌법기관	우리나라·일본·독일·이탈리아
	비헌법기관	영국·미국

(4) 회계계리방식과 적용대상

계리 방식	현금주의	발생주의
특징	• 현금의 수납사실을 기준으로 회계정리 • 형식주의	• 복식부기(기업회계방식) 적용 • 실질주의 또는 채권채무주의 • 경영성과 등을 파악하기 용이
적용대상 사업 및 기관	기획재정부가 2009년부터 국가재정 모든 부문에서 발생주의와 복식부기 회계처리를 하도록 한 '국가회계기준에 관한 규칙'을 제정, 공포함에 따라 국가의 일반회계, 특별회계, 기금이 모두 새 회계기준에 따라 재정부문 거래를 기재하고 재무제표도 작성하게 됨	

(5) 회계검사방식

구분	방식	내용
검사시기	사전검사	지출이 있기 전 검사
	사후검사	지출이 있은 후 검사(일반적인 검사)
검사의 중점	일반검사	회계공무원의 회계책임·비리를 규명하는 검사, 정부기관이 주 대상
	상업식검사	대차대조표 등 숫자상 정확성을 확인하는 검사, 공기업 등에 적용
	종합검사	회계기법, 절차, 프로그램, 법령, 제도 등에 대한 전반적 감사로서 내부통제를 확립시키고 있는 정부기관을 대상으로 하는 검사

(6) 집중구매와 분산구매의 장점

집중구매	분산구매
• 예산절감 • 구매행정의 전문화 • 물품의 표준화 • 구매정책 수립에 용이 • 구매업무 통제 용이(정실구매 방지) • 신축성 유지(부처간 상호융통) • 공급자에게 유리(대기업) • 공통품목, 저장품목 구입 용이	• 구매절차 간소화 • 특수품목 구입에 유리 • 적기공급 보장 • 중소공급자 보호 • 신축성 유지(적기구매 및 부처실정 반영)

5. 우리나라 예산과정의 특징

(1) 제도상의 특징

① 회계연도가 1월 1일부터 다음 연도 12월 31일까지이다.
② 예산이 법률이 아니다.
③ 중앙예산기관인 예산실이 기획재정부 소속이다.
④ 예결위는 정기국회와 함께 매년 새롭게 구성되는 특별위원회이다.
⑤ 회계검사기관인 감사원은 법률적 형식으로는 대통령에 소속함으로써 행정부, 입법부 어느 곳에도 속하지 않는다고 볼 수 있지만 실질적으로는 행정부에 속한다.
⑥ 수많은 공기업이 통합예산의 포괄범위에 포함되어 있지 않다.
⑦ 그 밖에 회계원칙의 미확립, 예산실 기능의 계속적 발전, 예결특위예산안조정소위원회의 비공개 운영, 비현실적인 예산단가 책정 등도 제도적 특징으로 지적될 수 있다.

(2) 행태상의 특징

① 중앙부처가 예산편성지침서에 따라 기획재정부 예산실에 예산요구를 할 때 전년도 대비 100% 이상을 증가시켜 요구하는 부처가 많다(예산요구의 가공성).
② 행정부예산조정을 예산안조정소위원회에 위임처리하는 관행으로 예산조정이 비공개로 진행되며, 전문위원의 검토보고가 의례적이고 결론이 명백하지 않아서 우리나라 국회의 예산심의 및 의결은 의례적·형식적인 면이 상대적으로 강하다.
③ 빈번한 전용, 이용, 예비비의 사용 및 추가경정예산의 편성은 사업의 우선순위를 변경하는 결과를 초래하고 있으며, 각 부처는 불용액이 있어서 예산이 남아 있다면 다음 연도 예산확보가 어렵다고 생각하여 사고이월의 형식을 많이 사용하고 예산집행이 단기적·소비적이다.
④ 회계검사가 실적위주 경향을 보이고 있어 대개의 검사결과 처리가 변상과 개선요구에 집중되어 있다.

CHAPTER 06 행정통제 및 개혁

01 행정통제

1. 행정책임

(1) 행정책임의 의의
① 행정책임이란 행정인이나 행정조직이 직무를 수행할 때 주권자인 국민의 기대와 요구에 부응하여 일정한 기준에 따라 행동하여야 할 의무로, 행정통제와 국민의 행정참여를 통해 보장될 수 있다.
② 행정책임의 문제는 민주성, 즉 국민에게 책임지는 행정의 이념과도 일맥상통하는 것으로 무엇보다 민주적인 정치체제와 행정관행이 확립되어야 한다.

(2) 행정책임의 유형

유형	특징	시대	학자
외재적 책임	법적 책임, 정치적 책임	19C 입법국가	H. Finer
내재적 책임	재량적 책임, 기능적 책임	20C 행정국가	Friedrich

(3) 행정책임의 확보 필요성과 기준
① 행정책임의 확보 필요성
  ㉠ 행정권의 강화·집중, 행정의 전문화와 재량권의 확대로 인해 행정권력이 남용될 가능성이 높아지고 있다.
  ㉡ 정부주도형의 경제발전은 경제에 대한 행정의 간섭·통제를 가중시켜 이에 따른 공직부패를 초래하였고, 소수 관료에 의해 자원배분권도 국민의 통제를 받지 않고 독점적으로 행사되어 왔다.
  ㉢ 관존민비적 사고방식이나 권위적 정치문화로 국민에 의한 민주통제가 제약을 받아 왔다.
② 행정책임의 기준 : 법령, 공익, 근무윤리, 국민 및 수익자집단·고객의 요구, 조직목표와 정책·사업계획 등

(4) 행정책임의 확보방안 – 행정통제
① 행정책임론의 논쟁
  ㉠ 행정책임문제를 둘러싸고 1930년대와 1940년대에 걸쳐 공무원의 책임의식과 집단규범·전문직업적 기준을 강조한 Friedrich의 기능적·내재적 책임론과 의회에 대한 외재적 책임을 강조하고 집단규범에 의한 통제는 실질적으로 기대하기 어렵다는 입장을 취하는 Finer의 외재적 책임론 사이의 논쟁이 있었다.
  ㉡ 오늘날에는 외재적·정치적 책임으로부터 내재적·기능적·전망적 책임을 중시하는 방향으로 가고 있다.

② 행정책임과 행정통제의 관계

행정책임은 행정통제를 통하여 보장되며, 행정통제는 행정책임을 확보하는 수단이다.

2. 행정통제

(1) 행정통제의 의의

① 행정통제의 개념
  ㉠ 행정조직의 하부구조나 참여자들이 조직목표나 규범으로부터 이탈되지 않도록 하기 위한 제재와 보상 등의 활동을 말한다.
  ㉡ 행정통제는 행정의 민주적 책임을 확립하기 위한 민주통제를 의미하며, 외부통제와 내부통제로 대별된다.
  ㉢ 비교적 행정이 단순하였던 입법국가시대에는 외부통제를 주로 생각하였으나, 고도의 전문성과 복잡성으로 관료의 재량권이 증대하게 된 현대행정국가에서는 외부통제효과가 저하되어 내부통제로 중점이 옮겨가고 있다.
  ㉣ 외부통제가 진전되어야 내부통제도 그 효과를 거둘 수 있다.

② 통제의 기본방향
  ㉠ 외부통제의 강화
  ㉡ 객관적인 통제기준의 설정
  ㉢ 통제의 지속화
  ㉣ 행정정보의 공개

(2) 통제의 필요

① 행정인의 전문성과 기술성의 향상
② 행정인의 재량권 확대
③ 행정인이 장악하고 있는 막대한 예산권
④ 행정권력의 우월성과 경제계의 예속화
⑤ 정치문화의 후진성
⑥ 시민의 참여의식 결여(민중통제의 취약)

(3) 통제방법(Gilbert의 분류)

① 민중통제로서 외부·비공식통제이다.
② 사법통제·입법통제와 옴부즈만 제도(행정감찰관제도) 등을 포함하는 외부·공식통제이다.
③ 정책 및 기획통제·운영통제(심사분석에 의한 통제 – 관리통제)와 감찰통제·요소별통제(법제통제, 예산통제, 성원·인사통제, 물자통제)·절차통제(보고·지시 등) 등을 포함하는 내부·공식통제이다.
④ 행정윤리의 확립이나 비공식집단 등에 의해 공무원의 기능적 책임을 확보하려는 자율적 통제인 내부·비공식통제이다.

(4) 우리나라 행정통제의 문제점과 방향
① 문제점
- ⊙ 민중통제의 문제점
- ⓒ 사법권의 불완전한 독립
- ⓒ 입법통제의 비전문성, 정치적 이용
- ② 내부통제의 형식화(심사분석)
- ⓜ 감사통제의 합법성 위주
- ⓗ 공무원의 직업의식(봉사정신) 부족

② 방향
- ⊙ 외부통제
  - 다원화된 사회제도
  - 사회민주화
  - 정치적 사회화의 추진 : 시민의 참여의식・비판의식 제고, 민주정치교육 강화
  - 정보공개 : 정보의 비대칭성 보완
  - 사법권의 실질적 독립
  - 입법통제의 개선방향
  - 규제완화의 추진 : 행정의 통제・간섭을 배제하고 민간이 경제발전을 주도하는 방향
- ⓒ 내부통제
  - 감사원의 독립
  - 행정절차법 제정에 따른 절차의 실질적 보장
  - 비합리적 운영의 정상화 및 이상적 행정기준의 현실화
  - 통제의 기준설정에 의한 객관적 통제
  - 사전적・예방적 통제 확립
  - 행정인의 국민에 대한 공복의식 확립
  - 양적 목표 설정을 질적 목표 설정으로 전환

3. 외부통제

(1) 외부통제의 의의
① 외부통제는 행정이 국민일반과 입법부・사법부에 대하여 지는 행정책임을 보장하는 데 의미가 있으며, 민주통제로서의 정치적 성격을 띠고 있다.
② 오늘날 행정기능의 확대・변화와 함께 행정책임의 보장방법으로서 외부통제가 무력화・형식화되어 이를 보완하기 위하여 내부통제가 강조되고 있으나, 여기에도 한계가 불가피하여 외부통제의 중요성을 과소평가해서는 안 된다.

(2) 외부통제의 방법 : 사법통제, 민중통제, 입법통제

4. 내부통제(관리통제)

(1) 관리통제의 의의

① 관리통제의 개념
  ㉠ 공무원의 기능적 책임을 확보하려는 자율적·비공식통제인 행정 윤리의 확립이나 비공식집단에 의한 통제도 내부통제에 포함되나, 내부통제의 주된 부분은 관리통제라 할 수 있다.
  ㉡ 관리통제(Managerial Control)란 행정활동이 본래의 목표·계획과 기준에 따라 수행되고 있는가를 확인하고 실적·성과를 비교하여 그 결과에 따라 필요한 시정조치를 취하는 것을 말한다.
  ㉢ 행정에 대한 통제는 기준설정의 곤란, 계량화의 한계로 인한 행정 성과의 측정과 비교 곤란, 양과 질이 갖추어진 정보흐름의 필요 등의 문제에 봉착한다.

② 관리통제의 필요성
  ㉠ 행정인의 재량권 확대에 따라 입법통제 중심의 외부통제만으로 행정책임의 확보가 어렵다.
  ㉡ 행정부 자체로서도 외부의 통제를 감소시키기 위해서는 내부의 자율성이 요구된다.
  ㉢ 타율적 통제보다는 자율적 통제가 실효성을 보장할 수 있다.

(2) 관리통제의 특성과 원칙

① 관리통제의 특성
  ㉠ 목표·계획과의 밀접불가분성
  ㉡ 직무수행과의 관련성
  ㉢ 계속적 과정
  ㉣ 환류기능

② 관리통제의 원칙(행정통제의 원칙)
  즉시성, 적량성, 적응성, 융통성, 일치성, 비교성, 효용성, 예외성의 원칙

(3) 관리통제의 방법

① 정책 및 기획통제
② 운영통제(심사분석에 의한 통제 – 협의의 관리통제)
③ 감찰통제
④ 요소별 통제(법제통제, 예산통제, 정원·인사통제, 물자통제)
⑤ 절차통제(보고·지시 등)

5. 옴부즈만 제도

(1) 의의

① 옴부즈만이란 공무원의 위법 또는 부당한 행위로 인해 권리를 침해받은 시민이 제기하는 민원과 불평을 조사하여 관계기관에 시정을 권고함으로써 국민의 권리를 구제하는 기관을 말한다.
② 전통적 행정통제방법인 입법부·사법부에 의한 통제가 기능을 제대로 못하게 되자 이를 보완함으로써 보다 쉽게 적극적으로 국민의 이익을 보호하려는 취지에서 19세기 초반 스웨덴에서 처음 창설된 후 많은 나라에서 도입하였다.

(2) 옴부즈만 제도의 특징
① 입법부 소속기관으로서 직무수행상의 독립성
② 고발행위의 다양성
③ 사실조사와 간접적 통제
④ 직권에 의한 조사
⑤ 신속한 처리와 저렴한 비용
⑥ 헌법상 독립기관
⑦ 합법성·합목적성 조사기관
⑧ 외부통제 보완수단
⑨ 공무원의 직권남용 방지 수단
⑩ 비공식적 절차를 주로 하되, 공개적인 조사 실시
⑪ 의회와 정부 간 완충역할

(3) 문제점
① 직접적인 권한이나 구속력이 없기 때문에 특히 의회의 기능이 미약하고 행정권이 비대한 개도국에서는 그 실효성이 의문시된다.
② 최근에는 종래의 시민보호를 위한 기능보다는 오히려 보다 나은 공공행정촉진수단으로 그 기능이 변질되는 경향이 있으며, 공무원의 소극화를 초래한다.
③ 직접적인 권한이나 감독권이 없어 결국 감찰이나 사정기능을 담당하는 기존의 유사기관·제도와 기능이 중복되어 옥상옥이라는 비판이 있다.

6. 행정참여

(1) 의의
① 행정참여의 개념
행정참여란 행정에 있어서의 의사결정과정이나 집행과정에 시민 또는 주민이 개인적·집단적으로 직접·간접적인 영향을 미치기 위한 일련의 행위를 의미한다. 개념정립에 있어 그 본질적 요소를 다음 몇 가지로 집약할 수 있다.
㉠ 참여의 주체가 그 사회의 구성원인 비엘리트주민이다.
㉡ 정책이나 계획의 결정이다.
㉢ 다른 사람으로 하여금 생각하고 행동하게 하는 능력, 즉 권력이다.
㉣ 결정을 할 수 있는 권한이 부여된 사람들에게 하는 행위이다.
② 행정참여의 필요성
㉠ 입법통제, 사법통제의 약화, 선거방식(대의제도)의 한계
㉡ 관료제의 획일적인 행정처리, 행정권력의 증대
㉢ 환경문제 등의 대두로 행정기관과 고객 간의 직접적이며 의미 있는 상호작용 필요
㉣ 규제방식 대신 시민의 이해·협력·지원
㉤ 결국 민주화와 효율화의 달성

(2) 행정참여의 기능
① 행정관리적 기능
  ㉠ 정보기능 – 정보확산기능과 정보수집기능
  ㉡ 시민에의 접근기능
  ㉢ 시민의 이해 및 이견의 조정기능
  ㉣ 결정에의 관여기능 – 계획 및 정책결정과정에 시민조직의 참여 원활화
② 정치적 기능
  ㉠ 간접민주주의 제도의 보완기능
  ㉡ 행정책임기능
  ㉢ 행정의 독선화 방지기능

(3) 주민참여 유형
① 주민참여의 유형

주체	개별적 참여, 집단적 참여
의도성 여부	자생적 참여, 의도적 참여
제도화의 여부	운동, 교섭, 협조(협찬), 자치
주도권의 소재	행정주도적 참여, 수평적 참여, 주민주도적 참여
행정과정	기획과정에 참여, 집행과정에 참여
주민의 영향력	조작단계, 치료단계, 정보제공, 상담, 유화단계, 쌍방협동, 권한이양, 자주관리

② 순기능
  ㉠ 시민의식의 성숙과 사회적·정치적 능력의 향상
  ㉡ 행정실태 파악
  ㉢ 정책집행과정에서 시민의 권리·재산침해 방지 내지 극소화
  ㉣ 소외되고 무력해진 시민의 심리적 욕구 충족과 주체성 회복
  ㉤ 행정수요 파악과 사업의 우선순위 결정에 유리
  ㉥ 시민과의 거리 단축과 협조관계 강화, 결정에 대한 책임의 분담 가능
  ㉦ 시민들이 행정의 실태 파악 → 정책이나 계획을 집행함에 있어 시민들의 지지와 협조
  ㉧ 행정의 효율성 제고
③ 역기능
  ㉠ 많은 시간과 노력을 요하며 정책집행의 지체 초래
  ㉡ 빈곤자의 참여는 행정과 사업집행의 비능률 초래(미국의 경험)
  ㉢ 참여가 권력에 흡수·포섭 → 참여의 의의 상실·허구화, 지방행정에 의한 민중조작의 위험성
  ㉣ 소수의 적극참여자나 일부의 특수이익 과잉대표에 의한 행정 공공성의 침해 가능성
  ㉤ 전문성 부재

02 행정개혁

1. 행정개혁의 의의

(1) 행정개혁의 개념
① 행정개혁이란 행정을 현재보다 더 나은 상태로 개선하기 위하여 새로운 방법을 고안하여 적용하려는 의식적·인위적·계획적인 노력을 의미한다.
② 행정개혁은 단순히 조직개편이나 관리기술의 개선뿐만 아니라 행정인들의 가치관 및 신념·태도를 변화시키는 것도 포함된다.
③ 행정개혁은 행정기구, 정치기구에 대한 행정기구의 관계에 변화를 일으키려 한다는 점에서 행정쇄신·행정발전 내지 조직혁신이나 기관형성에 유사한 개념으로 볼 수 있다.
④ 최근 그 축소지향적 성격(작은 정부)이 강조되고 있으나, 그것이 전부는 아니며, 가외성과의 관계도 고려할 필요가 있다.

(2) 행정개혁의 성격
목표지향성과 계획적 변화, 정치적 성격, 계속적 과정, 동태적·행동지향적 성격, 포괄적 관련성

2. 행정개혁의 계기와 성공요건, 접근방법

(1) 행정개혁의 계기
새로운 이념의 등장 및 정치적 변혁의 발생, 행정의 능률화와 새로운 기술도입의 필요성, 국제적 환경의 변화, 조직확대경향과 관료이익의 추구, 인구 및 고객구조의 변화, 행정문제와 수요의 변동, 시민의 참여욕구 증대, 정부업무의 축소를 요구하는 압력집단의 활동 등

(2) 행정개혁의 성공요건
① 정치적·사회적 안정과 강력한 정치적 리더십의 확립
② 개혁지향성의 존재
③ 여론의 지지와 상승적·횡적 의사소통의 개선
④ 행정조직의 신축성과 관리층의 적극적 역할
⑤ 점진적 전략의 고려

(3) 행정개혁의 접근방법
구조적 접근방법, 기술적 접근방법, 인간관계론적 접근방법(행태적 접근방법), 종합적 접근방법

3. 행정개혁에 대한 저항과 대책

(1) 저항의 원인 : 상황적 원인(객관적), 심리적 원인(주관적)

> **행정개혁의 저항 원인(Coombs)**
> - 행동의 부담 : 개혁에 맞추어 적응하는 데 부담
> - 정책에 대한 불만 : 내용이 소망스럽지 않음
> - 권위의 결여 : 정당성의 부족
> - 자원의 부족 : 예산부족
> - 의사전달의 왜곡 : 개혁의 취지가 잘못 전파

(2) 저항의 극복전략

규범적 · 협조적 전략, 기술적 · 공리적 전략, 강제적 전략

4. 감축관리

(1) 감축관리의 원인

문제소멸(Problem Depletion), 환경적 기반의 약화, 조직의 정치적 취약성(Political Vulnerability), 조직의 위축(Organizational Atrophy)

(2) 감축관리의 전략과 방법

① 전략
  ㉠ 감축의 규모와 기간
  ㉡ 감축의 대상
  ㉢ 능률과 형평
  ㉣ 가외성

② 방법
  ㉠ 기구축소 · 폐지 · 통합
  ㉡ 예산삭감
  ㉢ 인력수급계획의 합리화(인원동결 · 감축)
  ㉣ 공공서비스의 축소(공기업민영화, 민간위탁)
  ㉤ 능률적인 행정관리(B/C분석)
  ㉥ 관 · 민협조체제(Coproduction)
  ㉦ 수익자부담원칙

(3) 감축관리에 대한 저항원인과 그 해소방안
   ① 감축관리에 대한 저항원인
      ㉠ 담당행정조직의 존속지향성(동태적 보수주의 추구)
      ㉡ 관련수혜집단의 저항
      ㉢ 정치적 부담의 기피
      ㉣ 심리적·정치적 원인의 작용
      ㉤ 법적인 제약
      ㉥ 과대한 비용·손실·매몰비용(Sunk Cost)
      ㉦ 반대를 위한 정치적 연합
   ② 저항의 해소방안
      ㉠ 관련정보의 누설방지
      ㉡ 동조세력의 확대와 외부인사의 참여
      ㉢ 기존정책의 폐해와 새로운 정책도입의 홍보
      ㉣ 부담의 보상
      ㉤ 제도적 장치의 확립(ZBB, 일몰법)

CHAPTER 07 지방행정론

01 지방행정의 기초이론

1. 중앙정부와 지방자치단체의 관계

(1) 의의
① 행정조직의 계층구조에 있어서 의사결정권이 어디에 얼마나 집중 혹은 분산되어 있느냐에 따라 집권과 분권이라는 대칭개념이 설정된다. 집권과 분권은 모든 조직에 적용되는 기본개념으로, 그것이 국가통치체제상의 중앙기관과 지방기관의 관계를 나타낼 때는 중앙집권과 지방분권으로 호칭된다.
② 중앙집권이란 통치상의 의사결정권한이 주로 중앙기관에 집중되어 있는 경우를 뜻하며, 지방분권이란 권한이 지방정부에 대폭 분산되어 있는 경우를 뜻한다.

(2) 집권화와 분권화의 촉진 요인

집권화의 촉진 요인	분권화의 촉진 요인
• 소규모 조직 • 신설 조직 • 강력한 지도력 • 위기의 존재 • 획일성과 통일성의 요구 • 하급자의 능력부족 • 전문화의 필요 • 특정활동의 강조 • 교통·통신의 발달 • 비정형적·이질적 업무 • 비용이 많이 소모되는 문제인 경우 • 국가발전 목표의 조속 구현 • 강력한 행정력이 필요한 경우	• 상급자의 업무부담 경감 • 행정의 현지성 제고 • 책임감의 제고와 능력발전 • 신속한 업무처리 • 관리자의 양성 • 사기앙양 • 민주적 통제의 강화 • 단순·동질적 업무 • 유동적이고 가변적인 상황 • 조직을 동태화하려는 경우 • 하위층의 능력발전을 도모하는 경우 • 행정의 민주화가 요구되는 경우

(3) 중앙집권과 지방분권의 현대적 조류
① 신중앙집권의 등장
  ㉠ 절대주의 체제하에서의 강력한 중앙집권 이후 19C에는 지방분권이 극치를 이루었으나, 20C에 들어와서 다시 중앙집권화의 경향이 나타났는데, 이를 신중앙집권이라 부른다.
  ㉡ 지방분권의 전통적인 정신적 기반의 약화와 사회·경제적 문제에 대한 변화, 그리고 국가기획의 필요성 증가, 국제적 긴장하에 높아진 국가안보의식 등이 새롭게 중앙집권을 촉진시켰다.

② 신중앙집권의 추세
  ㉠ 신중앙집권화는 시대적 요청에 부응하여 급속히 진행되었으며 그것은 여러 가지 다양한 형태로 나타났다.
  ㉡ 지방정부의 기능을 중앙정부가 직접 흡수하는 형태를 취하기도 하고 지방자치단체들을 재편성하여 광역화시키는 경우도 있다. 또한, 지방정부에 대한 중앙통제의 증대라는 형태로 나타나기도 한다.
  ㉢ 중앙정부의 기능은 확대·강화되고 지방정부의 자율성은 상대적으로 제한되었지만, 중앙과 지방과의 관계는 과거처럼 권력적인 관계라기보다는 기능적·협력적 관계를 형성하고 있는 것이 신중앙집권화의 특징이다.

③ 신지방분권화의 도전
  ㉠ 현재의 중앙집권적 통제가 빚어내는 혼란과 비효율성에 대한 불만과 불신이 고조되어 자연히 분권화에 대한 관심이 증대되었다. 그리하여 각국에서도 신중앙집권화의 흐름 속에서 지방정부들이 스스로의 기능을 회복하여 활성화하고자 하는 노력을 기울이고 있다.
  ㉡ 신지방분권화의 성격은 과거와 같이 중앙정부에 대한 항거적 의미에서의 분권이 아니라 국가사업을 보다 효율적으로 수행하고 행정조직을 보다 능동적으로 만든다는 기능적 의미가 강조된 것이라고 하겠으며 지방정부의 배타적 자율성보다는 중앙정부와 긴밀한 협력을 바탕으로 하는 분권론이다.

2. 특별지방행정기관(일선기관)

(1) 의의
  ① 일선기관이란 중앙행정기관이 지방에서의 소관사무를 처리하기 위하여 그 하부기관으로 지방에 설치한 행정기관을 의미한다.
  ② 국가사무처리를 위해 지방에 설치한 직접적 관치행정기관이라는 점에서 중앙정부와는 독립적 법인격을 갖는 지방자치조직과는 구별된다.
  ③ 최근에는 일선기관에의 권한위임 증대, 지역개발사업의 추진, 대륙형 단체자치 방식의 대두, 신중앙집권화 및 광역행정 등으로 인해 일선기관과 자치단체와의 구별이 불분명해지는 가운데 일선기관의 중요성이 점점 증대되고 있다.

(2) 일선기관의 장·단점
  ① 장점
    ㉠ 일선기관은 중앙행정기관의 집행업무를 분담하여 중앙기관의 업무부담을 경감해 준다.
    ㉡ 지역별 특성에 맞는 행정의 현지성을 살릴 수 있다.
    ㉢ 주민과 직접 접촉해 지역주민의 의사를 반영하여 민주화의 실현을 용이하게 한다.
    ㉣ 중앙 또는 인접지역과의 협력이 가능하게 한다.
  ② 단점
    ㉠ 일선기관의 남설과 이에 대한 의존은 지방자치의 저해요인으로 작용할 수 있다.
    ㉡ 일선기관은 국가의 대외적 집행기관에 불과하므로 주민의 자치의식을 저해할 우려가 있는 것이다.

ⓒ 전국 곳곳에 각 부처마다 경쟁적으로 일선기관을 설치하게 될 경우 경비의 증가 및 업무의 중복 등을 초래할 우려가 있다.

3. 광역행정

(1) 의의
① 지방자치단체의 기존 행정구역을 초월한 광역을 단위로 하는 광역화를 의미한다.
② 미국·영국 및 프랑스를 중심으로 전개된 것이 광역행정인데, 이는 기존의 행정구역을 초월해서 발생되는 여러 가지 행정수요를 통일적·종합적이고 현지성에 맞게 계획적으로 처리함으로써 행정의 능률성, 경제성, 합목적성을 확보하기 위한 지방행정의 양식을 말한다.

(2) 광역행정의 등장배경
교통·통신의 발달과 사회 및 경제권역의 확대, 산업화와 도시화

(3) 광역행정의 방식
특별구역방식, 공동처리방식, 연합방식, 합병방식

(4) 한국의 광역행정
① 미발달 원인
  ㉠ 중앙집권체제로 인하여 광역적 행정사무를 처리하는 점에서 큰 어려움이 없었다.
  ㉡ 지방행정체제의 미발달로 광역행정에 대한 인식이나 필요성이 부족하였다.
  ㉢ 외국에 비해 각 지방정부의 범위가 넓거나 규모가 크다.
② 방법
  ㉠ 행정구역의 확장
  ㉡ 특별지방행정기관의 설치
  ㉢ 지방자치법에 근거한 광역행정방법
  ㉣ 지방정부의 지위변경

(5) 광역행정의 단점
광역행정의 근본이념은 민주성과 능률성을 조화시킨 근본주체인 지방정부의 자율성 제고에 있다. 그러나 광역행정은 지방자치를 약화시킨 점, 관치행정을 만연시킨 점, 행정의 말단침투가 곤란한 점 등의 단점을 가진다.

02 지방자치

1. 지방자치의 의의

(1) 의의
① 지방자치는 일정한 지리적 공간을 토대로 이루어진다.
  ㉠ 지방자치는 국가의 일부를 구성하고 있는 일정한 지리적 공간에서 이루어진다.
  ㉡ 국토의 일부 영토를 구성하고 있는 지리적 공간을 지방이라고 부를 수 있는데, 지방자치는 이러한 지방을 토대로 이루어진다.
② 지방자치는 주민을 기초로 이루어진다.
  ㉠ 일정한 지리적 공간을 가지고 있다고 해서 지방자치가 성립되는 것은 아니다.
  ㉡ 이러한 공간에 거주하는 주민이 있어야 지방자치가 이루어진다.
  ㉢ 일반적으로 주민은 그 지역에 살고 있는 사람을 의미하지만, 우리나라의 경우 지방자치법상의 주민은 지방자치단체 안에 주소를 가진 자, 즉 자치단체의 구역 안에 주민등록이 되어 있는 사람(지방자치법 제21조 제1항 제1호)을 의미한다.
  ㉣ 주민은 지역의 주권자로서 지방자치의 행위 주체이며, 지방의 독립적인 의사결정 기구로서의 성격을 지니기도 한다.
③ 지방자치는 국가와의 상호관계에서 이루어진다.
  ㉠ 지방은 국가를 전제로 하여 성립되는 개념이다.
  ㉡ 상위 개념으로서 국가가 존재하지 않는 지방은 더 이상 지방이 아닌 독립국가가 될 것이기 때문이다.

(2) 지방자치의 유형 : 주민자치형, 단체자치형

(3) 구성요소 : 지역, 지방자치단체와 주민, 자치권, 자치기관, 자치사무, 자치재원

2. 지방자치단체의 사무처리

(1) 사무의 의의
지방자치단체의 사무는 일반적으로 지정자치단체가 목적을 수행하기 위하여 당연히 처리해야 할 공공행정 사무이다.

(2) 사무처리의 원칙 및 기준
① 사무처리의 원칙(지방자치법 제12조)
  ㉠ 지방자치단체는 그 사무를 처리함에 주민의 편의 및 복리증진을 위하여 노력하여야 한다.
  ㉡ 지방자치단체는 조직 및 운영을 합리적으로 하고 그 규모를 적절하게 유지하여야 한다.
  ㉢ 지방자치단체는 법령이나 조례에 위반하여 그 사무를 처리할 수 없다.

② 사무처리의 기준
  ㉠ 광역지방자치단체인 시·도의 사무배분 기준을 정해놓고 해당하는 사무는 기초지방자치단체가 수행하지 못하게 하고 있다.
  ㉡ 기초지방자치단체인 시·군 및 자치구는 광역지방자치단체가 처리하는 사무를 제외한 사무를 처리할 수 있다.
  ㉢ 인구 50만 이상의 시는 도가 처리하는 사무의 일부를 직접 처리할 수 있도록 하고, 자치구는 특별시와 광역시의 일부로 자연적 구역이 분할된 것이 아니고 인위적 구분에 의한 것이라 성질상 시 전체로 처리해야 할 사무는 특례규정을 두고 있다.
  ㉣ 광역지방자치단체와 기초지방자치단체 간의 사무는 서로 경합하지 않고, 서로 경합하는 경우는 시·군 및 자치구가 우선적으로 처리하도록 규정하고 있다.
  ㉤ 국가사무의 처리제한을 별도로 두어 지방자치단체가 수행할 수 없는 사무를 규정하고 있다.

(3) **사무배분의 내용** : 자치사무(고유사무), 단체위임사무, 기관위임사무(기관차용)

구분	자치사무	단체위임사무	기관위임사무
근거	지방자치법 제9조 제1항 전단·제2항, 제103조	지방자치법 제9조 제1항 후단·제2항, 제103조	지방자치법 제102조, 제103조, 제104조
내용	지방적 사무	지방적+국가적 사무	국가적 사무
재정	자체 재원(국가보조 가능)	국가의 사업비 일부 보조	전액 국비부담
의회	지방의회의 통제 대상	지방의회의 통제 대상	통제대상의 원칙적 배제
감독	최소한의 국가 감독	제한된 범위 내의 감독	강력한 국가감독
배상	자치단체의 책임	국가, 자치단체의 공동 책임	국가의 책임

(4) **지방자치단체 계층 간의 사무배분의 문제점**
  ① 광역자치단체와 지방자치단체 간에 중복성으로 시·도, 시·군 및 자치구 간의 책임의 한계가 분명하지 않다.
  ② 지방자치단체의 특성 및 다양성이 충분히 고려되지 않고 있다.

CHAPTER 08 | 행정학 적중예상문제

01 다음 중 행정가치에 대한 설명으로 옳은 것은?

① 공익에 대한 실체설에서는 공익을 현실의 실체로 존재하는 사익들의 총합으로 이해한다.
② 수익자부담 원칙은 수평적 형평성, 대표관료제는 수직적 형평성과 각각 관계가 깊다.
③ 행정의 민주성이란 정부가 국민의사를 존중하고 수렴하는 책임행정의 구현을 의미하며 행정조직 내부 관리 및 운영과는 관계없는 개념이다.
④ 장애인들에게 특별한 세금감면 혜택을 부여하는 것은 모든 국민이 동등한 서비스를 제공받아야 한다는 사회적 형평성에 어긋나는 제도이다.

02 다음 중 조직구조에 대한 설명으로 옳지 않은 것은?

① 공식화의 수준이 높을수록 조직 구성원들의 재량이 증가한다.
② 통솔범위가 넓은 조직은 일반적으로 저층구조의 형태를 보인다.
③ 집권화의 수준이 높은 조직의 의사결정권한은 조직의 상층부에 집중된다.
④ 명령체계는 조직 내 구성원을 연결하는 연속된 권한의 흐름으로, 누가 누구에게 보고하는지를 결정한다.

03 정책결정모형 중에서 합리적 요소와 초합리적 요소의 조화를 강조하는 모형은?

① 최적모형(Optimal Model)
② 점증주의(Incrementalism)
③ 혼합탐사모형(Mixed-Scanning Model)
④ 만족모형(Satisficing Model)

04 다음 〈보기〉 중 포스트모더니즘 행정이론에 대한 설명으로 옳은 것을 모두 고르면?

> **보기**
> ㄱ. 파머는 전통적 관료제의 탈피를 통한 유기적인 조직구조를 강조하였다.
> ㄴ. 파머는 시민의 요구를 충족시키기 위해 정부의 권위 강화가 불가피함을 주장하였다.
> ㄷ. 담론이론에서는 소수의 이해관계에 따른 의사결정보다 심의 민주주의를 강조한다.

① ㄱ, ㄴ
② ㄱ, ㄷ
③ ㄴ, ㄷ
④ ㄱ, ㄴ, ㄷ

05 다음 글의 ㉠에 해당하는 것은?

> • ㉠은 밀러(Gerald J. Miller)가 비합리적 의사결정 모형을 예산에 적용하여 1991년에 개발한 예산이론(모형)이다.
> • ㉠은 독립적인 조직들이나 조직의 하위단위들이 서로 느슨하게 연결되어 독립성과 자율성을 누릴 수 있는 조직의 예산결정에 적합한 예산이론(모형)이다.

① 모호성 모형
② 단절적 균형 이론
③ 다중합리성 모형
④ 쓰레기통 모형

06 다음 중 점증주의의 장점으로 옳지 않은 것은?

① 타협의 과정을 통해 이해관계의 갈등을 조정하는 데 유리하다.
② 대안의 탐색과 분석에 소요되는 비용을 줄일 수 있다.
③ 예산결정을 간결하게 한다.
④ 합리적·총체적 관점에서 의사결정이 가능하다.

07 정책집행에 관한 연구 중에서 하향적(Top-down) 접근방법이 중시하는 효과적 정책집행의 조건으로 옳은 것을 〈보기〉에서 모두 고르면?

> **보기**
> ㄱ. 일선관료의 재량권 확대
> ㄴ. 지배기관들(Sovereigns)의 지원
> ㄷ. 집행을 위한 자원의 확보
> ㄹ. 명확하고 일관성 있는 목표

① ㄱ, ㄴ
② ㄱ, ㄷ
③ ㄴ, ㄹ
④ ㄴ, ㄷ, ㄹ

08 다음 중 공직의 분류에 대한 설명으로 옳지 않은 것은?

① 계급제는 사람을 중심으로, 직위분류제는 직무를 중심으로 공직을 분류하는 인사제도이다.
② 직위분류제에 비해 계급제는 인적 자원의 탄력적 활용이라는 측면에서 유리한 제도이다.
③ 직위분류제에 비해 계급제는 폭넓은 안목을 지닌 일반행정가를 양성하는 데 유리한 제도이다.
④ 계급제에 비해 직위분류제는 공무원의 신분을 강하게 보장하는 경향이 있는 제도이다.

09 동기부여와 관련된 이론을 내용이론과 과정이론으로 나눌 때, 다음 중 과정이론에 해당하는 것은?

① 욕구계층이론
② 기대이론
③ 욕구충족요인 이원론
④ X·Y이론

10 다음 중 다면평가제도에 대한 설명으로 옳지 않은 것은?

① 평가대상자의 동료와 부하를 제외하고 상급자가 다양한 측면에서 평가한다.
② 일면평가보다 평가의 객관성과 신뢰성을 확보할 수 있다.
③ 평가결과의 환류를 통하여 평가대상자의 자기 역량 강화에 활용할 수 있다.
④ 평가항목을 부처별, 직급별, 직종별 특성에 따라 다양하게 설계하는 것이 바람직하다.

11 다음 중 피터스(Peters)가 제시한 뉴거버넌스 정부개혁모형별 문제의 진단 기준과 해결 방안으로 옳지 않은 것은?

① 전통적 정부모형의 문제 진단 기준은 전근대적인 권위에 있으며, 구조 개혁 방안으로 계층제를 제안한다.
② 탈내부규제 정부모형의 문제 진단 기준은 내부규제에 있으며, 관리 개혁 방안으로 관리 재량권 확대를 제안한다.
③ 시장적 정부모형의 문제 진단 기준은 공공서비스에 대한 정부의 독점적 공급에 있으며, 구조 개혁 방안으로 분권화를 제안한다.
④ 참여적 정부모형의 문제 진단 기준은 관료적 계층제에 있으며, 구조 개혁 방안으로 가상조직을 제안한다.

12 다음 중 직위분류제에 있어서 직무의 난이도와 책임의 경중에 따라 직위의 상대적 수준과 등급을 구분하는 것은?

① 직무평가(Job Evaluation)
② 직무분석(Job Analysis)
③ 정급(Allocation)
④ 직급명세(Class Specification)

13 다음 중 행정학의 주요 이론과 그에 대한 비판이 바르게 연결되지 않은 것은?

① 공공선택론 – 인간을 이기적이고 합리적인 존재로 가정한 것은 지나친 단순화이다.
② 거버넌스론 – 내재화된 변수가 많고 변수 간의 유기적 관계를 강조하기 때문에 모형화가 어렵다.
③ 신제도론 – 제도와 행위 사이의 정확한 인과관계를 설명하는 데 한계가 있다.
④ 과학적 관리론 – 인간을 지나치게 사회심리적이고 감정적인 존재로 인식한다.

14 다음 중 신공공관리론과 신공공서비스론의 특성에 대한 설명으로 옳지 않은 것은?

① 신공공관리론은 경제적 합리성에 기반하는 반면에 신공공서비스론은 전략적 합리성에 기반한다.
② 신공공관리론은 기업가 정신을 강조하는 반면에 신공공서비스론은 사회적 기여와 봉사를 강조한다.
③ 신공공서비스론이 신공공관리론보다 지역공동체 활성화에 더 적합한 이론이다.
④ 신공공관리론이 신공공서비스론보다 행정재량권과 행정책임의 복잡성을 강조한다.

15 다음 중 정책집행에 대한 설명으로 옳지 않은 것은?

① 정책의 희생집단보다 수혜집단의 조직화가 강하면 정책집행이 곤란하다.
② 집행은 명확하고 일관되게 이루어져야 한다.
③ 규제정책의 집행과정에서도 갈등은 존재한다고 본다.
④ 정책집행 유형은 집행자와 결정자와의 관계에 따라 달라진다.

16 다음 〈보기〉 중 비계량적 성격의 직무평가 방법을 모두 고르면?

> **보기**
> ㄱ. 점수법　　　　　　　　ㄴ. 서열법
> ㄷ. 요소비교법　　　　　　ㄹ. 분류법

① ㄱ, ㄴ　　　　　　② ㄴ, ㄷ
③ ㄴ, ㄹ　　　　　　④ ㄷ, ㄹ

17 전통적으로 정부는 시장실패의 교정수단으로 간주되었으나 수입할당제, 가격통제, 과도한 규제 등 정부의 지나친 개입은 오히려 시장을 악화시킬 수 있다는 주장이 대두되었다. 이러한 정부실패의 요인으로 옳지 않은 것은?

① 공공조직의 내부성(Internality)
② 비경합적이고 비배타적인 성격의 재화
③ 정부개입으로 인해 의도하지 않은 파생적 외부효과
④ 독점적 특혜로 인한 지대추구행위

18 다음 중 예산제도에 대한 설명으로 옳지 않은 것은?

① 계획예산제도(PPBS)는 기획, 사업구조화, 그리고 예산을 연계시킨 시스템적 예산제도이다.
② 계획예산제도(PPBS)의 단점으로는 의사결정이 지나치게 집권화되고 전문화되어 외부통제가 어렵다는 점과 대중적인 이해가 쉽지 않아 정치적 실현가능성이 낮다는 점이 있다.
③ 품목별예산제도(LIBS)는 정부의 지출을 체계적으로 구조화한 최초의 예산제도로서 지출대상별 통제를 용이하게 할 뿐 아니라 지출에 대한 근거를 요구하고 확인할 수 있다.
④ 품목별예산제도(LIBS)는 왜 돈을 지출해야 하는지, 무슨 일을 하는지에 대하여 구체적인 정보를 제공하는 장점이 있다.

19 다음 중 균형성과표(BSC; Balanced Score Card)에 대한 설명으로 옳지 않은 것은?

① 균형성과표는 재무적 관점과 비재무적 관점의 균형을 강조한다.
② 균형성과표는 단기적 목표와 장기적 목표 간의 균형을 강조한다.
③ 균형성과표는 공공부문에 적용시키는 경우 가장 중요한 변화는 재무적 관점보다 학습과 성장의 관점이 강조되어야 한다는 점이다.
④ 균형성과표는 과정과 결과 중 어느 하나를 강조하는 것이 아니라 이들 간의 인과성을 바탕으로 통합적 균형을 추구한다.

20 다음 중 직업공무원제에 대한 설명으로 옳지 않은 것은?

① 공무원집단이 환경적 요청에 민감하지 못하고 특권 집단화될 우려가 있다.
② 직업공무원제가 성공적으로 확립되기 위해서는 공직에 대한 사회적 평가가 높아야 한다.
③ 직업공무원제는 행정의 계속성과 안정성 및 일관성 유지에 유리하다.
④ 직업공무원제는 일반적으로 전문행정가 양성에 유리하기 때문에 행정의 전문화 요구에 부응한다.

21 정책을 규제정책, 분배정책, 재분배정책, 추출정책으로 분류할 때, 저소득층을 위한 근로장려금 제도는 어느 정책으로 분류하는 것이 타당한가?

① 규제정책 ② 분배정책
③ 재분배정책 ④ 추출정책

22 다음 글에 대한 내용을 특징으로 하는 리더십의 유형으로 옳은 것은?

- 추종자의 성숙단계에 따라 효율적인 리더십 스타일이 달라진다.
- 리더십은 개인의 속성이나 행태뿐만 아니라 환경의 영향을 받는다.
- 가장 유리하거나 가장 불리한 조건에서는 과업중심적 리더십이 효과적이다.

① 변혁적 리더십
② 거래적 리더십
③ 카리스마적 리더십
④ 상황론적 리더십

23 다음 중 쓰레기통 모형에 대한 설명으로 옳지 않은 것은?

① 명확하지 않은 인과관계를 토대로 해결책이 제시되는 경우가 많다.
② 이해관계자들의 지속적인 의사결정 참여가 어렵다.
③ 목표나 평가기준이 명확하지 않은 경우가 많다.
④ 현실 적합성이 낮아 이론적으로만 설명이 가능한 모형이다.

24 다음 중 관료제의 병리와 역기능에 대한 설명으로 옳지 않은 것은?

① 파킨슨의 법칙은 업무량과는 상관없이 기구와 인력을 팽창시키려는 역기능을 의미한다.
② 관료들은 상관의 권위에 무조건적으로 의존하는 경향이 있다.
③ 관료들은 보수적이며 변화와 혁신에 저항하는 경향이 있다.
④ 셀즈닉(P. Selznik)에 따르면 최고관리자의 관료에 대한 지나친 통제가 조직의 경직성을 초래하여 관료제의 병리현상이 나타난다.

25 다음 중 행정학의 접근방법에 대한 설명으로 옳은 것은?

① 신공공관리론은 기업경영의 원리와 기법을 그대로 정부에 이식하려고 한다는 비판을 받는다.
② 행태론적 접근방법은 후진국의 행정현상을 설명하는 데 크게 기여했으며, 행정의 보편적 이론보다는 중범위이론 구축에 자극을 주어 행정학의 과학화에 기여했다.
③ 합리적 선택 신제도주의는 방법론적 전체주의(Holism)에, 사회학적 신제도주의는 방법론적 개체주의(Individualism)에 기반을 두고 있다.
④ 법률적·제도론적 접근방법은 공식적 제도나 법률에 기반을 두고 있기 때문에 제도 이면에 존재하는 행정의 동태적 측면을 체계적으로 파악할 수 있다.

26 다음 중 신자유주의 정부이념 및 관리수단에 대한 설명으로 옳지 않은 것은?

① 시장실패의 해결사 역할을 해오던 정부가 오히려 문제의 유발자가 되었다는 인식을 바탕으로 다시 시장을 통한 문제 해결을 강조하며 '작은 정부(Small Government)'를 추구한다.
② 민간기업의 성공적 경영기법을 행정에 접목시켜 효율적인 행정관리를 추구할 뿐 아니라 개방형 임용, 성과급 등을 통하여 행정에 경쟁원리 도입을 추진한다.
③ 케인스(Keynes) 경제학에 기반을 둔 수요 중시 거시경제정책을 강조하므로 공급측면의 경제정책에 대하여는 반대 입장을 견지한다.
④ 정부의 민간부문에 대한 간섭과 규제는 최소화 또는 합리적으로 축소·조정되어야 한다는 입장에서 규제 완화, 민영화 등을 강조한다.

27 다음 중 정책유형과 그 사례를 바르게 연결한 것은?

① 분배정책(Distribution Policy) – 사회간접자본의 구축, 환경오염방지를 위한 기업 규제
② 경쟁적 규제정책(Competitive Regulatory Policy) – TV·라디오 방송권의 부여, 국공립학교를 통한 교육서비스
③ 보호적 규제정책(Protective Regulatory Policy) – 작업장 안전을 위한 기업 규제, 국민건강보호를 위한 식품위생 규제
④ 재분배정책(Redistribution Policy) – 누진세를 통한 사회보장지출 확대, 항공노선 취항권의 부여

28 다음 글의 ㉠에 해당하는 것은?

> ㉠은/는 정부업무, 업무수행에 필요한 데이터, 업무를 지원하는 응용서비스 요소, 데이터와 응용시스템의 실행에 필요한 정보기술, 보안 등의 관계를 구조적으로 연계한 체계로서 정보자원관리의 핵심수단이다.
> ㉠은/는 정부의 정보시스템 간의 상호운용성 강화, 정보자원 중복투자 방지, 정보화 예산의 투자효율성 제고 등에 기여한다.

① 블록체인 네트워크 ② 정보기술아키텍처
③ 제3의 플랫폼 ④ 클라우드 – 클라이언트 아키텍처

29 다음 〈보기〉 중 국회의 예산심의에 대한 설명으로 옳은 것을 모두 고르면?

> **보기**
> ㄱ. 상임위원회의 예비심사를 거친 예산안은 예산결산특별위원회에 회부된다.
> ㄴ. 예산결산특별위원회의 심사를 거친 예산안은 본회의에 부의된다.
> ㄷ. 예산결산특별위원회를 구성할 때에는 그 활동 기한을 정하여야 한다. 다만, 본회의의 의결로 그 기간을 연장할 수 있다.
> ㄹ. 예산결산특별위원회는 소관상임위원회의 동의없이 새 비목을 설치할 수 있다.

① ㄱ, ㄴ
② ㄴ, ㄹ
③ ㄱ, ㄴ, ㄷ
④ ㄱ, ㄷ, ㄹ

30 다음 〈보기〉 중 엽관주의와 실적주의에 대한 설명으로 옳은 것을 모두 고르면?

> **보기**
> ㄱ. 엽관주의는 실적 이외의 요인을 고려하여 임용하는 방식으로 정치적 요인, 혈연, 지연 등이 포함된다.
> ㄴ. 엽관주의는 정실임용에 기초하고 있기 때문에 초기부터 민주주의의 실천원리와는 거리가 멀었다.
> ㄷ. 엽관주의는 정치지도자의 국정지도력을 강화함으로써 공공정책의 실현을 용이하게 해 준다.
> ㄹ. 실적주의는 정치적 중립에 집착하여 인사행정을 소극화・형식화시켰다.
> ㅁ. 실적주의는 국민에 대한 관료의 대응성을 높일 수 있다는 장점이 있다.

① ㄱ, ㄷ
② ㄴ, ㄹ
③ ㄴ, ㅁ
④ ㄷ, ㄹ

PART 4

법학

- **CHAPTER 01** 법학 일반
- **CHAPTER 02** 헌법
- **CHAPTER 03** 민사법
- **CHAPTER 04** 상법
- **CHAPTER 05** 행정법
- **CHAPTER 06** 적중예상문제

CHAPTER 01 법학 일반

01 법의 의의

1. 법의 본질

(1) 법의 일반적 특징
① 사회규범(Social Norm) : 사회구성원이 사회질서를 지키도록 하는 당위규범이다.
② 강제규범(Zwangs Norm) : 국가권력에 의하여 그 준수가 강제되는 규범이다.
③ 문화규범(Cultural Norm) : 정의를 구현하고자 하는 인간들의 문화 산물이다.
④ 당위규범(Sollen Norm) : 법은 사회구성원들이 지켜야 할 행위의 준칙을 정하는 당위규범으로서 있는 그대로의 존재를 설명하는 자연법칙과는 구별된다.

(2) 법의 3중 구조(법규범의 종류)
① 행위규범 : 법은 관습이나 도덕규범과 같이 인간의 행위를 규율한다. 여기에서 말하는 규범은 어떠한 행위를 행하도록 명하거나 어떠한 행위를 하지 말도록 금지하는 관계를 규정하는 규범으로 사회규범의 전형적인 형태이다.
② 조직규범 : 공동사회를 운영하기 위하여 필요한 조직체의 구성과 운영에 관한 규범이다.
③ 강제규범(＝재판규범) : 행위규범이 정하고 있는 명령 또는 금지에 위반하는 경우에는 강제력(형벌, 강제집행)이 발동된다. 이때 강제력의 발동은 재판을 통해서 하게 되므로 이를 재판규범이라고 한다.

(3) 법과 사회규범
① 법과 도덕
　㉠ 법과 도덕의 관계
　　• 내용적 측면 : 법과 도덕은 내용면에서 많은 부분이 중첩하는 관계로서 공공의 질서, 선량한 풍속, 신의성실의 원칙 등은 법과 도덕에 모두 준용되며, 효력면에서는 상호보완관계이다.
　　• 규범의 내용적 측면 : 규범의 내용면에서 볼 때 국가질서를 유지하는 데 최소한으로 필요한 도덕을 실효적으로 만들기 위한 것이 법이다.
　　• 규범의 효력적 측면 : 규범의 효력면에서도 법의 강제력이 도덕의 효력을 뒷받침하기도 하고, 반대로 도덕의 효력이 법의 효력을 뒷받침하는 경우가 있다.

ⓛ 법과 도덕의 비교(차이점)

구성	법(法)	도덕(道德)
목적	정의(Justice)의 실현	선(Good)의 실현
규율대상	평균인의 현실적 행위·결과	평균인의 내면적 의사·동기·양심
규율주체	국가	자기 자신
준수근거	타율성	자율성
표현양식	법률·명령형식의 문자로 표시	표현양식이 다양함
특징	외면성 : 인간의 외부적 행위·결과 중시	내면성 : 인간의 내면적 양심과 동기를 중시
	강제성 : 위반 시 국가권력에 의해 처벌받음	비강제성 : 도덕규범의 유지·제재에 강제가 없음
	양면성 : 권리에 대응하는 의무가 있음	일면성(편면성) : 의무에 대응하는 권리가 없음

② 법과 관습

일정한 행위가 특정한 지역의 다수인 사이에서 반복됨으로써 발생하는 사회규범이 관습이며, 관습의 규범력을 보장하는 것은 공공적 의견이자 사회적 통념이다.

㉠ 법과 관습의 차이점 : 법은 인위적으로 만들어지는 반면 관습은 자연발생적 현상으로 생성된다. 관습은 비조직적인 사회의 규범(관행)이고, 법은 공고한 조직적 사회인 국가의 규범이다. 관습의 위반에 대해서는 사회의 비난에 그치지만, 법의 위반은 국가권력에 의한 강제가 규정되어 있다.

㉡ 법과 관습과의 관계 : 관습법은 관습이 법규범화된 것이다(민법 제1조). 또 사실인 관습도 일정한 요건하에서는 법적 효력을 가진다(민법 제106조).

(4) 자연법과 실정법

일반적으로 우리가 법이라고 말할 때에는 이른바 실정법을 뜻하는데, 실정법은 인간이 만든 경험적인 법이며 때와 장소에 따라 변하는 상대적인 규범이다. 한편 자연법론자들은 실정법의 배후에 자연법이 존재한다고 주장하면서 자연법이란 인간이 제정한 법이 아니라 때와 장소를 초월한 보편타당한 법이며 선험적인 규범이라고 하였다.

2. 법의 목적(이념)

(1) 법의 목적

인간이 법을 통해 실현하려고 하는 사회생활의 실천목표로, 법의 배후에서 법의 원동력이 되는 하나의 이념가치이며, 효력의 근거이고 법의 가치를 평가하는 척도이다. 이는 법이 존재하는 이유가 되기도 한다.

(2) 정의(법의 추상적 목적)

정의(Justice)는 법이 추구하는 이념의 출발점인 동시에 궁극적인 목적이다. 정의는 인간이 사회생활을 하는 데 있어서 마땅히 지켜야 할 생활규범의 이념이자 평등한 사회관계를 내용으로 하여 인간관계의 조화를 이룩하는 사회질서의 이념으로 법과 불가분의 관계를 맺고 있다.

(3) 합목적성

① **합목적성의 개념** : 정의에 대한 지침과 구체적 방식에 대한 답을 제시하는 법의 이념이다(Radbruch). 정의가 법의 내용을 일반화하는 데 반하여 합목적성은 법을 개별화하는 경향이 있다. 개인주의·단체주의, 사익과 공익의 대립·모순되는 가치관의 조절은 법의 합목적성을 통해서 가능하다.

② **라드브루흐의 합목적성의 유형**

　㉠ 개인주의 : 개인이 궁극적 가치의 기준이 되며, 국가나 단체는 개인의 자유와 행복이 최대한 보장되도록 노력해야 한다. 따라서 국가를 포함한 단체는 개인보다 하위의 가치에 서게 되며, 모든 개인이 평등하게 존중되도록 평균적 정의가 강조된다.

　㉡ 단체주의(초개인주의) : 단체(예컨대 민족이나 국가)를 최고의 가치로 신봉하고, 개인은 단체의 부분으로 단체의 가치를 실현하는 범위 안에서 인정되고 존중된다. 단체주의는 단체를 유지·발전시키기 위하여 단체의 입장에서 개인들에게 비례적인 평등을 실현시키면서 배분적 정의에 중점을 두게 된다.

　㉢ 문화주의(초인격주의) : 개인도 단체도 아닌 인간이 만든 문화 혹은 작품을 최고의 가치로 신봉하는 태도이다. 개인과 국가는 이러한 문화를 창조해 나가는 범위 안에서만 부차적인 가치를 가진다고 본다.

③ **상대주의의 관용** : 진정한 상대주의의 의미는 '내 것이 소중하기 때문에 네 것도 소중하다.'라는 관용의 정신으로, 법의 목적은 국가나 세계관에 따라 달라질 수 있다고 본다. 민주주의 국가에서는 상대주의적 세계관이 지배하기 때문에 어떤 목적 하나만이 절대적이라고 인정되지는 않는다.

(4) 법적 안정성

① **법적 안정성의 의의**

　법은 공동생활의 질서로서 여러 의견들을 종합한 단일의 법질서가 필요하므로 정의나 합목적성을 위하여 다음과 같은 몇 가지 사항이 요구된다.

　㉠ 법의 내용이 명확해야 한다(성문법주의).
　㉡ 법이 쉽게 변경되어서는 안 되며, 특히 입법자의 자의로부터 쉽게 영향을 받아서는 안 된다.
　㉢ 법은 실제로 실행 가능한 것이어야 하며, 높은 이상만 추구하여서는 안 된다.
　㉣ 법은 민중의 의식, 즉 법의식에 합치되는 것이어야 한다.

② **법적 안정성의 필요성**

　㉠ 법의 제1차적 기능은 질서를 유지하고 분쟁이 발생한 경우에 평화를 회복하고 유지하는 데 있다. 법은 법 자체의 안정성과 사회질서의 안정성을 요구한다.

　㉡ 법적 안정성이 보장되어야 사회질서의 안정도 보장된다. 왜냐하면 법이란 행위규범인 동시에 재판규범의 기준으로서 법이 자주 변경된다면 국민이 행동의 지침을 잃게 되고 사회도 안정될 수 없기 때문이다.

　㉢ 법적 안정성의 구체적인 예 : 소멸시효(공소시효, 형의 소멸시효), 취득시효(소유권취득), 사법상의 점유보호, 선의취득 및 국제법에서의 현상유지이론 등

(5) 법 목적의 상관관계
① 정의는 법의 내용, 법적 안정성은 법질서 정립의 기능에 관한 법이념이다.
② 정의는 윤리적 가치, 합목적성은 공리적 가치와 결부되는 법이념이다.
③ 정의는 법의 내용을 일반화하고 합목적성은 그것을 개별화하는 경향이 있으며, 정의·합목적성은 이념적이고, 법적 안정성은 사실로부터의 실정성이 요구된다.

3. 법의 효력

(1) 법의 실질적 효력
① 의의 : 법규범을 현실적으로 실현시키고 복종시킬 수 있는 힘으로, 일정한 사항을 요구하고 금지할 수 있는 법의 '규범적 타당성'과 법규범이 정한 대로 사회적 사실을 움직이는 힘인 '사실적 실효성'이 있어야 한다. 법은 행위규범과 강제규범의 중층구조로 이루어져 있다. 행위규범에 관계되는 문제가 법의 '타당성'이며, 강제규범에 관한 것이 법의 '실효성' 문제이다.
② 법의 타당성과 실효성의 관계
  ㉠ 법이 타당성은 있으나 실효성이 없는 경우 : 법은 사문화될 가능성이 있다.
  ㉡ 법이 실효성이 있으나 타당성이 없는 경우 : 법은 악법(惡法)에 해당하므로 위헌법률심판 등을 통해서 그 법률의 형식적 효력을 제거해야 한다.

(2) 법의 형식적 효력(적용 범위)
① 의의 : 실정법이 적용되는 효력 범위·적용 범위를 말한다. 즉, 구체적 사실이 어떠한 시기, 어떤 장소, 어떠한 사람에 의하여 발생되었는가 하는 일정한 한계를 갖기 마련인데, 이러한 한정된 범위 안의 효력을 말한다.
② 법의 시간적 효력(법의 유효기간)
  ㉠ 법의 유효기간 : 법은 시행일부터 폐지일까지 그 효력을 갖는다.
  ㉡ 법의 시행 : 관습법은 성립과 동시에 효력을 가지나 제정법률은 특별한 규정이 없는 한 공포한 날부터 20일을 경과함으로써 효력이 발생된다(헌법 제53조 제7항).
  ㉢ 법의 폐지 : 법 시행기간이 종료되었거나 특정 사항을 목적으로 제정된 때 그 목적사항의 소멸 또는 신법에서 명시규정으로 구법의 일부 또는 전부를 폐지한다고 한 때에는 그 구법의 일부 또는 전부가 폐지되는 것을 명시적 폐지라 하고, 동일 사항에 관하여 서로 모순·저촉되는 신법의 제정으로 구법이 당연히 폐지되는 것을 묵시적 폐지라 한다.
  ㉣ 법률불소급의 원칙
    • 원칙 : 법의 효력은 시행 후에 발생한 사항에 관해서만 적용되고 시행 이전에 발생한 사항에 대하여는 소급하여 적용하지 못한다는 원칙을 말한다.
    • 예외 : 소급효의 인정이 정의·형평의 관념에 부합할 때에는 예외를 인정하며, 구법에 의해 생긴 기득권은 신법의 시행으로 변경되거나 소멸될 수 없다는 기득권 존중의 원칙이 있다. 이 원칙은 절대적인 것은 아니며, 신법이 도리어 관계자에게 유리하거나 소급하여 적용함이 기득권을 침해하는 일이 되지 않거나 침해한다 할지라도 소급시킬 공법상의 필요가 있을 때에는 불소급의 원칙이 배제된다.

ⓜ 경과법(經過法) : 법령의 제정·개폐가 있었을 때 구법 시행시의 사항에는 구법을 그대로 적용하고 신법 시행 후의 사항에 대하여는 신법이 적용되는 것이 원칙이나, 어떤 사항이 구법 시행시 발생하여 신법시까지 진행되고 있을 경우, 구법·신법 중 어떤 것을 적용할 것인가에 대하여 그 법령의 부칙 또는 시행법령에 특별한 경과규정을 두는 것을 말한다.

③ 법의 장소적 효력
㉠ 속지주의(원칙) : 국가의 통치권은 그 나라의 영토 전반에 미치는 것이므로 통치권에 의하여 제정된 법도 그 영역 전반, 즉 내국인이건 외국인이건 국적을 불문하고 그 영역 내에 있는 사람 전체에 적용되는 것이다.
㉡ 속인주의(예외) : 외국에서의 행위라 해도 자국민의 행위에 대해서는 자국법을 적용한다는 것으로, 자국에 있는 외국의 대사관(재외공관) 등 치외법권 지역의 경우 속인주의가 예외적으로 적용된다.
㉢ 보호주의 : 외국에서의 범죄라도 자국 또는 자국민의 이익이 침해되는 경우에는 자국의 형법을 적용하는 주의이다(형법 제5조·제6조).
㉣ 세계주의 : 반인도적 범죄행위에 대하여는 세계적 공통의 연대성을 가지고 각국이 자국의 형법을 적용하는 주의이다(형법 제296조의2).

④ 법의 대인적 효력
㉠ 속지주의 : 국가의 영토를 기준으로 하여 그 영토 내에 거주하는 사람은 내·외국인을 막론하고 모두 그 나라의 법을 적용받는다는 주의이다. 오늘날 국제사회에서 영토의 상호존중과 상호평등 원칙이 적용되므로 속지주의가 원칙이며 예외적으로 속인주의가 가미된다.
㉡ 속인주의 : 대인고권에 의해 자국의 국적을 가지는 한 그 소재지를 불문하고 자국법을 적용하는 것이다. 즉, 외국에 사는 자국민에 대하여도 자국법이 적용된다고 하는 주의이다.
㉢ 절충주의 : 국제사회에서는 영토를 상호존중하는 입장에서 속지주의가 원칙이고, 모순이나 문제점이 있을 경우 이를 해결·보충하기 위하여 속인주의를 가미한다.

02 법원

1. 법원의 개념

(1) 법원의 의의
① 법원(法源)이란 법의 연원으로 법에 대한 인식수단 내지는 존재 형식을 말하는데 법의 존재 형식으로서의 법원은 크게 성문법과 불문법으로 나뉜다.
㉠ 성문법(成文法) : 성문법(제정법)은 문서화된 법인 동시에 일정한 절차를 거쳐 일정한 형식으로 공포된 법으로서 법률·명령·조약·규칙·조례 등이 있다.
㉡ 불문법(不文法) : 불문법은 성문법 이외의 법으로 관습법, 판례법, 조리가 있다. 불문법은 문장으로 표현되지 않으며 일정한 법제정기관에 의한 소정의 절차를 거치지 않고 생긴다.
② 우리나라에서는 성문법주의를 원칙으로 하고 불문법은 성문법의 결함을 보충하는 데 적용하고 있다.

(2) 성문법과 불문법의 장·단점

구분	성문법	불문법
장점	• 법의 존재와 의미를 명확히 할 수 있다. • 법적 안정성을 기할 수 있다. • 법의 내용을 객관적으로 알려 국민이 법적 문제에 대해 예측가능성을 갖도록 한다. • 입법기간이 짧다. • 발전적으로 사회제도를 개혁할 수 있다. • 외국법의 계수와 법체계의 통일이 쉽다.	• 사회의 구체적 현실에 잘 대처할 수 있다. • 법의 적용에 융통성이 있다. • 입법자의 횡포가 불가능하다. • 법현실이 유동적이다.
단점	• 입법자의 횡포가 가능하다. • 문장의 불완전성으로 법해석의 문제가 발생한다. • 개정 절차가 필요하므로 사회변동에 능동적으로 대처하지 못하여 법현실이 비유동적이다. • 법이 고정화되기 쉽다.	• 법의 존재와 의미가 불명확하다. • 법의 내용을 객관화하기 곤란하며 법적 변동의 예측이 불가능하다. • 법적 안정성을 기하기 어렵다. • 법적 기능을 갖는 데 기간이 오래 걸린다. • 외국법의 계수와 법체계의 통일이 어렵다.

2. 성문법

(1) 헌법

① 헌법(憲法)은 국가의 이념이나 조직 및 작용, 국가기관 상호 간의 관계, 국가와 국민의 관계에 관한 기본원칙을 정한 국가 최고의 기본법이다.

② 국가의 최상위 규범으로서 하위법인 법률·명령·규칙 등이 헌법에 위반될 경우 무효로 한다. 따라서 헌법은 그 나라의 법원 중에서 최상위에 위치하여 모든 하위법규의 근거·기준·한계가 되는 법이다.

(2) 법률

법률(法律)이란 실질적 의미로는 넓게 법(Law, Recht)을 말하나, 형식적으로는 입법기관인 국회의 의결을 거쳐 대통령이 서명·공포하여 제정된 성문법을 말한다.

(3) 명령

① 명령(命令)은 국회의 의결을 거치지 않고 법률에 따라 행정기관에 의하여 제정되는 성문법규를 말한다.

② 명령은 헌법에 근거하여 제정권자를 기준으로 대통령령·총리령·부령으로 나눌 수 있고, 명령의 성질에 따라 법규명령과 행정명령으로 나뉘고, 법규명령은 다시 위임명령과 집행명령으로 나누어진다.

(4) 조례와 규칙
① 조례 : 지방자치단체는 법령의 범위 안에서 그 사무에 관하여 조례를 제정할 수 있다. 다만, 주민의 권리 제한 또는 의무 부과에 관한 사항이나 벌칙을 정할 때에는 법률의 위임이 있어야 한다(지방자치법 제28조).
② 규칙 : 지방자치단체의 장은 법령이나 조례가 위임한 범위에서 그 권한에 속하는 사무에 관하여 규칙을 제정할 수 있다(지방자치법 제29조).
③ 조례와 규칙의 입법한계 : 시·군 및 자치구의 조례나 규칙은 시·도의 조례나 규칙을 위반하여서는 아니 된다(지방자치법 제30조).

(5) 국제조약과 국제법규
① 법원성(法源性)
  ㉠ 국제질서의 존중을 위하여 국제조약과 국제법규는 당연히 국제법의 법원이 되며, 조약과 국제법규는 국내법과 마찬가지로 국민을 지배하므로 국내법의 법원도 된다고 할 것이다.
  ㉡ 우리나라 헌법은 '헌법에 의하여 체결·공포된 조약과 일반적으로 승인된 국제법규는 국내법과 같은 효력을 가진다.'라고 규정하고 있다.
② 조약
  그 명칭 여하를 불문하고 문서에 의한 국가 간의 합의를 조약(條約)이라 한다. 헌법에 의하여 체결·공포한 조약은 국내법과 같은 효력을 가진다.
③ 일반적으로 승인된 국제법규
  국제사회의 일반적 보편적 규범으로서 세계의 대다수 국가가 승인하고 있는 것으로서 국내법과 같은 효력을 가진다.

(6) 성문법 상호 간의 관계
① 상위법우선의 법칙
  한 국가의 실정법 질서는 '헌법 → 법률 → 명령 → 조례 → 규칙'이라는 단계적 구조를 이루고 있는데, 상위의 법규는 하위의 법규에 우월하며 상위의 법규에 저촉되는 하위의 법규는 그 효력을 상실한다.
② 특별법우선의 원칙
  동일한 사항에 대하여 규정이 상반되는 경우 특별법은 일반법에 우선하여 적용된다. 예를 들어 상법은 민법에 대한 특별법이므로 동일한 사항에 관하여 민법의 규정과 상법의 규정이 충돌할 때에는 상법이 우선하여 적용되는 것이다.
③ 신법우선의 원칙
  법령이 새로 제정되거나 개정된 경우에는 신법은 구법에 우선한다. 그러나 일반법과 특별법 사이에는 법규성립의 선·후가 아니라 특별법우선의 원칙에 따라 효력이 정해진다. 또한, 구법이 신법보다 유리한 때에는 구법이 적용될 수 있다.
④ 법률불소급의 원칙
  법적 안정성의 확보를 위하여 법규에는 소급효가 없다는 원칙이 인정되고 있다. 우리 헌법도 소급입법에 의한 참정권의 제한 또는 재산권의 박탈을 금지하고 있다(헌법 제13조 제2항).

3. 불문법

(1) 관습법
① 관습법의 의의
　관습법(慣習法)은 사회생활상 일정한 사실이 장기간 반복되어 그 생활권의 사람들을 구속할 수 있는 규범으로 발전된 경우 사회나 국가로부터 법적 확신을 획득하여 법적 가치를 가진 불문법으로서 권력남용이나 독단적인 권력행사를 할 수 있다는 단점이 있다.

② 관습법의 성립요건
　㉠ 어떠한 관행이 존재할 것
　㉡ 그 관행이 선량한 풍속, 기타 사회질서에 반하지 않을 것
　㉢ 그 관행을 국민일반이 법규범으로서의 의식을 가지고 지킬 것

③ 관습법의 효력
　㉠ 관습법은 성문법을 보충하는 효력이 있다(민법 제1조). 그러므로 성문법과 내용을 달리하는 관습법은 존재하지 못한다.
　㉡ 관습법은 오직 법령의 규정에서 명문으로 인정하는 경우이거나 법령에 규정이 없는 사항에 관하여서만 성립할 수 있다.

(2) 판례법
① 법원의 판결은 본래 어떤 구체적인 사건의 해결방법으로서의 의미만을 가질 뿐이나, 사실상 판례가 그 후의 재판을 구속할 때 그 판례는 법원이 되고 이를 판례법(判例法)이라 한다. 따라서 판례법은 법적 안정성 및 예측가능성 확보에 불리하다.
② 영미법계의 국가에서는 선례기속의 원칙이 확립되어 판례법이 제1차적 법원으로서 그 구속력과 법규성이 인정되고 있다.
③ 대륙법계 국가는 성문법주의를 취하기 때문에 판례법은 구속력은 갖지 못하며 제2차적 법원으로서 법의 보충적 기능만을 담당한다.
④ 우리나라의 경우에도 성문법 중심의 대륙법계의 법체계를 따르고 있어 판례법의 구속력은 보장되지 않는다. 그러나 법원조직법에서 상급법원의 판단은 해당 사건에서만 하급법원에 기속력을 지닌다고 규정(제8조)하는 한편, 대법원에서 종전의 판례를 변경하려면 대법관 전원의 3분의 2 이상의 합의가 있어야 한다고 엄격한 절차를 규정(제7조 제1항 제3호)하고 있어 하급법원은 상급법원의 판결에 기속된다. 따라서 우리나라의 경우 판례는 사실상의 구속력을 지닌다고 볼 수 있다.

(3) 조리
① 조리(條理)란 일반인의 건전한 상식으로 판단할 수 있는 사물의 본질적 도리로서 경험법칙·사회통념·사회적 타당성·공서양속·신의성실·정의·형평의 원칙 등을 총칭하는 것으로, 법의 흠결시에 최후의 법원으로서 재판의 준거가 된다.
② 조리는 법의 흠결시의 제3차적 법원이 될 뿐 아니라 법률행위의 해석의 기준이 되기도 한다.
③ 우리 민법 제1조는 성문법·관습법이 없을 때에는 조리에 의하여 재판한다고 규정하여 조리의 법원성을 인정하고 있다.

03 법의 구조(체계)와 분류

1. 법의 체계

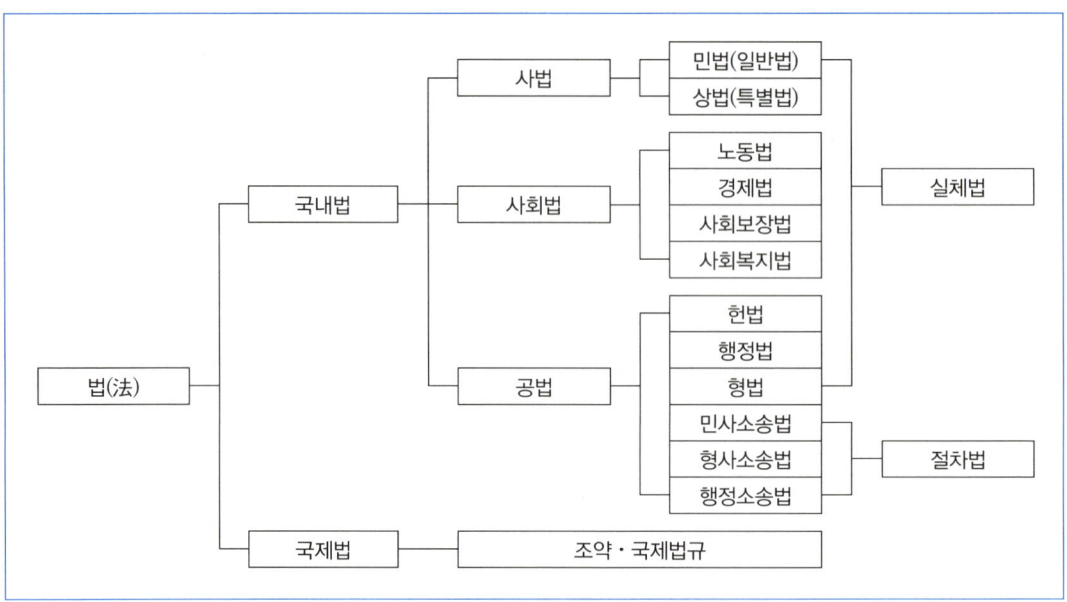

(1) 법체계

복수의 법규범에 의하여 형성된 체계를 법체계(法體系)라고 한다.

(2) 법질서

법규범이 통일된 하나의 체계를 이룰 때 이것을 법질서(法秩序)라고 한다. 동일한 법질서 안에 포함된 개개의 법규는 각기 독자적인 의미와 체계를 가지면서 통일적이고 복합적인 법질서의 일부를 구성한다.

(3) 법단계설(Kelsen)

켈젠은 법에는 상·하위 단계가 있다고 하여 피라미드형의 단계구조를 헌법 > 법률 > 명령 > 규칙 등으로 하여 효력을 위임받는다 하였으며, 정점인 헌법은 '근본규범'이라는 가설적 최고규범을 내세워 정당화하였다.

(4) 국내법체계

① 국내법체계는 국가를 단위로 구성되는 모든 법체계를 말하며, 법체계는 국가의 사회·경제를 토대로 구축된다.
② 국내법체계는 다시 공법·사법·사회법의 3법체계로 나누어진다.
③ 국제사법 또는 섭외사법은 국내법의 일부로서 통설은 공법도 사법도 아닌 제3의 법으로 본다.

2. 법의 분류

(1) 국내법과 국제법
① **국내법(國內法)** : 국가와 국민 또는 국민 상호 간의 권리·의무관계를 규율하는 국내사회의 법으로 한 나라의 주권이 미치는 범위 내에서 효력을 가진다. 공법, 사법, 사회법, 국제사법 등이 있다.
② **국제법(國際法)** : 국가 상호 간의 관계 또는 국제조직 등에 대하여 규율하는 국제사회의 법으로 다수 국가들 사이에서 효력을 가지며, 헌법에 의해 체결·공포된 조약과 일반적으로 승인된 국제법규는 국내법과 동일한 효력을 가진다.

(2) 공법, 사법, 사회법
① **공법(公法)**
공법과 사법의 구별은 대륙법계의 특징이다. 공법은 국가의 조직과 기능 및 공익작용을 규율하는 법으로 헌법, 행정법, 형법, 형사소송법, 민사소송법, 행정소송법, 국제법 등이 이에 해당된다.
② **사법(私法)**
개인 상호 간의 권리·의무관계를 규율하는 법으로 공법에 대응하며, 민법, 상법, 회사법, 어음법, 수표법 등이 있다.
③ **사회법(社會法)**
 ㉠ 사회법은 고도자본주의적인 법원리로서 시민법적 법원리를 수정하려는 것으로 자본주의의 문제와 모순을 합리적으로 해결하여 경제적·사회적 약자를 보호할 목적으로 비교적 근래에 등장한 법이다.
 ㉡ 사회법은 근로자에게 인간다운 생활을 보장하기 위하여 출발하였고, 사법 중에서 고용계약법을 수정하여 노동법으로 발전되었으며, 다시 경제법을 비롯하여 사회보장법·사회복지법 등이 나타나 제3의 법영역으로 형성되었다. 노동법(예 노동조합 및 노동관계조정법, 근로기준법 등), 경제법, 산업재해보상보험법, 연금법, 보험법, 사회보장기본법 등이 있다.
 ㉢ 사회법은 주로 사법의 영역에 대한 국가의 개입이라는 형태로 나타났으며, 사법에 있어서의 평균적 정의의 원리에 배분적 정의를 폭넓게 가미한 것을 뜻한다.

(3) 실체법과 절차법
① **실체법(實體法)** : 권리·의무의 실체, 즉 권리나 의무의 발생·변경·소멸·성질·내용 및 범위 등을 규율하는 법으로 헌법, 민법, 형법, 상법 등이 이에 해당한다.
② **절차법(節次法)** : 권리나 의무의 실질적 내용을 실현하는 절차, 즉 권리나 의무의 행사·보전·이행·강제 등을 규율하는 법으로 민사소송법, 민사집행법, 형사소송법, 행정소송법, 채무자 회생 및 파산에 관한 법률, 부동산등기법 등이 있다.
③ **실체법과 절차법과의 관계** : 실체법은 절차법을 통하여 그 목적을 달성할 수 있으므로 실체법이 목적인 데 비하여 절차법은 수단이라 할 수 있다.

(4) 일반법과 특별법

① 일반법(一般法) : 장소·사람·사물에 제한 없이 일반적으로 적용되는 법으로 헌법, 민법, 형법 등이 있다.

② 특별법(特別法)

특정한 장소·사람·사물에만 적용되는 법으로 상법, 군형법, 소년법, 국가공무원법, 조례, 규칙 등이 있으며, 타 법에 대하여 우선하는 법칙이 있다(특별법 우선의 법칙).

③ 일반법과 특별법의 구별

적용되는 법의 효력범위가 일반적인가 또는 특수적인가에 의한 분류로서 대체로 일반법은 그 효력범위가 넓고, 특별법은 비교적 좁은 효력범위를 갖는다.

(5) 강행법과 임의법

① 강행법(强行法) : 당사자의 의사와는 관계없이 절대적(강제적)·일반적으로 적용되는 법으로 헌법·형법 등 공법의 대부분이 이에 해당한다.

② 임의법(任意法) : 당사자의 의사에 따라 그 적용을 받기도 하고 안 받기도 하는 법이다. 즉, 당사자가 법의 규정과 다른 의사표시를 한 경우 그 법의 규정을 배제할 수 있는 법으로 민법·상법 등 대부분의 사법이 이에 해당된다.

③ 구별방법 및 실익

법조문에 명백히 나타나 있지 않은 경우에는 법규의 각 조항의 규정이 주로 공익을 위한 것이면 강행법규로, 사익을 위한 것이면 임의법규로 보는 것이 통설이다.

(6) 고유법과 계수법(연혁에 따른 구별)

① 고유법(固有法) : 그 국가 안에서의 국민생활에서 발생하고 발달해온 전통적인 고유의 법으로, 국가·민족 고유의 사회적·역사적 흐름 속에서 자연적으로 생성된다.

② 계수법(繼受法) : 외국의 법을 번역하여 자국의 법으로 만들거나 이를 참고·기초하여 자국의 사회현상을 고려하여 만든 법이다.

(7) 원칙법과 예외법(법의 효력 범위에 따른 구별)

① 원칙법(原則法) : 일정한 사항에 대해 일반적으로 적용되는 법이다.

② 예외법(例外法) : 일정한 사항에 대해 특별한 사정이 있는 경우에 원칙법의 적용을 배제한 예를 정한 법이다.

(8) 행위법과 조직법

① 행위법(行爲法) : 사회생활에 있어서 사람의 행위 자체를 규율하는 법이다.

② 조직법(組織法) : 사람의 행위의 기초 또는 수단으로 될 조직·제도를 정하는 법이다.

(9) 실정법과 자연법(법의 개념에 따른 구별)

① 실정법(實定法) : 인간의 경험을 근거로 만든 법으로서 시간과 장소에 따라 변하는 상대적 개념이다.

② 자연법(自然法) : 인간이 제정한 법이 아니고 시간과 장소에 따라 변하지 않는 보편타당한 선험적 규범이다.

04 법의 적용과 해석

1. 법의 적용

(1) 의의

어떠한 구체적 사건이 발생하였을 경우 실정법의 어느 규정이 그 사건에 적용될 것인지를 판단하는 과정을 법의 적용이라 한다.

(2) 법의 적용절차

먼저 소전제인 구체적 사실이 어떠한가를 확정하여야 하고(사실의 확정), 다음에는 그 확정된 구체적 사실에 적용될 법이 어떤 것인지를 찾아(법규의 검색), 그 법의 내용을 확정(법의 해석)하여야 한다.

(3) 사실의 확정

① 입증(立證)

사실의 인정을 위하여 증거를 주장하는 것을 입증이라 하며, 이 입증책임(거증책임)은 그 사실의 존부를 주장하는 자가 부담한다. 그리고 사실을 주장하는 데 필요한 증거는 첫째로 증거로 채택될 수 있는 자격, 즉 증거능력이 있어야 하고 둘째로 증거의 실질적 가치, 즉 증명력이 있어야 한다.

② 추정(推定)

입증부담을 완화하기 위하여 입증이 용이하지 않은 확정되지 않는 사실(불명확한 사실)을 통상의 상태를 기준으로 하여 사실로 인정하고 이에 상당한 법률효과를 주는 것을 말한다. 그러나 추정은 입증을 기다리지 않고 사실을 가정하는 것이므로 추정된 사실과 다른 반증을 들어 추정의 효과를 뒤집을 수 있다.

③ 간주(看做)

불명확한 사실에 대하여 공익 또는 기타 법정책상의 이유로 사실의 진실성 여부와는 관계없이 확정된 사실로 확정하여 일정한 법률효과를 부여하고 반증을 허용하지 않는 것으로, 사실의 의제(擬制)라고도 한다. 법문상 '~(으)로 본다.'라고 규정한 경우가 이에 해당한다. 간주는 따로 취소의 절차를 밟지 않는 한 반증만으로는 그 효과가 번복되지 않는다는 점이 추정과 다르다.

2. 법의 해석

(1) 의의

구체적이고 개별적인 사건이나 사실에 법을 적용하기 위하여 추상적·일반적으로 규정된 법규의 내용을 명확하게 하고, 그 참뜻을 밝히는 일을 말한다. 이러한 법해석의 목표는 법적 안정성을 저해하지 않는 범위 내에서 구체적 타당성을 찾는 데 있다.

(2) 법 해석의 본질

법의 규정은 추상적(불확정적) 개념으로 되어 있어 그 의미와 내용이 명확하지 않은 경우가 많고, 사회생활의 변천에 따라 법이 예견하지 못한 사실이 발생하기 때문에 법규의 단순한 문리적 의미뿐만 아니라 법 질서 전체의 정신에 따른 합리적 의미를 찾아내는 것이 법 해석의 본질적 문제이다.

(3) 법 해석의 방법

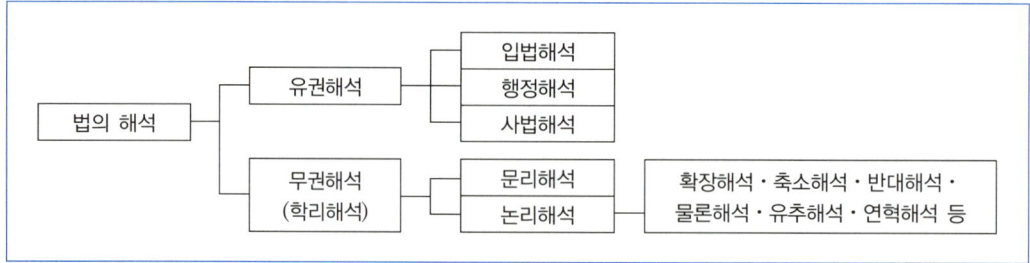

① **유권해석(有權解釋)**
  ㉠ 입법해석(立法解釋) : 입법기관이 입법권에 근거하여 일정한 법 규정이나 법 개념의 해석을 당시 법 규정으로 정해 놓은 것으로, 가장 구속력이 강한 법해석이다.
  ㉡ 사법해석(司法解釋) : 사법기관이 재판을 하는 권한에 근거하여 내리는 해석이다.
  ㉢ 행정해석(行政解釋) : 행정기관이 법을 집행하기 위하여 필요한 경우 법집행 권한에 근거하여 내리는 해석이다.
② **무권해석(無權解釋)**
  ㉠ 문리해석(文理解釋) : 법문을 형성하는 용어, 문장을 기초로 하여 그 문자가 가지는 의미에 따라서 법규 전체의 의미를 해석하는 것으로, 가장 우선적이고 기본적인 해석방법이다.
  ㉡ 논리해석(論理解釋) : 법의 해석에 문자나 문구의 의미에 구애받지 않고 법의 입법 취지 또는 법 전체의 유기적 관련, 법의 목적, 법 제정 시의 사회사정, 사회생활의 실태 등을 고려하여 논리적 추리에 의하여 법의 객관적 의미를 밝히는 것을 말한다.

3. 법의 제재

(1) 국내법상의 제재
① **헌법상의 제재** : 헌법 위반자에 대한 제재로 특별한 경우 탄핵을 규정하고 있으며 국회가 소추를 의결하고 헌법재판소가 심판한다.
② **행정법상의 제재** : 행정법규에 위반한 자에 대한 제재를 말한다.
  ㉠ 공무원 : 징계처분(파면, 해임, 강등, 정직, 감봉, 견책)
  ㉡ 일반국민 : 행정벌[행정형벌, 행정질서벌(과태료)], 행정강제[강제집행(대집행, 행정상 강제징수, 이행강제금, 직접강제), 즉시강제]
③ **형법상의 제재** : 형벌법규에 위반한 자에 대한 제재로 생명형(사형), 자유형(징역, 금고, 구류), 명예형(자격상실, 자격정지), 재산형(벌금, 과료, 몰수)이 있다.
④ **사법상의 제재** : 민법·상법 등 사법의 규정에 위반한 자에 대하여 가하는 제재를 말한다.

(2) 국제법상의 제재
국제조약 등 국제법을 위반한 경우에 상대국에 대하여 경제단교·외교단절·무력제재·전쟁 등의 방법에 의하여 제재를 가하는 방법을 말한다.

05 권리와 의무

1. 권리의 의의

(1) 권리의 개념

권리(權利)는 특별한 법익을 누리기 위하여 법이 허용하는 힘을 말하며, 법의 핵심개념이자 개인의 존엄과 가치의 표현이기도 하다. 권리는 권한(權限), 권능(權能), 권원(權原) 등과는 다른 개념으로 구분된다.

구분	내용
권한(權限)	본인 또는 권리자를 위하여 법률행위를 할 수 있는 법률상의 자격을 말한다(예 국무총리의 권한 등).
권능(權能)	권리에서 파생되는 개개의 법률상의 자격을 말한다(예 소유권자의 소유권에서 파생되는 사용권·수익권·처분권).
권력(權力)	일정한 개인 또는 집단이 공익을 달성할 목적으로 다른 개인 또는 집단을 강제 또는 지배하는 힘을 말한다(예 국가 공권력).
권원(權原)	어떤 법률적 또는 사실적 행위를 하는 것을 정당화시키는 법률상의 원인을 말한다(예 지상권).
반사적 이익 (反射的 利益)	법이 일정한 사실을 금지하거나 명하고 있는 결과, 어떤 사람이 저절로 받게 되는 이익(간접적 이익)으로서 그 이익을 누리는 사람에게 법적인 힘이 부여된 것은 아니기 때문에 타인이 그 이익을 침해하는 경우에도 구제를 받기 위해 법원에 소를 제기하지 못한다.

2. 의무의 의의

(1) 의무의 개념

① 의무(義務)란 권리자의 권리에 대비되는 개념으로 자기의사 여하에도 불구하고 일정한 행위(작위 또는 부작위)를 강제당하는 법률상의 구속을 말한다.
② 의무에는 적극적으로 일정한 행위를 하여야 할 작위의무, 일정한 행위를 하지 아니하여야 할 부작위의무, 다른 사람이 하는 일정한 행위를 승인해야 할 수인의무 등이 있다.

(2) 의무의 본질

① **의사설(意思說)** : 법에 의하여 정하여진 의사의 구속력을 의무의 본질로 보는 설이다. 그러나 의사설에 의하면 의사무능력자가 의무를 지는 것을 설명할 수 없다.
② **책임설(責任說)** : 의무를 법률상의 책임이라고 하는 설이다. 그러나 책임은 의무 위반에 의하여 일정한 제재(형벌, 강제집행, 손해배상 등)를 받을 수 있는 바탕을 말하며 의무 자체와는 다르다는 점에서 난점이 있다(소멸시효완성 후의 채무는 의무는 있으나 책임은 없다).
③ **법적 구속력설** : 일정한 작위 또는 부작위를 하여야 할 법적 구속력을 말하며 현재의 통설이다.

3. 권리·의무의 종류

(1) 권리의 종류

① 공권(公權)
　㉠ 국가적 공권 : 국가나 공공단체가 법률 규정에 따라 개인(국민)에 대하여 가지는 권리를 말한다.

국가의 3권 기준	입법권·사법권·행정권
권리의 목적 기준	조직권·군정권·경찰권·재정권·형벌권 등
권리의 내용 기준	명령권·강제권·형성권 등

　㉡ 개인적 공권 : 개인이 공법관계에서 국가 또는 공공단체에 대하여 가지는 권리로서 인간의 존엄과 가치, 평등권, 자유권, 참정권, 청구권, 생존권, 수익권 등으로 분류한다.

② 사권(私權)
사법상의 권리로서 개인 상호 간에 인정되는 권리를 말하며, 공권에 대응되는 개념이다. 다양한 사회적 생활이익을 다루기 때문에 사권도 여러 가지 기준에 의하여 분류될 수 있다.
　㉠ 권리의 내용에 따른 분류

인격권(人格權)	권리자 자신을 객체로 하는 권리로 권리자와 분리할 수 없다(예 생명권, 신체권, 초상권, 자유권, 명예권 등).
가족권(家族權)	친족관계에서 발생하는 신분적 이익을 내용으로 하는 권리로 신분권(身分權)이라고도 한다(예 친권, 징계권, 부부 간의 동거청구권, 친족 간 부양청구권, 상속권 등).
재산권(財産權)	금전으로 평가될 수 있는 경제적 이익을 내용으로 하는 권리를 말한다(예 물권, 채권, 무체재산권, 위자료청구권 등).
사원권(社員權)	단체의 구성원이 그 구성원의 지위에서 단체에 대하여 갖는 권리이다(예 의결권, 업무집행감독권, 이익배당청구권 등).

　㉡ 권리의 작용(효력)에 따른 분류

지배권(支配權)	권리의 객체를 직접·배타적으로 지배할 수 있는 권리를 말한다(예 물권, 무체재산권, 친권 등).
청구권(請求權)	타인에 대하여 일정한 급부 또는 행위(작위·부작위)를 적극적으로 요구하는 권리이다(예 채권, 부양청구권 등).
형성권(形成權)	권리자의 일방적인 의사표시에 의하여 일정한 법률관계를 발생·변경·소멸시키는 권리이다(예 취소권, 해제권, 추인권, 해지권 등).
항변권(抗辯權)	청구권의 행사에 대하여 급부를 거절할 수 있는 권리로, 타인의 공격을 막는 방어적 수단으로 사용되며 상대방에게 청구권이 있음을 부인하는 것이 아니라 그것을 전제하고, 그 행사를 배척하는 권리를 말한다(예 보증인의 최고 및 검색의 항변권, 동시이행의 항변권 등).

　㉢ 권리의 대외적 효력범위에 따른 분류

절대권(絕對權)	모든 사람에 대하여 권리의 효력을 주장할 수 있는 '대세적' 권리를 말한다(예 인격권, 물권 등).
상대권(相對權)	특정인에게만 권리의 내용을 주장할 수 있는 '대인적' 권리이다(예 부양청구권, 채권 등).

　㉣ 권리의 독립성 여부에 따른 분류

종(從)된 권리	다른 권리의 효력을 담보하거나 증대하기 위하여 이에 종속되는 권리를 의미한다(예 원본에 대한 이자채권, 주채무에 대한 보증채권, 피담보채권에 대한 저당권·질권·유치권 등의 담보물권).
주(主)된 권리	종된 권리의 전제가 되는 권리를 말한다.

ⓜ 권리의 양도성 유무에 따른 분류

일신전속권 (一身專屬權)	권리의 주체와 긴밀한 관계에 있어 양도 또는 상속으로 타인에게 귀속될 수 없거나 그 주체만이 행사할 수 있는 권리로서 귀속상의 일신전속권(예 인격권, 초상권, 친권 등)과 행사상의 일신전속권(예 위자료청구권 등)으로 나뉜다.
비전속권 (非專屬權)	권리의 주체로부터 분리할 수 있는 권리로, 양도 또는 상속으로 타인에게 이전할 수 있다(예 재산권, 실용신안권, 물권, 채권, 법정지상권, 분묘기지권 등).

③ 사회권(社會權)
  ㉠ 현대 사회의 복잡한 발전에 따라 전통적으로 개인 간의 관계라고 생각하던 분야에 국가가 적극 개입하게 됨에 따라 발생하게 된 권리로서 근로권·단결권·단체교섭권·단체행동권·모성 및 보건을 보호받을 권리·교육을 받을 권리·인간다운 생활을 할 권리를 말한다.
  ㉡ 사회법은 공법과 사법을 혼합한 성질을 가지고 있으므로 사회법에 의해 인정되는 사회권도 공권과 사권을 혼합한 성질을 가진다.

(2) 의무의 종류
  ① 공의무(公義務) : 공법에 의하여 의사를 구속받는 것으로서 국가의 공의무와 사인(개인)의 공의무로 나눌 수 있다.
    ㉠ 국가 공의무 : 국가가 국민에 대하여 지는 의무(국민의 기본권을 보장하는 의무)
    ㉡ 개인 공의무 : 국방의무, 납세의무, 근로의무, 교육의무 등
  ② 사의무(私義務) : 당사자의 자유로운 의사표시에 의하여 생성되는 것이 원칙인 사법상의 법률관계에서 발생하는 의무를 말한다(채무와 같은 재산법상의 의무, 부양의무 등과 같은 가족법상의 의무 등).
  ③ 사회법(社會法)상의 의무 : 공법과 사법의 중간 영역인 사회법의 효과로 생겨나는 의무를 말하며 노동법상이나 사회보장법상의 여러 의무 등이 이에 해당한다(근로자의 근로 3권을 보장해 주어야 할 사용자의 의무 등).
  ④ 작위(作爲) 의무와 부작위(不作爲) 의무 : 일정한 행위를 하여야 하는 의무가 작위 의무, 하지 말아야 할 의무가 부작위 의무이다.

4. 권리·의무의 주체와 객체

(1) 권리·의무의 주체

권리를 가지는 특정인을 권리의 주체라고 하며 의무를 부담하는 자를 의무의 주체라고 부른다. 자연인은 누구나 당연히 권리·의무의 주체가 되지만, 법인은 관청의 허가를 얻고 등기를 해야 비로소 권리·의무의 주체가 된다.

① 자연인(自然人)
  유기적인 생물학적 육체를 가진 인간으로 근대사회에서 자연인은 생존하는 동안 모두 법 앞에 평등한 권리능력을 가지며, 권리·의무의 주체가 된다. 그러나 공권은 일정한 범위 내의 자에게만 인정되는 경우가 많다.

② 법인(法人)
  사람의 집단이나 재화의 합성체에 법률상의 인격이 부여되는 것을 법인이라 하며, 사람의 집단을 사단법인, 재화의 합성체를 재단법인이라 한다. 또 공법인과 사법인, 영리법인과 비영리법인 등으로 나눌 수 있다.

(2) 권리 · 의무의 객체

권리 또는 의무의 목적이 되는 것을 말하며, 유체물(유형적인 것)과 무체물(무형적인 것)로 나눌 수 있다.

① 유체물(有體物) : 유형적 존재를 가지고 공간의 일부를 차지하는 물건
   ㉠ 부동산과 동산 : 토지와 그 정착물이 부동산이며, 부동산 이외의 물건을 동산이라고 한다.
   ㉡ 특정물과 불특정물 : 구체적인 거래에 있어서 당사자가 물건의 개선을 중요시하여 다른 물건으로 바꿀 수 없는 것을 특정물, 그 반대를 불특정물이라고 한다.
   ㉢ 소비물과 불소비물 : 한번 사용하면 다시 같은 용도로 사용할 수 없는 물건을 소비물이라고 하고 건물과 같이 여러 번 같은 용도로 반복해서 사용할 수 있는 물건을 불소비물이라고 한다.
   ㉣ 주물과 종물 : 물건의 소유자가 그 물건의 효용에 지속적으로 이바지하기 위하여 자기 소유의 다른 물건을 부착했을 때 그 둘을 주물과 종물이라고 한다.
   ㉤ 융통물과 불융통물 : 사법상 거래의 목적으로 할 수 있는 물건을 융통물이라고 하고 거래가 법률적으로 금지된 물건을 불융통물이라고 한다.
   ㉥ 원물과 과실 : 수익을 낳게 하는 물건을 원물이라고 하고 원물로부터 생기는 수익을 과실이라고 한다(예 나무와 열매, 예금과 그 이자).
② 무체물(無體物) : 생명, 자유, 행위 또는 권리 등 무형의 것

5. 권리 · 의무의 변동

(1) 권리 · 의무의 발생(권리의 취득)

① 원시취득(절대적 취득)
   다른 사람의 권리에 근거하지 않고 사회적으로 존재하지 않던 것을 새로 취득하는 것이다(예 건물의 신축에 의한 소유권 취득, 취득시효, 선의취득, 무주물선점, 유실물 습득, 매장물 발견, 부합, 첨부, 매매 계약에 기한 채권의 취득 등).

② 승계취득(상대적 취득)
   다른 사람의 권리에 근거하여 취득하는 권리로 권리의 주체만 달라지는 것이므로 권리의 상대적 발생이라고도 한다(예 상속 등). 이러한 승계취득은 이전적 승계와 설정적 승계로 나누어진다.
   ㉠ 이전적 승계(취득) : 구권리자의 권리가 그 동일성을 그대로 유지하면서 신권리자에게 이전되는 것으로 이전적 승계는 다시 특정적 승계와 포괄적 승계로 나눠볼 수 있다.

특정적 승계(취득)	권리마다 별개의 취득원인으로 각각 승계하는 것(예 매매, 임대차, 증여, 사인증여, 교환에 의한 소유권 취득 등)
포괄적 승계(취득)	하나의 취득원인에 의하여 여러 권리를 포괄적으로 승계하는 것(예 상속, 포괄유증, 회사의 합병 등)

   ㉡ 설정적 승계(창설) : 구권리자의 권리는 존속하면서 신권리자가 그 권리의 일부를 취득, 즉 타인의 권리가 소멸되지 아니하고 그대로 존속하면서 그 권능 중의 일부를 취득하는 것을 말한다(예 설정에 의한 지상권, 담보계약에 의한 저당권, 전세권 등의 제한물권을 설정하는 경우 또는 임차권을 설정하는 경우 등).

(2) 권리의 변경
권리 그 자체는 계속 유지되면서 주체·내용·효과에 있어서 변경이 생기는 것이다.
① 주체의 변경 : 권리의 이전적 승계에 해당한다.
② 내용의 변경 : 권리의 내용, 성질이나 수량이 변경되는 것이다.
③ 효과(작용)의 변경 : 동일한 물건에 대하여 여러 명의 채권자가 있을 때, 그 우선순위가 빨라지는 경우가 대표적인 예가 된다.

(3) 권리의 소멸(상실)
① 절대적 소멸 : 권리 자체가 사라져 버리는 것(채무이행에 의한 채권·채무의 소멸)
② 상대적 소멸 : 권리의 주체가 바뀐 것(매매, 증여 등에 따른 승계 등)

(4) 권리·의무의 변동 원인(법률요건)
① 용태(容態) : 민법상의 개념으로서 사람의 의식이나 정신작용에 의한 법률사실을 뜻한다. 크게 외부적 용태와 내부적 용태로 나뉜다.
  ㉠ 외부적 용태(행위) : 의사가 외부에 표현되는 용태로서 작위·부작위를 포함한다.

적법행위	법률행위 (의사표시)	법률행위의 불가결의 요소로서 일정한 법률효과의 발생을 의욕하는 효과의 표시로, 계약(예 매매, 임대차 등)과 단독행위(예 유언, 취소, 동의 등)가 있다.
	준법률행위	법률적 행위라고도 하며, 행위자의 의도와는 관계없이 법률의 규정에 의하여 일정한 효과가 부여되는 것을 말한다. 준법률행위에는 표현행위와 비표현행위가 있다. 표현행위에는 의사의 통지, 관념의 통지, 감정의 표시가 속하고, 비표현행위에는 순수사실행위(예 매장물 발견), 혼합사실행위(예 점유취득)가 속한다.
위법행위		법질서에 위반되기 때문에 행위자에게 불이익한 효과를 발생케 하는 법률사실을 말한다. 채무불이행(민법 제390조)과 불법행위(민법 제750조)가 있다.

  ㉡ 내부적 용태(내심적 의식) : 내부적 의사 또는 관념을 말하며, 예외적인 경우에 한하여 일정한 법률효과가 부여된다.

관념적 용태	일정한 사실을 아느냐 모르느냐의 내심적인 사실(예 선의, 악의, 정당한 대리인이라는 신뢰)
의사적 용태	어느 사람이 일정한 의사를 가지느냐 안 가지느냐 하는 내심적인 사실(예 소유의 의사, 사무 관리에 있어 본인의 의사)

② 사건(事件) : 사람의 정신작용에 기하지 않은 법률사실(예 출생, 사망, 실종, 시간의 경과, 물건의 자연적 발생과 소멸, 부당이득)

6. 권리의 충돌과 순위

(1) 물권 상호 간
① 소유권과 제한물권 간 : 제한물권이 언제나 소유권에 우선한다.
② 제한물권 상호 간
　㉠ 서로 종류를 달리하는 물권일 때 : 일정한 원칙이 없고, 법률의 규정에 의하여 순위가 정하여진다.
　㉡ 같은 종류의 권리 상호 간 : 먼저 성립한 권리가 후에 성립한 권리에 우선한다는 원칙이 지배한다.

(2) 채권 상호 간
① 채권자 평등의 원칙에 따라 동일채무자에 대한 여러 개의 채권은 그의 발생원인·발생시기의 선후·채권액의 다소를 묻지 않고서 평등하게 다루어진다. 즉, 채권은 성립의 선후에 따른 우선순위의 차이가 없고 모든 채권자는 같은 순위로 변제를 받는 것이 원칙이다.
② 채권자는 임의로 그의 채권을 실행할 수 있고, 먼저 채권을 행사한 자가 이익을 얻는다는 결과가 된다. 이것을 선행주의라고 한다.

(3) 물권과 채권 간
① 하나의 물건에 대하여 물권과 채권이 병존하는 경우에는 그 성립시기를 불문하고 원칙적으로 물권이 우선한다.
② 대항요건을 갖춘 부동산의 임차권은 나중에 성립한 전세권에 우선한다.

CHAPTER 02 헌법

01 헌법 총설

1. 헌법의 개념과 분류

(1) 헌법의 의의 및 특성

국가의 통치조직과 작용, 국가기관 상호 간의 관계 및 국가와 국민과의 관계에 관한 근본규칙을 정한 최고법으로 정치성, 개방성, 이념성, 역사성, 최고규범성, 기본권 보장 규범성, 수권적 조직규범성, 권력제한 규범성, 생활규범성을 특성으로 한다.

(2) 헌법의 최고규범성

헌법은 명문의 규정을 두고 있지는 않지만 국가의 최고규범이자 근본규범이다. 헌법은 법률, 명령, 규칙 등 하위 법령의 해석에 있어 기준이 되며, 헌법에 위반한 하위 법령은 그 효력이 부인된다.

(3) 헌법의 이중성(양면성)

헌법은 한 나라의 권력관계를 나타내는 정치적 측면의 사실을 나타내는 사실적 특성을 가지기도 하고 국가생활, 정치생활에 있어야 할 모습을 제시하고 규율하는 규범적 특성을 가지고 있는데, 이를 헌법의 이중성(양면성)이라고 한다.

(4) 헌법개념의 역사적 변천

① **고유한 의미의 헌법** : 헌법이란 국가의 영토·국민·통치권 등 국가의 근본조직과 작용에 관한 기본법으로 국가가 있는 이상 어떤 형태로든 존재한다.
② **근대 입헌주의 헌법** : 국법과 왕법을 구별하는 근본법(국법) 사상에 근거를 두고 국가권력의 조직과 작용에 관한 사항을 정하며 동시에 국가권력의 행사를 제한하여 국민의 자유와 권리 보장을 이념으로 하는 헌법으로 버지니아헌법(≒ 권리장전, 1776년), 미합중국헌법(1787년), 프랑스 인권선언(1789년) 등이 그 효시이다.
③ **현대 복지국가 헌법** : 근대 입헌주의 헌법정신을 바탕으로 하면서 국민의 인간다운 생활을 보장하기 위하여 복지증진을 중심으로 개편된 것으로 바이마르헌법(1919년)이 그 효시이다.

⟨근대·현대 헌법의 비교⟩

근대 입헌주의 헌법	현대 복지국가 헌법
• 기본권의 보장(형식적 평등) • 권력분립 • 의회주의 • 형식적 법치주의 • 성문헌법·경성헌법 • 시민적 법치국가 • 국민주권주의	• 생존권의 보장(실질적 평등) • 행정국가화 경향, 권력분립의 완화 • 사회적 시장경제질서, 사회국가적 복지국가 • 실질적 법치주의 • 헌법재판제도의 강화 • 국제평화주의, 복지국가적 경향 • 국민주권주의의 실질화(국민투표제도)

(5) 헌법의 분류

① 실질적 의미의 헌법과 형식적 의미의 헌법
  ㉠ 실질적 의미의 헌법 : 국가의 조직·작용에 관한 기본원칙을 정하고 있는 법규범 전체를 말한다. 그 존재형식은 불문한다.
  ㉡ 형식적 의미의 헌법 : 헌법전이라는 특별한 형식으로 성문화된 법규범을 말한다.

② 제정주체에 따른 분류
  군주헌법(흠정헌법, 예 일본의 명치헌법, 19세기 전반의 독일 각 연방헌법), 협약헌법(예 대헌장, 권리장전), 민정헌법(예 오늘날 자유민주주의 국가의 대부분의 헌법), 국약헌법(예 미합중국 헌법)

③ 성문 여부(존재형식)에 따른 분류
  성문헌법(예 1776년의 버지니아 헌법), 불문헌법(예 영국·뉴질랜드 등의 헌법)

④ 개정절차의 난이도에 따른 분류
  경성헌법(예 대부분의 국가들이 취하고 있는 헌법), 연성헌법(예 1948년의 이탈리아 헌법, 1947년의 뉴질랜드 헌법)

⑤ 유래에 따른 분류
  독창적 헌법(예 영국의 의회주권주의 헌법, 미국의 대통령제 헌법, 프랑스의 나폴레옹 헌법, 1931년의 중화민국 헌법의 오권분립제 등), 모방적 헌법(예 영연방의 여러 헌법들, 남미의 헌법들)

⑥ 독창성 여부에 따른 분류(뢰벤슈타인)
  규범적 헌법(예 서구 여러 나라의 헌법), 명목적 헌법(예 남미 여러 나라의 헌법), 장식적 헌법(예 구소련 등의 공산주의 국가의 헌법)

(6) 헌법의 기능

① 국가창설적 기능 : 헌법은 비조직 사회를 정치적으로 통일시킴으로써 국가를 창설하는 기능을 가진다.
② 정치생활주도 기능 : 헌법은 국가의 정치생활을 주도하고 규제하는 기능을 가진다.
③ 기본권 보장을 통한 사회통합 기능 : 헌법은 사회공동체의 공감대적 가치를 보장하고 이를 실현하는 사회적 통합의 기능을 가진다.
④ 권력제한적 기능 : 헌법은 국가기관을 설치하고, 권한을 부여하며 권력을 제한하는 기능을 가진다.

2. 헌법의 제정과 개정

(1) 헌법의 제정

헌법의 제정이란 실질적으로는 정치적 통일체의 종류와 형태에 관하여 헌법제정권자가 행하는 법창조행위(헌법제정행위)를 의미하며, 형식적으로는 헌법사항을 성문헌법화 하는 것을 의미한다.

(2) 헌법제정권력

① 헌법제정권력의 개념 : 국민이 정치적 존재에 관한 근본 결단을 내리는 정치적 의사이며 법적권한이다.
  ㉠ 시원적 창조성 : 헌법제정권력은 제정의 본질상 당연히 국가적 질서와 헌법적 질서를 창조하는 시원적 창조성을 그 본질로 한다.
  ㉡ 자유성 : 어떠한 법형식이나 절차에 구애받지 않고 스스로 의도한 바에 따라 발동된다.
  ㉢ 항구성 : 헌법제정권력은 다른 모든 권력의 기초가 되며 분할할 수 없다.
  ㉣ 단일불가분성 : 한번 행사되었다고 소멸하는 것이 아니라 영원히 지속된다.
  ㉤ 불가양성 : 국민에게만 존재할 뿐 양도할 수 없다. 그러나 그 행사를 위임할 수는 있다(제정의회).
② 행사방법과 한계 : 헌법제정회의의 의결로 행사되며(제헌의회, 국민투표 등으로 표현), 인격 불가침, 법치국가의 원리, 민주주의 원리 등과 같은 근본규범의 제약을 받는다.
③ 헌법제정권력 이론(칼 슈미트와 시이예스)

구분	칼 슈미트	시이예스
주체	힘과 권력, 정치적 의지를 갖춘 실력자 (신, 군주, 국민, 귀족 등)	국민
정당성	혁명성	시원성
권력 행사방법	국민투표	제헌의회
특징	혁명성, 정치적 의지, 힘과 권력	시원적이고 창조적인 권력
헌법제정권력의 한계	한계 ×	한계 ×

(3) 헌법의 개정

① 헌법개정의 개념 : 헌법의 개정이란 헌법의 규범력을 높이기 위해 헌법에 규정된 헌법개정절차에 따라 헌법의 기본적 동일성을 유지하면서 성문헌법전의 전부 또는 일부를 의식적으로 수정, 삭제 또는 증보함으로써 헌법의 형식이나 내용에 종국적인 변경을 가하는 행위를 말한다.
② 헌법개정의 형식 : 개정 조항만을 추가해 나가는 경우(예 미국연방헌법)와 이미 있는 조항을 수정 또는 삭제하거나 새로운 조항을 설정하는 형식을 취하는 경우가 있다.

〈헌법개정의 형식〉

구분	내용
수정식·개폐식 개정	이미 있는 조항을 수정 또는 삭제하거나 새로운 조항을 삽입하는 유형으로 우리나라는 이 유형에 해당한다.
추가식 개정	기존의 조항들을 그대로 둔 채 개정조항만을 추가하는 유형으로 미국헌법은 이 유형에 해당한다.

③ 우리나라 헌법의 개정절차
  ㉠ 제안(헌법 제128조 제1항) : 국회 재적의원 과반수 또는 대통령의 발의로 제안
  ㉡ 공고(헌법 제129조) : 제안된 헌법개정안은 대통령이 20일 이상의 기간 동안 공고

ⓒ 국회의결(헌법 제130조 제1항) : 공고일로부터 60일 이내에 국회 재적의원 3분의 2 이상의 찬성으로 의결(기명투표, 수정의결 불허)
ⓓ 국민투표(헌법 제130조 제2항) : 국회의결 후 30일 이내에 국회의원 선거권자 과반수의 투표와 투표자 과반수의 찬성으로 확정
ⓔ 공포(헌법 제130조 제3항) : 대통령이 즉시 공포

3. 헌법의 보장

(1) 의의

협의로는 국가형태, 정치형태 또는 기본권적 가치질서를 보호대상으로 하고, 국가의 최고법으로서의 헌법효력의 보장을 의미하며, 광의로는 특정한 국가의 법적·사실적 존재 자체를 내외의 침해로부터 보호하는 국가 보장을 의미한다.

(2) 우리나라의 헌법 보장제도의 종류

구분	사전예방적 헌법수호	사후교정적 헌법수호
평상시	• 합리적 정당정치 구현 • 선거민의 국정통제 • 국민의 호헌의식 • 헌법 준수의무 선언 • 헌법의 최고규범성 선언 • 국가의 권력분립 • 헌법개정의 경성화 • 정치적 중립성 • 방어적 민주주의	• 위헌법률심사제도 • 탄핵제도 • 위헌정당의 강제해산제 • 의회해산제 • 공무원 책임제 • 국회의 긴급명령 등에 대한 승인권 • 각료의 해임건의권, 해임의결권
비상시	-	• 국가긴급권 • 저항권

02 대한민국 헌법

1. 대한민국 헌법사

(1) 제정

1948년 5·10 선거로 198인의 국회의원이 선출, 국회 본회의를 통과하여 1948년 7월 17일 헌법 공포, 즉일로 시행

(2) 건국 헌법의 내용

근로자의 이익분배균점권, 단원제국회, 대통령은 임기 4년(국회에서 선출), 대통령의 법률안거부권 및 법률안제출권, 부서제도, 국무원, 가예산제도, 헌법개정은 국회 의결로 가능, 헌법위원회의 위헌법률심사권, 탄핵재판소의 탄핵심판권, 자연자원의 국유화 원칙

2. 헌법전문

(1) 헌법전문의 의의

① 개념

헌법전문이란 헌법제정의 유래와 헌법제정권자, 헌법제정의 목적, 헌법의 기본원리 등을 선언하고 있는 헌법서문이다.

② 대한민국 헌법전문

유구한 역사와 전통에 빛나는 우리 대한국민은 3·1운동으로 건립된 대한민국임시정부의 법통과 불의에 항거한 4·19 민주이념을 계승하고, 조국의 민주개혁과 평화적 통일의 사명에 입각하여 정의·인도와 동포애로 민족의 단결을 공고히 하고, 모든 사회적 폐습과 불의를 타파하며, 자율과 조화를 바탕으로 자유민주적 기본질서를 더욱 확고히 하여 정치·경제·사회·문화의 모든 영역에 있어서 각인의 기회를 균등히 하고, 능력을 최고도로 발휘하게 하며, 자유와 권리에 따르는 책임과 의무를 완수하게 하여 안으로는 국민생활의 균등한 향상을 기하고 밖으로는 항구적인 세계평화와 인류공영에 이바지함으로써 우리들과 우리들의 자손의 안전과 자유와 행복을 영원히 확보할 것을 다짐하면서 1948년 7월 12일 제정되고 8차에 걸쳐 개정된 헌법을 이제 국회의 의결을 거쳐 국민투표에 의하여 개정한다.

③ 주요내용

현행 헌법전문에 명문으로 규정되어 있는 것	대한민국의 건국이념(3·1운동, 대한민국의 임시정부 법통과 4·19 이념의 계승), 국민주권주의, 자유민주적 기본질서의 확립, 기본권의 존중, 국제평화주의, 정의로운 복지사회의 구현
현행 헌법전문에 명문으로 규정되어 있지 않은 것	• 권력분립 • 민주공화국, 국가형태(제1조) • 5·16 군사정변(제4공화국 헌법) • 침략전쟁의 부인(제5조 제1항) • 자유민주적 기본질서에 입각한 평화적 통일정책(제4조) • 국가의 전통문화 계승발전과 민족문화 창달의무(제9조) • 대한민국 영토(제3조) • 개인과 기업의 경제상의 자유와 창의(제119조 제1항) • 인간의 존엄과 가치, 행복추구권(제10조)

④ 헌법전문의 효력에 관한 학설

㉠ 부정설 : 헌법전문은 단순히 헌법제정의 역사적 설명에 불과하다거나 제정 유래나 목적 또는 헌법제정에 있어서 국민의 의사를 선언한 것에 불과하다.

㉡ 긍정설 : 헌법전문은 형식적으로 헌법전의 일부를 구성하고, 실질적으로는 헌법규범 중 가장 기초적인 최상위의 규범으로 헌법의 본질적 부분을 형성하여 헌법개정의 한계가 된다.

⑤ 법적 효력

㉠ 최고규범성 : 헌법전문은 본문을 비롯한 모든 법규범의 내용을 한정하고 그 타당성의 근거가 된다. 따라서 한 국가의 법체계에서 최상위의 근본규범이다.

㉡ 법령의 해석 기준 : 헌법전문은 헌법본문과 기타법령의 해석기준이 된다.

㉢ 재판규범성 : 헌법전문의 법적 효력을 인정하는 입장에서도 헌법전문이 직접적인 재판규범인지에 대해서는 긍정설과 부정설로 나뉜다. 헌법재판소는 헌법전문의 재판규범성을 인정하고 있다.

㉣ 헌법개정의 한계 : 헌법전문의 자구수정은 가능하나 핵심적인 내용은 헌법개정의 한계이다. 제5·7·8·9차 개정헌법은 헌법전문을 개정한 바 있다.

3. 대한민국 헌법의 기본원리

(1) 국민주권의 원리

헌법 제1조 제2항에 국민주권주의를 표명하고 있고, 이는 헌법의 근본 규범으로서 헌법개정의 한계가 된다. 이를 구현하기 위한 제도로서 기본권 보장, 국민대표제, 복수정당제, 지방자치제, 법치주의, 권력분립 등이 있다.

(2) 자유민주주의의 원리

헌법전문에 표명된 자유민주주의는 자유주의와 민주주의가 결합된 정치원리로서 국민주권, 자유, 평등, 정의, 복지 등을 기본가치로 삼는다. 자유민주주의는 모든 폭력적 지배와 자의적인 지배를 배제하고 그때그때의 다수의 의사와 자유 및 평등에 의거한 국민의 자기결정을 토대로 하는 법치국가적 통치원리를 말한다.

> **민주적 기본질서의 원리**
> - 권력분립주의
> - 법치주의
> - 의회민주주의
> - 자유와 평등의 보장
> - 다수결의 원리
>
> **다수결의 원리**
> - 의의 : 민주주의의 실현의 수단
> - 다수결원리의 전제조건
>   - 결정참여자 간의 평등한 지위 보장
>   - 구성원 간의 다수결 원리에의 상호 합의와 신뢰
>   - 구성원 간에 기본적 가치에 대한 합의가 존재하고, 조정될 수 없는 근본적인 대립관계가 존재하지 않을 것
>   - 자유롭고 개방된 의사형성이 가능할 것
>   - 소수파와 다수파 간의 교체가능성이 열려 있을 것

(3) 기본권 존중주의

인간의 존엄과 인격의 존중을 바탕으로 하는 기본적 인권의 보장은 자유민주주의의 가장 기본적인 요소라고 할 수 있다. 헌법 제10조는 인간의 존엄과 가치의 존중, 행복추구권을 규정하여 이러한 기본권 존중의 대원칙을 선언하고 있다.

(4) 권력분립주의

① 의의

권력분립이라 함은 국가의 통치작용을 입법, 사법, 행정으로 나누어 각각 독립한 별개의 기관에 귀속시켜 기관 상호 간에 권력의 억제와 균형을 유지하고 국민의 자유를 보장하기 위한 통치조직의 원리를 말한다.

② 헌법규정
  ㉠ 입법권은 국회에 속한다(헌법 제40조).
  ㉡ 행정권은 대통령을 수반으로 하는 정부에 속한다(헌법 제66조 제4항).
  ㉢ 사법권은 법관으로 구성된 법원에 속한다(헌법 제101조 제1항).

(5) 법치주의의 원리
① 의의 및 성격
법치주의의 원리라 함은 모든 국가적 활동과 국가적 생활은 국민의 대표기관인 국회가 제정한 법률에 근거를 두고(법률유보원칙), 법률에 따라(법률우위원칙) 이루어져야 한다는 헌법원리이다. 적극적으로 국가권력의 발동근거로서의 기능, 소극적으로는 국가권력을 제한하고 통제하는 기능을 수행한다.

② 법치주의의 원리의 구현방법
성문헌법주의, 권력분립의 확립, 법률에 의한 기본권의 제한, 기본권 보장과 적법절차의 보장, 사법심사 및 권리구제 절차제도, 신뢰보호원칙, 소급입법금지의 원칙, 체계정당성의 원리, 법치행정, 위헌법률심사제 등

(6) 사회국가의 원리
① 사회국가의 원리의 헌법적 수용
현행 헌법은 명시적인 사회국가조항을 두지 아니하고 사회적 기본권 등의 사회국가적 목표를 개별적으로 헌법에 규정하고 있다.

② 헌법규정
  ㉠ 인간다운 생활의 보장(헌법 제34조 제1항 내지 제6항)
  ㉡ 근로자의 권익보장과 최저임금(헌법 제32조·제33조)
  ㉢ 교육제도(헌법 제31조)
  ㉣ 환경권(헌법 제35조)
  ㉤ 경제민주화와 사회적 시장경제질서(헌법 제9장 경제)

③ 사회국가의 원리의 한계
이념적 한계(자유시장경제질서의 준수), 보충성에 의한 한계(경제적·사회적 문제의 해결은 1차적으로 개인적 차원에서 해결을 시도하고 개인적 차원에서의 해결이 불가능한 경우에 비로소 국가가 개입해야 한다는 의미), 그 밖의 재정·경제상의 한계, 경제정책상의 한계, 기본권 제한상의 한계, 권력분립상의 한계 등

(7) 문화국가의 원리
문화국가의 원리란 국가가 문화를 보호·형성하면서도 국가로부터 문화의 자율성을 보장해야 한다는 원리이다. 현행 헌법은 헌법전문과 제9조에서 문화국가의 원리를 선언하고 있다.

4. 헌법의 기본질서

(1) 민주적 기본질서
민주적 기본질서는 자유민주적 기본질서와 사회민주적 기본질서를 포괄하는 개념이기는 하나, 우리 헌법이 보다 역점을 두고 있는 쪽은 자유민주적 기본질서이다. 헌법재판소는 자유민주적 기본질서의 내용으로 기본권의 존중, 권력분립, 의회제도, 복수정당제도, 선거제도, 사유재산과 시장경제를 골간으로 하는 경제질서, 사법권의 독립 등을 열거하고 있다.

(2) 사회적 시장경제질서
현행 헌법상 경제질서의 성격 : 사회적 시장경제질서(헌법 제119조)

(3) 평화주의적 국제질서
20세기 들어 양차대전의 참혹성을 체험한 세계 각국은 헌법에서 국제평화주의를 선언하고 있다(헌법 제5조 제1항, 제6조).

5. 대한민국의 기본제도

(1) 정당제도
① 의의
정당은 국민의 이익을 위하여 책임 있는 정치적 주장이나 정책을 추진하고 공직선거의 후보자를 추천 또는 지지함으로써 국민의 정치적 의사 형성에 참여함을 목적으로 하는 국민의 자발적 조직이다(정당법 제2조).
② 헌법상의 지위
설립의 자유와 복수정당제의 보장, 그 목적과 조직 및 활동이 민주적이어야 하며 만일 민주적 기본질서에 위배될 때에는 헌법재판소의 심판에 의하여야만 해산할 수 있다.
③ 법적 성격
정당은 국가와 국민의 정치적 의사형성의 중개적 권력이라는 제도적 보장설(중개적 권력설)이 다수설이며 그 밖에 헌법기관설(국가기관설), 사법적 결사설이 있다.
④ 조직
정당은 5개 이상의 시·도당을 가져야 하며, 시·도당은 1천인 이상의 당원을 가져야 한다.
⑤ 특권
정당의 설립·활동·존립·해산 등에 있어 특권을 가진다. 구체적으로 정치적 의사형성에 참여할 권리, 균등하게 경쟁할 기회를 보장받을 권리, 선거참가인지명권, 정당운영자금의 국고보조 등을 포함한 정치자금을 모집할 권리를 가진다.
⑥ 의무
당헌과 강령의 공개의무 및 재원을 공개할 의무가 있다. 또한, 조직 및 활동 등을 관할 선거관리위원회에 보고하여야 한다.

⑦ 정당의 해산

정당의 목적 및 활동이 민주적 기본질서에 위반될 때 헌법질서를 수호 및 유지하기 위해 헌법재판소가 정당을 강제로 해산하는 제도를 위헌정당 해산제도라고 한다.

(2) 선거제도

① 개념

합의에 의한 정치를 구현하기 위하여 국민의 대표자를 선출하는 행위를 말한다.

② 선거제도의 원칙

보통선거제	제한선거제에 반대되는 것으로서 사회적 신분·재산·납세·교육·신앙·인종·성별 등에 차별을 두지 않고 원칙적으로 모든 성년자에게 선거권을 부여하는 제도이다.
평등선거제	차등선거제에 반대되는 것으로서 선거인의 투표가치가 평등하게 취급되는 제도이다.
직접선거제	간접선거제에 반대되는 것으로서 선거인이 직접 선거하는 제도이다.
비밀선거제	공개선거제에 반대되는 것으로서 선거인이 누구에게 투표했는가를 제3자가 알 수 없게 하는 제도이다.
임의선거제 (자유선거제)	강제선거제에 반대되는 것으로서 투표를 선거인의 자유에 맡기고 기권에 대해서도 하등 제재를 과하지 않는 제도이다.

③ 선거구제도

의원을 선출하는 단위로서의 지구를 말하며, 소선거구제는 1선거구에서 1인의 대표자를 선출하는 제도이고, 중선거구제는 1선거구에서 2~5인의 대표자를 선출하는 제도이다. 대선거구제는 중선거구제 이상의 대표자를 선출하는 제도이다.

〈선거구제의 장·단점〉

구분	장점	단점
대선거구제	사표의 방지, 부정투표의 방지, 인물선택의 범위 확대	군소정당 출현, 정국 불안정, 다액의 선거비용, 보궐선거나 재선거의 실시곤란, 후보자 파악의 곤란
소선거구제	양대정당 육성, 정국 안정, 선거의 공정성 확보, 의원과 선거민과의 밀접한 유대관계, 선거비용의 소액	사표의 가능성, 게리멘더링(Gerry Mandering)의 위험성, 지방적인 소인물의 배출

④ 대표제도(의원 정수의 결정방법)

다수대표제	하나의 선거구에서 다수득표를 얻은 자를 당선자로 하는 제도로, 소선거구제와 결부된다.
소수대표제	한 선거구에서 다수득표자뿐만 아니라 소수득표자도 당선자로 낼 수 있는 제도로, 대선거구제를 그 전제로 한다.
비례대표제	각 정당에게 그 득표수에 비례하여 의석을 배분하는 대표제를 말한다.
직능대표제	선거인을 각 직역으로 그 직역을 단위로 하여 대표를 선출하는 방법이며, 정치의 경제화에 그 원인이 있다.

⑤ 우리나라의 선거제도

보통·평등·직접·비밀·자유선거의 선거 원칙을 따르며, 비례대표제(전국구 국회의원, 광역의회 의원)를 가미한 소선거구·다수대표제이다.

(3) 공무원제도
① 의의
직·간접으로 국가나 공공단체의 공무를 담당하는 자를 총칭한다.
② 헌법상의 지위
국민 전체에 대한 봉사자이며 국민에 대한 봉사자의 지위를 확립하고, 그 직무에 공정한 수행과 정치적 중립을 보장하기 위하여 일정한 범위에서 기본권을 제한하고, 국민에 대하여 책임을 진다.
③ 직업 공무원제도
정당국가에 있어서 정당의 교체에 관계없이 행정의 독자성을 유지하기 위하여 헌법 또는 법률에 의하여 공무원의 신분이 보장된 공무원제도로 정치적 중립과 성적주의(능력실증), 정치활동과 근로 3권의 제한을 내용으로 한다.
④ 공무원의 근로 3권
  ㉠ 근로자는 근로조건의 향상을 위하여 자주적인 단결권·단체교섭권 및 단체행동권을 가진다(헌법 제33조 제1항).
  ㉡ 공무원인 근로자는 법률이 정하는 자에 한하여 단결권·단체교섭권 및 단체행동권을 가진다(헌법 제33조 제2항).
  ㉢ 법률이 정하는 주요방위산업체에 종사하는 근로자의 단체행동권은 법률이 정하는 바에 의하여 이를 제한하거나 인정하지 아니할 수 있다(헌법 제33조 제3항).
⑤ 공무원의 분류
  ㉠ 경력직 공무원
    • 일반직 : 기술·연구 또는 행정일반에 대한 업무를 담당하는 공무원
    • 특정직 : 법관, 검사, 외무, 경찰, 소방, 교원, 군인, 군무원, 헌법재판소 헌법연구관, 국가정보원의 직원과 특수 분야의 업무를 담당하는 공무원
  ㉡ 특수경력직 공무원
    • 정무직 : 선거취임, 국회동의임명직, 고도의 정책결정업무담당자 또는 이 업무보조자
    • 별정직 : 비서관·비서 등 보좌업무 등을 수행하거나 특정한 임무를 담당하기 위해 별도로 임용된 공무원

(4) 지방자치제도
① 의의
일정한 지역을 기초로 하는 단체나 일정한 지역의 주민이 국가로부터 자치권을 부여받아 자치단체의 고유 사무를 자신의 책임하에서 자신이 선출한 기관을 통하여 처리하는 제도로서 민주주의(주민자치)와 지방분권(단체자치)을 기반으로 한다.

> **주민자치와 단체자치의 비교**
> • 주민자치(정치적 의미)
> 주민자치는 민주주의 이념을 기초로 하며 자치권을 자연법상 주민의 권리로 본다. 자치단체에 권한 부여방법에 대해서는 개별적 수권주의의 입장이며 기관 통합주의에 따라 내각제형을 취하고 있다. 국가는 입법적·사법적 감독을 중심으로 하며 지방세에 대해서는 독립세주의 입장에 있다. 주민자치에서는 고유사무와 위임사무의 구별이 없다.

> - 단체자치(법률적 의미)
>   단체자치는 지방분권사상에 이념적 기초를 두고 있으며 자치권의 성질을 실정법에서 부여되는 단체의 권리로 본다. 권한 부여방법에 대해서는 포괄적 수권주의의 입장에 있으며 권력분립 주의에 따른 대통령제 형태를 띤다. 지방세에 대해서는 부가세주의를 취하고 고유사무와 위임사무를 구분한다.

② 기능
권력의 억제기능, 민주주의의 학교 기능, 주민의 기본권 실현 기능

③ 자치단체의 종류(법률로 정함)
특별시·광역시·특별자치시·도·특별자치도(정부직할), 시·군·자치구(특별시·광역시 관할), 지방자치단체 조합·특별 지방자치단체

④ 자치단체의 권한
자치행정권, 자주재정권, 자치입법권, 조례와 규칙제정권, 자치조직권

⑤ 자치단체의 기구
지방의회의원으로 구성된 지방의회와 규칙제정권, 조례공포권, 재의요구권, 선결처분권 등을 가진 자치단체의 장이 있다.

⑥ 대한민국의 지방자치제
㉠ 종류 : 보통 지방자치단체로 특별시·광역시·특별자치시·도·특별자치도의 상급 지방자치단체와 시·군·구의 하급 지방자치단체가 있고, 특별 지방자치단체로 지방자치단체조합이 있다.
㉡ 지방자치단체의 구성요소 : 일정한 지역, 주민, 자치권

03 기본권

1. 기본권 서론

(1) 기본권의 발전

① 고전적 기본권
1215년 마그나 카르타 → 1295년 모범의회 → 1628년 권리청원 → 1647년 인민협정 → 1679년 인신보호법 → 1688년 명예혁명 → 1689년 권리장전

② 근대적 기본권
㉠ 18세기 후반에 미국·프랑스에서 일어난 개인주의·자유주의사상을 배경으로 한 자유획득의 투쟁 결과 이루어진 몇 가지 권리선언에서 발전되는 것으로 자연법사상을 기반으로 한다.
㉡ 1776년 미국의 버지니아 권리장전(자유권적 기본권을 최초로 규정), 1776년 미국 독립선언서, 1789년 프랑스 인권선언, 1791년 미국의 수정헌법, 1906년 러시아의 국가기본법 등

③ 현대적 기본권
기본권의 사회화 경향(1919년 바이마르헌법 – 생존권적 기본권, 즉 사회적 기본권을 헌법적 차원에서 처음으로 규정), 자연권성 강조(1948년 UN인권선언), 기본권 보장의 국제화(1945년 UN헌장, 1948년 세계인권선언, 1950년 유럽인권규약, 1966년 UN인권규약, 1993년 비엔나 인권선언)가 특색이다.

(2) 기본권의 성격과 제도적 보장
① 기본권의 성격
개인을 위한 주관적 공권이며, 자연법상의 권리이다. 그러나 기본권은 주관적으로는 개인을 위한 주관적 공권을 의미하지만, 객관적으로는 국가의 가치질서인 기본적 법질서의 구성요소로서의 성격을 띠고 있으므로 헌법이 보장하는 기본권은 이중적 성격 내지 양면성을 가지고 있으며 보편성·고유성·항구성·불가침성이 그 특질이다.

② 제도적 보장
국가 자체의 존립의 기초가 되는 객관적 제도를 헌법에 규정하여 당해 제도의 본질을 헌법이 보장하는 것이다. 특정한 제도의 본질에 대한 최소한의 보장을 하기만 하면 되며, 제도 보장의 침해를 이유로 개인이 헌법소원을 제기할 수 없다.

(3) 기본권의 분류

포괄적 기본권	인간의 존엄과 가치, 행복추구권, 평등권
자유권적 기본권	인신의 자유권(생명권, 신체의 자유), 사생활의 자유권(거주·이전의 자유, 주거의 자유, 사생활의 비밀과 자유, 통신의 자유), 정신적 자유권(양심의 자유, 종교의 자유, 언론·출판의 자유, 집회·결사의 자유, 학문의 자유, 예술의 자유), 사회·경제적 자유권(직업선택의 자유, 재산권의 보장)
생존권(사회권)적 기본권	인간다운 생활을 할 권리, 교육을 받을 권리, 근로의 권리, 근로 3권, 환경권, 혼인·가족·모성보호에 관한 권리
청구권적 기본권	청원권, 재판청구권, 형사보상청구권, 국가배상청구권, 손실보상청구권, 범죄피해자 구조청구권
참정권	선거권, 공무담임권, 국민표결권

(4) 기본권의 주체
① 국민 : 기본적 인권의 주체로서의 국민에는 모든 자연인이 해당된다.
② 외국인
참정권, 생존권적(사회권적) 기본권 등의 주체는 될 수 없으나, 인간의 존엄과 가치·행복추구권, 구체적 평등권 및 대부분의 자유권적 기본권에 있어서의 주체는 될 수 있다.
③ 법인
경제활동의 발전으로 사법상 법인실재설에 대응하여 법인에 대하여도 국민의 권리와 의무에 관한 규정이 인정된다고 본다(통설). 성질상 내국법인이 누릴 수 있는 법 앞의 평등, 직업선택의 자유, 주거·이전의 자유, 통신의 불가침, 언론·출판의 자유, 재산권의 보장, 재판청구권 등의 기본권을 누릴 수 있으나, 생명권, 선거·피선거권, 행복추구권, 사회적 기본권(생존권) 등은 성질상 누릴 수 없다.

(5) 기본권의 제한과 한계
① 헌법유보에 의한 기본권의 제한
정당의 목적과 활동(헌법 제8조 제4항), 언론·출판의 자유(제21조 제4항), 군인·공무원·경찰공무원 등의 국가배상청구권(제29조 제2항), 공무원의 근로 3권(제33조 제2항), 방위산업체 근로자의 단체행동권(제33조 제3항)

② 법률유보에 의한 기본권의 제한
국가안전보장·질서유지·공공복리를 위하여 필요한 경우에 '법률'로 제한할 수 있다. 단, 제한하는 경우에도 자유와 권리의 본질적인 내용을 침해할 수 없다(헌법 제37조 제2항).

> **법률에 의한 기본권 제한의 예외**
> - 긴급명령, 긴급재정·경제처분 및 그 명령에 의한 제한(헌법 제76조) : 국민의 자유와 권리를 잠정적으로 정지(상대적 기본권만 제한)
> - 비상계엄선포에 의한 제한(헌법 제77조) : 영장제도, 언론·출판·집회·결사의 자유, 정부나 법원의 권한에 대한 특별조치
> - 특별권력관계에 의한 제한 : 공무원, 군인, 군무원, 수형자, 국공립학교 학생 등에 대하여는 특별권력관계를 설정한 목적에 따라 합리적 범위에서 제한

③ 기본권 제한의 한계
원칙적으로 형식적 법률에 의해서만 제한할 수 있으며, 그 법률은 일반적이어야 하고 명확하여야 하며, 구체적인 기본권을 대상으로 하여야 한다. 제한의 목적도 국가안전보장·질서유지·공공복리에 한하여야 하며, 제한 시 본질적 내용의 침해는 금지된다.

> **기본권 제한의 한계**
> - 기본권 제한입법의 목적상 한계
>   - 국가안전보장
>   - 질서유지
>   - 공공복리
>   - 기본권 제한의 목적과 한계
> - 기본권 제한입법의 방법상 한계
>   - 과잉금지의 원칙
>   광의의 과잉금지의 원칙이라 함은 '국가의 권력은 무제한적으로 행사되어서는 안 되고 이는 반드시 정당한 목적을 위하여 그리고 이러한 목적을 달성하기 위하여 필요한 범위 내에서만 행사되어야 한다.'라는 의미로 이해되고 있다.
>   - 과잉금지원칙의 내용
>   ⊙ 목적의 정당성
>   ⊙ 방법의 적정성
>   ⊙ 피해의 최소성
>   ⊙ 법익의 균형성
> - 기본권 제한입법의 내용상 한계
>   - 기본권의 본질적 내용 침해 금지
>   법률에 의해 기본권을 제한하더라도 기본권의 본질적 내용을 침해해서는 안 된다는 원칙이다.
>   - 학설과 판례의 입장
>   ⊙ 다수설의 입장 : 절대설이 다수설로 비례의 원칙을 준수하는 것 외에도 본질적 내용 침해금지의 요청까지 충족되어야 한다는 것이다. 즉, 본질적인 내용은 고정적이며 기본권 제한이 과잉금지원칙에 위반되지 않아도 본질적 내용 침해금지원칙에 위반될 수 있다는 입장이다.
>   ⊙ 헌법재판소 판례 : 일관되지 않지만 절대설에 가까운 판례가 많다.

(6) 기본권의 침해와 구제
① **입법기관에 의한 침해와 구제** : 기본권 침해 법률에 대한 위헌심사를 구하거나 헌법소원의 제기·청원으로 구제받을 수 있으며, 입법의 부작위로 기본권이 침해된 경우에는 헌법소원 제기가 가능하나 생존권적 기본권에 있어서는 부정설이 다수설이다.
② **행정기관에 의한 침해와 구제** : 행정쟁송을 제기하거나 국가배상이나 손실보상을 청구할 수 있다.
③ **사법기관에 의한 침해와 구제** : 오판이나 재판의 지연에 의한 침해시에는 상소, 재심, 비상상고, 형사보상청구에 의한 방법으로 구제받을 수 있다.
④ **사인(私人)에 의한 침해와 구제** : 고소·고발이나 손해배상청구의 방법이 있다.

(7) 기본권의 효력
① **대국가적 효력**
원칙적으로 입법·사법·행정 등 모든 국가권력을 구속하며 권력작용뿐만 아니라 비권력작용인 관리행위·국고행위에 대해서도 기본권 규정이 적용된다.
② **제3자적 효력**
오늘날은 국가나 공공단체에 의한 기본권 침해보다도 국가유사기능을 행사하는 사회적 세력·단체들에 의한 기본권 침해가 크게 문제가 되고 있다. 여기에 기본권의 타당 범위를 국가권력 외에 사인 상호 간으로 확대하여 사인에 의한 법익의 침해에 대해서도 기본권의 보장효력을 인정할 필요가 있게 되는데, 이것이 기본권의 제3자적 효력의 문제이다.
③ **대한민국 헌법에 있어서의 제3자적 효력**
  ㉠ 직접 적용의 경우 : 인간의 존엄과 가치, 행복추구권, 근로조건의 기준, 여자와 연소근로자의 보호, 근로 3권
  ㉡ 간접 적용의 경우 : 평등권, 사생활의 비밀, 양심·신앙·표현의 자유

2. 포괄적 기본권

(1) 인간으로서의 존엄과 가치
① **의의** : 인간의 본질적인 인권과 인간으로서의 독자적인 가치를 말한다고 할 수 있다(인격주체성).
② **법적 성격** : 객관적 최고원리, 전국가적 자연권성, 개인주의적 성격, 최고규범성
③ **주체** : 인간(모든 국민, 외국인)
④ **효력** : 주관적 공권, 제3자적 효력
⑤ **주요내용** : 인간의 존엄과 가치는 헌법상의 최고원리로서 모든 국가권력은 이에 구속되고 이에 반하는 헌법 개정은 허용되지 아니한다. 인간의 존엄과 가치는 헌법상 기본권 보장의 대전제가 되는 최고의 원리이다. 이를 침해하는 국가권력에 대한 국민은 저항권을 행사할 수 있고, 이를 침해하는 행정처분이나 재판에 대해서는 재판청구권의 행사, 헌법소원 등을 통해 침해행위의 배제를 청구할 수 있다.

(2) 행복추구권
① 의의 : 고통이 없고 만족감을 느낄 수 있는 상태를 실현할 수 있는 권리
② 법적 성격 : 주관적 권리, 자연법상 권리이자 실정권, 포괄적 권리
③ 주체 : 인간(모든 국민, 외국인)
④ 효력 : 주관적 공권, 제3자적 효력
⑤ 유래 : 1776년 버지니아 권리장전
⑥ 주요내용 : 생명권, 신체불훼손권, 인격권, 평화적 생존권, 휴식권, 안면권 등

(3) 평등권
① 의의 : 적극적으로 평등한 대우를 요구할 권리와 합리적인 이유 없이 국가에 의하여 불평등한 대우를 받지 않을 권리, 즉 법 앞의 평등으로 법의 정립, 집행 및 적용에 있어서의 평등을 뜻하며 입법·사법·행정기관까지도 구속하는 기본권이다.
② 법적 성격
   ㉠ 객관적 법질서이며 주관적 공권, 전국가적 자연권
   ㉡ 상대적·비례적·실질적 평등으로 합리적 차별 가능
③ 주체 : 개인, 법인, 권리능력 없는 사단, 재단, 외국인(제한가능)
④ 주요내용 : 자연법을 포함한 모든 법 앞에서의 평등과 법 내용의 평등까지도 포함하며, 정치영역에서는 절대적 평등을, 사회·경제영역에서는 상대적 평등을 추구한다. 또한, 성별·종교·사회적 신분을 초월하여 정치·경제·사회·문화의 전 영역에 걸쳐 차별을 금지한다.

> **평등권 위반 심사 기준**
> - 자의금지의 원칙 : 차별적 취급 존부 심사
> - 비례의 원칙 : 당해 차별의 정당성 및 균형성 심사

⑤ 구현 형태 : 차별 대우의 금지, 사회적 특수 계급제도의 금지, 특권제도의 금지(영전일대의 원칙), 개별적 평등권의 제도화(평등선거의 원칙, 교육의 기회균등, 혼인과 가족생활에 있어서의 양성의 평등, 여성노동자의 차별대우금지·경제적 복지의 평등), 경제질서의 사회적 평등, 지역 간의 균형 발전 등
⑥ 평등권의 제한(합리적 차별)
   ㉠ 헌법에 의한 제한 : 정당의 특권, 대통령의 형사상 특권, 국회의원의 불체포·면책특권, 공무원의 근로 3권의 제한·국가유공자의 보호, 국회의원 겸직 금지, 대통령 피선거권 연령 제한, 군인 등의 배상청구권 금지, 방위산업체 노동자의 단체행동권 제한, 현역군인의 국무총리·국무위원 임명제한 등
   ㉡ 법률에 의한 제한 : 공무원법, 형의 집행 및 수용자의 처우에 관한 법률, 누범 가중처벌, 누진세 제도, 공직선거법, 출입국관리법 등에서 규정

3. 자유권적 기본권

(1) 자유권적 기본권의 의의와 법적 성격
① 의의 : 자신의 자유영역에 관하여 국가로부터 침해를 받지 않을 권리이다.
② 법적 성격 : 천부적·전국가적인 권리이자 소극적이며 방어적인 권리이며 포괄적 권리이다.
③ 주체 : 국민, 외국인
④ 효력 : 모든 국가 기관을 직접 구속하는 구체적이고 현실적인 권리이다.
⑤ 자유권의 종류
  ㉠ 인신의 자유권 : 생명권, 신체의 자유
  ㉡ 사회·경제적 자유권 : 거주·이전의 자유, 직업선택의 자유, 주거의 자유, 사생활의 비밀과 자유, 통신의 자유, 재산권의 보장
  ㉢ 정신적 자유권 : 양심의 자유, 종교의 자유, 언론·출판의 자유, 집회·결사의 자유, 학문의 자유, 예술의 자유

(2) 인신 자유권
① 생명권
  ㉠ 의의 : 인간의 인격적·육체적 존재형태인 생존에 관한 권리로서 생명에 대한 모든 형태의 국가적 침해를 방어하는 권리이다.
  ㉡ 헌법적 근거 : 우리 헌법에는 명문 규정은 없지만 통설과 판례는 인간의 존엄성 규정, 신체의 자유, 헌법에 열거되지 아니한 권리 등에서 생명권의 헌법상 근거를 들어 인정하고 있다.
② 신체의 자유
  ㉠ 의의 : 법률에 따르지 않고서는 신체적 구속을 받지 아니할 자유를 말하는 것으로, 신체의 자유는 인간의 모든 자유 중에서 가장 원시적인 자유이다.
  ㉡ 제도 보장 : 죄형법정주의와 적법절차의 보장(헌법 제12조 제1항), 고문의 금지와 불리한 진술거부권(헌법 제12조 제2항), 영장주의(헌법 제12조 제3항), 변호인의 조력을 받을 권리와 국선변호인제도(헌법 제12조 제4항), 구속사유 고지제도(헌법 제12조 제5항), 체포구속적부심사제도(헌법 제12조 제6항), 자백의 증거능력제한(헌법 제12조 제7항), 형벌불소급·일사부재리의 원칙(헌법 제13조 제1항), 연좌제의 금지(헌법 제13조 제3항)

> **개념비교**
> - 일사부재리의 원칙
>   일사부재리의 원칙이란 실체판결이 확정되어 기판력이 발생하면 그 후 동일한 사건에 대해서 거듭 심판할 수 없다는 원칙이다. 확정판결이 있는 사건에 대해 다시 공소가 제기되면 법원은 면소의 선고를 해야 한다. 일사부재리의 원칙은 죄형법정주의와는 구별되는 원칙이다.
> - 이중위험금지의 원칙
>   이중위험금지의 원칙은 미연방수정헌법 제5조(누구든지 동일한 범행에 대하여 재차 생명 또는 신체에 대한 위협을 받지 아니한다)에 근거한 원칙으로, 일정절차단계에 이르면 동일절차를 반복하여 다시 위험에 빠뜨릴 수 없다는 절차법상 원리이다.

- 일사부재의의 원칙

  일사부재의의 원칙은 의회에서 일단 부결된 의안은 동일 회기 내에서 다시 발의·심의하지 못한다는 원칙으로, 회의의 원활한 운영의 방해를 방지하기 위한 것으로 소수파에 의한 의사방해(필리버스터)를 배제하려는 데 그 목적이 있다.

- 영장실질심사

  체포된 피의자에 대하여 구속영장을 발부받은 판사는 지체 없이 피의자를 심문하여야 한다. 이 경우 특별한 사정이 없는 한 구속영장이 청구된 날의 다음날까지 심문하여야 한다(형사소송법 제201조의2 제1항).

(3) 사생활의 자유권

① 거주·이전의 자유(헌법 제14조)

국내 거주·이전의 자유, 국외 거주·이전의 자유, 해외여행, 국적이탈의 자유가 포함되나 무국적의 자유는 인정되지 않는다.

② 주거의 자유(헌법 제16조)

㉠ 주거의 안전과 평온을 제3자나 공권력으로부터 침해당하지 않을 권리이다.
㉡ 주거에 대한 압수·수색에는 영장주의를 채택하고 있다.
㉢ 경찰관 직무집행법, 소방기본법, 우편법, 마약류 관리에 관한 법률 등에 의해 제한될 수 있다.

③ 사생활의 비밀과 자유(헌법 제17조)

㉠ 사생활의 부당한 공개로부터의 자유와 개인의 사생활의 영위에 대한 간섭의 금지, 사생활에 대한 국가의 위법한 침해를 받지 않을 권리를 포함한다.
㉡ 사생활의 비밀과 자유의 주체는 외국인을 포함한 자연인이고, 법인은 원칙적으로 사생활의 비밀과 자유의 주체가 되지 못한다.
㉢ 국가권력에 의한 침해가 있을 때에는 위헌법률심사·청원·손해배상으로, 사인에 의한 침해가 있을 때에는 손해배상·정정요구 등을 통해 구제받을 수 있다.

④ 통신의 비밀(헌법 제18조)

㉠ 서신·전신·전화·텔렉스·소포 등의 검열·도청을 금지하고, 통신의 비밀을 보장받을 권리이다.
㉡ 국가안전보장·질서유지·공공복리를 위하여 필요한 경우에 한하여 제한할 수 있다.
㉢ 통신비밀보호법, 국가보안법, 전파법, 형의 집행 및 수용자의 처우에 관한 법률 등에 제한규정이 존재한다.

(4) 정신적 자유권

① 양심의 자유(헌법 제19조)

양심상 결정의 자유, 양심 유지의 자유, 양심에 반하는 행위를 하지 않을 자유, 침묵의 자유 등이 포함되며, 양심의 자유 중 양심형성의 자유는 내용을 제한할 수 없는 절대적 기본권이다.

② 종교의 자유(헌법 제20조)

신앙의 자유, 개종·종교 선택의 자유, 종교적 행사의 자유, 종교적 집회 및 결사의 자유, 포교 및 종교 교육의 자유 등이며, 국교의 금지와 정교분리의 원칙도 아울러 규정하고 있다.

③ 언론·출판의 자유(헌법 제21조)

의견의 표현과 전파의 자유, 정보의 자유(알 권리), 보도의 자유 및 방송·방영의 자유 등이 포함되며, 언론·출판은 타인의 명예나 권리 또는 공중도덕이나 사회윤리를 침해해서는 안 된다. 관련 법률로 신문 등의 진흥에 관한 법률, 방송법 등이 있고, 허가제와 검열제를 원칙적으로 제한하고 있다.

④ 집회·결사의 자유(헌법 제21조)

집단적인 표현의 자유의 성격을 갖기 때문에 언론·출판의 자유보다 통제를 받기 쉽다. 허가제는 인정되지 않으며, 시위도 움직이는 집회로서 집회의 개념 속에 포함된다.

⑤ 학문의 자유(헌법 제22조)

학문의 자유는 진리 탐구의 자유로서 학문적 활동에 대한 어떠한 간섭이나 방해를 받지 아니할 자유이며 그 구체적 내용으로는 교수의 자유, 연구의 자유, 연구의 결과를 발표할 자유, 학문을 위한 집회·결사의 자유, 대학의 자치 등이 있다.

⑥ 예술의 자유(헌법 제22조)

예술의 자유는 예술의 연구·발표·논의의 자유(헌법 제22조 제1항)를 말한다. 예술의 자유는 예술 창작의 자유와 예술표현의 자유, 그리고 예술적 결사의 자유를 그 내용으로 한다.

> **절대적 기본권**
> 내심의 작용으로서의 신앙의 자유, 종교의 자유, 양심과 침묵의 자유, 연구와 창작의 자유 등을 말하는 것으로 어떠한 경우에도 제한되거나 침해될 수 없는 기본권이다. 이와 반대로 국가적 질서와 목적을 위하여 제한이 가능한 기본권이나 내심의 작용을 내용으로 하지 않는 모든 권리와 자유는 상대적 기본권에 해당한다. 상대적 기본권은 헌법 유보나 법률유보로 제한이 가능하지만 그 권리의 본질적인 내용까지 침해할 수는 없다.

(5) 경제적 자유권

① 직업선택의 자유(헌법 제15조)

자유롭게 직업을 선택하고 종사하며 그 직업을 변경할 수 있는 권리이다. 직업결정의 자유, 직업수행의 자유, 영업의 자유, 전직의 자유, 무직업의 자유 등이 포함된다. 사법인은 직업선택의 자유의 주체가 되는 반면 공법인은 그 주체가 되지 못한다.

② 재산권의 보장(헌법 제23조)

㉠ 모든 국민의 재산권은 보장되고, 소급입법에 의한 재산권의 박탈은 금지되며, 공공필요에 의한 재산권의 수용·사용 또는 제한 시 그에 대한 보상은 법률로 하되, 정당한 보상을 지급하여야 한다.

㉡ 재산권의 내용과 한계는 법률로서 정하되, 핵심적인 내용은 침해할 수 없으며, 재산권의 행사는 공공복리에 적합하도록 하여야 하기에 복지국가 실현에 있어서 자유권 중 가장 제한받기 쉬운 권리이다.

4. 생존권적 기본권(사회적 기본권)

(1) 생존권적 기본권의 개념

① 의의 : 국민이 인간다운 생활을 영위할 수 있도록 생활에 필요한 제 조건을 국가가 적극적으로 관여하여 확보해 줄 것을 요청할 수 있는 권리를 말한다. → 1919년 바이마르헌법에서 처음으로 규정되었다.

② 자유권과 생존권의 비교

구분	자유권적 기본권	생존권적 기본권
이념적 기초	• 개인주의적 · 자유주의적 세계관 • 시민적 법치국가를 전제	• 단체주의적 · 사회정의의 세계관 • 사회적 복지국가를 전제
법적 성격	• 소극적 · 방어적 권리 • 전국가적 · 초국가적인 자연권 • 구체적 권리 · 포괄적 권리	• 적극적 권리 • 국가 내적인 실정권 • 추상적 권리 · 개별적 권리
주체	• 자연인(원칙), 법인(예외) • 인간의 권리	• 자연인 • 국민의 권리
내용 및 효력	• 국가권력의 개입이나 간섭 배제 • 모든 국가권력 구속, 재판규범성이 강함 • 제3자적 효력(원칙)	• 국가적 급부나 배려 요구 • 입법조치문제, 재판규범성이 약함 • 제3자적 효력(예외)
법률 유보	• 권리제한적 법률유보	• 권리형성적 법률유보
제한 기준	• 주로 안전보장 · 질서 유지에 의한 제한(소극적 목적)	• 주로 공공복리에 의한 제한(적극적 목적)

(2) 인간다운 생활을 할 권리(헌법 제34조)

① 인간의 존엄성에 부합하는 건강하고 문화적인 생활을 영위할 권리로서 사회적 기본권 중에서 가장 근원이 되는 권리이다.

② 인간다운 생활을 할 권리는 제10조의 '인간으로서의 존엄과 가치'에 관한 규정과 더불어 헌법상 최고의 가치를 가진다.

③ 인간다운 생활을 확보하기 위한 수단으로 최저생활이 불가능한 국민에게는 사회보장 · 사회복지의 방법을 통해 인간다운 생활을 확보해 주도록 하고 있다. 또한, 생활무능력자에게는 생계비 지급 등의 방법으로 생존을 보장해 줄 국가의 의무도 규정하고 있다.

(3) 교육을 받을 권리(헌법 제31조)

① 교육을 받을 수 있도록 국가의 적극적인 배려를 청구할 수 있는 권리로 문화국가와 복지국가의 실현의 수단이 된다.

② 개인의 능력에 따라 균등하게 교육을 받을 권리이며, 교육의 의무, 의무교육의 무상, 교육의 자주성과 정치적 중립성, 대학의 자율성, 교육제도의 법률주의를 규정하고 있다.

(4) 근로의 권리(헌법 제32조)

① 의의 : 근로자가 자신의 적성 · 능력 · 취미에 따라 일의 종류 · 장소 등을 선택하여 근로관계를 형성하고 타인의 방해 없이 근로관계를 계속 유지하는 권리이며, 가장 유리한 조건으로 노동력을 제공하여 얻는 대가로 생존을 유지하며, 근로의 기회를 얻지 못하면 국가에 대하여 이를 요구할 수 있는 권리를 말한다.

② 근로의 권리 : 근로의 기회제공을 요구할 권리, 국가의 고용증진, 적정임금보장의 의무, 최저임금제, 근로조건 기준의 법정, 여자와 연소자 근로의 특별보호, 국가유공자 등의 우선취업기회보장 등이 있다.
③ 근로자의 근로 3권
  ㉠ 단결권 : 근로조건의 유지·개선을 목적으로 사용자와 대등한 교섭력을 가진 단체를 자주적으로 구성할 수 있는 권리
  ㉡ 단체교섭권 : 근로자단체가 근로조건에 관하여 사용자와 교섭할 수 있는 권리
  ㉢ 단체행동권 : 노동쟁의가 발생한 경우에 쟁의행위를 할 수 있는 권리

> **근로 3권의 주체**
> - 근로자
> 근로 3권의 주체는 근로자이다. 근로자란 직업의 종류를 불문하고 임금·급료 기타 이에 준하는 수입에 의하여 생활하는 자를 말한다. 근로 3권을 향유하기 위해서는 세 가지 조건을 갖추어야 하는데 대가(임금)를 받아 생활하는 사람일 것, 노동력을 제공하는 사람과 그 대가를 지급하는 사람이 동일인이 아닐 것, 즉 개인택시업자, 소상인은 주체가 아니다. 현실적 또는 잠재적으로 노동력을 제공하는 사람일 것이다. 따라서 실업 중이라도 노동력을 제공할 의사가 있으면 근로 3권을 향유할 수 있다.
> - 사용자
> 사용자는 근로 3권의 주체가 될 수 없다.

④ 권리의 제한
  ㉠ 헌법 제33조에 의한 제한 : 공무원인 근로자는 법률이 정한 자에 한하여 근로 3권을 가진다.
  ㉡ 주요 방위산업체의 근로자의 단체행동권은 제한할 수 있다.
  ㉢ 헌법 제37조 제2항(국민의 모든 자유와 권리는 국가안전보장·질서유지 또는 공공복리를 위하여 필요한 경우에 한하여 법률로 제한할 수 있으며, 제한하는 경우에도 자유와 권리의 본질적인 내용을 침해할 수 없다)에 의해 제한할 수 있다.

(5) 환경권(헌법 제35조)
깨끗한 환경 속에서 인간다운 생활을 할 수 있는 권리이며, 타기본권의 제한을 전제로 하는 기본권으로 의무성이 강하고 경제성장의 장애요인의 성격이 있고 미래세대의 기본권적 성격이 있다. 국가의 환경침해에 대한 배제청구권(방어권), 사인의 환경침해에 대한 배제청구권(공해배제청구권), 생활환경의 조성·개선청구권을 그 내용으로 한다.

(6) 혼인의 순결과 보건을 보호받을 권리(헌법 제36조)
헌법은 혼인과 가족생활에 대한 제도보장을 규정하고 있고, 양성의 평등, 보건에 관한 국가의 보호의무, 모성의 보호 등을 규정하고 있다.

5. 청구권적 기본권(기본권 보장을 위한 기본권)

(1) 청구권적 기본권의 의의와 법적 성격
① 의의 : 국가에 대하여 일정한 행위를 적극적으로 청구할 수 있는 국민의 주관적 공권으로서 그 자체가 권리의 목적이 아니라 기본권을 보장하기 위한 절차적 기본권이다.
② 법적 성격 : 청구권적 기본권은 자유권적 기본권과 함께 가장 오래된 기본권 중의 하나로서 직접적 효력이 발생하는 현실적 권리이며 국가내적 권리이다.

(2) 청원권·청구권
① 청원권(헌법 제26조)
② 재판청구권(헌법 제27조)
③ 형사보상청구권(헌법 제28조)
④ 국가배상청구권(헌법 제29조)
⑤ 손실보상청구권(헌법 제23조 제3항)
⑥ 범죄피해자 구조청구권(헌법 제30조)

6. 참정권적 기본권

(1) 참정권의 의의와 법적 성격
① 의의 : 국민이 주권자로서 국정에 참여할 수 있는 기본권, 즉 국민이 국가기관의 구성원으로서 국가의 공무에 참여할 수 있는 권리를 말한다.
② 법적 성격 : 정치적 기본권은 국가내적 권리로서 일신전속적 권리이며 이 권리의 불행사에 따른 법적 의무는 인정되지 않는다.

(2) 선거권
국민이 국가기관을 구성하는 공무원을 선출하는 권리로 개인을 위한 주관적 공권인 동시에 공무로서의 성격을 가진다. 현행헌법상 국민의 선거권에는 대통령선거권, 국회의원선거권, 지방의회의원선거권, 지방자치단체장선거권이 있다.

(3) 공무담임권
행정부, 입법부, 사법부, 지방자치단체 등의 공공단체의 직무를 담임하는 것을 말하며, 이와 같은 국가기관의 일원으로 피선되고 국가기관에 취임할 수 있는 권리이다.

(4) 국민투표(표결)권
① 국민이 국가의 의사형성에 직접으로 참여할 수 있는 권리로 국민발안, 국민소환, 국민표결(국민투표)이 있다.
㉠ 국민발안 : 일정 수의 국민이 헌법 개정안이나 법률안 등을 의회에 직접 발의할 수 있는 제도
㉡ 국민소환 : 국민이 선출한 공무원을 임기만료 전에 투표를 통해 해임하는 제도
㉢ 국민투표 : 헌법 개정이나 국가의 중요 정책을 결정할 때 투표를 통해 국민의 의사를 묻는 제도

② 현행 헌법에서는 대통령이 회부한 국가안위에 관한 중요정책에 대한 국민투표(헌법 제72조)와 헌법 개정안에 대한 국민투표(헌법 제130조)에 대해서만 인정하고 있다.

7. 국민의 의무

(1) 고전적 의무

국가의 존립을 유지하고 보위(保衛)하기 위한 국민의 의무를 말한다.
① 납세의 의무 : 모든 국민은 법률이 정하는 바에 의하여 납세의 의무를 진다(헌법 제38조).
② 국방의 의무 : 모든 국민은 법률이 정하는 바에 의하여 국방의 의무를 진다(헌법 제39조 제1항).

(2) 현대적 의무

고전적 의무와 달리 국민에 국한하지 않고 국적의 여하를 막론하며, 모든 인간에게 공통되는 기본 의무를 말한다.
① 교육을 받게 할 의무 : 모든 국민은 그 보호하는 자녀에게 적어도 초등 교육과 법률이 정하는 교육을 받게 할 의무를 진다(헌법 제31조 제2항).
② 근로의 의무 : 모든 국민은 근로의 의무를 진다(헌법 제32조 제2항).
③ 환경 보전의 의무 : 국민은 환경 보전을 위하여 노력하여야 한다(헌법 제35조 제1항).
④ 재산권행사의 공공복리적합성의 의무 : 재산권의 행사는 공공복리에 적합하여야 한다(헌법 제23조 제2항).

04 통치구조

1. 통치구조의 원리와 형태

(1) 통치원리

① 국민주권의 원리
국가의사를 궁극적으로 결정할 수 있는 권력이 국민에게 있다는 것으로 주권자인 국민이 그들의 대표를 선출하고 선출된 대표자들로 정치를 담당케 하여 대표자들의 의사를 전체 국민의 의사로 보는 원리이다.

② 권력분립의 원리
우리 헌법은 입법권은 국회에 두고(헌법 제40조), 행정권은 대통령을 수반으로 하는 정부에 두며(헌법 제66조 제4항), 사법권은 법원에 속한다고 하여(헌법 제101조 제1항) 권력분립(3권 분립)을 규정하고 그 외 권력 상호 간의 견제와 균형을 도모하기 위한 여러 규정을 함께 두고 있다.

③ 의회주의의 원리
국민에 의하여 선출된 대표자로 구성되는 의회에서 국가의사가 결정되고 의회를 중심으로 국정이 운용되는 정치방식으로서 대표관계의 정당한 구성, 합리적인 공개토론, 정권의 평화적 교체, 언론의 자유 등을 전제로 한다.

④ 법치주의의 원리
　　국민의 권리와 자유 보장을 위하여 국가가 국민의 자유·권리를 제한하거나 국민에게 새로운 의무를 부과하려 할 때에는 반드시 국회가 제정한 법률에 의하거나 법률에 근거가 있어야 한다는 원리이다.

(2) 통치구조의 형태

① 대통령제
　　대통령제는 엄격한 권력분립에 입각하여 행정부의 수반(대통령)이 국민에 의하여 선출되고, 그 임기 동안 의회에 대하여 책임을 지지 않고 의회로부터 완전히 독립한 지위를 유지하는 정부형태이다.

② 의원내각제
　　행정부(내각)가 의회(하원)에 의하여 구성되고 의회의 신임을 그 존립의 요건으로 하는 정부형태이다.

〈대통령제와 의원내각제의 비교〉

구분	대통령제	의원내각제
성립·존속 관계 (본질)	• 엄격한 삼권분립, 정부와 국회의 관계 대등 • 대통령 : 민선 • 정부 : 대통령이 독자적으로 구성 • 대통령이 의회에 대해 무책임	• 입법권과 행정권의 융합 • 대통령 : 의회에서 간선 • 정부 : 의회에서 간선 • 의회는 정부불신임권 보유, 정부는 의회 해산권 보유
정부의 구조관계	• 국가대표와 행정수반이 대통령에 귀속(실질적 권한)	• 국가대표는 대통령(또는 군주)에게 귀속(형식적·의례적 권한) • 행정수반은 수상(또는 총리)에게 귀속(실질적 행정권)
기능상의 관계	• 의원의 정부각료 겸직 불허 • 정부의 법률안 제출권, 정부의 의회출석·발언권 없음	• 의원의 정부각료 겸직 허용 • 정부의 법률안 제출권, 정부의 의회출석·발언권 있음
기타 제도상의 관계	• 민선의 부통령제를 채택 • 대통령의 법률안 거부권 인정 • 국무회의는 법률상 기관, 임의적 기관, 자문기관	• 총리제 : 의회의 동의를 얻어 국가 원수가 총리를 임명 • 부서제도를 채택 • 국무회의는 헌법상 기관, 필수적 기관, 의결기관
장점	• 대통령 임기동안 정국안정 • 국회 다수당의 횡포견제 가능	• 정치적 책임에 민감(책임정치) • 독재방지
단점	• 정치적 책임에 둔감 • 독재의 우려	• 정국불안정 • 다수당의 횡포 우려

③ 우리나라의 정부형태
　　대통령제 요소와 의원내각제 요소가 절충되고 있으나, 국정이 대통령중심제로 이루어지고 행정부의 수반과 국가원수가 동일인인 대통령인 점에 비추어 대통령제라 할 수 있다.

대통령제적 요소	의원내각제적 요소
• 대통령이 국가원수 겸 행정부 수반이 됨(집행부가 일원화) • 대통령이 국민에 의해 직접 선출 • 행정부 구성원의 탄핵소추 • 법률안 거부권 • 국회가 대통령을 불신임하거나 대통령이 국회를 해산하지 못함 • 국정조사 및 국정감사제도	• 정부의 법률안 제출권 • 국무총리와 국무위원에 대한 해임건의권 • 국무총리 및 관계 국무위원의 부서제도 • 국무총리제 • 국회의원과 국무위원의 겸직 허용 • 국무총리 및 국무위원 등의 국회 및 위원회 출석발언권 및 출석발언요구권 • 국무회의제

2. 통치기구

(1) 국회

① 의회의 개념

국민에 의하여 선출된 의원들로 구성되는 합의체의 국가기관으로서 입법권을 행사한다.

② 단원제와 양원제

의회는 하나 또는 둘의 합의체로 구성되는데, 전자를 단원제, 후자를 양원제라 한다.

〈단원제와 양원제의 장·단점〉

구분	단원제	양원제
장점	• 국정의 신속한 처리 • 국회의 경비절약 • 책임소재의 분명 • 국민의사의 직접적 반영	• 연방국가에 있어서 지방의 이익 옹호 • 직능적 대표로 상원이 원로원 구실을 하여 급진적 개혁 방지 • 하원의 경솔한 의결이나 성급한 과오 시정 • 상원이 하원과 정부의 충돌 완화
단점	• 국정심의의 경솔 • 정부와 국회의 충돌 시 해결의 곤란 • 국회의 정부에 대한 횡포의 우려	• 의결의 지연 • 경비과다 • 전체 국민의 의사 왜곡 우려

③ 국회의 헌법상 지위

㉠ 국민의 대표기관 : 국회는 국민이 선출한 의원으로 구성되고, 국회가 행한 행위는 국민의 행위로 간주된다. 국민주권주의하에 있어서는 국민이 주권을 가지고 있으며, 법률은 국민의 총의의 표현이기에 입법권을 가진 국회는 헌법에 의하여 국민의 대표기관으로 지정되어 있다.

㉡ 입법기관 : 국회의 가장 본질적인 권한은 입법에 관한 권한이다.

㉢ 국정의 통제기관 : 국회는 국정을 감시·비판하는 기관으로서 탄핵소추권, 국무총리·국무위원 해임건의권, 국정감사권·조사권 등을 가진다.

④ 국회의 구성

국민의 보통·평등·직접·비밀선거에 의하여 선출된 의원과 비례대표제에 의한 간선의원으로 구성되며, 의원정수는 법률로 정하되, 200인 이상으로 한다(헌법 제41조 제1항·제2항).

> **국회의원**
> • 국회의원의 임기는 4년으로 한다.
> • 국회의원은 법률이 정하는 직을 겸할 수 없다.
> • 국회의원이 궐위되어 보궐선거로서 다시 의원을 선출하는 경우 당선된 의원의 임기는 잔여임기로 한다.

⑤ 국회의 의사정족수(헌법 제49조)
  ㉠ 국회의 일반의결정족수

정족수	사항
재적의원의 과반수 출석과 출석의원의 과반수 찬성 : 가부동수인 경우 부결된 것으로 본다.	• 법률안 의결 • 예비비 승인 • 예산안 의결 • 긴급명령의 승인 • 조약동의 • 공무원 임명동의 • 일반사면동의 • 의원의 체포·석방동의

  ㉡ 국회의 특별의결정족수

정족수	사항
재적의원 3분의 2 이상 찬성	• 헌법개정안의결 • 국회의원 제명 • 대통령에 대한 탄핵소추의결
재적의원 과반수의 찬성	• 헌법개정안 발의 • 대통령탄핵소추 발의 • 탄핵소추 의결(대통령은 제외) • 국무총리 등 해임 건의 • 계엄 해제 요구 • 국회의장 및 부의장 선출(예외적으로 선거투표제 있음)
재적의원 3분의 1 이상 찬성	• 국무총리 등 해임 발의 • 탄핵소추 발의(대통령은 제외)
재적의원 과반수 출석과 출석의원 3분의 2 이상 찬성	• 법률안의 재의결
재적의원 4분의 1 이상 찬성	• 임시국회 집회요구
재적의원 과반수 출석과 출석의원 다수 찬성	• 국회법상 : 임시의장·상임위원회의 위원장 선출 • 헌법상 : 국회에서의 대통령당선자 결정
출석의원 과반수 찬성	• 본회의 비공개결정

⑥ 회기와 회의

국회의 회기는 국회가 의사활동을 할 수 있는 기간을 말한다.
  ㉠ 정기회 : 매년 1회(9월 1일) 집회되며, 100일을 초과할 수 없다(헌법 제47조 제1항·제2항).
  ㉡ 임시회 : 대통령 또는 국회재적의원 4분의 1 이상의 요구 시 집회되며, 회기는 30일을 초과할 수 없다(헌법 제47조 제1항·제2항).
  ㉢ 회의의 원칙
    • 의사공개의 원칙 : 회의의 내용은 원칙적으로 공개한다(헌법 제50조 제1항).
    • 회기계속의 원칙 : 회기 중 의결하지 못한 의안은 폐기되지 않고 다음 회기에 자동으로 넘겨 심의를 계속하도록 하는 제도이다. 다만, 국회의원의 임기가 만료된 때에는 그러하지 아니한다(헌법 제51조).
    • 일사부재의 원칙 : 회기 중 한 번 부결된 안건은 같은 회기 내에 재발의하지 못하도록 하는 제도로 계속 똑같은 안건을 발의하여 원활한 회의진행을 방해하는 것을 사전에 차단하는 원칙이다(국회법 제92조).

⑦ 권한
- ㉠ 입법 : 헌법개정안 발의·의결권, 법률안제출권, 법률제정권, 조약의 체결·비준에 대한 동의권, 국회규칙제정권
- ㉡ 재정(재정의회주의 채택) : 조세법률주의, 예산 및 추가경정예산의 심의·확정권, 결산심사권, 기채동의권, 예산 외의 국가부담계약체결에 대한 동의권, 예비비 설치에 대한 의결권과 그 지출승인권 등
- ㉢ 헌법기관 구성 : 대법원장·헌법재판소장·국무총리·감사원장임명동의권, 헌법재판소재판관·선거관리위원회위원의 일부선출권 등
- ㉣ 국정통제 : 탄핵소추권, 해임건의권, 긴급재정경제처분 및 명령·긴급명령에 대한 승인권, 국정감사권·국정조사권·계엄해제요구권, 국방·외교정책에 대한 동의권, 일반사면에 대한 동의권, 국무총리 등의 국회출석요구 및 질문권 등
- ㉤ 국회 내부사항에 관한 자율권 : 국회규칙제정권, 의원의 신분에 관한 권한(의원의 제명·징계·자격심사), 내부조직권, 내부경찰권 등

⑧ 권리
특권(면책특권, 불체포특권), 의사운영에 관한 권리(출석권, 발의권, 질문권, 질의권, 토론권, 의결권), 임시회소집을 요구할 권리(재적의원 4분의 1 이상), 수당·여비를 받을 권리, 국유교통수단의 이용권

⑨ 의무
국민 전체에 대한 봉사자로서의 봉사의무, 겸직금지의무, 청렴의무, 국익우선의무, 지위남용금지의무, 선서의무, 국회·위원회출석의무, 의장의 내부경찰권에 복종할 의무, 의사에 관한 법령·규칙준수의무, 의회장질서유지에 관한 명령복종 준수 등

(2) 대통령
① 대통령의 헌법상 지위
- ㉠ 국민대표기관으로서의 지위
- ㉡ 국가원수로서의 지위
- ㉢ 행정부의 수반으로서의 지위

② 선임
보통·평등·직접·비밀선거의 원칙에 따라 무기명투표·단기투표방법으로 국민이 직접 선출(전국단위의 대선거구제), 당선자결정방법은 상대적 다수대표제이고 예외로 1인의 후보자인 경우에는 선거권자 총 수의 3분의 1 이상을 득표해야 당선(무투표당선제를 부인)이 되며, 최고득표자가 2인 이상인 경우에는 국회 재적의원 과반수의 공개회의에서 다수표를 얻은 자가 당선된다(헌법 제67조).

③ 임기
대통령의 임기는 5년으로 하며, 중임할 수 없다(헌법 제70조). 대통령의 임기연장 또는 중임변경을 위한 헌법개정은 그 헌법개정제안 당시의 대통령에 대하여는 효력이 없다(헌법 제128조 제2항).

④ 의무와 특권
대통령은 헌법준수·국가보위·조국의 평화적 통일·민족문화의 창달 등의 직무를 성실히 수행할 의무를 지며, 공·사의 직을 겸할 수 없으며, 국가의 독립·영토의 보전·국가의 계속성과 헌법을 수호할 책무를 진다. 또한, 대통령은 내란 또는 외환의 죄를 범한 경우를 제외하고는 재직 중 형사상의 소추를 받지 아니하며, 탄핵결정에 의하지 아니하고는 공직으로부터 파면되지 아니한다.

⑤ 권한 및 행사의 방법과 통제
  ㉠ 대권적 권한
  ㉡ 행정에 관한 권한
  ㉢ 국회와 입법에 관한 권한
  ㉣ 사법에 관한 권한
  ㉤ 권한행사의 방법
  ㉥ 권한행사에 대한 통제방법
  ㉦ 권한대행

(3) 행정부
① **국무총리**
  ㉠ 대통령의 보좌기관으로서 대통령의 명을 받아 행정각부를 통할한다(헌법 제86조 제2항).
  ㉡ 행정부의 제2인자로서 대통령 권한대행의 제1순위가 되며, 국무회의의 부의장이 된다(헌법 제88조 제3항).
  ㉢ 국회의 동의를 얻어 대통령이 임명하고(헌법 제87조 제1항), 해임은 대통령의 자유이나 국회가 해임건의를 할 수 있다(헌법 제63조 제1항).
  ㉣ 국무위원의 임명제청권과 해임건의권, 대통령의 권한 대행 및 서리권, 국무회의의 심의·참가권, 국회에의 출석·발언권, 부서권, 행정각부 통할권, 총리령 제정권을 가지며 부서할 의무, 국회의 요구에 따라 출석·답변할 의무가 있다.
② **국무위원**
  ㉠ 국무회의의 구성원으로서 대통령의 보좌기관으로(헌법 제87조 제2항) 임명은 국무총리의 제청으로 대통령이 하고(헌법 제87조 제1항) 해임은 대통령이 자유로이 한다.
  ㉡ 법률이 정하는 순서에 따라 대통령의 권한대행권, 국무회의의 심의·의결권, 부서권, 국회에의 출석·발언권이 있으며, 부서할 의무, 국회의 요구에 따라 출석·답변할 의무가 있다.
③ **국무회의**
  ㉠ 대통령을 의장으로 하고 국무총리를 부의장으로 하며 15인 이상 30인 이하의 국무위원으로 구성(헌법 제88조 제2항)하는 정부의 권한에 속하는 중요정책을 심의(헌법 제88조 제1항)하는 기관이다.
  ㉡ 헌법상의 필수기관이며 최고의 정책심의기관이며 독립된 합의제기관이다.
④ **행정각부**
  대통령 내지 국무총리의 지휘·통할하에 법률이 정하는 행정사무를 담당하는 중앙행정관청으로, 각 부의 장은 국무위원 중 국무총리 제청으로 대통령이 임명(헌법 제94조)하며 대통령 내지 국무총리와 상명하복관계이다.
⑤ **대통령의 자문기관**
  국가안전보장회의는 필수적 자문기관이나 민주평화통일자문회의, 국민경제자문회의는 임의적 기관이다.
⑥ **감사원**
  ㉠ 대통령의 직속기관이지만 기능상 독립되어 있으며 합의제의 헌법상 필수기관이다.
  ㉡ 국가의 세입·세출의 결산을 매년 검사하여 대통령과 차년도 국회에 결과를 보고하며(헌법 제99조), 국가 및 법률에 정한 단체의 회계검사, 행정기관 및 공무원의 직무에 관한 감찰, 기타 변상책임유무의 판단, 징계처분 및 문책, 시정의 요구, 수사기관에의 고발, 재심 등의 일을 한다.

(4) 법원

① **법원의 지위**

사법에 관한 권한을 행사하며, 입법·행정기관과 더불어 동위의 독립된 주권을 행사하는 기관이며, 국민의 기본권이 침해된 경우에 그 사법적 보장을 위한 기관이다.

② **사법권의 조직**

㉠ 법원은 최고법원인 대법원과 각급의 법원으로 조직된다(헌법 제101조 제2항). 하급법원으로 고등법원, 행정법원, 특허법원, 지방법원, 가정법원 그리고 특별법원으로서의 군사법원이 있다.

㉡ 대법원장은 국회의 동의를 얻어 대통령이 임명하며(헌법 제104조 제1항), 임기는 6년이고 중임할 수 없다(헌법 제105조 제1항).

㉢ 대법관은 대법원장의 제청으로 국회의 동의를 얻어 대통령이 임명하며(헌법 제104조 제2항), 임기는 6년이고 연임할 수 있다(헌법 제105조 제2항).

㉣ 대법원장과 대법관이 아닌 법관은 대법관회의의 동의를 얻어 대법원장이 임명하며(헌법 제104조 제3항) 임기는 10년이고 연임할 수 있다(헌법 제105조 제3항).

> **대법원의 조직**
>
> • 대법관 수
>   대법관 수에 대해서는 직접 헌법에서 규정하지 않고 있다. 법원조직법에서 대법원장을 포함하여 14인으로 규정하고 있다.
> • 대법관회의
>   헌법상 필수기관이며 대법관으로 구성된다. 대법관 전원의 3분의 2 이상 출석과 출석과반수의 찬성으로 의결하며 의장은 표결권과 가부동수인 때에는 결정권을 가진다.
> • 대법원의 심판권 행사
>
> | 재판부 구성 | 부 | 전원합의체 |
> | --- | --- | --- |
> | 구성방식 | • 대법관 4인으로 구성
• 대법원에 3개 부 | • 대법원장이 재판장
• 대법관 전원의 3분의 2 이상으로 구성 |
> | 합의방식 | • 전원 의견일치에 따라 재판 | • 출석 과반수 의견에 따라 심판 |
> | 대상사건 | • 주로 부에서 심판 | • 부에서 의견이 일치되지 못한 경우
• 명령·규칙이 헌법 또는 법률에 위반된다고 인정하는 경우
• 종전에 대법원에서 판시한 헌법·법률·명령 또는 규칙의 해석 적용에 관한 의견을 변경할 필요가 있다고 인정하는 경우
• 부에서 재판함이 적당하지 않다고 인정하는 경우 |

③ **권한**

법원의 고유한 권한으로는 민사·형사·행정소송 등 법률적 쟁송에 관한 재판권이 있으며, 그 외에 비송사건의 관장, 명령·규칙·처분의 심사권, 위헌법률심판제청권, 대법원의 규칙제정권, 사법행정권, 법정질서유지권, 대법원장의 헌법재판소재판관과 선거관리위원회위원 지명권(각 3인을 지명) 등이 있다.

④ **사법절차와 운영 방식**

㉠ 재판의 심급제
㉡ 재판의 공개제
㉢ 배심제·참심제

⑤ 신분보장

법관은 탄핵 또는 금고 이상의 형의 선고에 의하지 아니하고는 파면되지 아니하며, 징계처분에 의하지 아니하고는 정직·감봉 기타 불리한 처분을 받지 아니한다(헌법 제106조 제1항).

⑥ 사법권의 독립

공정한 재판을 보장하기 위하여 사법권을 입법권과 행정권으로부터 분리하여 독립시키고, 법관이 구체적인 사건을 재판함에 있어서 누구의 지위나 명령에도 구속받지 않는 것을 의미한다.

(5) 헌법재판소

① 헌법재판소의 지위와 구성

㉠ 정치적 사법기관으로서 사법적 방법에 의하여 헌법을 보장하는 기관이다. 헌법재판을 통하여 권력을 통제하여 조화를 이룰 뿐만 아니라 직접 또는 간접적인 방법으로 특히 헌법소원심판이나 위헌법률심판을 통하여 기본권을 보장한다.

㉡ 법관의 자격을 가진 9인의 재판관으로 구성하며(헌법 제111조 제2항), 국회에서 선출하는 3인과 대법원장이 지명하는 3인을 포함하여 9인의 재판관은 대통령이 임명한다(헌법 제111조 제2항·제3항). 헌법재판소의 장은 국회의 동의를 얻어 재판관 중에서 대통령이 임명하며(헌법 제111조 제4항), 재판관의 자격은 법관자격자로 한다.

㉢ 임기는 6년이며 연임이 가능하고, 정당·정치에 관여할 수 없다(헌법 제112조 제1항·제2항).

㉣ 탄핵 또는 금고 이상의 형의 선고에 의하지 않고서는 파면당하지 아니한다(헌법 제112조 제3항).

② 권한

㉠ 위헌법률심판권
㉡ 탄핵심판권
㉢ 위헌정당해산심판권
㉣ 권한쟁의심판권
㉤ 헌법소원심판권
㉥ 헌법재판소 규칙제정권

(6) 선거관리위원회

① 구성

중앙선거관리위원회는 대통령이 임명하는 3인, 국회에서 선출하는 3인, 대법원장이 지명하는 3인의 위원으로 구성한다. 위원장은 위원 중에서 호선한다(헌법 제114조 제2항).

② 위원의 지위

위원의 임기는 6년이며(헌법 제114조 제3항), 정당에 가입하거나 정치에 관여할 수 없다(헌법 제114조 제4항). 위원은 탄핵 또는 금고 이상의 형의 선고에 의하지 아니하고는 파면되지 아니한다(헌법 제114조 제5항).

③ 권한

법령의 범위 내에서 선거관리·국민투표관리 또는 정당사무에 관한 규칙을 제정할 수 있으며(헌법 제114조 제6항), 선거사무와 국민투표사무에 관하여 관계 행정기관에 필요한 지시를 할 수 있다(헌법 제115조 제1항).

CHAPTER 03 민사법

01 민법

1. 민법의 의의 및 특성

(1) 의의

민법은 개인 간의 사적인 권리·의무관계 및 가족관계를 규율하는 것을 내용으로 하는 법이다.

(2) 특성

① 사법(私法) : 민법은 사인 상호 간의 관계를 규율하는 법이다.
② 일반법(一般法) : 민법은 누구나, 어떤 상황에나 모두 적용되는 일반법으로서 어떤 사항에 관하여 특별법이 있는 경우에는 그 특별법을 먼저 적용하며, 특별법이 없는 경우 일반법을 적용한다.
③ 실체법(實體法) : 민법은 당사자의 권리·의무를 규정하는 실체법이다. 실체적 권리를 보장하기 위한 절차를 규정하는 법은 절차법이라고 한다.

(3) 민법의 법원

① 의의 : 민법의 법원이란 민법의 존재형식을 말하며, 성문법원과 불문법원이 있다. 우리나라 민법은 성문법주의를 취함과 동시에 관습법과 조리의 법원성도 인정하고 있다.
② 범위 : 민법 제1조에서는 '민사에 관하여 법률에 규정이 없으면 관습법에 의하고, 관습법이 없으면 조리에 의한다.'라고 규정하고 있다.
  ㉠ 법률(法律) : 민법 제1조의 '법률'은 민법전, 민사특별법, 조약, 명령, 규칙, 자치법규, 조례 등을 포함하는 개념이다.
  ㉡ 관습법(慣習法)
  사회생활상의 무의식적으로 반복되어 나타나는 행동양식인 관습을 바탕으로 형성되는 법을 의미한다.

성립요건	사회구성원 간의 거듭된 관행이 존재하고, 그 관행을 법규범으로 인식하는 법적 확신이 있으며, 그 관행이 선량한 풍속 기타 사회질서에 반하지 않는 경우 관습법이 성립한다.
판례상 인정된 관습법	분묘기지권, 관습법상의 법정지상권, 동산의 양도담보, 사실혼, 수목의 집단이나 미분리과실의 소유권이전에 관한 명인방법 등이 있다.
효력	판례와 다수설은 관습법은 성문법이 없는 경우에 한하여 성문법을 보충하는 효력만을 가진다고 한다(보충적 효력설).

  ㉢ 조리(條理) : 사물의 본질적 법칙, 도리를 의미하며 다수설과 판례는 조리의 법원성을 인정한다.

2. 기본원리와 지도이념

(1) 근대 민법의 기본원리
① 소유권절대의 원칙(= 사유재산 존중의 원칙)
② 계약자유의 원칙(= 사적 자치의 원칙)
③ 과실책임의 원칙(= 자기 책임의 원칙)

(2) 현대 민법의 구성원리
① 소유권공공의 원칙
② 계약공정의 원칙
③ 무과실책임의 원칙

(3) 민법의 지도이념
① 신의성실의 원칙(민법 제2조 제1항)
② 권리남용금지의 원칙(민법 제2조 제2항)

3. 권리의 주체

(1) 자연인(自然人)
① **권리능력** : 권리의 주체로 될 수 있는 지위 또는 자격을 권리능력 또는 인격(법인격)이라 하며, 민법은 사람은 생존한 동안 권리와 의무의 주체가 된다고 규정하여 모든 자연인에게 평등한 권리능력을 인정하고 있다.
　㉠ 권리능력의 시기
　　권리능력은 출생한 때부터 시작하여(전부노출설) 생존한 동안 계속된다.
　㉡ 권리능력의 종기
　　권리능력은 사망 시 소멸한다. 통설은 심장과 호흡이 영구적으로 정지한 때를 사망 시로 보고 있으며(심장박동정지설), 실종선고를 받은 경우 사망으로 간주되지만(민법 제28조) 권리능력을 상실하는 것은 아니다.
　㉢ 강행규정
　　권리능력에 대한 규정은 강행규정으로서 권리능력의 시기나 종기는 당사자의 합의로 달리 정할 수 없다.

> **강행규정 VS 임의규정**
> 강행규정은 당사자의 의사에 의해 적용을 배제할 수 없으나, 임의규정은 당사자의 의사에 의해 적용을 배제할 수 있다는 점에서 양자는 구별된다.

② **의사능력** : 개개의 법률행위를 함에 있어서 그 행위의 결과를 합리적으로 판단할 수 있는 능력

③ **행위능력** : 단독으로 완전·유효하게 법률행위를 할 수 있는 능력
  ㉠ 제한능력자 : 제한능력자제도는 의사능력의 유무의 입증곤란을 해결하기 위해 행위능력을 판단하는 객관적이고 획일적인 기준을 두어서 제한능력자를 보호하고 제한능력자의 상대방도 이에 대처할 수 있도록 하는 제도이다.
  ㉡ 미성년자
    • 19세에 달하지 않는 자는 미성년자이다(민법 제4조).
    • 미성년자가 법률행위를 함에는 법정대리인의 동의를 얻어야 한다. 미성년자가 법정대리인의 동의 없이 행한 법률행위는 취소할 수 있다(민법 제5조).
  ㉢ 피성년후견인
    • 성년후견개시의 요건
      - 본인, 배우자, 4촌 이내의 친족, 미성년후견인, 미성년후견감독인, 한정후견인, 한정후견감독인, 특정후견인, 특정후견감독인, 검사 또는 지방자치단체의 장의 청구에 의하여 성년후견개시의 심판을 한다(민법 제9조 제1항).
      - 가정법원은 성년후견개시의 심판을 할 때 본인의 의사를 고려하여야 한다(민법 제9조 제2항).
    • 피성년후견인의 행위와 취소
      - 피성년후견인의 법률행위는 취소할 수 있다(민법 제10조 제1항). 단, 가정법원은 취소할 수 없는 피성년후견인의 법률행위의 범위를 정할 수 있다(민법 제10조 제2항).
      - 가정법원에 의한 취소할 수 없는 법률행위의 결정(민법 제10조 제2항, 제3항), 일상생활에 필요한 거래(민법 제10조 제4항), 대리행위(민법 117조) 등에 대해서는 피성년후견인의 행위능력을 예외적으로 인정한다.
  ㉣ 피한정후견인
    • 한정후견개시의 요건
      - 본인, 배우자, 4촌 이내의 친족, 미성년후견인, 미성년후견감독인, 성년후견인, 성년후견감독인, 특정후견인, 특정후견감독인, 검사 또는 지방자치단체의 장의 청구에 의하여 한정후견개시의 심판을 한다(민법 제12조 제1항).
      - 가정법원은 한정후견개시의 심판을 할 때 본인의 의사를 고려하여야 한다(민법 제12조 제2항).
    • 피한정후견인의 행위와 동의
      - 가정법원은 피한정후견인이 한정후견인의 동의를 받아야 하는 행동의 범위를 정할 수 있으며(민법 제13조 제1항), 동의를 받아야 하는 법률행위를 동의 없이 한 경우에는 한정후견인은 그 행위를 취소할 수 있다(민법 제13조 제4항).
      - 일용품의 구입 등 일상생활에 필요하고 그 대가가 과도하지 아니한 법률행위에 대해서는 한정후견인이 취소할 수 없다(민법 제13조 제4항).
  ㉤ 피특정후견인
    질병, 장애, 노령, 그 밖의 사유로 인한 정신적 제약으로 일시적 후원 또는 특정한 사무에 관한 후원이 필요하여 가정법원에 의해 특정후견의 심판을 받은 사람을 말한다(민법 제14조의2 제1항).

- ⑪ 제한능력자의 상대방 보호
  - 확답을 촉구할 권리(상대방의 최고권)
  - 상대방의 철회권
  - 상대방의 거절권
  - 취소권의 배제
④ 책임능력
  - ㉠ 위법행위로 인한 자신의 행위에 대해 책임을 질 수 있는 인식능력을 말하며 불법행위능력이라고도 한다. 법률행위 영역에서 의사능력이 담당하는 기능을 불법행위 영역에서는 책임능력이 담당하게 된다.
  - ㉡ 미성년자의 책임능력 : 미성년자는 그 행위의 책임을 인식할 지능이 없는 때에는 손해배상책임을 부담하지 않는다. 따라서 미성년자라도 책임변식능력, 즉 책임능력이 있으면 불법행위에 대한 책임을 진다.
  - ㉢ 심신상실자의 책임능력 : 심신상실 중에 타인에게 손해를 가한 자는 배상의 책임이 없다. 그러나 고의 또는 과실로 인하여 심신상실을 초래한 때에는 그러하지 아니하다.
⑤ 주소
  - ㉠ 의의
    사람의 생활의 근거가 되는 곳을 말하는데, 민법은 이 주소에 대하여 여러 가지 효력을 부여하고 있다.
  - ㉡ 민법상 주소
    우리 민법은 주소에 관하여 실질주의·객관주의·복수주의를 취하고 있는데, 주민등록지는 주소로 인정될 수 있는 중요한 자료가 되며 반증이 없는 한 주소로 추정된다.
⑥ 부재자(민법 제22조부터 제26조)
  - ㉠ 부재자제도의 의의
    부재자란 종래의 주소나 거소를 떠나서 단시일 내에 돌아올 가망이 없어 그 주소나 거소에 있는 재산을 관리할 수 없는 상태에 있는 자를 말한다. 그의 잔류 재산의 관리 및 잔존배우자나 상속인 등의 이익을 보호하기 위하여 부재자 재산관리제도를 두고 있다.
  - ㉡ 부재자의 재산관리
    - 부재자가 재산관리인을 두지 않은 경우 가정법원은 이해관계인 또는 검사의 청구에 의하여 재산관리에 필요한 처분을 명할 수 있다. 이해관계인에는 부재자의 배우자·채권자·상속인 등이 해당한다.
    - 가정법원은 이해관계인의 청구에 의하여 재산관리인을 선임할 수 있다. 재산관리인은 법정대리인이며 부재자 재산의 보존행위를 할 권한을 가진다.
⑦ 실종
  - ㉠ 실종선고제도의 의의
    실종선고란 부재자의 생사불명 상태가 오래 계속되어 죽은 것으로 여겨지나 분명한 사망의 증거는 없는 경우에 가정법원의 선고로 그 자를 사망한 것으로 보는 제도이다.

ⓒ 실종선고의 요건(민법 제27조)

생사불명	부재자의 생사가 불분명하고 그 생사불명이 일정기간 계속되어야 한다.
실종기간 및 기산점	보통실종의 실종기간은 5년, 기산점은 부재자가 살아 있다는 것을 증명할 수 있는 최후의 시기로 한다. 특별실종의 실종기간은 1년, 기산점은 전쟁이 종지한 때·선박이 침몰한 때·비행기가 추락한 때·기타 위난이 종료한 때로 한다.
이해관계인 또는 검사의 청구	이해관계인은 직접적인 법률상의 이해관계인에 한하며, 사실상의 이해관계를 가진 자는 이에 해당하지 않는다. 이해관계인의 범위는 '부재자의 법률상 사망으로 인하여 직접적으로 신분상 또는 경제상의 권리를 취득하거나 의무를 면하게 되는 사람'에 국한하여 한정적으로 해석한다.

ⓒ 실종선고의 효과

사망간주	실종선고를 받은 자는 실종기간이 만료한 때 사망한 것으로 본다. 실종선고 시 사망으로 보는 시기까지는 생존한 것으로 본다. 추정이 아니라 간주이므로 반증에 의하여 사망의 효력을 깰 수 없다.
사망으로 의제되는 범위	종래의 주소를 중심으로 하는 사법관계에서만 사망한 것으로 본다(민법 제28조). 실종선고를 받은 자가 종전의 주소지와 다른 곳에서 생존하면서 형성한 법률관계나 종래의 주소에 귀래하여 새로운 법률관계를 형성하는 것에 대하여는 영향을 미치지 않는다.

⑧ 동시사망과 인정사망

동시사망 (민법 제30조)	동일한 위난으로 수인이 사망한 경우 그들은 동시에 사망한 것으로 추정하는 것으로, 사망의 선후를 증명하는 어려움을 구제하기 위한 제도이다. 즉, 다수의 사람이 동일한 위난으로 사망한 경우에는 그 사망시기가 불분명한 경우에 그들은 동시에 사망한 것으로 추정하여 사망한 사람들 사이에는 상속이나 대습상속 그리고 유증이 발생하지 않게 된다.
인정사망	사망의 확실한 증거는 없지만 수해·화재·그 밖의 사변 등으로 인하여 사망한 것이 확실하다고 생각되는 경우, 그 사실을 조사한 관공서의 사망보고에 의해 사망한 것으로 취급하는 제도이다. 인정사망은 특별실종과는 달리 반증에 의하여 그 사망의 추정력이 상실된다.

(2) 법인(法人)

① 의의

  법인이란 일정한 목적을 위하여 결합된 사람의 단체(사단법인) 또는 일정 목적을 위하여 출연된 재산으로서 자연인이 아니면서 법에 의하여 권리능력이 인정된 자(재단법인)이다.

② 법인의 존재이유

  법인은 단체를 둘러싼 각종 법률관계를 간단·명료하게 처리해 법적거래를 간이화할 수 있으며, 단체의 재산을 그 단체를 구성하는 자연인의 재산과 분리하여 독립한 것으로 다룸으로써 단체 구성원의 책임을 제한해 주는 기능을 하고 있다.

③ 법인의 본질
  ㉠ 법인의제설
  ㉡ 법인부인설
  ㉢ 법인실재설

④ 법인의 종류
  ㉠ 공법인과 사법인
  ㉡ 영리법인과 비영리법인
  ㉢ 사단법인과 재단법인

⑤ 법인의 설립
  ㉠ 법인설립에 관한 입법태도
    준칙주의, 허가주의, 인가주의, 특허주의, 강제주의
  ㉡ 사단법인의 설립 요건
    • 목적의 비영리성 : 학술·종교·자선·기예·사교 기타 영리가 아닌 사업을 목적으로 하여야 한다.
    • 설립행위(정관 작성) : 설립자가 정관을 작성하여 기명날인하여야 한다(요식행위·합동행위, 민법 제40조).
    • 주무관청의 허가 : 사단법인으로서 법인격을 취득하기 위해서는 주무관청의 허가를 얻어야 한다(민법 제32조). 그리고 법인의 목적과 관련된 주무관청이 두 개 이상의 행정관청인 경우에는 이들 모두의 허가를 받아야 한다.
    • 설립등기 : 법인은 그 주된 사무소의 소재지에서 설립등기를 함으로써 성립한다(민법 제33조). 법인의 설립등기는 법인격을 취득하기 위한 '성립요건'으로 되어 있다.
  ㉢ 재단법인의 설립
    • 목적의 비영리성 : 재단법인은 본질적으로 비영리법인이다.
    • 설립행위
      – 설립자는 일정한 재산을 출연하고 정관을 작성하여 이를 서면에 기재하고 기명날인하여야 한다(상대방 없는 단독행위).
      – 정관의 필요적 기재사항 : 목적, 명칭, 사무소의 소재지, 자산에 관한 규정, 이사의 임면에 관한 규정(민법 제43조)
    • 설립허가·등기 : 주무관청의 설립허가를 받아 법인의 주된 사무소의 소재지에서 설립등기를 함으로써 법인이 성립한다(민법 제33조).
  ㉣ 법인의 소멸
    법인의 소멸은 해산과 청산을 거쳐서 행해지는데, 해산만으로는 소멸하지 않으며 청산이 사실상 종료됨으로써 소멸한다.
⑥ 법인의 능력
  ㉠ 권리능력 : 법인은 법률의 규정에 좇아 정관으로 정한 목적의 범위 내에서 권리와 의무의 주체가 된다.
    • 성질에 의한 제한 : 법인은 자연인과 같은 생명체가 아니므로 자연인의 성질을 전제로 하는 권리를 가질 수 없다.
    • 법률에 의한 제한 : 법인의 권리능력은 법률에 의하여 제한될 수 있다.
    • 목적에 의한 제한 : 민법은 '정관으로 정한 목적 범위 내'에서만 법인의 권리능력을 인정하고 있다.
  ㉡ 행위능력
    법인의 행위능력에 대해 명문규정은 없으나, 통설은 법인의 권리능력의 범위 내에서 행위능력을 가진다고 본다.
  ㉢ 불법행위능력
    • 법인의 불법행위의 성립요건 : 법인은 이사 기타 대표자가 그 직무에 관하여 타인에게 가한 손해를 배상할 책임이 있는데, 이사 기타 대표자는 이로 인하여 자기의 손해배상책임을 면하지 못한다(민법 제35조 제1항).

- 법인의 불법행위가 성립하지 않는 경우 : 대표기관의 행위라도 법인의 직무와 관련이 없는 경우에는 법인의 불법행위가 성립하지 않고 행위자가 개인적으로 책임을 지며, 법인의 목적 범위 외의 행위로 인하여 타인에게 손해를 가한 때에는 그 사항의 의결에 찬성하거나 그 의결을 집행한 사원·이사 및 기타 대표자가 연대하여 배상하여야 한다(민법 제35조 제2항).
⑦ 법인의 기관
㉠ 의의 : 법인의 기관이란 법인의 의사를 결정하고, 이를 집행하는 일정한 조직을 말한다. 업무집행기관·의사결정기관·감독기관이 법인의 기관이다.
㉡ 종류 : 기관의 종류로는 최고기관인 의사결정기관으로서 사원총회, 업무집행기관으로 이사, 감독기관으로 감사가 있다. 사원총회와 이사는 비영리사단법인의 필수기관이고, 감사는 임의기관이다. 비영리재단법인에는 그 성질상 사원총회가 존재하지 않는다.

4. 권리의 객체

(1) 권리의 객체의 의의
권리의 효력이 미치는 대상을 지칭하나 민법총칙에서는 권리의 객체에 관한 일반적 규정을 두고 있지 않고, 물건에 관한 규정만을 두었다.

(2) 물건의 의의
민법에서 물건이란 유체물 및 전기 기타 관리할 수 있는 자연력을 말한다(민법 제98조).
① 유체물이거나 관리가능한 자연력이어야 한다. '관리가능한 자연력'이라 함은 전기, 광열, 원자력 등의 에너지를 말한다.
② 인간이 지배할 수 있는 것(지배가능성)이어야 한다.
③ 외계의 일부인 것이어야 한다. 따라서 인체 또는 그 일부는 물건이 아니다.

(3) 물건의 종류
① 부동산과 동산(민법 제99조)
② 주물과 종물(민법 제100조)
③ 과실과 원물(민법 제101조·제102조)

5. 법률행위

(1) 의의
일정한 법률효과의 발생을 목적으로 하여 한 개 또는 수 개의 의사표시를 불가결의 요소(법률사실)로 하는 법률요건이다. 법률행위는 원칙적으로 자유로이 할 수 있으나, 강행규정이나 선량한 풍속, 기타 사회질서에 반하는 법률행위는 무효이다.

(2) 종류

① **단독행위** : 행위자 한 사람의 한 개의 의사표시만으로 성립하는 법률행위
  ㉠ 특정한 상대방이 있는 단독행위 : 취소, 추인, 채무면제, 계약의 해제 또는 해지, 상계, 법정대리인의 동의 등
  ㉡ 특정한 상대방이 없는 단독행위 : 재단법인의 설립행위, 유언, 소유권의 포기, 상속의 포기, 공탁소에 대한 채권자의 공탁승인 등
② **계약** : 서로 대립하는 두 개 이상의 의사표시의 합치로 성립하는 법률행위(예 매매, 교환, 임대차 등)
③ **합동행위** : 방향을 같이 하는 두 개 이상의 의사표시의 합치로 성립하는 법률행위(예 사단법인의 설립행위)
④ **요식행위와 불요식행위** : 의사표시에 서면, 기타의 일정한 방식을 필요로 하는가에 따른 분류
⑤ **채권행위** : 채권의 발생을 목적으로 하는 법률행위(예 매매, 임대차 등)
⑥ **물권행위** : 물권의 변동(득실변경)을 목적으로 하는 법률행위(예 소유권의 이전, 지상권 또는 저당권의 설정 등)
⑦ **준물권행위** : 물권 이외의 권리의 변동(발생, 변경, 소멸)을 목적으로 하는 법률행위(예 채권양도, 채무면제 등)

법률행위의 목적

법률행위의 목적은 행위자가 그의 법률행위로 하여금 달성하고자 하는 내용에 의해 정해진다. 행위자의 의사표시 내용을 실현하려면 법률행위 목적의 확정·가능·적법·사회적 타당성이라는 4가지 요건이 필요하다.

구분	내용
목적의 확정성	법률행위가 효과를 나타내려면 그 목적과 내용이 확정되어야 하며 목적을 확정할 수 없는 법률행위는 무효이다. 법률행위의 목적은 법률행위 성립 당시에 명확하게 확정되어 있어야 하는 것은 아니고 목적이 실현될 시점까지 확정할 수 있는 정도이면 족하다.
목적의 가능성	법률행위는 그 실현이 가능하여야 한다. 가능하다는 것은 물리적으로는 물론 법률적으로도 가능해야 하며, 그 가능 여부의 표준은 그 당시 사회관념에 의해 결정된다.
목적의 적법성	법률행위의 목적은 강행법규에 위반하는 것이어서는 안 된다. 강행법규란 법령 중 선량한 풍속 기타 사회질서와 관계있는 규정으로서 당사자의 의사에 의하여 그 적용을 배척할 수 없는 규정을 말한다.
목적의 사회적 타당성	법률행위의 목적이 개개의 강행법규에 위반하지는 않더라도 '선량한 풍속 기타 사회질서'에 위반하는 경우에는 그 법률행위는 무효가 된다.

(3) 법률행위의 요건

성립요건	일반적성립요건	• 당사자, 목적, 의사표시
	특별성립요건	• 개개의 법률행위에 대하여 법률이 특별히 추가하는 요건(예 대물변제·질권설정계약에서의 인도, 혼인에서의 신고, 유언의 방식 등)
효력발생요건	일반적 효력발생요건	• 당사자가 능력(권리능력, 의사능력, 행위능력)을 가지고 있을 것 • 법률행위의 목적이 가능·적법하며 사회적으로 타당하고 확정될 수 있을 것 • 의사와 표시가 일치하며 의사표시에 하자가 없을 것
	특별효력 발생요건	• 개개의 법률행위의 특별한 효력발생요건(예 조건·기한부 법률행위에서 조건의 성취·기한의 도래, 대리행위에서 대리권의 존재, 유언에 있어 유언자의 사망 등)

(4) 의사표시

① 의의 : 일정한 법률효과를 발생시키려고 하는 권리주체의 의사를 표시하는 행위로서 의사표시를 함에는 행위능력과 의사능력이 필요하다. 의사표시는 상대방에게 도달한 때 효력이 발생한다(도달주의).

② 종류 : 의사표시는 법률효과를 발생케 하려는 내심의 의사와 그것을 외부에 표시하는 표시행위로 이루어지는데, 양자가 일치하지 않는 불완전한 의사표시의 효력에 관해 민법은 다음과 같이 규정하고 있다.
   ㉠ 진의 아닌 의사표시(민법 제107조)
   ㉡ 통정한 허위의 의사표시(민법 제108조)
   ㉢ 착오로 인한 의사표시(민법 제109조)
   ㉣ 하자 있는 의사표시(사기, 강박에 의한 의사표시)(민법 제110조)

③ 의사표시의 적용 범위 : 의사표시에 관한 민법의 규정은 원칙적으로 가족법상의 행위, 공법행위, 소송행위, 단체법상의 행위에는 적용되지 않는다. 또한, 주식인수의 청약·어음행위에도 원칙적으로 적용되지 않는다(예외로 통정허위표시규정은 적용됨).

(5) 대리

① 의의 : 타인(대리인)이 본인의 이름으로 법률행위를 하거나 의사표시를 수령함으로써 그 법률효과가 직접 본인에게 발생케 하는 제도를 말한다. 이는 의사능력이나 행위능력이 없는 자에게 대리인에 의한 거래의 길을 열어줌으로써 사적 자치를 확장·보충하여 주는 사회적 기능을 가지고 있다.

② 종류

법정대리	법률에 의해 대리권이 발생하고 대리인의 자격 및 대리권의 범위도 법률의 규정에 의해 정해지는 것
임의대리	본인의 수권행위에 의해 대리권이 발생하고 본인의 의사에 따라 대리권의 범위가 결정되는 것
무권대리	대리권이 없는 자가 행한 대리
능동대리	대리인이 제3자(상대방)에 대하여 의사표시를 하는 대리
수동대리	대리인이 제3자의 의사표시를 수령하는 대리

③ 대리권의 발생원인
   법정대리권은 법률의 규정(친권자, 후견인), 지정권자의 지정행위(지정후견인, 지정유언집행자), 법원의 선임행위(부재자 재산관리인 등)로, 임의대리권은 본인의 수권행위로 발생한다.

④ 대리권의 소멸원인
   ㉠ 공통의 소멸원인 : 본인의 사망, 대리인의 사망, 대리인의 성년후견의 개시 또는 파산
   ㉡ 임의대리에 특유한 소멸원인 : 원인된 법률관계의 종료, 수권행위의 철회
   ㉢ 법정대리에 특유한 소멸원인 : 법원에 의한 대리인의 개임·대리권 상실선고

⑤ 대리권의 제한
   ㉠ 자기계약·쌍방대리(민법 제124조) : 대리인은 본인의 허락이 없으면 본인을 위하여 자기와 법률행위를 하거나 동일한 법률행위에 관하여 당사자 쌍방을 대리하지 못한다. 그러나 채무의 이행은 할 수 있다.
   ㉡ 공동대리의 경우에는 다수의 대리인이 공동으로만 법률행위를 할 수 있다.
   ㉢ 대리인이 수인일 때는 각자대리가 원칙이고, 대리인은 의사능력만 있으면 족하며 행위능력자임을 요하지 않는다.

⑥ **대리행위**
- ㉠ 대리인이 대리행위를 함에 있어서 '본인을 위한 것임을 표시'하고 의사표시를 하여야 한다(민법 제114조 제1항).
- ㉡ 대리인은 의사능력만 있으면 족하고, 행위능력자임을 요하지 않는다(민법 제117조).

⑦ **대리행위의 효과** : 대리인이 대리권의 범위 내에서 한 대리행위에 의한 법률효과는 모두 직접 본인에게 귀속된다(민법 제114조).

⑧ **대리행위의 하자** : 의사표시의 효력이 의사의 흠결, 사기, 강박 또는 어느 사정을 알았거나 과실로 알지 못한 것으로 인하여 영향을 받을 경우에 그 사실의 유무는 대리인을 표준으로 하여 결정한다(민법 제116조 제1항).

⑨ **대리권의 범위** : 권한을 정하지 않은 대리인은 보존행위나 대리의 목적인 물건이나 권리의 성질을 변하지 아니하는 범위에서 그 이용 또는 개량하는 행위만 할 수 있고(민법 제118조), 처분행위는 할 수 없다.

⑩ **복대리** : 대리인이 자기의 이름으로 선임한 자에게 자기가 가지는 권한 내에서 대리행위를 시키는 관계를 말한다.

⑪ **무권대리**
- ㉠ **의의** : 무권대리란 대리권 없이 행한 대리행위 또는 대리권의 범위를 넘어 한 대리행위를 말한다. 무권대리행위는 그 대리권 행사의 효력이 본인에게 돌아갈 수 없어 원칙적으로 무효여야 하나, 우리 민법은 무권대리를 무조건 무효로 하지 아니하고 대리제도, 본인, 상대방을 조화롭게 보호할 수 있는 방법을 추구하고 있다.
- ㉡ **표현대리** : 표현대리란 본인과 무권대리인 사이에 실제로는 대리권이 없음에도 불구하고 대리인이 마치 대리권이 있는 것처럼 외형을 갖추고, 또 본인으로서도 그런 외형을 갖추는데 일정한 원인을 기여한 경우에 그 무권대리행위의 책임을 본인에게 부담하게 하는 제도이다. 민법은 다음의 3가지 경우에 표현대리를 인정하고 있다.
  - 본인이 특정한 자에게 대리권을 부여하였음을 표시한 때(민법 제125조)
  - 다소의 범위의 대리권 있는 자가 그 권한 외의 행위를 한 경우에 상대방이 권한 내의 행위라고 믿을 만한 정당한 이유가 존재할 때(민법 제126조)
  - 대리인이 대리권이 소멸한 이후 대리인으로서 행위를 한 경우에 상대방이 과실 없이 대리권의 소멸을 알지 못했을 때(민법 제129조)
- ㉢ **무권대리의 효과** : 표현대리의 요건을 갖추지 않은 경우로, 이때의 법률행위는 본인이 추인하지 않는 한 무권대리인 자신의 책임이 된다. 계약의 경우와 단독행위의 경우로 나누어진다.

계약의 경우	• 본인과 상대방 사이
	  – 상대방은 본인에 대하여 무권대리행위에 대한 효과와 그에 따른 책임을 주장할 수 없음(민법 제130조)
	  – 본인은 추인에 의하여 무권대리행위를 유효인 것으로 할 수 있고, 추인거절에 의하여 무권대리행위를 무효인 것으로 할 수도 있음
	  – 상대방은 본인에 대하여 추인 여부의 확답을 최고할 수 있고 무권대리인과 체결한 계약을 철회할 수 있음(민법 제134조)
	• 상대방과 무권대리인 사이 : 상대방은 행위능력자인 무권대리인에 대하여 계약의 이행 또는 손해배상을 청구할 수 있음(민법 제135조 제1항)
	• 본인과 무권대리인 사이
	  – 무권대리행위를 본인이 추인하면 사무관리가 됨
	  – 무권대리행위로 본인의 이익이 침해되면 불법행위가 성립
	  – 무권대리인이 부당하게 이득을 얻으면 부당이득이 성립

| 단독행위의 경우 | • 상대방 없는 단독행위는 언제나 무효이며, 본인의 추인도 인정되지 않음
• 상대방 있는 단독행위도 원칙적으로 무효이지만, 예외적으로 그 행위 당시에 상대방이 대리인이라 칭하는 자의 대리권 없는 행위에 동의하거나 그 대리권을 다투지 아니한 때 또는 대리권 없는 자에 대하여 그 동의를 얻어 단독행위를 한 때에는 계약의 경우와 같게 취급됨 |

(6) 무효와 취소

① 무효(無效)

㉠ 의의 : 법률행위가 성립한 당초부터 법률상 당연히 그 효력이 생기지 아니하는 것을 말한다. 비진의 표시(심리유보), 통정허위표시, 강행법규에 반하는 법률행위 등 민법상 선량한 풍속 기타 사회질서에 위반한 사항을 내용으로 하는 법률행위는 무효로 한다.

㉡ 무효의 종류

절대적 무효와 상대적 무효	절대적 무효는 그 무효를 누구에게나 주장할 수 있는 무효로서 의사무능력자의 행위, 선량한 풍속 기타 사회질서 위반행위 등이다. 상대적 무효는 그 무효를 특정인에게만 주장할 수 있는 무효로서 허위표시와 같이 상대방에게만 주장할 수 있고 일정한 제3자에 대하여는 유효로 되는 것으로, 그 예로는 통정의 허위표시를 기초로 한 법률행위가 있다.
확정적 무효와 유동적 무효	확정적 무효는 과거·현재·미래에 걸쳐 당사자가 의욕한 법률효과가 확정적으로 부인되므로 더 이상 그 법률행위가 효력을 발생할 수 없는 것으로 당사자의 추인에 의해서도 유효로 되지 않는다. 유동적 무효는 현재는 법률행위가 효력을 발생하지 못하고 있으나, 제3자의 행위 또는 조건의 성취 여부에 따라서 유효로 될 수도 있고, 또 무효로 확정될 수 있는 유동적인 법적 상태를 말한다.

㉢ 무효의 효과

법률행위의 일부무효	법률행위의 일부분이 무효인 때에는 그 전부를 무효로 한다. 그러나 그 무효부분이 없더라도 법률행위를 하였을 것이라고 인정될 때에는 나머지 부분은 무효가 되지 않는다(민법 제137조).
무효행위의 추인	무효행위의 추인이란 무효인 법률행위를 유효로 인정하는 당사자의 의사표시를 말한다. 민법은 당사자가 그 행위가 무효임을 알고서 이를 추인한 때에는 '새로운 법률행위'를 한 것으로 간주한다(민법 제139조). 따라서 무효였던 법률행위는 새로운 별개의 법률행위로서 장래를 향하여 유효로 되고 소급적으로 처음부터 유효로 되지는 않는다.
무효행위의 전환	무효행위의 전환이란 A라는 법률행위로는 무효인데 그것이 B라는 법률행위로는 유효요건을 갖추고 있는 경우에 A를 B로 인정하는 것이다(민법 제138조). 예컨대 전세계약이 무효인데 임대차계약으로는 유효인 경우 등이다.

② 취소(取消)

㉠ 의의 : 취소할 수 있는 법률행위란 취소권자(무능력자, 하자 있는 의사표시를 한 자와 그 대리인 및 승계인)가 취소를 하기 전에는 일단 법률효과가 발생한다. 그러나 취소의 의사를 표시하면 처음부터 소급하여 법률효과가 소멸되는 것을 말한다(사기, 강박 등). 취소된 법률행위는 처음부터 무효인 것으로 본다.

㉡ 취소권자 : 제한능력자, 하자 있는 의사표시를 한 자와 그 대리인 및 승계인

⟨무효와 취소의 차이⟩

구분	무효	취소
기본적 효과	• 절대적 무효가 원칙	• 상대적 취소가 원칙
주장권자	• 누구라도 주장 가능	• 취소권자에 한하여 가능
기간의 제한	• 제한이 없음	• 제척기간(3년, 10년)
시간경과 시 효력	• 효력변동 없음	• 제척기간 도과 시 취소권 소멸, 유효한 것으로 확정됨
추인	• 효력변동 없음 • 당사자가 무효임을 알고 추인한 때에는 새로운 법률행위로 봄	• 추인으로 확정적 유효가 됨
발생사유	• 반사회질서 법률행위(민법 제103조) • 불공정한 법률행위(민법 제104조) • 진의표시 단서 규정(민법 제107조 제1항) • 통정허위표시(민법 제108조 제1항) 등	• 미성년자의 행위(민법 제5조 제2항) • 착오(민법 제109조 제1항) • 사기·강박(민법 제110조 제1항)

(7) 법률행위의 부관(附款)

① 조건

　㉠ 의의 : 법률행위의 효과의 발생 또는 소멸을 장래의 도래가 불확실한 사실의 성부에 의존시키는 법률행위의 부관이다.

　㉡ 조건의 종류

　　• 정지조건과 해제조건

정지조건	법률행위의 효력의 발생을 장래의 불확실한 사실에 의존시키는 조건
해제조건	법률행위의 효력의 소멸을 장래의 불확정한 사실에 의존시키는 조건

　　• 적극조건과 소극조건

적극조건	조건이 성취되기 위하여 조건이 되는 사실의 현상이 변경되는 조건
소극조건	조건이 성취되기 위하여 조건이 되는 사실의 현상이 변경되지 않는 조건

　　• 가장조건 : 형식적으로는 조건이지만 실질적으로는 조건으로 인정받지 못하는 것이다.

기성조건	이미 이루어진 조건으로, 기성조건을 정지조건으로 한 경우에는 조건 없는 법률행위가 되고, 해제조건으로 하게 되면 무효가 된다.
불능조건	실현 불가능한 사실을 내용으로 하는 조건으로, 불능조건이 해제 조건이면 조건 없는 법률행위에 해당하고, 정지조건이면 무효가 된다.
법정조건	법률행위의 효력발생을 위해 법률이 명문으로 요구하는 조건이다.
불법조건	선량한 풍속 기타 사회질서에 위반하는 조건으로, 불법조건이 붙은 법률행위는 법률행위 전체가 무효이다.

- 수의조건과 비수의조건

수의조건	순수 수의조건	당사자의 일방적인 의사에 따라 조건의 성취가 결정되는 조건으로 항상 무효이다(예) 내 마음이 내키면 시계를 사주겠다).
	단순 수의조건	'내가 미국에 여행을 가면 시계를 사주겠다.'와 같이 당사자의 일방적 의사로 결정되기는 하지만 '미국 여행'이라는 의사결정에 기인한 사실상태의 성립도 요건으로 하는 조건으로 이는 유효하다.
비수의 조건	우성조건	당사자의 의사와 관계없이 자연적 사실에 의한 조건(예) 내일 비가 온다면 우산을 사주겠다)
	혼성조건	당사자의 일방의 의사뿐만 아니라 제3자의 의사에도 의해서 성부가 결정되는 조건 (예) 당신이 갑녀와 결혼한다면 집을 한 채 사주겠다)

ⓒ 조건의 효력
- 정지조건이 있는 법률행위는 조건이 성취한 때로부터 그 효력이 생긴다.
- 조건 있는 법률행위의 당사자는 조건의 성부가 미정한 동안에 조건의 성취로 인하여 생길 상대방의 이익을 해하지 못한다.
- 조건의 성취가 미정한 권리의무는 일반규정에 의하여 처분, 상속, 보존 또는 담보로 할 수 있다.

② 기한
㉠ 의의 : 법률행위의 효력의 발생·소멸 또는 채무의 이행을 도래할 것이 확실한 장래의 사실발생에 의존시키는 법률행위의 부관으로 확정기한, 불확정기한이 있다. 수표·어음행위에는 조건은 붙일 수 없으나, 기한(始期)은 붙일 수 있다.
- 확정기한은 기한의 내용이 되는 사실이 발생하는 시기가 확정되어 있는 기한이다(예) 내년 10월 3일에 금시계를 준다).
- 불확정기한은 기한의 내용이 되는 사실이 발생하는 시기가 확정되어 있지 않은 기한이다(예) 내년 봄비가 처음 오는 날에 우산을 사준다).

ⓒ 기한 이익의 포기 : 기한의 이익은 포기할 수 있지만 상대방의 이익을 해하지 못하며, 소급효가 없으므로 장래에 향하여만 효력이 있다.

ⓒ 기한 이익의 상실
- 채무자가 담보를 손상하거나 감소 또는 멸실하게 한 때(민법 제388조 제1호)
- 채무자가 담보제공의무를 이행하지 아니한 때(민법 제388조 제2호)
- 채무자의 파산(채무자 회생 및 파산에 관한 법률 제425조)

(8) 소멸시효

① 의의 : 특정한 사실상태가 장기간 계속된 경우에 그 상태가 진실한 권리관계에 합치하는지 여부를 묻지 않고 그 사실 상태를 존중하여 그대로 권리관계를 인정하는 법률상의 제도이다.

② 시효제도의 존재이유
㉠ 오랫동안 계속 되어온 일정한 사실상태에 대한 신뢰를 보호하여 거래의 안전과 사회질서의 안정
ⓒ 시간의 경과로 인한 정당한 권리관계에 대한 증명의 어려움
ⓒ 오랫동안 자신의 권리를 행사하지 않은 '권리 위에 잠자는 자'는 보호가치가 없기 때문

③ 시효의 구분
㉠ 취득시효
(예) 20년간 소유의 의사로 평온·공연하게 부동산을 점유하는 자는 등기함으로써 그 소유권을 취득한다)

ⓒ 소멸시효
　　　(예 채권은 10년간 사용하지 아니하면 소멸시효가 완성한다)
　　ⓒ 제척기간
④ 소멸시효의 요건
　　㉠ 권리가 그 성질상 시효로 소멸할 수 있는 것이어야 한다.
　　㉡ 권리자가 법률상 그의 권리를 행사할 수 있어야 한다.
　　㉢ 권리자가 일정한 기간 계속하여 권리를 행사하지 않아야 한다.
⑤ 소멸시효의 대상성

채권	채권은 10년의 소멸시효에 걸린다(민법 제162조 제1항). 그러나 법률행위로 인한 등기청구권은 목적물을 인도받아 사용·수익하고 있는 동안 소멸시효에 걸리지 아니한다. 점유취득시효에 기한 등기청구권도 점유를 상실하지 않는 한 소멸시효에 걸리지 아니한다.
소유권	소유권의 절대성과 항구성에 의해 소멸시효에 걸리지 아니한다.
점유·유치권	점유를 기반으로 하는 성질상 별도로 소멸시효에 걸리지 아니한다.
질권·저당권	피담보채권이 존속하는 한 독립하여 소멸시효에 걸리지 아니한다.
상린관계상의 권리 및 공유물분할청구권	기초가 되는 법률관계가 존속하는 한 소멸시효에 걸리지 아니한다.
지역권	소멸시효의 대상이 된다.
형성권	소멸시효가 아닌 제척기간의 적용을 받는다.

⑥ 소멸시효의 기산점

권리	기산점
확정기한부 채권	• 기한이 도래한 때
불확정기한부 채권	• 기한이 객관적으로 도래한 때
기한을 정하지 않은 채권	• 채권 성립 시
조건부 권리	• 조건 성취 시
선택채권	• 선택권을 행사할 수 있는 때
채무불이행에 의한 손해배상청구권	• 채무불이행 시
불법행위에 의한 손해배상청구권	• 채권 성립 시
부당이득반환청구권	• 채권 성립 시
하자 있는 행정처분에 의한 부당이득반환청구권	• 취소 : 행정처분을 취소하는 판결이 확정된 때 • 무효 : 무효인 행정처분이 있은 때
부작위채권	• 위반행위를 한 때
구상권	• 보증인 : 행사할 수 있는 때 • 공동불법행위자 : 피해자에게 현실로 손해배상금을 지급한 때
물권	• 권리가 발생한 때
동시이행항변권이 붙어 있는 채권	• 이행기

⑦ 소멸시효기간

20년	채권 및 소유권 이외의 재산권
10년	보통의 채권, 판결·파산절차·재판상 화해·기타 판결과 동일한 효력이 있는 것에 의하여 확정된 채권
5년	상법상의 채권
3년	이자, 부양료, 급료채권 등
1년	여관, 음식점, 오락장의 숙박료 등

⑧ 소멸시효의 중단

시효기간의 경과 중에 권리의 불행사라는 시효의 바탕이 되는 사실상태와 상반되는 사실이 발생하면 이미 진행한 시효기간은 무효로 하고 처음부터 다시 진행한다. 중단사유로는 청구, 압류·가압류·가처분, 승인 등이 있다.

⑨ 소멸시효의 정지

시효기간 만료 시 시효를 중단시키기 곤란한 사정이 있을 때 시효의 완성을 일정기간 유예하는 제도로 제한능력자를 위한 정지, 혼인관계의 종료에 의한 정지, 상속재산에 관한 정지, 천재지변 기타 사변에 의한 정지가 있다.

⑩ 소멸시효의 효력

㉠ 소멸시효와 소급효

소멸시효는 그 기산일에 소급하여 효력이 생긴다(민법 제167조).

㉡ 소멸시효 이익의 포기
- 소멸시효의 이익의 포기는 시효완성 후에만 가능하다. 따라서 완성 전에는 포기할 수 없다(민법 제184조 제1항).
- 시효기간을 단축하거나 시효요건을 경감하는 당사자의 특약은 유효하다(민법 제184조 제2항).
- 시효이익의 포기는 상대방 있는 단독행위이며 처분권능·처분권한이 있어야 한다.
- 시효이익의 포기는 상대적 효력을 가지기에 주채무자의 시효이익의 포기는 보증인에게는 효력이 미치지 아니한다(민법 제169조).
- 포기의 대상이 주(主)된 권리인 때에는 그 포기의 효력은 종(縱)된 권리에도 미친다. 따라서 주된 권리를 포기하면 종된 권리도 자동으로 포기한 것이 된다(민법 제183조).

6. 물권법

(1) 물권의 종류

① 민법이 인정하는 물권

구분		의의
점유권		물건을 사실상 지배하는 권리
소유권		물건을 사용·수익·처분하는 권리
용익물권	지상권	타인의 토지에 건물이나 수목 등을 설치하여 사용하는 물권
	지역권	타인의 토지를 자기 토지의 편익을 위하여 이용하는 물권
	전세권	전세금을 지급하고 타인의 토지 또는 건물을 사용·수익하는 물권
담보물권	유치권	타인의 물건이나 유가증권을 점유한 자가 그 물건이나 유가증권에 관하여 생긴 채권이 있는 경우에 변제받을 때까지 그 물건이나 유가증권을 유치할 수 있는 담보물권
	질권	채권자가 그의 채권을 담보하기 위하여 채무의 변제기까지 채무자로부터 인도받은 동산을 점유·유치하기로 채무자와 약정하고, 채무의 변제가 없는 경우에는 그 동산의 매각대금으로부터 우선변제 받을 수 있는 담보물권
	저당권	채권자가 채무자 또는 제3자(물상보증인)로부터 점유를 옮기지 않고 그 채권의 담보로 제공된 목적물(부동산)에 대하여 우선변제를 받을 수 있는 담보물권

② 관습법에 의해 인정되는 물권

분묘기지권, 관습법상 법정지상권, 동산양도담보

(2) 물권의 특성
① 물권은 객체를 직접 지배하는 성질이 있다.
② 물권은 객체를 배타적으로 지배하는 성질이 있다.
③ 물권의 효력은 누구에게나 주장할 수 있는 절대적 성질이 있다.
④ 물권은 강한 양도성이 있는 권리이다.

(3) 동산 물권변동
① 법률행위에 의한 동산 물권변동 : 인도에 의해 동산 물권변동의 효력이 생긴다.
② 선의취득 : 평온·공연하게 동산을 양수한 자가 선의이며 과실 없이 그 동산을 점유한 경우에는 양도인이 정당한 소유자가 아닌 때에도 즉시 그 동산의 소유권을 취득한다.

(4) 부동산 물권변동
① 원칙 : 법률행위에 의한 부동산 물권변동은 등기하여야 그 효력이 생긴다(민법 제186조).
② 예외 : 상속, 공용징수, 판결, 경매 기타 법률의 규정에 의한 부동산 물권취득은 등기를 요하지 아니한다. 그러나 등기를 하지 아니하면 이를 처분하지 못한다(민법 제187조).

(5) 소유권
① 개념 : 소유권이란 물건을 전면적·포괄적으로 지배하는 권리이다.
② 취득시효에 의한 소유권의 취득

부동산의 시효취득	20년간 소유의 의사로 평온·공연하게 부동산을 점유하거나 부동산의 소유자로 등기한 자가 10년간 소유의 의사로 평온·공연하게 선의·무과실로 부동산을 점유한 경우에는 그 소유권을 취득한다(민법 제245조).
동산의 시효취득	10년간 소유의 의사로 평온·공연하게 동산을 점유한 자는 그 소유권을 취득한다. 이러한 점유가 선의·무과실로 개시된 경우에는 5년이 지나면 그 소유권을 취득한다(민법 제246조).

③ 소유권의 취득시기
㉠ 아파트를 분양받는 경우, 소유권이전등기를 해야 비로소 소유권을 갖게 된다.
㉡ 단독주택을 상속받은 경우, 상속등기를 하지 않더라도 그 단독주택은 상속인들이 소유권을 갖게 된다.
㉢ 승용차를 구입하는 경우, 차량에 대한 소유권등록을 해야 비로소 소유권을 갖게 된다.
㉣ 토지를 인도해 달라는 재판에서 승소한 경우, 자동으로 소유권을 갖게 된다.

7. 채권법

(1) 보증채무와 연대채무

① 보증채무
- ㉠ 의의 : 보증채무란 채권자와 보증인 사이에 체결된 보증계약에 의하여 성립하는 채무로, 주된 채무와 동일한 내용의 급부를 할 것을 내용으로 하여 주채무자가 급부를 이행하지 않을 경우에는 보증인이 이를 이행하여야 하는 채무이다.
- ㉡ 특성
    - 독립성 : 보증채무는 주채무와 독립한 별개의 채무이다.
    - 부종성 : 주채무가 성립하지 않으면 보증채무도 성립하지 아니하며, 주채무의 소멸 시 보증채무도 따라서 소멸한다.
    - 보충성 : 보증인은 주채무자가 이행하지 않는 경우 이행의 책임을 지며, 채권자가 주채무자에게 이행을 청구하지 않고 보증인에게 이행을 청구하는 경우에는 먼저 주채무자에게 청구할 것과 그 재산에 대하여 집행할 것을 항변할 수 있다.

② 연대채무
- ㉠ 의의 : 수인의 채무자가 채무 전부를 각자 이행할 의무가 있고, 채무자 1인의 이행으로 다른 채무자도 그 의무를 면하게 되는 채무로서 채권자는 연대채무자 중 1인을 임의로 선택하여 채무 전부의 이행을 청구할 수 있다. 연대채무자는 최고·검색의 항변권이 없다.
- ㉡ 연대채무자 1인에게 생긴 사유의 효력
    - 절대적 효력 : 변제·대물변제·공탁, 상계, 채권자지체, 이행의 청구, 경개, 면제, 혼동, 시효의 완성
    - 상대적 효력 : 시효의 중단·정지, 이행지체·이행불능(단, 채권자의 청구에 의한 지체는 절대적 효력), 채무자 한 사람에게 내려진 판결

(2) 채무불이행

① 이행지체
- ㉠ 개념 : 이행기에 채무의 이행이 가능함에도 불구하고 채무자의 책임 있는 사유에 의하여 이행을 하지 않는 것이다. 이행이 가능하다는 점에서 이행불능과 다르며, 이행행위가 없다는 점에서 불완전이행과 다르다.
- ㉡ 효과 : 강제이행청구권(민법 제389조), 손해배상청구권(민법 제390조), 계약해제권(민법 제544조)이 발생한다.

② 이행불능
- ㉠ 개념 : 채무가 성립할 당시에는 이행이 가능하였으나, 그 후 채무자의 귀책사유에 의해 이행이 불가능하게 된 경우
- ㉡ 효과 : 손해배상청구권(민법 제390조), 계약해제권(민법 제546조), 대상청구권이 발생한다.

③ 불완전이행 : 채무자가 이행을 했지만 그 이행이 채무의 내용에 좇은 완전한 것이 아닌 경우

(3) 채권자대위권과 채권자취소권

구분	채권자대위권	채권자취소권
정의	• 채권자가 자기의 채권을 보전하기 위하여 채무자의 권리(일신에 전속한 권리는 제외)를 행사할 수 있는 권리	• 채권자를 해함을 알면서 채무자가 행한 법률행위를 취소하고 채무자의 재산을 원상회복할 수 있는 권리
권리자	• 채권자	• 채권자
목적	• 책임재산의 보전	• 책임재산의 보전
권리내용	• 채무자의 재산보전조치를 대행	• 재산감소행위의 취소 또는 원상회복
행사방법	• 재판상 및 재판 외 행사가능 • 기한이 도래하기 전에는 법원의 허가 없이 행사 불가(단, 보전행위는 가능)	• 반드시 재판상 행사(채권자가 취소원인을 안 날로부터 1년, 법률행위있은 날로부터 5년 내에 제기하여야 한다)
행사의 상대방	• 제3채무자	• 수익자 또는 전득자(단, 행위 또는 전득 당시에 채권자를 해함을 알지 못한 경우에는 행사 불가)
행사의 효력	• 대위권 행사의 효과는 당연히 채무자에게 귀속하여 채무자의 일반재산에 편입됨 • 대위소송의 기판력은 소송사실을 인지한 채무자에게 미침	• 취소권행사의 효력은 소송상 피고에 한정됨 • 소송당사자가 아닌 채무자, 채무자와 수익자, 수익자와 전득자 사이의 법률관계는 영향이 없음

(4) 계약의 성립
① 청약과 승낙에 의한 계약의 성립
  ㉠ 청약 : 청약이란 승낙과 결합하여 일정한 계약을 성립시킬 것을 목적으로 하는 일방적·확정적 의사표시이다. 청약은 원칙적으로 상대방에게 도달해야 효력이 발생한다.
  ㉡ 승낙 : 승낙이란 청약의 상대방이 청약에 응하여 계약을 성립시킬 목적으로 하는 의사표시이다. 승낙은 청약자라는 특정인을 대상으로 해야 하며 청약의 내용과 일치하는 내용이어야 한다.
② 청약·승낙 이외의 방법에 의한 계약의 성립
  ㉠ 교차청약에 의한 계약성립 : 당사자가 같은 내용을 서로 엇갈려 청약함으로써 성립하는 것으로 양 청약이 상대방에게 도달한 때 계약이 성립한다.
  ㉡ 의사실현에 의한 계약성립 : 청약자의 특별한 의사표시나 관습에 의하여 승낙의 통지를 필요로 하지 않는 경우에는 승낙의 의사표시로 인정되는 사실이 있는 때에 계약이 성립한다.

(5) 민법상 계약의 종류
① 민법상 15개 전형계약
  • 증여(贈與)
  • 매매(賣買)
  • 교환(交換)
  • 소비대차(消費貸借)
  • 사용대차(使用貸借)
  • 임대차(賃貸借)
  • 고용(雇用)
  • 도급(都給)
  • 여행계약(旅行契約)
  • 현상광고(懸賞廣告)

- 위임(委任)
- 임치(任置)
- 조합(組合)
- 종신정기금(終身定期金)
- 화해(和解)

② 쌍무계약과 편무계약

당사자끼리 서로 대가적 채무를 부담하느냐의 효과를 표준으로 한 계약의 분류이다.

구분	종류
쌍무계약	매매, 교환, 임대차, 고용, 도급, 조합, 화해, 유상소비대차, 유상위임, 유상임치 등
편무계약	사용대차, 무상소비대차, 무상위임, 무상임치, 증여, 현상광고

③ 유상계약과 무상계약

계약의 쌍방당사자가 서로 대가적 의미를 가지는 출연 내지 출재를 하느냐 하지 않느냐에 의하여 유상계약과 무상계약으로 구분된다.

구분	종류
유상계약	매매, 교환, 임대차, 고용, 도급, 조합, 화해, 현상광고, 유상소비대차, 유상위임, 유상임치, 유상종신정기금, 여행계약
무상계약	증여, 사용대차, 무상소비대차, 무상위임, 무상임치, 무상종신정기금

④ 낙성계약과 요물계약

당사자의 합의만으로 성립하는 계약을 낙성계약, 당사자의 합의 이외에 일방이 물건의 인도 등 일정한 급부를 하여야만 성립하는 계약을 요물계약이라고 한다.

구분	종류
낙성계약	현상광고를 제외한 14개 전형계약
요물계약	현상광고

(6) 채권성립의 원인

① 계약(契約)

서로 대립하는 두 개 이상의 의사표시의 합치로 성립하는 법률행위이다.

② 부당이득(不當利得, 민법 제741부터 제749조)

법률상 원인 없이 타인의 재산 또는 노무로 인하여 이익을 얻고 이로 인해 타인에게 손해를 가하는 것으로, 손해를 가한 자에게 그 이득의 반환을 요구할 수 있다.

③ 사무관리(事務管理, 민법 제734부터 제740조)

법률상 또는 계약상의 의무 없이 타인을 위하여 사무를 처리함으로써 법정채권관계가 성립한다.

④ 불법행위(不法行爲, 민법 제750부터 제766조)

고의 또는 과실로 인한 위법행위로 타인에게 손해를 가한 경우에는 그 손해를 배상할 책임이 발생한다.

8. 가족법

(1) 친족과 가족

① 친족(親族, 민법 제767조)
  ㉠ 배우자
  ㉡ 혈족(血族, 민법 제768조)
   • 자기의 직계존속과 직계비속을 직계혈족이라 한다.
   • 자기의 형제자매와 형제자매의 직계비속, 직계존속의 형제자매 및 그 형제자매의 직계비속을 방계혈족이라 한다.
  ㉢ 인척 : 혈족의 배우자, 배우자의 혈족, 배우자의 혈족의 배우자(민법 제769조)

② 친족의 범위
  ㉠ 8촌 이내의 혈족, 4촌 이내의 인척 및 배우자가 친족의 범위에 속한다(민법 제777조).
  ㉡ 친족관계 : 입양으로 인한 친족관계는 입양의 취소 또는 파양으로 인하여 종료한다(민법 제776조).

③ 가족의 범위(민법 제779조)
  ㉠ 배우자, 직계혈족 및 형제자매
  ㉡ 생계를 같이 하고 있는 직계혈족의 배우자, 배우자의 직계혈족 및 배우자의 형제자매

(2) 혼인과 약혼

① 18세가 된 사람은 부모나 미성년후견인의 동의를 받아 약혼할 수 있다(민법 제801조).
② 피성년후견인은 부모나 성년후견인의 동의를 받아 약혼할 수 있다(민법 제802조).
③ 약혼은 강제이행을 청구하지 못하여 해당하는 사유가 있는 경우에는 상대방은 약혼을 해제할 수 있다(민법 제804조).
④ 만 18세가 된 사람은 혼인할 수 있다(민법 제807조).
⑤ 미성년자가 혼인을 한 때에는 성년자로 본다(성년의제)(민법 제826조의2).
⑥ 혼인은 가족관계의 등록 등에 관한 법률에 정한 바에 의하여 신고함으로써 그 효력이 생긴다.
⑦ 혼인의 법률적 효과
  ㉠ 친족 관계의 발생
  ㉡ 가족관계등록부의 변동
  ㉢ 동거·부양·협조의 의무 발생
  ㉣ 정조 의무 발생(간통죄의 폐지로 형사처벌 ×)
  ㉤ 성년의제
  ㉥ 부부 별산제
  ㉦ 일상 가사 대리권

(3) 이혼

① 협의에 의한 이혼 : 부부는 협의에 의하여 이혼할 수 있다(민법 제834조).
② 재판상 이혼사유(민법 제840조)
  ㉠ 배우자에 부정한 행위가 있었을 때
  ㉡ 배우자가 악의로 다른 일방을 유기한 때
  ㉢ 배우자 또는 그 직계존속으로부터 심히 부당한 대우를 받았을 때
  ㉣ 자기의 직계존속이 배우자로부터 심히 부당한 대우를 받았을 때
  ㉤ 배우자의 생사가 3년 이상 분명하지 아니한 때
  ㉥ 기타 혼인을 계속하기 어려운 중대한 사유가 있을 때

(4) 사망과 상속

① 상속의 의미와 승인
  ㉠ 상속의 의미 : 상속(相續)이란 피상속인의 사망(상속의 개시조건)으로 인해 그가 가지고 있던 재산이 상속인에게 승계되는 과정을 말한다.
  ㉡ 상속의 승인
    • 단순 승인 : 단순 승인은 적극재산·소극재산의 구분이 없이 모든 권리와 의무를 상속인이 포괄적으로 승계받는 것을 말한다.
    • 한정 승인 : 한정 승인은 적극재산의 범위 내에서 소극재산을 책임지는 것으로서 적극재산이 소극재산보다 클 경우, 일단 적극재산으로 소극재산을 변제하고 남은 것을 상속받는 것이다. 반대로 소극재산이 적극재산보다 크면, 적극재산으로 소극재산 변제 후 남은 채무에 대해서는 책임지지 않는다.
  ㉢ 상속의 포기 : 상속인은 상속개시있음을 안 날로부터 3개월 이내(가정법원에 신고)에 단순 승인이나 한정 승인 또는 포기를 할 수 있다. 상속인이 상속을 포기한 경우 후순위 권리자가 이를 승계받는다.
② 유언(遺言)
  ㉠ 유언의 의미 : 유언이란 유언자가 유언능력을 갖추고 법적사항에 대해 엄격한 방식에 따라 하는 행위를 말한다.
  ㉡ 유언의 효력발생 요건 : 의사능력, 17세 이상(민법 제1061조), 법정 형식 준수(요식주의, 민법 제1060조)
  ㉢ 유언의 방식(민법 제1066조부터 제1070조) : 자필증서, 녹음, 공정증서, 비밀증서, 구수증서
③ 유류분 제도(민법 제1112조부터 제1118조)
  피상속인의 유언과 상관없이 상속인에게 보장되는 상속비율로 유언의 효력을 제한하는 성격을 지닌다.
  ㉠ 피상속인의 직계비속 또는 배우자 : 법정 상속분의 1/2(민법 제1112조 제1호·제2호)
  ㉡ 피상속인의 직계존속 : 법정 상속분의 1/3(민법 제1112조 제3호)
④ 법정 상속
  ㉠ 상속 순위(민법 제1000조 제1항·제1003조 제1항)
    • 1순위 : 직계비속+배우자
    • 2순위 : 직계존속+배우자

- 3순위 : 형제자매
- 4순위 : 4촌 이내 방계혈족
ⓒ 상속 비율
- 원칙 : 공동 상속자 간 균등 분배(민법 제1009조 제1항)
- 예외 : 피상속인의 배우자의 상속분은 직계비속과 공동으로 상속하는 때에는 직계비속의 상속분의 5할을 가산하고, 직계존속과 공동으로 상속하는 때에는 직계존속의 상속분의 5할을 가산한다(민법 제1009조 제2항). 1, 2순위 상속인이 없는 때에는 단독 상속인이 된다(민법 제1003조 제1항).

⑤ 대습 상속
ⓐ 대습 상속의 사유 : 상속 개시 전에 상속인이 될 직계 비속 또는 형제자매가 사망하거나 결격사유가 발생할 경우 그 직계비속이 있는 때에는 그 직계비속이 사망하거나 결격된 자의 순위에 갈음하여 상속인이 된다(민법 제1001조).
ⓑ 대습 상속의 효과 : 사망한 자의 배우자, 직계비속이 사망한 자를 대신하여 상속을 받게 된다.
ⓒ 대습상속분 : 상속인이 된 자의 상속분은 사망 또는 결격된 자의 상속분에 의하며, 사망 또는 결격된 자의 직계비속이 수인인 때에는 그 상속분은 사망 또는 결격된 자의 상속분의 한도에서 법정상속분(일반상속)에 의하여 이를 정한다(민법 제1010조).

⑥ 상속액의 계산법(민법 제1000조 · 제1003조 · 제1009조)
ⓐ 사망자의 부모, 배우자, 자녀(아들과 딸은 차별 없음)가 모두 있는 경우 1순위자는 배우자와 자녀이며, 부모는 제외된다. 상속액은 배우자만 5할을 가산한다.
ⓑ 사망자의 부모, 배우자만 있는 경우 부모와 배우자가 상속자가 된다. 상속액은 배우자만 5할을 가산한다.
ⓒ 사망자의 부모, 자녀만 있는 경우 1순위자는 자녀이며, 부모는 제외된다. 다만, 자녀가 미성년자인 경우 부모(자녀의 조부모)는 친권을 행사하게 된다.

02 민사소송법 일반

1. 민사소송제도

(1) 민사소송제도의 개념
① 의의 : 사법적 법률관계에 관한 분쟁을 국가의 재판권에 의해 강제적으로 해결하는 재판절차이다.
② 법원 : 성문법전인 민사소송법과 민사집행법이 있다.
③ 목적 : 민사소송제도의 목적이 사권의 보호에 있는지 또는 사법질서의 유지에 있는지에 대해 논쟁이 있었으나, 오늘날에는 사권보호를 위해 분쟁을 해결하면서 자연히 사법질서도 유지되는 것이라고 보는 것이 통설이다.
④ 소송절차 : 당사자의 변론을 중심으로 하는 소송활동과 증거조사를 중심으로 하는 입증활동으로 구성되며, 실체의 진실이 명백하게 드러나면 법원은 법률적용을 통하여 권리의 유무에 따라 승소 또는 패소시키는 판결을 내리고, 그에 따른 권리실현을 이루게 함으로써 종결된다.

(2) 민사소송제도의 4대 이상

① **적정이상** : 내용상 사실인정에 있어서 정확성을 기하여 실체적 진실을 발견하고, 인정된 사실에 타당한 법률적용을 통하여 사회정의를 실현하는 것이다. 즉, 권리 있는 자는 승소하고 권리 없는 자는 패소한다는 결과를 확보하는 이상이다. 이와 같은 적정이상을 실현하기 위해서는 구술주의, 석명권 행사, 교호신문제도, 법관의 자격제한과 신분보장, 직접주의, 직권증거조사주의, 불복신청제도 등이 보장되어야 한다.

② **공평이상** : 재판의 적정성을 기하기 위해서는 법관의 중립성, 무기평등의 원칙 등에 의해서 소송심리 시에 당사자를 공평하게 취급하여야 한다는 이상이다. 공평이상을 실현하기 위한 제도에는 심리의 공개, 법원직원에 대한 제척·기피·회피제도, 당사자평등주의, 변론주의, 소송절차의 중단·중지, 제3자의 소송참가제도 등이 있다.

③ **신속이상** : 신속한 재판이 이루어져야 한다. 민주사법의 신뢰유지를 위해서는 공정하고 공평한 재판을 한다 하더라도 권리실현이 늦어지면 실효성을 잃게 되기 때문이다.

④ **경제이상** : 소송 수행에 있어 소송관계인의 시간을 단축하여 비용과 노력의 최소화가 이루어져야 한다.

(3) 민사소송법과 민사집행법

① **민사소송** : 사법적 법률관계에 관한 분쟁을 국가의 재판권에 의해 강제적으로 해결하는 재판절차이며, 이에 대한 법규범의 총체가 민사소송법과 민사집행법이다.
  ㉠ 민사집행법은 기존의 민사소송법상의 강제집행절차와 담보권 실행을 위한 경매, 민법·상법, 그 밖의 법률의 규정에 의한 경매, 부수절차의 하나인 보전처분의 절차를 분리하여 제정된 법이다. 따라서 민사소송의 성문법원 중 가장 중요한 것은 민사소송법과 민사집행법이다.
  ㉡ 민사소송법과 민사집행법은 공법이며 실체사법(민법, 상법 등)과 합하여 민사법이라고 한다.

② **민사소송법의 기본원리**
  ㉠ 민사소송을 지배하고 있는 원리는 형식적 진실주의이다.
  ㉡ 당사자가 신청한 범위 내에서만 판결하는 처분권주의가 원칙이다.
  ㉢ 민사소송은 공개심리주의가 원칙이다.
  ㉣ 소송진행 중이라도 청구의 포기나 인락을 통해 소송을 종료할 수 있다.
  ㉤ 이미 사건이 계속되어 있을 때는 그와 동일한 사건에 대하여 당사자는 다시 소를 제기하지 못한다(중복제소의 금지, 예 A가 B를 상대로 대여금반환청구의 소를 서울지방법원에 제기한 뒤 이 소송의 계속 중 동일한 소를 부산지방법원에 제기하면 법에 저촉된다).

2. 민사소송의 주체

(1) 법원

① **법원의 관할** : 각 법원에 대한 재판권의 배분으로서 특정법원이 특정사건을 재판할 수 있는 권한을 말한다.

② **보통재판적**
  ㉠ 사람의 보통재판적은 원칙적으로 그의 주소에 따라 정한다.

ⓒ 법인의 보통재판적은 그의 주된 사무소 또는 영업소가 있는 곳에 따라 정하고, 사무소와 영업소가 없는 경우에는 주된 업무담당자의 주소에 따라 정한다.
ⓒ 국가의 보통재판적은 그 소송에서 국가를 대표하는 관청 또는 대법원이 있는 곳으로 한다.
ⓔ 소는 피고의 보통재판적이 있는 곳의 법원이 관할한다.

(2) 당사자

① **당사자능력** : 소송의 주체(원·피고)가 될 수 있는 능력으로서 소송법상의 권리능력이라고 할 수 있다. 법인이 아닌 사단이나 재단은 대표자 또는 관리인이 있는 경우에는 그 사단이나 재단의 이름으로 당사자가 될 수 있다.
② **소송능력** : 법정대리인의 동의 없이 유효하게 스스로 소송행위를 하거나 소송행위를 받을 수 있는 능력으로 소송법상의 행위능력이라 할 수 있다. 제한능력자는 법정대리인에 의해서만 소송행위를 할 수 있다.
③ **변론능력** : 법정에서 유효하게 소송행위를 하기 위하여 사실을 진술하거나 법률적 의견을 진술할 수 있는 능력을 말한다. 법률에 따라 재판상 행위를 할 수 있는 대리인 외에는 변호사나 소송대리인이 될 수 없으므로 변호사자격이 없는 자는 원칙적으로 타인의 소송대리인으로서의 변론능력이 없다.

3. 민사소송절차의 종류

(1) 보통소송절차

① **판결절차**
ⓐ 원고의 소제기에 의하여 개시되며, 변론을 거쳐 심리하고, 종국판결에 의하여 종료된다. 즉, 분쟁을 관념적으로 해결함을 목적으로 하는 절차이다.
ⓑ 판결절차에는 제1심, 항소심, 상고심의 3심 구조로 되어 있으며, 고유의 의미의 민사소송이라고 하면 판결절차를 말한다.
ⓒ 제1심 절차는 소송물 가액에 따라 지방법원 합의부에 의한 절차와 지방법원 단독판사에 의한 절차로 나뉜다.
ⓓ 3,000만 원 이하의 소액사건은 소액사건심판법의 절차에 의한다.
② **강제집행절차(민사집행법)**
ⓐ 판결절차에 의하여 확정된 사법상의 청구권에 기하여 강제집행절차를 전개하는 것으로, 채권자의 신청에 의하여 국가의 집행기관이 채무자에 대하여 강제력을 행사함으로써 채무명의에 표시된 이행청구권의 실행을 도모하는 절차이다.
ⓑ 강제집행절차는 판결절차의 부수적 내지 보조적 수단이 아님을 주의한다.

(2) 부수절차

판결절차나 강제집행절차에 부수하여 이들 절차의 기능을 돕는 절차를 말한다.
① **증거보전절차** : 판결절차에서 정식의 증거조사의 시기까지의 사이에 어떤 증거의 이용이 불가능하거나 곤란하게 될 수 있는 경우에 미리 그 증거를 조사하여 그 결과를 보전하기 위한 절차이다.

② **집행보전절차(민사집행법)** : 현상을 방치하면 장래의 강제집행이 불가능하거나 현저히 곤란하게 될 염려가 있는 경우에 그 현상의 변경을 금하는 절차로 가압류와 가처분이 있다.
③ **기타 파생절차** : 판결절차에 부수하는 소송비용액확정절차와 강제집행절차에 부수하는 집행문부여절차(민사집행법)가 있다.

(3) 특별소송절차

보통소송절차 외에 사건의 특수한 성질이나 가액에 따른 특수 민사사건에 대하여 적용되는 소송절차이다.
① 소액사건심판절차(소액사건심판법)
② 독촉절차
③ 파산절차(채무자 회생 및 파산에 관한 법률)
④ 개인회생절차(채무자 회생 및 파산에 관한 법률)
⑤ 공탁절차

4. 민사소송의 종류

민사소송은 이행의 소, 형성의 소, 확인의 소로 구분할 수 있다.

(1) 이행의 소
① 국가의 공권력을 빌어 강제집행을 가능하게 하는 이행판결을 목적으로 하는 소송형태이다.
② 원고가 사법상 청구권의 존재를 기초로 하여 이행청구권의 확정과 피고에게 일정한 이행명령을 선고함을 목적으로 하는 소송형태이다.
③ 이행의 소에 본안 인용판결 중에 이행판결을 청구하는 것이 일반적이며, 이를 급부의 소 또는 급부의 판결이라고도 한다.
④ 이행의 소를 기각한 판결은 이행청구권의 부존재를 확인하는 소극적 확인판결이다.

(2) 형성의 소
① 형성의 소는 형성판결에 의하여 형성요건의 존재를 확정하는 동시에 새로운 법률관계를 발생하게 하거나 기존의 법률관계를 변경 또는 소멸시키는 창설적 효과를 갖는다.
② 법률상태의 변동을 목적으로 하는 소송이며, 창설의 소 또는 권리 변경의 소라고도 한다.
③ 법률의 근거가 없는 형성의 소는 인정하지 아니한다.

(3) 확인의 소
① 당사자 간의 법률적 불안을 제거하기 위하여 실체법상의 권리 또는 법률관계의 존부나 법률관계를 증명하는 서면의 진부 확인을 목적으로 하는 소송이다.
② 권리관계의 존부를 확정하기 위한 것을 적극적 확인의 소, 부존재의 확정을 목적으로 하는 것을 소극적 확인의 소라고 한다. 또한, 소송 도중에 선결이 되는 사항에 대한 확인을 구하는 중간 확인의 소가 있다.

③ 확인의 소가 제기되어 원고승소의 확정판결이 내려지면 원고가 주장한 법률관계의 존부가 확정되지만 집행력은 발생하지 아니하므로 다툼이 있는 권리관계를 개념적으로 확정함으로써 분쟁이 해결되는 경우에 이용되는 소송형태이다.

5. 심리의 제 원칙

(1) 변론주의

변론주의란 소송자료, 즉 사실과 증거의 수집·제출의 책임을 당사자에게 맡기고 당사자가 수집하여 변론에서 제출한 소송자료만을 재판의 기초로 삼아야 한다는 심리원칙을 말한다.

(2) 처분권주의

법원은 당사자가 신청하지 아니한 사항에 대하여는 판결하지 못한다.

(3) 구술심리주의

구술심리주의란 심리에 있어 당사자 및 법원의 소송행위, 특히 변론과 증거조사를 구술로 행하도록 하는 절차상 원칙을 말한다. 즉, 법원의 재판은 구술변론을 기초로 하여야 한다는 것이다.

(4) 직접심리주의

직접심리주의란 당사자의 변론 및 증거조사를 수소법원의 면전에서 직접 실시하는 주의를 말하는데, 이는 수명법관이나 수탁판사의 면전에서 시행하고 그 심리결과를 수소법원이 재판의 기초로 채용하는 주의인 간접심리주의에 대립된다.

(5) 공개심리주의

공개주의 또는 공개심리주의란 재판의 심리와 판결선고를 일반인이 방청할 수 있는 상태에서 행해야 한다는 절차원리이다.

(6) 쌍방심리주의(당사자 평등의 원칙)

사건심리에 있어서 당사자 쌍방을 평등하게 대우하여 공격·방어방법을 제출할 수 있는 기회를 평등하게 부여하는 입장을 쌍방심리주의 또는 당사자 대등의 원칙이라고 한다.

(7) 적시제출주의

적시제출주의란 당사자가 소송을 지연시키지 않도록 소송의 정도에 따라 공격방어방법을 적시에 제출하여야 한다는 주의이다. 본래 수시제출주의를 채택하고 있었으나, 소송촉진과 집중심리를 위하여 2002년 개정되어 적용되고 있다.

6. 종국판결과 중간판결

(1) 종국판결
① 법원은 소송의 심리를 완료한 때에는 종국판결을 한다.
② 종국판결이란 소 또는 상소에 의하여 계속되어 있는 사건의 전부나 일부에 대하여 당해 심급에서 완결하는 판결을 말한다.
③ **종국판결의 예** : 본안판결, 소각하판결, 소송종료선언, 환송판결이나 이송판결 등

(2) 중간판결
① 중간판결이란 종국판결을 하기에 앞서 소송심리 중에 문제가 된 실체상 또는 소송상 개개의 쟁점을 정리·해결하는 재판이다.
② 중간판결이 내려지면 당해 심급의 법원은 중간판결의 주문에 표시된 판단에 기속되고, 종국판결을 함에는 중간판결의 판단을 기초로 하여야 한다.
③ 중간판결이 내려진 때에는 그 변론 이후에 생긴 새로운 사유가 아닌 한 원인을 부정하는 항변을 제출할 수 없다.
④ 중간판결에 대하여는 독립하여 상소할 수 없고, 종국판결이 내려진 다음에 이에 대한 상소와 함께 상소심의 판단을 받아야 한다.

7. 항소

(1) 항소의 개념
하급법원의 제1심 판결에 불복하여 그 판결의 파기·변경을 상급법원인 고등법원 또는 지방법원 합의부에 신청하는 것을 말한다.

(2) 항소의 대상 및 절차, 취하
① **대상** : 항소는 제1심 법원이 선고한 종국판결에 대하여 할 수 있다. 단, 종국판결 뒤 양 당사자가 상고할 권리를 유보하고 항소하지 아니하기로 합의한 때에는 그렇지 아니하다(민사소송법 제390조 제1항). 소송비용 및 가집행에 관한 재판에 관하여는 독립하여 항소할 수 없다(민사소송법 제391조).
② **절차** : 항소는 판결서가 송달된 날로부터 2주 이내에 하여야 한다. 단, 판결서 송달 전에도 항소할 수 있다(민사소송법 제396조 제1항). 항소장의 부본은 피항소인에게 송달하여야 한다(민사소송법 제401조).
③ **취하** : 항소는 항소심의 종국판결이 있기 전에 취하할 수 있다(민사소송법 제393조 제1항).

CHAPTER 04 상법

01 상법의 개요

1. 상법의 개념

(1) 상법의 특색
① 영리성
② 집단성·반복성
③ 획일성·정형성
④ 공시주의
⑤ 기업책임의 가중과 경감
⑥ 기업의 유지 강화
⑦ 기술성·진보성
⑧ 세계성·통일성

(2) 상법의 법원 적용 순서

상법 제1조는 '상사에 관하여 상법에 규정이 없으면 상관습법에 의하고 상관습법이 없으면 민법의 규정에 의한다.'라고 규정하여 상법과 상관습법이 없는 경우 민법은 보충적으로 적용된다.

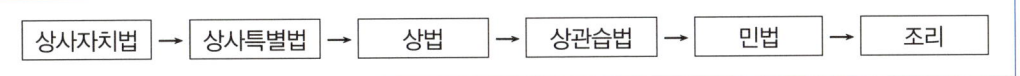

2. 상법총칙

(1) 상인·상업사용인의 용어정의

① 익명조합
당사자의 일방이 상대방의 영업을 위하여 출자하고 상대방은 그 영업으로 인한 이익을 분배할 것을 약정함으로써 그 효력이 생긴다(상법 제78조).

② 합자조합
조합의 업무집행자로서 조합의 채무에 대하여 무한책임을 지는 조합원과 출자가액을 한도로 하여 유한책임을 지는 조합원이 상호출자하여 공동사업을 경영할 것을 약정함으로써 그 효력이 생긴다(상법 제86조의2).

③ 대리상

일정한 상인을 위하여 상업사용인이 아니면서 상시 그 영업부류에 속하는 거래의 대리 또는 중개를 영업으로 하는 자를 말한다(상법 제87조).

④ 중개인

타인 간의 상행위의 중개를 영업으로 하는 자를 말한다(상법 제93조).

⑤ 위탁매매인

자기명의로 타인의 계산으로 물건 또는 유가증권의 매매를 영업으로 하는 자를 말한다(상법 제101조).

⑥ 운송주선인

자기의 명의로 물건운송의 주선을 영업으로 하는 자를 말한다(상법 제114조).

⑦ 운송인

육상 또는 호천, 항만에서 물건 또는 여객의 운송을 영업으로 하는 자를 말한다(상법 제125조).

(2) 상인

상인은 기업활동에 있어서 권리의무가 귀속되는 기업의 주체로 상인의 행위는 영업을 위하여 하는 것으로 추정한다(상법 제47조 제2항).

① 상인의 종류

　㉠ 당연상인(고유상인) : 자기명의로 상행위를 하는 자이다(상법 제4조). 기본적 상행위뿐만 아니라 타인의 영업을 대리하는 경우, 타인의 계산으로 타인의 영업수단을 이용하는 경우, 타인의 명의로 신고·납세하는 경우도 포함한다.

　㉡ 의제상인 : 점포 기타 유사한 설비에 의하여 상인적 방법으로 영업을 하는 자는 상행위를 하지 아니하더라도 상인으로 보고 회사는 상행위를 하지 아니하더라도 상인으로 본다(상법 제5조).

　㉢ 소상인 : 소규모 상인으로서 자본금이 1천만 원 미만으로 회사가 아닌 자를 말한다(상법 시행령 제2조). 이러한 소상인에 대하여는 지배인, 상호, 상업장부와 상업등기에 관한 규정의 적용을 받지 않는다(상법 제9조).

② 상인의 자격

　㉠ 자연인의 영업능력 : 행위능력에 따른 제한

구분	영업능력 (상법 제6조)	무한책임사원 (상법 제7조)	영업의 대리 (상법 제8조)
미성년자	법정대리인의 허락	법정대리인의 허락	법정대리인이 영업을 하는 경우
피한정후견인	×	×	
피성년후견인	×	×	
비고	등기를 요함	사원자격으로 인한 행위에는 능력자로 봄	등기를 요함, 제한능력자가 상인

　㉡ 법인의 영업능력 : 설립목적에 따른 제한 → 특수공법인(한국농어촌공사) → 특수사법인(협동조합·상호보험회사)은 영업능력이 없다.

　㉢ 상인자격의 취득과 상실

구분	취득	상실
회사	설립등기	청산종결
회사 외의 법인·자연인	영업준비행위의 객관적 인정	기업활동의 사실상 종결

(3) 상업사용인(영업보조자)

상인에 종속하여 기업상의 활동을 보조하는 자를 상업사용인이라 한다. 대리권의 범위를 기준으로 하여 다음과 같이 나눌 수 있다.

① 지배인
  ㉠ 의의 : 상인인 영업주에 갈음하여 그 영업에 관한 재판상 또는 재판 외의 모든 행위를 할 수 있는 경영보조자이다. 보통 지점장, 지사장 등이 이에 속한다. 이사는 지배인이 될 수 있으나 감사는 불가능하다.
  ㉡ 지배인의 선임과 종임
    • 소상인·청산회사·파산회사는 지배인의 선임이 불가능하고 성년후견의 개시·영업폐지·회사해산 등의 사유로 종임된다.
    • 선임과 종임은 등기사항으로 총지배인은 영업소 단위로 등기한다.
  ㉢ 지배인의 권한
    • 정형성·포괄성, 영업에 관한 재판상 또는 재판 외의 모든 행위를 할 권한(상법 제11조 제1항)
    • 지배인이 아닌 사용인 선임 가능(상법 제11조 제2항), 지배인의 선임에 관한 대리권을 수여받은 경우는 지배인도 선임 가능
    • 대리권의 제한은 명칭 여하에 불구하고 선의의 제3자에게 대항할 수 없다(상법 제11조 제3항).
  ㉣ 행위의 판단 : 지배인의 행위가 영업주의 영업에 관한 것인가의 여부는 지배인의 행위 당시의 주관적인 의사와는 관계없이 객관적 성질에 따라 추상적으로 판단하여야 한다.
  ㉤ 공동지배인과 표현지배인

공동지배인	능동대리는 공동으로, 수동대리는 단독으로 한다. 수인의 지배인과는 구별된다(상법 제12조).
표현지배인	사용인의 조건을 충족하고 지배인의 명칭을 사용하며 재판 외의 행위, 영업소의 실체, 거래의 직접 상대방이다. 지배인의 개인적 행위는 표현지배인의 대상이 아니다. 영업주가 그 사용인이 한 행위에 대하여 책임을 부담한다(상법 제14조).

  ㉥ 회사별 지배인 선임방법

합명회사	총사원 과반수의 결의(업무집행사원이 있는 경우에도, 상법 제203조)
합자회사	무한책임사원 과반수의 결의(업무집행사원이 있는 경우에도, 상법 제274조)
주식회사	이사회 결의(상법 제393조 제1항)
유한회사	이사 과반수 결의 또는 사원총회의 보통결의(상법 제564조 제1항·제2항)

② 상업사용인의 의무(경업회피의무, 상법 제17조)
  ㉠ 의의 : 상업사용인은 영업주의 허락 없이 자기 또는 제3자의 계산으로 영업주의 영업부류에 속한 거래를 하거나 회사의 무한책임사원, 이사 또는 다른 상인의 사용인이 되지 못한다(상법 제17조 제1항).
  ㉡ 효과 : 거래행위 자체는 유효하나 영업주는 손해배상청구권, 해임권(상법 제17조 제3항), 개입권의 행사가 가능하다(상법 제17조 제4항).
  ㉢ 영업주의 개입권 : 상업사용인이 얻은 이득을 영업주에게 귀속시킬 수 있는 권리(상업사용인이 자기의 계산으로 한 경우는 경제적 효과를 귀속시킬 수 있고 타인의 계산으로 한 경우는 상업사용인이 얻은 이득의 양도를 청구할 수 있음, 상법 제17조 제2항)이며, 개입권 행사 후에도 손해배상 청구 및 해임이 가능하다(상법 제17조 제3항). 단, 다른 회사의 무한책임사원·이사 또는 다른 상인의 상업사용인이 된 경우에는 개입권은 행사할 수 없다.

(4) 상호
① 의의 : 상인이 영업상 자기를 표시하기 위해 사용하는 명칭(영업의 통일성을 위해)이다. 상인은 원칙적으로 상호를 선정하여 사용할 권리를 가진다(상호자유주의, 상법 제18조).
② 상호의 선정
상호자유주의+약간의 제한(회사라는 명칭, 회사의 종류, 상법 제19조), 상호단일주의(수개의 영업에 하나의 상호 가능, 회사는 항상 1개의 상호, 지점은 본점과의 종속관계 표시, 상법 제21조)
③ 상호권
  ㉠ 상호사용권 : 적극적 권리, 적법하게(타인의 상호사용권을 침해하지 않고) 선정 및 사용
  ㉡ 상호전용권 : 소극적 권리, 타인이 부정목적으로 동일 또는 유사한 상호의 사용을 배제
  ㉢ 등기의 효력 : 동종영업 상호로 등기 불가(상법 제22조), 등기상호의 사용 시에 부정목적이 추정됨(→ 입증책임의 전환으로 상호전용권의 강화)
④ 의무
  ㉠ 회사의 상호에는 그 종류에 따라 합명회사, 합자회사, 유한책임회사, 주식회사 또는 유한회사의 문자를 사용하여야 한다(상법 제19조).
  ㉡ 회사가 아니면 상호에 회사임을 표시하는 문자를 사용하지 못한다. 회사의 영업을 양수한 경우에도 같다(상법 제20조).
  ㉢ 동일한 영업에는 단일상호를 사용하여야 한다(상법 제21조 제1항).
  ㉣ 지점의 상호에는 본점과의 종속관계를 표시하여야 한다(상법 제21조 제2항).
  ㉤ 타인이 등기한 상호는 동일한 특별시·광역시·시·군에서 동종영업의 상호로 등기하지 못한다(상법 제22조).
⑤ 상호의 양도
  ㉠ 상호는 영업을 폐지하거나 영업과 함께 하는 경우에 한하여 이를 양도할 수 있다(상법 제25조 제1항).
  ㉡ 상호의 양도는 등기하지 아니하면 제3자에게 대항하지 못한다(상법 제25조 제2항).

(5) 상업장부
① 상인이 그 기업의 재산 상태를 명백히 하기 위하여 상법상의 의무로서 작성하는 장부를 상업장부라 한다.
② 상업장부에는 영업상의 재산 및 손익의 상황을 명백히 하기 위하여 작성하는 회계장부와 대차대조표가 있다(상법 제29조 제1항).
③ 상인은 10년간 상업장부와 영업에 관한 중요서류를 보존하여야 한다. 다만, 전표 또는 이와 유사한 서류는 5년간 이를 보존하여야 한다(상법 제33조 제1항).

(6) 영업의 공시(상업등기)
① 의의 : 영업에 관한 중요한 사항을 상법의 규정에 의하여 상업등기부에 등기하는 것을 상업등기라 한다.
② 절차 : 당사자 신청주의
③ 등기소의 심사권 : 형식적 심사주의(판례), 수정실질적 심사주의(학설)
④ 등기의 공시 : 개별적·수동적 공시, 공고(일반적·능동적 공시) 없음

⑤ 효력
  ㉠ 일반적 효력 : 등기 전에 존재하던 법률관계를 확보·선언한다. 등기·공고 전에는 선의의 제3자에게 대항하지 못하고(등기의 소극적 공시의 원칙), 등기·공고 후에는 선의의 제3자에게도 대항 가능하다(등기의 적극적 공시의 원칙, 상법 제37조 제1항).
  ㉡ 특수적 효력
    • 창설적(확정적) 효력 : 회사의 설립·합병·분할등기로 효력 발생
    • 보완적 효력 : 하자의 치유, 설립 시 또는 증자 시 주식인수인의 인수 취소 불가
    • 부수적(해제적) 효력 : 설립등기로 주권발행 및 주식양도, 인적 회사사원의 책임소멸시효의 기산일 → 상호양도등기

(7) 영업의 양도
① 의의 : 영업의 양도란 기업의 동일성을 유지하면서 포괄적 일체인 영업 자체를 양도하여 소유와 경영의 법적 관계에 변동을 가져오는 것을 말한다. 동일성이 유지되면 일부 양도도 가능하다.
② 절차 : 낙성불요식 계약, 상호의 양도 수반은 선택사항이다.

구분	주식·유한회사	합명·합자(정관변경 규정 준용)회사
양도인	주주(사원)총회 특별결의 : 전부·중요한 일부	총사원의 동의
양수인	주주(사원)총회 특별결의 : 전부	총사원의 동의

③ 영업양도의 효과
  ㉠ 대내적 효과 : 영업재산의 이전(개별적인 이전 절차), 제3자에 대한 대항요건 구비, 경업피지의무, 동일·인접 행정구역에서 동종의 영업행위를 할 수 없다. 기간의 무약정 시에는 10년, 약정시에는 20년 내에서 유효하다(상법 제41조).
  ㉡ 대외적 효과 : 선의 변제자의 면책, 양수인은 원칙적으로 상호사용 시엔 책임이 있으나 상호불사용 시에는 책임이 없다(상법 제42조).
  ㉢ 소멸 : 영업양수인이 변제의 책임이 있는 경우에는 양도인의 제3자에 대한 채무는 영업양도 또는 광고 후 2년이 경과하면 소멸한다(상법 제45조).

3. 상행위

(1) 의의 및 종류
① 상행위란 실질적으로는 영리에 관한 행위이며 형식적으로는 상법과 특별법에서 상행위로서 규정한 행위를 말한다.
② 대부분의 상행위는 상인이 영리를 목적으로 하는 영업행위를 말하며, 영업적 상행위 또는 기본적 상행위라고도 한다. 그리고 이 기본적 상행위 이외에 영업을 위하여 하는 행위를 보조적 상행위 또는 부속적 상행위라고 한다.
③ 소매상과 일반인의 거래와 같이 당사자 일방에게만 상행위가 되는 경우를 일방적 상행위라 하며, 반대로 도매상과 소매상의 거래와 같이 당사자 쌍방에게 상행위가 되는 경우를 쌍방적 상행위라고 한다.

(2) 상행위의 총칙적 규정

① **상행위일반에 관한 특칙** : 상행위는 영리를 목적으로 하는 상인의 행위로서 반복·계속되는 것이므로 그 거래의 신속·원활을 기하기 위해서 민법에 대한 특칙을 규정하고 있다.

② **매매에 관한 특칙** : 상인 간의 매매에 있어 매수인이 그 영수한 목적물을 즉시 살피고 이의가 없는 한 매도인은 후일에 제기되는 이의에 응하지 아니하는 등 약간의 특칙을 규정하고 있다(상법 제67조 내지 제71조).

③ **상호계산** : 상인 상호 간 또는 상인과 비상인 간에 이루어지는 계속적 거래관계에서 일정한 기간의 거래로 인한 채권·채무의 총액을 상계하고 그 잔액을 지불할 것을 계약하는 대차결제방법이다(상법 제72조 내지 제77조).

④ **익명조합** : 상인이 그 영업을 위하여 타인으로부터 재산의 출자를 받고 이에 대하여 영업이익을 분배할 것을 약속하는 계약관계이다. 이 익명조합은 경제적으로는 공동기업의 한 형태이나 법적으로는 영업자의 단독기업이다. 따라서 익명조합원은 출자의 의무와 이익배당의 권리가 있으며 제3자와는 아무런 법률관계가 없다(상법 제78조 내지 제86조).

(3) 어음법상 행위

배서	어음상의 권리를 양도하기 위한 방법으로 어음소지인이 어음에 일정한 사항을 기재하고 기명날인하여 교부하는 것을 뜻한다.
지급	채무를 변제하기 위하여 금전이나 어음 등을 채권자에게 주는 것으로, 확정일출급, 발행일자 후 정기출급 또는 일람 후 정기출급의 환어음 소지인은 지급을 할 날 또는 그날 이후의 2거래일 내에 지급을 받기 위한 제시를 하여야 한다.
양도	물권의 주체가 법률행위에 의하여 그 물건을 타인에게 이전하는 것을 말한다.
인수	지급인이 환어음상의 기재내용대로 어음대금을 지급하겠다는 의사를 밝히는 절차로서 지급의 승낙이다. 환어음의 소지인 또는 단순한 점유자는 만기에 이르기까지 인수를 위하여 지급인에게 그 주소에서 어음을 제시할 수 있다.

02 회사법

1. 회사의 개념과 종류

(1) 회사의 개념

① 상법상 회사라 함은 상행위, 기타 영리를 목적으로 하는 사단법인으로서 상법상 회사편의 규정에 따라 설립된 것을 말한다(상법 제169조).

② 회사는 사원의 단체인 점에서 재산의 집합체인 재단과 구별되며 영리사업으로 얻은 이익을 각 구성원에게 분배하는 영리법인인 점에서 민법상 비영리법인과 구별된다.

(2) 회사의 권리능력

① 회사는 유증(遺贈)을 받을 수 있다.
② 회사는 상표권을 취득할 수 있다.
③ 회사는 명예권과 같은 인격권의 주체가 될 수 있다.
④ 회사는 다른 회사의 무한책임사원이 되지 못한다(상법 제173조).

(3) 회사의 종류

구분	유형	내용
인적 회사	합명회사	• 무한책임사원만으로 구성되는 회사
	합자회사	• 무한책임사원과 유한책임사원으로 구성되는 복합적 조직의 회사
물적 회사	유한회사	• 사원이 회사에 대하여 출자금액을 한도로 책임을 질 뿐 회사채권자에 대하여 아무 책임도 지지 않는 사원으로 구성된 회사
	유한책임회사	• 주주들이 자신의 출자금액 한도에서 회사채권자에 대하여 법적인 책임을 부담하는 회사 • 이사, 감사의 선임의무가 없으며 사원 아닌 자를 업무집행자로 선임할 수 있음
	주식회사	• 사원인 주주의 출자로 이루어지며 권리·의무의 단위로서의 주식으로 나누어진 일정한 자본을 가지고 모든 주주는 그 주식의 인수가액을 한도로 하는 출자의무를 부담할 뿐 회사 채무에 대하여 아무런 책임도 지지 않는 회사

① 합명회사
  ㉠ 합명회사는 2인 이상의 무한책임사원으로 조직된 회사이다(상법 제178조).
  ㉡ 무한책임사원이라 함은 회사에 대하여 출자의무와 회사채무에 대한 직접·연대·무한의 책임을 부담하는 사원을 말한다(상법 제212조 제1항).
  ㉢ 각 사원은 정관에 특별한 규정이 없는 한 회사의 업무를 직접 집행하고 회사를 대표할 권한을 가지고 있다(상법 제207조).
  ㉣ 인적 신뢰도가 기초가 되는 조직으로 사원이 소수임이 보통이고 형식적으로는 사단이지만 실질적으로는 조합에 가까운 성격을 띠고 있다.
  ㉤ 내부관계에 있어서도 정관 또는 상법에 특별한 규정이 없는 한 민법상의 조합의 규정이 준용된다(상법 제195조).
  ㉥ 사원의 출자는 금전, 현물, 노무, 신용 어느 것으로도 출자할 수 있고 사원의 수가 1인이 된 때 회사는 해산하나 다른 사원을 가입시켜 회사를 계속할 수 있다(상법 제227조 제3호).

② 합자회사
  ㉠ 합자회사는 무한책임사원과 유한책임사원으로 조직된 이원적 회사이다(상법 제268조).
  ㉡ 무한책임사원은 합명회사의 경우와 같이 직접·연대·무한의 책임을 지지만, 유한책임사원은 출자가액의 한도 내에서 책임을 진다.
  ㉢ 사원이 출자함에 있어서 무한책임사원의 경우에는 그 목적의 제한이 없지만, 유한책임사원은 재산(금전·현물)으로만 출자할 수 있다(상법 제272조).
  ㉣ 회사 경영이나 대표권은 무한책임사원만 맡을 수 있고, 유한책임사원의 경우에는 업무집행이나 회사대표의 권한은 없지만(상법 제278조) 감시권은 있다(상법 제277조).

③ 유한회사
  ㉠ 유한회사는 지분을 가진 사원으로 구성되는 사단법인이며 사원 전원이 회사에 대하여 원칙적으로 출자액을 한도로 유한책임을 지는 회사이다.
  ㉡ 유한회사는 사원이 출자금액을 한도로 간접 유한의 책임을 지는 점(상법 제553조)에서 주식회사와 같으나, 지분의 양도가 자유스럽지 못한 점에서 주식회사와 다르다(상법 제556조). 출자의 종류는 재산출자에 한한다.
  ㉢ 의사를 결정하는 최고 기관으로 사원총회가 있고, 업무집행기관으로 이사가 있으며, 임의기관으로 감사가 있다.
  ㉣ 인적 회사의 성격이 가미되어 있어 주식회사보다는 소규모적·폐쇄적·비공개적인 회사이다.

④ 유한책임회사
  ㉠ 2012년 개정된 상법에 도입된 회사의 형태로서 주식회사보다 유연하고 탄력적인 지배구조를 가지고 있으며, 주주에게 법적책임이 없는 주식회사와 달리 주주들이 자신의 투자액 범위 내에서 회사채권자들에 대하여 법적인 책임을 부담하는 회사이다(상법 제287조의7).
  ㉡ 유한책임회사는 주식회사에 비해 지분양도・양수가 자유롭지 못하다(상법 제287조의8・제287조의9). 따라서 작은 규모의 폐쇄적인 회사에 적합한 형태의 법인이다.

⑤ 주식회사
  ㉠ 주식회사의 구성원인 사원을 주주라 하며 주주가 될 자는 회사에 대하여 출자를 하고 회사로부터 주권의 교부를 받는다는 점이 다른 회사와 다르다.
  ㉡ 주주는 그 주식의 인수가액을 한도로 하는 출자의무를 부담할 뿐이며 회사 채무에 관하여는 아무런 책임을 부담하지 않고 회사 재산만으로 책임을 지는 회사이다.
  ㉢ 주식회사의 설립에는 발기설립과 모집설립의 두 가지가 있다.

발기설립	1인 이상의 발기인이 설립 시에 발행하는 주식을 전부 인수하고 일반으로부터는 공모하지 않는 경우이다(상법 제295조 제1항).
모집설립	발기인이 발행주식의 일부만을 인수하고 나머지 주식에 대하여는 주주를 모집하여 이를 인수시키는 경우이다(상법 제301조).

  ㉣ 회사의 자본금의 구성
    • 회사는 정관으로 정한 경우에는 주식의 전부를 무액면주식으로 발행할 수 있다. 다만, 무액면주식을 발행하는 경우에는 액면주식을 발행할 수 없다(상법 제329조 제1항).
    • 액면주식의 금액은 균일하여야 한다(상법 제329조 제2항).
  ㉤ 회사의 기관 : 주식회사에는 기본적 사항에 관한 최고의사결정기관인 주주총회, 업무집행에 관한 의결기관인 이사회, 업무집행을 담당하고 회사를 대표하는 대표이사, 감독기관인 감사가 법률상 필수기관이다.

주주총회	주주총회는 주주로 구성되며, 회사의 조직이나 경영에 관한 중요사항을 결정하는 회사의사결정의 최고 기관이다.
이사회	주주총회에서 선임되는 이사로 구성되는 주식회사의 업무집행기관으로, 이사는 3명 이상이어야 하고 (자본의 총액이 10억 원 미만인 회사는 1인 또는 2인도 가능) 그 임기는 3년을 초과하지 못한다. 이사의 자격에는 제한이 없으며, 따라서 주주가 아닌 자도 이사로 선임될 수 있다. 회사대표권을 가진 자를 대표이사라 하며 이사회에서 선정한다.
감사	회사의 감사를 임무로 하는 주식회사의 필요적 상설기관으로 감사는 이사 또는 지배인, 기타 사용인의 직무를 겸하지 못하며, 이사의 직무의 집행을 감사한다.

  ㉥ 이사
    • 이사는 주주총회에서 선임한다(상법 제382조 제1항).
    • 이사는 3명 이상이어야 하고(다만, 자본금 총액이 10억 원 미만인 회사는 1명 또는 2명) 임기는 3년을 초과하지 못한다(상법 제383조 제1항・제2항).
    • 이사는 법령과 정관의 규정에 따라 회사를 위하여 그 직무를 충실하게 수행하여야 하고(충실의무, 상법 제382조의3), 재임 중 뿐만 아니라 퇴임 후에도 직무상 알게 된 회사의 영업상 비밀을 누설하여서는 아니 된다(비밀유지의무, 상법 제382조의4).
    • 이사회의 승인이 없으면 자기 또는 제3자의 계산으로 회사의 영업부류에 속한 거래를 하거나 동종영업을 목적으로 하는 다른 회사의 무한책임사원이나 이사가 되지 못한다(경업금지).

- ⓐ 의결권(상법 제369조)
  - 의결권은 1주마다 1개로 한다.
  - 회사가 가진 자기주식은 의결권이 없다.
  - 회사, 모회사 및 자회사 또는 자회사가 다른 회사의 발행주식의 총수의 10분의 1을 초과하는 주식을 가지고 있는 경우 그 다른 회사가 가지고 있는 회사 또는 모회사의 주식은 의결권이 없다.
- ⓞ 특징
  - 상법에 의하여 유한책임을 지는 다수의 주주가 출자하여 설립된 물적 회사이다.
  - 소유와 경영이 분리되어 있다.
  - 주식과 회사채를 발행하여 불특정다수인으로부터 대자본을 조달할 수 있다.
  - 설립시에 현물출자는 발기인에 한정되지 않고 제3자도 가능하다.
  - 주식과 분리하여 양도할 수 있다.
  - 법원의 허가를 얻어야 납입은행을 변경할 수 있다(상법 제306조).
  - 회사는 합병 또는 다른 회사의 영업전부의 양수로 인한 때에는 자기의 계산으로 자기주식을 취득할 수 있다(상법 제341조의2 제1호).
  - 상법상 주식은 원칙적으로 타인에게 이를 양도할 수 있다(상법 제335조 제1항).
  - 주주는 그가 가지는 주식의 수에 비례하여 회사에 대하여 평등한 권리·의무를 갖는다.
  - 주식은 자본의 균등한 구성단위로서의 의미뿐만 아니라 사원으로서의 지위라는 의미도 가지고 있다.
- ⓩ 정관 및 설립등기 기재사항

정관의 절대적 기재사항(상법 제289조)	정관의 상대적 기재사항(변태설립사항, 상법 제290조)
• 목적 • 상호 • 회사가 발행할 주식의 총수 • 액면주식을 발행하는 경우 1주의 금액 • 회사의 설립 시에 발행하는 주식의 수 • 본점의 소재지 • 회사가 공고를 하는 방법 • 발기인의 성명·주민등록번호 및 주소	• 발기인이 받을 특별이익과 이를 받을 자의 성명 • 현물출자를 하는 자의 성명과 그 목적인 재산의 종류, 수량, 가격과 이에 대하여 부여할 주식의 종류와 수 • 회사성립 후에 양수할 것을 약정한 재산의 종류, 수량, 가격과 그 양도인의 성명 • 회사가 부담할 설립비용과 발기인이 받을 보수액

설립등기 기재사항(상법 제317조 제2항)	
• 목적 및 상호, 회사가 발행할 주식의 총수 • 액면주식을 발행하는 경우 1주의 금액, 본점 및 지점의 소재지 • 회사가 공고를 하는 방법 • 자본금의 액 • 발행주식의 총수, 그 종류와 각종 주식의 내용과 수 • 주식의 양도에 관해 이사회의 승인을 얻도록 정한 때 그 규정 • 주식매수선택권을 부여하도록 정한 때에는 그 규정 • 회사 존립기간 또는 해산사유를 정한 때 그 기간 또는 사유 • 주주에게 배당할 이익으로 주식 소각을 정한 때 그 규정	• 전환주식을 발행하는 경우에는 주식을 다른 종류의 주식으로 전환할 수 있다는 뜻, 전환의 조건, 전환으로 인하여 발행할 주식의 내용, 전환청구기간 또는 전환의 기간 • 사내이사, 사외이사, 그 밖에 상무에 종사하지 아니하는 이사, 감사 및 집행임원의 성명과 주민등록번호 • 회사 대표할 이사 또는 집행임원의 성명·주민등록번호 및 주소 • 둘 이상의 대표이사 또는 대표집행임원이 공동으로 회사를 대표할 것을 정한 경우에는 그 규정 • 명의개서대리인을 둔 때에는 그 상호 및 본점소재지 • 감사위원회를 설치한 때에는 감사위원회 위원의 성명 및 주민등록번호

2. 회사의 설립, 합병·해산 등

(1) 회사의 설립
① 의의 : 회사의 설립이란 회사라는 하나의 단체를 형성하여 그것이 법률상의 인격자로서 존재하기에 이르는 절차를 말하며, 본점소재지에서 설립등기를 함으로써 성립한다(상법 제172조).
② 회사설립에 관한 입법주의
 회사의 설립에는 자유설립주의, 면허주의(허가주의), 인가주의, 준칙주의, 특허주의가 있으며, 우리나라 상법은 준칙주의를 채택하고 있다. 즉, 법률로 일정한 요건을 정하고 그 요건을 구비하면 법인격을 취득하게 하는 것이다.
③ 회사의 능력
 ㉠ 회사는 권리의무의 주체가 되며, 의사능력·행위능력·불법행위능력을 갖는다.
 ㉡ 회사의 능력은 성질상·법령상 제한이 있으며, 회사는 성질상 법인이기 때문에 자연인에게 특유한 권리의무인 신체·생명에 관한 권리 등은 가질 수 없다. 법령상 제한으로는 상법 제173조에 의해 회사는 다른 회사의 무한책임사원이 되지 못하는 것 등이다.
④ 회사 설립의 무효와 취소 : 회사 설립의 무효는 그 사원에 한하여, 설립의 취소는 그 취소권이 있는 자에 한하여 회사성립의 날로부터 2년 내에 소만으로 이를 주장할 수 있다(상법 제184조 제1항).

(2) 회사의 합병·분할 및 조직변경
① 합병
 ㉠ 회사는 경영의 합리화, 사업의 확장, 무익한 경쟁의 회피 등을 위하여 다른 회사와 합병을 할 수 있다.
 ㉡ 합병은 같은 종류의 다른 회사와 할 수 있을 뿐 아니라 다른 종류의 회사와도 합병할 수 있다. 다만, 일정한 제한이 있다(상법 제174조).
 ㉢ 흡수합병은 합병으로 인하여 당사회사 중의 1회사가 존속하고 다른 회사가 소멸하는 경우이며, 신설합병은 당사회사의 전부가 소멸하고 새로운 하나의 회사가 설립되는 것이다(상법 제598조부터 제603조).
② 분할
 ㉠ 회사가 재산과 사원관계를 포함하여 회사의 영업부문의 일부 또는 전부를 분리하고 다른 회사에 출자하거나 새로 회사를 설립함으로써 하나의 회사를 복수의 회사로 분할하는 것을 말한다.
 ㉡ 회사는 분할에 의하여 1개 또는 수개의 회사를 설립할 수 있다.
 ㉢ 본래의 회사는 소멸하거나 축소된 상태로 존속하고 그 주주는 본래 회사의 권리·의무를 승계한 회사의 주식을 취득하게 된다.
 ㉣ 회사분할은 단순분할과 분할합병으로 나누어진다.
  • 단순분할 : 회사가 분할되어 영업부문의 일부가 원래의 회사에 남고 다른 일부가 신설회사가 되는 경우, 분할된 영업부문이 각각 신설회사가 되며 원래의 회사는 소멸하는 경우가 있다.
  • 분할합병 : 분할과 동시에 다른 회사 또는 다른 회사 영업부문의 일부와 합병하여 하나의 회사가 되는 것을 의미한다.

③ 조직변경
- ㉠ 회사의 조직변경이란 회사가 그 인격의 동일성을 유지하면서 법률상의 조직을 변경하여 다른 종류의 회사로 되는 것을 말한다.
- ㉡ 상법상 회사의 조직변경은 합명회사와 합자회사의 상호 간(상법 제242조), 주식회사와 유한회사의 상호 간(상법 제287조의43·제287조의44)에만 인정된다. 따라서 인적 회사와 물적 회사 상호 간의 조직변경은 인정되지 않는다.

(3) 회사의 해산과 청산

① 회사의 해산 : 회사의 법인격을 소멸시키는 원인이 되는 법률사실을 말한다.
② 회사의 청산 : 회사의 해산 후 재산관계를 정리하고 회사의 법인격을 소멸시키는 절차를 말한다.
③ 회사의 해산사유
- ㉠ 상법상 각 회사에 공통된 사유(상법 제517조)
  - 존립기간의 만료 기타 정관으로 정한 사유의 발생, 합병, 파산, 법원의 명령 또는 판결
  - 회사의 분할 또는 분할합병, 주주총회의 결의
- ㉡ 상법상 각 회사의 개별사유 : 합명회사는 사원이 1인으로 된 때(상법 제227조 제3호), 합자회사는 무한책임사원 또는 유한책임사원 한쪽의 전원 퇴사(상법 제285조 제1항), 유한회사는 사원총회의 특별결의(상법 제609조 제1항 제2호), 주식회사는 주주총회의 특별결의 및 회사의 분할 또는 분할합병(상법 제517조 제1의2호·제2호), 유한책임회사는 사원이 없게 된 경우에 해산된다(상법 제287조의38 제2호).
④ 회사 해산 시 권리능력 : 영업능력은 없게 되나 청산의 목적범위 내에서는 권리능력이 인정되고 청산절차가 끝나면 법인격은 소멸된다(상법 제245조).

03 보험법

1. 보험의 개념

(1) 보험의 의의 및 기능, 종류

① 보험의 의의 : 우발적 사고나 재해에 대하여 경제생활의 불안을 제거 또는 경감하기 위하여 동질적인 종류의 경제상의 위험에 놓여 있는 다수인(보험계약자)이 사회적 위험단체를 만들어 일정률의 금액(보험료)을 분담하고, 특정인(피보험자)에게 발생한 우연한 사고(보험사고)에 대해서 일정한 금액(보험금)을 지급하는 제도이다.
② 기능 : 우발적 사고나 위험에 의하여 생긴 손해의 전보 또는 재산상의 수요의 충족을 목적으로 하는 것으로서 이와 같은 손해의 전보, 수요의 충족을 다수인이 분담하여 위험을 분산시키는 제도이다.
③ 종류 : 보험에는 여러 가지 종류가 있으나 보험의 목적이 사람인가 물건인가에 따라 손해보험과 인보험이 있다.

(2) 보험계약

① **보험계약의 의의** : 보험계약은 당사자의 일방이 약정한 보험료를 지급하고, 상대방이 피보험자의 재산 또는 생명이나 신체에 관하여 불확정한 사고가 생길 경우에 일정한 보험금액, 기타의 급여를 지급할 것을 약정하는 것이다(상법 제638조).

② **특성** : 유상·쌍무·낙성·불요식계약, 사행계약이며, 영업적 상행위이고, 부합계약인 점을 들 수 있다.
  ㉠ 유상·쌍무계약
  ㉡ 불요식·낙성계약
  ㉢ 사행계약
  ㉣ 영업적 상행위
  ㉤ 부합계약

③ **보험계약의 관계자**
  보험자, 보험계약자, 피보험자, 보험수익자, 보험자의 보조자 등이 있다.

보험자	• 보험료를 받는 대신에 보험사고가 발생하는 경우에 보험금 지급의무를 지는 보험회사를 말한다.
보험계약자	• 자신의 이름으로 보험자와 보험계약을 체결하여 보험료를 지불하는 의무를 진 사람이다.
피보험자	• 손해보험에서는 피보험이익의 주체로서 보험사고가 발생함으로써 손해를 입는 자, 즉 손해배상의 보험금을 받을 입장에 있는 자를 말한다. • 인보험(생명보험)에서는 사람의 생명 또는 신체에 관하여 보험이 붙여진 자를 말한다.
보험수익자	• 생명보험계약을 체결한 후 피보험자의 보험사고 시 보험금을 지급받게 되는 사람이다. 인보험에만 존재한다.

④ **보험계약의 유효조건** : 보험계약의 당사자, 보험의 목적, 보험사고, 보험기간, 보험료와 보험금액 등의 요소를 갖추어야 한다.

⑤ **보험계약의 효과**
  ㉠ 보험자 : 보험증권교부의무, 보험금지급의무, 보험료반환의무, 이익배당의무 등을 진다.
  ㉡ 보험계약자, 피보험자, 보험수익자 : 보험료지급의무, 중요사항에 관한 고지의무, 위험변경증가 통지의무, 위험유지의무 등을 진다.

2. 손해보험

(1) 손해보험의 개념

손해보험은 당사자의 일방(보험자)이 우연한 사고로 인하여 발생하게 되는 재산상의 손해를 보상할 것을 약정하고, 상대방(보험계약자)이 이에 대하여 보험료를 지급하는 보험이다(상법 제665조부터 제726조).

(2) 손해보험의 목적대상

① **경제상의 재화** : 건물, 운송물, 선박, 기계 등 물건, 채권과 같은 무체물, 피보험자의 책임도 포함된다.

② **집합보험** : 피보험자의 가족과 사용인의 물건도 보험의 목적에 포함된다(상법 제686조).

③ **총괄보험** : 보험의 목적에 속한 물건이 보험기간 중에 수시로 교체된 경우에도 보험사고의 발생 시에 현존한 물건은 보험의 목적에 포함된다.

④ **영업책임** : 피보험자의 대리인 또는 그 사업감독자의 제3자에 대한 책임도 보험의 목적에 포함된다.

손해보험증권의 기재사항(상법 제666조)	
• 보험의 목적	• 무효와 실권의 사유
• 보험사고의 성질	• 보험계약자의 주소와 성명 또는 상호
• 보험금액	• 피보험자의 주소, 성명 또는 상호
• 보험료와 그 지급방법	• 보험계약의 연월일
• 보험기간을 정한 때에는 그 시기와 종기	• 보험증권의 작성지와 그 작성년월일

(3) 상법이 규정하는 손해보험의 종류(상법 제683조부터 제726조의7)

화재보험(상법 제683조부터 제687조), 운송보험(상법 제688조부터 제692조), 해상보험(상법 제693조부터 제718조), 책임보험(상법 제719조부터 제725의2조), 재보험(상법 제661조), 자동차보험(상법 제726조의2부터 제726조의4), 보증보험(상법 제726조의5부터 제726조의7)

3. 인보험

(1) 인보험의 개념

인보험(Personal Insurance)은 사람의 생명이나 신체에 관한 사고로 인하여 생기는 손해에 대하여 보험금액, 기타의 급여를 지급할 것을 목적으로 하는 보험이다(상법 제727조 제1항).

(2) 인보험의 목적대상

① **자연인** : 사람의 생명 또는 신체(상법 제727조 제1항)

② **사망보험** : 15세 미만자, 심신상실자 또는 심신박약자는 피보험자로 할 수 없다. 다만, 심신박약자가 보험계약을 체결하거나 단체보험의 피보험자가 될 때에 의사능력이 있는 경우에는 예외로 한다(상법 제732조).

③ **피보험자의 범위** : 피보험자가 하나인 개인보험과 단체의 구성원이 모두 피보험자가 되는 단체보험이 있다(상법 제735조의3).

(3) 인보험의 종류(상법 제730조부터 제739조의3)

생명보험과 상해보험, 질병보험이 있으며 보험대위는 금지된다(상법 제729조).

CHAPTER 05 행정법

01 행정법의 개요

1. 행정법의 개념

(1) 행정법의 기본원리

① 법치행정주의
　㉠ 법치주의는 국가가 국민의 자유와 권리를 제한하거나 새로운 의무를 부과하려 하는 경우에는 국회가 제정한 법률에 의하거나 법률에 근거를 두어야 한다는 원리를 말하며, 현행 헌법은 헌법재판소에 의한 위헌법률심사제도를 두었으며, 행정을 법률에 종속시키고, 행정소송의 관할권을 법원에 부여하였다.
　㉡ 행정사건에 대한 재판청구권과 법원에 의한 행정처분심사권, 손실보상·국가배상(청구권), 청원권 등이 보장된다.

② 민주행정주의
　㉠ 국가행정조직의 민주성은 행정조직법정주의로 국회가 이에 관여할 수 있게 되어 있고, 지방행정의 민주성은 헌법 제118조에서 지방자치제를 채택하여 보장하고 있다.
　㉡ 또한, 행정작용은 국회의 탄핵소추·국민의 청원 등에 의하여 그 민주성이 보장되고 있다.

③ 복지행정의 원리
　모든 국민의 최저한도의 인간다운 생활을 보장하는 복지행정주의를 천명하고 있다.

(2) 행정법의 법원

① 행정법의 성문법원 : 헌법, 법률, 조약 및 국제법규, 명령, 자치법규
② 행정법의 불문법원 : 행정관습법, 판례법, 조리

2. 행정법관계

(1) 의의
① **행정법관계** : 행정상의 법률관계 가운데에서 특히 행정법이 규율하는 법률관계를 말한다.
② **행정상의 법률관계** : 국가·지방자치단체와 같은 행정주체가 당사자로 되어 있는 모든 법률관계를 말한다.

(2) 성질
① 권력관계
  ㉠ 행정권의 주체에 대하여 우월한 지위를 인정하고, 그에 따르는 행위에 특수한 법적 효력이 인정되는 행정법관계이다.
  ㉡ 특히 반대의 취지를 명백하게 규정하고 있지 않으면 명문규정의 유무에 관계없이 원칙적으로 공법원리가 적용되며, 그에 대한 법적인 분쟁은 행정쟁송사항이 된다. 이를 본래적 공법관계라고도 한다.
② 관리관계
  ㉠ 법이 공공복리의 실현을 위한 행정목적을 효율적으로 달성시키기 위하여 특수한 법적 규율을 인정하고 있는 행정법관계이다.
  ㉡ 본질적으로는 사법관계와 차이가 없으며, 특히 공법원리를 적용하기 위해서는 일반 사경제적 관계와 구별될 만한 공공성을 입증할 수 있는 실정법상의 근거가 있어야 한다.
  ㉢ 특별한 규정이 없는 한 사법원리가 적용되고, 그에 대한 법적인 분쟁도 민사소송사항이다. 이를 전래적 공법관계라고도 한다.

(3) 행정법관계의 특수성
① **국가의사의 공정력** : 행정법관계에 있어서의 행정주체의 행위는 당연무효인 경우를 제외하고는 설혹 하자가 있는 경우라도 일단은 효력을 발생하며, 취소권이 있는 기관이 취소할 때까지는 아무도 그 효력을 부정할 수 없다.
② **국가의사의 확정력(불가쟁력)** : 행정주체의 행위는 설혹 다툴 수 있는 것이라도 그 공공성으로 인한 법적 안정을 위하여 일정한 기간이 경과된 후에는 그에 대하여 법적 분쟁을 할 수 없다.
③ **국가의사의 강제력** : 행정주체의 의사에 위배되는 행위에 대하여는 법원을 거치지 않고 일단 행정청이 일정한 제재를 과하거나 당해 행정청에 의한 강제집행이 허용되는 것을 말한다.
④ **권리의무의 특수성** : 사법관계에 있어서의 권리·의무가 당사자의 상반되는 이해관계를 내용으로 하는 데 반하여, 공법관계에서의 권리·의무는 공공복리나 사회질서의 유지라는 면에서 공통적이며 상대적이다. 따라서 그 이전이나 포기가 제한되거나 특별한 보호가 가하여진다.
⑤ 권리구제절차의 특수성
  ㉠ **행정소송** : 행정소송의 관할은 민사소송과 같이 일반법원에 속하나, 임의적 행정심판전치주의가 선택되고, 행정법원이 제1심 법원이 되며, 소송절차 면에서도 많은 특례가 인정된다.
  ㉡ **행정상의 손실보전** : 행정주체의 적법한 공권력작용으로 인하여 개인에게 '특별한 희생'이 생긴 때에는 행정상의 적정한 손실보상이, 공무원의 직무상의 불법행위 또는 공공시설의 설치·관리상의 하자로 타인에게 손해를 끼친 때에는 국가배상법에 의한 행정상의 손해배상을 하여야 한다.

(4) 행정주체
    ① 의의
    행정법관계에서 행정권을 행사하고 그의 법적 효과가 궁극적으로 귀속되는 당사자를 말한다.
    ② 종류

국가		고유의 행정주체
공공단체	지방자치단체	일정한 구역을 기초로 그 구역 내의 모든 주민에 대해 지배권을 행사하는 공공단체로, 보통지방자치단체[서울특별시, 광역시, 특별자치시, 도 및 특별자치도와 시·군·자치구(행정구는 제외)]와 특별지방자치단체(지방자치단체조합)가 있다.
	공공조합 (공사단)	특정한 국가목적을 위하여 설립된 인적결합체에 법인격이 부여된 것으로, 농업협동조합, 농지개량조합, 산림조합, 상공회의소, 변호사회 등이 있다.
	공재단	재단의 설립자가 출연한 재산을 관리하기 위하여 설립된 공공단체로, 한국학중앙연구원, 한국학술진흥재단 등이 있다.
	영조물법인	행정주체에 의하여 특정한 국가목적에 계속적으로 봉사하도록 정하여진 인적·물적결합체로, 각종의 공사, 국책은행, 서울대학교병원, 적십자병원, 한국과학기술원 등이 있다.
공무수탁사인		국가나 지방자치단체로부터 공권을 부여받아 자신의 이름으로 공권력을 행사하는 사인이나 사법인으로, 사인인 사업시행자, 학위를 수여하는 사립대학 총장, 선박항해 중인 선장, 별정우체국장, 소득세의 원천징수의무자(판례는 행정주체성을 부정) 등이 있다.

(5) 공권과 공의무
    ① 공권
        ㉠ 국가적 공권 : 행정주체가 우월한 지위에서 상대방인 개인 또는 단체에 대하여 가지는 권리로, 입법권, 경찰권, 형벌권, 재정권, 군정권, 공기업특권 등이 있다.
        ㉡ 개인적 공권 : 행정객체인 개인이 국가 등 행정주체에 대하여 직접 자기를 위하여 일정한 이익을 주장할 수 있는 법률상의 힘으로, 자유권, 수익권, 참정권, 무하자재량행사권, 행정개입청구권 등이 있다.
    ② 공의무
        ㉠ 국가적 공의무 : 개인적 공권에 대응하여 국가 등 행정주체가 개인에 대하여 부담하는 의무로, 봉급지급의무, 국가배상지급의무, 손실보상지급의무 등이 있다.
        ㉡ 개인적 공의무 : 국가적 공권에 대응하여 개인이 국가 등 행정주체에 대하여 부담하는 의무로, 국방의 의무, 납세의 의무, 근로의 의무, 교육의 의무 등이 있다.

3. 행정법상의 법률요건과 법률사실

(1) 법률요건
① 행정법 관계의 발생·변경·소멸이라는 법률효과를 일으키는 원인행위의 총체를 말한다.
② 법률요건에는 법률행위, 준법률행위, 불법행위, 부당이득, 사무관리 등이 있다.

(2) 법률사실
① 법률요건을 개개의 구성요소로서 사람의 정신작용에 의한 용태와 정신작용과 무관한 사건으로 구분된다.
② 외부적 용태에는 사법행위(매매나 증여로 납세의무 발생), 적법행위(허가, 특허, 인가, 확인, 공증, 통지, 수리 등), 위법행위, 부당행위 등이 있다.
③ 내부적 용태에는 고의, 과실, 선의, 악의 등이 있다.

(3) 공법상의 사건
① 의의 : 공법상의 사건이란 행정법관계의 변동을 가져오는 개개의 자연적인 사실을 말한다.
② 기간 : 한 시점에서 다른 시점까지의 시간적 간격이다. 행정상의 기간계산은 법령에 특별한 규정이 있는 외에는 민법상의 기간의 계산에 관한 규정(민법 제155조부터 제161조)에 의한다.
③ 시효 : 일정한 사실상태가 일정한 기간 동안 계속된 경우에 그 사실상태가 진실한 법률관계에 합치되는 것인지의 여부에 관계없이 그대로 그 상태를 존중함으로써 그것을 진실한 법률관계로 인정하는 태도이다. 법령에 특별한 규정이 없는 한 민법의 시효에 관한 규정(민법 제162조부터 제184조)이 준용된다.
④ 제척기간 : 일정한 권리에 대하여 법률이 정한 존속기간이다. 이는 법률관계의 신속한 확정의 요구로 중단사유가 인정되지 않는 점이 시효와 다르다.
⑤ 주소와 거소
  ⊙ 주소 : 주소에 관하여는 다른 법률에 특별한 규정이 없는 한 주민등록법에 의한 주민등록지가 된다. 또한, 공법관계에서의 주소는 1개소에 한한다.
  ⓒ 거소 : 거소란 사람이 다소의 기간 동안 계속하여 거주하지만 그 장소와의 밀접도가 주소만 못한 곳이다.

(4) 공법상의 사무관리와 부당이득
① 공법상의 사무관리
  행정법상 행정주체가 법률상 의무 없이 타인을 위하여 사무를 관리하는 것이다.
② 공법상의 부당이득
  ⊙ 공법상 원인 없이 타인의 재산 또는 노무로 인하여 이익을 얻고 그로 인하여 타인에게 손해를 가한 자에게 그 이득의 반환을 요구하는 제도이다.
  ⓒ 공법상 부당이득이 문제가 되는 때에는 이미 법률상의 원인 문제는 없어진 뒤이며, 경제적 견지에서의 이해조절제도 등을 이유로 사권으로 본다(판례).

02 행정조직법

1. 국가행정조직법

(1) 의의
① 국가행정조직이란 국가의 행정을 담당하기 위하여 설치된 국가의 고유한 행정기관의 조직을 말하며, 넓게는 국가행정을 담당하는 모든 기관이며, 좁게는 행정관청만을 국가행정기관이라 한다.
② 국가행정기관은 대통령을 정점으로 국무총리, 행정각부 및 그의 소속기관과 감사원 등으로 이루어져 있다.
③ 지역적 범위에 따라 중앙행정기관과 지방행정기관으로 구분된다.
④ 법률상의 지위, 권한, 주관사무의 종류와 내용 등을 표준으로 행정관청, 보조기관, 자문기관, 의결기관, 감사기관, 기업 및 공공시설기관으로 구분된다.

(2) 지역적 범위에 따른 국가행정기관
① 중앙행정조직
  ㉠ 국가의 중앙행정조직은 헌법에 기본적 규정이 있고(대통령, 국무총리, 국무회의, 행정각부 등), 국가행정조직에 관한 일반법인 정부조직법 및 개개의 특별법에 의하여 규정되고 있다.
  ㉡ 특별법으로서는 감사원법, 국가안전보장회의법, 국가정보원법・의무경찰대법(의무경찰대 설치 및 운영에 관한 법률), 검찰청법 등이 있다.
② 지방행정조직
  ㉠ 보통지방행정기관 : 지방자치단체의 장인 서울특별시장, 부산・인천・광주・대전・대구・울산광역시장, 도지사 및 시장, 군수 또는 그 하급기관인 구청장, 읍장, 면장 등에게 위임하여 행한다.
  ㉡ 특별지방행정기관 : 중앙행정기관이 그 소관사무를 분장하기 위하여 필요할 때에 대통령령으로 지방행정기관을 설치할 수 있다(정부조직법 제3조 제1항).

(3) 법률상의 지위, 권한 등에 따른 국가행정기관
① 행정관청
  ㉠ 행정관청이란 행정에 관한 국가의 의사를 결정하고 외부에 표시하는 권한을 가진 행정기관으로, 의사기관이라고도 한다(예 각 부 장관).
  ㉡ 행정관청에 대하여 지방자치단체의 의사결정기관을 행정청이라고 한다(예 도지사, 시장, 군수 등).
  ㉢ 행정관청은 구성원이 1인인 독임제(예 외교부장관, 행정안전부장관)와 다수인인 합의제(예 선거관리위원회, 토지수용위원회, 도시계획위원회 등)가 있다.
  ㉣ 행정관청은 국가의 의사를 결정하는 점에서 의결기관과 같으나, 그것을 외부에 표시할 수 있는 권한을 가진 점에서 의결기관과 다르다. 행정관청의 설치와 조직은 법으로 정한다.

② 보조기관
- ㉠ 행정관청에 소속되어 행정관청의 일을 보조하는 국가행정기관이다(예 각 부처의 차관, 차장, 실장, 국장, 과장 등).
- ㉡ 보조기관의 설치 및 그 사무분장(分掌)은 법률로 정하여진 것을 제외하고는 대통령령으로 정한다.

③ 자문기관
- ㉠ 행정관청의 자문에 응하여 또는 자발적으로 행정관청의 의사결정에 참고 될 의사를 제공하는 행정기관이다(예 각종의 심의회, 위원회 등).
- ㉡ 자문기관의 설치는 헌법이나 법률에 의하는 경우도 있으나, 대통령령에 의하는 것이 보통이다.

④ 의결기관
- ㉠ 행정에 관하여 의사를 결정할 수 있는 권한을 가지는 합의제 행정기관을 의결기관이라 한다. 의사결정에만 그친다는 점에서 외부에 표시할 권한을 가지는 행정관청과 다르고, 단순한 자문적 의사의 제공에 그치는 자문기관과는 행정관청을 구속한다는 점에서 다른 점이 있다(예 감사위원회, 소청심사위원회, 각종의 징계위원회 등).
- ㉡ 의결기관의 설치는 법률에 근거해야 한다.

⑤ **집행기관** : 행정관청의 명을 받아 국가의사를 사실상 집행하는 기관이다(예 경찰, 소방, 세무공무원 등).

⑥ **감사기관** : 다른 행정관청의 행정사무나 회계처리를 검사하고 그 적부에 관해 감사하는 기관을 말한다(예 감사원).

⑦ **공기업기관** : 공기업의 관리운영을 임무로 하는 행정기관을 말한다.

⑧ **공공시설기관(영조물기관)** : 공공시설의 관리를 담당하는 공기업기관을 말한다(예 국립병원, 국립대학, 국립도서관 등).

2. 자치행정조직법

(1) 의의
① 국가가 행정을 그 스스로 행하는 외에 일정한 독립된 법인, 즉 공공단체로 하여금 공공의 행정을 행하게 하는 경우를 자치행정이라고 한다.
② 보통 지방자치행정이라고 하며 자치행정의 주체에는 공공단체 및 공법인이 있다.

(2) 공공단체
① 공공단체란 국가로부터 그 존립의 목적이 부여된 공법상의 법인이다.
② 공공단체는 목적이 법률에 규정되고 설립조직이 강제되며, 국가적 공권 등이 부여되거나 특별감독을 받는다.
③ 지방자치단체, 공공조합, 영조물법인, 즉 특정한 행정목적을 계속적으로 수행하기 위하여 독립된 인격이 부여된 공법상의 재단법인(예 한국조폐공사, 한국토지주택공사, 한국방송공사, 한국은행 등)이 있다.

(3) 지방자치단체
　① 의의 : 지방자치를 헌법적으로 보장하고 있으며 보통지방자치단체와 특별지방자치단체(지방자치단체조합)가 있다.
　② 지방자치단체의 주민의 자격 : 당해 자치단체의 구역 내에 주소만 있으면 인종·국적·성·행위능력의 유무를 불문한다. 주민은 재산·시설공용권 및 비용분담의무, 선거권 및 피선거권, 소청권 등이 있다.
　③ 지방자치단체의 사무 : 지방자치단체는 관할 구역의 자치사무와 법령에 따라 지방자치단체에 속하는 사무를 처리한다(지방자치법 제13조 제1항).
　④ 권한 : 자치입법권, 자치조직권, 자치행정권, 자치재정권을 가진다.
　⑤ 종류 : 지방자치단체는 다음 두 가지 종류로 구분한다(지방자치법 제2조).
　　㉠ 특별시, 광역시, 특별자치시, 도, 특별자치도
　　㉡ 시(도의 관할 구역 안의 시), 군(광역시, 특별자치시나 도의 관할 구역 안의 군), 구(특별시와 광역시·특별자치시의 관할 구역 안의 구)(지방자치법 제3조 제2항)
　⑥ 기관 : 단체의사를 결정하는 의결기관인 지방의회와 그것을 집행하는 집행기관으로서 일반행정집행기관인 자치단체의 장과 교육·학예 등의 집행기관인 교육위원회·교육감이 있다. 또 특별기관으로서 선거관리위원회 등이 있다.
　⑦ 지방자치단체에 대한 국가의 감독
　　㉠ 지방자치법의 감독은 입법권·사법권에 의한 합법성의 감독으로서 국가의 일반적인 권력적·후견적 감독은 아니다. 그러나 수임사무의 처리에는 일반적인 지휘·감독권이 인정된다.
　　㉡ 국가의 감독은 입법기관(법률제정과 국정조사권 등)에 의한 감독, 사법기관(예 재판에 의한 간접감독)에 의한 감독 등이 있다. 행정기관에 의한 감독, 행정상 쟁송의 재결 등의 방법에 의한 감독, 행정적 감독(예 사무감독, 보고, 승인, 명령·지정, 명령 처분의 취소·정지, 징계요구 등)이 있다.

(4) 지방자치기관의 권한
　① 지방자치단체장의 권한 : 통할대표권(지방자치법 제114조), 사무관리 및 집행권(지방자치법 제116조), 국가사무의 위임(지방자치법 제117조), 행정의 지휘·감독권 및 소속직원의 임면권(지방자치법 제118조), 주민투표부의권(지방자치법 제18조 제1항), 규칙제정권(지방자치법 제20조) 등이 있다.
　② 지방의회의 권한 : 의결권(지방자치법 제47조 제1항), 출석답변요구권(지방자치법 제51조 등), 선거권(지방자치법 제57조 제1항·제2항), 자율권, 지방의회의원의 자격심사 및 제명권(지방자치법 제91조), 행정의 감사·조사권(지방자치법 제49조), 청원심사처리권(지방자치법 제87조), 조례의 제정권(지방자치법 제28조) 등이 있다.

(5) 주민의 권리와 의무
　① 주민의 권리 : 소속재산 및 공공시설이용권, 균등한 행정혜택을 받을 권리(지방자치법 제17조 제2항), 선거권과 피선거권, 주민투표권(주민투표법 제5조), 지방의회에의 청원권(지방자치법 제87조 제1항), 행정쟁송권과 손해배상청구권, 손실보상청구권 등이 있다.
　② 주민의 의무 : 주민은 법령으로 정하는 바에 따라 소속 지방자치단체의 비용을 분담하여야 하는 의무를 진다(지방자치법 제27조).

3. 공무원

(1) 공무원의 개념
① 공무원법에서의 공무원 : 국가의 고용인으로서 국가공무를 담당하는 자를 말한다.
② 최광의의 공무원 : 일체의 공무담당자이며, 국가배상법상의 공무원이 이에 해당한다.
③ 광의의 공무원 : 국가 또는 자치단체와 공법상 근무관계를 맺고 공무를 담당하는 기관구성자이다.
④ 협의의 공무원 : 국가 또는 자치단체와 특별권력관계를 맺고 공무를 담당하는 기관구성자이다.

(2) 공무원의 권리
① 신분상의 권리 : 공무원은 법령이 정하는 사유와 절차에 의하지 않고는 그 신분과 직위로부터 일방적으로 배제되거나 그 직위에 속하는 직무의 집행을 방해당하지 아니하는 권리를 가진다(예 신분보유권, 직위보유권, 직무집행권, 직명사용권, 제복착용권, 쟁송제기권 등).
② 재산상의 권리 : 봉급청구권, 연금청구권 및 실비변상청구권 등이 있다.

(3) 공무원의 의무
① 성실의무(국가공무원법 제56조) : 공법상 근무관계의 기본적 특질이며 윤리성을 그 본질로 한다. 따라서 단순한 고용관계에 있어서의 노무급부의무와 구별된다.
② 직무상 의무
 ㉠ 법령준수의무(국가공무원법 제56조)·복종의무(국가공무원법 제57조) : 복종의무는 소속 상관에 대한 의무로서 그를 위반하면 징계사유가 된다. 그러나 직무명령이 법규는 아니므로 위법은 되지 않는다. 직무 명령이 중대하고 명백한 법령위반으로 절대무효라고 판단되는 경우 외에는 단순히 법령해석상의 차이에 불과한 경우나 직무명령이 다소 부당하다고 인정되어도 그에 기속되어야 한다. 직무명령이 상급상관끼리 경합되면 직근상관명령에 복종하여야 한다.
 ㉡ 직무전념의무 : 직장이탈금지(국가공무원법 제58조), 영리 업무 및 겸직 금지(국가공무원법 제64조), 영예의 제한(국가공무원법 제62조), 정치운동금지(국가공무원법 제65조), 집단행위금지(국가공무원법 제66조) 등의 의무가 있다.
③ 품위유지의무 : 특히 경제적 청렴의무를 포함한다. 그러나 단순한 공무원의 사생활까지는 미치지 아니한다.

(4) 우리나라 공무원제도의 기본원칙
① 민주국가에서의 공무원은 자유롭게 국가에 고용된 근로자이며, 단순한 고용인이 아니라 국민 전체의 봉사자라는 윤리성도 지니고 있다.
② 우리나라 공무원제도는 민주적 공무원제도, 직업공무원제(신분보장·정치적 중립성·성적주의)를 근본으로 하고 있다.

(5) 공무원의 결격사유(국가공무원법 제33조)

다음의 어느 하나에 해당하는 자는 공무원으로 임용될 수 없다.

① 피성년후견인
② 파산선고를 받고 복권되지 아니한 자
③ 금고 이상의 실형을 선고받고 그 집행이 종료되거나 집행을 받지 아니하기로 확정된 후 5년이 지나지 아니한 자
④ 금고 이상의 형을 선고받고 그 집행유예 기간이 끝난 날부터 2년이 지나지 아니한 자
⑤ 금고 이상의 형의 선고유예를 받은 경우에 그 선고유예 기간 중에 있는 자
⑥ 법원의 판결 또는 다른 법률에 따라 자격이 상실되거나 정지된 자
⑦ 공무원으로 재직기간 중 직무와 관련하여 형법 제355조 및 제356조에 규정된 죄를 범한 자로서 300만 원 이상의 벌금형을 선고받고 그 형이 확정된 후 2년이 지나지 아니한 자
⑧ 성폭력범죄의 처벌 등에 관한 특례법 제2조에 규정된 죄를 범한 사람으로서 100만 원 이상의 벌금형을 선고받고 그 형이 확정된 후 3년이 지나지 아니한 사람
⑨ 미성년자에 대한 다음 각 목의 어느 하나에 해당하는 죄를 저질러 파면·해임되거나 형 또는 치료감호를 선고받아 그 형 또는 치료감호가 확정된 사람(집행유예를 선고받은 후 그 집행유예기간이 경과한 사람을 포함한다)
　㉠ 성폭력범죄의 처벌 등에 관한 특례법 제2조에 따른 성폭력범죄
　㉡ 아동·청소년의 성보호에 관한 법률 제2조 제2호에 따른 아동·청소년대상 성범죄
⑩ 징계로 파면처분을 받은 때부터 5년이 지나지 아니한 자
⑪ 징계로 해임처분을 받은 때부터 3년이 지나지 아니한 자

(6) 공무원의 징계

① 징계사유(국가공무원법 제78조 제1항)
　㉠ 국가공무원법 및 국가공무원법에 따른 명령을 위반한 경우
　㉡ 직무상의 의무(다른 법령에서 공무원의 신분으로 인하여 부과된 의무를 포함한다)를 위반하거나 직무를 태만히 한 때
　㉢ 직무의 내외를 불문하고 그 체면 또는 위신을 손상하는 행위를 한 때
② 징계의 종류 : 파면, 해임, 강등, 정직, 감봉, 견책(국가공무원법 제79조)

03 행정작용법

1. 행정입법

(1) 행정입법의 개념
① 국가 또는 자치단체와 같은 행정주체가 일반적·추상적인 규범을 정립하는 작용이다.
② 행정입법에는 국가행정권에 의한 입법(예 대통령령, 총리령, 부령)과 자치입법이 있으며, 전자에는 법규의 성질을 가지는 법규명령과 그렇지 않은 행정규칙이 있고, 후자에는 제정주체에 따라 조례·규칙·교육규칙이 있다.

(2) 법규명령
① 법규명령의 의의 : 행정권이 정립하는 명령으로서 법규의 성질을 가지는 것이다.
② 법규명령의 종류
　㉠ 법률에 대한 관계를 기준 : 위임명령과 독립명령(예 헌법상 대통령의 긴급재정경제명령 및 긴급명령)
　㉡ 수권의 근거를 기준 : 직권명령과 위임명령
　㉢ 규정사항의 내용을 기준 : 위임명령과 집행명령
　㉣ 권한의 소재를 기준 : 대통령령·총리령·부령, 기타 중앙선거관리위원회의 규칙 등

(3) 행정규칙
① 의의 : 행정규칙이란 행정기관이 정립하는 일반적 규정으로서 법규적 성질을 갖지 않는 것을 말한다.
② 성질 : 법규로서의 성질이 없이 일면적 구속력만을 갖기 때문에 그에 위반하는 행위의 효과는 행정조직의 내부에만 미친다.
③ 근거 : 특별한 법률의 수권 없이도 행정권의 당연한 기능으로서 제정할 수 있다. 다만, 특정의 고시·훈령 등 법규의 보충명령의 성질이 있는 것은 그 법규의 구체적인 위임이 필요하다.
④ 종류 : 조직규칙(예 사무분장규정·처무규정 등), 근무규칙(예 훈령·통첩 등), 영조물규칙(예 국·공립대학교 학칙 등), 감독규칙(예 법관계의 내용에 따른 분류) 등이 있다.

(4) 자치입법
자치입법은 행정입법의 한 종류로서 조례·규칙·교육규칙 등이 있다.

2. 행정행위

(1) 행정행위의 개념
① 행정행위는 발하는 주체에 따라 국가의 행정행위와 자치단체 등의 행정행위로 나눌 수 있다.
② 실정법상으로 인가, 허가, 면허, 결정, 재결 등의 명칭으로 불리고 있다.

(2) 행정행위의 종류
① **법률행위적·준법률행위적 행정행위**(행위의 구성요소 내지 법률적 효과의 발생원인에 따른 분류)
   ㉠ 법률행위적 행정행위 : 의사표시를 구성요소로 하고 그 의사의 내용에 따라 법률적 효과가 발생하는 행위이다(허가·하명·면제·특허·대리 등).
   ㉡ 준법률행위적 행정행위 : 의사표시 이외의 정신작용(예 인식·관념 등) 등의 표시를 요소로 하고 그 법률적 효과는 행위자의 의사 여하를 불문하고 직접 법규가 정하는 바에 따라 발생하는 행위이다(예 확인·공증·통지·수리 등).
② **기속행위와 재량행위**(법규의 구속 정도에 따른 분류)
   ㉠ 기속행위 : 법규가 행정주체에 대하여 어떠한 재량의 여지를 주지 아니하고 오직 그 법규를 집행하도록 하는 경우이다.
   ㉡ 재량행위 : 법규가 행정기관에게 어느 범위까지 판단의 자유를 허용하는 경우의 행정행위를 말한다. 법치주의원칙 아래에서 공익이나 행정의 구체적 타당성을 위한 것으로 이 구분은 어디까지나 상대적이다.
③ **수익적·침익적·복효적 행정행위**(상대방에 대한 효과에 따른 분류)
   ㉠ 수익적 행정행위 : 상대방에게 권리·이익의 부여, 권리에 대한 제한의 철폐 등 유리한 효과를 발생시키는 행정행위로 법률유보원칙이 완화되어 적용되는 특색을 보이며, 특허행위, 각종 급부제공행위 등이 해당된다.
   ㉡ 침익적 행정행위 : 상대방에게 의무를 부과하거나 권리·이익을 침해·제한하는 등의 불이익한 효과를 발생시키는 행정행위로 명령, 금지, 박권행위, 수익적 행정행위의 취소나 철회 등이 있다. 부과적 행정행위, 불이익처분이라고도 한다.
   ㉢ 복효적 행정행위 : 상대방에 대해서는 수익적이나, 제3자에 대해서는 침익적으로 작용하거나 또는 그 역으로 작용하는 행위를 말한다(이를 제3자효적 행정행위라 한다). 예컨대, 甲에게 공해공장 건축허가를 하면 허가라는 하나의 행위가 甲에게는 이익이 되지만 인근주민에게는 불이익이 되는 경우이다.
④ **대인적·대물적·혼합적 행정행위**(대상에 따른 분류)
   ㉠ 대인적 행정행위 : 순전히 사람의 학식, 기술, 경험과 같은 주관적 사정에 착안하여 행하여지는 행정행위를 지칭한다.
   ㉡ 대물적 행정행위 : 물건의 객관적 사정에 착안하여 행하여지는 행정행위를 말한다(예 자동차검사증 교부, 건물준공검사, 자연공원지정, 물적 문화재지정, 목욕탕 영업허가 등).
   ㉢ 혼합적 행정행위 : 인적·주관적 사정과 물적·객관적 사정을 모두 고려하여 행하여지는 행정행위를 말한다(예 중개업허가, 가스·석유 사업허가, 화학류 영업허가, 약국 영업허가 등).

⑤ 단독(독립)적·쌍방적 행정행위(상대방의 협력 여부에 따른 분류)
  ㉠ 단독적 행정행위 : 상대방의 협력을 요건으로 하지 않는 행정행위로서 일방적 행정행위, 협의의 단독행위, 직권행위라고도 한다.
  ㉡ 쌍방적 행정행위 : 상대방의 협력을 요건(유효요건 또는 적법요건)으로 하는 행정행위로서 허가, 인가, 특허와 같이 상대방의 신청을 요하는 행위와 공무원임명과 같이 상대방의 동의를 요하는 행위가 있으며, 신청 등이 없이 행한 행정행위는 무효로 된다.
⑥ 요식행위와 불요식행위(형식의 요부에 따른 분류)
  ㉠ 요식행위 : 관계법령이 일정한 서식, 날인, 기타 일정한 형식을 요하는 행정행위이다.
  ㉡ 불요식행위 : 일정한 형식을 요하지 않는 행정행위로서 원칙적인 형태이다.

(3) 행정행위(처분)의 내용

① **법률행위적 행정행위** : 의사표시를 구성요소로 하고 그 의사의 내용에 따라 법률적 효과가 발생하는 행위이다.
  ㉠ 명령적 행정행위

하명	일정한 행정목적을 위하여 개인에게 작위·부작위·지급·수인의 의무를 과하는 행정행위로서 특히 부작위의 의무를 과하는 하명을 금지라고도 한다.
허가	일반적 금지를 특정한 경우에 해제하여 적법하게 그 행위를 할 수 있도록 자연의 자유를 회복하여 주는 행정행위이다. 허가의 효과는 일반적으로 과하여진 부작위의무의 소멸이므로 적극적으로 새로운 권리를 설정하는 것은 아니다.
면제	법령 또는 그에 의거한 행정행위에 의하여 일반적으로 과하여진 작위·지급·수인의 의무를 특정한 경우에 소멸시키는 행정행위이다. 그 면제하는 의무가 부작위는 아닌 점이 허가와 구별된다.

  ㉡ 형성적 행정행위

특허	특정인에게 일정한 권리·권력 또는 포괄적 법률관계를 설정·변경·소멸시키는 행정행위이다. 특허를 받은 자는 특허된 법률상의 힘을 제3자에 대하여 법적으로 주장·행사할 수 있으며, 특허에 대한 침해는 권리의 침해가 된다.
인가	개인이 제3자와의 관계에서 하는 법률적 행위를 보충함으로써 그 법률적 행위의 효력을 완성시켜 주는 행정행위이다(보충적 행정행위). 인가는 행정객체의 출원을 전제로 해서만 행하여질 수 있다.
대리	타인이 하여야 할 행위를 행정청이 갈음하여 함으로써 본인이 한 것과 같은 법적 효과를 발생시키는 행정행위이다. 이는 사법상의 대리나 행정관청의 대리와는 달리 법정대리라 할 수 있다.

② **준법률행위적 행정행위**

확인	특정한 법률사실 또는 법률관계의 존부(存否)·정부(正否)에 관하여 의문이나 분쟁이 있는 경우에 행정청이 이를 공권적으로 판단·확정하는 행정행위이다.
공증	특정한 법률관계의 존재를 공적으로 증명하는 행정행위이다. 공증은 이러한 것에 공적인 증거력을 발생시킨다.
통지	특정인 또는 불특정다수인에 대하여 특정한 사실을 알리는 행정행위이다. 통지의 효과는 직접 법령에 의하여 발생하는 바, 구체적 내용은 각 법령 규정에 따라서 다르다.
수리	타인의 행정청에 대한 행위를 유효한 것으로서 수령하는 행정행위이다. 수리는 수동적인 인식표시행위인 점에서 단순한 도달이나 접수와는 다르다. 수리의 법적 효과는 법령이 정하는 바에 의한다.

(4) 행정행위의 성립과 효력발생요건

① 행정행위의 성립요건
  ㉠ 주체 : 행정행위는 정당한 권한을 가지는 행정청에 의하여야 하고, 적법하게 구성된 행정기관의 정상적인 의사에 의한 것이어야 한다. 또한, 타기관과의 협력이 요구된 경우에는 소정의 협력이 있어야 하고, 권한 내의 사항에 관한 행위를 하여야 한다.
  ㉡ 내용 : 법률상·사실상 실현가능하고 객관적으로 명확해야 한다. 또한, 법령과 공익에 부합되어야 하며, 절차와 형식을 갖추어야 한다.

② 행정행위의 효력발생요건
  보통 법규나 부관에 특별한 규정이 없는 한 성립과 동시에 발생하나, 수령을 요하는 행정행위는 상대방에 도달함으로써 발생한다.

(5) 행정행위의 부관

① 의의 : 행정행위의 일반적인 효과를 제한하기 위하여 주된 의사표시에 붙여진 종된 의사표시이다.
② 부관의 종류

조건	행정행위의 효력의 발생 또는 소멸을 발생이 불확실한 장래의 사실에 의존하게 하는 행정청의 의사표시로서 조건성취에 의하여 당연히 효력을 발생하게 하는 정지조건과 당연히 그 효력을 상실하게 하는 해제조건이 있다.
기한	행정행위의 효력의 발생 또는 소멸을, 발생이 장래에 도래할 것이 확실한 사실에 의존하게 하는 행정청의 의사표시로서 기한의 도래로 행정행위가 당연히 효력을 발생하는 시기와 당연히 효력을 상실하는 종기가 있다.
부담	행정행위의 주된 의사표시에 부가하여 그 상대방에게 작위·부작위·급부·수인의무를 명하는 행정청의 의사표시로서 특허·허가 등의 수익적 행정행위에 붙여지는 것이 보통이다.
철회권의 유보	행정행위의 주된 의사표시에 부수하여 장래 일정한 사유가 있는 경우에 그 행정행위를 철회할 수 있는 권리를 유보하는 행정청의 의사표시이다(숙박업 허가를 하면서 성매매행위를 하면 허가를 취소한다는 경우).

(6) 행정행위의 무효

① 의의 : 행정행위가 중대하고 명백한 하자로 인하여 행정행위로서의 외형은 존재하나 처음부터 당연히 행정행위로서의 효력이 발생하지 못하는 것을 말한다.
② 무효의 원인 : 실정법적 규정이 없기 때문에 학설과 판례에 의한다.

주체상의 하자	정당한 권한을 가지지 아니하는 행정기관의 행위는 무효이다. 즉, 공무원이 아닌 자의 행위, 적법하게 구성되지 아니한 합의제 행정기관의 행위, 타기관의 필요적 협력을 받지 아니하고 한 행위 등이 이에 해당된다. 행정기관의 권한 외의 행위는 원칙적으로 무효이다. 행정기관의 정상의 의사에 의하지 아니한 행위, 즉 전혀 의사 없이 한 행위나 의사결정에 하자 있는 행위 등이 그것이다.
내용상의 하자	내용이 불분명하거나 실현이 불가능한 행위로서 사실상 불능인 행위와 법률상 불능인 행위가 있다.
절차상의 하자	법률상 필요한 상대방의 신청이나 동의가 없는 행위, 필요적 고지 없이 한 행위, 소정의 청문, 기타 의견진술의 기회를 부여하지 아니하고 한 행위, 이해관계인의 필요적인 참여 없이한 행위 등이다.
형식상의 하자	서면에 의하지 아니한 행위, 필요적 기재가 없는 행위, 행정기관의 서명·날인이 없는 행위 등이 있다.

(7) 행정행위의 취소

① 의의
- ㉠ 행정행위의 취소 : 그 성립에 흠이 있음에도 불구하고, 일단 유효하게 성립한 행정행위에 대하여 그 성립에 흠이 있음을 이유로 권한 있는 기관이 그 효력의 전부 또는 일부를 원칙적으로 행위 시로 소급하여 상실시키는 행위를 말한다.
- ㉡ 철회와의 구별 : 철회는 아무런 흠이 없이 유효·적법하게 성립한 행정행위를 그 효력을 장래에 존속시킬 수 없는 새로운 사유의 발생을 이유로 소멸시킨다. 즉, 행정행위의 성립에 흠의 유무에 따라 구별된다.

② 종류
법원에 의한 취소와 행정청에 의한 취소, 쟁송취소와 직권취소, 수익적 행정행위의 취소와 부과적 행정행위의 취소 등

③ 취소권자
- ㉠ 직권취소 : 정당한 권한을 가진 처분청과 감독청
- ㉡ 쟁송취소 : 행정청 외의 법원과 예외적으로 제3기관(소청심사위원회·국세심판소)

④ 취소사유
- ㉠ 단순위법(경미한 법규위반 및 조리법위반)
- ㉡ 부당(공익위반)의 경우

⑤ 취소의 제한
- ㉠ 수익적 행정행위에 있어서는 법적 안정성 및 법률적합성원리에서 신뢰보호원칙으로 바뀌고 있다.
- ㉡ 직권취소에 있어서는 취소에 의해서 달성하려는 공익상의 필요와 상대방 또는 제3자의 신뢰보호와 법률생활안정·기득권 존중 등의 요청을 비교형량하여 구체적으로 타당성 있게 결정해야 한다.

⑥ 취소의 절차
직권취소의 경우, 그에 관한 규정이 없는 것이 보통이나, 쟁송취소의 경우에는 행정심판법(재결)·행정소송법(판결) 등의 형식에 의한다.

⑦ 취소의 효과
직권취소는 그 소급 여부가 구체적인 이익형량에 따라 다르며 확정력이 발생하지 아니한다. 그러나 쟁송취소는 원칙적으로 기왕에 소급한다.

(8) 그 밖의 행정의 주요 행위형식

그 밖의 행정의 주요 행위형식으로는 행정상의 확약, 행정계획, 공법상의 계약, 공법상의 합동행위, 행정상의 사실행위, 행정지도, 비공식 행정작용, 행정의 자동화 작용, 행정의 사법적 활동이 있다.

3. 행정행위 효력

(1) (내용상) 구속력
행정행위가 그 내용에 따라 관계행정청, 상대방 및 관계인에 대하여 일정한 법적 효과를 발생하는 힘으로 모든 행정행위에 당연히 인정되는 실체법적 효력을 말한다.

(2) 공정력
비록 행정행위에 하자가 있는 경우에도 그 하자가 중대하고 명백하여 당연무효인 경우를 제외하고는 권한 있는 기관에 의해 취소될 때까지는 일응 적법 또는 유효한 것으로 보아 누구든지(상대방은 물론 제3의 국가기관도) 그 효력을 부인하지 못하는 힘을 말한다.

(3) 구성요건적 효력
유효한 행정행위가 존재하는 이상 모든 국가기관은 그 존재를 존중하고 스스로의 판단에 대한 기초로 삼아야 한다는 효력을 말한다(국가기관에 대한 효력).

(4) 존속력
① **불가쟁력(형식적 확정력)** : 행정행위에 대한 쟁송제기기간이 경과하거나 쟁송수단을 다 거친 경우에는 상대방 또는 이해관계인은 더 이상 그 행정행위의 효력을 다툴 수 없게 되는 효력을 말한다.
② **불가변력(실질적 확정력)** : 일정한 경우 행정행위를 발한 행정청 자신도 행정행위의 하자 등을 이유로 직권으로 취소·변경·철회할 수 없는 제한을 받게 되는 효력을 말한다.

(5) 강제력
강제력에는 제재력과 자력집행력이 있다.
① **제재력** : 행정법상 의무위반자에게 처벌을 가할 수 있는 힘을 말한다.
② **자력집행력** : 행정법상 의무불이행자에게 의무의 이행을 강제할 수 있는 힘을 말한다.

4. 행정절차법과 정보공개법

(1) 행정절차법
① 행정절차법의 의의와 목적
  ㉠ 행정절차법의 의의 : 행정권의 발동인 행정작용을 행함에 있어 거치는 절차로서 행정청이 각종 처분, 명령, 정책, 제도 등을 제정·수립하거나 변경하는 경우에 이에 대한 합리적인 기준과 공정한 절차를 마련하고, 국민의 의견을 직접 듣고 반영할 수 있는 기회를 보장하는 데 있다.
  ㉡ 행정절차법의 목적 : 행정절차에 관한 공통적인 사항을 규정하여 국민의 행정참여를 도모함으로써 행정의 공정성·투명성 및 신뢰성을 확보하고 국민의 권익을 확보함을 목적으로 한다.
② 행정절차법의 주요내용
  ㉠ 처분·신고·행정상 입법예고·행정예고 및 행정지도의 절차에 관하여 다른 법률에 특별한 규정이 없는 경우에 적용되는 일반법이다(행정절차법 제3조 제1항).

    ⓒ 적용제외(행정절차법 제3조 제2항)
- 국회 또는 지방의회의 의결을 거치거나 동의 또는 승인을 받아 행하는 사항
- 법원 또는 군사법원의 재판에 의하거나 그 집행으로 행하는 사항
- 헌법재판소의 심판을 거쳐 행하는 사항
- 각급 선거관리위원회의 의결을 거쳐 행하는 사항
- 감사원이 감사위원회의의 결정을 거쳐 행하는 사항
- 형사(刑事), 행형(行刑) 및 보안처분 관계 법령에 따라 행하는 사항
- 국가안전보장·국방·외교 또는 통일에 관한 사항 중 행정절차를 거칠 경우 국가의 중대한 이익을 현저히 해칠 우려가 있는 사항
- 심사청구, 해양안전심판, 조세심판, 특허심판, 행정심판, 그 밖의 불복절차에 따른 사항
- 병역법에 따른 징집·소집, 외국인의 출입국·난민인정·귀화, 공무원 인사 관계 법령에 따른 징계와 그 밖의 처분, 이해 조정을 목적으로 하는 법령에 따른 알선·조정·중재(仲裁)·재정(裁定) 또는 그 밖의 처분 등 해당 행정작용의 성질상 행정절차를 거치기 곤란하거나 거칠 필요가 없다고 인정되는 사항과 행정절차에 준하는 절차를 거친 사항으로서 대통령령으로 정하는 사항

    ⓒ 행정청은 처분의 처리기준 및 처리기간을 미리 설정·공표하여야 한다(행정절차법 제19조·제20조).
    ⓔ 당사자에게 의무부과와 권익침해처분의 경우에는 사전통지 및 청문 등의 의견청취를 하며, 처분의 근거와 이유를 명시하도록 한다(행정절차법 제21조부터 제23조).
    ⓜ 청문·공청회는 법령에 규정된 것과 행정청이 필요하다고 인정하는 경우에 실시한다(행정절차법 제22조·제28조·제29조).
    ⓗ 일정한 사항을 행정청에 통지함으로써 신고가 끝나는 경우 해당 기관에 도달된 때 신고의무가 이행된 것으로 본다(행정절차법 제40조).
    ⓢ 국민의 일상생활과 밀접한 법령 등을 제정·개정·폐지하거나 정책·제도·계획수립의 경우는 미리 예고하여 국민의 참여와 정부정책에 대한 국민의 협조를 유도한다(행정절차법 제41조부터 제47조).
    ⓞ 행정지도는 부당하게 강요하지 않고 상대방에게 의견 제출의 기회를 주도록 할 수 있다(행정절차법 제48조·제50조).

(2) 공공기관의 정보공개에 관한 법률(정보공개법)
 ① 의의
  공공기관의 정보공개에 관한 법률은 행정권이 보유·관리하는 다양한 정보에 대한 국민의 자유로운 접근권을 인정하여 국민의 알 권리를 보장하고, 아울러 국정에 대한 국민의 참여와 국정운영의 투명성을 확보하려는 데 있다(정보공개법 제1조).
 ② 주요내용
   ⊙ 정보는 공공기관이 직무상 작성·취득하여 관리하고 있는 문서(전자문서 포함), 도면, 사진, 필름, 테이프, 슬라이드, 그 밖에 이에 준하는 매체 등이다(정보공개법 제2조 제1호).
   ⓒ 공공기관은 국가기관, 지방자치단체, 공공기관의 운영에 관한 법률 제2조에 따른 공공기관, 지방공기업법에 따른 지방공사 및 지방공단, 그 밖에 대통령령으로 정한 기관으로 한다(정보공개법 제2조 제3호).

ⓒ 공공기관이 보유·관리하는 정보는 공개를 원칙으로 하되, 국가안보, 외교관계 등 국익정보와 개인의 사생활에 관한 정보 등은 공개하지 아니하도록 한다(정보공개법 제3조·제9조).
ⓔ 공공기관은 정보공개청구를 받은 날부터 10일 이내에 공개 여부를 결정하여야 하고, 제3자와 관련이 있는 공개대상 정보는 그 사실을 제3자에게 지체 없이 통지하여 의견을 청취할 수 있도록 한다(정보공개법 제11조).
ⓜ 정보 비공개결정의 통지를 받은 청구인은 이의신청, 행정심판을 청구할 수 있도록 한다(정보공개법 제18조·제19조).

5. 특별행정작용법

(1) 의의

특별행정작용법이란 국가 또는 지방자치단체 등의 행정주체가 행정목적을 달성하기 위하여 하는 일체의 행정활동에 관한 법이다.

(2) 내용

특별행정작용법의 구체적인 내용은 시대와 국가에 따라 차이가 있으나, 현대 복지국가의 행정작용은 근대 야경국가적 시민국가의 소극적인 질서유지작용에서 탈피하여 적극적으로 국민의 복리증진을 위해 개입하고 급부·조정하는 등 그 범위가 확대되고 있다.

(3) 분류

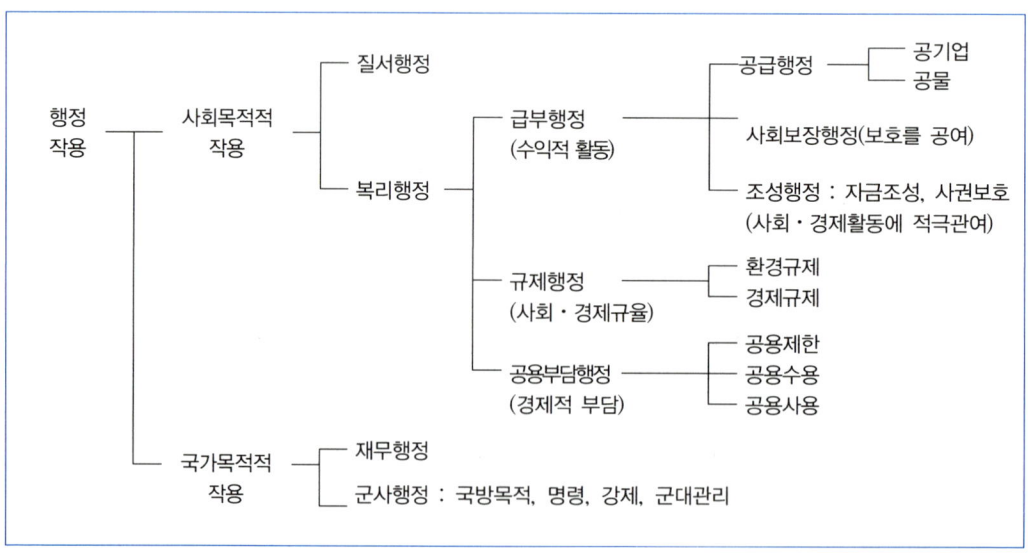

04 행정작용의 실효성 확보

1. 행정상 강제집행

(1) 강제집행의 의의
행정상의 강제집행은 행정법상 의무의 불이행에 대하여 행정권이 의무자의 신체 또는 재산에 직접 실력을 가하여 그 의무를 이행시키거나 이행된 것과 동일한 상태를 실현시키는 작용이다.

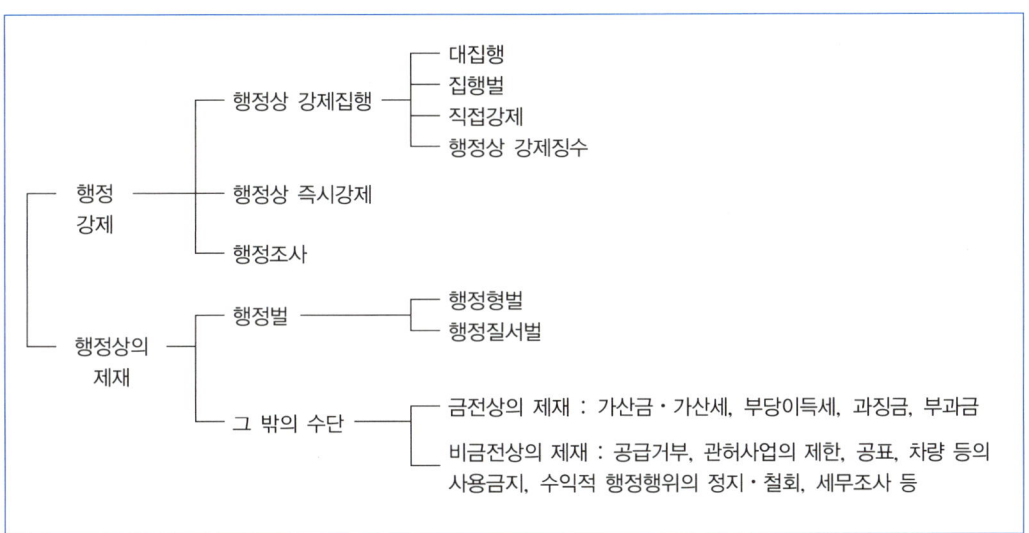

(2) 법적 근거
행정상의 강제집행은 권력작용인 만큼 엄격한 법률적 근거를 요한다. 일반법에는 행정대집행법과 국세징수법이 있으며, 특별법으로는 공익사업을 위한 토지 등의 취득 및 보상에 관한 법률, 출입국관리법, (구)해군기지법, 산림기본법, 방어해면법 등이 있다.

(3) 강제집행의 수단
① **행정대집행** : 행정대집행은 의무자가 의무를 불이행한 데 대한 제1차적 수단으로 당해 행정청이 의무자가 행할 작위를 스스로 행하거나 제3자로 하여금 이를 행하게 하고 그 비용을 의무자로부터 징수하는 것이다.
※ 행정대집행법상 대집행은 '계고 → 대집행영장 통지 → 대집행의 실행 → 비용의 징수' 순으로 이루어진다.
② **직접강제** : 직접강제란 의무자가 의무를 이행하지 아니하는 경우에 직접적으로 의무자의 신체 또는 재산에 실력을 가함으로써 행정상 필요한 상태를 실현하는 작용이다.
③ **행정상의 강제징수** : 강제징수란 사인이 국가 또는 지방자치단체에 대해 부담하고 있는 공법상 금전급부의무를 불이행한 경우에 행정청이 강제적으로 그 의무가 이행된 것과 같은 상태를 실현하는 작용을 말한다.
④ **강제금** : 강제금(이행강제금)이란 비대체적 작위의무·부작위의무·수인의무의 불이행시에 일정 금액의 금전이 부과될 것임을 의무자에게 미리 계고함으로써 의무이행의 확보를 도모하는 강제수단을 말한다. 경우에 따라서는 강제금이 대체적 작위의무의 강제를 위해서도 사용될 수 있다.

2. 행정상의 즉시강제와 행정벌

(1) 행정상 즉시강제

① 의의 : 행정상 장해가 존재하거나 장해의 발생이 목전에 급박한 경우에 성질상 개인에게 의무를 명해서는 공행정 목적을 달성할 수 없거나 미리 의무를 명할 시간적 여유가 없는 경우에 개인에게 의무를 명함이 없이 행정기관이 직접 개인의 신체나 재산에 실력을 가해 행정상 필요한 상태의 실현을 목적으로 하는 작용을 말한다(예 마약중독자의 강제수용, 전염병 환자의 강제입원, 위험의 방지를 위한 출입 등).

② 근거 : 법치행정의 원리상 엄격한 법률의 근거를 요한다(예 경찰관 직무집행법, 소방기본법, 마약류 관리에 관한 법률, 감염병의 예방 및 관리에 관한 법률 등).

③ 수단 : 경찰관 직무집행법에 따른 수단, 각 행정법규에 따른 수단
  ㉠ 경찰관 직무집행법이 규정하는 수단 : 무기사용, 보호조치, 위험발생방지조치, 범죄의 예방과 제지조치, 임시영치 등
  ㉡ 각 행정법규가 규정하는 수단 : 대인적 강제, 대물적 강제, 대가택강제

(2) 행정벌

① 의의 : 행정벌이란 행정의 상대방인 국민이 행정법상 의무를 위반하는 경우에 일반통치권에 의하여 그 의무 위반자에게 과해지는 제재로서의 처벌을 의미한다.

② 근거 : 죄형법정주의 원칙상 당연히 법률의 근거를 요하며 소급입법은 허용되지 않는다(헌법 제13조 제1항). 행정입법에의 위임도 그 처벌대상인 행위의 종류 또는 성질 및 벌의 최고한도를 구체적으로 정하여야 한다.

③ 종류 : 행정형벌, 행정질서벌

05 행정상의 손실(손해)전보

1. 손해배상제도

(1) 손해배상제도의 의의

국가나 지방자치단체의 위법한 행위로 인하여 사인이 손해를 입은 경우에 그 사인은 국가에 대하여 손해의 배상을 청구할 수 있는 바, 이것이 손해배상제도이다. 헌법규정에 따라 제정된 국가배상법에 따르면, 국가의 배상책임은 공무원의 위법한 직무집행행위로 인한 배상책임(국가배상법 제2조)과 영조물의 설치·관리상의 하자로 인한 배상책임(국가배상법 제5조)의 두 가지를 규정하고 있다.

(2) 공무원의 위법한 직무행위로 인한 손해의 배상

① 배상책임의 요건 : 공무원 또는 공무를 위탁받은 사인이 그 직무를 집행하면서 고의 또는 과실로 법령에 위반하여 타인에게 손해를 가하였을 때에는 국가나 지방자치단체는 그 손해를 배상할 책임이 있다(국가배상법 제2조 제1항).

② 공무원의 직무행위
- ㉠ 공무원 : 소속을 불문하고 널리 국가나 지방자치단체의 사무를 수행하는 자를 말한다. 공무를 위탁받은 사인도 여기의 공무원에 해당한다.
- ㉡ 직무행위 : 국가배상법 제5조 제1항의 영조물의 설치·관리와 관련된 직무를 제외한 모든 공법상의 행정작용을 말한다.
- ㉢ 직무를 집행하면서 : 직무집행행위뿐만 아니라 널리 외형상으로 직무집행행위와 관련 있는 행위를 포함한다.

③ 위법행위 : 고의 또는 과실로 법령에 위반되는 행위이어야 한다.
- ㉠ 고의·과실 : 고의란 어떠한 위법행위의 발생 가능성을 인식하고 그 결과를 인용하는 것을 말하고, 과실이란 부주의로 인하여 어떠한 위법한 결과를 초래하는 것을 말한다.
- ㉡ 법령위반 : 법률과 명령의 위반이라는 의미뿐 아니라 널리 성문법·불문법과 신의성실·인권존중·사회질서 등 법원칙에의 위반도 포함한다.

④ 손해의 발생 : 타인에게 발생한 손해이어야 한다.
- ㉠ 타인 : 위법행위를 한 자나 바로 그 행위에 가담한 자를 제외한 모든 피해자를 의미한다. 따라서 타인에는 공무원도 포함될 수 있다.
- ㉡ 손해 : 가해행위로부터 발생한 모든 손해를 의미한다. 재산상의 손해인가 비재산상의 손해인가를 가리지 않는다.

(3) 영조물 설치관리상의 하자로 인한 배상책임

① 배상책임의 요건 : 도로·하천, 그 밖의 공공의 영조물의 설치 또는 관리에 하자가 있기 때문에 타인에게 손해를 발생하게 하였을 때에는 국가나 지방자치단체는 그 손해를 배상하여야 한다(국가배상법 제5조 제1항).

② 도로·하천, 그 밖의 영조물 : 공적 목적에 제공된 물건인 공물을 의미한다. 자연공물인가 인공공물인가를 가리지 않는다. 다만, 공공시설(공물)이 아닌 국공유의 사물(국유잡종재산)은 제외된다.

③ 설치 또는 관리의 흠(하자) : 공물 자체가 항상 갖추어야 할 객관적인 안전성을 결여한 것을 말한다. 불가항력에 의한 행위는 설치·관리상의 하자가 아니다.

④ 손해의 발생 : 손해의 종류 여하를 묻지 아니하며, 손해와 영조물의 흠(하자) 사이에는 인과관계가 있어야 한다.

(4) 손해배상의 내용

① 정당한 배상 : 헌법은 정당한 배상을 지급할 것을 규정하고 있다(헌법 제29조 제1항). 국가배상법은 생명·신체에 대한 침해와 물건의 멸실·훼손으로 인한 손해에 관해서는 배상금액의 기준을 정해 놓고 있다. 그 밖의 손해에 대해서는 불법행위와 상당인과관계가 있는 범위 내의 손해를 기준으로 하고 있다(국가배상법 제3조 제1항 내지 제4항).

② 양도의 금지 : 생명·신체의 침해에 대한 배상청구권은 이를 양도하거나 압류하지 못한다(국가배상법 제4조).

③ 이중배상의 금지 : 피해자가 군인·군무원·경찰공무원·예비군대원으로서 전투훈련 등 직무집행과 관련하여 전사·순직 또는 공상을 입은 경우, 다른 법령에 의한 보상을 지급받을 수 있을 때에는 국가배상법 및 민법에 의한 손해배상을 청구하지 못한다(헌법 제29조 제2항, 국가배상법 제2조 제1항).

④ 배상책임자 : 국가 또는 지방자치단체가 그 손해에 대한 배상책임을 지는 경우, 그 공무원의 선임·감독자와 봉급·급여 등의 비용부담자가 동일하지 않을 때에는 피해자는 그 어느 쪽에 대하여도 선택적 청구권을 행사할 수 있다(국가배상법 제6조 제1항).

⑤ 소멸시효 : 국가배상청구권에는 단기 소멸시효가 인정된다. 그 시효기간은 손해 및 가해자를 안 날로부터 3년, 불법행위를 한 날로부터 5년이다.

2. 손실보상제도

(1) 의의

손실보상제도란 국가나 지방자치단체가 공공의 필요에 의한 적법한 권력행사를 통하여 사인의 재산권에 특별한 희생을 가한 경우(예 정부나 지방자치단체의 청사 건설을 위하여 사인의 토지를 수용하는 경우)에 재산권의 보장과 공적 부담 앞의 평등이라는 견지에서 사인에게 적절한 보상을 해주는 제도를 말한다.

(2) 헌법규정의 성질

헌법은 제23조 제3항에서 '공공필요에 의한 재산권의 수용·사용 또는 제한 및 그에 대한 보상은 법률로 하되, 정당한 보상을 지급하여야 한다.'라고 규정하고 있다.

3. 행정심판제도

(1) 행정심판의 의의

행정심판은 행정청의 위법·부당한 처분, 그 밖에 공권력의 행사·불행사 등으로 인하여 권익을 침해당한 자가 행정기관에 대하여 그 시정을 구하는 행정쟁송이다(행정심판법 제1조). 행정심판에 불복하는 경우에는 행정소송을 제기할 수 있다.

(2) 행정심판제도의 활용(고지제도)

고지제도는 행정의 민주화, 행정의 신중·적정·합리화를 도모하기 위한 제도이다. 고지에는 직권고지와 신청에 의한 고지가 있다(행정심판법 제58조).

(3) 행정심판의 종류(행정심판법 제5조)

구분	내용
취소심판(제1호)	행정청의 위법 또는 부당한 처분의 취소 또는 변경을 구하는 행정심판을 말한다.
무효 등 확인심판(제2호)	행정청의 처분의 효력 유무 또는 존재 여부에 대한 확인을 구하는 행정심판을 말한다.
의무이행심판(제3호)	당사자의 신청에 대한 행정청의 위법 또는 부당한 거부처분이나 부작위에 대하여 일정한 처분을 할 것을 구하는 행정심판을 말한다.

(4) 행정심판의 대상

① 행정청의 처분 또는 부작위에 대하여 다른 법률에 특별한 규정이 있는 경우를 제외하고는 행정심판법에 의하여 행정심판을 제기할 수 있다(행정심판법 제3조 제1항).
② 대통령의 처분 또는 부작위에 대하여는 다른 법률에 특별한 규정이 있는 경우를 제외하고는 행정심판을 제기할 수 없다(행정심판법 제3조 제2항).

(5) 행정심판의 심판기관

① 감사원, 국정원장, 대통령 소속기관의 장, 국회사무총장·법원행정처장·헌법재판소사무처장 및 중앙선관위사무총장, 국가인권위원회, 그 밖에 지위·성격의 독립성과 특수성 등이 인정되어 대통령령으로 정하는 행정청에 대하여는 당해 행정청에 두는 행정심판위원회에서 심리·재결한다(행정심판법 제6조 제1항).
② ① 외의 국가행정기관의 장 또는 그 소속 행정청, 시·도지사 및 교육감 및 의회, 지방자치단체조합 등 관계 법률에 따라 국가·지방자치단체·공공법인 등이 공동으로 설립한 행정청의 처분 등에 대하여는 국민권익위원회에 두는 중앙행정심판위원회에서 한다(행정심판법 제6조 제2항).
③ 시·도 소속 행정청, 시·군·자치구의 장, 소속 행정청 또는 의회, 시·군·자치구·공공법인 등이 공동으로 설립한 행정청의 처분 등에 대하여는 시·도지사 소속으로 두는 행정심판위원회에서 한다(행정심판법 제6조 제3항).
④ 대통령령으로 정하는 국가행정기관 소속 특별지방행정기관의 장의 처분 등에 대하여는 해당 행정청의 직근 상급행정기관에 두는 행정심판위원회에서 한다(행정심판법 제6조 제4항).

(6) 심판청구기간

① **심판청구기간** : 행정심판청구는 처분이 있음을 알게 된 날부터 90일 이내 청구하여야 하고, 처분이 있었던 날부터 180일이 지나면 청구하지 못한다(행정심판법 제27조 제1항·제3항).
② **재결** : 재결은 서면으로 하여야 하며(행정심판법 제46조 제1항), 원칙적으로 피청구인 또는 위원회가 심판청구를 받은 날로부터 60일 이내에 하여야 한다. 다만, 부득이한 사정이 있는 경우에는 위원장 이 직권으로 30일을 연장할 수 있다(행정심판법 제45조 제1항).
③ **재결의 기속력** : 재결은 피청구인과 그 밖의 관계행정청을 기속한다(행정심판법 제49조 제1항). 재결에 대하여는 다시 심판청구를 할 수 없다(행정심판법 제51조).

4. 행정소송제도

(1) 행정소송의 의의
① 행정소송이란 행정법규의 적용과 관련하여 위법하게 권리나 이익이 침해된 자가 소송을 제기하고 법원이 이에 대하여 심리·판단을 행하는 형식의 행정쟁송을 말한다. 행정소송에 관한 일반법으로 행정소송법이 있다.
② 행정소송은 관련 사인의 권리를 보호·구제하고 행정법질서를 확보하고 행정의 효율성을 확보하는 것을 목적으로 한다.

(2) 행정소송의 종류
① 행정의 적법·타당성의 보장 및 개인의 권리·이익의 보호를 목적으로 하는 주관적 쟁송(항고소송·당사자소송)과 행정의 적법·타당성만을 목적으로 하는 객관적 쟁송(민중소송·기관소송)이 있다(행정소송법 제3조).
② 항고소송에는 취소소송·무효 등 확인소송·부작위위법확인소송이 있다(행정소송법 제4조).

(3) 행정소송의 관할 법원
① 행정소송법에서 정한 행정사건과 다른 법률에 의하여 행정법원의 권한에 속하는 사건의 제1심 관할 법원은 행정법원이다.
② 행정법원이 설치되지 아니한 지역은 지방법원에서 관할한다. 행정소송은 3심급제를 채택하여 제1심 판결에 대한 항소사건은 고등법원이 심판하고, 상고사건은 대법원이 관할한다.

(4) 행정소송의 판결
행정소송의 경우에도 민사소송의 경우와 마찬가지로 크게 중간판결과 종국판결로 나누어지고, 종국판결은 다시 각하판결·기각판결(사정판결 포함)·인용판결 등으로 구분된다.

구분	내용
각하판결	소송의 제기요건의 결여로 인하여 본안의 심리를 거부하는 판결을 말한다. 각하판결은 소의 대상인 처분 등의 위법성에 대한 판단은 아니므로 원고는 결여된 요건을 보완하여 다시 소를 제기할 수 있고, 아울러 법원은 새로운 소에 대하여 판단하여야 한다.
기각판결	원고의 청구가 이유 없다고 하여 배척하는 판결로, 해당 처분이 위법하지 않거나 단순히 부당한 것인 때에 행해지는 판결이다.
사정판결 (행정소송법 제28조)	원고의 청구가 이유 있다고 인정하는 경우에도 행정처분을 취소하는 것이 현저히 공공복리에 적합하지 아니하다고 인정하는 때에는 법원이 원고의 청구를 기각하는 판결을 말한다.
인용판결	원고의 청구가 이유 있음을 인정하여 행정청의 위법한 처분 등의 취소·변경을 행하거나(취소소송의 경우) 행정청의 처분 등의 효력 유무 또는 존재여부의 확인을 내용으로 하는 판결을 하거나(무효 등 확인소송의 경우) 행정청의 부작위가 위법하다는 부작위의 위법을 확인하는 판결(부작위위법확인소송의 경우)을 의미한다(행정소송법 제4조).

CHAPTER 06 | 법학 적중예상문제

01 다음 중 법률효과가 처음부터 발생하지 않는 것은?
① 착오 ② 취소
③ 무효 ④ 사기

02 다음 중 소멸시효에 걸리는 권리는?(단, 다툼이 있는 경우 판례에 따른다)
① 지역권 ② 유치권
③ 점유권 ④ 공유물분할청구권

03 다음 중 '악법도 법이다.'라는 말이 강조하고 있는 법의 이념은?
① 법적 타당성 ② 법적 안정성
③ 법적 형평성 ④ 법적 효율성

04 다음 중 법의 성격에 대한 설명으로 옳지 않은 것은?
① 법은 국가권력에 의하여 보장되는 사회규범의 하나이다.
② 법은 타율성에, 도덕은 자율성에 그 실효성의 연원을 둔다.
③ 법은 인간행위에 대한 당위의 법칙이 아니라 필연의 법칙이다.
④ 자연법론자들은 법과 도덕은 그 고유한 영역을 가지고 있지만 도덕을 법의 상위개념으로 본다.

05 다음 중 법의 단계적 구조를 순서대로 바르게 나열한 것은?
① 헌법 → 법률 → 명령 → 조례 → 규칙
② 헌법 → 법률 → 명령 → 규칙 → 조례
③ 조례 → 규칙 → 명령 → 법률 → 헌법
④ 법률 → 헌법 → 명령 → 규칙 → 조례

06 다음 중 사회법에 대한 설명으로 옳지 않은 것은?

① 공법의 사법화 경향을 띠는 제3의 법영역이다.
② 노동법, 경제법, 사회보장법은 사회법에 속한다.
③ 자본주의의 부분적 모순을 수정하기 위한 법이다.
④ 사회적·경제적 약자의 이익 보호를 목적으로 한다.

07 다음 중 현행 헌법상의 신체의 자유에 대한 설명으로 옳은 것은?

① 법률과 적법한 절차에 의하지 아니하고는 강제노역을 받지 아니한다.
② 누구든지 체포·구금을 받을 때에는 그 적부의 심사를 법원에 청구할 수 없다.
③ 체포, 구속, 수색, 압수, 심문에는 검사의 신청에 의하여 법관이 발부한 영장이 제시되어야 한다.
④ 법관에 대한 영장신청은 검사 또는 사법경찰관이 한다.

08 다음 중 우리나라 헌법에 대한 설명으로 옳지 않은 것은?

① 대통령의 계엄선포권을 규정하고 있다.
② 국무총리의 긴급재정경제처분권을 규정하고 있다.
③ 국가의 형태로서 민주공화국을 채택하고 있다.
④ 국제평화주의를 규정하고 있다.

09 다음 중 헌법상 헌법개정에 대한 설명으로 옳은 것은?

① 헌법개정은 국회 재적의원 과반수 또는 정부의 발의로 제안된다.
② 대통령의 임기연장 또는 중임변경에 대해서는 이를 개정할 수 없다.
③ 헌법개정이 확정되면 대통령은 즉시 이를 공포하여야 한다.
④ 헌법개정안에 대한 국회의결은 출석의원 3분의 2 이상의 찬성을 얻어야 한다.

10 다음 중 헌법전문에 대한 설명으로 옳지 않은 것은?

① 전문에 선언된 헌법의 기본원리는 헌법해석의 기준이 된다.
② 헌법전문은 전면 개정을 할 수 없으며 일정한 한계를 갖는다.
③ 헌법전의 일부를 구성하며 당연히 본문과 같은 법적 성질을 내포한다.
④ 우리 헌법전문은 헌법제정권력의 소재를 밝힌 전체적 결단으로서 헌법의 본질적 부분을 내포하고 있다.

11 다음 중 우리나라 헌법의 기본원리라고 볼 수 없는 것은?

① 국민주권의 원리　　　　　② 법치주의
③ 문화국가의 원리　　　　　④ 사회적 민주주의

12 다음 중 현행 헌법상 정당설립과 활동의 자유에 대한 설명으로 옳지 않은 것은?

① 정당의 설립은 자유이며, 복수정당제는 보장된다.
② 정당은 그 목적, 조직과 활동이 민주적이어야 한다.
③ 국가는 법률이 정하는 바에 의하여 정당의 운영에 필요한 자금을 보조할 수 있다.
④ 정당의 목적과 활동이 민주적 기본질서에 위배될 때에는 국회는 헌법재판소에 그 해산을 제소할 수 있다.

13 다음 중 민법상 물건에 대한 설명으로 옳지 않은 것은?

① 건물 임대료는 천연과실이다.
② 관리할 수 있는 자연력은 동산이다.
③ 건물은 토지로부터 독립한 부동산으로 다루어질 수 있다.
④ 토지 및 그 정착물은 부동산이다.

14 다음 중 민법상 소멸시효기간이 3년인 것은?

① 의복의 사용료 채권　　　　② 여관의 숙박료 채권
③ 연예인의 임금 채권　　　　④ 도급받은 자의 공사에 관한 채권

15 다음 중 소유권절대의 원칙과 가장 깊은 관계를 갖는 것은?

① 계약체결의 자유　　　　　② 물권적 청구권
③ 자기책임주의　　　　　　　④ 권리남용의 금지

16 다음 중 추정과 간주에 대한 설명으로 옳은 것은?

① 사실의 확정에 있어서 '추정'보다는 '간주'의 효력이 훨씬 강하다.
② 우리 민법에서 "~한 것으로 본다."라고 규정하고 있으면 이는 추정규정이다.
③ 우리 민법 제28조에서는 "실종선고를 받은 자는 전조의 규정이 만료된 때에 사망한 것으로 추정한다."라고 규정하고 있다.
④ '간주'는 편의상 잠정적으로 사실의 존부를 인정하는 것이므로, 간주된 사실과 다른 사실을 주장하는 자가 반증을 들면 간주의 효과는 발생하지 않는다.

17 다음 중 미성년자가 단독으로 유효하게 할 수 없는 행위는?

① 부담 없는 증여를 받는 것
② 채무의 변제를 받는 것
③ 근로계약과 임금의 청구
④ 허락된 재산의 처분행위

18 다음 중 자연인의 권리능력에 대한 설명으로 옳지 않은 것은?

① 자연인의 권리능력은 사망에 의해서만 소멸된다.
② 피성년후견인의 권리능력은 제한능력자에게도 차등이 없다.
③ 실종선고를 받으면 권리능력을 잃는다.
④ 우리 민법은 태아에 대해 개별적 보호주의를 취하고 있다.

19 다음 중 상법의 특색(이념)과 거리가 먼 것은?

① 영리성　　　　　　　② 집단성
③ 통일성　　　　　　　④ 개인책임의 가중과 경감

20 다음 중 상법상 주식회사에 대한 설명으로 옳지 않은 것은?

① 회사가 공고를 하는 방법은 정관의 절대적 기재사항이다.
② 회사가 가진 자기주식에도 의결권이 있다.
③ 각 발기인은 서면에 의하여 주식을 인수하여야 한다.
④ 창립총회에서는 이사와 감사를 선임하여야 한다.

21 다음 중 회사의 해산사유에 해당하지 않는 것은?

① 사장단의 동의 또는 결의 ② 존립기간의 만료
③ 정관으로 정한 사유의 발생 ④ 법원의 명령·판결

22 다음 중 상업사용인의 의무에 대한 설명으로 옳지 않은 것은?

① 상호의 양도는 대항요건에 불과하여 등기하지 않으면 제3자에게 대항하지 못한다.
② 영업과 상호를 양수하였다고 하여 양도인의 채권·채무도 양수한 것으로 볼 수는 없다.
③ 영업과 함께 또는 영업을 폐지할 때 양도할 수 있다.
④ 상호의 양도는 재산적 가치가 인정되어 상속도 가능하다.

23 다음 〈보기〉 중 상법상 손해보험에 해당하는 것은 모두 몇 개인가?

보기	
ㄱ. 책임보험	ㄴ. 화재보험
ㄷ. 해상보험	ㄹ. 생명보험
ㅁ. 상해보험	ㅂ. 재보험

① 2개 ② 3개
③ 4개 ④ 5개

24 다음 중 상법상 보험자의 면책사유에 해당하지 않는 것은?

① 보험사고가 보험계약자의 고의로 발생한 경우
② 보험사고가 피보험자의 실수로 발생한 경우
③ 보험사고가 보험계약자의 중대한 과실로 발생한 경우
④ 보험사고가 전쟁 기타의 변란으로 발생한 경우

25 다음 중 행정처분에 대한 설명으로 옳지 않은 것은?

① 행정처분은 행정청이 행하는 공권력 작용이다.
② 행정처분에는 조건을 부가할 수 없다.
③ 경미한 하자있는 행정처분에는 공정력이 인정된다.
④ 행정처분에 대해서만 항고소송을 제기할 수 있다.

26 다음 중 행정행위의 특징으로 옳지 않은 것은?

① 행정처분에 대한 내용적인 구속력인 기판력
② 일정기간이 지나면 그 효력을 다투지 못하는 불가쟁성
③ 당연무효를 제외하고는 일단 유효함을 인정받는 공정력
④ 법에 따라 적합하게 이루어져야 하는 법적합성

27 다음 중 행정행위에 해당하는 것은?

① 도로의 설치
② 건축 허가
③ 국유재산의 매각
④ 토지수용에 관한 협의

28 다음 중 국가공무원법에 명시된 공무원의 복무의무로 옳지 않은 것은?

① 범죄 고발의 의무
② 친절·공정의 의무
③ 비밀 엄수의 의무
④ 정치 운동의 금지

29 법무부장관이 외국인 A에게 귀화를 허가한 경우, 선거관리위원장은 귀화 허가가 무효가 아닌 한 귀화 허가에 하자가 있더라도 A가 한국인이 아니라는 이유로 선거권을 거부할 수 없다. 이처럼 법무부장관의 귀화 허가에 구속되는 행정행위의 효력은 무엇인가?

① 공정력
② 구속력
③ 형식적 존속력
④ 구성요건적 효력

30 다음 중 빈칸에 들어갈 용어를 순서대로 나열한 것은?

보험계약은 _____가 약정한 보험료를 지급하고 재산 또는 생명이나 신체에 불확정한 사고가 발생할 경우에 _____가 일정한 보험금이나 그 밖의 급여를 지급할 것을 약정함으로써 효력이 생긴다.

① 피보험자, 보험수익자
② 피보험자, 보험계약자
③ 보험계약자, 피보험자
④ 보험계약자, 보험자

PART 5

최종점검 모의고사

제1회 경영학 최종점검 모의고사
제2회 경제학 최종점검 모의고사
제3회 행정학 최종점검 모의고사
제4회 법학 최종점검 모의고사

제1회 경영학 최종점검 모의고사

응시시간 : 50분　문항 수 : 50문항

01 다음 중 테일러(F. Taylor)의 과학적 관리법에 대한 설명으로 옳지 않은 것은?

① 시간연구와 동작연구
② 관리활동의 기능별 분업
③ 공정한 작업량 설정
④ 시간제 임금지급을 통한 차별적 성과급제

02 다음 중 특정 기업이 자사 제품을 경쟁제품과 비교하여 유리하고 독특한 위치를 차지하도록 하는 마케팅 전략은?

① 관계마케팅
② 포지셔닝
③ 표적시장 선정
④ 일대일 마케팅

03 다음 중 인간관계론에 대한 설명으로 옳지 않은 것은?

① 1930년대 대공황 이후 과학적 관리론의 한계로부터 발전된 이론이다.
② 조직 내 구성원들의 사회적·심리적 욕구와 비공식집단 등을 중시한다.
③ 행정조직이나 민간조직을 기계적 구조로 보아 시스템 개선을 통한 능률을 추구하였다.
④ 메이요(Mayo) 등 하버드 대학의 경영학 교수들이 진행한 호손실험에 의해 본격적으로 이론적 틀이 마련되었다.

04 다음 리더십의 상황적합이론 중 특히 하급자의 성숙도를 강조하는 리더십의 상황모형을 제시하는 이론은?

① 피들러의 상황적합이론
② 브룸과 예튼의 규범이론
③ 하우스의 경로 – 목표이론
④ 허시와 블랜차드의 3차원적 유효성이론

05 다음 중 자원기반관점(RBV)에 대한 설명으로 옳지 않은 것은?

① 기업의 전략과 성과의 주요 결정요인은 기업내부의 자원과 핵심역량의 보유라고 주장한다.
② 경쟁우위의 원천이 되는 자원은 이질성(Heterogeneous)과 비이동성(Immobile)을 가정한다.
③ 주요 결정요인은 진입장벽, 제품차별화 정도, 사업들의 산업집중도 등이다.
④ 기업이 보유한 가치(Value), 희소성(Rareness), 모방불가능(Inimitability), 대체불가능성(Non-Substitutability) 자원들은 경쟁우위를 창출할 수 있다.

06 다음 중 네트워크 조직(Network Organization)의 장점으로 옳지 않은 것은?

① 정보 공유의 신속성 및 촉진이 용이하다.
② 전문성이 뛰어난 아웃소싱 업체의 전문성 및 핵심역량을 활용하기 용이하다.
③ 관리감독자의 수가 줄어들게 되어 관리비용이 절감된다.
④ 광범위한 전략적 제휴로 기술혁신이 가능하며, 유연성이 뛰어나 전략과 상품의 전환이 빠르다.

07 다음 중 리더 – 구성원 교환이론(LMX; Leader Member Exchange Theory)에 대한 설명으로 옳지 않은 것은?

① 구성원들의 업무와 관련된 태도나 행동들은 리더가 그들을 다루는 방식에 달려있다.
② 리더는 팀의 구성원들과 강한 신뢰감, 감정, 존중이 전제된 관계를 형성한다.
③ LMX 이론의 목표는 구성원, 팀, 조직에 리더십이 미치는 영향을 설명하는 것이다.
④ 조직의 모든 구성원들은 동일한 차원으로 리더십에 반응한다.

08 다음 중 마일즈(Miles)와 스노우(Snow)의 전략유형에서 방어형의 특징으로 옳은 것은?

① 진입장벽을 돌파하여 시장에 막 진입하려는 기업들이 주로 활용하는 전략
② 성과 지향적 인사고과와 장기적인 결과 중시
③ 먼저 진입하지 않고 혁신형을 관찰하다가 성공가능성이 보이면 신속하게 진입하는 전략
④ 조직의 안정적 유지를 추구하는 소극적 전략

09 다음 〈보기〉 중 수직적 마케팅시스템(VMS; Vertical Marketing System)에 대한 설명으로 옳은 것을 모두 고르면?

> **보기**
> ㄱ. 수직적 마케팅시스템은 유통조직의 생산시점과 소비시점을 하나의 고리형태로 유통계열화하는 것이다.
> ㄴ. 수직적 마케팅시스템은 유통경로 구성원인 제조업자, 도매상, 소매상, 소비자를 각각 별개로 파악하여 운영한다.
> ㄷ. 유통경로 구성원의 행동은 시스템 전체보다 각자의 이익을 극대화하는 방향으로 조정된다.
> ㄹ. 수직적 마케팅시스템의 유형에는 기업적 VMS, 관리적 VMS, 계약적 VMS 등이 있다.
> ㅁ. 프랜차이즈 시스템은 계약에 의해 통합된 수직적 마케팅시스템이다.

① ㄱ, ㄴ, ㄷ
② ㄱ, ㄴ, ㄹ
③ ㄱ, ㄹ, ㅁ
④ ㄴ, ㄷ, ㄹ

10 다음 중 3C 분석에 대한 설명으로 옳지 않은 것은?

① 3C는 Company, Cooperation, Competitor로 구성되어 있다.
② 3C는 자사, 고객, 경쟁사로 기준을 나누어 현 상황을 파악하는 분석방법이다.
③ 3C는 기업들이 마케팅이나 서비스를 진행할 때 가장 먼저 실행하는 분석 중 하나이다.
④ 3C의 Company 영역은 외부요인이 아닌 내부 자원에 대한 역량 파악이다.

11 다음 대화의 빈칸에 공통으로 들어갈 용어로 옳은 것은?

> A이사 : 이번에 우리 회사에서도 _____ 시스템을 도입하려고 합니다. _____는 기업 전체의 의사결정권자와 사용자 모두가 실시간으로 정보를 공유할 수 있게 합니다. 또한 제조, 판매, 유통, 인사관리, 회계 등 기업의 전반적인 운영 프로세스를 통합하여 자동화할 수 있지요.
> B이사 : 맞습니다. _____ 시스템을 통하여 기업의 자원관리를 보다 효율적으로 할 수 있으므로 조직 전체의 의사결정도 보다 신속하게 할 수 있을 것입니다.

① JIT
② MRP
③ MPS
④ ERP

12 다음 중 기업과 조직들이 중앙집중적 권한 없이 거의 즉시 네트워크에서 거래를 생성하고 확인할 수 있는 분산 데이터베이스 기술은?

① 빅데이터(Big Data) ② 클라우드 컴퓨팅(Cloud Computing)
③ 블록체인(Blockchain) ④ 핀테크(Fintech)

13 다음 중 제품 – 시장 매트릭스에서 기존시장에 그대로 머물면서 신제품으로 매출을 늘려 시장점유율을 높여가는 성장전략은?

① 시장침투 전략 ② 신제품개발 전략
③ 시장개발 전략 ④ 다각화 전략

14 다음 중 정부가 직접 벤처기업이나 창투조합에 투자하지 않고 대형 펀드를 만들어 놓은 후 벤처캐피탈에 출자하는 방식을 통해 벤처기업에 자금을 간접 지원하는 것을 나타내는 용어는?

① 사모펀드 ② 모태펀드
③ 국부펀드 ④ 상장지수펀드

15 다음 〈보기〉 중 애덤스의 공정성이론(Equity Theory)의 불공정성으로 인한 긴장을 해소할 수 있는 방법을 모두 고르면?

> **보기**
> ㄱ. 투입의 변경
> ㄴ. 산출의 변경
> ㄷ. 준거대상의 변경
> ㄹ. 현장 또는 조직으로부터의 이탈

① ㄱ, ㄴ ② ㄷ, ㄹ
③ ㄴ, ㄷ, ㄹ ④ ㄱ, ㄴ, ㄷ, ㄹ

16 다음 중 시장지향적 마케팅에 대한 설명으로 옳지 않은 것은?

① 고객지향적 사고의 장점을 포함하면서 그 한계점을 극복하기 위한 포괄적 마케팅이다.
② 기업이 최종 고객들과 원활한 교환을 통하여 최상의 가치를 제공하기 위함을 목표로 한다.
③ 기존 사업시장에 집중하여 경쟁우위를 점하기 위한 마케팅이다.
④ 다양한 시장 구성요소들이 원만하게 상호작용하며 마케팅 전략을 구축한다.

17 다음 중 연구조사방법론에서 사용하는 타당성(Validity)에 대한 설명으로 옳지 않은 것은?

① 내용 타당성(Content Validity)은 측정도구를 구성하는 측정지표 간의 일관성이다.
② 구성 타당성(Construct Validity)은 연구에서 이용된 이론적 구성개념과 이를 측정하는 측정수단 간에 일치하는 정도를 의미한다.
③ 기준 타당성(Criterion Related Validity)은 하나의 측정도구를 이용하여 측정한 결과와 다른 기준을 적용하여 측정한 결과를 비교했을 때 도출된 연관성의 정도이다.
④ 수렴적 타당성(Convergent Validity)은 동일한 개념을 다른 측정 방법으로 측정했을 때 측정된 값 간의 상관관계를 의미한다.

18 다음 중 경제적 주문량(EOQ) 모형이 성립하기 위한 가정으로 옳지 않은 것은?

① 구입단가는 주문량과 관계없이 일정하다.
② 재고 부족현상이 발생할 수 있으며, 주문 시 정확한 리드타임이 적용된다.
③ 연간 재고 수요량을 정확히 파악하고 있다.
④ 단위당 재고유지비용과 1회당 재고주문비용은 주문량과 관계없이 일정하다.

19 다음 중 재무상태표에서 비유동자산에 해당하는 계정과목은?

① 영업권   ② 매입채무
③ 매출채권   ④ 자기주식

20 다음 중 원가우위 전략에 대한 설명으로 옳지 않은 것은?

① 원가우위에 영향을 미치는 여러 가지 요소를 활용하여 경쟁우위를 획득한다.
② 경쟁사보다 더 낮은 가격으로 제품이나 서비스를 생산하는 전략이다.
③ 가격, 디자인, 브랜드 충성도, 성능 등으로 우위를 점하는 전략이다.
④ 시장에 더 저렴한 제품이 출시되면 기존 고객의 충성도를 기대할 수 없다.

21 다음 설명에 해당하는 이론은?

- 조직의 생존을 위해 이해관계자들로부터 정당성을 얻는 것이 중요하다.
- 동일 산업 내의 조직 형태 및 경영 관행 등이 유사성을 보이는 것은 조직들이 서로 모방하기 때문이다.

① 대리인 이론
② 제도화 이론
③ 자원의존 이론
④ 조직군 생태학 이론

22 다음 〈보기〉 중 서비스의 특성에 해당되는 것을 모두 고르면?

보기
ㄱ. 무형성 : 서비스는 보거나 만질 수 없다.
ㄴ. 비분리성 : 서비스는 생산과 소비가 동시에 발생한다.
ㄷ. 소멸성 : 서비스는 재고로 보관될 수 없다.
ㄹ. 변동성 : 서비스의 품질은 표준화가 어렵다.

① ㄱ, ㄴ, ㄷ
② ㄱ, ㄷ, ㄹ
③ ㄴ, ㄷ, ㄹ
④ ㄱ, ㄴ, ㄷ, ㄹ

23 다음 중 STP 전략의 목표시장 선정(Targeting) 단계에서 집중화 전략에 대한 설명으로 옳지 않은 것은?

① 세분시장 내 소비자욕구의 변화에 민감하게 반응하여야 위험부담을 줄일 수 있다.
② 자원이 한정되어 있을 때 자원을 집중화하고 시장 안에서의 강력한 위치를 점유할 수 있다.
③ 대량생산 및 대량유통, 대량광고 등을 통해 규모의 경제로 비용을 최소화할 수 있다.
④ 대기업 경쟁사의 진입이 쉬우며 위험이 분산되지 않을 경우 시장의 불확실성으로 높은 위험을 감수해야 한다.

24 다음 중 생산시스템 측면에서 신제품 개발 프로세스를 순서대로 바르게 나열한 것은?

> ㄱ. 아이디어 창출　　　　　　　ㄴ. 제품선정
> ㄷ. 최종설계　　　　　　　　　ㄹ. 설계의 평가 및 개선
> ㅁ. 제품원형 개발 및 시험마케팅　ㅂ. 예비설계

① ㄱ → ㄴ → ㅂ → ㄹ → ㅁ → ㄷ
② ㄱ → ㄷ → ㅁ → ㄹ → ㄴ → ㅂ
③ ㄴ → ㄱ → ㄷ → ㅁ → ㄹ → ㅂ
④ ㄴ → ㅁ → ㄹ → ㄱ → ㄷ → ㅂ

25 다음 중 데이터 웨어하우스에 대한 설명으로 옳지 않은 것은?

① 데이터는 의사결정 주제 영역별로 분류되어 저장된다.
② 대용량 데이터에 숨겨져 있는 데이터 간 관계와 패턴을 탐색하고 모형화한다.
③ 데이터는 통일된 형식으로 변환 및 저장된다.
④ 데이터는 읽기 전용으로 보관되며, 더 이상 갱신되지 않는다.

26 다음 중 기업의 경쟁력 강화와 비전달성을 목표로 미래 사업구조를 근본적으로 구체화하는 기업혁신방안은?

① 벤치마킹(Benchmarking)　　　　② 학습조직(Learning Organization)
③ 리엔지니어링(Re – Engineering)　④ 리스트럭처링(Restructuring)

27 다음 중 보너스 산정방식에서 스캔런 플랜(Scanlon Plan)에 대한 설명으로 옳은 것은?

① 보너스 산정 비율은 생산액에 있어서 재료 및 에너지 등을 포함하여 계산한다.
② 노동비용을 판매액에서 재료 및 에너지, 간접비용을 제외한 부가가치로 나누어 계산한다.
③ 종업원의 참여는 거의 고려되지 않고 산업공학기법을 이용한 공식을 활용하여 계산한다.
④ 생산단위당 표준노동시간을 기준으로 노동생산성 및 비용 등 산정 조직의 효율성을 보다 직접적으로 측정하여 계산한다.

28 자산이 800억 원이고, 자본이 300억 원인 기업이 있다. 이 기업이 일반적으로 양호하다고 평가되는 유동비율의 최소자격을 갖추었다면 기업의 비유동부채는 얼마인가?(단, 자산 중 비유동자산은 428억 원이다)

① 186억 원
② 235억 원
③ 279억 원
④ 314억 원

29 다음 중 기업합병에 대한 설명으로 옳지 않은 것은?

① 기업합병이란 두 독립된 기업이 법률적, 실질적으로 하나의 기업실체로 통합되는 것이다.
② 기업매각은 사업부문 중의 일부를 분할한 후 매각하는 것으로, 기업의 구조를 재편성하는 것이다.
③ 기업인수는 한 기업이 다른 기업의 지배권을 획득하기 위하여 주식이나 자산을 취득하는 것이다.
④ 수평적 합병은 기업의 생산이나 판매과정 전후에 있는 기업 간의 합병으로, 주로 원자재 공급의 안정성 등을 목적으로 한다.

30 다음 중 터크만(Tuckman)의 집단 발달의 5단계 모형에서 집단구성원들 간에 집단의 목표와 수단에 대해 합의가 이루어지고 응집력이 높아지며 구성원들의 역할과 권한 관계가 정해지는 단계는?

① 형성기(Forming)
② 격동기(Storming)
③ 규범기(Norming)
④ 성과달성기(Performing)

31 다음 중 인적자원관리(HRM)에 대한 설명으로 옳지 않은 것은?

① 직무평가 방법으로는 서열법, 요소비교법, 질문지법 등이 있다.
② 직무분석의 방법으로는 면접법, 관찰법, 중요사건법 등이 있다.
③ 직무분석의 결과로 직무기술서와 직무명세서가 만들어진다.
④ 직무분석의 목적은 동일노동 동일임금의 원칙을 실현하고 적재적소에 인적자원을 배치하는 것이다.

32 다음 〈보기〉 중 푸시 앤 풀(Push and Pull) 기법에서 푸시 전략에 대한 설명으로 옳은 것을 모두 고르면?

> **보기**
> ㉠ 제조업자가 중간상을 대상으로 적극적인 촉진전략을 사용하여 도매상, 소매상들이 자사의 제품을 소비자에게 적극적으로 판매하도록 유도하는 방법이다.
> ㉡ 인적판매와 중간상 판촉의 중요성이 증가하게 되고, 최종소비자를 대상으로 하는 광고의 중요성은 상대적으로 감소하게 된다.
> ㉢ 제조업자가 최종소비자를 대상으로 적극적인 촉진을 사용하여 소비자가 자사의 제품을 적극적으로 찾게 함으로써 중간상들이 자발적으로 자사 제품을 취급하게 만드는 전략이다.
> ㉣ 최종소비자를 대상으로 하는 광고와 소비자 판촉의 중요성이 증가하게 된다.

① ㉠, ㉡
② ㉠, ㉣
③ ㉡, ㉢
④ ㉡, ㉣

33 다음 중 인간의 감각이 느끼지 못할 정도의 자극을 주어 잠재의식에 호소하는 광고는?

① 애드버커시 광고
② 서브리미널 광고
③ 리스폰스 광고
④ 키치 광고

34 다음 글에서 프랑스 맥도날드사의 마케팅 기법으로 옳은 것은?

> 프랑스 맥도날드에서는 "어린이들은 일주일에 한 번만 오세요!"라는 어린이들의 방문을 줄이기 위한 광고 카피를 선보였다. 맥도날드는 시민들에게 '맥도날드는 소비자의 건강을 생각하는 회사'라는 긍정적인 이미지를 심어주기 위해 이러한 광고를 내보낸 것으로 밝혔다. 결과는 어땠을까. 놀랍게도 성공적이었다. 광고 카피와는 반대로 소비자들의 맥도날드 방문횟수가 더욱 늘어났고, 광고가 반영된 그해 유럽지사 중 가장 높은 실적을 이루는 놀라운 결과를 얻었다.

① PPL 마케팅(PPL Marketing)
② 노이즈 마케팅(Noise Marketing)
③ 퍼포먼스 마케팅(Performance Marketing)
④ 디마케팅(Demarketing)

35 다음 중 시장세분화에 대한 설명으로 옳은 것은?

① 시장포지셔닝은 세분화된 시장의 좋은 점을 분석한 후 진입할 세분시장을 선택하는 것이다.
② 사회심리적 세분화는 추구하는 편익, 사용량, 상표애호도, 사용여부 등을 바탕으로 시장을 나누는 것이다.
③ 시장표적화는 시장경쟁이 치열해졌거나 소비자의 욕구가 급격히 변할 때 저가격으로 설정하는 전략방법이다.
④ 인구통계적 세분화는 나이, 성별, 가족규모, 소득, 직업, 종교, 교육수준 등을 바탕으로 시장을 나누는 것이다.

36 다음 중 공급사슬관리(SCM)의 목적으로 옳은 것은?

① 제품 생산에 필요한 자재의 소요량과 소요시기를 결정한다.
② 기업 내 모든 자원의 흐름을 정확히 파악하여 자원을 효율적으로 배치한다.
③ 자재를 필요한 시각에 필요한 수량만큼 조달하여 낭비 요소를 근본적으로 제거한다.
④ 자재의 흐름을 효과적으로 관리하여 불필요한 시간과 비용을 절감한다.

37 다음 중 가격관리에 대한 설명으로 옳지 않은 것은?

① 명성가격결정법은 가격이 높으면 품질이 좋을 것이라고 느끼는 효과를 이용하여 수요가 많은 수준에서 고급상품의 가격결정에 이용된다.
② 침투가격정책은 신제품을 도입하는 초기에 저가격을 설정하여 신속하게 시장에 침투하는 전략으로, 수요가 가격에 민감하지 않은 제품에 많이 사용된다.
③ 상층흡수가격정책은 신제품을 시장에 도입하는 초기에는 고소득층을 대상으로 높은 가격을 받고 그 뒤 가격을 인하하여 저소득층에 침투하는 것이다.
④ 탄력가격정책은 한 기업의 제품이 여러 제품계열을 포함하는 경우 품질, 성능, 스타일에 따라 서로 다른 가격을 결정하는 것이다.

38 다음 중 자금, 인력, 시설 등 모든 제조자원을 통합하여 계획 및 통제하는 관리시스템은?

① MRP
② MRP Ⅱ
③ JIT
④ FMS

39 A기업의 현재 주가는 ₩30,000이며, 차기 주당배당액이 ₩2,000으로 예상된다. A기업의 이익과 배당이 매년 4%씩 성장할 것으로 예상될 때, 보통주의 자본비용은?

① 10% ② 14%
③ 17% ④ 20%

40 다음 표를 이용하여 결합레버리지도를 구한 값은?

매출액	100	영업이익	40
변동비	30	이자비용	30
고정비	30	법인세차감전이익	10

① 3 ② 7
③ 9 ④ 10

41 다음 중 공정가치 측정에 대한 설명으로 옳지 않은 것은?

① 공정가치란 측정일에 시장참여자 사이의 정상거래에서 자산을 매도할 때 받거나 부채를 이전할 때 지급하게 될 가격이다.
② 비금융자산의 공정가치를 측정할 때는 자신이 그 자산을 최고 최선으로 사용하거나 최고 최선으로 사용할 다른 시장참여자에게 그 자산을 매도함으로써 경제적 효익을 창출할 수 있는 시장참여자의 능력을 고려한다.
③ 공정가치를 측정하기 위해 사용하는 가치평가기법은 관측할 수 있는 투입변수를 최소한으로 사용하고 관측할 수 없는 투입변수를 최대한으로 사용한다.
④ 기업은 시장참여자가 경제적으로 최선의 행동을 한다는 가정하에 시장참여자가 자산이나 부채의 가격을 결정할 때 사용할 가정에 근거하여 자산이나 부채의 공정가치를 측정하여야 한다.

42 다음의 특징을 모두 가지고 있는 자산은?

> • 개별적으로 식별하여 별도로 인식할 수 없다.
> • 손상징후와 관계없이 매년 손상검사를 실시한다.
> • 손상차손환입을 인식할 수 없다.
> • 사업결합 시 이전대가가 피취득자 순자산의 공정가치를 초과한 금액이다.

① 특허권 ② 회원권
③ 영업권 ④ 라이선스

43 A회사는 2023년 초 액면금액 ₩100,000인 전환상환우선주를 액면발행하였다. 전환상환우선주 발행 시 조달한 현금 중 금융부채요소의 현재가치는 ₩80,000이고 나머지는 자본요소(전환권)이다. 전환상환우선주 발행시점의 금융부채요소 유효이자율은 연 10%이다. 2024년 초 전환상환우선주의 40%를 보통주로 전환할 때 A회사의 자본증가액은?(단, 전환상환우선주의 액면배당률은 연 2%이고, 매년 말 배당지급한다)

① ₩32,000 ② ₩34,400
③ ₩40,000 ④ ₩42,400

44 다음 중 주가순자산비율(PBR)에 대한 설명으로 옳은 것은?

① 주가를 주당순자산가치(BPS)로 나눈 비율로, 주가와 1주당 순자산가치를 비교한 수치이다.
② PBR이 1보다 클 경우 순자산보다 주가가 낮게 형성되어 저평가되었다고 판단한다.
③ 기업 청산 시 채권자가 배당받을 수 있는 자산의 가치를 의미하며 1을 기준으로 한다.
④ 재무회계상 주가를 판단하는 기준지표로, 성장성을 보여주는 지표이다.

45 다음 중 이자율의 기간구조에 대한 설명으로 옳지 않은 것은?

① 채권금리는 만기가 길수록 금리도 높아지는 우상향의 모양을 보인다.
② 기간에 따라 달라질 수 있는 이자율 사이의 관계를 이자율의 기간구조라고 부른다.
③ 이자율의 기간구조는 흔히 수익률곡선(Yield curve)으로 나타낸다.
④ 장기이자율이 단기이자율보다 높으면 우하향곡선의 형태를 취한다.

46 다음 중 재무제표의 표시에 대한 설명으로 옳지 않은 것은?

① 수익과 비용의 어느 항목은 포괄손익계산서 또는 주석에 특별손익 항목으로 별도 표시한다.
② 기업이 재무상태표에 유동자산과 비유동자산으로 구분하여 표시하는 경우, 이연법인세자산은 유동자산으로 분류하지 않는다.
③ 비용을 기능별로 분류하는 기업은 감가상각비, 기타 상각비와 종업원급여비용을 포함하여 비용의 성격에 대한 추가 정보를 공시한다.
④ 매출채권에 대한 대손충당금을 차감하여 관련 자산을 순액으로 측정하는 것은 상계표시에 해당하지 않는다.

47 A회사의 2023년 초 유통보통주식수는 18,400주이며, 주주우선배정 방식으로 유상증자를 실시하였다. 유상증자 권리행사 전일의 공정가치는 주당 ₩50,000이고, 유상증자 시의 주당 발행금액은 ₩40,000이며, 발행주식수는 2,000주이다. A회사는 2023년 9월 초 자기주식을 1,500주 취득하였다. A회사의 2023년 가중평균유통보통주식수는?(단, 가중평균유통보통주식수는 월할 계산한다)

① 18,667주
② 19,084주
③ 19,268주
④ 19,400주

48 다음 사례에서 A에게 인지적 평가이론이 적용되었다고 가정한다면, B의 행동에 따른 A의 행동을 예상한 결과로 옳은 것은?

> A는 사진 찍는 것을 취미로 한다. A는 사진 찍는 것을 너무 좋아해서 더 나은 사진을 찍기 위해 여러 가지 노력을 기울이고 시간을 들여 다양한 방법을 배우는 일을 즐긴다. 어느 날 A가 찍은 사진을 본 B는 사진이 마음에 들어 앞으로 자신만을 위한 사진을 찍어 주면 그에 대한 보상을 지급하겠다고 제안하였다.

① A는 B에게 줄 특별한 사진을 위해 고민에 빠진다.
② A는 보상에 대한 인상을 요구한다.
③ A는 점차 사진 찍는 것에 대한 흥미를 잃어버린다.
④ A는 B를 위해 특별한 사진을 찍는 방법을 연구한다.

49 다음은 A주식의 정보이다. 자본자산가격결정모형($CAPM$)을 이용하여 A주식의 기대수익률을 구하면?

- 시장무위험수익률 : 5%
- 시장기대수익률 : 18%
- 베타 : 0.5

① 9.35%
② 10.25%
③ 10.45%
④ 11.5%

50 다음 중 가중평균자본비용(WACC)에 대한 설명으로 옳지 않은 것은?

① WACC는 기업의 자본비용을 시장가치 기준에 따라 총자본에서 차지하는 가중치로 가중평균한 것이다.
② 부채비율을 높임으로써 가중평균자본비용은 점차 떨어지게 되지만 일정한 선을 넘어 부채비율이 상승하면 가중평균자본비용은 상승한다.
③ 가중치를 시장가치 기준의 구성 비율이 아닌 장부가치 기준의 구성 비율로 하는 이유는 주주와 채권자의 현재 청구권에 대한 요구수익률을 측정하기 위함이다.
④ 기업자산에 대한 요구수익률은 자본을 제공한 채권자와 주주가 평균적으로 요구하는 수익률을 의미한다.

제 2 회 경제학 최종점검 모의고사

응시시간 : 50분 문항 수 : 50문항

정답 및 해설 p.051

01 다음 상황을 의미하는 경제용어로 옳은 것은?

> 이는 일본의 장기불황과 미국의 금융위기 사례에서와 같이 금리를 충분히 낮추는 확장적 통화정책을 실시해도 가계와 기업이 시중에 돈을 풀어놓지 않는 상황을 말한다. 특히 일본의 경우 1990년대 제로금리를 고수했음에도 불구하고 소위 '잃어버린 10년'이라고 불리는 장기 불황을 겪었다. 불황 탈출을 위해 확장적 통화정책을 실시했지만 경제성장률은 계속 낮았다. 이후 경기 비관론이 팽배해지고 디플레이션이 심화되면서 모든 경제 주체가 투자보다는 현금을 보유하려는 유동성선호경향이 강해졌다.

① 유동성함정 ② 공개시장조작
③ 용의자의 딜레마 ④ 동태적 비일관성

02 다음 〈보기〉 중 정부실패(Government Failure)의 원인이 되는 것을 모두 고르면?

보기
가. 이익집단의 개입 나. 정책당국의 제한된 정보
다. 정책당국의 인지시차 존재 라. 민간부문의 통제 불가능성
마. 정책실행 시차의 부재

① 가, 나, 라 ② 나, 다, 마
③ 가, 나, 다, 라 ④ 가, 나, 라, 마

03 다음 그래프는 A재 시장과 A재 생산에 특화된 노동시장의 상황을 나타낸 것이다. 이에 대한 설명으로 옳은 것을 〈보기〉에서 모두 고르면?

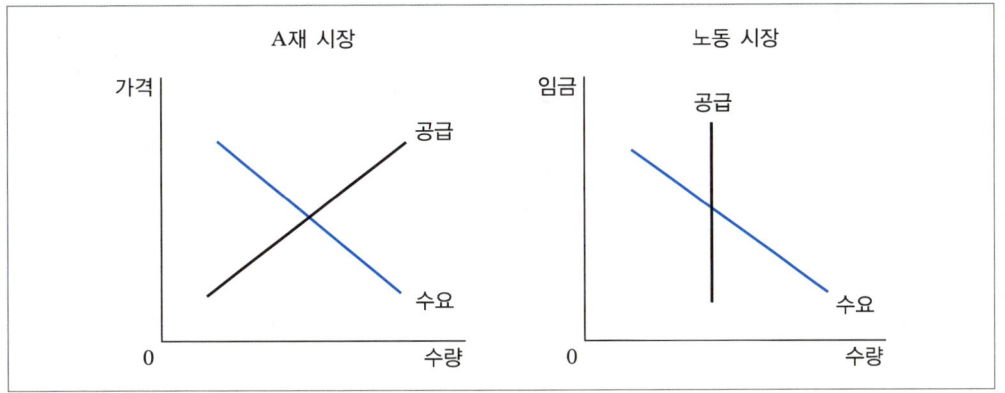

보기

가. A재에 대한 수요가 증가하면 고용량이 늘어난다.
나. A재에 대한 수요가 증가하면 임금이 상승한다.
다. 노동공급이 증가하면 A재 가격이 상승한다.
라. 노동공급이 증가하면 A재 거래량이 증가한다.
마. 노동공급이 감소하면 A재 수요곡선이 이동한다.

① 가, 다
② 나, 라
③ 가, 나, 라
④ 나, 다, 마

04 다음 중 최고가격제도와 최저가격제도에 대한 설명으로 옳은 것은?

① 최고가격을 균형가격 이하로 책정하면 상품의 배분이 비효율적으로 이루어진다.
② 최고가격을 균형가격보다 낮게 책정하면 시장수급에는 아무런 영향을 미치지 못한다.
③ 최저임금제는 미숙련노동자의 취업을 용이하게 만든다.
④ 최저임금제는 시장 균형 임금보다 낮은 수준에서 책정되므로 비자발적 실업이 발생한다.

05 A국의 구리에 대한 국내 수요곡선은 $Q = 12 - 2P$이고, 국내 공급곡선은 $Q = P$이다. 구리의 국제 시장가격이 5라면, A국 구리 생산업체들의 국내 판매량과 수출량은 얼마인가?(단, Q는 수량, P는 가격을 나타내고, 이 나라는 소규모 개방경제라고 가정한다)

	국내 판매량	수출량		국내 판매량	수출량
①	2	3	②	3	2
③	3	3	④	4	1

06 완전경쟁시장의 한 기업이 단기적으로 초과이윤을 획득하고 있다. 다음 〈보기〉 중 이 기업의 이윤 극대화 행동으로부터 유추할 수 있는 사실을 모두 고르면?

> **보기**
> 가. 이 기업은 장기적으로도 초과이윤을 획득한다.
> 나. 이 기업이 산출량을 늘리면 총평균비용이 증가할 것이다.
> 다. 이 기업이 산출량을 늘리면 한계비용이 증가할 것이다.
> 라. 이 기업은 현재 한계비용과 총평균비용이 일치한다.
> 마. 시장가격은 이 기업의 현재 한계비용보다 높다.

① 가, 라
② 나, 다
③ 가, 다, 라
④ 나, 다, 마

07 다음 중 실업과 실업률에 대한 설명으로 옳은 것은?

① 주부는 실업자에 포함된다.
② 실업률은 실업자의 수를 생산가능인구로 나눈 비율이다.
③ 경기적 실업은 산업구조의 변화나 기술의 발달로 인해 특정한 기능을 가진 노동자에 대한 수요가 감소함에 따라 발생하는 실업이다.
④ 마찰적 실업은 자발적 실업의 성격을, 경기적 실업과 구조적 실업은 비자발적 실업의 성격을 갖는다.

08 다음 〈보기〉 중 인플레이션에 대한 설명으로 옳지 않은 것을 모두 고르면?

> **보기**
> 가. 인플레이션이 예상되지 못한 경우, 채무자에게서 채권자에게로 부가 재분배된다.
> 나. 인플레이션이 예상된 경우, 메뉴비용이 발생하지 않는다.
> 다. 인플레이션이 발생하면 현금 보유의 기회비용이 증가한다.
> 라. 인플레이션이 발생하면 수출이 감소하고 경상수지가 악화된다.

① 가, 나
② 가, 다
③ 나, 다
④ 다, 라

09 다음 중 게임이론에 대한 설명으로 옳지 않은 것은?

① 순수전략들로만 구성된 내쉬 균형이 존재하지 않는 게임도 있다.
② 우월전략이란 상대 경기자들이 어떤 전략들을 사용하든지 상관없이 자신의 전략들 중에서 항상 가장 낮은 보수를 가져다주는 전략을 말한다.
③ 죄수의 딜레마 게임에서 두 용의자 모두가 자백하는 것은 우월전략균형이면서 동시에 내쉬균형이다.
④ 참여자 모두에게 상대방이 어떤 전략을 선택하는가에 관계없이 자신에게 더 유리한 결과를 주는 전략이 존재할 때 그 전략을 참여자 모두가 선택하면 내쉬균형이 달성된다.

10 다음 중 소비이론에 대한 설명으로 옳지 않은 것은?

① 케인스의 소비함수에 따르면 평균소비성향은 한계소비성향보다 크다.
② 항상소득가설에 따르면 항상소득의 한계소비성향은 일시소득의 한계소비성향보다 작다.
③ 쿠즈네츠는 장기에는 평균소비성향이 대략 일정하다는 것을 관찰하였다.
④ 상대소득가설에 따르면 소득이 감소하여도 소비의 습관성으로 인해 단기적으로 소비는 거의 감소하지 않는다.

11 다음 중 화폐의 중립성이 성립하면 발생하는 현상으로 옳은 것은?

① 장기적으로는 고전적 이분법을 적용할 수 없다.
② 통화정책은 장기적으로 실업률에 영향을 줄 수 없다.
③ 통화정책은 장기적으로 실질 경제성장률을 제고할 수 있다.
④ 중앙은행은 국채 매입을 통해 실질 이자율을 낮출 수 있다.

12 다음은 A국과 B국의 경제에 대한 자료이다. A국의 실질환율과 수출량의 변화로 옳은 것은?

구분	2022년	2023년
A국 통화로 표시한 B국 통화 1단위의 가치	1,000	1,150
A국의 물가지수	100	107
B국의 물가지수	100	103

	실질환율	수출량
①	11% 상승	증가
②	11% 하락	감소
③	19% 상승	증가
④	19% 하락	증가

13 다음 〈보기〉 중 기업 甲과 乙만 있는 상품시장에서 두 기업이 쿠르노(Cournot) 모형에 따라 행동하는 경우에 대한 설명으로 옳은 것을 모두 고르면?(단, 생산기술은 동일하다)

보기
ㄱ. 甲은 乙이 생산량을 결정하면 그대로 유지될 것이라고 추측한다.
ㄴ. 甲과 乙은 생산량 결정에서 서로 협력한다.
ㄷ. 甲, 乙 두 기업이 완전한 담합을 이루는 경우와 쿠르노 균형의 결과는 동일하다.
ㄹ. 추가적인 기업이 시장에 진입하는 경우 균형가격은 한계비용에 접근한다.

① ㄱ, ㄷ
② ㄱ, ㄹ
③ ㄴ, ㄷ
④ ㄷ, ㄹ

14 다음 〈보기〉 중 독점기업의 가격차별 전략 중 하나인 이부가격제에 대한 설명으로 옳은 것을 모두 고르면?

보기
ㄱ. 서비스 요금 설정에서 기본요금(가입비)과 초과사용량 요금(사용료)을 분리하여 부과하는 경우가 해당된다.
ㄴ. 적은 수량을 소비하는 소비자의 평균지불가격이 낮아진다.
ㄷ. 소비자잉여는 독점기업이 부과할 수 있는 가입비의 한도액이다.
ㄹ. 자연독점하의 기업이 평균비용 가격설정으로 인한 손실을 보전하기 위해 선택한다.

① ㄱ, ㄴ
② ㄱ, ㄷ
③ ㄱ, ㄴ, ㄷ
④ ㄴ, ㄷ, ㄹ

15 A국 경제의 총수요곡선과 총공급곡선이 각각 $P = -Y_d + 4$, $P = P_e + (Y_s - 2)$이다. P_e가 3에서 5로 증가할 때, 균형소득수준(ㄱ)과 균형물가수준(ㄴ)의 변화는?(단, P는 물가수준, Y_d는 총수요, Y_s는 총공급, P_e는 기대물가수준이다)

	ㄱ	ㄴ
①	상승	상승
②	하락	상승
③	상승	하락
④	하락	하락

16 현재와 미래 두 기간에 걸쳐 소비하는 甲의 현재소득은 1,000, 미래소득은 300, 현재 부(Wealth)는 200이다. 이자율이 2%로 일정할 때, 甲의 현재소비가 800이라면 가능한 최대 미래소비는 얼마인가?

① 504 ② 700
③ 704 ④ 708

17 재산이 900만 원인 지혜는 500만 원의 손실을 볼 확률이 $\frac{3}{10}$이고, 손실을 보지 않을 확률이 $\frac{7}{10}$이다. 보험회사는 지혜가 일정 금액을 보험료로 지불하면 손실 발생 시 손실 전액을 보전해주는 상품을 판매하고 있다. 지혜의 효용함수가 $U(X) = \sqrt{X}$이고 기대효용을 극대화한다고 할 때, 지혜가 보험료로 지불할 용의가 있는 최대금액은 얼마인가?

① 21만 원 ② 27만 원
③ 171만 원 ④ 729만 원

18 국민소득, 소비, 투자, 정부지출, 순수출, 조세를 각각 Y, C, I, G, NX, T라고 표현한다. 국민경제의 균형이 다음과 같이 결정될 때, 균형재정승수는?

$$C = 100 + 0.8(Y - T)$$
$$Y = C + I + G + NX$$

① 0.8 ② 1
③ 4 ④ 5

19 A의 소득이 10,000원이고, X재와 Y재에 대한 총지출액도 10,000원이다. X재 가격이 1,000원이고 A의 효용이 극대화되는 소비량이 $X=6$, $Y=10$이라고 할 때, X재에 대한 Y재의 한계대체율(MRS_{XY})은 얼마인가?(단, 한계대체율은 체감한다)

① 1
② 1.5
③ 2
④ 2.5

20 다음 그래프는 생산자 보조금 지급에 따른 사회후생의 변화를 나타낸다. 이에 대한 내용으로 옳지 않은 것은?(단, S_1 : 원래의 공급곡선, S_2 : 보조금 지급 이후의 공급곡선, D : 수요곡선, E_1 : 원래의 균형점, E_2 : 보조금 지급 이후의 균형점, P : 가격, Q : 수량을 나타낸다)

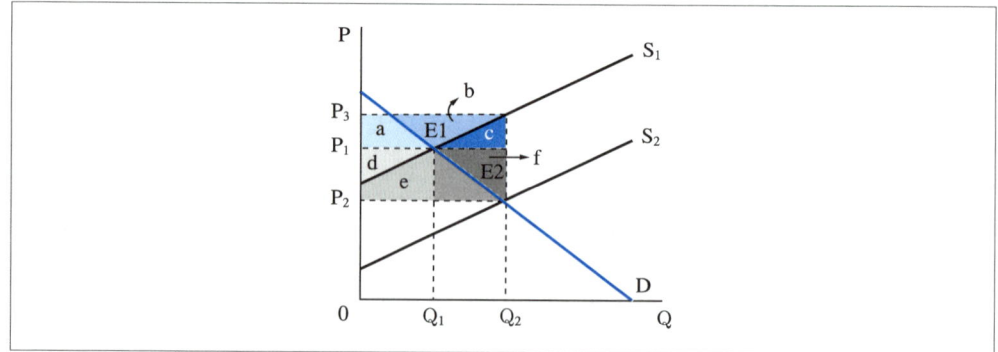

① 보조금 지급 후 생산자가 최종적으로 수취하는 가격은 P_3이다.
② 보조금 지급으로 인한 소비자잉여의 증가분은 d+e이다.
③ 낭비된 보조금의 크기는 c+f이다.
④ 보조금의 크기는 a+b+d+e이다.

21 다음 〈보기〉에서 A, B에 해당하는 사람을 바르게 구분한 것은?

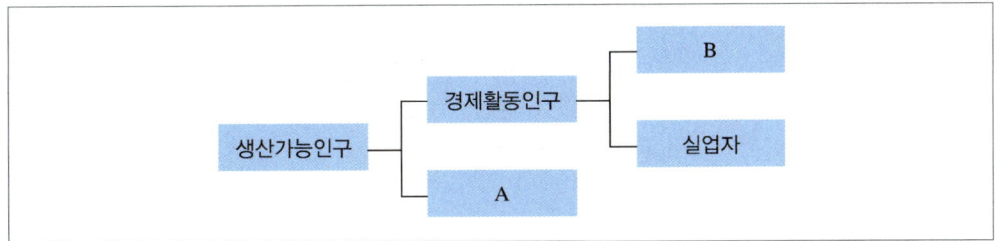

> **보기**
> 가. 실직한 뒤에 구직활동을 포기한 아버지
> 나. 교통사고를 당해 휴직 중인 어머니
> 다. 아버지가 운영하는 가게에서 무보수로 아르바이트를 하고 있는 누나
> 라. 일거리가 적어 일주일에 하루만 일하는 형
> 마. 내년도 대학입시를 준비하는 동생

	A	B
①	가	나, 다, 라, 마
②	가, 나	다, 라, 마
③	가, 마	나, 다, 라
④	라, 마	가, 나, 다

22 현물환율이 1,000원/달러, 선물환율이 1,200원/달러, 한국의 이자율이 3%, 미국의 이자율이 2%이고, 이자율평가설이 성립할 때, 다음 〈보기〉 중 옳지 않은 것을 모두 고르면?

> **보기**
> 가. 한국의 이자율이 상승할 것이다.
> 나. 미국의 이자율이 상승할 것이다.
> 다. 현물환율이 상승할 것이다.
> 라. 현재 한국에 투자하는 것이 유리하다.

① 가, 나   ② 가, 다
③ 나, 다   ④ 나, 라

23 다음 중 토빈(J. Tobin)의 q에 대한 설명으로 옳은 것은?

① 장기적으로 임금변화율과 실업률의 관계를 설명하는 지표이다.
② q 값이 1보다 클 경우 투자규모는 증가한다고 설명한다.
③ q 값은 자본비용을 자본의 시장가치로 나눈 값으로 도출된다.
④ q 값은 자본의 상대적 효율성을 나타내는 지표이며, 신규투자의 변화와는 관련이 없어 거시경제 지표로 활용하기 어렵다.

24 다음 중 두 나라 사이에 교역이 이루어지는 기본원리에 대한 설명으로 옳은 것은?

① 비교우위는 더 적은 양의 생산요소를 투입해 생산할 수 있는 능력을 말한다.
② 한 나라가 모든 재화에 절대적 우위가 있는 경우 교역은 이루어지지 않는다.
③ 한 나라가 이득을 보면 반드시 다른 나라는 손해를 본다.
④ 각 국은 기회비용이 상대적으로 적은 재화를 생산한다.

25 정보의 비대칭성에서 원인, 문제, 사례, 해결책이 바르게 연결된 것을 고르면?

	원인	문제	사례	해결책
①	감추어진 행동	역선택	중고차 시장	강제 보험
②	감추어진 특징	역선택	노동시장	최저 임금
③	감추어진 행동	도덕적 해이	주인과 대리인	감시 강화
④	감추어진 특징	도덕적 해이	주인과 대리인	성과급

26 다음 중 고전학파모형에 대한 설명으로 옳지 않은 것은?

① 이자율의 신축적인 조정을 통해 생산물시장의 불균형이 조정된다.
② 물가가 상승하면 즉각적으로 명목임금도 상승한다.
③ 정부지출의 변화는 실질변수에 아무런 영향을 미칠 수 없다.
④ 고전학파모형은 단기보다는 장기를 분석하는 데 더욱 적합한 모형이다.

27 다음 중 독점적 경쟁시장의 장기균형에 대한 설명으로 옳지 않은 것은?(단, P는 가격, SAC는 단기평균비용, LAC는 장기평균비용, SMC는 단기한계비용을 의미한다)

① $P=SAC$가 성립한다.
② $P=LAC$가 성립한다.
③ $P=SMC$가 성립한다.
④ 균형생산량은 SAC가 최소화되는 수준보다 작다.

28 다음 중 독점기업에 대한 설명으로 옳은 것은?

① 독점기업은 장기와 단기에 항상 초과이윤을 얻는다.
② 독점기업은 가격차별을 통해 항상 사회적 후생의 증가를 가져올 수 있으므로 무조건적으로 제재를 가하고 경쟁을 활성화시키려는 것은 좋지 않다.
③ 독점기업의 경우는 자유롭게 놔두는 것이 효율적인 결과를 스스로 도출할 수 있으므로 독점기업에 정부가 개입하는 것은 시장의 비효율성을 초래할 뿐이다.
④ 독점기업이 직면하는 시장수요함수가 $Q=1-2P$라면, 한계수입은 $MR=\frac{1}{2}-Q$이다(여기서 Q와 P는 각각 수요량과 가격이다).

29 다음 중 인플레이션 효과에 대한 설명으로 옳은 것은?

① 인플레이션은 명목이자율을 낮춘다.
② 인플레이션이 발생하면 명목소득이 불변일 때 실질소득은 증가한다.
③ 인플레이션이 발생하면 실질임금이 불변일 때 명목임금은 감소한다.
④ 인플레이션이 발생하면 실질적인 조세부담이 커지게 된다.

30 다음 중 새고전학파와 새케인스학파의 경기변동이론에 대한 설명으로 옳은 것은?

① 새고전학파나 새케인스학파 모두 정부의 재량적인 개입은 불필요하다고 주장한다.
② 새고전학파는 경기변동을 완전고용의 국민소득수준에서 이탈하면서 발생하는 현상으로 보는 반면에 새케인스학파는 완전고용의 국민소득수준 자체가 변하면서 발생하는 현상으로 본다.
③ 새고전학파는 항상 시장청산이 이루어진다고 보는 반면에 새케인스학파는 임금과 재화가격이 경직적이므로 시장청산이 이루어지지 않는다고 본다.
④ 새고전학파는 물가, 임금, 이자율 등 가격변수가 단기에는 경직적이라고 보는 반면 새케인스학파는 가격변수가 신축적이라고 본다.

31 다음 중 공공재의 특성에 대한 설명으로 옳은 것은?

① 한 사람의 소비가 다른 사람의 소비를 감소시킨다.
② 소비에 있어서 경합성 및 배제성의 원리가 작용한다.
③ 무임승차 문제로 과소 생산의 가능성이 있다.
④ 공공재는 민간이 생산, 공급할 수 없다.

32 폐쇄경제에서 국내총생산이 소비, 투자, 그리고 정부지출의 합으로 정의된 항등식이 성립할 때, 다음 중 국내총생산과 대부자금시장에 대한 설명으로 옳지 않은 것은?

① 총저축은 투자와 같다.
② 민간저축이 증가하면 투자가 증가한다.
③ 총저축은 민간저축과 정부저축의 합이다.
④ 민간저축이 증가하면 이자율이 하락하여 정부저축이 증가한다.

33 현재 A기업에서 자본의 한계생산은 노동의 한계생산보다 2배 크고, 노동가격이 8, 자본가격이 4이다. 이 기업이 동일한 양의 최종생산물을 산출하면서도 비용을 줄이는 방법으로 옳은 것은?(단, A기업은 노동과 자본만을 사용하고, 한계생산은 체감한다)

① 자본투입을 늘리고 노동투입을 줄인다.
② 노동투입을 늘리고 자본투입을 줄인다.
③ 자본투입과 노동투입을 모두 줄인다.
④ 자본투입과 노동투입을 모두 늘린다.

34 휴대폰의 수요곡선은 $Q=-2P+100$이고, 공급곡선은 $Q=3P-20$이다. 정부가 휴대폰 1대당 10의 종량세 형태의 물품세를 공급자에게 부과하였다면, 휴대폰 공급자가 부담하는 총 조세부담액은?(단, P는 가격, Q는 수량, $P>0$, $Q>0$이다)

① 120
② 160
③ 180
④ 200

35 완전경쟁시장에서 개별기업의 평균총비용곡선 및 평균가변비용곡선은 U자형이며, 현재 생산량은 50이다. 이 생산량 수준에서 한계비용은 300, 평균총비용은 400, 평균가변비용은 200일 때, 다음 〈보기〉 중 옳은 것을 모두 고르면?(단, 시장가격은 300으로 주어져 있다)

> **보기**
> ㄱ. 현재의 생산량 수준에서 평균총비용곡선 및 평균가변비용곡선은 우하향한다.
> ㄴ. 현재의 생산량 수준에서 평균총비용곡선은 우하향하고 평균가변비용곡선은 우상향한다.
> ㄷ. 개별기업은 현재 양의 이윤을 얻고 있다.
> ㄹ. 개별기업은 현재 음의 이윤을 얻고 있다.
> ㅁ. 개별기업은 단기에 조업을 중단하는 것이 낫다.

① ㄱ, ㄷ
② ㄱ, ㅁ
③ ㄴ, ㄹ
④ ㄹ, ㅁ

36 다음 표는 A와 B사의 시간당 최대 생산량을 나타낸 것이다. 이에 대한 설명으로 옳은 것은?

구분	A사	B사
모터(개)	4	2
펌프(개)	4	3

① A사는 펌프 생산에만 절대우위가 있다.
② B사는 펌프 생산에 비교우위가 있다.
③ B사는 모터 생산에 비교우위가 있다.
④ A사는 모터 생산에만 절대우위가 있다.

37 완전경쟁시장에 100개의 개별기업이 존재하며, 모든 기업은 동일한 비용함수 $C=5q^2+10$(단, C는 생산비용, q는 산출량)을 가진다. 시장의 수요함수가 $Q=350-60P$(단, P는 시장가격, Q는 시장산출량)일 경우 완전경쟁시장의 단기균형가격은 얼마인가?

① 5 ② 10
③ 15 ④ 20

38 다음 중 물적자본의 축적을 통한 경제성장을 설명하는 솔로우(R. Solow)모형에서 수렴현상이 발생하는 원인을 고르면?

① 자본의 한계생산체감 ② 경제성장과 환경오염
③ 내생적 기술진보 ④ 인적자본

39 엥겔곡선(EC; Engel Curve)이 다음 그림과 같을 때, X재는 어떤 재화인가?

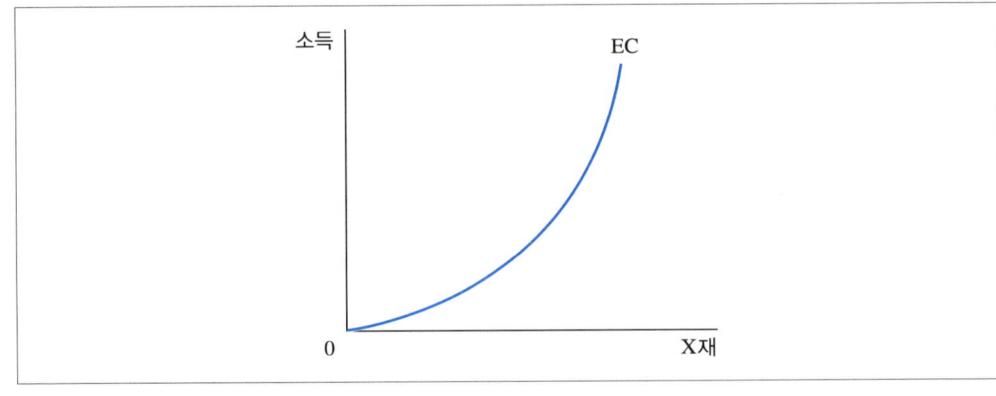

① 열등재 ② 필수재
③ 사치재 ④ 대체재

40 정부가 재정적자를 국채의 발행으로 조달할 경우 국채의 발행이 채권가격의 하락으로 이어져 시장 이자율이 상승하여 투자에 부정적인 영향을 주는 것을 무엇이라고 하는가?

① 피셔방정식
② 구축효과
③ 유동성함정
④ 오쿤의 법칙

41 어느 경제의 로렌츠곡선이 다음 그림과 같이 주어져 있을 때, 옳은 것은?

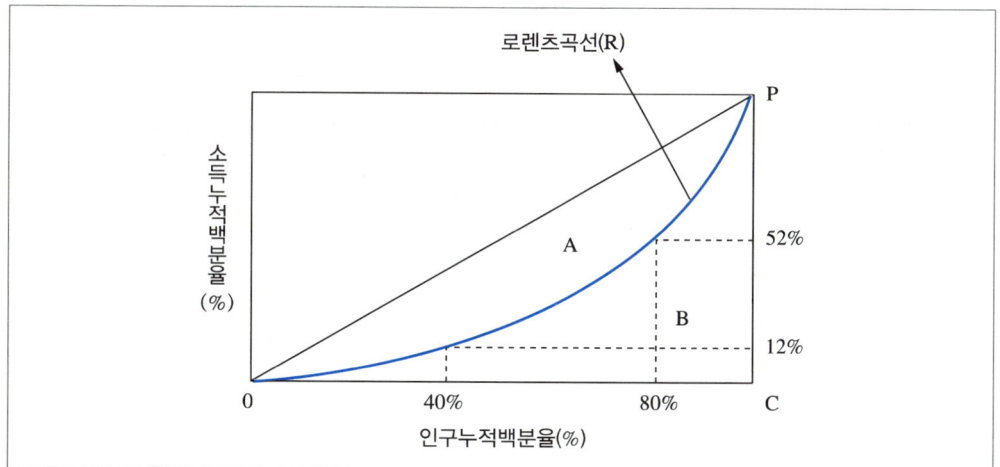

① 10분위분배율의 값은 4이다.
② 지니계수는 △OCP 면적을 A 면적으로 나눈 값으로 산출한다.
③ 미국의 서브프라임모기지 사태는 로렌츠곡선을 대각선에 가깝도록 이동시킨다.
④ 불경기로 인해 저소득층의 소득이 상대적으로 크게 감소하면 A의 면적이 커진다.

42 다음 중 경기부양을 위해 확대 재정정책을 과도하게 실행할 경우 나타나는 현상으로 거리가 먼 것은?

① 물가 상승
② 이자율 상승
③ 통화가치 하락
④ 현재 납세자들로부터 미래 납세자들로 부(富)의 이전

43 다음 중 소비자잉여와 생산자잉여에 대한 설명으로 옳지 않은 것은?

① 소비자잉여는 소비자의 선호 체계에 의존한다.
② 완전경쟁일 때보다 기업이 가격차별을 실시할 경우 소비자잉여가 줄어든다.
③ 완전경쟁시장에서는 소비자잉여와 생산자잉여의 합인 사회적 잉여가 극대화된다.
④ 독점시장의 시장가격은 완전경쟁시장의 가격보다 높게 형성되지만 소비자잉여는 줄어들지 않는다.

44 다음과 같은 폐쇄경제의 IS-LM 모형을 전제할 경우, 빈칸에 들어갈 용어를 바르게 나열한 것은?

- IS 곡선 : $r=5-0.1Y$ (단, r은 이자율, Y는 국민소득)
- LM 곡선 : $r=0.1Y$
- 현재 경제상태가 국민소득은 300이고 이자율이 2.5라면, 상품시장은 ___ㄱ___ 이고 화폐시장은 ___ㄴ___ 이다.

	ㄱ	ㄴ
①	초과수요	초과수요
②	초과공급	초과공급
③	초과수요	초과공급
④	초과공급	초과수요

45 다음 중 파레토효율에 대한 설명으로 옳지 않은 것은?

① 파레토효율이란 일반적으로 한정된 자원의 효율적인 사용과 관련된 의미이다.
② 외부성이 존재해도 완전경쟁만 이루어진다면 파레토효율의 자원배분은 가능하다.
③ 재화 간 소비자의 주관적 교환비율인 한계대체율이 생산자의 한계변환율과 서로 같아야 한다.
④ 후생경제학 제1정리에 의하여 시장실패요인이 없다면 일반경쟁균형하에서의 자원배분은 파레토효율이다.

46 다음 중 임금결정이론에 대한 설명으로 옳지 않은 것은?

① 중첩임금계약 모형은 실질임금이 경직적인 이유를 설명한다.
② 효율임금이론에 따르면 실질임금이 근로자의 생산성 또는 근로의욕에 영향을 미친다.
③ 효율임금이론에 따르면 높은 임금이 근로자의 도덕적 해이를 억제하는 데 기여한다.
④ 내부자-외부자 모형에서 외부자는 실업상태에 있는 노동자로서 기업과 임금협상을 할 자격이 없는 사람을 말한다.

47 다음 중 과점시장의 굴절수요곡선 이론에 대한 설명으로 옳지 않은 것은?

① 한계수입곡선에는 불연속한 부분이 있다.
② 굴절수요곡선은 원점에 대해 볼록한 모양을 갖는다.
③ 한 기업이 가격을 내리면 나머지 기업들도 같이 내리려 한다.
④ 한 기업이 가격을 올리더라도 나머지 기업들은 따라서 올리려 하지 않는다.

48 다음 중 두 상품의 선택모형에서 소비자 A의 무차별곡선에 대한 설명으로 옳지 않은 것은?

① 두 상품이 각각 재화(Goods)와 비재화(Bads)인 경우 무차별곡선은 우상향한다.
② 두 상품이 완전대체재인 경우 무차별곡선의 형태는 L자형이다.
③ 두 상품이 모두 재화(Goods)인 경우 한계대체율체감의 법칙이 성립하면, 무차별곡선은 원점에 대하여 볼록하다.
④ 두 상품이 모두 재화(Goods)인 경우 무차별곡선이 원점으로부터 멀어질수록 무차별곡선이 나타내는 효용수준이 높아진다.

49 다음 보수행렬을 갖는 게임에 대한 설명으로 옳지 않은 것은?

		참가자 을	
		전략 A	전략 B
참가자 갑	전략 A	(10, 6)	(4, 4)
	전략 B	(4, 4)	(6, 10)

① 우월전략균형이 존재하지 않는다.
② 내쉬균형이 1개 존재한다.
③ 두 참가자가 서로 다른 전략을 선택하면 내쉬균형이 달성되지 않는다.
④ 내쉬균형 상태에서는 각 참가자가 자신의 전략을 바꿀 유인이 존재하지 않는다.

50 자본이동 및 무역거래가 완전히 자유롭고 변동환율제도를 채택하고 있는 소규모 개방경제인 A국에서 확대재정정책이 실시되는 경우, IS – LM 모형에 의하면 최종 균형에서 국민소득과 환율은 정책 실시 이전의 최초 균형에 비해 어떻게 변하는가?(단, 물가는 고정되어 있다고 가정한다)

	국민소득	환율
①	불변	A국 통화 강세
②	증가	A국 통화 강세
③	감소	A국 통화 약세
④	증가	A국 통화 약세

제3회 행정학 최종점검 모의고사

응시시간: 50분　문항 수: 50문항

정답 및 해설 p.061

모바일 OMR

01 다음 중 행정지도에 대한 설명으로 옳은 것은?

① 분쟁의 가능성이 낮다는 장점이 있다.
② 행정환경 변화에 대해 신속한 적용이 어렵다.
③ 행정지도는 강제력을 갖는 행위이다.
④ 행정지도를 통한 상대방의 행위에 대해 행정주체는 감독권한을 갖는다.

02 다음 중 로위(Lowi)의 정책분류와 그 특징에 대한 내용으로 옳지 않은 것은?

① 분배정책 – 재화와 서비스를 사회의 특정 부분에 배분하는 정책으로 수혜자와 비용부담자 간 갈등이 발생한다.
② 규제정책 – 특정 개인이나 집단에 대한 선택의 자유를 제한하는 유형의 정책으로 정책불응자에게는 강제력을 행사한다.
③ 재분배정책 – 고소득층으로부터 저소득층으로의 소득이전을 목적으로 하기 때문에 계급대립적 성격을 지닌다.
④ 구성정책 – 정부기관의 신설과 선거구 조정 등과 같이 정부기구의 구성 및 조정과 관련된 정책이다.

03 다음 〈보기〉 중 신공공관리론자들이 지향하는 가치와 거리가 먼 것을 모두 고르면?

보기
ㄱ. 하이예크의 「노예에로의 길」
ㄴ. 미국의 '위대한 사회(The Great Society)' 정책
ㄷ. 성과에 의한 관리
ㄹ. 오스본과 게블러의 「정부 재창조」
ㅁ. 유럽식의 '최대의 봉사자가 최선의 정부'

① ㄱ, ㄴ　　　　　② ㄱ, ㄷ
③ ㄴ, ㄹ　　　　　④ ㄴ, ㅁ

04 다음 〈보기〉 중 동기부여에 대한 과정이론을 모두 고르면?

> **보기**
> ㄱ. 애덤스(Adams)의 형평성이론
> ㄴ. 브룸(Vroom)의 기대이론
> ㄷ. 맥클레랜드(McClelland)의 성취동기이론
> ㄹ. 로크(Locke)의 목표설정이론

① ㄱ, ㄴ
② ㄷ, ㄹ
③ ㄱ, ㄴ, ㄹ
④ ㄴ, ㄷ, ㄹ

05 다음 〈보기〉 중 예산총계주의에 대한 설명으로 옳은 것을 모두 고르면?

> **보기**
> ㄱ. 예산총계주의는 수입과 지출 내역, 용도를 명확히 하고 예산을 합리적으로 분류하여 명료하게 관리해야 한다는 원칙이다.
> ㄴ. 한 회계연도의 모든 수입을 세입으로 하고, 모든 지출은 세출로 한다.
> ㄷ. 지방자치단체가 현물로 출자하는 경우는 예외사항에 해당된다.

① ㄱ, ㄴ
② ㄱ, ㄷ
③ ㄴ, ㄷ
④ ㄱ, ㄴ, ㄷ

06 다음 중 균형성과표(BSC)의 성과지표에 대한 설명으로 옳지 않은 것은?

① 재무적 관점의 성과지표는 전통적인 선행지표로서 매출, 자본 수익률, 예산 대비 차이 등이 있다.
② 학습과 성장 관점의 성과지표에는 학습동아리 수, 내부 제안 건수, 직무만족도 등이 있다.
③ 고객 관점에서의 성과지표에는 고객만족도, 정책순응도, 민원인의 불만율, 신규 고객의 증감 등이 있다.
④ 내부 프로세스 관점의 성과지표에는 의사결정 과정의 시민참여, 적법적 절차, 커뮤니케이션 구조 등이 있다.

07 다음 중 빈칸 ㉠, ㉡에 들어갈 내용을 순서대로 바르게 나열한 것은?

> 정부회계의 '발생주의'는 정부의 수입을 ㉠ 시점으로, 정부의 지출을 ㉡ 시점으로 계산하는 방식을 의미한다.

	㉠	㉡
①	현금수취	현금지불
②	현금수취	지출원인행위
③	납세고지	현금지불
④	납세고지	지출원인행위

08 다음 중 우리나라의 지방재정조정제도에 대한 설명으로 옳지 않은 것은?

① 지방교부세의 재원은 내국세의 19.24%에 해당하는 금액과 종합부동산세 전액으로 구성된다.
② 중앙정부가 지방자치단체별로 지방교부세를 교부할 때 사용하는 기준지표는 지방재정자립도이다.
③ 지방교부세는 용도가 정해져 있지 않다는 점에서 국고보조금과 다르다.
④ 재정자립도를 산정할 때 지방교부세는 지방자치단체의 의존재원에 속한다.

09 다음 중 정책의제의 설정에 영향을 미치는 요인에 대한 설명으로 옳지 않은 것은?

① 일상화된 정책문제보다는 새로운 문제가 더 쉽게 정책의제화된다.
② 정책 이해관계자가 넓게 분포하고 조직화 정도가 낮은 경우에는 정책의제화가 상당히 어렵다.
③ 사회 이슈와 관련된 행위자가 많고, 이 문제를 해결하기 위한 정책의 영향이 많은 집단에 영향을 미치거나 정책으로 인한 영향이 중요한 것일 경우 상대적으로 쉽게 정책의제화된다.
④ 국민의 관심 집결도가 높거나 특정 사회 이슈에 대해 정치인의 관심이 큰 경우에는 정책의제화가 쉽게 진행된다.

10 다음 〈보기〉 중 정부의 역할에 대한 입장을 바르게 설명하는 것을 모두 고르면?

> **보기**
> ㄱ. 진보주의 정부관에 따르면 정부에 대한 불신이 강하고 정부실패를 우려한다.
> ㄴ. 공공선택론의 입장은 정부를 공공재의 생산자로 규정하고 대규모 관료제에 의한 행정의 효율성을 높이는 것이 중요하다고 본다.
> ㄷ. 보수주의 정부관은 자유방임적 자본주의를 옹호한다.
> ㄹ. 신공공서비스론 입장에 따르면 정부의 역할은 시민들로 하여금 공유된 가치를 창출하고 충족시킬 수 있도록 봉사하는 데 있다.
> ㅁ. 행정국가 시대에는 '최대의 봉사가 최선의 정부'로 받아들여졌다.

① ㄱ, ㄴ, ㄷ ② ㄱ, ㄹ, ㅁ
③ ㄴ, ㄷ, ㄹ ④ ㄷ, ㄹ, ㅁ

11 다음 중 우리나라에서 정부개혁의 일환으로 추진하고 있는 정부 3.0의 내용에 대해 옳지 않은 것은?

① 정부내 칸막이 해소에 역점을 둔다.
② 빅데이터를 이용한 개인정보 유출 방지를 중요시한다.
③ 온라인 민관협업공간을 구축하는 데 역점을 둔다.
④ 공공데이터의 민간활용 활성화에 역점을 둔다.

12 다음 글에서 설명하고 있는 부패의 유형으로 옳은 것은?

> 행정체제 내에서 조직의 임무수행에 필요한 행동규범이 예외적인 것으로 전락되고, 부패가 일상적으로 만연화되어 있는 상황을 지칭한다.

① 일탈형 부패 ② 제도화된 부패
③ 백색 부패 ④ 생계형 부패

13 다음 중 점증모형에 대한 설명으로 옳지 않은 것은?

① 합리적인 요소뿐만 아니라 직관과 통찰력 같은 초합리적 요소의 중요성을 강조한다.
② 기존의 정책에서 소폭의 변화를 조정하여 정책대안으로 결정한다.
③ 정책결정은 다양한 정치적 이해관계자들의 타협과 조정의 산물이다.
④ 정책의 목표와 수단은 뚜렷이 구분되지 않으므로 목표와 수단 사이의 관계 분석은 한계가 있다.

14 다음 중 정부 내의 인적자원을 효율적으로 활용하기 위한 배치전환의 본질적인 용도로 옳지 않은 것은?

① 선발에서의 불완전성을 보완하여 개인의 능력을 촉진한다.
② 조직 구조 변화에 따른 저항을 줄이고 비용을 절감한다.
③ 부서 간 업무 협조를 유도하고 구성원 간 갈등을 해소한다.
④ 징계의 대용이나 사임을 유도하는 수단으로 사용한다.

15 다음 글의 빈칸 ㉠, ㉡에 들어갈 말을 바르게 연결한 것은?

> ___㉠___ 은/는 지출이 직접 수입을 수반하는 경비로서 기획재정부장관이 지정하는 것을 의미하며, 전통적 예산원칙 중 ___㉡___ 의 예외에 해당한다.

	㉠	㉡
①	수입대체경비	한정성의 원칙
②	수입대체경비	통일성의 원칙
③	수입금마련지출	한정성의 원칙
④	수입금마련지출	통일성의 원칙

16 다음 중 정책결정의 혼합 모형(Mixed Scanning Model)에 대한 설명으로 옳은 것은?

① 비정형적인 결정의 경우 직관의 활용, 가치판단, 창의적 사고, 브레인스토밍을 통한 초합리적 아이디어까지 고려할 것을 주장한다.
② 거시적이고 장기적인 안목에서 대안의 방향성을 탐색하는 한편 그 방향성 안에서 심층적이고 대안적인 변화를 시도하는 것이 바람직하다.
③ 불확실성과 혼란이 심한 상태로 정상적인 권위구조와 결정규칙이 작동하지 않는 상황에 주로 적용된다.
④ 목표와 수단이 분리될 수 없으며 전체를 하나의 패키지로 하여 정치적 지지와 합의를 이끌어 내는 것이 중요하다.

17 다음 중 갈등에 대한 설명으로 옳지 않은 것은?

① 집단 간 갈등의 해결은 구조적 분화와 전문화를 통해서 찾을 필요가 있다.
② 업무의 상호의존성이 갈등상황을 발생시키는 원인이 될 수 있다.
③ 갈등을 해결하기 위해서는 목표수준을 차별화할 필요가 있다.
④ 행태주의적 관점은 조직 내 갈등은 필연적이고 완전한 제거가 불가능하기 때문에 갈등을 인정하고 받아들여야 한다는 입장이다.

18 다음 중 우리나라의 예산과정에 대한 설명으로 옳지 않은 것은?

① 각 중앙관서의 장은 매년 1월 31일까지 당해 회계연도부터 5회계연도 이상의 기간 동안의 신규사업 및 기획재정부장관이 정하는 주요 계속사업에 대한 중기사업계획서를 기획재정부장관에게 제출하여야 한다.
② 국가가 특정한 목적을 위하여 특정한 자금을 신축적으로 운용할 필요가 있을 때에 법률로써 설치하는 기금은 세입세출예산에 의하지 아니하고 운용할 수 있다.
③ 예산안편성지침은 부처의 예산 편성을 위한 것이기 때문에 국무회의의 심의를 거쳐 대통령의 승인을 받아야 하지만 국회 예산결산특별위원회에 보고할 필요는 없다.
④ 정부는 회계연도마다 예산안을 편성하여 회계연도 개시 90일 전까지 국회에 제출하도록 헌법에 규정되어 있다.

19 쓰레기 수거와 같이 전통적으로 정부의 고유 영역으로 간주된 서비스를 민간에 위탁하는 경우를 민영화라고 한다. 다음 중 민영화의 장점으로 옳지 않은 것은?

① 행정의 효율성 향상
② 행정의 책임성 확보
③ 경쟁의 촉진
④ 작은 정부의 실현

20 다음 중 우리나라의 공무원 인사제도에 대한 설명으로 옳지 않은 것은?

① 공무원을 수직적으로 이동시키는 내부 임용의 방법으로는 전직과 전보가 있다.
② 강등은 1계급 아래로 직급을 내리고(고위공무원단에 속하는 공무원은 3급으로 임용하고, 연구관 및 지도관은 연구사 및 지도사로 한다) 공무원 신분은 보유하나 3개월간 직무에 종사하지 못하며 그 기간 중 보수는 전액을 감한다.
③ 청렴하고 투철한 봉사 정신으로 직무에 모든 힘을 다하여 공무집행의 공정성을 유지하고 깨끗한 공직 사회를 구현하는 데에 다른 공무원의 귀감이 되는 공무원은 특별승진임용하거나 일반승진시험에 우선 응시하게 할 수 있다.
④ 임용권자는 만 8세 이하(취학 중인 경우에는 초등학교 2학년 이하)의 자녀를 양육하기 위하여 필요하거나 여성공무원이 임신 또는 출산하게 되어 휴직을 원하면 대통령령으로 정하는 특별한 사정이 없으면 휴직을 명하여야 한다.

21 다음 중 공공서비스 제공 시 사용료 부과 등 수익자 부담의 원칙을 적용할 때 발생할 수 있는 현상은?

① 공공서비스의 불필요한 수요를 줄일 수 있다.
② 누진세에 비해 사회적 형평성 제고 효과가 크다.
③ 일반 세금에 비해 조세저항을 강하게 유발한다.
④ 비용편익분석이 곤란하게 되어 경제적 효율성을 저하시킨다.

22 다음은 정책과정을 바라보는 이론적 관점들 중 하나를 제시한 것이다. 이에 대한 내용으로 옳은 것은?

> 사회의 현존 이익과 특권적 분배 상태를 변화시키려는 요구가 표현되기도 전에 질식·은폐되거나, 그러한 요구가 국가의 공식 의사결정 단계에 이르기 전에 소멸되기도 한다.

① 정책은 많은 이익집단의 경쟁과 타협의 산물이다.
② 정책 연구는 모든 행위자들이 이기적인 존재라는 기본 전제 하에서 경제학적인 모형을 적용한다.
③ 실제 정책과정은 기득권의 이익을 수호하려는 보수적인 성격을 나타낼 가능성이 높다.
④ 정부가 단독으로 정책을 결정·집행하는 것이 아니라 시장(Market) 및 시민사회 등과 함께한다.

23 다음 중 리더십 이론에 대한 설명으로 옳지 않은 것은?

① 로쉬(J.W. Lorsch)와 블랜차드(K.H. Blanchard)는 상황변수를 강조하였다.
② 행태론적 접근은 리더의 행위에 초점을 둔다.
③ 리더십의 특성이론에서는 지적 능력을 중요시하지 않는다.
④ 변혁적 리더십은 가치관이 중요하다고 본다.

24 다음 중 경제적 비용편익분석에 대한 설명으로 옳지 않은 것은?

① 비용과 편익을 가치의 공통단위인 화폐로 측정한다.
② 장기적인 안목에서 사업의 바람직한 정도를 평가할 수 있는 방법이다.
③ 편익비용비(B/C Ratio)로 여러 분야의 프로그램들을 비교할 수 있다.
④ 형평성과 대응성을 정확하게 대변할 수 있는 수치를 제공한다.

25 다음 〈보기〉 중 조직이론에 대한 설명으로 옳은 것을 모두 고르면?

> **보기**
> ㄱ. 베버의 관료제론에 따르면, 규칙에 의한 규제는 조직에 계속성과 안정성을 제공한다.
> ㄴ. 행정관리론에서는 효율적 조직관리를 위한 원리들을 강조한다.
> ㄷ. 호손실험을 통하여 조직 내 비공식집단의 중요성이 부각되었다.
> ㄹ. 조직군생태이론에서는 조직과 환경의 관계를 분석함에 있어 조직의 주도적·능동적 선택과 행동을 강조한다.

① ㄱ, ㄴ
② ㄱ, ㄴ, ㄷ
③ ㄱ, ㄷ, ㄹ
④ ㄴ, ㄷ, ㄹ

26 다음 중 조직 구성원의 동기유발이론에 대한 설명으로 옳지 않은 것은?

① 브룸(V. Vroom)의 이론은 동기부여의 방안을 구체적으로 제시하지 못하는 한계가 있다.
② 맥그리거(D. McGregor)의 이론에서 X이론은 하위 욕구를, Y이론은 상위 욕구를 중시한다.
③ 앨더퍼(C. Alderfer)의 이론은 두 가지 이상의 욕구가 동시에 작용되기도 한다는 복합연결형의 욕구 단계를 설명한다.
④ 허즈버그(F. Herzberg)의 이론은 실제의 동기유발과 만족 자체에 중점을 두고 있기 때문에 하위 욕구를 추구하는 계층에 적용하기가 용이하다.

27 다음 중 예산원칙의 예외에 대한 설명으로 옳지 않은 것은?

① 특별회계는 단일성의 원칙에 대한 예외이다.
② 준예산제도는 사전의결의 원칙에 대한 예외이다.
③ 예산의 이용(移用)은 한계성의 원칙에 대한 예외이다.
④ 목적세는 공개성의 원칙에 대한 예외이다.

28 다음 중 유비쿼터스 정부의 특징으로 옳지 않은 것은?

① 중단 없는 정보 서비스 제공
② 맞춤형 정보 제공
③ 고객 지향성, 형평성, 실시간성 등의 가치 추구
④ 일방향 정보 제공

29 다음 중 규제피라미드에 대한 설명으로 옳은 것은?

① 새로운 위험만 규제하면서 사회의 전체 위험 수준은 증가하는 상황이다.
② 규제가 또 다른 규제를 낳은 결과 피규제자의 규제 부담이 점점 늘어나게 되는 상황이다.
③ 소득재분배를 위한 규제가 오히려 사회적으로 가장 어려운 사람들에게 해를 끼치게 되는 상황이다.
④ 과도한 규제를 무리하게 설정하면서 실제로는 규제가 거의 이루어지지 않게 되는 상황이다.

30 다음 중 직위분류제를 형성하는 기본 개념들에 대한 설명으로 바르게 연결되지 않은 것은?

① 직류 – 동일한 직렬 내에서 담당 직책이 유사한 직무의 군
② 직렬 – 난이도와 책임도는 서로 다르지만 직무의 종류가 유사한 직급의 군
③ 직군 – 직무의 종류가 광범위하게 유사한 직렬의 범주
④ 직급 – 직무의 종류는 다르지만 그 곤란성·책임도 및 자격 수준이 상당히 유사하여 동일한 보수를 지급할 수 있는 모든 직위를 포함하는 것

31 다음 중 사회자본이 형성되는 모습으로 옳지 않은 것은?

① 지역주민들의 소득이 지속적으로 증가하고 있다.
② 많은 사람들이 알고 지내는 관계를 유지하는 가운데 대화·토론하면서 서로에게 도움을 준다.
③ 이웃과 동료에 대한 기본적인 믿음이 존재하며 공동체 구성원들이 서로 신뢰한다.
④ 지역 구성원들이 삶과 세계에 대한 도덕적·윤리적 규범을 공유하고 있다.

32 다음 중 정부 성과평가에 대한 설명으로 옳지 않은 것은?

① 성과평가는 개인의 성과를 향상시키기 위한 방법을 모색하기 위해서 사용될 수 있다.
② 총체적 품질관리(Total Quality Management)는 개인의 성과평가를 위한 도구로 도입되었다.
③ 관리자와 구성원의 적극적인 참여는 성과평가 성공에 있어서 중요한 역할을 한다.
④ 조직목표의 본질은 성과평가제도의 운영과 직접 관련성을 갖는다.

33 정책결정모형 중에서 점증모형을 주장하는 논리적 근거로 옳지 않은 것은?

① 정치적 실현 가능성　　　② 정책 쇄신성
③ 보수적인 정책결정　　　④ 제한적 합리성

34 예산 관련 제도들 중 나머지 셋과 성격이 다른 것은?

① 예비비와 총액예산
② 이월과 계속비
③ 이용과 전용
④ 배정과 재배정

35 다음 〈보기〉 중 신제도주의에 대한 설명으로 옳은 것을 모두 고르면?

> **보기**
> ㄱ. 합리적 선택 신제도주의가 형성되는 데 거래비용접근법이 많은 영향을 미쳤다.
> ㄴ. 사회학적 신제도주의는 문화가 제도의 형성에 미치는 영향을 간과한다.
> ㄷ. 역사적 신제도주의는 행위자 간의 상호작용을 제약하는 제도의 영향력과 제도적 맥락을 강조한다.

① ㄱ, ㄴ
② ㄱ, ㄷ
③ ㄴ, ㄷ
④ ㄱ, ㄴ, ㄷ

36 다음 중 국가공무원법에서 규정하고 있는 공무원의 의무로 옳지 않은 것은?

① 공무원은 재직 중은 물론 퇴직 후에도 직무상 알게 된 비밀을 엄수하여야 한다.
② 공무원은 건강하고 쾌적한 환경을 보전하기 위하여 노력하여야 한다.
③ 공무원은 국민 전체의 봉사자로서 친절하고 공정하게 직무를 수행하여야 한다.
④ 공무원은 공무 외에 영리를 목적으로 하는 업무에 종사하지 못하며 소속 기관장의 허가 없이 다른 직무를 겸할 수 없다.

37 다음 중 리더십에 대한 설명으로 바르게 연결된 것은?

① 변혁적 리더십 – 무엇인가 가치 있는 것을 교환함으로써 추종자에게 영향력을 행사하는 리더십이다.
② 거래적 리더십 – 리더가 부하로 하여금 형식적 관례와 사고를 다시 생각하게 함으로써 새로운 관념을 촉발시키는 리더십이다.
③ 카리스마적 리더십 – 리더가 특출한 성격과 능력으로 추종자들의 강한 헌신과 리더와의 일체화를 이끌어내는 리더십이다.
④ 서번트 리더십 – 과업을 구조화하고 과업요건을 명확히 하는 리더십이다.

38 윌슨(J.Q. Wilson)은 정부 규제로부터 감지되는 비용과 편익의 분포에 따라 규제정치를 아래 표와 같이 네 가지 유형으로 구분했다. ㉠ ~ ㉣에 들어갈 유형의 명칭과 그 사례의 연결이 옳은 것은?

구분		감지된 편익	
		넓게 분산	좁게 집중
감지된 비용	넓게 분산	㉠	㉡
	좁게 집중	㉢	㉣

① ㉠ 대중의 정치 – 각종 위생 및 안전 규제
② ㉡ 고객의 정치 – 수입 규제
③ ㉢ 기업가의 정치 – 낙태 규제
④ ㉣ 이익집단 정치 – 농산물에 대한 최저가격 규제

39 다음은 예산원칙의 종류에 대한 설명이다. 바르게 짝지어진 것은?

> A : 한 회계연도의 세입과 세출은 모두 예산에 계상하여야 한다.
> B : 모든 수입은 국고에 편입되고 여기에서부터 지출이 이루어져야 한다.

	A	B
①	예산 단일의 원칙	예산 총계주의 원칙
②	예산 총계주의 원칙	예산 단일의 원칙
③	예산 통일의 원칙	예산 총계주의 원칙
④	예산 총계주의 원칙	예산 통일의 원칙

40 다음 중 신공공서비스론의 기본 원칙에 대한 설명으로 옳지 않은 것은?

① 예산지출 위주의 정부 운영 방식에서 탈피하여 수입 확보의 개념을 활성화하는 것이 필요하다.
② 관료들은 시장에만 주의를 기울여서는 안 되며 헌법과 법령, 지역사회의 가치, 시민의 이익에도 관심을 기울여야 한다.
③ 관료역할의 중요성은 시민들로 하여금 그들의 공유된 가치를 표명하고 그것을 충족시킬 수 있도록 도와주는 데 있다.
④ 공공의 욕구를 충족시키기 위한 정책은 집합적 노력과 협력적 과정을 통해 효과적으로 달성될 수 있다.

41 다음 중 신공공관리론과 뉴거버넌스론에 대한 설명으로 옳은 것은?

① 신공공관리론과 뉴거버넌스론에서는 산출(Output)보다는 투입(Input)에 대한 통제를 강조한다.
② 신공공관리론에서는 부문 간 협력에, 뉴거버넌스론에서는 부문 간 경쟁에 역점을 둔다.
③ 신공공관리론에서 관료의 역할은 조정자이며, 뉴거버넌스론에서 관료의 역할은 공공기업가이다.
④ 신공공관리론과 뉴거버넌스론에서는 정부의 역할로서 노젓기(Rowing)보다는 방향잡기(Steering)를 강조한다.

42 동기부여 이론가들과 그 주장에 바탕을 둔 관리 방식을 연결한 것이다. 이들 중 동기부여 효과가 가장 낮다고 판단되는 것은?

① 매슬로(Maslow) – 근로자의 자아실현 욕구를 일깨워 준다.
② 허즈버그(Herzberg) – 근로 환경 가운데 위생요인을 제거해 준다.
③ 앨더퍼(Alderfer) – 개인의 능력개발과 창의적 성취감을 북돋운다.
④ 맥그리거(McGregor) – 근로자들은 작업을 놀이처럼 즐기고 스스로 통제할 줄 아는 존재이므로 자율성을 부여한다.

43 다음 중 정책집행에 대한 설명으로 옳지 않은 것은?

① 사바티어(Sabatier)는 정책집행의 하향식 접근법과 상향식 접근법의 통합모형을 제시했다.
② 버만(Berman)은 집행현장에서 집행조직과 정책사업 사이의 상호적응의 중요성을 강조하였다.
③ 프레스만과 윌다브스키(Pressman & Wildavsky)는 집행과정상의 공동행위의 복잡성을 강조하였다.
④ 나카무라와 스몰우드(Nakamura & Smallwood)의 정책 집행자 유형 중 관료적 기업가형은 정책의 대략적인 방향을 정책결정자가 정하고 정책집행자들은 이 목표의 구체적 집행에 필요한 폭넓은 재량권을 위임받아 정책을 집행하는 유형이다.

44 다음 중 예산분류 방식의 특징에 대한 설명으로 옳은 것은?

① 기능별 분류는 시민을 위한 분류라고도 하며, 행정수반의 사업계획 수립에 도움이 되지 않는다.
② 조직별 분류는 부처 예산의 전모를 파악할 수 있어 지출의 목적이나 예산의 성과 파악이 용이하다.
③ 품목별 분류는 사업의 지출 성과와 결과에 대한 측정이 곤란하다.
④ 경제 성질별 분류는 국민소득, 자본형성 등에 관한 정부활동의 효과를 파악하는 데 한계가 있다.

45 다음 중 정부운영에서 예산이 가지는 특성에 대한 설명으로 옳지 않은 것은?

① 예산 과정을 통해 정부정책의 산출을 평가하고 측정할 수 있다.
② 예산은 정부정책 중 보수적인 영역에 속한다.
③ 예산이 결정되는 과정에는 다양한 주체들의 상호작용이 끊임없이 발생한다.
④ 정보를 제공하는 양식에 따라 예산제도는 품목별예산 – 프로그램예산 – 계획예산 – 성과주의예산 – 영기준예산 등의 순으로 발전해 왔다.

46 다음 중 경영과 구분되는 행정의 속성으로 옳지 않은 것은?

① 행정은 사익이 아닌 공익을 우선적으로 추구한다.
② 행정은 모든 시민을 평등하게 대우하여야 한다.
③ 행정조직 구성원은 원칙상 법령에 의해 신분이 보장된다.
④ 행정은 효과적인 업무수행을 위해 관리성이 강조된다.

47 다음 중 광역행정의 방식에 대한 설명으로 옳지 않은 것은?

① 공동처리 방식은 둘 이상의 지방자치단체가 상호 협력관계를 형성하여 광역적 행정사무를 공동으로 처리하는 방식이다.
② 연합 방식은 둘 이상의 지방자치단체가 독립적인 법인격을 그대로 유지하면서 연합단체를 새로 창설하여 광역행정에 대한 사무를 그 연합단체가 처리하게 하는 방식이다.
③ 연합 방식은 새로 창설된 연합단체가 기존 자치단체의 독립성을 존중하면서 스스로 사업의 주체가 된다는 점에서 공동처리 방식과 구별된다.
④ 통합 방식은 각 자치단체의 개별적 특수성을 반영함으로써 지방분권화를 촉진하고 주민참여를 용이하게 하는 장점이 있어 개발도상국보다 선진국에서 많이 채택하고 있다.

48 다음 중 신공공관리론에 대한 설명으로 옳은 것은?

① 경제적 생산활동의 결과는 경제활동과 사회를 지배하는 정치적·사회적 제도인 일단의 규칙에 달려있다.
② 행정가가 책임져야 하는 것은 행정업무 수행에서 효율성이 아니라 모든 사람에게 더 나은 생활을 보장하는 것이다.
③ 정부의 정체성을 무시하고 정부와 기업을 동일시함으로써 기업경영 원리와 기법을 그대로 정부에 이식하려 한다는 비판이 있다.
④ 정부 주도의 공공서비스 전달 또는 공공문제 해결을 넘어 협력적 네트워크 구축 및 관리라는 대안을 제시한다.

49 다음 중 정부업무평가기본법에서 규정하고 있는 내용으로 옳은 것은?

① 국무총리는 정부업무평가기본계획에 대해 최소한 2년마다 그 계획의 타당성을 검토하여 수정·보완 등의 조치를 하여야 한다.
② 중앙행정기관의 장은 자체평가조직 및 자체평가위원회를 구성·운영하여야 하며, 이 경우 평가의 공정성과 객관성을 확보하기 위하여 자체평가위원의 2분의 1 이상은 민간위원으로 하여야 한다.
③ 정부업무평가의 실시와 평가기반의 구축을 체계적·효율적으로 추진하기 위하여 국무총리 소속하에 정부업무평가위원회를 두며, 위원회는 위원장 2인을 포함한 15인 이내의 위원으로 구성한다.
④ 국무총리는 중앙행정기관의 자체평가결과를 확인·점검 후 평가의 객관성·신뢰성에 문제가 있어 다시 평가할 필요가 있다고 판단되는 때에는 정부업무평가위원회의 심의·의결을 거쳐 재평가를 실시하여야 한다.

50 다음 중 전자정부 2.0에 대한 설명으로 옳지 않은 것은?

① 서비스의 지능화를 통해서 개인별 맞춤 정보를 제공한다.
② 서비스를 모든 시민이 사용할 수 있다.
③ 사람 중심으로 모든 사람의 참여와 공유를 강조한다.
④ 정부와 국민의 관계를 대등하거나 심지어는 국민 중심으로 이동시키려는 인식의 전환을 요구한다.

제4회 법학 최종점검 모의고사

응시시간: 50분 문항 수: 50문항

정답 및 해설 p.074

01 다음 중 신의칙과 거리가 먼 것은?

① 사적자치의 원칙
② 권리남용금지의 원칙
③ 실효의 원리
④ 금반언의 원칙

02 다음 중 권리에 대한 설명으로 옳지 않은 것은?

① 재산적 이익을 내용으로 하는 권리를 재산권이라 한다.
② 형성권이란 권리자의 일방적 의사표시에 의하여 법률관계를 변동시킬 수 있는 권리이다.
③ 권리는 일정한 이익을 향수케 하기 위하여 법이 부여한 힘이다.
④ 권리는 타인을 위하여 그 자에 대하여 일정한 법률효과를 발생케 하는 행위를 할 수 있는 법률상의 자격이다.

03 다음 중 타인이 일정한 행위를 하는 것을 참고 받아들여야 할 의무는?

① 작위의무
② 수인의무
③ 간접의무
④ 권리반사

04 다음 중 우리 민법이 의사표시의 효력발생시기에 대하여 채택하고 있는 원칙적인 입장은?

① 발신주의(發信主義)
② 도달주의(到達主義)
③ 요지주의(了知主義)
④ 공시주의(公示主義)

05 다음 중 법의 해석에 대한 설명으로 옳지 않은 것은?
① 법해석의 방법은 해석의 구속력 여부에 따라 유권해석과 학리해석으로 나눌 수 있다.
② 민법, 형법, 행정법에서는 유추해석이 원칙적으로 허용된다.
③ 법의 해석에 있어 법률의 입법취지도 고려의 대상이 된다.
④ 법해석의 목표는 법적 안정성을 저해하지 않는 범위 내에서 구체적 타당성을 찾는 데 두어야 한다.

06 다음 중 국무회의에 대한 설명으로 옳지 않은 것은?
① 국무회의는 국무총리가 부의장이 된다.
② 국무회의는 심의기관이다.
③ 국무회의는 의사결정기관이다.
④ 대통령은 국무회의의 심의에 구속되지 않는다.

07 다음 중 대통령의 긴급명령권에 대한 설명으로 옳지 않은 것은?
① 국회의 집회가 불가능한 때에 한한다.
② 긴급명령권은 국가의 위기가 발생할 우려가 있을 때 또는 발생하였을 때에 발동하는 권한이다.
③ 긴급명령권은 국가의 안위에 관계되는 중대한 교전상태에 있어서 국가를 보위하기 위하여 발동하는 권한이다.
④ 대통령의 긴급명령권의 발동에 따라 부당하게 권리침해를 받은 자는 법원에 제소하여 구제를 받을 수 있다.

08 다음 중 대한민국 대통령의 권한으로 옳지 않은 것은?
① 선전포고권　　　　　　　　② 조약의 체결·비준권
③ 감사원장 임명권　　　　　　④ 국가원로자문회의 의장

09 다음 중 헌법상 국회의원의 권리와 의무에 대한 설명으로 옳지 않은 것은?

① 법률이 정하는 직을 겸할 수 없다.
② 국가이익을 우선하여 양심에 따라 직무를 행한다.
③ 현행범인이라도 회기 중에는 국회의 동의없이 체포 또는 구금되지 아니한다.
④ 국회에서 직무상 행한 발언과 표결에 관하여 국회 외에서 책임을 지지 아니한다.

10 다음 중 탄핵소추에 대한 설명으로 옳지 않은 것은?

① 대통령이 그 직무집행에 있어서 헌법이나 법률을 위배한 때에는 탄핵소추의 대상이 된다.
② 대통령에 대한 탄핵소추는 국회 재적의원 3분의 2 이상의 찬성이 있어야 의결된다.
③ 탄핵결정으로 공직으로부터 파면되면 민사상의 책임은 져야 하나, 형사상의 책임은 면제된다.
④ 대통령이 궐위된 때에는 국무총리, 법률이 정한 국무위원의 순서로 그 권한을 대행한다.

11 권리와 의무는 서로 대응하는 것이 보통이나, 권리만 있고 그에 대응하는 의무가 없는 경우도 있다. 이와 같은 권리에는 무엇이 있는가?

① 친권
② 특허권
③ 채권
④ 취소권

12 다음 중 민사소송의 주체에 대한 설명으로 옳은 것은?

① 소송대리인은 변호사가 아닐 수도 있다.
② 미성년자는 소송능력이 없으므로 그 법정대리인이 소송행위를 대리한다.
③ 보통재판적은 원칙적으로 원고의 주소지이므로, 일단 원고의 주소지의 관할 지방법원에 소를 제기하면 토지관할을 갖추게 된다.
④ 민사소송을 제기할 수 있는 자격 또는 지위를 당사자능력이라고 하며, 이는 민법상 권리능력과 동일하다.

13 다음 중 민법상 친족에 대한 설명으로 옳지 않은 것은?

① 자기의 직계존속과 직계비속을 직계혈족이라 한다.
② 입양으로 인한 친족관계는 입양의 취소나 파양이 있어도 종료되지 않는다.
③ 혈족의 배우자, 배우자의 혈족, 배우자의 혈족의 배우자를 인척으로 한다.
④ 자기의 형제자매와 형제자매의 직계비속, 직계존속의 형제자매 및 그 형제자매의 직계비속을 방계혈족이라 한다.

14 다음 중 아파트 경비원이 근무 중 인근의 상가 건물에 화재가 난 것을 보고 달려가서 화재를 진압한 행위에 대한 설명으로 옳지 않은 것은?

① 경비업무의 범위를 벗어난 행위이기 때문에 경비원에게 화재를 진압할 법적 의무가 없다.
② 경비원은 상가 건물주에게 이익이 되는 방법으로 화재를 진압해야 한다.
③ 상가 건물주의 이익에 반하지만 공공의 이익을 위해 화재를 진압하다가 손해를 끼친 경우, 경비원은 과실이 없더라도 손해를 배상할 책임이 있다.
④ 경비원이 상가 건물 임차인의 생명을 구하기 위해 화재를 진압하다가 발생한 손해는 고의나 중과실이 없으면 배상할 책임이 없다.

15 다음 중 법의 체계에 대한 설명으로 옳은 것은?

① 강행법과 임의법은 실정성 여부에 따른 구분이다.
② 고유법과 계수법은 적용대상에 따른 구분이다.
③ 일반법과 특별법은 적용되는 효력 범위에 따른 구분이다.
④ 공법과 사법으로 분류하는 것은 영미법계의 특징이다.

16 다음 중 상업사용인의 의무에 대한 설명으로 옳지 않은 것은?

① 의무를 위반하여 한 거래행위는 원칙적으로 무효이다.
② 상업사용인은 영업주의 허락 없이 다른 상인의 사용인이 되지 못한다.
③ 의무를 위반한 상업사용인은 영업주에 대하여 손해를 배상할 책임이 있다.
④ 상업사용인은 영업주의 허락이 없이는 본인이 아닌 제3자의 계산으로라도 영업주의 영업부류에 속한 거래를 할 수 없다.

17 다음 중 합명회사에 대한 설명으로 옳은 것은?

① 무한책임사원과 유한책임사원으로 조직한다.
② 2인 이상의 무한책임사원으로 조직한다.
③ 사원이 출자금액을 한도로 유한의 책임을 진다.
④ 사원은 주식의 인수가액을 한도로 하는 출자의무를 부담할 뿐이다.

18 다음 중 회사의 권리능력에 대한 설명으로 옳지 않은 것은?

① 회사는 유증(遺贈)을 받을 수 있다.
② 회사는 상표권을 취득할 수 있다.
③ 회사는 다른 회사의 무한책임사원이 될 수 있다.
④ 회사는 명예권과 같은 인격권의 주체가 될 수 있다.

19 다음 중 상법 제39조 '고의 또는 과실에 의하여 사실과 상위한 등기를 한 자는 그 상위를 선의의 제3자에게 대항하지 못한다.'와 관련 있는 등기의 효력은?

① 등기의 추정력
② 부실등기의 효력
③ 등기의 공시력
④ 등기의 보완적 효력

20 다음 중 정관에 특별한 규정이 없는 경우에 신주발행사항을 결정하는 기관으로 옳은 것은?

① 이사회
② 주주총회
③ 대표이사
④ 감사위원회

21 관할행정청 甲이 乙의 경비업 허가신청에 대해 거부처분을 한 경우, 이에 불복하는 乙이 제기할 수 있는 행정심판은 무엇인가?

① 당사자심판
② 부작위위법확인심판
③ 거부처분부당확인심판
④ 의무이행심판

22 다음 중 타인의 범죄행위로 생명과 신체에 중대한 피해를 받은 자가 취할 수 있는 조치는?
① 국가를 상대로 손해배상을 청구할 수 있다.
② 검찰청에 범죄피해자구조를 청구할 수 있다.
③ 헌법상 보장된 형사보상을 청구할 수 있다.
④ 검찰청에 행정심판을 청구할 수 있다.

23 행정기관이 그 소관 사무의 범위에서 일정한 행정목적을 실현하기 위하여 특정인에게 일정한 행위를 하거나 하지 아니하도록 지도, 권고, 조언 등을 하는 행정작용은?
① 행정예고
② 행정계획
③ 행정지도
④ 의견제출

24 다음 중 국가공무원법상 공무원에 대한 징계로 옳지 않은 것은?
① 직위해제
② 감봉
③ 견책
④ 강등

25 다음 중 행정행위에 대한 설명으로 옳지 않은 것은?
① 내용이 명확하고 실현가능하여야 한다.
② 법률상 절차와 형식을 갖출 필요는 없다.
③ 법률의 규정에 위배되지 않아야 한다.
④ 정당한 권한을 가진 자의 행위라야 한다.

26 다음 중 법의 적용 및 해석에 대한 내용으로 옳은 것은?
① 문리해석은 유권해석의 한 유형이다.
② 법률용어로 사용되는 선의·악의는 일정한 사항에 대해 아는 것과 모르는 것을 의미한다.
③ 유사한 두 가지 사항 중 하나에 대해 규정이 있으면 명문규정이 없는 다른 쪽에 대해서도 같은 취지의 규정이 있는 것으로 해석하는 것을 준용이라 한다.
④ 간주란 법이 사실의 존재·부존재를 법정책적으로 확정하되, 반대사실의 입증이 있으면 번복되는 것이다.

27 다음 중 상법상 피보험이익에 대한 설명으로 옳지 않은 것은?

① 인보험계약의 본질적인 요소이다.
② 적법하고 금전으로 산정할 수 있는 이익이어야 한다.
③ 보험계약의 동일성을 결정하는 기준이다.
④ 피보험이익의 주체를 피보험자라 한다.

28 다음 중 법의 형식적 효력에 대한 설명으로 옳지 않은 것은?

① 법률은 법률의 별도 규정이 없는 한 그 공포일부터 20일이 경과하면 효력을 발생한다.
② 한시법에 있어서 시행기간이 경과하여 적용되지 않게 된 경우, 이는 명시적 폐지에 해당한다.
③ 구법에 의해 취득한 기득권은 신법의 시행으로 소급하여 박탈하지 못한다는 원칙은 절대적인 것이어서 입법으로도 제한할 수 없다.
④ 범죄행위가 있은 후 법률의 변경에 의하여 그 행위가 범죄를 구성하지 아니하거나 형이 구법보다 가벼운 때에는 신법에 의한다.

29 다음 법의 이념 중 합목적성에 대한 설명으로 옳지 않은 것은?

① 법의 정립에 있어서 목적에 부합될 것을 요구한다.
② 라드브루흐의 합목적성의 유형은 개인주의, 단체주의, 공중주의이다.
③ 합목적성만을 강조할 경우 집단주의·독재 가능성 등의 문제점이 있다.
④ 합목적성은 법을 개별화하는 경향이 있다.

30 다음 중 국제사회에서 법의 대인적 효력에 대한 입장으로 옳은 것은?

① 속지주의를 원칙적으로 채택하고 속인주의를 보충적으로 적용한다.
② 속인주의를 원칙적으로 채택하고 속지주의를 보충적으로 적용한다.
③ 보호주의를 원칙적으로 채택하고 피해자주의를 보충적으로 적용한다.
④ 피해자주의를 원칙적으로 채택하고 보호주의를 보충적으로 적용한다.

31 다음 중 재산권에 대한 내용으로 옳지 않은 것은?

① 재산권 수용은 공공복리에 적합하여야 한다.
② 재산권의 핵심적인 내용은 침해할 수 없다.
③ 공공복리를 위하여 재산권 수용 시 보상을 지급하지 않을 수 있다.
④ 재산권의 수용과 사용은 법률의 규정에 의한다.

32 다음 중 청원권에 대한 설명으로 옳지 않은 것은?

① 정부에 제출된 청원의 심사는 국무회의의 심의를 거쳐야 한다.
② 공무원・군인 등은 그 직무와 관련하여 청원할 수 없다.
③ 공무원의 비위시정의 요구・처벌・징계요구의 청원도 가능하다.
④ 헌법은 청원의 수리・심사・통지의 의무를 규정하고 있다.

33 다음 중 재산권의 자유를 규정한 헌법 제23조의 재산권의 개념으로서 옳은 것은?

① 소유권뿐만 아니라 물권, 채권 등 사법상 경제적 가치가 있는 모든 권리
② 사법이나 공법상 소유권과 채권
③ 사법이나 공법상 경제적 가치가 있는 모든 권리
④ 공법상 경제적 가치가 있는 모든 권리

34 다음 중 청구권적 기본권에 대한 설명으로 옳지 않은 것은?

① 청원은 구두로도 할 수 있다.
② 재판청구권에는 신속한 재판을 받을 권리도 포함된다.
③ 형사보상제도는 국가의 무과실책임을 규정한 것이다.
④ 헌법은 범죄행위로 인한 피해구조에 대해 규정하고 있다.

35 다음 중 직업선택의 자유에 대한 설명으로 옳지 않은 것은?

① 경제적 자유로서의 성격이 강하다.
② 바이마르헌법에서 최초로 규정되었으며 법인에게도 인정된다.
③ 헌법상 근로의 의무가 있으므로 무직업의 자유는 인정되지 않는다.
④ 그 내용으로는 직업결정의 자유, 직업수행의 자유, 영업의 자유가 포함된다.

36 다음 중 경비견을 보관하는 경비원의 책임에 대한 설명으로 옳지 않은 것은?

① 경비원의 과실로 경비견이 고객의 애완동물을 죽인 경우, 형사상 재물손괴죄의 책임을 진다.
② 경비견이 지나가는 행인을 물어 사망케 한 경우, 형사상 과실치상죄의 책임을 질 수 있다.
③ 경비견이 지나가는 행인을 물어 손해를 가한 경우, 민사상 손해배상책임이 있다.
④ 경비견의 보관에 상당한 주의의무를 다한 것을 입증한 경우, 민사상 손해배상책임을 지지 않는다.

37 다음 중 고객 乙이 경비회사 甲을 상대로 손해배상을 원인으로 민사소송을 제기하였을 때, 옳지 않은 것은?

① 乙은 강제집행을 보전하기 위하여 가압류 절차를 밟을 수 있다.
② 이 소송목적의 값이 5,000만 원 이하라면 소액사건심판규칙의 절차에 의한다.
③ 항소는 판결서가 송달된 날부터 2주 이내에 하여야 하나, 판결서 송달 전에도 할 수 있다.
④ 乙이 미성년자라도 독립하여 법률행위를 할 수 있는 경우에는 소송을 제기할 수 있다.

38 다음 중 손해배상에 대한 설명으로 옳지 않은 것은?

① 민법상의 손해배상은 금전배상을 원칙으로 한다.
② 불법행위로 인한 손해배상채무는 불법행위가 있었던 때부터 발생한다.
③ 여러 명이 공동으로 불법행위를 한 때에는 각자가 연대하여 손해배상책임을 진다.
④ 불법행위로 인하여 피해자가 손해를 입음과 동시에 이익을 얻은 경우에는 배상액에 그 이익을 공제하여야 하며 이를 과실상계라 한다.

39 다음 중 민사소송법상 인정되는 관할로 옳지 않은 것은?

① 토지관할
② 합의관할
③ 송무관할
④ 사물관할

40 다음 중 민법상 부당이득의 요건으로 옳지 않은 것은?

① 타인의 재산 또는 노무로 인하여 이익을 얻을 것
② 수익은 법률행위에만 의하여 얻을 것
③ 그 이익이 법률상의 원인이 없을 것
④ 타인에게 손해를 가할 것

41 다음 〈보기〉 중 보조적 상행위에 해당하거나 이로 추정되는 것을 모두 고르면?

> **보기**
> ㉠ 임금을 받을 목적으로 물건을 제조하는 행위
> ㉡ 도매상인이 영업자금을 차용하는 행위
> ㉢ 증권회사가 고객의 위탁을 받아 행하는 주식매수 행위
> ㉣ 상인의 매매대금 지급을 위한 수표발행 행위

① ㉠, ㉡　　　　　　　　② ㉡, ㉣
③ ㉠, ㉡, ㉢　　　　　　④ ㉡, ㉢, ㉣

42 다음 중 상법상 상업장부에 대한 설명으로 옳지 않은 것은?

① 상인은 10년간 상업장부를 보존할 의무를 가진다.
② 법원은 신청에 의하여 또는 직권으로 소송당사자에게 상업장부 또는 중요서류의 제출을 명령할 수 있다.
③ 회사는 성립한 때와 매 결산기에 회계장부에 의하여 대차대조표를 작성하고, 작성자가 이에 기명날인 또는 서명하여야 한다.
④ 상업장부와 중요서류는 마이크로필름 기타 전산정보처리조직에 의하여 보존할 수 있고, 그 보존방법은 대통령령으로 한다.

43 다음 중 명의대여자책임의 효과에 대한 설명으로 옳은 것은?

① 명의차용자의 영업활동과 관련한 어음행위에 대해서도 명의대여자가 책임을 부담한다.
② 명의차용자는 거래상대방에게 책임을 부담하지 않는다.
③ 명의차용자의 불법행위에 대해서는 명의대여자가 책임을 부담한다.
④ 명의대여자가 변제를 할 경우에 명의차용자에게 구상권을 행사하지 못한다.

44 다음 중 상인의 영업자유 제한에 대한 설명으로 옳지 않은 것은?

① 헌법상 직업선택의 자유와 관련이 있다.
② 공법상 제한이 가능하다.
③ 사법상 제한이 가능하다.
④ 계약상 제한은 불가능하다.

45 상법상 주주총회에서의 의결권행사방법에 대한 설명으로 옳지 않은 것은?

① 서면에 의한 결의로써 주주총회의 결의를 갈음할 수는 없다.
② 회사는 이사회의 결의로 주주가 총회에 출석하지 아니하고 전자적 방법으로 의결권을 행사할 수 있음을 정할 수 있다.
③ 주주가 의결권을 불통일행사하려면 주주총회일의 3일 전에 회사에 대하여 서면 또는 전자문서로 그 뜻과 이유를 통지하여야 한다.
④ 주주는 정관이 정한 바에 따라 총회에 출석하지 아니하고 서면에 의하여 의결권을 행사할 수 있다.

46 다음 중 행정법상 행정주체에 해당하지 않는 것은?

① 국가
② 지방자치단체장
③ 영조물법인
④ 공무수탁사인

47 다음 중 민법이 규정하는 사단법인과 재단법인에 대한 설명으로 옳지 않은 것은?

① 사단법인에는 사원총회가 있으나, 재단법인에는 없다.
② 사단법인과 재단법인 모두 설립에 있어서 주무관청의 허가를 필요로 한다.
③ 사단법인은 2인 이상의 사원으로 구성되며, 재단법인은 일정한 목적에 바쳐진 재산에 의해 구성된다.
④ 사단법인의 정관은 반드시 서면으로 작성하여야 하고, 재단법인의 기부행위는 반드시 서면으로 작성할 것을 요하지 않는다.

48 다음 중 부동산 매매계약의 합의해제(해제계약)에 대한 설명으로 옳은 것은?(단, 다툼이 있으면 판례에 따른다)

① 합의해제는 당사자 쌍방의 묵시적 합의로 성립할 수 없다.
② 합의해제의 소급효는 해제 전에 매매목적물에 대하여 저당권을 취득한 제3자에게 영향을 미친다.
③ 합의해제 시에 손해배상에 대한 특약 등을 하지 않았더라도 매도인은 채무불이행으로 인한 손해배상을 청구할 수 있다.
④ 합의해제에 따른 매도인의 원상회복청구권은 소유권에 기한 물권적 청구권으로서 소멸시효의 대상이 되지 않는다.

49 다음 〈보기〉 중 행정작용에 대한 설명으로 옳지 않은 것을 모두 고르면?

> **보기**
> ㄱ. 하명은 명령적 행정행위이다.
> ㄴ. 인가는 형성적 행정행위이다.
> ㄷ. 공증은 법률행위적 행정행위이다.
> ㄹ. 공법상 계약은 권력적 사실행위이다.

① ㄱ, ㄴ ② ㄱ, ㄷ
③ ㄴ, ㄹ ④ ㄷ, ㄹ

50 다음 중 행정심판에 의해 구제받지 못한 자가 위법한 행정행위에 대하여 최종적으로 법원에 구제를 청구하는 절차는?

① 헌법소원 ② 손해배상청구
③ 손실보상청구 ④ 행정소송

작은 기회로부터 종종 위대한 업적이 시작된다.

– 데모스테네스 –

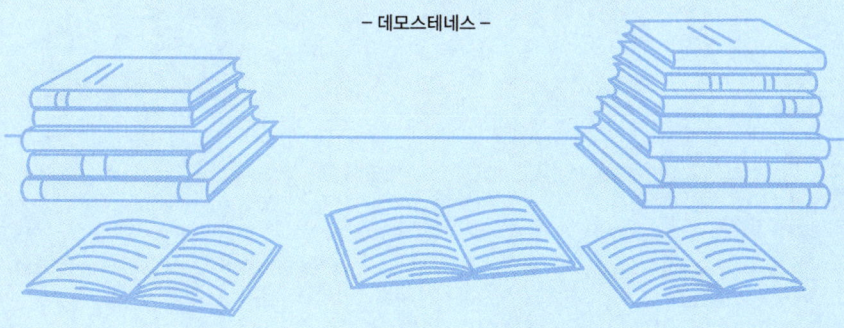

교육은 우리 자신의 무지를 점차 발견해 가는 과정이다.

– 윌 듀란트 –

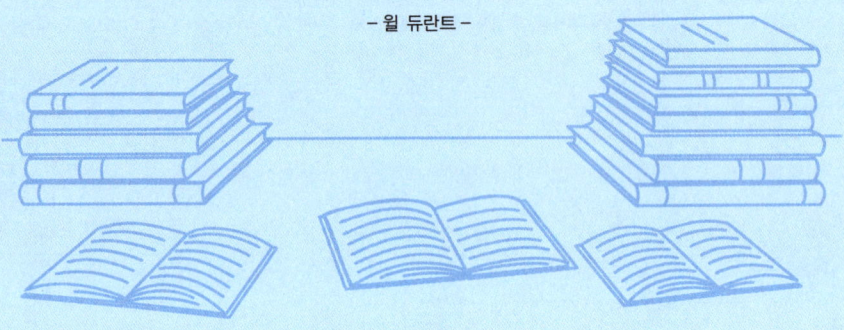

답안채점 • 성적분석 서비스

모바일
OMR

| 도서 내 모의고사 우측 상단에 위치한 QR코드 찍기 | 로그인 하기 | '시작하기' 클릭 | '응시하기' 클릭 | 나의 답안을 모바일 OMR 카드에 입력 | '성적분석 & 채점결과' 클릭 | 현재 내 실력 확인하기 |

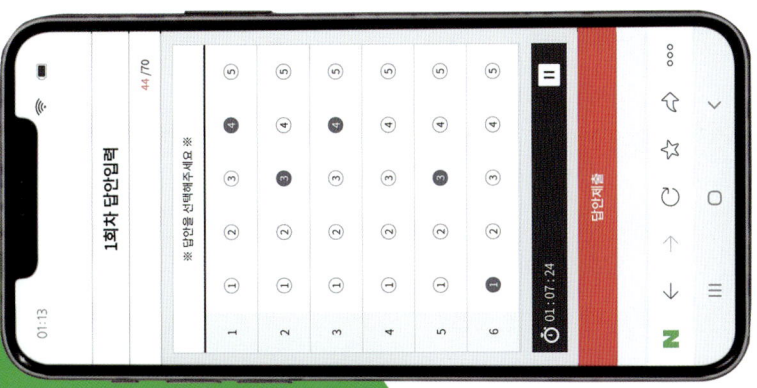

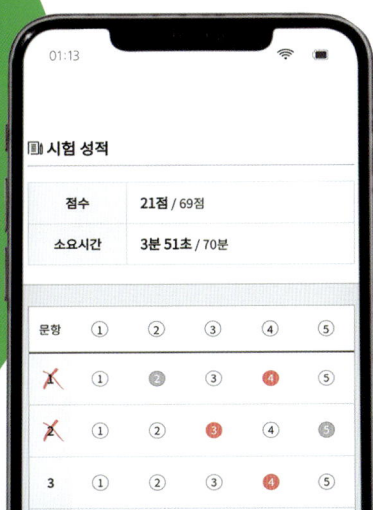

도서에 수록된 모의고사에 대한 객관적인 결과(정답률, 순위)를 종합적으로 분석하여 제공합니다.

※OMR 답안채점 / 성적분석 서비스는 등록 후 30일간 사용 가능합니다.

시대에듀
공기업 취업을 위한 NCS 직업기초능력평가 시리즈

NCS부터 전공까지 완벽 학습 "통합서" 시리즈

  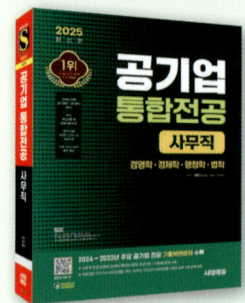 

공기업 취업의 기초부터 차근차근! 취업의 문을 여는 Master Key!

NCS 영역 및 유형별 체계적 학습 "집중학습" 시리즈

 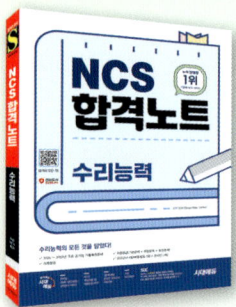 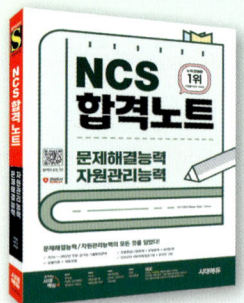

영역별 이론부터 유형별 모의고사까지! 단계별 학습을 통한 Only Way!

2025 최신판

1위
기업별 NCS 시리즈
누적 판매량

모바일 OMR
답안채점 / 성적분석
서비스

NCS
핵심이론 및
대표유형 PDF

[합격시대]
온라인 모의고사
무료쿠폰

무료 이슈 & 상식
특강 제공

공기업
통합전공
사무직

경영학·경제학·행정학·법학

편저 | SDC(Sidae Data Center)

정답 및 해설

시대에듀

Add+

합격의 공식 시대에듀 www.sdedu.co.kr

2024 ~ 2023년 주요 공기업 전공 기출복원문제

끝까지 책임진다! 시대에듀!

QR코드를 통해 도서 출간 이후 발견된 오류나 개정법령, 변경된 시험 정보, 최신기출문제, 도서 업데이트 자료 등이 있는지 확인해 보세요! **시대에듀 합격 스마트 앱**을 통해서도 알려 드리고 있으니 구글 플레이나 앱 스토어에서 다운받아 사용하세요. 또한, 파본 도서인 경우에는 구입하신 곳에서 교환해 드립니다.

2024~2023 주요 공기업 전공 기출복원문제

01 경영학

01	02	03	04	05	06	07	08	09	10
③	④	③	②	③	①	①	③	⑤	⑤
11	12	13	14	15	16	17	18	19	20
③	④	④	①	②	①	③	④	④	②

01   정답 ③

공정성 이론에 따르면 공정성 유형은 크게 절차적 공정성, 상호작용적 공정성, 분배적 공정성으로 나누어진다.
- 절차적 공정성 : 과정통제, 접근성, 반응속도, 유연성, 적정성
- 상호작용적 공정성 : 정직성, 노력, 감정이입
- 분배적 공정성 : 형평성, 공평성

02   정답 ④

e-비즈니스 기업은 비용절감 등을 통해 더 낮은 가격으로 우수한 품질의 상품 및 서비스를 제공할 수 있다는 장점이 있다.

03   정답 ③

조직시민행동은 조직 구성원의 내재적 만족으로 인해 촉발되므로 구성원에 대한 처우가 합리적일수록 자발적으로 일어난다.

04   정답 ②

협상을 통해 공동의 이익을 확대(Win-Win)하는 것은 통합적 협상에 대한 설명이다.

> **분배적 협상과 통합적 협상의 비교**
> - 분배적 협상
>   - 고정된 자원을 대상으로 합리적인 분배를 위해 진행하는 협상이다.
>   - 한정된 자원량으로 인해 제로섬 원칙이 적용되어 갈등이 발생할 가능성이 많다.
>   - 당사자 간 이익 확보를 목적으로 하며, 협상 참여자 간 관계는 단기적인 성격을 나타낸다.
> - 통합적 협상
>   - 당사자 간 이해관계를 조율하여 더 큰 이익을 추구하기 위해 진행하는 협상이다.
>   - 협상을 통해 확보할 수 있는 자원량이 변동될 수 있어 갈등보다는 문제해결을 위해 노력한다.
>   - 협상 참여자의 이해관계, 우선순위 등이 달라 장기적인 관계를 가지고 통합적인 문제해결을 추구한다.

05   정답 ③

워크 샘플링법은 전체 작업과정에서 무작위로 많은 관찰을 실시하여 직무활동에 대한 정보를 얻는 방법이다. 여러 직무활동을 동시에 기록하므로 전체 직무의 모습을 파악할 수 있다.

오답분석
① 관찰법 : 조사자가 직접 조사대상과 생활하면서 관찰을 통해 자료를 수집하는 방법이다.
② 면접법 : 조사자가 조사대상과 직접 대화를 통해 자료를 수집하는 방법이다.
④ 질문지법 : 설문지로 조사내용을 작성하고 자료를 수집하는 방법이다.
⑤ 연구법 : 기록물, 통계자료 등을 토대로 자료를 수집하는 방법이다.

06   정답 ①

가구, 가전제품 등은 선매품에 해당한다. 전문품에는 명품제품, 자동차, 아파트 등이 해당한다.

07   정답 ①

연속생산은 동일제품을 대량생산하기 때문에 규모의 경제가 적용되어 여러 가지 제품을 소량생산하는 단속생산에 비해 단위당 생산원가가 낮다.

오답분석
② 연속생산의 경우, 표준화된 상품을 대량으로 생산함에 따라 운반에 따른 자동화 비율이 매우 높고, 속도가 빨라 운반비용이 적게 소요된다.
③·④ 제품의 수요가 다양하거나 제품의 수명이 짧은 경우 단속생산 방식이 적합하다.

⑤ 연속생산은 작업자의 숙련도와 관계없이 작업에 참여가 가능하다.

08 정답 ③

테일러의 과학적 관리법은 하루 작업량을 과학적으로 설정하고 과업 수행에 따른 임금을 차별적으로 설정하는 차별적 성과급제를 시행한다.

오답분석
① · ② 시간연구와 동작연구를 통해 표준 노동량을 정하고 해당 노동량에 따라 임금을 지급하여 생산성을 향상시킨다.
④ 각 과업을 전문화하여 관리한다.
⑤ 근로자가 노동을 하는 데 필요한 최적의 작업조건을 유지한다.

09 정답 ⑤

기능목록제도는 종업원별로 기능보유색인을 작성하여 데이터베이스에 저장하여 인적자원관리 및 경력개발에 활용하는 제도이며, 근로자의 직무능력 평가에 있어 필요한 정보를 파악하기 위해 개인능력평가표를 활용한다.

오답분석
① 자기신고제도 : 근로자에게 본인의 직무내용, 능력수준, 취득자격 등에 대한 정보를 직접 자기신고서에 작성하여 신고하게 하는 제도이다.
② 직능자격제도 : 직무능력을 자격에 따라 등급화하고 해당 자격을 취득하는 경우 직위를 부여하는 제도이다.
③ 평가센터제도 : 근로자의 직무능력을 객관적으로 발굴 및 육성하기 위한 제도이다.
④ 직무순환제도 : 담당직무를 주기적으로 교체함으로써 직무 전반에 대한 이해도를 높이는 제도이다.

10 정답 ⑤

데이터베이스 마케팅(DB 마케팅)은 고객별로 맞춤화된 서비스를 제공하기 위해 정보 기술을 이용하여 고객의 정보를 데이터베이스로 구축하여 관리하는 마케팅 전략이다. 이를 위해 고객의 성향, 이력 등 관련 정보가 필요하므로 기업과 고객 간 양방향 의사소통을 통해 1:1 관계를 구축하게 된다.

11 정답 ③

퇴직급여충당부채는 비유동부채에 해당한다. 유동부채에는 단기차입금, 매입채무, 미지급법인세 등이 해당된다.

오답분석
① 당좌자산(유동자산) : 현금 및 현금성자산, 매출채권, 단기매매금융자산 등
② 투자자산(비유동자산) : 만기보유금융자산, 투자부동산, 매도가능금융자산 등
④ 자본잉여금(자본) : 주식발행초과금, 자기주식처분이익, 감자차익 등

12 정답 ④

급격하게 성장하는 사업 초기 기업일수록 FCFF는 음수로 나타난다. 일반적으로 급격하게 성장하는 초기 기업의 경우 외부 자금조달 등을 통해 성장을 지속하는 경우가 많아 잉여현금흐름이 안정기에 도달할 때까지는 음수로 나타난다.

13 정답 ④

합작투자는 2개 이상의 기업이 공동의 목표를 달성하기 위해 공동사업체를 설립하여 진출하는 직접투자 방식이다.

14 정답 ①

ELS는 주가연계증권으로, 사전에 정해진 조건에 따라 수익률이 결정되며 만기가 있다.

오답분석
② 주가연계파생결합사채(ELB)에 대한 설명이다.
③ 주가지수연동예금(ELD)에 대한 설명이다.
④ 주가연계신탁(ELT)에 대한 설명이다.
⑤ 주가연계펀드(ELF)에 대한 설명이다.

15 정답 ②

브룸은 동기 부여에 대해 기대이론을 적용하여 기대감, 수단성, 유의성을 통해 구성원의 직무에 대한 동기 부여를 결정한다고 주장하였다.

오답분석
① 로크의 목표설정이론에 대한 설명이다.
③ 매슬로의 욕구 5단계이론에 대한 설명이다.
④ 맥그리거의 XY이론에 대한 설명이다.
⑤ 허즈버그의 2요인이론에 대한 설명이다.

16 정답 ①

시장세분화 단계에서는 시장을 기준에 따라 세분화하고, 각 세분시장의 고객 프로필을 개발하여 차별화된 마케팅을 실행한다.

오답분석

② · ③ 표적시장 선정 단계에서는 각 세분시장의 매력도를 평가하여 표적시장을 선정한다.
④ 포지셔닝 단계에서는 각각의 시장에 대응하는 포지셔닝을 개발하고 전달한다.
⑤ 재포지셔닝 단계에서는 자사와 경쟁사의 경쟁위치를 분석하여 포지셔닝을 조정한다.

17 정답 ③

종단분석은 시간과 비용의 제약으로 인해 표본 규모가 작을수록 좋으며, 횡단분석은 집단의 특성 또는 차이를 분석해야 하므로 표본이 일정 규모 이상일수록 정확하다.

18 정답 ④

채권이자율이 시장이자율보다 높아지면 채권가격은 액면가보다 높은 가격에 거래된다. 단, 만기에 가까워질수록 채권가격이 하락하여 가격위험에 노출된다.

오답분석

① · ② · ③ 채권이자율이 시장이자율보다 낮은 할인채에 대한 설명이다.

19 정답 ④

물음표(Question Mark) 사업은 신규 사업 또는 현재 시장점유율은 낮으나, 향후 성장 가능성이 높은 사업이다. 기업 경영 결과에 따라 개(Dog) 사업 또는 스타(Star) 사업으로 바뀔 수 있다.

오답분석

① 스타(Star) 사업 : 성장 가능성과 시장점유율이 모두 높아서 계속 투자가 필요한 유망 사업이다.
② 현금젖소(Cash Cow) 사업 : 높은 시장점유율로 현금창출은 양호하나, 성장 가능성은 낮은 사업이다.
③ 개(Dog) 사업 : 성장 가능성과 시장점유율이 모두 낮아 철수가 필요한 사업이다.

20 정답 ②

테일러의 과학적 관리법에서는 작업에 사용하는 도구 등을 표준화하여 관리 비용을 낮추고 효율성을 높이는 것을 추구한다.

오답분석

① 과학적 관리법의 특징 중 표준화에 대한 설명이다.
③ 과학적 관리법의 특징 중 동기부여에 대한 설명이다.
④ 과학적 관리법의 특징 중 통제에 대한 설명이다.

02 경제학

01	02	03	04	05	06	07	08	09	10
④	④	②	④	②	①	④	⑤	①	③
11	12	13	14	15					
③	③	④	③	①					

01 정답 ④

공급은 수요에 비해 가격변화에 대응하는 데 더 많은 시간이 소요되며 장기일수록 시설구축, 신규기업 진입 등 변수가 많아지기 때문에 가격탄력성이 단기보다 더 크게 나타난다.

오답분석
① 가격탄력성은 1을 기준으로 1보다 크면 탄력적, 1보다 작으면 비탄력적이라고 한다.
② 수요곡선이 비탄력적이라는 것은 가격(Y축)이 크게 변동해도 수요(X축)의 변동폭이 작다는 의미이므로 기울기는 더 가파르게 나타난다.
③ 대체재가 존재하는 경우 가격변화에 대해 수요는 더 민감하게 반응하게 되므로 수요의 가격탄력성이 더 커지게 된다.

02 정답 ④

국내 총수요는 가계, 기업, 정부의 지출인 소비, 투자, 정부지출, 수출을 모두 더한 값에서 해외로부터의 수입분을 차감하여 계산한다.

03 정답 ②

최적생산량은 한계비용과 한계수입이 일치하는 지점에서 구할 수 있다. 한계비용과 한계수입은 각각 총비용과 총수입을 미분하여 구할 수 있으며, $50+Q^2$를 Q에 대하여 미분하면 $2Q$이고, $60Q-Q^2$를 Q에 대하여 미분하면 $60-2Q$이다. 따라서 $2Q=60-2Q$이므로 $Q=15$이다.

04 정답 ④

경제의 외부충격에 대비하기 위해 내수시장을 키우는 것은 바람직하나, 내수시장에 치우칠 경우 글로벌 경쟁력을 잃어 오히려 성장률이 둔화될 수 있다.

05 정답 ②

GDP 디플레이터는 명목 GDP를 실질 GDP로 나누어 물가상승 수준을 예측할 수 있는 물가지수로, 국내에서 생산된 모든 재화와 서비스 가격을 반영한다. 따라서 GDP 디플레이터를 구하는 계산식은 (명목 GDP)÷(실질 GDP)×100이다.

06 정답 ①

한계소비성향은 소비의 증가분을 소득의 증가분으로 나눈 값으로, 소득이 1,000만 원 늘었을 때, 현재 소비자들의 한계소비성향이 0.7이므로 소비는 700만 원이 늘었다고 할 수 있다. 따라서 소비의 변화폭은 700이다.

07 정답 ④

㉠ 환율이 상승하면 제품을 수입하기 위해 더 많은 원화를 필요로 하고, 이에 따라 수입이 감소하게 되므로 순수출이 증가한다.
㉡ 국내이자율이 높아지면 국내자산 투자수익률이 좋아져 해외로부터 자본유입이 확대되고, 이에 따라 환율은 하락한다.
㉢ 국내물가가 상승하면 상대적으로 가격이 저렴한 수입품에 대한 수요가 늘어나 환율은 상승한다.

08 정답 ⑤

독점적 경쟁시장에서는 광고, 서비스 등의 비가격경쟁이 가격경쟁보다 더 활발히 진행된다.

09 정답 ①

케인스학파는 경기침체 시 정부가 적극적으로 개입하여 총수요의 증대를 이끌어야 한다고 주장하였다.

오답분석
② 고전학파의 거시경제론에 대한 설명이다.
③ 케인스학파의 거시경제론에 대한 설명이다.
④ 고전학파의 이분법에 대한 설명이다.
⑤ 케인스학파의 화폐중립성에 대한 설명이다.

10 정답 ③

- (실업률)=(실업자)÷(경제활동인구)×100
- (경제활동인구)=(취업자)+(실업자)
∴ 5,000÷(20,000+5,000)×100=20%

11 정답 ③

(한계비용)=(총비용 변화분)÷(생산량 변화분)
- 생산량이 50일 때 총비용 : 16(평균비용)×50(생산량)= 800
- 생산량이 100일 때 총비용 : 15(평균비용)×100(생산량)= 1,500

따라서 한계비용은 700÷50=14이다.

12 정답 ③

노트북 1대를 생산할 때 A국이 B국보다 기회비용이 더 적으므로 A국은 노트북 생산에 비교우위가 있고, TV 1대를 생산할 때, B국이 A국보다 기회비용이 더 적으므로 B국은 TV 생산에 비교우위가 있다.

구분	노트북 1대	TV 1대
A국	TV 0.75	노트북 1.33
B국	TV 1.25	노트북 0.8

13 정답 ④

다이내믹 프라이싱의 단점은 소비자 후생이 감소해 소비자의 만족도가 낮아진다는 것이다. 이로 인해 기업이 소비자의 불만에 직면할 수 있다는 리스크가 발생한다.

14 정답 ③

동질적으로 판매되는 상품의 가치는 동일하다는 가정하에 나라별 화폐로 해당 제품의 가격을 평가하여 구매력을 비교하는 것이 빅맥 지수이다.

오답분석
㉠ 빅맥 지수는 영국 경제지인 이코노미스트에서 최초로 고안하였다.
㉣ 빅맥 지수에 사용하는 빅맥 가격은 제품 가격만 반영하고 서비스 가격은 포함하지 않기 때문에 나라별 환율에 대한 상대적 구매력 평가 외에 다른 목적으로 사용하기에는 측정값이 정확하지 않다.

15 정답 ①

확장적 통화정책은 국민소득을 증가시켜 이에 따른 보험료 인상 등 세수확대 요인으로 작용한다.

오답분석
② 이자율이 하락하고, 소비 및 투자가 증가한다.
③·④ 긴축적 통화정책이 미치는 영향이다.

03 행정학

01	02	03	04	05	06	07	08	09	10
③	④	③	②	④	②	②	④	①	②
11	12	13	14	15					
②	②	②	①	②					

01 정답 ③

현대에는 민주주의의 심화 및 분야별 전문 민간기관의 성장에 따라 정부 등 공식적 참여자보다 비공식적 참여자의 중요도가 높아지고 있다.

오답분석
① 의회와 지방자치단체는 정부, 사법부 등과 함께 대표적인 공식적 참여자에 해당된다.
② 정당과 NGO, 언론 등은 비공식적 참여자에 해당된다.
④ 사회적 의사결정에서 정부의 역할이 줄어들면 비공식적 참여자가 해당 역할을 대체하므로 중요도가 높아진다.

02 정답 ④

효율 증대에 따른 이윤 추구라는 경제적 결정이 중심인 기업경영의 의사결정에 비해, 정책문제는 사회효율 등 수단적 가치뿐만 아니라 형평성, 공정성 등 목적적 가치들도 고려가 필요하므로 고려사항이 더 많고 복잡하다는 특성을 갖는다.

03 정답 ③

회사모형은 사이어트와 마치가 주장한 의사결정 모형으로, 준독립적이고 느슨하게 연결되어 있는 조직들의 상호 타협을 통해 의사결정이 이루어진다고 설명한다.

오답분석
① 드로어는 최적모형에 따른 의사결정 모형을 제시했다.
② 합리적 결정과 점증적 결정이 누적 및 혼합되어 의사결정이 이루어진다고 본 것은 혼합탐사모형이다.
④ 정책결정 단계를 초정책결정 단계, 정책결정 단계, 후정책결정 단계로 구분하여 설명한 것은 최적모형이다.

04 정답 ②

ㄱ. 호혜조직의 1차적 수혜자는 조직 구성원이 맞으나, 은행, 유통업체는 사업조직에 해당되며, 노동조합, 전문가단체, 정당, 사교클럽, 종교단체 등이 호혜조직에 해당된다.
ㄷ. 봉사조직의 1차적 수혜자는 이들과 접촉하는 일반적인 대중이다.

05 정답 ④

특수한 경우를 제외하고 일반적으로 해당 구성원 간 동일한 인사 및 보수 체계를 적용받는 구분은 직급이다.

06 정답 ②

실적주의에서는 개인의 역량, 자격에 따라 인사행정이 이루어지기 때문에 정치적 중립성 확보가 강조되지만, 엽관주의에서는 정치적 충성심 및 기여도에 따라 인사행정이 이루어지기 때문에 조직 수반에 대한 정치적 정합성이 더 강조된다.

07 정답 ②

발생주의 회계는 거래가 발생한 기간에 기록하는 원칙으로, 영업활동 관련 기록과 현금 유출입이 일치하지 않지만, 수익 및 비용을 합리적으로 일치시킬 수 있다는 장점이 있다.

오답분석
①·③·④·⑤ 현금흐름 회계에 대한 설명이다.

08 정답 ④

ㄴ. X이론에서는 부정적인 인간관을 토대로 보상과 처벌, 권위적이고 강압적인 지도성을 경영전략으로 강조한다.
ㄹ. Y이론의 적용을 위한 대안으로 권한의 위임 및 분권화, 직무 확대, 업무 수행능력의 자율적 평가, 목표 관리전략 활용, 참여적 관리 등을 제시하였다.

09 정답 ①

독립합의형 중앙인사기관의 위원들은 임기를 보장받으며, 각 정당의 추천인사나 초당적 인사로 구성되는 등 중립성을 유지하기 유리하다는 장점을 지닌다. 이로 인해 행정부 수반에 의해 임명된 기관장 중심의 비독립단독형 인사기관에 비해 엽관주의 영향을 최소화하고, 실적 중심의 인사행정을 실현하기에 유리하다.

오답분석
② 비독립단독형 인사기관은 합의에 따른 의사결정 과정을 거치지 않으므로, 의견 불일치 시 조율을 하는 시간이 불필요하여 상대적으로 의사결정이 신속히 이루어진다.
③ 비독립단독형 인사기관은 기관장의 의사가 강하게 반영되는 만큼 책임소재가 분명한 데 비해, 독립합의형 인사기관은 다수의 합의에 따라 의사결정이 이루어지므로 책임소재가 불분명하다.
④ 독립합의형 인사기관의 개념에 대한 옳은 설명이다.

10 정답 ②

㉠ 정부가 시장에 대해 충분한 정보를 확보하는 데 실패함으로써 정보 비대칭에 따른 정부실패가 발생한다.
㉢ 정부행정은 단기적 이익을 중시하는 정치적 이해관계의 영향을 받아 사회에서 필요로 하는 바보다 단기적인 경향을 보인다. 이처럼 정치적 할인율이 사회적 할인율보다 높기 때문에 정부실패가 발생한다.

오답분석

㉡ 정부는 독점적인 역할을 수행하기 때문에 경쟁에 따른 개선효과가 미비하여 정부실패가 발생한다.
㉣ 정부의 공공재 공급은 사회적 무임승차를 유발하여 지속가능성을 저해하기 때문에 정부실패가 발생한다.

11 정답 ②

공익, 자유, 복지는 행정의 본질적 가치에 해당한다.

> **행정의 가치**
> - 본질적 가치(행정을 통해 실현하려는 궁극적인 가치)
>   : 정의, 공익, 형평, 복지, 자유, 평등
> - 수단적 가치(본질적 가치 달성을 위한 수단적인 가치)
>   : 합법성, 능률성, 민주성, 합리성, 효과성, 가외성, 생산성, 신뢰성, 투명성

12 정답 ②

영국의 대처주의와 미국의 레이거노믹스는 경쟁과 개방, 위임의 원칙을 강조하는 신공공관리론에 입각한 정치기조이다.

오답분석

① 뉴거버넌스는 시민 및 기업의 참여를 통한 공동생산을 지향하며, 민영화와 민간위탁을 통한 서비스의 공급은 뉴거버넌스가 제시되기 이전 거버넌스의 내용이다.
③ 뉴거버넌스는 정부가 사회의 문제해결을 주도하는 것이 아니라, 민간 주체들이 논의를 주도할 수 있도록 조력자의 역할을 하는 것을 추구한다.
④ 신공공관리론은 정부실패의 대안으로 등장하였으며, 작고 효율적인 시장지향적 정부를 추구한다.

13 정답 ②

네트워크를 통한 기기 간의 연결을 활용하지 않으므로 사물인터넷을 사용한 것이 아니다.

오답분석

① 스마트 팜을 통해 각종 센서들을 기반으로 온도와 습도, 토양 등에 대한 정보를 정확하게 확인하고 필요한 영양분(물, 비료, 농약 등)을 시스템이 알아서 제공해 주는 것은 사물인터넷을 활용한 경우에 해당된다.
③ 커넥티드 카는 사물인터넷 기술을 통해 통신망에 연결된 차량으로, 가속기, 브레이크, 속도계, 주행 거리계, 바퀴 등에서 운행 데이터를 수집하여 운전자 행동과 차량 상태를 모두 모니터링할 수 있다.

14 정답 ①

ㄱ. 강임은 현재보다 낮은 직급으로 임명하는 것으로, 수직적 인사이동에 해당한다.
ㄴ. 승진은 직위가 높아지는 것으로, 수직적 인사이동에 해당한다.

오답분석

ㄷ. 전보는 동일 직급 내에서 다른 관직으로 이동하는 것으로, 수평적 인사이동에 해당한다.
ㄹ. 전직은 직렬을 변경하는 것으로, 수평적 인사이동에 해당한다.

15 정답 ②

국립공원 입장료는 2007년에 폐지되었다.

오답분석

ㄱ. 2023년 5월에 문화재보호법이 개정되면서 국가지정문화재 보유자 및 기관에 대해 정부 및 지방자치단체가 해당 비용을 지원할 수 있게 되어, 많은 문화재에 대한 관람료가 면제되었다. 하지만 이는 요금제가 폐지된 것이 아니라 법규상 유인책에 따라 감면된 것에 해당된다.

04 법학

01	02	03	04	05	06	07	08
②	③	④	④	①	③	⑤	②

01   정답 ②

민법 제140조에 따르면 법률행위의 취소권자는 제한능력자, 착오로 인하거나 사기·강박에 의하여 의사표시를 한 자, 그의 대리인 또는 승계인이다. 피특정후견인이란 특정한 사무에 대한 후원이 필요한 사람을 뜻하며, 특정한 사무 이외에는 능력을 제한할 필요가 없으므로 제한능력자가 아니다.

제한능력자의 종류
- 미성년자
- 피성년후견인
- 피한정후견인

02   정답 ③

국가기관과 지방자치단체 간 및 지방자치단체 상호 간의 권한쟁의 심판은 헌법재판소법 제2조에 따라 헌법재판소가 관장하는 심판 사항이다. 따라서 행정소송에 해당하지 않는다.

행정소송의 종류(행정소송법 제3조)
행정소송은 다음의 네 가지로 구분한다.
1. 항고소송 : 행정청의 처분 등이나 부작위에 대하여 제기하는 소송
2. 당사자소송 : 행정청의 처분 등을 원인으로 하는 법률관계에 관한 소송 그 밖에 공법상의 법률관계에 관한 소송으로서 그 법률관계의 한쪽 당사자를 피고로 하는 소송
3. 민중소송 : 국가 또는 공공단체의 기관이 법률에 위반되는 행위를 한 때에 직접 자기의 법률상 이익과 관계없이 그 시정을 구하기 위하여 제기하는 소송
4. 기관소송 : 국가 또는 공공단체의 기관 상호 간에 있어서의 권한의 존부 또는 그 행사에 관한 다툼이 있을 때에 이에 대하여 제기하는 소송. 다만, 헌법재판소법 제2조의 규정에 의하여 헌법재판소의 관장사항으로 되는 소송은 제외한다.

03   정답 ④

선거의 관리 및 집행이 규정을 위반하였다고 주장하면서 해당 선거의 불법성을 다투는 소송은 선거무효소송으로서 민중소송에 속하는 소송이다. 민중소송이란 국가 또는 공공단체의 기관이 법률에 위반되는 행위를 한 때에 직접 자기의 법률상 이익과 관계없이 그 시정을 구하기 위하여 제기하는 소송이며, 대표적으로 국민투표무효소송, 선거무효소송, 당선무효소송이 있다.

오답분석

ㄱ. 행정청의 처분 등을 원인으로 하는 법률관계에 대한 소송이므로 당사자소송에 해당한다.
ㄴ. 공법상 신분·지위의 확인을 구하는 소송이므로 당사자소송에 해당한다.
ㄷ. 공법상 금전지급청구 소송이므로 당사자소송에 해당한다.

04   정답 ④

근로자참여 및 협력증진에 관한 법은 집단적 노사관계법으로, 노동조합과 사용자단체 간의 노사관계를 규율한 법이다. 노동조합 및 노동관계조정법, 근로자참여 및 협력증진에 관한 법, 노동위원회법, 교원의 노동조합설립 및 운영 등에 관한 법률, 공무원직장협의회법 등이 이에 해당한다.

오답분석

①·②·③·⑤ 근로자와 사용자의 근로계약을 체결하는 관계에 대해 규율한 법으로, 개별적 근로관계법이라고 한다. 근로기준법, 최저임금법, 산업안전보건법, 직업안정법, 남녀고용평등법, 선원법, 산업재해보상보험법, 고용보험법 등이 이에 해당한다.

05   정답 ①

용익물권은 타인의 토지나 건물 등 부동산의 사용가치를 지배하는 제한물권으로, 민법상 지상권, 지역권, 전세권이 이에 속한다.

용익물권의 종류
- 지상권 : 타인의 토지에 건물이나 수목 등을 설치하여 사용하는 물권
- 지역권 : 타인의 토지를 자기 토지의 편익을 위하여 이용하는 물권
- 전세권 : 전세금을 지급하고 타인의 토지 또는 건물을 사용·수익하는 물권

06　정답 ③

- 선고유예 : 형의 선고유예를 받은 날로부터 2년이 경과한 때에는 면소된 것으로 간주한다(형법 제60조).
- 집행유예 : 양형의 조건을 참작하여 그 정상에 참작할 만한 사유가 있는 때에는 1년 이상 5년 이하의 기간 형의 집행을 유예할 수 있다(형법 제62조 제1항).

07　정답 ⑤

몰수의 대상(형법 제48조 제1항)
1. 범죄행위에 제공하였거나 제공하려고 한 물건
2. 범죄행위로 인하여 생겼거나 취득한 물건
3. 제1호 또는 제2호의 대가로 취득한 물건

08　정답 ②

상법상 법원에는 상사제정법(상법전, 상사특별법령, 상사조약), 상관습법, 판례, 상사자치법(회사의 정관, 이사회 규칙), 보통거래약관, 조리 등이 있다. 조례는 해당되지 않는다.

PART 1

경영학

CHAPTER 16 적중예상문제

CHAPTER 16 | 적중예상문제

01	02	03	04	05	06	07	08	09	10	11	12	13	14	15	16	17	18	19	20
①	①	①	④	③	①	④	②	③	③	②	③	④	②	④	①	④	④	①	③
21	22	23	24	25	26	27	28	29	30										
②	③	④	②	③	①	④	④	①	①										

01

정답 ①

포터(M. Porter)의 경쟁전략 유형
- 원가우위 전략
- 차별화 전략
- 원가집중화 전략
- 차별적 집중화 전략

02

정답 ①

기계적 조직은 집권적이며 규칙과 절차가 많고 엄격하다. 반면 유기적 조직은 분권적이며 융통성이 높고 제약이 적은 편이다.

03

정답 ①

ESG 경영의 주된 목적은 착한 기업을 키우는 것이 아니라 불확실성 시대의 환경, 사회, 지배구조라는 복합적 리스크에 얼마나 잘 대응하고 지속적 경영으로 이어나갈 수 있느냐 하는 것이다.

04

정답 ④

기업이 일방적으로 기부나 봉사활동을 하는 것에서 나아가 기업이 공익을 추구하면서도 이를 통해 실질적인 이익을 얻을 수 있도록 공익과의 접점을 찾는 것을 코즈 마케팅이라 한다.

오답분석
① 그린 마케팅(Green Marketing) : 자연환경을 보전하고 생태계 균형을 중시하는 기업 판매 전략이다.
② 프로 보노(Pro Bono) : 각 분야의 전문가들이 사회적 약자를 돕는 활동이다.
③ 니치 마케팅(Niche Marketing) : 특정한 성격을 가진 소규모 소비자를 대상으로 판매하는 전략이다.

05

정답 ③

목표관리는 목표의 설정뿐 아니라 성과평가 과정에도 부하직원이 참여하는 관리기법이다.

[오답분석]
① 목표설정이론은 명확하고 도전적인 목표가 성과에 미치는 영향을 분석한다.
② 목표는 지시적 목표, 자기설정 목표, 참여적 목표로 구분되고, 이 중 참여적 목표가 종업원의 수용성이 가장 높다.
④ 조직의 목표를 부서별, 개인별 목표로 전환하여 조직 구성원 각자의 책임을 정하고, 조직의 효율성을 향상시킬 수 있다.

06

정답 ①

기계적 조직과 유기적 조직의 일반적 특징

구분	전문화	공식화	집권화
기계적 조직	고	고	고
유기적 조직	저	저	저

07

정답 ④

홉스테드의 문화차원이론은 어느 사회의 문화가 그 사회 구성원의 가치관에 미치는 영향과 그 가치관과 행동의 연관성을 요인분석적 구조를 통하여 설명하는 이론으로, 처음에는 개인주의 – 집단주의(Individualism – Collectivism), 불확실성 회피성(Uncertainty Avoidance), 권력의 거리(Power Distance), 남성성 – 여성성(Masculinity – Femininity) 등 4가지 차원을 제시하였다.

08

정답 ②

에이전시 숍은 근로자들 중에서 조합 가입의 의사가 없는 자에게는 조합 가입이 강제되지 않지만, 조합 가입에 대신하여 조합에 조합비를 납부함으로써 조합원과 동일한 혜택을 받을 수 있도록 하는 제도이다.

09

정답 ③

ⓒ 명성가격은 가격이 높으면 품질이 좋다고 판단하는 경향으로 인해 설정되는 가격이다.
ⓒ 단수가격은 가격을 단수(홀수)로 적어 소비자에게 싸다는 인식을 주는 가격이다(예 9,900원).

[오답분석]
㉠ 구매자가 어떤 상품에 대해 지불할 용의가 있는 최고가격은 유보가격이다.
㉣ 심리적으로 적당하다고 생각하는 가격 수준은 준거가격이라고 한다. 최저수용가격이란 소비자들이 품질에 대해 의심 없이 구매할 수 있는 가장 낮은 가격을 의미한다.

10

정답 ③

수요예측기법은 수치를 이용한 계산방법 적용 여부에 따라 정성적 기법과 정량적 기법으로 구분할 수 있다. 정성적 기법은 개인의 주관이나 판단 또는 여러 사람의 의견에 의하여 수요를 예측하는 방법으로, 델파이 기법, 역사적 유추법, 시장조사법, 라이프사이클 유추법 등이 있다. 정량적 기법은 수치로 측정된 통계자료에 기초하여 계량적으로 예측하는 방법으로, 사건에 대하여 시간의 흐름에 따라 기록한 시계열 데이터를 바탕으로 분석하는 시계열분석 방법이 이에 해당한다.

[오답분석]
① 델파이 기법 : 여러 전문가의 의견을 되풀이해 모으고 교환하고 발전시켜 미래를 예측하는 방법이다.
② 역사적 유추법 : 수요 변화에 관한 과거 유사한 제품의 패턴을 바탕으로 유추하는 방법이다.
④ 시장조사법 : 시장에 대해 조사하려는 내용의 가설을 세운 뒤 소비자 의견을 조사하여 가설을 검증하는 방법이다.

11 정답 ②

소비자의 구매의사결정과정

문제인식(Problem Recognition) → 정보탐색(Information Search) → 대안평가(Evaluation of Alternatives) → 구매의사결정(Purchase Decision) → 구매 후 행동(Post-Purchase Behavior)

12 정답 ③

수직적 통합은 원료를 공급하는 기업이 생산기업을 통합하는 등의 전방 통합과 유통기업이 생산기업을 통합하거나 생산기업이 원재료 공급기업을 통합하는 등의 후방 통합이 있으며, 원료 독점으로 인한 경쟁자 배제, 원료 부문에서의 수익, 원료부터 제품까지의 기술적 일관성 등의 장점이 있다.

오답분석

①·②·④ 수평적 통합의 장점에 해당한다. 수평적 통합은 동일 업종의 기업이 동등한 조건하에서 합병·제휴하는 것이다.

13 정답 ④

자재소요계획(MRP)은 생산 일정계획의 완제품 생산일정(MPS)과 자재명세서(BOM), 재고기록철(IR)에 대한 정보를 근거로 수립하여 재고 관리를 모색한다.

오답분석

① MRP는 푸시 생산방식(Push System)이다.
② MRP는 종속수요를 갖는 부품들의 생산수량과 생산시기를 결정하는 방법이다.
③ 부품별 계획 주문 발주시기는 MRP의 결과물이다.

14 정답 ②

최소여유시간(STR)은 남아있는 납기일수와 작업을 완료하는 데 소요되는 일수와의 차이를 여유시간이라고 할 때 이 여유시간이 짧은 것부터 순서대로 처리하는 것이다.

15 정답 ④

$$EOQ = \sqrt{\frac{2 \times (\text{연간 수요량}) \times (\text{1회 주문비})}{(\text{재고유지비용})}} = \sqrt{\frac{2 \times 1,000 \times 200}{40}} = 100$$

(연간 재고유지비용) $= \dfrac{EOQ}{2} \times (\text{단위당 연간 재고유지비}) = \dfrac{100}{2} \times 40 = 2,000$

(연간 주문비용) $= \dfrac{(\text{연간 수요량})}{EOQ} \times (\text{단위당 주문비}) = \dfrac{1,000}{100} \times 200 = 2,000$

(총재고비용) $=$ (연간 주문비용) $+$ (연간 재고유지비용)

∴ $2,000 + 2,000 = 4,000$원

16

정답 ①

카츠(Kartz)는 경영자에게 필요한 능력을 크게 인간적 자질, 전문적 자질, 개념적 자질 3가지로 구분하였다. 그중 인간적 자질은 구성원을 리드하고 관리하며, 다른 구성원들과 함께 일을 할 수 있게 하는 것으로, 모든 경영자가 갖추어야 하는 능력이다. 타인에 대한 이해력과 동기부여 능력은 인간적 자질에 속한다.

오답분석
②·④ 전문적 자질(현장실무)에 해당한다.
③ 개념적 자질(상황판단)에 해당한다.

17

정답 ④

민츠버그(Mintzberg)는 대인적 직무, 의사결정 직무, 정보처리 직무로 경영자의 역할을 크게 10가지로 정리하였고, 제시문에서 설명하는 역할은 의사결정 직무 중 기업가 역할에 해당한다.

민츠버그(Mintzberg) 경영자의 역할
- 대인적 직무 : 대표자 역할, 리더 역할, 연락자 역할
- 의사결정 직무 : 기업가 역할, 문제처리자 역할, 지원배분자 역할, 중재자 역할
- 정보처리 직무 : 정보수집자 역할, 정보보급자 역할, 대변자 역할

18

정답 ④

지식경영시스템은 조직 안의 지식자원을 체계화하고 공유하여 기업 경쟁력을 강화하는 기업정보시스템으로, 조직에서 필요한 지식과 정보를 창출하는 연구자, 설계자, 건축가, 과학자, 기술자 등을 반드시 포함하는 것과는 관련이 없다.

19

정답 ①

기능별 조직은 전체 조직을 기능별 분류에 따라 형성시키는 조직의 형태이다. A사는 수요가 비교적 안정된 소모품을 납품하는 업체이기 때문에 환경적으로도 안정되어 있고, 부서별 효율성을 추구하므로 기능별 조직이 A사의 조직구조로 적합하다.

기능별 조직

구분	내용
적합한 환경	• 조직구조 : 기능조직 • 조직규모 : 작거나 중간 정도 • 조직목표 : 내적 효율성, 기술의 전문성과 질 • 환경 : 안정적 • 기술 : 일상적이며 낮은 상호의존성
장점	• 기능별 규모의 경제 획득 • 기능별 기술개발 용이 • 중간 이하 규모의 조직에 적합 • 소품종 생산에 유리 • 기능 목표 달성 가능
단점	• 환경변화에 대한 대응이 늦음 • 혁신이 어려움 • 최고경영자의 의사결정이 지나치게 많음 • 전체 조직목표에 대한 제한된 시각 • 부문 간 상호조정 곤란

20

정답 ③

균형성과표(Balanced Score Card)는 조직의 비전과 전략을 달성하기 위한 도구로, 전통적인 재무적 성과지표뿐만 아니라 고객, 업무 프로세스, 학습 및 성장과 같은 비재무적 성과지표 또한 균형적으로 고려한다. 즉, BSC는 통합적 관점에서 미래지향적·전략적으로 성과를 관리하는 도구라고 할 수 있다.
(A) 재무적 관점 : 순이익, 매출액 등
(B) 고객 관점 : 고객만족도, 충성도 등
(C) 업무 프로세스 관점 : 내부처리 방식 등
(D) 학습 및 성장 관점 : 구성원의 능력 개발, 직무만족도 등

21

정답 ②

오답분석
① 데이터 웨어하우스(Data Warehouse) : 사용자의 의사결정을 돕기 위해 다양한 운영 시스템에서 추출·변환·통합되고 요약된 데이터베이스를 말한다. 크게 원시 데이터 계층, 데이터 웨어하우스 계층, 클라이언트 계층으로 나뉘며 데이터의 추출·저장·조회 등의 활동을 한다. 데이터 웨어하우스는 고객과 제품, 회계와 같은 주제를 중심으로 데이터를 구축하며 여기에 저장된 모든 데이터는 일관성을 유지하므로 데이터 호환이나 이식에 문제가 없다. 또한 특정 시점에 데이터를 정확하게 유지하면서 동시에 장기적으로 유지될 수도 있다.
③ 데이터 마트(Data Mart) : 운영데이터나 기타 다른 방법으로 수집된 데이터 저장소로, 특정 그룹의 지식 노동자들을 지원하기 위해 설계된 것이다. 따라서 데이터 마트는 특별한 목적을 위해 접근의 용이성과 유용성을 강조해 만들어진 작은 데이터 저장소라고 할 수 있다.
④ 데이터 정제(Data Cleansing) : 데이터베이스의 불완전 데이터에 대한 검출·이동·정정 등의 작업을 말한다. 특정 데이터베이스의 데이터 정화뿐만 아니라 다른 데이터베이스로부터 유입된 이종 데이터에 대한 일관성을 부여하는 역할도 한다.

22

정답 ③

양적 평가요소는 재무비율 평가항목으로 구성된 안정성, 수익성, 활동성, 생산성, 성장성 등이 있고, 질적 평가요소는 시장점유율, 진입장벽, 경영자의 경영능력, 은행거래 신뢰도, 광고활동, 시장규모, 신용위험 등이 있다.

23

정답 ④

계속기업의 가정이란 보고기업이 예측 가능한 미래에 영업을 계속하여 영위할 것이라는 가정이다. 기업이 경영활동을 청산 또는 중단할 의도가 있다면, 계속기업의 가정이 아닌 청산가치 등을 사용하여 재무제표를 작성한다.

오답분석
① 재무제표는 재무상태표, 포괄손익계산서, 자본변동표, 현금흐름표, 주석으로 구성된다. 법에서 이익잉여금처분계산서 등의 작성을 요구하는 경우, 주석으로 공시한다.
② 재무제표 요소의 측정기준에서 역사적 원가는 측정일의 조건을 반영하지 않고, 현행가치는 측정일의 조건을 반영한다. 현행가치는 다시 현행원가, 공정가치, 사용가치(이행가치)로 구분된다.
③ 재무제표는 원칙적으로 최소 1년에 한 번씩은 작성해야 하며, 현금흐름표 등 현금흐름에 관한 정보는 현금주의에 기반한다.

24

정답 ②

₩470,000(기계장치 취득원가)+₩340,000+₩10,000(처분손실)-₩800,000=₩20,000

25
정답 ③

당기순이익은 영업이익에서 판매 물건을 생산하기 위해 발생한 비용 외 기타비용(예 관리비, 이자비용)이나 기타수익(예 이자수익, 잡이익 등), 법인세비용을 가감한 금액을 의미한다. 주어진 자료를 이용하여 계산해 보면 다음과 같다.

영업이익	+300,000
영업외 수익	+50,000
이자비용	-10,000
법인세비용	-15,000
합계	325,000

26
정답 ①

- $P_0 = D_1 \div (k-g)$에서 $g = b \times r = 0.3 \times 0.1 = 0.03$
- $D_0 =$ (주당순이익)$\times [1-($사내유보율$)] = 3,000 \times (1-0.3) = 2,100$
- $D_1 = D_0 \times (1+g) = 2,100 \times (1+0.03) = 2,163$
∴ $P = 2,163 \div (0.2-0.03) \fallingdotseq 12,723$원

27
정답 ④

[오답분석]
① 보통주배당이 아닌 우선주배당이다.
② 주당순자산이 아닌 주당순이익의 변동폭이 확대되어 나타난다.
③ 자기자본이 아닌 타인자본이 차지하는 비율이다.

28
정답 ④

증권회사의 상품인 유가증권과 부동산 매매기업이 정상적인 영업과정에서 판매를 목적으로 취득한 토지ㆍ건물 등은 재고자산으로 처리된다.

[오답분석]
① 매입운임은 매입원가에 포함한다.
② 재고자산을 순실현가능가치로 감액한 평가손실과 모든 감모손실은 감액이나 감모가 발생한 기간에 비용으로 인식한다.
③ 선입선출법의 경우에는 계속기록법을 적용하든 실지재고조사법을 적용하든, 기말재고자산, 매출원가, 매출총이익 모두 동일한 결과가 나온다.

29
정답 ①

- (과소배부액)$=650,000-(18,000$시간$\times 30)=$₩$110,000$
- (제조간접비 배부율)$=600,000 \div 20,000$시간$=30$
- (매출총이익)$=400,000-110,000=$₩$290,000$

30
정답 ①

[오답분석]
② 기업이 주식발생을 통해 자금조달을 할 경우 자본이용의 대가로 얼마의 이용 지급료를 산정해야 하는지는 명확하지 않다.
③ 자기자본비용은 기업이 조달한 자기자본의 가치를 유지하기 위해 최소한 벌어들여야 하는 수익률이다.
④ CAPM은 베타와 증권시장선을 계산해서 미래의 증권시장선으로 사용하는데, 이는 과거와 비슷한 현상이 미래에도 발생할 수 있다는 가정하에서만 타당한 방법이다.

합격의 공식 시대에듀

우리의 모든 꿈은 실현된다.
그 꿈을 밀고 나갈 용기만 있다면.
- 월트 디즈니 -

PART 2

경제학

CHAPTER 17 적중예상문제

CHAPTER 17 | 적중예상문제

01	02	03	04	05	06	07	08	09	10	11	12	13	14	15	16	17	18	19	20
①	②	④	②	③	④	④	①	①	④	④	④	①	①	④	④	①	④	③	④
21	22	23	24	25	26	27	28	29	30										
④	④	③	②	③	④	④	②	①	④										

01
정답 ①

절대소득가설은 경제학자 케인스가 주장한 소비이론이다. 현재 소득이 소비를 결정하는 가장 중요한 요인으로, 소득 이외 요인은 소비에 2차적인 영향만 미친다는 것이다. 하지만 현재 소비를 설명하기 위해 현재 소득에만 큰 비중을 두고 금융자산, 이자율, 장래소득의 기대 등 소비에 영향을 끼치는 다른 변수는 간과했다는 지적이 있다.

02
정답 ②

담배 한 갑당 2천 원의 건강세가 부과되어 담배가격이 4천 원으로 상승하면 갑은 담배 구입을 포기하지만 을은 여전히 담배를 구입할 것이다. 따라서 건강세 부과 이후 담배 판매량은 한 갑이므로 정부가 얻는 조세수입은 2천 원이다.

03
정답 ④

국내총생산(GDP)은 일정기간 동안 '자국 영토 내에서' 생산된 모든 최종 재화와 서비스의 시장가치의 합으로 정의되므로 'GDP=A+B'로 표현한다. 반면 국민총생산(GNP)은 일정기간 동안 '자국민'이 생산한 모든 최종재화와 서비스의 시장가치의 합으로 정의되므로 'GNP=A+C'로 표현한다. 따라서 'GNP=GDP−B+C'로 표현한다.

04
정답 ②

타이어의 수요곡선과 공급곡선에 대한 식을 연립하면 $800-2P=200+3P$이므로 $P=120$, $Q=560$이다. 그러므로 조세부과 이전에는 공급자가 받는 가격과 소비자가 지불하는 가격이 모두 120으로 동일하다. 소비자에게 단위당 50원의 세금이 부과되면 수요곡선이 하방으로 50만큼 이동하므로 수요곡선이 $P=350-\frac{1}{2}Q$로 변경된다. 조세부과 이후의 수요곡선과 공급곡선에 대한 식을 연립하면 $350-\frac{1}{2}Q=-\frac{200}{3}+\frac{1}{3}Q$이므로 $Q=500$, $P=100$으로 계산된다.

즉, 조세부과 이후 공급자가 받는 가격은 100원으로 하락하게 된다. 따라서 소비자는 생산자에게 단위당 100원의 가격을 지불하지만 단위당 50원의 조세를 납부해야 하므로 실제로 소비자가 지불하는 가격은 150원이다.

05

정답 ③

A국과 B국이 고구마와 휴대폰을 생산하는 데 투입되는 노동력을 표로 정리하면 다음과 같다.

구분	A국	B국
고구마(1kg)	200	150
휴대폰(1대)	300	200

A국은 B국보다 고구마와 휴대폰을 각각 1단위 구입하기 위해 필요로 하는 노동력이 더 많으므로 B국이 절대우위를 가진다. 한편, A국은 고구마 1kg을 생산하기 위해 휴대폰 1대를 생산하기 위한 노동력의 약 66.7%$\left(=\frac{2}{3}\times 100\right)$가 필요하고, B국은 약 75%$\left(=\frac{3}{4}\times 100\right)$가 필요하다. 따라서 상대적으로 A국은 고구마 생산에, B국은 휴대폰 생산에 비교우위가 있다. 이 경우 A국과 B국은 각각 고구마와 휴대폰에 생산을 특화한 뒤 서로 생산물을 교환하면 소비량을 늘릴 수 있다. 따라서 두 나라 각각 6,000명 투입이 가능하므로 A국은 고구마 30kg, B국은 휴대폰 30대를 생산한다.

06

정답 ④

(고용률)=[(취업자 수)÷{(15세 이상 경제활동인구)+(비경제활동인구)}]×100=570만÷(600만+400만)×100=57%
따라서 고용률은 57%이다.

[오답분석]

① (실업률)=(실업자 수)÷(경제활동인구)×100=30만÷600만×100=5%이다.
② 비경제활동인구가 생산가능인구 1000만 명 중 400만 명이므로 비경제활동률은 40%이다.
③ (경제활동인구)=(취업자 수)+(실업자 수)=570만+30만=600만 명이다.

07

정답 ④

[오답분석]

ㅁ. 환불 불가한 숙박비는 회수 불가능한 매몰비용이므로 선택 시 고려하지 않은 ⓒ의 행위는 합리적 선택 행위의 일면이라고 할 수 있다.

08

정답 ①

기업 B의 광고 여부에 관계없이 기업 A는 광고를 하는 것이 우월전략이다. 또한 기업 A의 광고 여부에 관계없이 기업 B도 광고를 하는 것이 우월전략이다. 두 기업이 모두 광고를 하는 것이 우월전략이므로 우월전략균형에서 두 기업의 이윤은 (55, 75)이다. 우월전략균형은 내쉬균형에 포함되므로 내쉬균형에서의 기업 A의 이윤은 55이고, 기업 B의 이윤은 75이다.

09

정답 ①

출구전략은 경기를 부양하기 위해 취하였던 완화정책을 정상화하는 것을 말한다. 경기가 침체되면 기준 금리를 내리거나 재정지출을 확대하여 유동성 공급을 늘리는 조치를 취하게 되는데, 이때 경기가 회복되는 과정에서 유동성이 과도하게 공급되면 물가가 상승하고 인플레이션을 초래할 수 있다. 따라서 출구전략을 통해 경제에 미칠 후유증을 최소화하면서 재정 건전성을 강화해 나간다.

10

정답 ④

甲국의 화폐유통속도가 乙국의 화폐유통속도보다 크다는 것은 아무런 단서가 되지 못한다. 대신 화폐유통속도가 변하지 않으므로 고정된 값으로 정하고 문제를 풀어야 한다.
화폐수량방정식 $M\times V=P\times Y$에서 甲국의 M은 5% 증가하고 V는 고정된 값이다. 따라서 명목산출량인 $P\times Y$ 역시 5% 증가해야 한다. 乙국 역시 마찬가지로 V는 甲국보다 작은 값이지만 고정된 값이므로 명목산출량은 5% 증가해야 한다.

11   정답 ④

거리는 생산요소의 투입규모를 의미한다. 거리의 증가분에 따른 생산량의 증가분을 표로 나타내면 다음과 같다.

생산량(Q) 증가분	100	100	100	100	100	100	100
거리 증가분	7	6	5	3	4	7	8

따라서 일정하게 증가하는 생산량에 대해 생산요소의 투입규모가 감소하다가 증가하므로 생산량의 증가속도를 생산요소 투입규모의 증가속도로 나누어 측정하는 규모에 대한 수익은 체증하다가 체감한다.

12   정답 ④

특허료 수취는 서비스수지(경상수지)를 개선하는 사례이다.

[오답분석]
① · ③ 투자수지(자본수지) 개선에 대한 사례이다.
② 서비스수지(경상수지) 악화에 대한 사례이다.

13   정답 ①

기업의 조업중단 여부는 평균가변비용과 관련이 있다. 가격이 평균가변비용보다 낮으면 기업은 생산을 중단한다.

14   정답 ①

가. 마찰적 실업이란 직장을 옮기는 과정에서 일시적으로 실업상태에 놓이는 것을 의미하며, 자발적 실업으로 완전고용상태에서도 발생한다.
나. 오쿤의 법칙이란 한 나라의 산출량과 실업 간에 경험적으로 관찰되는 안정적인 음(-)의 상관관계가 존재한다는 것을 의미한다.
다. 이력현상이란 경기침체로 인해 한번 높아진 실업률이 일정기간이 지난 이후에 경기가 회복되더라도 낮아지지 않고 계속 일정한 수준을 유지하는 현상을 의미한다.
라. 경기적 실업이란 경기침체로 유효수요가 부족하여 발생하는 실업을 의미한다.

15   정답 ④

열등재(Inferior Goods)는 소득효과가 음(-)인 경우의 재화이다. 따라서 소득이 증가하면 수요가 감소한다. 우하향하고 원점에 대해 볼록한 통상적인 무차별곡선을 갖는 소비자를 가정했을 때, X재 가격이 하락할 때 X재 수요량이 변하지 않았다면 PCC는 수직이다. 이 경우 X재의 가격변화로 인한 대체효과는 항상 플러스이지만 총 효과가 0이므로 소득효과는 대체효과를 상쇄할 만큼의 마이너스로 나타나야 하므로 X재는 열등재이다. 또한 효용극대화를 위해 X재의 가격하락에 따른 소득효과로 Y재의 소비량이 증가하므로 Y재는 정상재이다.

16   정답 ④

고전학파에 따르면 임금이 완전 신축적이므로 항상 완전고용을 달성한다. 그러므로 고전학파는 실업문제 해소를 위해 정부의 개입은 불필요하다고 주장한다. 반면 케인스학파는 실업문제 해소를 위해 재정정책이 금융정책보다 더 효과적이라고 주장한다.

17   정답 ①

[오답분석]
② 효율임금이론은 기업이 임금을 시장균형임금보다 높게 설정하여 이윤극대화를 추구한다는 이론이다.
③ 기업은 정보가 불완전한 상태에서 도덕적 해이와 역선택을 막기 위해 높은 임금을 지불한다.
④ 비자발적 실업이 발생하더라도 높은 효율성 임금이 지급되므로 임금의 경직성을 설명할 수 있다.

18   정답 ④

자동차 사고가 발생하면 보험료를 할증하는 것은 보험가입 후에 태만을 방지하기 위한 것이므로 역선택이 아닌 도덕적 해이를 줄이기 위한 방안에 해당한다.

19   정답 ③

통화승수는 통화량을 본원통화로 나눈 값이다.
통화승수 $m = \dfrac{1}{c+z(1-c)}$ 이므로, 현금통화비율(c)이 하락하거나 지급준비율(z)이 낮아지면 통화승수가 커진다.

20   정답 ④

생애주기가설이란 일생 동안 소득의 변화는 규칙적이지 않지만 생애 전체 소득의 현재가치를 감안한 소비는 일정한 수준으로 유지된다는 이론이다. 생애주기가설에 의하면 가처분소득이 동일한 수준이라도 각자의 생애주기가 어디에 속하는가에 따라 소비성향이 다르게 나타난다.

21   정답 ④

이자율 평가설에서는 $i = i^* + \dfrac{f-e}{e}$ 가 성립한다(단, i는 자국이자율, i^*는 외국이자율, f는 연간 선물환율, e는 현물환율이다).
문제에서 주어진 바에 따르면 $i=0.05$, $i^*=0.025$, $e=1,200$이므로 식에 대입하면 $f=1,230$이다.

22   정답 ④

독점기업이 시장에서 한계수입보다 높은 수준으로 가격을 책정하는 것은 독점전략이다.

> **독점기업의 가격차별전략**
> - 제1급 가격차별 : 각 단위의 재화에 대하여 소비자들이 지불할 용의가 있는 최대금액을 설정하는 것(한계수입과 가격이 같은 점에서 생산량 결정)이다.
> - 제2급 가격차별 : 재화 구입량에 따라 각각 다른 가격을 설정하는 것이다.
> - 제3급 가격차별 : 소비자들의 특징에 따라 시장을 몇 개로 분할하여 각 시장에서 서로 다른 가격을 설정하는 것이다.

23   정답 ③

A기업의 수요곡선이 가격($P=500$)으로 일정하게 주어진 것은 완전경쟁 시장구조임을 의미한다. 먼저 사적 이윤극대화 생산량(가)을 구하기 위해 $P=MC$로 두면 $500=200+\dfrac{1}{3}Q$이므로 $Q=900$이다. 외부한계비용이 20이므로 사적인 한계비용과 외부한계비용을 합한 사회적인 한계비용은 $SMC=220+\dfrac{1}{3}Q$이다. 따라서 사회적 최적생산량(나)을 구하기 위해서는 $P=SMC$이므로 $500=220+\dfrac{1}{3}Q$이고 $Q=840$이다.

24   정답 ②

한국은행은 고용증진 목표 달성이 아닌 통화정책 운영체제로서 물가안정목표제를 운영하고 있다.

25

정답 ③

$\Pi_t=0.04$, $\Pi_{t-1}=0.08$을 $\Pi_t - \Pi_{t-1} = -0.8(U_t - 0.05)$에 대입하면 $U_t=10\%$가 도출된다. 현재 실업률이 5%이기 때문에 실업률 증가분은 5%p이고 세 번째 조건에 따르면 GDP는 10% 감소한다. 따라서 인플레이션율을 4%p 낮출 경우 GDP 변화율(%)이 10%이므로, 인플레이션율을 1%p 낮출 경우 감소되는 GDP 변화율인 희생률은 2.5%이다.

26

정답 ④

총수입 TR은 다음과 같이 나타낼 수 있다.
$TR = P \times Q = (100-2Q) \times Q = 100Q - 2Q^2$
독점기업의 이윤극대화의 조건은 $MR = MC$ 이다.
$MC = 60$, $MR = \dfrac{\Delta TR}{\Delta Q} = 100 - 4Q$이므로
$100 - 4Q = 60$
$\rightarrow 4Q = 40$
$\therefore Q = 10$
이 값을 시장수요곡선식인 $P = 100 - 2Q$에 대입하면 $P = 80$이다.
따라서 이 독점기업의 이윤극대화 가격은 80원이고, 생산량은 10개이다.

27

정답 ④

먼저 정부지출을 1만큼 증가시킬 때 국민소득(Y)이 얼마만큼 증가하는지를 도출해야 한다. $Y = C + I + G + X - M$에서 각 수치를 대입하면 $Y = 0.5Y + 10 + 0.4Y + 10 + G + X - 0.1Y - 20 \rightarrow 0.2Y = G + X$이다. 따라서 G값을 1만큼 증가시키면 Y값은 5만큼 커지게 된다. 다음으로 커진 국민소득에 대응해서 소비가 얼마만큼 증가하는지를 구하면 된다. $C = 0.5Y + 10$에서 Y가 5만큼 상승할 때 C는 2.5가 상승한다. 따라서 정부지출을 1만큼 증가시키면 소비는 2.5가 상승한다.

28

정답 ②

독점적 경쟁기업은 단기에는 초과이윤을 얻을 수도 있고, 손실을 볼 수도 있으며, 정상이윤만 획득할 수도 있다. 반면 장기에는 정상이윤만 얻게 된다.

29

정답 ①

수요란 일정기간 주어진 가격으로 소비자들이 구입하고자 의도하는 재화와 서비스의 총량을 의미한다. 수요는 관련 재화(대체재, 보완재)의 가격, 소비자의 소득수준, 소비자의 선호 등의 요인에 따라 변화하며, 수요의 변화는 수요곡선 자체를 좌우로 이동시킨다. 주어진 그림에서는 수요곡선이 오른쪽으로 이동하고 있으므로 황도 복숭아 수요를 증가시키는 요인이 아닌 것을 고르는 문제이다. 황도 복숭아 가격이 하락하면 황도 복숭아의 수요량이 증가하게 되는데, 이는 '수요량의 변화'이므로 수요곡선상에서 움직이게 된다.

30

정답 ④

K씨가 실망노동자가 되면서 실업자에서 비경제활동인구로 바뀌게 되었다.
실업률은 경제활동인구에 대한 실업자의 비율이므로 분자인 실업자보다 분모인 경제활동인구가 큰 상황에서 실업자와 경제활동인구가 동일하게 줄어든다면 실업률은 하락하게 된다.
반면 고용률은 생산가능인구에 대한 취업자의 비율이므로 K씨가 실망노동자가 되어도 분자인 취업자와 분모인 생산가능인구는 아무런 변화가 없다. 따라서 고용률은 변하지 않는다.

PART 3

행정학

CHAPTER 08 적중예상문제

CHAPTER 08 | 적중예상문제

01	02	03	04	05	06	07	08	09	10	11	12	13	14	15	16	17	18	19	20
②	①	①	②	①	④	④	④	②	①	④	①	④	④	①	③	④	④	③	④
21	22	23	24	25	26	27	28	29	30										
③	④	④	④	①	③	③	②	①	④										

01
정답 ②

[오답분석]
① 공익의 과정설에 대한 설명이다.
③ 행정의 민주성에는 행정조직 내부 관리 및 운영의 대내적 민주성도 포함된다.
④ 장애인들에게 특별한 세금감면 혜택을 부여하는 것은 사회적 형평성에 부합한다.

02
정답 ①

공식화의 수준이 높을수록 구성원들의 재량은 줄어들게 된다. 공식화의 수준이 높다는 것은 곧 하나의 직무를 수행할 때 지켜야 할 규칙이 늘어난다는 것을 의미한다. 지나친 표준화는 구성원들의 재량권을 감소시키고 창의력을 저해시킨다.

03
정답 ①

합리적 요소와 초합리적 요소의 조화를 강조하는 모형은 드로의 최적모형(Optical Model)이다. 최적모형은 경제적 합리성뿐만 아니라 합리모형에서 놓칠 수 있는 결정자의 직관·영감 등을 동시에 중요시하였다.

04
정답 ②

ㄱ. 파머는 유기적 행정을 위해 행정조직의 구조가 유연해져야 한다고 주장하였다.
ㄷ. 담론이론에서 행정은 시민들이 민주적으로 참여하고 토론하는 공간이 되어야 한다고 주장하였다.

[오답분석]
ㄴ. 파머는 타인을 자신과 동등한 주체로 인식하는 것을 바탕으로 개방적이고 반권위적 시민참여 행정을 강조하였다.

05
정답 ①

밀러(Miller)의 모호성 모형은 대학조직(느슨하게 연결된 조직), 은유와 해석의 강조, 제도와 절차의 영향(강조) 등을 특징으로 한다. 밀러는 목표의 모호성, 이해의 모호성, 역사의 모호성, 조직의 모호성 등을 전제로 하며, 예산결정이란 해결해야 할 문제, 그 문제에 대한 해결책, 결정에 참여해야 할 참여자, 결정의 기회 등 결정의 요소가 우연히 서로 잘 조화되어 합치될 때 이루어지며 그렇지 않은 경우 예산결정이 이루어지지 않는다고 주장한다.

06 정답 ④

합리적·총체적 관점에서 의사결정이 가능하다는 것은 합리주의에 대한 설명이다.

오답분석

① 점증주의는 타협의 과정을 통해 정치적 합리성을 예산결정에서 고려한다는 특징이 있다.
②·③ 제한된 대안을 탐색하고 소폭의 변화를 가져오기 때문에 분석비용이 절감되고 예산결정이 간결하다.

07 정답 ④

오답분석

ㄱ. 일선관료의 재량권을 확대하는 것은 하향적 접근방법이 아닌 상향적 접근방법에 해당한다. 하향적 접근방법은 상급자가 정책을 일방적으로 결정하여 하급 구성원의 재량권을 축소시키는 접근방법이다.

08 정답 ④

신분을 더 강하게 보장하는 경향이 있는 제도는 계급제이다.

오답분석

①·③ 계급제는 사람을 중심으로 공직자의 잠재능력을 개발하여 공직자를 일반행정가로 양성하고자 하는 제도이다.
② 직위분류제는 직위마다 전문화된 인력을 배치하려고 하기 때문에 인력운용이 경직적으로 이루어질 수밖에 없다.

09 정답 ②

기대이론은 과정이론에 해당하는 동기부여이론으로서 구성원 개인의 동기부여 강도를 성과에 대한 기대성, 수단성, 유의성을 종합적으로 고려하여 구성원에 대한 동기부여의 정도가 나타난다는 이론이다.

오답분석

①·③·④ 동기부여이론 중 내용이론에 속한다.

10 정답 ①

다면평가제도는 말 그대로 피평정자의 능력을 여러 시각에서 평정한다는 뜻으로 상급자, 동료, 민원인 등이 평정에 가담하는 제도이다. 따라서 동료와 부하를 다면평정의 평정자에서 제외시킨다는 내용은 옳지 않다.

다면평가제도

장점	단점
• 구성원의 장점 및 단점에 대한 의견 수렴이 가능 • 객관성·공정성·신뢰성 제고 • 피평정자들의 승복 증가 • 국민중심의 충성심 증가 • 분권화 촉진 • 민주적 리더십 발전 • 공정한 평가로 인한 동기유발과 자기개발의 촉진	• 갈등과 스트레스 • 절차가 복잡하고 시간소모가 많음 • 신뢰성·정확성·형평성 저하 • 대인관계에만 급급하게 될 가능성 증가 • 피평정자의 무지와 일탈된 행동의 가능성

11 정답 ④

참여적 정부모형의 문제 진단 기준은 관료적 계층제에 있으며, 구조 개혁 방안으로 평면조직을 제안한다.

피터스(Peters)의 거버넌스 모형

구분	전통적 정부	시장적 정부	참여적 정부	신축적 정부	탈규제적 정부
문제의 진단 기준	전근대적 권위	독점	계층제	영속성	내부적 규제
구조의 개혁 방안	계층제	분권화	평면조직	가상조직	–
관리의 개혁 방안	직업공무원제, 절차적 통제	성과급, 민간 기법	총품질관리, 팀제	임시적 관리	관리적 재량 확대
정책결정의 개혁 방안	정치, 행정의 구분	내부시장, 시장적 유인	협의, 협상	실험	기업가적 정부
공익의 기준	안정성, 평등	저비용	참여, 협의	저비용, 조정	창의성, 활동주의

12 정답 ①

직무평가는 직무의 난이도 등 상대적 비중·가치에 따른 횡적인 분류 방식으로 책임의 경중에 따라 등급을 구분한다.

오답분석

② 직무분석은 직무에 관한 정보를 체계적으로 수집하고 처리하는 활동으로 직무의 성질과 종류에 따라 직군·직렬·직류로 분류한다.
③ 정급은 직위를 각각의 해당 직렬·직군·직류와 직급·등급에 배정하는 것이다.
④ 직급명세는 명칭이나 자격요건 등을 직급별로 직급들을 명확하게 규정한다.

13 정답 ④

과학적 관리론은 인간을 지나치게 합리적이고 경제적인 존재로 인식한다. 인간을 지나치게 사회심리적이고 감정적인 존재로 인식하는 것은 인간관계론에 대한 설명이다.

과학적 관리론

공헌	• 고전적 행정학의 성립에 기여 • 미국 행정학 성립과정에 있어 개혁운동의 운동력으로 작용
한계	• 인간을 경제적인 존재로만 인식하여 편향된 인간관을 가짐 • 비공식적인 요소는 경시하면서 공식적인 구조만을 중시

14 정답 ④

신공공관리론은 폭넓은 행정재량권과 시장의 책임을 강조하고, 신공공서비스론은 재량의 필요성은 인정하나 제약과 책임이 수반된다고 보며 행정책임의 복잡성과 다면성을 강조한다.

15 정답 ①

정책의 수혜집단이 강하게 조직되어 있는 집단이라면 정책집행은 용이해진다.

오답분석

② 집행의 명확성과 일관성이 보장되어야 한다.
③ 규제정책의 집행과정에서 실제로 불이익을 받는 자가 생겨나게 되는데 이때 갈등이 발생할 수 있다.
④ 나카무라(Nakamura)와 스몰우드(Smallwood)는 '정책집행 유형은 집행자와 결정자와의 관계에 따라 달라진다.'라고 주장하였다.

16 정답 ③

직무평가란 직무의 각 분야가 기업 내에서 차지하는 상대적 가치의 결정으로, 크게 비계량적 평가 방법과 계량적 평가 방법으로 나눌 수 있다. 비계량적 평가 방법에는 서열법과 분류법이 있으며, 계량적 평가 방법에는 점수법과 요소비교법이 있다.

직무평가 방법

구분		설명
계량적	점수법	직무를 구성 요소별로 나누고, 각 요소에 점수를 매겨 평가하는 방법
	요소비교법	직무를 몇 개의 중요 요소로 나누고, 이들 요소를 기준직위의 평가 요소와 비교하여 평가하는 방법
비계량적	서열법	직원들의 근무 성적을 평정함에 있어 평정 대상자(직원)들을 서로 비교하여 서열을 정하는 방법
	분류법	미리 작성한 등급기준표에 따라 평가하고자 하는 직위의 직무를 어떤 등급에 배치할 것인가를 결정하는 방법

17 정답 ②

비경합적이고 비배타적인 성격의 재화는 공공재이고 이는 시장실패의 요인이다.

18 정답 ④

품목별 예산제도는 지출대상 중심으로 분류를 사용하기 때문에 지출의 대상은 확인할 수 있으나, 지출의 주체나 목적은 확인할 수 없다.

19 정답 ③

공공부문에서는 재무적 관점보다 고객 관점이 중요하다.

> **균형성과관리의 4대 관점**
> - 재무적 관점 : 기업의 주인인 주주에게 보여주어야 할 성과의 관점으로 기업BSC에 있어 최종목표이지만 공공부문에서 재무적 관점은 제약조건으로 작용한다.
> - 고객 관점 : 서비스의 구매자인 고객들에게 보여주어야 할 성과의 관점으로 공공부문에서는 재무적 관점보다 고객의 관점이 중요하다.
> - 내부프로세스 관점 : 목표달성을 위한 기업내부 일처리 방식의 혁신관점으로 공공부문에서는 정책결정과정, 정책집행과정, 재화와 서비스의 전달과정 등을 포괄하는 넓은 의미이다.
> - 학습과 성장 관점 : 변화와 개선의 능력을 어떻게 키워나가야 할 것인가의 관점으로 공공부문에서는 구성원의 지식 창조와 관리, 지속적인 자기혁신과 성장 등이 중요한 요소이다.

20 정답 ④

직업공무원제는 폐쇄체제로 인하여 외부로부터 전문인력 충원이 어렵고, 일반행정가 중심으로 양성하기 때문에 행정의 전문화·기술화를 저해한다.

오답분석
① 관료의 특권의식을 조장하여 공직의 침체를 초래할 수 있다.
② 직업공무원제는 젊은 인재들을 공직에 유치해 그들이 공직에 근무하는 것을 명예롭게 생각하면서 일생 동안 공무원으로 근무하도록 운영하는 인사제도이다. 이런 목적을 달성하기 위해서는 공직에 대한 사회적 평가가 높아야 한다.
③ 공무원의 신분을 보장하여 주기 때문에 행정의 계속성과 안정성 및 일관성 유지에 유리하다.

21 정답 ③

저소득층을 위한 근로장려금 제도는 재분배정책에 해당한다.

오답분석
① 규제정책은 제약과 통제를 하는 정책으로 진입규제, 독과점규제가 이에 해당한다.
② 분배정책은 서비스를 배분하는 정책으로 사회간접자본의 건설, 보조금 등이 이에 해당한다.
④ 추출정책은 환경으로부터 인적・물적 자원을 확보하려는 정책으로 징세, 징집, 노동력동원, 토지수용 등이 이에 해당한다.

22 정답 ④

제시문이 설명하는 리더십은 상황론적 리더십이다. 상황론적 리더십은 효과적인 리더의 특성・행동은 상황에 따라 다르며, 리더 개인의 자질 및 조직의 성격을 결정짓는 집단의 특성과 더불어 개인과 집단이 처한 상황이 리더십의 일부를 구성한다는 이론이다. 대표적인 학자로는 피들러(Fiedler), 허시와 블랜차드(Hersey & Blanchard) 등이 있다.

23 정답 ④

현실 적합성이 낮아 이론적으로만 설명이 가능한 것은 합리모형의 한계이다. 쓰레기통 모형은 조직화된 혼란상태에서 흔하게 일어나는 의사결정 과정을 현실성 있게 설명한다.

24 정답 ④

최고관리자의 관료에 대한 지나친 통제가 조직의 경직성을 초래하여 관료제의 병리현상이 나타난다고 주장한 학자는 머튼(Merton)이다.

25 정답 ①

신공공관리론은 행정과 경영을 동일하게 보는 관점으로 기업경영의 원리와 기법을 공공부문에 그대로 이식하려 한다는 비판이 있다.

오답분석
② 생태론적 접근방법에 대한 설명이다.
③ 합리적 선택 신제도주의는 개체주의, 사회학적 신제도주의는 전체주의에 기반을 두고 있다.
④ 동태적인 측면을 파악할 수는 없다.

26 정답 ③

신자유주의는 수요중시의 거시경제정책을 비판하며 등장했으며 시장 중심의 공급주의 경제정책을 지지한다. 신자유주의는 케인스 경제학(수요 중시 경제학)의 한계를 인식하면서 등장한 통화주의학파 및 신고전학파 경제학(공급 중시 경제학)과 관련된다.

27 정답 ③

오답분석
① 환경오염방지를 위한 기업 규제는 보호적 규제정책에 속한다.
② 국공립학교를 통한 교육 서비스는 분배정책에 속한다.
④ 항공노선 취항권의 부여는 경쟁적 규제정책에 속한다.

28

정답 ②

건축물의 설계도처럼 조직의 정보화 환경을 정확히 묘사한 밑그림으로서 조직의 비전, 전략, 업무, 정보기술 간 관계에 대한 현재와 목표를 문서화 한 것은 정보기술아키텍처이다.

[오답분석]

① 블록체인 네트워크 : 가상화폐를 거래할 때 해킹을 막기 위한 기술망으로 출발한 개념이며, 블록에 데이터를 담아 체인 형태로 연결, 수많은 컴퓨터에 동시에 이를 복제해 저장하는 분산형 데이터 저장 기술을 말한다.
③ 제3의 플랫폼 : 전통적인 ICT 산업인 제2플랫폼(서버, 스토리지)과 대비되는 모바일, 빅데이터, 클라우드, 소셜네트워크 등으로 구성된 새로운 플랫폼을 말한다.
④ 클라우드 – 클라이언트 아키텍처 : 인터넷에 자료를 저장해 두고, 사용자가 필요한 자료 등을 자신의 컴퓨터에 설치하지 않고도 인터넷 접속을 통해 언제나 이용할 수 있는 서비스를 말한다.

29

정답 ①

[오답분석]

ㄷ. 예산결산특별위원회는 상설특별위원회이기 때문에 따로 활동기한을 정하지 않는다.
ㄹ. 예산결산특별위원회는 소관 상임위원회가 삭감한 세출예산의 금액을 증액하거나 새 비목을 설치하려는 경우에는 소관 상임위원회의 동의를 얻어야 한다.

30

정답 ④

[오답분석]

ㄱ. 엽관주의는 정당에의 충성도와 공헌도를 기준으로 관직에 임용하는 방식의 인사제도이다.
ㄴ. 엽관주의는 국민과의 동질성 및 일체감을 확보하고, 선거를 통해 집권정당과 관료제의 책임성을 확보하고자 하는 민주주의의 실천원리로써 대두되었다.
ㅁ. 엽관주의는 국민에 대한 관료의 대응성을 높일 수 있다는 장점이 있다.

미래는 자신이 가진 꿈의 아름다움을 믿는 사람들의 것이다.

– 엘리노어 루즈벨트 –

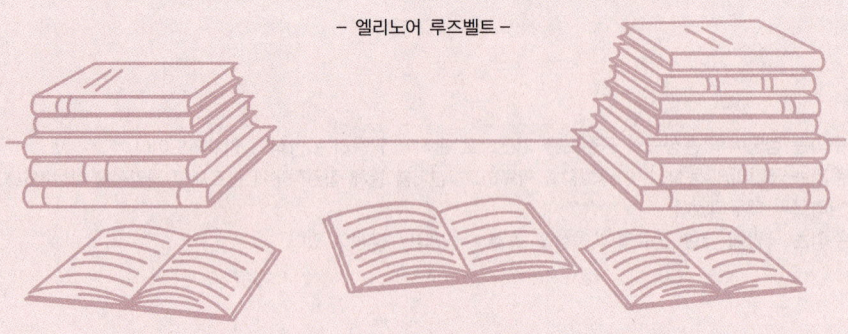

PART 4

법학

CHAPTER 06 적중예상문제

CHAPTER 06 | 적중예상문제

01	02	03	04	05	06	07	08	09	10	11	12	13	14	15	16	17	18	19	20
③	①	②	③	①	①	①	②	③	③	④	④	①	④	②	①	②	③	④	②
21	22	23	24	25	26	27	28	29	30										
①	②	③	②	②	①	②	①	④	④										

01 정답 ③
무효란 그 행위가 성립하던 당초부터 당연히 법률효과가 발생하지 못하는 것이며, 비진의 표시(심리유보), 통정허위표시, 강행법규에 반하는 법률행위 등이 그 예이다.

02 정답 ①
지상권과 지역권은 20년의 소멸시효에 걸린다(민법 제162조 제2항).

03 정답 ②
악법이라는 이유로 법을 지키지 않는다면 법적 안정성이 무너지게 된다는 것을 강조하는 법언(法諺)이다.

04 정답 ③
법규범은 자유의지가 작용하는 자유법칙으로 당위의 법칙이다.

05 정답 ①
성문법은 '헌법 → 법률 → 명령 → 자치법규(조례 → 규칙)'의 단계적 구조로 이루어져 있다.

06 정답 ①
사회법은 자본주의의 문제점(사회적 약자 보호)을 합리적으로 해결하기 위해 등장한 법으로, 점차 사법과 공법의 성격을 모두 가진 제3의 법영역으로 형성되었으며 법의 사회화·사법의 공법화 경향을 띤다.

07 정답 ①
헌법 제12조 제1항에서 규정하고 있다.

[오답분석]
② 우리 헌법은 구속적부심사청구권을 인정하고 있다(헌법 제12조 제6항).
③ 심문은 영장주의 적용대상이 아니다(헌법 제12조 제3항).
④ 영장발부신청권자는 검사에 한한다(헌법 제12조 제3항).

08 정답 ②

대통령은 내우·외환·천재·지변 또는 중대한 재정·경제상의 위기에 있어서 국가의 안전보장 또는 공공의 안녕질서를 유지하기 위하여 긴급한 조치가 필요하고 국회의 집회를 기다릴 여유가 없을 때에 한하여 최소한으로 필요한 재정·경제상의 처분을 하거나 이에 관하여 법률의 효력을 가지는 명령을 발할 수 있다(헌법 제76조 제1항).

[오답분석]
① 헌법 제77조 제1항에 해당한다.
③ 헌법 제1조 제1항에 해당한다.
④ 헌법 제5조에 해당한다.

09 정답 ③

헌법 제130조 제3항에 해당한다.

[오답분석]
① 헌법개정은 국회 재적의원 과반수 또는 대통령의 발의로 제안된다(헌법 제128조 제1항).
② 개정은 가능하나 그 헌법개정 제안 당시의 대통령에 대하여는 효력이 없다(헌법 제128조 제2항).
④ 헌법개정안에 대한 국회의결은 재적의원 3분의 2 이상의 찬성을 얻어야 한다(헌법 제130조 제1항).

10 정답 ③

헌법전문의 법적 효력에 대해서는 학설대립으로 논란의 여지가 있어 전문이 본문과 같은 법적 성질을 '당연히' 내포한다고 단정을 지을 수는 없다.

11 정답 ④

우리나라 헌법의 기본원리
국민주권의 원리, 자유민주주의의 원리, 기본권 존중주의, 권력분립주의, 법치주의의 원리, 사회국가의 원리, 문화국가의 원리 등

12 정답 ④

정당의 목적이나 활동이 민주적 기본질서에 위배될 때 정부는 헌법재판소에 그 해산을 제소할 수 있고, 정당은 헌법재판소의 심판에 의하여 해산된다(헌법 제8조 제4항).

[오답분석]
① 헌법 제8조 제1항에 해당한다.
② 헌법 제8조 제2항에 해당한다.
③ 헌법 제8조 제3항에 해당한다.

13 정답 ①

집세나 이자 등은 원물을 타인에게 사용시킨 대가로 얻는 과실로 법정과실이다(민법 제101조 제2항).

[오답분석]
② 유체물 및 전기 기타 관리할 수 있는 자연력은 물건인데(민법 제98조), 부동산에 해당하는 토지 및 그 정착물 이외의 물건은 동산이므로(민법 제99조 제2항) 관리할 수 있는 자연력은 동산이다.
③·④ 토지 및 그 정착물은 부동산이므로 건물은 토지로부터 독립한 부동산으로 다루어질 수 있다(민법 제99조 제1항).

14

④는 단기소멸시효 3년에 해당하고, 나머지는 1년의 소멸시효에 해당한다.

단기소멸시효 1년과 3년의 비교

1년의 소멸시효 (민법 제164조)	1. 여관, 음식점, 대석, 오락장의 숙박료, 음식료, 대석료, 입장료, 소비물의 대가 및 체당금의 채권 2. 의복, 침구, 장구 기타 동산의 사용료의 채권 3. 노역인, 연예인의 임금 및 그에 공급한 물건의 대금채권 4. 학생 및 수업자의 교육, 의식 및 유숙에 관한 교주, 숙주, 교사의 채권
3년의 소멸시효 (민법 제163조)	1. 이자, 부양료, 급료, 사용료 기타 1년 이내의 기간으로 정한 금전 또는 물건의 지급을 목적으로 한 채권 2. 의사, 조산사, 간호사 및 약사의 치료, 근로 및 조제에 관한 채권 3. 도급받은 자, 기사 기타 공사의 설계 또는 감독에 종사하는 자의 공사에 관한 채권 4. 변호사, 변리사, 공증인, 공인회계사 및 법무사에 대한 직무상 보관한 서류의 반환을 청구하는 채권 5. 변호사, 변리사, 공증인, 공인회계사 및 법무사의 직무에 관한 채권 6. 생산자 및 상인이 판매한 생산물 및 상품의 대가 7. 수공업자 및 제조자의 업무에 관한 채권

15

'물권적 청구권'이라 함은 물권내용의 완전한 실현이 어떤 사정으로 방해되었거나 또는 방해될 염려가 있는 경우에 그 방해사실을 제거 또는 예방하여 물권내용의 완전한 실현을 가능케 하는 데 필요한 행위를 청구할 수 있는 권리로, 이는 사권의 보호를 위한 한 수단으로서 소유권절대의 원칙과 관련이 깊다.

16

간주(의제)는 추정과 달리 반증만으로 번복이 불가능하고 '취소절차'를 거쳐야만 그 효과를 전복시킬 수 있다. 따라서 사실의 확정에 있어서 간주는 그 효력이 추정보다 더 강하다고 할 수 있다.

오답분석
② "~한 것으로 본다."라고 규정하고 있으면 이는 간주규정이다.
③ 실종선고를 받은 자는 전조의 기간이 만료한 때에 사망한 것으로 본다(민법 제28조).
④ 추정에 대한 설명이다.

17

채무의 변제를 받는 것은 이로 인하여 권리를 상실하는 것이므로, 단순히 권리만 얻거나 의무만을 면하는 행위에 속하지 않는다. 따라서 미성년자 단독으로 유효히 할 수 없고 법정대리인의 동의를 얻어서 해야 하는 행위에 속한다.

미성년자의 행위능력

원칙	• 법정대리인의 동의를 요하고 이를 위반한 행위는 취소할 수 있다.
예외 (단독으로 할 수 있는 행위)	• 단순히 권리만을 얻거나 또는 의무만을 면하는 행위 • 처분이 허락된 재산의 처분행위 • 허락된 영업에 관한 미성년자의 행위 • 혼인을 한 미성년자의 행위(성년의제) • 대리행위 • 유언행위(만 17세에 달한 미성년자의 경우) • 법정대리인의 허락을 얻어 회사의 무한책임사원이 된 미성년자가 사원자격에 기해서 한 행위(상법 제7조) • 근로계약과 임금의 청구(근로기준법 제67조·제68조)

18   정답 ③

실종선고를 받아도 당사자가 존속한다면 그의 권리능력은 소멸되지 않는다. 실종선고기간이 만료한 때 사망한 것으로 간주된다(민법 제28조).

19   정답 ④

상법은 영리성, 집단성·반복성, 획일성·정형성, 공시주의, 기업책임의 가중과 경감, 기업의 유지 강화, 기술성·진보성, 세계성·통일성 등의 특색(이념)을 가진다.

20   정답 ②

회사가 가진 자기주식은 의결권이 없다(상법 제369조 제2항).

[오답분석]
① 상법 제289조 제1항 제7호에 해당한다.
③ 상법 제293조에 해당한다.
④ 상법 제312조에 해당한다.

21   정답 ①

사장단이 아닌 사원의 동의 또는 결의가 있어야 한다.

> **상법상 회사의 공통된 해산사유(상법 제227조, 제287조의 38, 제517조, 제609조 참조)**
> - 사원의 동의 또는 결의
> - 존립기간의 만료
> - 정관으로 정한 사유의 발생
> - 회사의 합병·파산
> - 법원의 명령·판결

22   정답 ②

영업과 상호를 양수하면 양도인의 채권·채무도 양수한 것으로 보는 것이 원칙이다.

23   정답 ③

상법 제4편 제2장의 손해보험에는 화재보험(ㄴ), 운송보험, 해상보험(ㄷ), 책임보험(ㄱ), 자동차보험, 보증보험이 있고 재보험(ㅂ)은 책임보험의 규정을 준용(상법 제726조)하므로 손해보험에 포함시킨다.

[오답분석]
생명보험(ㄹ), 상해보험(ㅁ)은 인보험에 해당한다.

24 정답 ②

'실수'는 과실로 볼 수 있으며, 면책사유에는 해당되지 않는다.

> **보험자의 면책사유**
> - 보험사고가 보험계약자 또는 피보험자나 보험수익자의 고의 또는 중대한 과실로 인하여 생긴 때에는 보험자는 보험금액을 지급할 책임이 없다(상법 제659조 제1항).
> - 보험사고가 전쟁 기타의 변란으로 인하여 생긴 때에는 당사자간에 다른 약정이 없으면 보험자는 보험금액을 지급할 책임이 없다(상법 제660조).

25 정답 ②

행정행위(처분)의 부관이란 행정행위의 일반적인 효과를 제한하기 위하여 주된 의사표시에 붙여진 종된 의사표시로 행정처분에 대하여 부가할 수 있다. 부관의 종류에는 조건, 기한, 부담 등이 있다.
- 조건 : 행정행위의 효력의 발생 또는 소멸을 발생이 불확실한 장래의 사실에 의존하게 하는 행정청의 의사표시로서, 조건성취에 의하여 당연히 효력을 발생하게 하는 정지조건과 당연히 그 효력을 상실하게 하는 해제조건이 있다.
- 기한 : 행정행위의 효력의 발생 또는 소멸을 발생이 장래에 도래할 것이 확실한 사실에 의존하게 하는 행정청의 의사표시로서, 기한의 도래로 행정행위가 당연히 효력을 발생하는 시기와 당연히 효력을 상실하는 종기가 있다.
- 부담 : 행정행위의 주된 의사표시에 부가하여 그 상대방에게 작위·부작위·급부·수인의무를 명하는 행정청의 의사표시로서, 특허·허가 등의 수익적 행정행위에 붙여지는 것이 보통이다.
- 철회권의 유보 : 행정행위의 주된 의사표시에 부수하여, 장래 일정한 사유가 있는 경우에 그 행정행위를 철회할 수 있는 권리를 유보하는 행정청의 의사표시이다(숙박업 허가를 하면서 윤락행위를 하면 허가를 취소한다는 경우).

26 정답 ①

기판력은 확정된 재판의 판단 내용이 소송당사자와 후소법원을 구속하고, 이와 모순되는 주장·판단을 부적법으로 하는 소송법상의 효력을 말하는 것으로 행정행위의 특징으로는 옳지 않다.

27 정답 ②

건축 허가는 법률행위적 행정행위 중 명령적 행위에 속한다.

행정행위의 구분

법률행위적 행정행위	명령적 행위	하명, 허가, 면제
	형성적 행위	특허, 인가, 대리
준법률행위적 행정행위		확인, 공증, 통지, 수리

28 정답 ①

공무원의 복무(국가공무원법 제7장)
- 성실 의무
- 직장 이탈 금지
- 종교중립의 의무
- 청렴의 의무
- 영리 업무 및 겸직 금지
- 집단 행위의 금지
- 복종의 의무
- 친절·공정의 의무
- 비밀 엄수의 의무
- 품위 유지의 의무
- 정치 운동의 금지

29   정답 ④

유효한 행정행위가 존재하는 이상 모든 국가기관은 그 존재를 존중하고 스스로의 판단에 대한 기초로 삼아야 한다는 것으로 구성요건적 효력을 말한다.

행정행위 효력

(내용상) 구속력		행정행위가 그 내용에 따라 관계행정청, 상대방 및 관계인에 대하여 일정한 법적 효과를 발생하는 힘으로, 모든 행정행위에 당연히 인정되는 실체법적 효력을 말한다.
공정력		비록 행정행위에 하자가 있는 경우에도 그 하자가 중대하고 명백하여 당연무효인 경우를 제외하고는, 권한 있는 기관에 의해 취소될 때까지는 일응 적법 또는 유효한 것으로 보아 누구든지(상대방은 물론 제3의 국가기관도) 그 효력을 부인하지 못하는 효력을 말한다.
구성요건적 효력		유효한 행정행위가 존재하는 이상 모든 국가기관은 그 존재를 존중하고 스스로의 판단에 대한 기초로 삼아야 한다는 효력을 말한다.
존속력	불가쟁력 (형식적 확정력)	행정행위에 대한 쟁송제기기간이 경과하거나 쟁송수단을 다 거친 경우에는 상대방 또는 이해관계인은 더 이상 그 행정행위의 효력을 다툴 수 없게 되는 효력을 말한다.
	불가변력 (실질적 확정력)	일정한 경우 행정행위를 발한 행정청 자신도 행정행위의 하자 등을 이유로 직권으로 취소·변경·철회할 수 없는 제한을 받게 되는 효력을 말한다.
강제력	제재력	행정법상 의무위반자에게 처벌을 가할 수 있는 힘을 말한다.
	자력집행력	행정법상 의무불이행자에게 의무의 이행을 강제할 수 있는 힘을 말한다.

30   정답 ④

보험계약은 당사자 일방(보험계약자)이 약정한 보험료를 지급하고 재산 또는 생명이나 신체에 불확정한 사고가 발생할 경우에 상대방(보험자)이 일정한 보험금이나 그 밖의 급여를 지급할 것을 약정함으로써 효력이 생긴다(상법 제638조).

남에게 이기는 방법의 하나는 예의범절로 이기는 것이다.

- 조쉬 빌링스 -

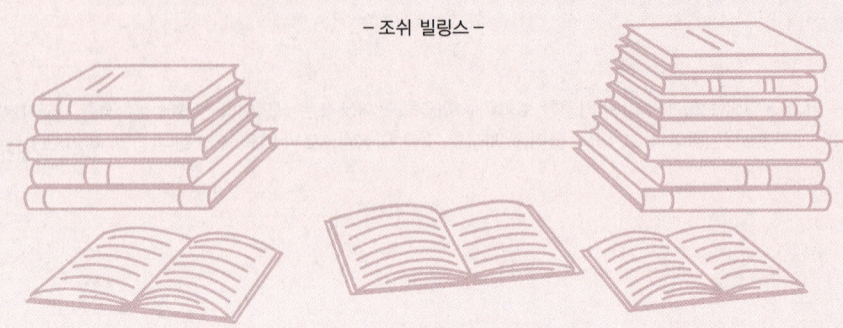

PART 5

최종점검 모의고사

제1회 경영학 최종점검 모의고사

제2회 경제학 최종점검 모의고사

제3회 행정학 최종점검 모의고사

제4회 법학 최종점검 모의고사

제1회 경영학 최종점검 모의고사

01	02	03	04	05	06	07	08	09	10	11	12	13	14	15	16	17	18	19	20
④	②	③	④	③	③	④	④	③	①	④	③	②	②	④	③	①	②	①	③
21	22	23	24	25	26	27	28	29	30	31	32	33	34	35	36	37	38	39	40
②	④	③	①	②	④	①	④	④	③	①	①	②	④	④	④	②	②	①	②
41	42	43	44	45	46	47	48	49	50										
③	③	②	①	④	①	②	③	④	③										

01
정답 ④

테일러의 차별적 성과급은 시간제 임금이 아니라 생산량에 따른 임금이다.

02
정답 ②

오답분석
① 관계마케팅 : 거래의 당사자인 고객과 기업 간 관계를 형성하고 유지·강화하며 동시에 장기적인 상호작용을 통해 상호 간 이익을 극대화할 수 있는 다양한 마케팅활동이다.
③ 표적시장 선정 : 시장세분화를 통해 포지셔닝을 하기 전에 포지셔닝을 할 대상을 결정하는 단계이다.
④ 일대일 마케팅 : 기업과 개별 고객 간 직접적인 의사소통을 통한 마케팅이다.

03
정답 ③

인간관계론은 행정조직이나 민간조직을 단순한 기계적인 구조로만 보고, 오직 시스템의 개선만으로 능률성을 추구하려 하였다는 과거의 과학적 관리론과 같은 고전적 조직이론의 개념을 탈피하여 한계점을 수용하고, 노동자들의 감정이나 기분과 같은 사회·심리적 요인과 비경제적 보상을 고려하며 인간 중심적 관리를 중시하였다.

04
정답 ④

허시와 블랜차드의 3차원적 유효성이론에서는 부하의 성숙수준이 증대됨에 따라 리더는 부하의 성숙수준이 중간 정도일 때까지보다 더 관계지향적인 행동을 취하며 과업지향적인 행동은 덜 취해야 한다고 한다.

05
정답 ③

자원기반관점(RBV; Resource Based View)은 기업 경쟁력의 원천을 기업의 외부가 아닌 내부에서 찾는다. 진입장벽, 제품차별화 정도, 사업들의 산업집중도 등은 산업구조론(I.O)의 핵심요인이다.

06   정답 ③

네트워크 구조는 다수의 다른 장소에서 이루어지는 프로젝트들을 관리·통솔하는 과정에서 다른 구조보다 훨씬 더 많은 층위에서의 감독이 필요하며 그만큼 관리비용이 증가한다. 이러한 다수의 관리감독자들은 구성원들에게 혼란을 야기하거나 프로젝트 진행을 심각하게 방해할 수도 있다. 이에 따른 단점을 상쇄하기 위해 최근 많은 기업들은 공동 프로젝트 통합관리 시스템 개발을 통해 효율적인 네트워크 조직운영을 목표로 하고 있다.

> **네트워크 조직(Network Organization)**
> 자본적으로 연결되지 않은 독립된 조직들이 각자의 전문 분야를 추구하면서도 제품을 생산과 프로젝트 수행을 위한 관계를 형성하여 상호의존적인 협력관계를 형성하는 조직이다.

07   정답 ④

리더 – 구성원 교환이론은 리더 – 구성원 간의 관계에 따라 리더십 결과가 다르다고 본다.

08   정답 ④

마일즈(Miles)와 스노우(Snow)의 전략유형
- 공격형 : 새로운 제품과 시장기회를 포착 및 개척하려는 전략으로, 진입장벽을 돌파하여 시장에 막 진입하려는 기업들이 주로 활용한다. 신제품과 신기술의 혁신을 주요 경쟁수단으로 삼는다.
  - 위험을 감수하고 혁신과 모험을 추구하는 적극적 전략
  - 분권화(결과)에 의한 통제
  - 충원과 선발은 영입에 의함
  - 보상은 대외적 경쟁성과 성과급 비중이 큼
  - 인사고과는 성과 지향적이고 장기적인 결과를 중시함
- 방어형 : 효율적인 제조를 통해 기존 제품의 품질을 높이거나 가격을 낮춰 고객의 욕구를 충족시키며 가장 탁월한 전략으로 여겨진다.
  - 조직의 안정적 유지를 추구하는 소극적 전략
  - 틈새시장(니치)을 지향하고, 그 밖의 기회는 추구하지 않음
  - 기능식 조직
  - 중앙집권적 계획에 의한 통제
  - 보상은 대내적 공정성을 중시하고, 기본급 비중이 큼
  - 인사고과는 업무과정 지향적이고, 단기적인 결과를 중시함
- 분석형 : 먼저 진입하지 않고 혁신형을 관찰하다가 성공가능성이 보이면 신속하게 진입하는 전략으로, 공정상의 이점이나 마케팅상의 이점을 살려서 경쟁한다. 공격형 전략과 방어형 전략의 결합형으로, 한편으로 수익의 기회를 최대화하면서 다른 한편으로는 위험을 최소화하려는 전략이다.

09   정답 ③

수직적 마케팅시스템(VMS)은 생산자와 도매상, 소매상들이 하나의 통일된 시스템을 이룬 유통경로체제로, 크게 기업적, 관리적, 계약적 형태로 구분할 수 있다. 프랜차이즈 시스템은 이 중 계약적 VMS에 속한다.

오답분석
ㄴ. 수직적 마케팅시스템은 구성원인 제조업자, 도매상, 소매상, 소비자를 각각 개별적으로 파악하는 것이 아니라, 구성원 전체가 소비자의 필요와 욕구를 만족시키는 유기적인 전체 시스템을 이룬 유통경로체제이다.
ㄷ. 수직적 마케팅시스템에서는 구성원들의 행동이 각자의 이익을 극대화하는 방향이 아닌 시스템 전체의 이익을 극대화하는 방향으로 조정된다.

10 정답 ①

3C는 Company, Customer, Competitor로 구성되어 있다. 자사, 고객, 경쟁사로 기준을 나누어 현 상황을 파악하는 분석방법으로, PEST 분석 후 PEST 분석 내용을 기반으로 3C의 상황 및 행동을 분석하고 예측한다.
- Company : 자사의 마케팅 전략, 강점, 약점, 경쟁우위, 기업 사명, 목표 등을 파악(SWOT 활용)
- Customer : 고객의 필요와 욕구 파악, 시장 동향 파악, 고객(표적 시장) 파악
- Competitor : 경쟁사의 미래 전략, 경쟁우위, 경쟁열위(자사와의 비교 시 장점, 약점) 파악, 경쟁사의 기업 사명과 목표 파악

11 정답 ④

ERP(Enterprise Resource Planning : 전사적 자원관리)의 특징
- 기업의 서로 다른 부서 간의 정보 공유를 가능하게 함
- 의사결정권자와 사용자가 실시간으로 정보를 공유하게 함
- 보다 신속한 의사결정과 효율적인 자원 관리를 가능하게 함

[오답분석]
① JIT(Just-In-Time) : 과잉생산이나 대기시간 등의 낭비를 줄이고 재고를 최소화하여 비용 절감과 품질 향상을 달성하는 생산 시스템이다.
② MRP(Material Requirement Planning : 자재소요계획) : 최종 제품의 제조과정에 필요한 원자재 등의 종속수요 품목을 관리하는 재고관리기법이다.
③ MPS(Master Production Schedule : 주생산계획) : MRP의 입력자료 중 하나로, APP를 분해하여 제품이나 작업장 단위로 수립한 생산계획이다.

12 정답 ③

[오답분석]
① 빅데이터(Big Data) : 디지털 환경에서 생성되는 데이터로, 그 규모가 방대하고 생성 주기도 짧으며 수치 데이터뿐만 아니라 문자와 영상 데이터를 포함하는 대규모 데이터이다.
② 클라우드 컴퓨팅(Cloud Computing) : 컴퓨터를 활용하는 작업에 있어서 필요한 요소들을 인터넷 서비스를 통해 다양한 종류의 컴퓨터 단말 장치로 제공하는 것으로, 가상화된 IT자원을 서비스로 제공한다.
④ 핀테크(Fintech) : 금융(Finance)과 기술(Technology)을 결합한 합성어로, 첨단 정보 기술을 기반으로 한 금융 서비스 및 산업의 변화를 일으키고자 하는 움직임이다.

13 정답 ②

제품 - 시장 매트릭스

구분	기존제품	신제품
기존시장	시장침투 전략	신제품개발 전략
신시장	시장개발 전략	다각화 전략

14 정답 ②

모태펀드는 기업에 직접 투자하기보다는 개별펀드(투자조합)에 출자하여 직접적인 투자위험을 감소시키면서 수익을 목적으로 운영하는 펀드로, 펀드를 위한 펀드(Fund of Funds)라 불린다.

[오답분석]
① 사모펀드(Private Equity Fund) : 소수의 투자자로부터 사모 방식으로 자금을 조성하여 주식·채권 등에 운용하는 펀드이다.
③ 국부펀드 : 중앙은행이 관리하는 외화 보유액과는 달리 정부가 외화 보유액 일부를 투자용으로 출자해 만든 펀드이다.

④ 상장지수펀드(ETF; Exchange Traded Fund) : 특정 주가 지수에 따라 수익이 결정되는 인덱스 펀드를 증권시장에 상장하여 거래되는 펀드이다. 증권사 등이 투자 자금을 모으고 전문가에게 운용을 맡기며, 수수료가 적고 자금이 필요할 때 증권시장에서 매각해 바로 회수할 수 있어 환금성이 높다는 특징이 있다.

15   정답 ④

ㄱ・ㄴ・ㄷ・ㄹ. 모두 불공정성 해소방법에 해당한다.

> **애덤스의 공정성이론 중 불공정성 해소방법**
> • 투입의 변경 : 직무에 투입하는 시간, 노력, 기술, 경험 등을 줄인다.
> • 산출의 변경 : 임금인상이나 작업조건의 개선 등을 요구한다.
> • 준거대상의 변경 : 자신과 비교대상이 되는 인물, 집단 등을 비슷한 수준의 대상으로 변경한다.
> • 현장 또는 조직으로부터의 이탈 : 직무환경에 불평등을 느낀 사람은 직무를 전환하거나 조직을 이탈한다.

16   정답 ③

시장지향적 마케팅이란 고객지향적 마케팅의 장점을 포함하면서 그 한계점을 극복하기 위한 포괄적 마케팅이며, 기업이 최종 고객들과 원활한 교환을 통하여 최상의 가치를 제공해 주기 위해 기업 내외의 모든 구성요소들 간 상호작용을 관리하는 총체적 노력이 수반되기도 한다. 그에 따른 노력 중에는 외부사업이나 이익 기회들을 확인해 다양한 시장 구성요소들이 완만하게 상호작용하도록 관리하며, 외부시장의 기회에 대해 적시하고 정확하게 대응한다. 때에 따라 기존 사업시장을 포기하고 전혀 다른 사업부문으로 진출하기도 한다.

17   정답 ①

측정도구를 구성하는 측정지표(측정문항) 간의 일관성은 신뢰도를 의미한다. 내용 타당성이란 처치와 결과 사이의 관찰된 관계로부터 도달하게 된 인과적 결론의 적합성 정도를 말한다.

18   정답 ②

재고 부족현상이 발생하게 되면 EOQ 모형을 적용하기 어렵다. 하지만 실제 상황에서는 갑작스러운 수요 상승으로 인한 재고부족이 나타날 수 있고, 이러한 단점으로 인해 실제로는 추가적으로 여러 가지 요소들을 함께 고려해야 EOQ 모형을 적절하게 사용할 수 있다. 따라서 EOQ 모형을 사용하기 위해서는 재고 부족현상은 발생하지 않고, 주문 시 정확한 리드타임이 적용된다는 것을 가정으로 계산해야 한다.

19   정답 ①

비유동자산이란 재무상태표 작성일을 기준으로 1년 이내에 현금화할 수 없는 자산을 말한다. 비유동자산은 크게 투자자산, 유형자산, 무형자산으로 구분할 수 있다. 투자자산은 기업의 본래 영업활동이 아닌 투자목적으로 보유하는 자산을 의미하고, 유형자산은 토지, 건물 등 부동산 자산과 기계장치, 설비 등을 말한다. 그 외 영업권, 산업재산권 등을 무형자산에 해당한다.

20   정답 ③

원가우위 전략은 경쟁사보다 저렴한 원가로 경쟁하며 동일한 품질의 제품을 경쟁사보다 낮은 가격에 생산 및 유통한다는 점에 집중되어 있다. 디자인, 브랜드 충성도 또는 성능 등으로 우위를 점하는 전략은 차별화 전략이다.

21 정답 ②

제도화 이론은 조직이 생존하기 위해서는 이해관계자들로부터 정당성을 획득하는 것이 중요하다고 주장한다. 즉, 환경에서 어떤 조직의 존재가 정당하다고 인정될 때에만 조직이 성공할 수 있다는 것이다. 또한 다른 조직을 모방하려는 모방적 힘이나 규제와 같은 강압적 힘 등이 작용하기 때문에 유사한 산업에 속한 조직들이 서로 간에 유사한 시스템을 구축한다고 본다.

오답분석
① 대리인 이론 : 기업과 관련된 이해관계자들의 문제는 기업 내의 계약관계에 의하여 이루어진다는 이론이다.
③ 자원의존 이론 : 자원을 획득하고 유지할 수 있는 능력을 조직생존의 핵심요인으로 보는 이론이다.
④ 조직군 생태학 이론 : 환경에 따른 조직들의 형태와 그 존재 및 소멸 이유를 설명하는 이론이다.

22 정답 ④

무형성(ㄱ), 비분리성(ㄴ), 소멸성(ㄷ), 변동성(ㄹ) 모두 서비스의 특성이다.

> **서비스의 특성**
> • 무형적이며 재판매가 불가능하다.
> • 일반적으로 이전되지 않으며 저장할 수 없다.
> • 생산과 소비를 동시에 하며 같은 장소에서 발생한다.
> • 운송할 수 없으며 구매자가 직접 생산에 참가한다.
> • 대부분 직접적인 접촉이 요구되며 생산과 판매는 기능적으로 분리될 수 없다.

23 정답 ③

대량생산 및 대량유통으로 규모의 경제를 실현하여 비용절감을 하는 전략은 비차별화 전략으로, 단일 제품으로 단일 세분시장을 공략하는 집중화 전략과는 반대되는 전략이다.

24 정답 ①

생산시스템 측면에서 신제품 개발 프로세스는 ㄱ. 아이디어 창출 → ㄴ. 제품선정 → ㅂ. 예비설계 → ㄹ. 설계의 평가 및 개선 → ㅁ. 제품원형 개발 및 시험마케팅 → ㄷ. 최종설계 순으로 진행된다.

25 정답 ②

데이터 웨어하우스란 정보(Data)와 창고(Warehouse)를 합성한 말로, 여러 개로 분산 운영되는 데이터베이스 시스템들을 효율적으로 통합하여 조정·관리하며 효율적인 의사결정 정보를 제공하는 것을 의미한다.

26 정답 ④

리스트럭처링(Restructuring)은 미래의 모습을 설정하고 그 계획을 실행하는 기업혁신방안으로, 기존 사업 단위를 통폐합하거나 축소 또는 폐지하여 신규 사업에 진출하기도 하며 기업 전체의 경쟁력 제고를 위해 사업 단위들을 어떻게 통합해 나갈 것인가를 결정한다.

오답분석
① 벤치마킹(Benchmarking) : 기업에서 경쟁력을 제고하기 위한 방법의 일환으로 타사에서 배워오는 혁신 기법이다.
② 학습조직(Learning Organization) : 조직의 지속적인 경쟁우위를 확보하기 위한 근본적이고 총체적이며 지속적인 경영혁신전략이다.
③ 리엔지니어링(Re - Engineering) : 전면적으로 기업의 구조와 경영방식을 재설계하여 경쟁력을 확보하고자 하는 혁신기법이다.

27 정답 ①

스캔런 플랜은 보너스 산정방식에 따라 3가지로 분류된다. 단일비율 스캔런 플랜은 노동비용과 제품생산액의 산출 과정에서 제품의 종류와 관계없이 전체 공장의 실적을 보너스 산출에 반영한다. 또한 분할비율 스캔런 플랜은 노동비용과 제품생산액을 산출할 때 제품별로 가중치를 둔다. 그리고 다중비용 스캔런 플랜은 노동비용뿐만 아니라 재료비와 간접비의 합을 제품생산액으로 나눈 수치를 기본비율로 사용한다. 이때 모든 공식에는 재료 및 에너지 등을 포함하여 계산한다.

[오답분석]
② 러커 플랜(Rucker Plan) : 러커(Rucker)는 스캔런 플랜에서의 보너스 산정 비율은 생산액에 있어서 재료 및 에너지 등 경기변동에 민감한 요소가 포함되어 있어, 종업원의 노동과 관계없는 경기 변동에 따라 비효율적인 수치 변화가 발생할 수 있는 문제점이 있다고 제시하면서, 노동비용을 판매액에서 재료 및 에너지, 간접비용을 제외한 부가가치로 나누는 것을 공식으로 하였다.
③ 임프로쉐어 플랜(Improshare Plan) : 회계처리 방식이 아닌 산업공학의 기법을 사용하여 생산단위당 표준노동시간을 기준으로 노동생산성 및 비용 등을 산정하여 조직의 효율성을 보다 직접적으로 측정하며, 집단성과급제들 중 가장 효율성을 추구한다.
④ 커스터마이즈드 플랜(Customized Plan) : 집단성과배분제도를 각 기업의 환경과 상황에 맞게 수정하여 사용하는 방식으로 성과측정의 기준으로 노동비용이나 생산비용, 생산 이외에도 품질향상, 소비자 만족도 등 각 기업이 중요성을 부여하는 부분에 초점을 둔 새로운 지표를 사용한다. 성과를 측정하는 항목으로 제품의 품질, 납기준수실적, 생산비용의 절감, 산업 안전 등 여러 요소를 정하고, 매 분기별로 각 사업부서의 성과를 측정하고 성과가 목표를 초과하는 경우에 그 부서의 모든 사원들이 보너스를 지급받는 제도이다.

28 정답 ④

총자산이 800억 원이고 비유동자산이 428억 원이므로 유동자산은 372억 원임을 알 수 있다. 또한, 유동비율은 일반적으로 200% 이상이면 양호하므로 유동자산을 기준으로 유동부채를 구하면 다음과 같다.
372억 ÷ (유동부채) × 100 = 200
∴ (유동부채) = 186억
이때, 총부채는 총자산에서 자본을 제외한 값이고, 비유동부채는 총부채에서 유동부채를 제외하여 구한다.
(총부채) = 800억 − 300억(자본) = 500억
∴ (비유동부채) = 500억 − 186억 = 314억 원

29 정답 ④

기업의 생산이나 판매과정 전후에 있는 기업 간의 합병으로, 주로 원자재 공급의 안정성 등을 목적으로 하는 것은 수직적 합병이다. 수평적 합병은 동종 산업에서 유사한 생산단계에 있는 기업 간의 합병으로, 주로 규모의 경제적 효과나 시장지배력을 높이기 위해서 이루어진다.

30 정답 ③

규범기는 역할과 규범을 받아들이고 수행하며 성과로 이어지는 단계이다.

터크만(Tuckman)의 집단 발달의 5단계 모형
1. 형성기(Forming) : 집단의 구조와 목표, 역할 등 모든 것이 불확실한 상태. 상호 탐색 및 방향 설정
2. 격동기(Storming) : 소속감, 능력, 영향력은 인식한 상태. 권력분배와 역할분담 등에서 갈등과 해결 과정을 겪음
3. 규범기(Norming) : 집단의 구조, 목표, 역할, 규범, 소속감, 응집력 등이 분명한 상태. 협동과 몰입
4. 성과달성기(Performing) : 비전 공유 및 원활한 커뮤니케이션으로 자율성, 높은 생산성 등 집단목표 달성
5. 해체기(Adjourning) : 집단의 수명이 다하여 멤버들은 해산됨

31 정답 ①

질문지법은 구조화된 설문지를 이용하여 직무에 대한 정보를 얻는 직무분석 방법이다.

32 정답 ①

㉠·㉡ 푸시 전략(Push Strategy)에 대한 설명이다.

오답분석

㉢·㉣ 풀 전략(Pull Strategy)에 대한 설명이다.

33 정답 ②

서브리미널 광고는 자각하기 어려울 정도의 짧은 시간 동안 노출되는 자극을 통하여 잠재의식에 영향을 미치는 현상을 의미하는 서브리미널 효과를 이용한 광고이다.

오답분석

① 애드버커시 광고 : 기업과 소비자 사이에 신뢰관계를 회복하려는 광고이다.
③ 리스폰스 광고 : 광고 대상자에게 직접 반응을 얻고자 메일, 통신 판매용 광고전단을 신문이나 잡지에 끼워 넣는 광고이다.
④ 키치 광고 : 설명보다는 기호와 이미지를 중시하는 광고이다.

34 정답 ④

제시된 사례는 기업이 고객의 수요를 의도적으로 줄이는 디마케팅(Demarketing)이다. 프랑스 맥도날드사는 청소년 비만 문제에 대한 이슈로 모두가 해당 불매운동에 동감하고 있을 때, 청소년 비만 문제를 인정하며 소비자들의 건강을 더욱 생각하는 회사라는 이미지를 위해 단기적으로는 수요를 하락시킬 수 있는 메시지를 담아 디마케팅을 실시하였다. 결과적으로는 소비자를 더욱 생각하는 회사로 이미지 마케팅에 성공하며, 가장 대표적인 디마케팅 사례로 알려지게 되었다.

35 정답 ④

시장세분화는 수요층별로 시장을 분할해 각 층에 대해 집중적인 마케팅 전략을 펴는 것으로, 인구통계적 세분화는 나이, 성별, 라이프사이클, 가족 수 등을 세분화하여 소비자 집단을 구분하는 데 사용한다.

오답분석

① 시장포지셔닝 : 소비자들의 마음속에 자사제품의 바람직한 위치를 형성하기 위하여 제품 효익을 개발하고 커뮤니케이션하는 활동을 의미한다.
② 사회심리적 세분화 : 사회계층, 준거집단, 라이프 스타일, 개성 등으로 시장을 나누는 것이다.
③ 시장표적화 : 포지셔닝할 고객을 정하는 단계이다.

36 정답 ④

공급사슬관리(SCM)란 공급자로부터 최종 고객에 이르기까지 자재 조달, 제품 생산, 유통, 판매 등의 흐름을 적절히 관리하는 것으로, 이를 통해 자재의 조달 시간을 단축하고, 재고 비용이나 유통 비용 등을 절감할 수 있다.

오답분석

① 자재소요량계획(MRP)에 대한 설명이다.
② 업무재설계(BPR)에 대한 설명이다.
③ 적시생산방식(JIT)에 대한 설명이다.

37 정답 ②

침투가격정책은 수요가 가격에 민감한 제품, 즉 수요의 가격탄력도가 높은 제품에 많이 사용하는 방법이다.

38   정답 ②

MRPⅡ(Manufacturing Resource Planning Ⅱ)는 제조자원을 통합하여 계획하는 관리시스템으로, 자재소요계획(MRP; Material Requirement Planning)과의 구별을 위해 Ⅱ를 붙였다.

[오답분석]
① MRP(Material Requirement Planning) : 자재소요량계획으로, 제품(특히 조립제품)을 생산함에 있어서 부품(자재)이 투입될 시점과 투입되는 양을 관리하기 위한 시스템이다.
③ JIT(Just In Time) : 적기공급생산으로 재고를 쌓아 두지 않고서도 필요한 때 제품을 공급하는 생산방식이다.
④ FMS(Flexible Manufacturing System) : 다품종 소량생산을 가능하게 하는 생산 시스템으로, 생산 시스템을 자동화·무인화하여 다품종 소량 또는 중량 생산에 유연하게 대응하는 시스템이다.

39   정답 ①

$Ks = (D_1 \div P_0) + g = (2,000 \div 30,000) + 0.04 ≒ 10\%$

40   정답 ②

- [재무레버리지도(DFL)]=(영업이익)÷[(영업이익)−(이자비용)]=40÷(40−30)=4
- [영업레버리지도(DOL)]=[(매출액)−(영업변동비)]÷[(매출액)−(영업변동비)−(영업고정비)]
  =(100−30)÷(100−30−30)=1.75
- [결합레버리지도(DCL)]=(영업레버리지도)×(재무레버리지도)=4×1.75=7

41   정답 ③

공정가치를 측정하기 위해 사용하는 가치평가기법은 관측할 수 있는 투입변수를 최대한으로 사용하고 관측할 수 없는 투입변수는 최소한으로 사용한다.

42   정답 ③

제시문은 영업권에 대한 설명이다. 내부적으로 창출한 영업권은 자산으로 인식하지 않는다.

43   정답 ②

(자본증가액)=(80,000×1.1−2,000)×40%=34,400

44   정답 ①

[오답분석]
② 순자산보다 주가가 높게 형성되어 고평가되었다고 판단한다.
③ 채권자가 아닌 주주가 배당받을 수 있는 자산의 가치를 의미한다.
④ 성장성이 아닌 안정성을 보여주는 지표이다.

45   정답 ④

장기이자율이 단기이자율보다 높으면 우상향곡선의 형태를 취한다.

46 정답 ①
포괄손익계산서에 특별손익 항목은 없다.

47 정답 ②
- 공정가치 미만 유상증자는 무상증자비율을 구하여 소급조정한다.
- (무상증자비율)=400÷(18,400+1,600)=2%
- (가중평균유통보통주식수)=[(18,400×1.02×6)+(20,400×2)+(18,900×4)]÷12=19,084

48 정답 ③
인지적 평가이론이란 순수한 내적 동기로 일하던 사람에게 금전적 보상이 가해지는 순간 내적 동기가 침해될 수도 있다는 이론이다. 따라서 이에 따르면 A는 동기가 침해되었기 때문에 의욕을 상실하게 된다.

49 정답 ④
[자본자산가격결정모형($CAPM$)]=$rf+[E(rm)-rf]×\sigma m$=0.05+(0.18-0.05)×0.5=11.5%

50 정답 ③
가중치를 장부가치 기준의 구성 비율이 아닌 시장가치 기준의 구성 비율로 하는 이유는 주주와 채권자의 현재 청구권에 대한 요구수익률을 측정하기 위함이다.

제 2 회 경제학 최종점검 모의고사

01	02	03	04	05	06	07	08	09	10	11	12	13	14	15	16	17	18	19	20
①	③	②	①	①	②	④	①	②	②	②	①	②	②	②	④	③	②	④	④
21	22	23	24	25	26	27	28	29	30	31	32	33	34	35	36	37	38	39	40
③	④	②	④	③	③	③	④	④	③	③	④	①	②	③	②	①	①	②	②
41	42	43	44	45	46	47	48	49	50										
④	④	④	④	②	①	②	②	②	①										

01

정답 ①

제시문은 케인즈가 주장하였던 유동성함정의 상황이다. 유동성함정이란 시장에 현금이 흘러 넘쳐 구하기 쉬운데도 기업의 생산·투자와 가계의 소비가 늘지 않아 경기가 나아지지 않고, 마치 경제가 함정(Trap)에 빠진 것처럼 보이는 상황을 말한다. 즉, 유동성함정의 경우에는 금리를 아무리 낮추어도 실물경제에 영향을 미치지 못하게 된다.

02

정답 ③

[오답분석]
마. 정책실행 시차가 부재한다면 정부정책이 더 효과적으로 실시될 가능성이 높다.

03

정답 ②

[오답분석]
가. A재에 대한 수요가 증가하면 A재의 생산량이 증가하므로 A재에 특화된 노동에 대한 수요가 증가한다. 그러나 노동공급곡선이 수직선이므로 노동수요가 증가하더라도 고용량은 변하지 않고 임금만 상승하게 된다.
다. 노동공급이 증가하면 임금이 하락하므로 A재의 생산비용이 낮아진다. 이로 인해 A재 시장에서 공급곡선이 오른쪽으로 이동하므로 A재의 가격은 하락하고 거래량은 증가한다.
마. 노동공급이 감소하면 임금이 상승하므로 A재 생산비용이 상승하여 A재의 공급곡선이 왼쪽으로 이동한다.

04

정답 ①

최고가격제도란 소비자 보호를 위해 최고가격을 시장 균형가격보다 낮은 수준에서 책정하는 것으로 인위적인 가격규제에 의한 비효율이 발생한다.

[오답분석]
② 최고가격제를 실시하게 된다면 초과수요가 발생하여 암시장이 나타날 수 있다.
③·④ 최저임금제는 정부가 노동시장에 개입하여 임금의 최저수준을 정하는 최저가격제도의 한 예이다. 최저가격제도란 시장가격보다 높은 수준에서 최저가격을 설정하는 가격규제 방법이다. 최저임금이 시장균형 임금보다 높은 수준에서 책정되면 노동시장에서 초과공급이 발생하고 그만큼의 비자발적 실업이 발생하게 된다. 이 경우 이미 고용된 노동자들은 혜택을 받을 수 있지만 취업 준비생들은 계속 실업자로 남을 가능성이 크다.

05 정답 ①

A국 구리 생산업체들의 국내 판매의 가격은 4이고 판매량은 4일 것이다. 하지만 국제 시장가격이 5이므로 A국 구리 생산업체들은 국제 시장가격으로 가격과 공급량을 결정할 것이다. 그렇다면 A국 구리 생산업체들의 판매가격은 5, 공급량은 5가 되는데 이때 국내에서도 5의 가격에서 2개의 수요가 있으므로 국내 판매량이 2라고 하면 수출량은 공급량 5에서 국내 판매량 2를 뺀 3이 된다.

06 정답 ②

오답분석
가. 완전경쟁기업이 단기에 초과이윤을 획득하고 있으면, 장기에는 다른 경쟁기업들이 진입하게 되므로 장기에는 모든 완전경쟁기업이 정상이윤만을 획득한다.
라. 초과이윤 상태에서는 한계비용이 평균비용보다 크다. 한계비용과 총평균비용이 일치하는 평균비용의 최소점을 손익분기점이라고 한다.
마. 완전경쟁시장의 이윤극대화 조건에 따라 시장가격과 한계비용은 일치한다.

07 정답 ④

마찰적 실업이란 직업을 탐색하는 과정에서 발생하는 실업으로 완전고용상태에서도 발생하는 자발적 실업이다.

오답분석
① 주부는 비경제활동인구에 포함된다.
② 실업률은 실업자의 수를 경제활동인구로 나누어 구한다.
③ 구조적 실업은 산업구조의 변화나 기술의 발달로 인해 특정한 기능을 가진 노동자에 대한 수요가 감소함에 따라 발생하는 비자발적 실업이며, 경기적 실업은 경기침체로 인한 총수요의 부족으로 발생하는 비자발적 실업이다.

08 정답 ①

가. 인플레이션이 예상되지 못한 경우, 부와 소득의 재분배가 일어난다. 인플레이션으로 인해 화폐 가치가 하락하면 고정된 금액을 받아야 하는 채권자는 불리해지고, 반대로 채무자는 유리해진다. 즉, 채권자에게서 채무자에게로 부가 재분배된다. 이러한 부의 재분배는 인플레이션이 완전히 예상된 경우에는 발생하지 않는다.
나. 메뉴비용이란, 인플레이션 상황에서 생산자가 제품의 가격을 수정하면서 발생하는 비용을 의미한다. 메뉴비용은 예상된 인플레이션과 예상되지 못한 인플레이션 두 경우 모두에서 발생한다.

오답분석
다. 인플레이션으로 인해 현금의 가치가 하락하고, 현금 외의 실물자산의 가치가 상대적으로 상승한다. 즉, 현금 보유의 기회비용이 증가한다.
라. 인플레이션이 발생하면 국내에서 생산되는 재화의 상대가격이 상승하므로, 이는 세계 시장에서의 가격경쟁력을 약화시킨다. 따라서 수출이 감소하고, 경상수지가 악화된다.

09 정답 ②

우월전략은 상대방의 전략에 관계없이 항상 자신의 보수가 가장 크게 되는 전략을 말한다.

10 정답 ②

항상소득가설에 의하면 항상소득의 증가는 소비의 증가에 크게 영향을 미치지만 임시소득이 증가하는 것은 소비에 거의 영향을 미치지 않는다. 따라서 항상소득의 한계소비성향은 일시소득의 한계소비성향보다 크다.

11 정답 ②

화폐의 중립성은 통화량의 변화가 실질 변수에 영향을 주지 않는다는 이론으로 중앙은행이 통화정책을 실시해도 산출량은 변하지 않고 명목 변수인 물가만 변동하게 된다. 산출량이 변하지 않는다면 장기적으로 실업률에도 영향을 줄 수 없다.

오답분석
① 고전적 이분법은 장기적인 관점에서 성립한다.
③·④ 실질 변수에는 영향을 줄 수 없다.

12 정답 ①

표에 제시된 'A국 통화로 표시한 B국 통화 1단위의 가치'란 A국 통화의 명목환율을 의미한다.

명목환율을 e, 실질환율을 ε, 외국 물가를 P_f, 국내 물가를 P라고 할 때, 실질환율은 $\varepsilon = \dfrac{e \times P_f}{P}$ 로 표현된다.

이것을 각 항목의 변화율에 대한 식으로 바꾸면, $\dfrac{\Delta \varepsilon}{\varepsilon} = \dfrac{\Delta e}{e} + \dfrac{\Delta P_f}{P_f} - \dfrac{\Delta P}{P}$ 이 된다. 제시된 자료에서 명목환율은 15%, A국(자국) 물가지수는 7%, B국(외국) 물가지수는 3% 증가하였으므로, 앞의 식에 대입하면 실질환율(ε)의 변화율은 15%+3%-7%=11%(상승)이다. 실질환율이 상승하면 수출품의 가격이 하락하게 되므로 수출량은 증가한다.

13 정답 ②

ㄱ. 모형의 가정상 각 기업은 상대방이 생산량을 결정했을 때 이를 주어진 것으로 보고 자신의 이윤을 극대화하는 산출량을 결정한다.
ㄹ. 기업이 시장에 더 많이 진입하는 경우 시장은 과점의 형태에서 완전경쟁의 형태로 근접하게 되므로 균형가격은 한계비용에 접근한다.

오답분석
ㄴ. 쿠르노 모형은 독자적 행동을 가정하는 비협조적 과점모형의 대표적인 예이다.
ㄷ. 甲, 乙 두 기업이 완전한 담합을 이루는 경우 하나의 독점기업처럼 행동하게 되므로 쿠르노 균형의 결과는 달라진다.

14 정답 ②

ㄱ. 이부가격제에 대한 기본적인 개념 설명이다.
ㄷ. 소비자잉여에서 사용료를 제한 부분에서 가입비를 부과할 수 있으므로, 사용료를 아예 부과하지 않는다면 소비자잉여는 독점기업이 부과할 수 있는 가입비의 한도액이 된다.

오답분석
ㄴ. 적은 수량을 소비하더라도 가입비는 동일하게 지급하므로 적은 수량을 소비할수록 소비자의 평균지불가격이 높아진다.
ㄹ. 자연독점하에서 기업이 평균비용 가격설정으로 인한 손실을 보전하기 위해 선택하는 것이 아니라, 종량요금이 얼마이든 소비자잉여를 가입비로 흡수할 수 있으므로 1차 가격차별과 근접한 방식으로 독점기업의 이윤을 늘리기 위해 선택한다.

15 정답 ②

ⅰ) P_e가 3에서 5로 증가할 때 총수요곡선은 그대로이고 총공급곡선은 왼쪽으로 이동하므로 균형소득수준(ㄱ)은 하락하고 균형물가수준(ㄴ)은 상승함을 알 수 있다.
ⅱ) $P_e=3$을 직접 대입해서 풀 경우 $Y=1.5$, $P=2.5$가 도출되며, $P_e=5$를 대입해서 풀 경우 $Y=0.5$, $P=3.5$가 도출되므로 동일한 결론을 얻을 수 있다.

16

정답 ④

소비자 甲의 예산제약식은 $C_1 + \dfrac{C_2}{1+r} = W + Y_1 + \dfrac{Y_2}{1+r}$ 이다.

문제에서 주어진 값들을 대입하면 $800 + \dfrac{C_2}{1+0.02} = 200 + 1,000 + \dfrac{300}{1+0.02}$ 이므로, $C_2 = 708$이다.

17

정답 ③

불확실한 상황에서 지혜의 재산의 기대 수익과 기대효용을 계산해보면 각각 다음과 같다.

$E(X) = \left(\dfrac{3}{10} \times 400\right) + \left(\dfrac{7}{10} \times 900\right) = 120 + 630 = 750$

$E(U) = \left(\dfrac{3}{10} \times \sqrt{400}\right) + \left(\dfrac{7}{10} \times \sqrt{900}\right) = 6 + 21 = 27$

재산이 900만 원, 재산의 기대 수익이 750만 원이므로 기대손실액(PI)은 150만 원(=0.3×500)이다. 이제 불확실한 상황에서와 동일한 효용을 얻을 수 있는 확실한 현금의 크기인 확실성등가(CE)를 구하면 $\sqrt{CE} = 27$이므로 $CE = 729$만 원임을 알 수 있다. 지혜의 위험프리미엄(π)은 기대수익에서 확실성등가(CE)를 뺀 21만 원이다.

그러므로 지혜가 지불할 용의가 있는 최대 보험료는 기대손실액(PI)과 위험프리미엄(π)을 합한 171만 원이다.

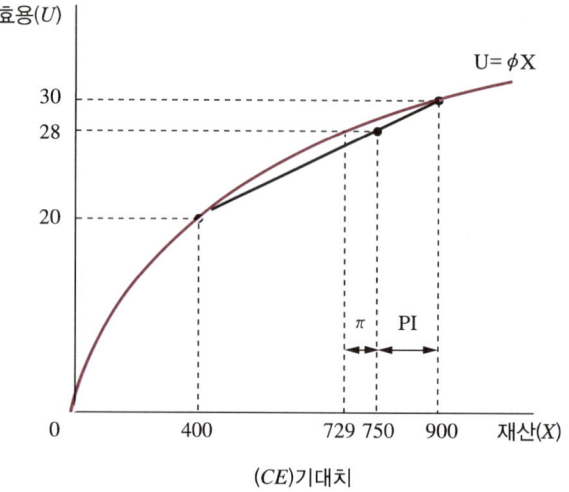

18

정답 ②

균형재정승수란 정부가 균형재정을 유지하는 경우에 국민소득이 얼마나 증가하는가를 측정하는 것이다. 균형재정이란 정부의 조세수입과 정부지출이 같아지는 상황으로 $\triangle G = \triangle T$라고 할 수 있다. 정부지출과 조세를 동일한 크기만큼 증가시키는 경우로 정부지출승수는 $\dfrac{\triangle Y}{\triangle G} = \dfrac{-MPC}{1-MPC} = \dfrac{-0.8}{1-0.8} = -4$이다.

따라서 정부지출과 조세를 동시에 같은 크기만큼 증가시키면, $\dfrac{\triangle Y}{\triangle G} + \dfrac{\triangle Y}{\triangle T} = \dfrac{1}{1-0.8} + \dfrac{-0.8}{1-0.8} = 5 - 4 = 1$이 된다. 즉, 균형재정승수는 1이다.

19

정답 ④

A의 소득이 10,000원, X재와 Y재에 대한 총지출액이 10,000원, X재 가격이 1,000원, 극대화되는 소비량이 $X = 6$이고 $Y = 10$이라고 하면 Y재의 가격은 400원이 된다.

예산선의 기본식은 다음과 같다.
$M = P_X \cdot X + P_Y \cdot Y$
$Y = -\dfrac{P_X}{P_Y}X + \dfrac{M}{P_Y}$

위 식에 문제에서 주어진 수치들을 대입하면, 아래와 같은 제약식을 얻을 수 있다.
$Y = -\dfrac{1,000}{400}X + \dfrac{10,000}{400}$
$Y = -2.5X + 25$

균형에서 예산선과 무차별곡선이 접하므로 무차별곡선의 기울기(MRS_{XY})와 예산선의 기울기$\left(\dfrac{P_X}{P_Y}\right)$는 같다. 따라서 문제에서 구하는 한계대체율은 예산선의 기울기의 절댓값인 2.5이다.

20
정답 ④

보조금이 지급되어 공급곡선이 $S_1 \rightarrow S_2$로 이동하면, 재화의 시장가격이 $P_1 \rightarrow P_2$로 낮아지므로 소비자 잉여는 d+e만큼 증가한다. 보조금 지급 이후의 시장가격은 P_2이나 생산자는 공급곡선 S_1과 S_2의 수직거리에 해당하는 단위당 보조금을 지급받으므로 생산자가 실제로 받는 가격은 P_3이다. 보조금 지급으로 인해 생산자가 받는 가격이 $P_1 \rightarrow P_3$로 상승하면 생산자잉여는 a+b만큼 증가한다. 한편, 단위당 보조금의 크기가 공급곡선 S_1과 S_2의 수직거리이고, 보조금 지급이후의 거래량은 Q_2이므로 정부가 지급한 보조금의 크기는 a+b+c+d+e+f이다. 정부가 지급한 보조금 중에서 소비자와 생산자에게 귀속되지 않은 부분인 c+f가 보조금 지급에 따른 사회적 후생손실에 해당한다.

21
정답 ③

- A는 비경제활동인구를 나타내며 일할 능력은 있지만 일할 의사가 없거나, 아예 일할 능력이 없는 사람들을 의미한다. 가정주부, 학생, 취업준비자, 고령자, 심신장애자, 실망노동자 등이 비경제활동인구에 해당한다.
- B는 취업자를 나타내며 수입을 목적으로 1주일에 1시간 이상 일을 하는 사람, 가족이 경영하는 사업체에서 일하는 사람, 일시적으로 휴직하는 사람 등이 취업자에 해당한다.

22
정답 ④

이자율평가설에 따르면, 현물환율(S), 선물환율(F), 자국의 이자율(r), 외국의 이자율(r_f) 사이에 다음과 같은 관계가 존재한다.
$(1+r) = (1+r_f)\dfrac{F}{S}$

공식의 좌변은 자국의 투자수익률, 우변은 외국의 투자수익률을 의미한다. 즉, 균형에서는 양국 간의 투자수익률이 일치하게 된다. 문제에 주어진 자료를 공식에 대입해보면 $1.03 < 1.02 \times \dfrac{1,200}{1,000}$으로서, 미국의 투자수익률이 더 큰 상태이다. 이 상태에서 균형을 달성하기 위해서는 좌변이 커지거나 우변이 작아져야 한다. 따라서 한국의 이자율이 상승하거나, 미국의 이자율이 하락하거나, 선물환율이 하락하거나, 현물환율이 상승해야 한다. 그리고 현재 미국의 투자수익률이 더 큰 상태이므로, 미국에 투자하는 것이 유리하다.

23
정답 ②

[오답분석]
① 토빈의 q는 장기적으로 투자와 주식시장 간의 관계를 설명하는 지표이다.
③ 토빈의 q 값은 $\dfrac{(주식시장에서 평가된 기업의 시장가치)}{(기업의 실물자본의 대체비용)}$로 도출된다.
④ q 값은 주식시장의 상황으로 신규투자를 이끌어 낼 수 있어 신규 투자의 변화와 관계가 있다.

24

정답 ④

비교우위는 같은 상품을 다른 나라에 비해 더 적은 기회비용으로 생산할 수 있는 능력을 말하며, 절대우위는 더 적은 양의 생산요소를 투입해 생산할 수 있는 능력을 말한다. 실제 두 국가 간의 교역은 절대우위에 의해 이루어지기도 하지만 사실상 비교우위에 의해 교역이 유발되는 경우가 더 많다. 절대우위 또는 비교우위가 있는 상품 생산에 특화하면 두 나라 모두 경제의 총 생산량과 소비자 잉여는 증가한다.

25

정답 ③

역선택은 감추어진 특성의 상황에서 발생하고, 도덕적 해이는 감추어진 행동의 상황에서 발생한다. 중고차시장에서는 역선택이 발생하나 신규차시장에서는 역선택이 발생하지 않는다. 최저임금은 정보의 비대칭성과 관계가 없다.

구분	역선택	도덕적 해이
원인 발생시점	계약 이전	계약 이후
원인	감추어진 특성	감추어진 행동
해결책	정보의 구입, 신호, 선별, 강제보험 등	유인설계(공동보험, 기초공제제도, 성과급 지급 등)

26

정답 ③

정부가 확장적 재정정책을 시행하더라도 고전학파모형에서는 국민소득이 변하지는 않는다. 하지만 확장적 재정정책을 실시하면 실질이자율이 상승하므로 민간투자와 민간소비가 감소하게 된다.

27

정답 ③

독점적 경쟁시장의 장기균형에서는 $P > SMC$가 성립한다.

[오답분석]

①·② 독점적 경쟁시장의 장기균형은 수요곡선과 단기평균비용곡선, 장기평균비용곡선이 접하는 점에서 달성된다.
④ 균형생산량은 단기평균비용의 최소점보다 왼쪽에서 달성된다.

28

정답 ④

[오답분석]

① 독점기업은 단기에 초과이윤을 얻을 수도 있지만 손실을 볼 수도 있다.
②·③ 독점기업의 가격차별은 사회적 후생을 증가시키지 않는다. 독점기업의 경우 시장은 때때로 효율적인 결과를 스스로 도출하지 못하므로 정부 개입은 필요하다.

29

정답 ④

[오답분석]

① 피셔효과의 '(명목이자율)=(실질이자율)+(예상 인플레이션)'이라는 관계식에 의해 인플레이션 발생으로 인한 예상 인플레이션 상승으로 명목이자율도 비례적으로 상승하게 된다.
② 명목소득이 불변일 때 인플레이션이 발생하면 실질소득은 감소한다.
③ 실질임금이 불변일 때 인플레이션이 발생하면 명목임금은 물가상승률에 비례하여 증가한다.

30

오답분석
① 새고전학파는 경기안정화를 위한 정부개입이 불필요하다고 보는 반면 새케인스학파는 정부개입이 필요하다고 주장한다.
② 새고전학파는 경기변동을 완전고용의 국민소득수준 자체가 변하면서 발생하는 현상으로 보는 반면 새케인스학파는 완전고용의 국민소득수준에서 이탈하면서 발생하는 현상으로 본다.
④ 새고전학파는 가격변수가 신축적으로 조정된다고 보는 반면 새케인스학파는 가격변수가 단기에는 경직적이라고 본다.

31

공공재의 비배제성 성질에 따르면 재화와 서비스에 대한 비용을 지불하지 않더라도 공공재의 이익을 얻을 수 있는 '무임승차의 문제'가 발생한다.

오답분석
① 공공재란 재화와 서비스에 대한 비용을 지불하지 않더라도 모든 사람이 공동으로 이용할 수 있는 재화 또는 서비스를 말한다. 따라서 한 사람의 소비가 다른 사람의 소비를 감소시키지 않는다.
② 공공재는 비경합성과 비배제성을 동시에 가지고 있다.
④ 공공재라도 민간이 생산, 공급할 수 있다.

32

일반적인 폐쇄경제 모형에서 정부저축은 이자율의 함수로 표현되지 않는다. 이자율이 하락할 경우 투자가 증가하지만 $S_P + S_G = I$ 에 따르면 민간저축이 증가한 상태에서 정부저축이 증가했는지 감소했는지를 단정하기 어렵다.

33

자본투입을 늘리고 노동투입을 줄일 경우 생산성도 높아지고 비용도 줄어들기 때문에 동일한 양의 최종생산물을 산출하면서도 비용을 줄일 수 있다.

34

수요곡선 : $2P = -Q + 100$, $P = -\frac{1}{2}Q + 50$

공급곡선 : $3P = Q + 20$, $P = \frac{1}{3}Q + \frac{20}{3}$

$\rightarrow -\frac{1}{2}Q + 50 = \frac{1}{3}Q + \frac{20}{3} \rightarrow \frac{5}{6}Q = \frac{130}{3}$

∴ $Q = 52$, $P = 24$

따라서 물품세 부과 전 균형가격 $P = 24$, 균형생산량 $Q = 52$이다.
공급자에게 1대당 10의 물품세를 부과하였으므로,

조세부과 후 공급곡선 : $P = \frac{1}{3}Q + \frac{50}{3}$

$\rightarrow -\frac{1}{2}Q + 50 = \frac{1}{3}Q + \frac{50}{3} \rightarrow \frac{5}{6}Q = \frac{100}{3}$

∴ $Q = 40$

조세부과 후 생산량이 40이므로, $Q = 40$을 수요곡선에 대입하면 조세부과 후의 균형가격 $P = 30$이다.
이와 같이 조세가 부과되면 균형가격은 상승(24 → 30)하고, 균형생산량은 감소(52 → 40)함을 알 수 있으며, 소비자가 실제로 지불하는 가격이 6원 상승하고 있으므로 10의 물품세 중 소비자 부담은 6원, 공급자 부담은 4원임을 알 수 있다.
이때 공급자가 부담하는 총 조세부담액은 (거래량)×(단위당조세액)=40×4=160이 된다.

35 정답 ③

ㄴ. 현재의 생산량 수준은 조업중단점과 손익분기점 사이의 지점으로, 평균총비용곡선은 우하향하고, 평균가변비용곡선은 우상향한다.

ㄹ. 시장가격이 한계비용과 평균총비용곡선이 교차하는 지점보다 낮은 지점에서 형성되는 경우 평균수익이 평균비용보다 낮아 손실이 발생한다. 문제에서 시장가격과 한계비용은 300이나, 평균총비용이 400이므로, 개별기업은 현재 음의 이윤을 얻고 있다고 볼 수 있다.

[오답분석]

ㅁ. 조업중단점은 평균가변비용의 최저점과 한계비용곡선이 만나는 지점이다. 문제의 경우 개별기업의 평균가변비용은 200, 한계비용은 300이므로 조업중단점으로 볼 수 없다.

36 정답 ②

절대우위는 다른 생산자에 비해 더 적은 생산요소를 투입해 같은 상품을 생산할 수 있는 능력이고 비교우위는 다른 생산자보다 더 적은 기회비용으로 생산할 수 있는 능력이다. A사는 B사보다 모터, 펌프 모두 시간당 최대 생산량이 많으므로 모터, 펌프 모두에 절대우위가 있다. 반면, A사의 펌프 생산 기회비용은 모터 1개지만 B사의 펌프 생산 기회비용은 모터 2/3개다. 따라서 B사는 펌프 생산에 비교우위가 있다.

37 정답 ①

완전경쟁기업은 가격과 한계비용이 같아지는($P=MC$) 점에서 생산하므로, 주어진 비용함수를 미분하여 한계비용을 구하면 $MC=10q$이다. 시장전체의 단기공급곡선은 개별 기업의 공급곡선을 수평으로 합한 것이므로 시장전체의 단기공급곡선은 $P=\frac{1}{10}Q$로 도출된다. 이제 시장수요함수와 공급함수를 연립해서 계산하면 $350-60P=10P$, $P=5$이다.

38 정답 ①

솔로우모형은 규모에 대한 보수불변 생산함수를 가정하며, 시간이 흐름에 따라 노동량이 증가하며 기술이 진보하는 것을 고려한 성장모형이다. 장기 균형상태에서 더 이상 성장이 발생하지 않으며 자본의 한계생산체감에 의해 일정한 값을 갖게 되는 수렴현상이 발생한다.

39 정답 ②

소득증가비율보다 X재 구입량의 증가율이 더 작으므로 X재는 필수재이다.

40 정답 ②

구축효과에 대한 설명이다.

> **채권가격변화에 의한 구축효과의 경로**
> 정부의 국공채 발행 → 채권의 공급 증가 → 채권가격 하락 → 이자율 상승(채권가격과 이자율과는 음의 관계) → 투자 감소

41
정답 ④

오답분석

① (10분위분배율) = $\frac{(최하위\ 40\%\ 소득계층의\ 소득)}{(최상위\ 20\%\ 소득계층의\ 소득)} = \frac{12\%}{(100-52)\%} = \frac{1}{4}$

② 지니계수는 A 면적을 △OCP 면적(A+B)으로 나눈 값이다. 즉, $\frac{A\ 면적}{\triangle OCP\ 면적} = \frac{A}{A+B}$ 의 값이 지니계수이다.

③ 미국의 서브프라임모기지 사태는 로렌츠곡선을 대각선에서 멀리 이동시킨다.

42
정답 ④

경기부양을 위해 확장적 재정정책을 과도하게 실행하면 국가의 부채가 증가하여 극심한 재정적자로 정부의 신인도가 하락할 우려가 있으며, 재정적자는 빚을 미래 세대에게 물려주는 결과를 가져온다. 또한 확장적 재정정책은 물가를 상승시키고 통화가치를 하락시키며, 정부의 국채 대량 발행은 이자율 상승을 가져온다.

43
정답 ④

독점시장의 시장가격은 완전경쟁시장의 가격보다 높게 형성되므로 소비자잉여는 줄어든다.

44
정답 ④

IS-LM 모형은 이자율과 국민소득과의 관계를 분석하는 경제모형이다. 이 모형은 물가가 고정되어 있다는 한계점을 가지고 있긴 하나, 여전히 유용한 경제모형으로 활용되고 있다. IS 곡선은 생산물시장의 균형을 달성하는 이자율과 국민소득을 나타내며, LM 곡선은 화폐시장의 균형을 달성하는 이자율과 국민소득을 나타낸다. IS-LM에서 균형이 $Y=25$, $r=2.5$이고, 현재 $Y=30$, $r=2.5$이므로, 현재상태가 IS 곡선 상방에 있어 상품시장에서 초과공급, LM 곡선 하방에 있어 화폐시장에서 초과수요이다.

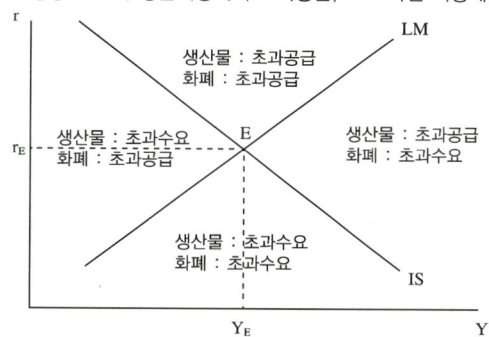

45
정답 ②

시장구조가 완전경쟁이라고 하더라도 불완전경쟁, 외부성, 공공재 등 시장실패 요인이 존재한다면 파레토효율적인 자원배분이 이루어지지 않는다.

46
정답 ①

중첩임금계약은 명목임금이 경직적인 이유를 설명한다. 케인스학파는 화폐에 대한 착각현상으로 임금의 경직성이 나타난다고 설명하며, 새케인스학파는 노동자가 합리적인 기대를 가지나 현실적으로는 메뉴비용 등의 존재로 임금 경직성이 발생한다고 설명한다.

47
굴절수요곡선

정답 ②

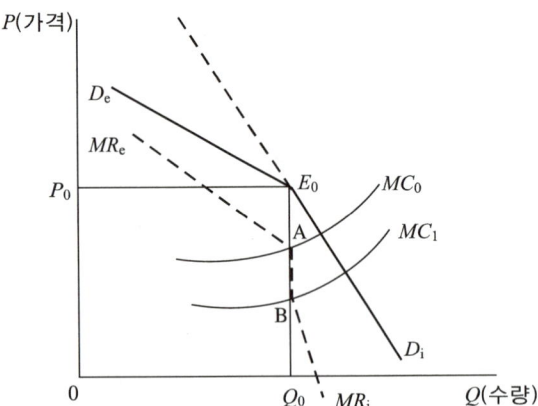

어떤 과점기업의 생산물 가격이 P_0 라고 가정한다면 그보다 가격을 인상하여도 다른 기업은 가격을 유지할 것이며, 이 과점기업에 대한 수요곡선은 P_0 점 보다 위에서는 매우 탄력적이다. 그러나 이 기업이 가격을 내리면 다른 기업도 따라서 가격을 내릴 것이므로 P_0 점보다 아래의 수요곡선은 비탄력적으로 될 것이다. 따라서 수요곡선은 P_0 점에서 굴절하고, 굴절수요곡선($D_e D_i$)에서 도출되는 한계수입곡선($MR_e\ MR_i$)은 불연속이 된다.

48

정답 ②

두 상품이 완전대체재인 경우의 효용함수는 $U(X,\ Y)=aX+bY$ 의 형태를 갖는다. 따라서 무차별곡선의 형태는 MRS 가 일정한 직선의 형태를 갖는다.

49

정답 ②

갑, 을 모두가 전략 A를 선택하는 경우와 모두가 전략 B를 선택하는 경우에 각각 내쉬균형이 성립하므로 내쉬균형은 2개가 존재한다.

오답분석

① 우월전략균형은 각 참가자의 우월전략이 만나는 균형을 의미하고, 우월전략은 상대방의 전략과 관계없이 자신의 보수를 가장 크게 하는 전략이다. 갑이 전략 A를 선택하면 을은 전략 A를 선택하는 것이 유리하고, 갑이 전략 B를 선택하면 을도 전략 B를 선택하는 것이 유리하므로 갑과 을의 입장에서 우월전략은 존재하지 않는다.
③ 제시된 게임에서 내쉬균형은 두 참가자가 같은 전략을 선택하는 경우에 달성된다.
④ 내쉬균형은 각 참가자의 내쉬전략이 만나는 균형을 의미한다. 내쉬전략은 상대방의 전략이 제시된 상태에서 자신의 보수를 가장 크게 하는 전략으로서, 내쉬균형이 달성되면 각 참가자들은 더 이상 전략을 바꿀 필요가 없다.

50

정답 ①

소규모 경제에서 자본이동과 무역이 완전히 자유롭고 변동환율제도를 채택한다면 확대재정정책이 실시되더라도 소득은 불변이고, 이자율의 상승으로 A국 통화는 강세가 된다.

제3회 행정학 최종점검 모의고사

01	02	03	04	05	06	07	08	09	10	11	12	13	14	15	16	17	18	19	20
①	①	④	③	③	①	④	②	①	④	②	②	①	④	②	②	①	③	②	①
21	22	23	24	25	26	27	28	29	30	31	32	33	34	35	36	37	38	39	40
①	③	③	④	②	④	④	④	②	④	①	②	②	④	②	②	③	②	④	①
41	42	43	44	45	46	47	48	49	50										
④	②	④	③	④	④	④	③	③	①										

01　　정답 ①

행정지도는 상대방의 임의적 협력을 구하는 비강제적 행위로서, 법적 분쟁을 사전에 회피할 수 있다는 장점이 있다.

오답분석
② 행정주체가 행정객체를 유도하는 행위이므로 행정환경의 변화에 대해 탄력적으로 적용이 가능하다는 것이 행정지도의 장점이다.
③ 행정지도는 비권력적 행위로서 강제력을 갖지 않는다.
④ 강제력 없이 단순 유도하는 행위로서, 이와 관련해 행정주체는 감독권한을 갖지 못한다.

02　　정답 ①

분배정책은 공적 재원으로 불특정 다수에게 재화나 서비스를 분배하는 정책으로 수혜자와 비용부담자 간의 갈등이 없어서 추진하기 용이한 정책이다.

로위(Lowi)의 정책유형

분배정책	특정 개인 또는 집단에 재화 및 서비스를 배분하는 정책이다.
규제정책	특정 개인이나 집단에 대한 선택의 자유를 제한하는 유형의 정책이다.
재분배정책	고소득층의 부를 저소득층에게 이전하는 정책으로 계급대립적 성격을 보인다.
구성정책	정부기관의 신설과 선거구 조정 등과 같이 정부기구의 구성 및 조정과 관련된 정책이다.

03　　정답 ④

미국의 '위대한 사회(The Great Society)' 정책(ㄴ)과 유럽식의 '최대의 봉사자가 최선의 정부'(ㅁ)는 복지정책을 강조하는 행정국가에 대한 설명으로, 과도한 복지정책 등으로 인해 나타난 1970년대 정부실패에 대한 대응으로 등장한 신공공관리론과는 거리가 멀다.

04
정답 ③

맥클레랜드(McClelland)의 성취동기이론은 내용이론에 해당한다.

이론의 구분

내용이론	• Maslow의 욕구단계설 • Alderfer의 ERG이론 • McGregor의 X·Y이론 • Argyris의 성숙·미성숙이론	• Murray의 명시적 욕구이론 • McClelland의 성취동기이론 • Likert의 관리체제이론 • Herzberg의 2요인론
과정이론	• Vroom의 기대이론 • Porter & Lawler의 업적만족이론 • Locke의 목표설정이론	• Atkinson의 기대모형 • Adams의 공정성이론 • Skinner의 강화이론

05
정답 ③

ㄴ. 국가재정법 제17조에는 "한 회계연도의 모든 수입을 세입으로 하고, 모든 지출은 세출로 한다."는 내용이 명시되어 있다.
ㄷ. 지방재정법 제34조 제3항에 따르면 해당 경우는 적용 예외사항으로 규정되어 있다.

오답분석

ㄱ. 예산총계주의는 명료성의 원칙이 아닌 세입과 세출에 대해 누락 없이 예산에 계상해야 한다는 완전성에 대한 원칙이다.

06
정답 ①

기업과 달리 행정은 매출, 수익률보다는 사업 또는 서비스에 대한 비용과 편익(효과)이 중요한 성과지표로서의 역할을 한다.

07
정답 ④

발생주의는 수입과 지출의 실질적인 원인이 발생하는 시점을 기준으로 하여 회계계리를 한다. 따라서 정부의 수입을 '납세고지' 시점을 기준으로, 정부의 지출을 '지출원인행위'의 시점으로 계산한다.

08
정답 ②

중앙정부가 지방자치단체별로 지방교부세를 교부할 때 사용하는 기준지표는 지방재정자립도가 아닌 재정력지수[(기준재정수입액)÷(기준재정수요액)]이다. 중앙정부는 지방자치단체의 재정력지수가 1보다 클 경우 보통교부세를 교부하지 않는다.

09
정답 ①

새로운 정책문제보다는 선례가 존재하는 일상화된 정책문제가 쉽게 정책의제화된다.

정책의제설정에 영향을 미치는 요인

문제의 중요성	중요하고 심각한 문제일수록 의제화 가능성이 크다.
집단의 영향력	집단의 규모·영향력이 클수록 의제화 가능성이 크다.
선례의 유무	선례가 존재하는 일상화된 문제일수록 의제화 가능성이 크다.
극적 사건	극적 사건일수록 의제화 가능성이 크다.
해결가능성	해결책이 있을수록 의제화 가능성이 크다.
쟁점화 정도	쟁점화된 것일수록 의제화 가능성이 크다.

10 정답 ④

[오답분석]

ㄱ. 보수주의 정부관에 따르면 정부에 대한 불신이 강하고 정부실패를 우려한다.

ㄴ. 공공선택론은 정부를 공공재의 생산자로 규정하고 있다. 그러나 대규모 관료제에 의한 행정은 효율성을 극대화하지 못한다고 비판한다.

보수주의 · 진보주의 정부관

구분	보수주의	진보주의
추구 가치	• 자유 강조(국가로부터의 자유) • 형식적 평등, 기회의 평등 중시 • 교환적 정의 중시	• 자유를 열렬히 옹호(국가에 의한 자유) • 실질적 평등, 결과의 평등 중시 • 배분적 정의 중시
인간관	• 합리적이고 이기적인 경제인	• 오류가능성의 여지 인정
정부관	• 최소한의 정부 – 정부 불신	• 적극적인 정부 – 정부 개입 인정
경제 정책	• 규제완화, 세금감면, 사회복지정책의 폐지	• 규제옹호, 소득재분배정책, 사회보장정책
비고	• 자유방임적 자본주의	• 복지국가, 사회민주주의, 수정자본주의

11 정답 ②

정부 3.0은 빅데이터를 활용한 과학적 행정 구현을 중요시한다.

정부 3.0의 내용
- 공공정보의 적극적인 공개로 국민의 알권리 충족
- 공공데이터의 민간 활용 활성화
- 민·관의 협치 강화
- 정부 내 칸막이 해소
- 협업·소통 지원을 위한 정부운영시스템 개선
- 빅데이터를 활용한 미래 지향적 행정 구현
- 수요자 맞춤형 서비스 통합 제공
- 창업 및 기업 활동 원스톱 지원 강화
- 정보 취약계층의 서비스 접근성 제고
- 새로운 정보기술을 활용한 맞춤형 서비스 창출

12 정답 ②

부패가 일상적으로 만연화 되어 행동규범이 예외적인 것으로 전락한 상황은 제도화된 부패에 대한 설명이다.

부패의 종류

종류	내용
생계형 부패	하급관료들이 생계유지를 위하여 저지르는 부패이다.
권력형 부패	정치권력을 이용하여 막대한 이득을 추구하는 부패이다.
일탈형 부패	일시적인 부패로 구조화되지 않았고, 윤리적인 일탈에 의한 개인적인 부패이다.
백색 부패	사익을 추구하는 의도없이 선의의 목적으로 행해지는 부패로서 사회적으로 용인될 수 있는 수준이다.
흑색 부패	사회적으로 용인될 수 있는 수준을 넘어서 구성원 모두가 인정하고 처벌을 원하는 부패로서 법률로 처벌한다.
회색 부패	처벌하는 것에 관해 사회적으로 논란이 있는 부패로서 법률보다는 윤리강령에 의해 규정된다.

13

정답 ①

합리적 요인과 초합리적 요인을 동시에 고려한 것은 드로어(Dror)가 주장한 최적모형에 대한 설명이다.

점증모형의 장점과 단점

장점	단점
• 합리모형에 비해 비현실성의 감소 • 제한된 합리성과 정치적 합리성을 강조 • 사회가 안정되고 다원화·민주화된 경우에 적합 • 불확실한 상황에 적합함	• 변화에 대한 적응력이 약함 • 사회가 안정화 못한 경우 부적합(후진국) • 근본적인 정책의 방향을 바로 잡기 곤란 • 보수적이고 비계획적인 모형

14

정답 ④

징계의 대용이나 사임을 유도하는 수단으로 배치전환을 사용하는 것은 배치전환의 역기능에 해당한다. 배치전환은 수평적으로 보수나 계급에 변동 없이 직위를 옮기는 것으로 공직사회의 침체를 방지하고 부처간의 교류와 협력을 증진하는 데 목적을 둔다.

15

정답 ②

수입대체경비란 국가가 용역 또는 시설을 제공하여 발생하는 수입과 관련되는 경비를 의미한다. 여권발급 수수료나 공무원시험 응시료와 같이 공공 서비스 제공에 따라 직접적인 수입이 발생하는 경우 해당 용역과 시설의 생산·관리에 소요되는 비용을 수입대체경비로 지정하고, 그 수입의 범위 내에서 초과지출을 예산 외로 운용할 수 있다(통일성·완전성의 원칙의 예외).

오답분석

③·④ 수입금마련지출제도는 정부기업예산법상의 제도로, 특정 사업을 합리적으로 운영하기 위해 예산초과수입이 발생하거나 예산초과수입이 예상되는 경우 이 수입에 직접적으로 관련하여 발생하는 비용에 지출하도록 하는 제도로서 수입대체경비와는 구별된다.

16

정답 ②

혼합 모형은 정책결정을 근본적 결정과 세부적 결정으로 나누어, 근본적 결정은 합리 모형에 따라 거시적·장기적인 안목에서 대안의 방향성을 탐색하고, 세부적 결정은 점증 모형에 따라 심층적이고 대안적인 변화를 시도하는 것이 바람직하다고 본다.

오답분석

① 최적 모형에 해당한다.
③ 쓰레기통 모형에 해당한다.
④ 점증 모형에 해당한다.

17

정답 ①

구조적 분화와 전문화는 집단 간 갈등을 조성한다. 집단 간 갈등은 분화된 조직을 통합하거나, 인사교류를 통해 해소할 수 있다.

18

정답 ③

기획재정부장관은 국무회의의 심의를 거쳐 대통령의 승인을 얻은 다음 연도의 예산안편성지침을 매년 3월 31일까지 각 중앙관서의 장에게 통보하고 국회 예산결산특별위원회에 보고하여야 한다(국가재정법 제30조).

오답분석

① 각 중앙관서의 장은 매년 1월 31일까지 당해 회계연도부터 5회계연도 이상의 기간 동안의 신규사업 및 기획재정부장관이 정하는 주요 계속사업에 대한 중기사업계획서를 기획재정부장관에게 제출하여야 한다(국가재정법 제28조).
② 기금은 국가가 특정한 목적을 위하여 특정한 자금을 신축적으로 운용할 필요가 있을 때에 한정하여 법률로써 설치하며, 세입세출예산에 의하지 아니하고 운용할 수 있다(국가재정법 제5조).

④ 정부는 회계연도마다 예산안을 편성하여 회계연도 개시 90일 전까지 국회에 제출하고, 국회는 회계연도 개시 30일 전까지 이를 의결하여야 한다(헌법 제54조 제2항).

19 정답 ②

민간은 영리추구를 목적으로 하기 때문에 행정의 책임성이 저해된다.

민영화의 효용과 폐단

효용	• 경쟁으로 인한 효율성 증가 • 서비스의 질 향상 • 전문성 증대 • 민간경제의 활성화와 민간자율성의 신장 • 정부규모의 적정화와 재정건전화
폐단	• 행정의 책임성 저하 • 역대리인 문제 야기 • 형평성의 저해 • 안정적인 공공서비스의 공급 저해

20 정답 ①

전직과 전보는 수직적 이동이 아니라 수평적 인사이동에 해당한다.

오답분석

② 강등은 1계급 아래로 직급을 내리고(고위공무원단에 속하는 공무원은 3급으로 임용하고, 연구관 및 지도관은 연구사 및 지도사로 한다) 공무원신분은 보유하나 3개월간 직무에 종사하지 못하며 그 기간 중 보수는 전액을 감한다. 다만, 제4조 제2항에 따라 계급을 구분하지 아니하는 공무원과 임기제 공무원에 대해서는 강등을 적용하지 아니한다(국가공무원법 제80조 제1항).
③ 청렴하고 투철한 봉사 정신으로 직무에 모든 힘을 다하여 공무 집행의 공정성을 유지하고 깨끗한 공직 사회를 구현하는 데에 다른 공무원의 귀감(龜鑑)이 되는 자는 특별승진임용하거나 일반승진시험에 우선 응시하게 할 수 있다(국가공무원법 제40조의4 제1항 제1호).
④ 임용권자는 만 8세 이하 또는 초등학교 2학년 이하의 자녀를 양육하기 위하여 필요하거나 여성공무원이 임신 또는 출산하게 된 때 휴직을 원하면 대통령령으로 정하는 특별한 사정이 없으면 휴직을 명하여야 한다(국가공무원법 제71조 제2항 제4호).

임용의 종류

외부임용 (신규채용)	공개경쟁채용(공채)	실적주의에 기반을 둔 제도로 자격이 있는 모든 사람들에게 평등한 지원기회를 부여함
	경력경쟁채용(경채)	비경쟁채용 제도로 공채에 의한 충원이 곤란한 분야에 있어서 실시하는 인사행정제도
내부임용 (재배치)	수평적 이동	전직, 전보, 배치전환, 휴직, 직무대행, 겸임, 파견
	수직적 이동	승진, 강임, 승급

21 정답 ①

수익자 부담의 원칙은 꼭 필요한 사람들만 이용하게 되므로 공공서비스의 불필요한 수요를 줄일 수 있다는 장점이 있다.

오답분석

② 수익자 부담의 원칙은 사회적 형평성을 저해시킨다. 비용을 부담할 능력이 없는 저소득층의 경우 공공서비스 이용이 곤란해지기 때문이다.
③ 비용과 수익이 바로 연계되어 자신이 이익을 얻은 만큼만 비용을 부담하기 때문에 조세저항이 줄어든다.
④ 비용과 수익으로 인한 편익이 명확해지기 때문에 비용편익분석이 용이해지고 효율성을 상승시킨다.

22

정답 ③

제시된 내용은 무의사결정이론이다. 무의사결정(Non-decision Making)은 의사결정자(엘리트)의 가치나 이익에 대한 잠재적이거나 현재적인 도전을 억압하거나 방해하는 결과를 초래하는 행위를 말한다. 무의사결정은 기존 엘리트세력의 이익을 옹호하거나 보호하는 데 목적이 있다.

오답분석
① 다원주의에 대한 설명이다. 다원주의에서는 사회를 구성하는 집단들 사이에 권력은 널리 동등하게 분산되어 있으며 정책은 많은 이익집단의 경쟁과 타협의 산물이라고 설명한다.
② 공공선택론에 대한 설명이다.
④ 신국정관리론에 대한 설명이다.

23

정답 ③

리더십의 특성이론은 리더의 지적 능력, 성격, 신체적 특성 등이 리더십에 끼치는 영향을 연구한 이론이다. 또한, 리더의 자질이 있는 자는 성공적인 리더가 될 수 있다는 것을 전제로 한 이론이다.

리더십 이론의 변천

특성론	리더로서의 자질을 가진 자는 어떤 상황에서도 조직의 리더가 될 수 있다는 이론이다.
행태론	기본적인 자질보다는 리더의 행동유형이 리더십의 유형을 결정짓는다는 이론이다.
상황론	상황이 리더십의 효율성에 영향을 준다는 이론으로 3차원적 이론이 여기에 포함된다.

24

정답 ④

비용편익분석은 공공지출의 비용과 편익을 경제적인 시각에서 분석하여 자원배분의 효율성을 극대화시키려는 기법으로 경제적인 지표만을 분석대상으로 삼기 때문에 오히려 형평성과 대응성을 저해시킬 수 있다.

25

정답 ②

ㄱ. 베버의 관료제론은 규칙과 규제가 조직에 계속성을 제공하여 조직을 예측 가능성 있는 조직, 안정적인 조직으로 유지시킨다고 보았다.
ㄴ. 행정관리론은 모든 조직에 적용시킬 수 있는 효율적 조직관리의 원리들을 연구하였다.
ㄷ. 호손실험으로 인간관계에서의 비공식적 요인이 업무의 생산성에 큰 영향을 끼친다는 것이 확인되었다.

오답분석
ㄹ. 조직군생태이론은 조직과 환경의 관계에서 조직군이 환경에 의해 수동적으로 결정된다는 환경결정론적 입장을 취한다.

거시조직 이론의 유형

구분	결정론	임의론
조직군	• 조직군 생태론 • 조직경제학(주인 – 대리인이론, 거래비용 경제학) • 제도화이론	• 공동체 생태론
개별조직	• 구조적 상황론	• 전략적 선택론 • 자원의존이론

26
정답 ④

허즈버그(F. Herzberg)의 이론은 동기유발에 관심을 두는 것이 아니라 만족 자체에 중점을 두고 있기 때문에 하위 욕구를 추구하는 계층에게는 적용하기가 어렵다.

27
정답 ④

목적세는 통일성의 원칙에 대한 예외이다. 통일성의 원칙에 대한 예외로는 특별회계, 기금, 목적세, 수입대체경비, 수입금마련지출이 있다.

[오답분석]
① 단일성의 원칙에 대한 예외로는 추가경정예산, 특별회계, 기금이 있다.
② 사전의결의 원칙에 대한 예외로는 준예산, 사고이월, 예비비 지출, 전용, 긴급재정경제처분이 있다.
③ 한계성의 원칙에 대한 예외로는 예산의 이용, 전용, 국고채무부담행위, 계속비, 이월(명시이월, 사고이월), 지난 연도 수입, 지난 연도 지출, 조상충용, 추가경정예산, 예비비가 해당된다.

예산원칙

전통적 예산원칙	현대적 예산원칙
• 입법부 우위 • 통제 지향	• 행정부 우위 • 관리 지향

1. 공개성
   - 예외 : 국방비, 국가정보원 예산
2. 명확성
   - 예외 : 총괄예산
3. 사전의결의 원칙
   - 예외 : 준예산, 긴급재정경제처분, 예비비, 사고이월, 전용
4. 정확성
5. 한정성
  ① 목적 외 사용금지
    - 예외 : 이용, 전용
  ② 초과지출금지
    - 예외 : 예비비, 추가경정예산
  ③ 회계연도 독립의 원칙
    - 예외 : 이월, 계속비, 국고채무부담, 과년도 수입 및 지출, 조상충용
6. 통일성(국고통일의 원칙)
   - 예외 : 특별회계, 기금, 수입대체경비, 목적세
7. 단일성
   - 예외 : 특별회계, 기금, 추가경정예산
8. 완전성(예산총계주의)
   - 예외 : 현물출자, 저대차관, 수입대체경비, 차관물자대 등
	1. 행정부 계획의 원칙
	2. 행정부 재량의 원칙
	3. 행정부 책임의 원칙
	4. 보고의 원칙
	5. 예산수단 구비의 원칙
	6. 다원적 절차의 원칙
	7. 시기의 신축성의 원칙
	8. 예산기구 상호성의 원칙

28 정답 ④

일방향 정보 제공은 초기 전자정부의 특징이다. 유비쿼터스 정부는 Government 2.0 또는 3.0 정부로서, 활성화된 쌍방향 정보제공을 뛰어 넘어 개인별 맞춤식 정보 제공을 중시한다. 즉, 유비쿼터스 정부는 전자정부의 발전형태로서 무선모바일을 기반으로 하여 언제 어디서나 중단 없는 정보 서비스, 개개인의 수요에 맞는 맞춤형 정보를 제공하고 이를 통해 고객 지향성, 지능성, 형평성, 실시간성의 가치를 구현한다.

29 정답 ②

규제피라미드는 규제가 규제를 낳은 결과 피규제자의 규제 부담이 점점 증가하는 현상이다.

오답분석
①·③·④ 규제의 역설에 대한 설명이다.

30 정답 ④

직급이란 직무의 종류·곤란도 등이 유사한 직위의 군이다.

직위분류제의 구성요소

구분	내용
직위	한 사람이 근무하여 처리할 수 있는 직무와 책임의 양으로 공직을 분류할 때 최소단위가 된다.
직급	직무의 종류·곤란도 등이 유사하여 채용이나 보수 등의 인사관리에 있어서 동일하게 취급할 수 있는 군이다.
직렬	직무의 종류·성질은 유사하나 곤란도와 난이도가 상이한 직급의 군이다.
직군	직무의 성질이 유사한 직렬의 군이다.
직류	동일한 직렬 내에서 담당하는 분야가 동일한 직무의 군이다.
등급	직무의 종류는 서로 다르지만 직무의 곤란도·책임도나 자격요건이 유사하여 동일한 보수를 줄 수 있는 직위의 군이다.

31 정답 ①

지역주민들의 소득 증가는 사회자본의 형성 모습과 직접적인 연관이 없다.

32 정답 ②

총체적 품질관리(Total Quality Management)는 서비스의 품질은 구성원의 개인적 노력이 아니라 체제 내에서 활동하는 모든 구성원에 의하여 결정된다고 본다. 구성원 개인의 성과평가를 위한 도구는 MBO 등이 있다.

총체적 품질관리(TQM)
- 고객이 품질의 최종결정자
- 전체구성원에 의한 품질 결정
- 투입과 절차의 지속적 개선
- 품질의 일관성(서비스의 변이성 방지)
- 과학적 절차에 의한 결정

33

정답 ②

정책 쇄신성은 합리모형의 특징이다. 점증모형은 정책의 쇄신보다는 현재보다 조금 향상된 대안을 중시하기 때문에 점진적 변화를 추구한다.

점증주의의 특성
- 인간의 인지능력에 한계가 있다고 봄
- 정치적 합리성·제한적 합리성 추구
- 연속적이고 제한적인 비교, 귀납적 접근
- 소폭적·점진적인 변화
- 보수적인 정책결정
- 환경변화에 대한 대응이 약함
- 선진국에 적합

34

정답 ④

예산의 배정과 재배정은 예산을 통제하는 제도이다.

오답분석

①·②·③ 모두 예산을 신축적으로 운용하기 위한 제도이다.

재정통제와 신축성 유지방안
- 신축성 제도 : 총액예산, 예비비, 이월, 계속비, 이용, 전용, 국고채무부담행위, 추가경정예산 등
- 통제 제도 : 통합예산, 예산 배정 및 재배정, 정원·보수에 대한 통제, 회계기록, 총사업비 관리제도, 예비타당성 조사, 조세지출예산 등

35

정답 ②

오답분석

ㄴ. 사회학적 신제도주의는 '문화'가 '제도'를 해석하는 데에 가장 중요한 역할을 한다고 보았다. 사회학적 신제도주의는 역사적 신제도주의의 틀에서 한 발짝 더 영역을 넓혀 도덕, 문화, 상징체계 등을 제도에 포함시킨다. 따라서 문화가 제도의 형성에 미치는 영향을 간과한다는 것은 옳지 못한 진술이다.

신제도주의

구분	합리적 선택의 신제도주의	역사적 신제도주의	사회학적 신제도주의
개념	개인의 합리적인 계산	역사적 특수성과 경로의존성	사회문화 및 상징
학문	경제학	정치학	사회학
중점	균형성	지속성	유사성
초점	개인 중심	국가 중심	사회 중심
범위	좁음(미시)	중범위(거시)	넓음(거시)
선호	외생적	내생적	내생적
접근법	연역적	귀납적	귀납적

36

정답 ②

건강하고 쾌적한 환경을 보전해야 한다는 것은 국가공무원법상 공무원의 의무로는 옳지 않다.

국가공무원법상 공무원의 의무
- 선서 의무 : 공무원은 취임할 때에 소속 기관장 앞에서 국회규칙, 대법원규칙, 헌법재판소규칙, 중앙선거관리위원회규칙 또는 대통령령으로 정하는 바에 따라 선서(宣誓)하여야 한다. 다만, 불가피한 사유가 있으면 취임 후에 선서하게 할 수 있다.
- 성실의 의무 : 모든 공무원은 법령을 준수하며 성실히 직무를 수행하여야 한다.
- 복종의 의무 : 공무원은 직무를 수행할 때 소속 상관의 직무상 명령에 복종하여야 한다.
- 직장 이탈 금지 : 공무원은 소속 상관의 허가 또는 정당한 사유가 없으면 직장을 이탈하지 못한다. 또한 수사기관이 공무원을 구속하려면 그 소속 기관의 장에게 미리 통보하여야 한다. 다만, 현행범은 그러하지 아니하다.
- 친절·공정의 의무 : 공무원은 국민 전체의 봉사자로서 친절하고 공정하게 직무를 수행하여야 한다.
- 종교 중립의 의무 : 공무원은 종교에 따른 차별 없이 직무를 수행하여야 한다. 공무원은 소속 상관이 종교중립의 의무에 위배되는 직무상 명령을 한 경우에는 이에 따르지 아니할 수 있다.
- 비밀 엄수의 의무 : 공무원은 재직 중은 물론 퇴직 후에도 직무상 알게 된 비밀을 엄수(嚴守)하여야 한다.
- 청렴의 의무 : 공무원은 직무와 관련하여 직접적이든 간접적이든 사례·증여 또는 향응을 주거나 받을 수 없다. 또한 공무원은 직무상의 관계가 있든 없든 그 소속 상관에게 증여하거나 소속 공무원으로부터 증여를 받아서는 아니 된다.
- 외국 정부로부터의 영예 수여 시 허가 필수 : 공무원이 외국 정부로부터 영예나 증여를 받을 경우에는 대통령의 허가를 받아야 한다.
- 품위 유지의 의무 : 공무원은 직무의 내외를 불문하고 그 품위가 손상되는 행위를 하여서는 아니 된다.
- 영리 업무 및 겸직 금지의 의무 : 공무원은 공무 외에 영리를 목적으로 하는 업무에 종사하지 못하며 소속 기관장의 허가 없이 다른 직무를 겸할 수 없다.
- 정치 운동의 금지 : 공무원은 정당이나 그 밖의 정치단체의 결성에 관여하거나 이에 가입할 수 없다.
- 집단 행위의 금지 : 공무원은 노동운동이나 그 밖에 공무 외의 일을 위한 집단 행위를 하여서는 아니 된다. 다만, 사실상 노무에 종사하는 공무원은 예외로 한다.

37

정답 ③

오답분석
① 가치 있는 것과 교환하여 추종자에게 영향력을 미치는 리더십은 '교환적 리더십'에 대한 설명이다.
② 새로운 관념을 촉발시키는 리더십은 변혁적 리더십 중에서 '지적자극'에 대한 설명이다.
④ 과업을 구조화하여 과업요건을 명확히 하는 것은 '지시적 리더십'에 대한 설명이다.

38

정답 ②

비용은 다수가 부담하고 편익은 소수가 혜택을 보는 것은 고객의 정치에 해당하며, 협의의 수입 규제가 이에 속한다.

오답분석
① ㉠은 대중의 정치에 해당하지만, 각종 위생 및 안전 규제는 기업가의 정치(운동가의 정치)에 해당한다.
③ ㉢은 기업가의 정치(운동가의 정치)에 해당하지만, 낙태 규제는 대중의 정치에 해당한다.
④ ㉣은 이익집단 정치에 해당하지만, 농산물에 대한 최저가격 규제는 고객의 정치에 해당한다.

윌슨(J.Q. Wilson)의 규제정치모형

구분		감지된 편익	
		넓게 분산	좁게 집중
감지된 비용	넓게 분산	대중의 정치	고객의 정치
	좁게 집중	기업가의 정치 (운동가의 정치)	이익집단 정치

39

정답 ④

A는 예산 총계주의 원칙이고, B는 예산 통일의 원칙이다.

전통적 예산원칙

원칙	내용
공개성의 원칙	국민에 대해 재정활동을 공개
명료성의 원칙	국민이 이해하기 쉽고 단순·명확해야 함
한정성의 원칙	예산 항목, 시기, 주체 등에 명확한 한계를 지녀야 함
통일성의 원칙	특정 수입과 지출의 연계 금지
사전승인의 원칙	국회가 사전에 승인
완전성의 원칙	모든 세입과 세출이 나열(예산총계주의)
정확성의 원칙	예산과 결산이 일치
단일성의 원칙	단일 회계 내에 처리(단수예산)

40

정답 ①

예산지출 위주의 정부 운영 방식에서 탈피하여 수입 확보의 개념을 활성화하는 것이 필요하다고 보는 것은 신공공관리론에 해당한다.

41

정답 ④

오답분석

① 신공공관리론에서는 투입(Input)보다는 산출(Output)의 통제에 더 큰 관심을 가진다.
② 신공공관리론에서는 부문 간 경쟁에 역점을 두고, 뉴거버넌스론에서는 부문 간 협력에 관심을 둔다.
③ 신공공관리론에서 관료의 역할이 공공기업가이며, 뉴거버넌스론에서 관료의 역할이 조정자이다.

신공공관리론과 뉴거버넌스론

구분	신공공관리론	뉴거버넌스론
인식론	신자유주의	공동체주의
관료역할	공공기업가	조정자
관리기구	시장주의	참여네트워크
관리가치	결과, 효율성(능률성)	과정(민주성, 정치성)
관리방식	고객지향	임무중심
작동원리	갈등과 경쟁(시장메커니즘)	협력체제(신뢰)
서비스	민영화, 민간위탁	공동공급(시민·기업 참여)
분석수준	조직 내	조직 간
이데올로기	우파	좌파
혁신의 초점	정부재창조	시민재창조
정치성	탈정치화	재정치화

42

정답 ②

허즈버그(Herzberg)는 불만을 제거해주는 위생요인과 만족을 주는 동기부여 요인을 독립된 별개로 보고 연구했다. 즉, 위생요인이 갖추어지지 않을 경우 조직 구성원에게 극도의 불만족을 초래하지만, 그것이 잘 갖추어져 있더라도 조직 구성원의 직무수행 동기를 유발하는 요인은 아니며, 동기를 부여하고 생산성을 높여주는 요인은 만족요인(동기부여 요인)이다.

오답분석

① 매슬로(Maslow)의 욕구계층이론에서는 자아실현 욕구를 가장 고차원적인 욕구로 본다.

③ 앨더퍼(Alderfer)의 ERG 이론 역시 성장이론의 하나이다.
④ 맥그리거(McGregor)는 X·Y 이론은 성장이론의 하나로서 근로자들의 사회적욕구, 존경의 욕구, 자아실현 욕구를 충족시켜 주기 위한 방향으로 동기를 부여한다.

43

정답 ④

정책의 대략적인 방향을 정책결정자가 정하고 정책집행자들은 이 목표의 구체적인 집행에 필요한 폭넓은 재량권을 위임받아 정책을 집행하는 유형은 재량적 실험가형에 해당한다.

나카무라와 스몰우드(Nakamura & Smallwood)의 정책집행모형

유형	정책결정자의 역할	정책집행자의 역할	정책평가기준
고전적 기술자형	• 구체적인 목표를 설정	• 목표를 달성하기 위한 기술적인 수단을 찾아내고 대책을 세움	효과성 or 능률성
지시적 위임가형		• 목표달성을 위해 집행자 서로 간에 행정적인 수단에 관해 교섭	목표 달성도
협상자형	• 목표설정 • 정책결정자와 정책집행자가 반드시 서로 합의를 하는 것은 아님	• 목표달성과 필요한 수단에 관해 정책결정자와 협상	주민 만족도
재량적 실험가형	• 추상적인 목표를 지지	• 목표와 수단을 구체화함	수익자 대응성
관료적 기업가형	• 집행자가 설정한 목표와 수단을 지지	• 목표와 목표달성을 위한 수단을 설정	체제 유지도

44

정답 ③

품목별 분류는 지출대상별 분류이기 때문에 사업의 성과와 결과에 대한 측정이 곤란하다.

오답분석
① 기능별 분류는 시민을 위한 분류라고도 하며, 행정수반의 재정정책을 수립하는 데 도움을 준다.
② 조직별 분류는 부처 예산의 전모를 파악할 수 있지만 사업의 우선순위 파악이나 예산의 성과 파악이 어렵다.
④ 경제 성질별 분류는 국민소득, 자본형성 등에 관한 정부활동의 효과를 파악하는 데 유리하다.

45

정답 ④

예산제도는 품목별예산(LIBS, 1920) → 성과주의예산(PBS, 1950) → 계획예산(PPBS, 1965) → 영기준예산(ZBB, 1979) → 신성과주의예산(프로그램예산, 1990) 등의 순으로 발전해 왔다.

46

정답 ④

행정과 경영 모두 효과적인 업무수행을 위해 관리성이 강조된다.

행정과 경영의 차이점

구분	행정	경영
목적	공익 추구	이윤극대화, 사익 추구
평등성	모든 국민은 법 앞에 평등	고객 간 차별대우 가능
신분 보장	강함	약함
관리성	행정과 경영 모두 효과적인 업무수행을 위해 관리성이 강조됨	

47
정답 ④

통합 방식은 일정한 광역권 안의 여러 자치단체를 포괄하는 단일의 정부를 설립하여 주도적으로 광역사무를 처리하는 방식으로 선진국보다는 개발도상국에서 많이 채택한다.

48
정답 ③

[오답분석]
① 신제도주의에 대한 내용이다.
② 신공공서비스론에 대한 내용이다. 신공공관리론은 행정의 효율성을 더 중시한다.
④ 정부 주도의 공공서비스 전달 또는 공공문제 해결을 넘어 협력적 네트워크 구축 및 관리라는 대안을 제시하는 것은 뉴거버넌스론에 대한 내용이다.

49
정답 ③

정부업무평가 기본법 제9조 제1항, 제10조 제1항에 해당한다.

[오답분석]
① 국무총리는 정부업무평가기본계획에 다음 각 호의 사항을 포함하여야 하고 최소한 3년마다 그 계획의 타당성을 검토하여 수정·보완 등의 조치를 하여야 한다(정보업무평가 기본법 제2항).
② 중앙행정기관의 장은 자체평가조직 및 자체평가위원회를 구성·운영하여야 하며, 평가의 공정성과 객관성을 확보하기 위하여 자체평가위원의 3분의 2 이상은 민간위원으로 하여야 한다(정보업무평가 기본법 제14조 제2항).
④ 국무총리는 중앙행정기관의 자체평가결과를 확인·점검 후 평가의 객관성·신뢰성에 문제가 있어 다시 평가할 필요가 있다고 판단되는 때에는 위원회의 심의·의결을 거쳐 재평가를 실시할 수 있다(정보업무평가 기본법 제8조). 강제규정이 아닌 임의규정이므로 '실시하여야 한다'가 아닌 '실시할 수 있다'가 옳다.

50
정답 ①

서비스의 지능화를 통해서 개인별 맞춤 정보를 제공하는 것은 전자정부 3.0의 설명이다.

전자정부

구분	1995 ~ 2000년 World Wide Web Government 1.0	2005 ~ 2010년 Web 2.0 Government 2.0	2015 ~ 2020년 Web 3.0 Government 3.0
접근성	정부 중심	시민 중심	개인 중심
	First-stop-shop (단일 창구)	One-stop-shop (정부서비스 중개기관을 통해서도 접속)	My Government (개인별 정부서비스 창구)
서비스	일방향 정보제공	양방향 정보제공	개인별 맞춤 정보제공
	제한적 정보제공	정보공개 확대	실시간 정보공개
	서비스의 시공간 제약	모바일 서비스	중단 없는 서비스
	공급자 위주 서비스	정부·민간 융합 서비스	개인별 맞춤형 서비스
	서비스의 전자화	신규 서비스 가치 창출	서비스의 지능화
채널	유선인터넷	무선인터넷	유무선 인터넷 기기 통합
업무 통합	단위 업무별 처리	프로세스 통합(공공·민간의 협업)	서비스 통합

제4회 법학 최종점검 모의고사

01	02	03	04	05	06	07	08	09	10	11	12	13	14	15	16	17	18	19	20
①	④	②	②	②	③	②	④	③	③	④	②	②	③	③	①	②	③	②	①
21	22	23	24	25	26	27	28	29	30	31	32	33	34	35	36	37	38	39	40
④	②	③	①	②	②	①	③	②	①	③	④	③	①	③	①	②	④	③	②
41	42	43	44	45	46	47	48	49	50										
④	②	①	④	①	②	④	④	④	④										

01
정답 ①

사적자치의 원칙은 신분과 재산에 관한 법률관계를 개인의 의사에 따라 자유롭게 규율하는 것이다. 즉, 계약의 내용 및 형식에 있어서 국가 또는 타인의 간섭을 배제하는 원칙을 말한다.

02
정답 ④

권리는 법에 의하여 부여된 법률상의 힘이다. 여기서 말하는 힘은 타인을 구속함으로써 존재하는 것이고 힘은 타인의 행위를 강제한다. 즉, 법적 절차에 의해서 소기의 목적을 달성할 수 있는 법적 능력 내지 자격을 말하는 것이다.

03
정답 ②

다른 사람이 하는 일정한 행위를 승인해야 할 의무는 수인의무이다.

> **의무의 종류**
> - 작위의무 : 적극적으로 일정한 행위를 하여야 할 의무이다.
> - 간접의무 : 통상의 의무와 달리 그 불이행의 경우에도 일정한 불이익을 받기는 하지만, 다른 법률상의 제재가 따르지 않는 것으로 보험계약에서의 통지의무가 그 대표적인 예이다.
> - 권리반사 또는 반사적 효과(이익) : 법이 일정한 사실을 금지하거나 명하고 있는 결과, 어떤 사람이 저절로 받게 되는 이익으로서 그 이익을 누리는 사람에게 법적인 힘이 부여된 것은 아니기 때문에 타인이 그 이익의 향유를 방해하더라도 그것의 법적보호를 청구하지 못함을 특징으로 한다.

04
정답 ②

의사표시의 효력발생시기에 관하여 우리 민법은 도달주의를 원칙으로 하고(민법 제111조 제1항), 격지자 간의 계약의 승낙 등 특별한 경우에 한하여 발신주의를 예외적으로 취하고 있다.

05　정답 ②

형법에서는 유추해석과 확대해석을 동일한 것으로 보아 금지하며(죄형법정주의의 원칙), 피고인에게 유리한 유추해석만 가능하다고 본다.

06　정답 ③

국무회의는 의사결정기관이 아니라 심의기관이다.

07　정답 ②

긴급명령권은 사후적 긴급권이다(헌법 제76조).

08　정답 ④

국가원로자문회의 의장은 전직 대통령 중 전임 대통령이 되며 직전의 전임 대통령이 없을 때에는 대통령이 지명하게 된다.

대한민국 대통령의 권한

비상적 권한	긴급명령권 및 긴급재정경제처분·명령권, 계엄선포권, 국민투표부의권
행정적 권한	행정에 대한 최고결정권과 최고지휘권, 법률집행권, 외교에 대한 권한(조약체결·비준권, 선전포고 및 강화권, 외교권), 정부의 구성과 공무원임면권, 국군통수권, 재정에 대한 권한(예산안제출권, 예비비지출권), 영전수여권
입법적 권한	임시국회소집요구권, 국회출석발언권, 국회에 대한 서한에 의한 의사표시권, 헌법개정에 대한 권한, 법률안제출권, 법률안거부권, 법률안공포권, 행정입법권(위임명령·집행명령제정권)
사법적 권한	위헌정당해산제소권, 사면·감형·복권에 대한 권한

09　정답 ③

국회의원은 현행범인인 경우를 제외하고는 회기 중 국회의 동의없이 체포 또는 구금되지 아니한다(헌법 제44조 제1항).

[오답분석]
① 헌법 제43조에 해당한다.
② 헌법 제46조 제2항에 해당한다.
④ 헌법 제45조에 해당한다.

10　정답 ③

탄핵결정은 공직으로부터 파면함에 그친다. 그러나, 이에 의하여 민사상이나 형사상의 책임이 면제되지는 아니한다(헌법 제65조 제4항).

[오답분석]
① 헌법 제65조 제1항에 해당한다.
② 헌법 제65조 제2항에 해당한다.
④ 헌법 제71조에 해당한다.

11　정답 ④

취소권, 추인권, 해제권과 같은 형성권에 있어서는 권리만 있고 그에 대응하는 의무는 존재하지 않는다.

12

정답 ②

미성년자는 소송능력이 없으므로 원칙적으로 법정대리인에 의해서만 소송행위를 할 수 있다(민사소송법 제55조 제1항).

[오답분석]
① 법률에 따라 재판상 행위를 할 수 있는 대리인 외에는 변호사가 아니면 소송대리인이 될 수 없지만, 법원의 허가를 받은 때에는 변호사가 아니라도 될 수 있다(민사소송법 제87조·제88조).
③ 소(訴)는 피고의 보통재판적이 있는 곳의 법원이 관할한다(민사소송법 제2조).
④ 민사소송법상 당사자능력이란 원고·피고 또는 참가인으로서 자기의 명의로 소송을 하고 소송상의 법률효과를 받을 수 있는 자격, 즉 소송법상의 권리능력이다. 당사자능력은 민법상의 권리능력에 대응하는 개념이며, 권리능력을 가진 자는 당사자능력을 가지지만, 당사자능력을 가진 자가 반드시 권리능력이 있는 것은 아니다.

13

정답 ②

입양으로 인한 친족관계는 입양의 취소 또는 파양으로 인하여 종료한다(민법 제776조).

[오답분석]
①·④ 민법 제768조에 해당한다.
③ 민법 제769조에 해당한다.

14

정답 ③

아파트 경비원이 상가 건물주의 이익에 반하지만 공공의 이익을 위해 화재를 진압하다가 손해를 끼친 경우 경비원에게 중대한 과실이 없으면 배상할 책임이 없다(민법 제734조 제3항).

[오답분석]
① 경비업무의 범위를 벗어난 화재 진압은 경비업무의 법적의무 사항이 아니다.
② 민법 제734조 제1항에 해당한다.
④ 민법 제735조에 해당한다.

> **사무관리의 내용(민법 제734조)**
> ① 의무없이 타인을 위하여 사무를 관리하는 자는 그 사무의 성질에 좇아 가장 본인에게 이익되는 방법으로 이를 관리하여야 한다.
> ② 관리자가 본인의 의사를 알거나 알 수 있는 때에는 그 의사에 적합하도록 관리하여야 한다.
> ③ 관리자가 전2항의 규정에 위반하여 사무를 관리한 경우에는 과실없는 때에도 이로 인한 손해를 배상할 책임이 있다. 그러나 그 관리행위가 공공의 이익에 적합한 때에는 중대한 과실이 없으면 배상할 책임이 없다.
>
> **긴급사무관리(민법 제735조)**
> 관리자가 타인의 생명, 신체, 명예 또는 재산에 대한 급박한 위해를 면하게 하기 위하여 그 사무를 관리한 때에는 고의나 중대한 과실이 없으면 이로 인한 손해를 배상할 책임이 없다.

15

정답 ③

[오답분석]
① 강행법과 임의법은 당사자 의사의 상관성 여부에 따른 구분이다.
② 고유법과 계수법은 연혁에 따른 구분이다.
④ 공법과 사법은 법이 규율하는 생활관계에 따라 분류하는 것으로, 대륙법계의 특징에 해당한다.

16 정답 ①

의무를 위반한 거래행위라도 상거래의 안정을 위하여 거래행위 자체는 유효한 것으로 본다.

오답분석
②·④ 상법 제17조에 해당한다.
③ 영업주는 손해배상청구권, 해임권, 개입권의 행사가 가능하다.

17 정답 ②

합명회사는 2인 이상의 무한책임사원으로 조직된 회사이다(상법 제178조). 무한책임사원이라 함은 회사에 대하여 출자의무와 회사채무에 대한 직접·연대·무한의 책임을 부담하는 사원을 말한다.

오답분석
① 상법 제268조에 따라 합자회사에 해당한다.
③ 상법 제553조에 따라 유한회사에 해당한다.
④ 상법 제331조에 따라 주식회사에 해당한다.

18 정답 ③

회사의 법인격은 법률이 부여한 것으로 그의 권리능력은 법률에 의하여 제한을 받는다. 즉, 상법은 "회사는 다른 회사의 무한책임사원이 되지 못한다."는 규정을 두어 정책적 제한을 하고 있다(상법 제173조).

19 정답 ②

부실등기의 효력
- 공시가 사실과 일치하지 않더라도 그 공시를 신뢰한 자를 보호하는 공신력이 상업등기제도에는 인정되지 않음
- 상법은 부실공시의 경우에는 부실공시의 당사자에게 일정한 책임을 부담하도록 하여 제한된 범위에서나마 상업등기에 공신력 부여
- 고의 또는 과실로 인하여 사실과 상위한 사항을 등기한 자는 그 상위를 선의의 제3자에게 대항하지 못함

20 정답 ①

정관에 특별한 규정이 없는 경우에는 업무집행에 관한 의결기관인 이사회에서 신주발행사항을 결정한다(상법 제416조).

21 정답 ④

을(乙)은 의무이행심판 청구를 통하여 관할행정청의 거부처분에 대해 불복의사를 제기할 수 있다. 의무이행심판이란 당사자의 신청에 대한 행정청의 위법 또는 부당한 거부처분이나 부작위에 대하여 일정한 처분을 하도록 하는 행정심판을 말한다(행정심판법 제5조 제3호).

22 정답 ②

타인의 범죄행위로 생명과 신체에 중대한 피해를 받은 자는 검찰청(각 지방검찰청에 범죄피해구조심의회를 두는데 이를 지구심의회라 한다)에 범죄피해자구조를 청구할 수 있다.

오답분석
① 공무원이 직무를 집행하면서 고의 또는 과실로 법령을 위반하여 손해를 입힌 경우에 그 피해자는 국가 또는 지방자치단체를 상대로 손해배상을 청구할 수 있다.

③ 무죄재판을 받은 자는 구금이나 형의 집행에 대하여 국가를 상대로 형사보상을 청구할 수 있다.
④ 행정청의 위법 또는 부당한 처분 그 밖에 공권력의 행사·불행사 등으로 인한 국민의 권리 또는 이익이 침해된 경우에는 행정청을 상대로 행정심판을 청구할 수 있다.

23 정답 ③

행정지도란 행정기관이 그 소관 사무의 범위에서 일정한 행정목적을 실현하기 위하여 특정인에게 일정한 행위를 하거나 하지 아니하도록 지도, 권고, 조언 등을 하는 행정작용을 말한다(행정절차법 제2조 제3호).

24 정답 ①

국가공무원법상의 징계는 파면, 해임, 강등, 정직, 감봉, 견책으로 구분한다(국가공무원법 제79조).

25 정답 ②

행정행위는 법률에 근거를 두어야 하고(법률유보), 법령에 반하지 않아야 한다(법률우위). 따라서, 법률상의 절차와 형식을 갖추어야 한다.

26 정답 ②

법률 용어로서의 선의(善意)는 어떤 사실을 알지 못하는 것을 의미하며, 반면 악의(惡意)는 어떤 사실을 알고 있는 것을 뜻한다.

오답분석
① 문리해석과 논리해석은 학리해석의 범주에 속한다.
③ 유추해석에 대한 설명이다.
④ 간주(看做)와 추정(推定) : 추정은 불명확한 사실을 일단 인정하는 것으로 정하여 법률효과를 발생시키되 나중에 반증이 있을 경우 그 효과를 발생시키지 않는 것을 말한다. 간주는 법에서 '간주한다=본다=의제한다'로 쓰이며, 추정과는 달리 나중에 반증이 나타나도 이미 발생된 효과를 뒤집을 수 없는 것을 말한다. 예를 들어 어음법 제29조 제1항에서 '말소는 어음의 반환 전에 한 것으로 추정한다.'라는 규정이 있는데, 만약, 어음의 반환 이후에 말소했다는 증거가 나오면 어음의 반환 전에 했던 것은 없었던 걸로 하고, 어음의 반환 이후에 한 것으로 인정한다. 그러나, 만약에 '말소는 어음의 반환 전에 한 것으로 본다.'라고 했다면 나중에 반환 후에 했다는 증거를 제시해도 그 효력이 뒤집어지지 않는다(즉, 원래의 판정과 마찬가지로 어음의 반환 전에 한 것으로 한다).

27 정답 ①

피보험이익이란 보험계약의 목적(경제적 이해관계)을 말하며, 보험사고가 발생하면 손해를 입게 될 염려가 있는 이익을 말한다. 피보험이익은 손해보험특유의 개념으로 인보험(생명보험)에는 인정할 여지가 없는 개념이다.

28 정답 ③

법률불소급의 원칙에서 신법은 기왕의 사실에 거슬러서 적용될 수 없다는 법 적용상의 제한이지 소급효 있는 법을 제정하는 것 자체를 금지한다는 입법상의 원칙은 아니다. 또한 이 원칙은 절대적인 것이 아니므로 신법이 오히려 구법보다 당사자에게 유리하거나 소급 적용이 기득권을 침해하는 일이 없는 경우, 만약 기득권을 침해한다 할지라도 소급 적용할 공익상의 필요가 있을 때에는 법률불소급의 원칙을 배제할 수 있다.

29 정답 ②

라드브루흐는 국가가 선택할 수 있는 가치관으로 개인주의, 단체주의, 문화주의(초인격주의)를 열거하였다.

30 정답 ①

역사적으로 속인주의에서 속지주의로 변천해 왔으며 오늘날 국제사회에서 영토의 상호존중과 상호평등원칙이 적용되므로 속지주의가 원칙이며 예외적으로 속인주의를 적용한다.

31 정답 ③

공공필요에 의한 재산권의 수용·사용 또는 제한 및 그에 대한 보상은 법률로써 하되, 정당한 보상을 지급하여야 한다(헌법 제23조 제3항).

32 정답 ④

청원의 심사의무는 헌법 제26조 제2항에서, 청원의 수리·심사·결과의 통지에 대해서는 청원법에서 규정하고 있다.

[오답분석]
① 정부에 제출된 청원의 심사는 국무회의의 심의를 거쳐야 한다(헌법 제89조 제15호).
② 공무원, 군인, 수형자도 청원을 할 수 있다. 다만, 직무와 관련된 청원이나 집단적 청원은 할 수 없다.
③ 청원법 제5조 제2호에 의하면 공무원의 위법·부당한 행위에 대한 시정이나 징계의 요구의 청원도 가능하다.

33 정답 ③

우리 헌법상 보호되는 재산권의 개념으로서는 공·사법을 불문한 경제적 가치가 있는 모든 권리를 말하며 법률이 정하는 바에 의하여 보장된다.

34 정답 ①

모든 국민은 법률이 정하는 바에 의하여 국가기관에 문서로 청원할 권리를 가진다(헌법 제26조 제1항). 청원은 청원인의 성명과 주소 또는 거소를 기재하고 서명한 문서로 하여야 한다(청원법 제9조 제1항).

35 정답 ③

현행 헌법상 근로의 의무가 있다고 하여도 직업을 가지지 않을 자유가 부인되는 것은 아니다.

36 정답 ①

형사상 재물손괴죄는 과실로 인한 손괴의 경우에는 성립하지 않기 때문에 민법상 손해배상은 청구할 수 있으나 형사상의 책임은 발생하지 않는다.

37 정답 ②

소액사건은 제소한 때의 소송목적의 값이 3,000만원을 초과하지 아니하는 금전 기타 대체물이나 유가증권의 일정한 수량의 지급을 목적으로 하는 제1심의 민사사건으로 한다(소액사건심판규칙 제1조의2). 따라서 소송목적의 값이 3,000만 원을 초과하는 경우에는 소액사건심판규칙에 의할 수 없다.

38 정답 ④

④는 손익상계에 대한 설명이다. 불법행위의 성립 또는 손해발생의 확대에 피해자의 유책행위가 존재하는 경우에 손해배상책임의 유무 또는 그 범위를 결정하는데 그것을 참작하는 제도를 과실상계라고 한다.

39 정답 ③

송무관할은 민사소송법상 인정되지 않는다. 민사소송법상 인정되는 관할에는 법정관할에 따른 토지관할, 사물관할, 직무관할, 당사자의 거동에 따른 합의관할, 변론관할, 소송법상 효과에 따른 전속관할, 임의관할이 있다.

40 정답 ②

민법상 부당이득의 경우 수익은 법률행위에 의하여 얻은 것에 국한되지 않으며, 사실행위를 통하여 얻은 것도 인정된다.

41 정답 ④

[오답분석]
㉠ 보조적 상행위는 상인이 영업을 위하여 보조적으로 하는 행위이다. 자기명의로 영업성 있는 거래를 하여도 '오로지 임금을 받을 목적으로 물건을 제조하거나 노무에 종사하는 자의 행위'는 상행위가 아니며, 소상인도 아니다.

42 정답 ②

법원은 신청에 의하여 또는 직권으로 소송당사자에게 상업장부 전부 또는 일부의 제출을 명령할 수 있다. 중요서류는 제출을 명할 수 없다.

43 정답 ①

명의대여자책임의 효과
- 명의대여자와 명의차용자는 거래상대방에게 대해서 부진정연대책임을 부담한다.
- 명의대여자가 변제한 경우에는 명의차용자에게 구상권을 행사한다.
- 명의차용자의 불법행위에 대해서는 명의대여자가 책임을 부담하지 않는다.

44 정답 ④

상인의 영업자유 제한은 계약상 제한도 가능하다.

45 정답 ①

자본금 총액이 10억 원 미만인 회사는 주주 전원의 동의가 있을 경우에는 서면에 의한 결의로써 주주총회의 결의를 갈음할 수 있다.

46
정답 ②

행정주체란 국가와 공공단체 등 공권력의 담당자를 말한다. 경우에 따라서는 사인(私人)도 권력 주체가 될 수 있다. 행정주체는 국가나 공공단체가 행정활동을 하기 위해 그 의사를 결정하고 집행하는 행정기관과 구분된다. 지방자치단체장의 경우에는 행정주체가 아닌, 행정기관에 해당한다.

47
정답 ④

재단법인의 기부행위나 사단법인의 정관은 반드시 서면으로 작성하여야 한다.

사단법인과 재단법인의 비교

구분	재단법인	사단법인
구성	일정한 목적에 바쳐진 재산	2인 이상의 사원
의사결정	정관으로 정한 목적(설립자의 의도)	사원총회
정관변경	원칙적으로 금지	총사원 3분의 2 이상의 동의 요(要)

48
정답 ④

오답분석

① 계약의 합의해제는 명시적으로뿐만 아니라 당사자 쌍방의 묵시적인 합의에 의하여도 할 수 있으나, 묵시적인 합의해제를 한 것으로 인정되려면 계약이 체결되어 그 일부가 이행된 상태에서 당사자 쌍방이 장기간에 걸쳐 나머지 의무를 이행하지 아니함으로써 이를 방치한 것만으로는 부족하고, 당사자 쌍방에게 계약을 실현할 의사가 없거나 계약을 포기할 의사가 있다고 볼 수 있을 정도에 이르러야 한다(대판 2011.2.10., 2010다77385).
② 계약의 합의해제에 있어서도 민법 제548조의 계약해제의 경우와 같이 이로써 제3자의 권리를 해할 수 없다(대판 1991.4.12., 91다2601).
③ 계약이 합의해제된 경우에는 그 해제시에 당사자 일방이 상대방에게 손해배상을 하기로 특약하거나 손해배상청구를 유보하는 의사표시를 하는 등 다른 사정이 없는 한 채무불이행으로 인한 손해배상을 청구할 수 없다(대판 1989.4.25., 86다카1147, 86다카1148).

49
정답 ④

ㄷ. 공증은 확인·통지·수리와 함께 준법률행위적 행정행위에 속한다.
ㄹ. 공법상 계약은 비권력적 공법행위이다.

50
정답 ④

행정쟁송제도 중 행정소송에 대한 설명이다. 행정심판은 행정관청의 구제를 청구하는 절차를 말한다.

인생이란 결코 공평하지 않다. 이 사실에 익숙해져라.

– 빌 게이츠 –

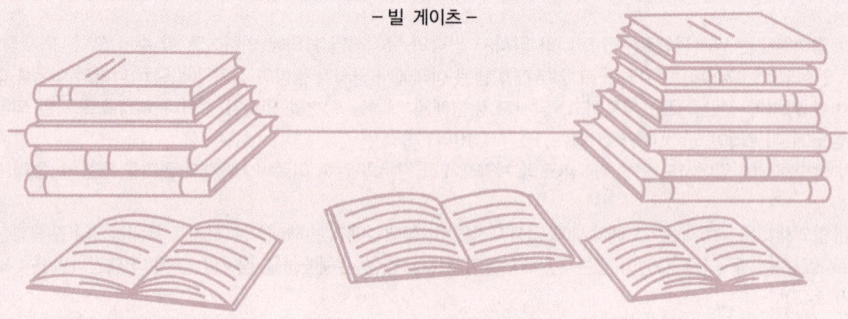

공기업 사무직 통합전공 답안카드

공기업 사무직 통합전공 답안카드

공기업 사무직 통합전공 답안카드

성명

지원분야

문제지 형별기재란 ( )형 Ⓐ Ⓑ

수험번호

감독위원 확인 (인)

번호	답	번호	답	번호	답
1	① ② ③ ④	21	① ② ③ ④	41	① ② ③ ④
2	① ② ③ ④	22	① ② ③ ④	42	① ② ③ ④
3	① ② ③ ④	23	① ② ③ ④	43	① ② ③ ④
4	① ② ③ ④	24	① ② ③ ④	44	① ② ③ ④
5	① ② ③ ④	25	① ② ③ ④	45	① ② ③ ④
6	① ② ③ ④	26	① ② ③ ④	46	① ② ③ ④
7	① ② ③ ④	27	① ② ③ ④	47	① ② ③ ④
8	① ② ③ ④	28	① ② ③ ④	48	① ② ③ ④
9	① ② ③ ④	29	① ② ③ ④	49	① ② ③ ④
10	① ② ③ ④	30	① ② ③ ④	50	① ② ③ ④
11	① ② ③ ④	31	① ② ③ ④		
12	① ② ③ ④	32	① ② ③ ④		
13	① ② ③ ④	33	① ② ③ ④		
14	① ② ③ ④	34	① ② ③ ④		
15	① ② ③ ④	35	① ② ③ ④		
16	① ② ③ ④	36	① ② ③ ④		
17	① ② ③ ④	37	① ② ③ ④		
18	① ② ③ ④	38	① ② ③ ④		
19	① ② ③ ④	39	① ② ③ ④		
20	① ② ③ ④	40	① ② ③ ④		

〈절취선〉

※ 본 답안카드는 마킹연습용 모의 답안지입니다.

공기업 사무직 통합전공 답안카드

**2025 최신판 시대에듀 공기업 사무직 통합전공
(경영학 / 경제학 / 행정학 / 법학) + 무료상식특강**

개정5판2쇄 발행	2025년 05월 20일 (인쇄 2025년 05월 08일)
초 판 발 행	2020년 03월 30일 (인쇄 2019년 12월 30일)
발 행 인	박영일
책 임 편 집	이해욱
편 저	SDC(Sidae Data Center)
편 집 진 행	김재희·윤소빈
표지디자인	조혜령
편집디자인	김경원·고현준
발 행 처	(주)시대고시기획
출 판 등 록	제10-1521호
주 소	서울시 마포구 큰우물로 75 [도화동 538 성지 B/D] 9F
전 화	1600-3600
팩 스	02-701-8823
홈 페 이 지	www.sdedu.co.kr
I S B N	979-11-383-8021-8 (13320)
정 가	26,000원

※ 이 책은 저작권법의 보호를 받는 저작물이므로 동영상 제작 및 무단전재와 배포를 금합니다.
※ 잘못된 책은 구입하신 서점에서 바꾸어 드립니다.

공기업 통합전공
사무직
경영학 · 경제학 · 행정학 · 법학

기업별 맞춤 학습 "기본서" 시리즈

공기업 취업의 기초부터 심화까지! 합격의 문을 여는 **Hidden Key!**

기업별 시험 직전 마무리 "모의고사" 시리즈

실제 시험과 동일하게 마무리! 합격을 향한 **Last Spurt!**

※ **기업별 시리즈** : HUG 주택도시보증공사/LH 한국토지주택공사/강원랜드/건강보험심사평가원/국가철도공단/국민건강보험공단/국민연금공단/근로복지공단/발전회사/부산교통공사/서울교통공사/인천국제공항공사/코레일 한국철도공사/한국농어촌공사/한국도로공사/한국산업인력공단/한국수력원자력/한국수자원공사/한국전력공사/한전KPS/항만공사 등

※도서의 이미지 및 구성은 변동될 수 있습니다.

NEXT STEP

시대에듀가 합격을 준비하는
당신에게 제안합니다.

성공의 기회
시대에듀를 잡으십시오.

시대에듀

기회란 포착되어 활용되기 전에는 기회인지조차 알 수 없는 것이다.
- 마크 트웨인 -